Eine Arbeitsgemeinschaft der Verlage

Wilhelm Fink Verlag München
Gustav Fischer Verlag Jena und Stuttgart
Francke Verlag Tübingen und Basel
Paul Haupt Verlag Bern · Stuttgart · Wien
Hüthig Verlagsgemeinschaft
Decker & Müller GmbH Heidelberg
Leske Verlag + Budrich GmbH Opladen
J. C. B. Mohr (Paul Siebeck) Tübingen
Quelle & Meyer Heidelberg · Wiesbaden
Ernst Reinhardt Verlag München und Basel
Schäffer-Poeschel Verlag · Stuttgart
Ferdinand Schöningh Verlag Paderborn · München · Wien · Zürich
Eugen Ulmer Verlag Stuttgart
Vandenhoeck & Ruprecht in Göttingen und Zürich

Heinz-Rolf Lückert und Inge Lückert

Einführung in die Kognitive Verhaltenstherapie

Allgemeine Grundlagen

Die Modelle von Beck, Ellis, Lazarus, Lückert, Mahoney und Meichenbaum

39 Abbildungen

Ernst Reinhardt Verlag München Basel

Dr. phil. Heinz-Rolf Lückert († 1992), ordentl. Professor (em.) für Psychologie an der Ludwig-Maximilians-Universität München, Psychotherapeut (Verhaltenstherapeut), Gründer des "Instituts für Aktivationstherapie" München.
Dr. phil. Inge Lückert, promov. in Klinischer Psychologie, Psychotherapeutin (Verhaltenstherapeutin), München.

Die Deutsche Bibliothek – CIP-Einheitsaufnahme

Lückert, Heinz-Rolf:
Einführung in die kognitive Verhaltenstherapie : allgemeine Grundlagen ; die Modelle von Beck, Ellis, Lazarus, Lückert, Mahoney und Meichenbaum / Heinz-Rolf Lückert und Inge Lückert. – München ; Basel : E. Reinhardt, 1994
    (UTB für Wissenschaft : Große Reihe)
    ISBN 3-8252-8087-X (UTB)
    ISBN 3-497-01332-3 (E. Reinhardt)
NE: Lückert, Inge:

© 1994 by Ernst Reinhardt, GmbH & Co, München

Dieses Werk, einschließlich aller seiner Teile, ist urheberrechtlich geschützt. Jede Verwertung außerhalb der engen Grenzen des Urheberrechtsgesetzes ist ohne schriftliche Zustimmung der Ernst Reinhardt, GmbH & Co, München, unzulässig und strafbar. Das gilt insbesondere für Vervielfältigungen, Übersetzungen in andere Sprachen, Mikroverfilmungen und die Einspeicherung und Verarbeitung in elektronischen Systemen.

Einbandgestaltung: Alfred Krugmann, Freiberg/Neckar

Printed in Germany

ISBN 3-8252-8087-X (UTB-Bestellnummer)

Inhaltsverzeichnis

Vorwort 9

A. Grundlagen

Einleitung 11

I. Die kognitive Wende in der Psychologie 13
1. Die Anerkennung der Komplexität 15
2. Die Einbeziehung der Alltagsrealität 17
3. Die Rehabilitation der Introspektion 18
4. Die Phänomensynthese im Tätigkeitskonzept 22
5. Die Regulationstheorie der Persönlichkeit 29
6. Die produktive und reproduktive Funktion des menschlichen Wissens. . 33
7. Die Anstöße aus der Linguistik und Informationstheorie 36

II. Die Ablösung vom behavioristischen Modell 46
1. Die Entstehung der Theorie 46
2. Vom Black-box-Modell zum Vermittlungsmodell 48
3. Das verdeckte Konditionieren in der Therapie 51
4. Die Informationsverarbeitung 56
5. Das kognitive Lernen 59

III. Die Struktur und Dynamik des Bewußtseins 62
1. Die Arbeitsweise des Gehirns 63
2. Die Domänen des Bewußtseins 78
3. Die Erlebensstufen und der Erlebnisprozeß 82
4. Die kognitive Strukturiertheit und Komplexität 97
5. Die Perspektiven des Bewußtseins und der Psychotherapie 103

IV. Das Verhalten und die Bedeutung 109
1. Der Symbolische Interaktionismus 109
2. Die Einstellung und Überzeugung 116
3. Die Attribution (Konstruktion) 131
4. Die Antizipation und Imagination 142
5. Die Emotion und Kognition 147

B. Modelle der Kognitiven Verhaltenstherapie

Einleitung 168

I. Die rational-emotive Therapie (A. Ellis) 180
1. Die Funktion von Überzeugungen 182
2. Der Sog der irrationalen Überzeugungen 183
3. Die Klärung durch Disput 187
4. Die Bezugspunkte der Interpretation 190
5. Die Chancen der Vernünftigkeit 192
6. Die Bedeutung der Selbstbejahung 193
7. Das Vorgehen des Therapeuten 194

II. Die kognitive Verhaltensmodifikation – Selbstinstruktionstherapie (D. W. Meichenbaum) 198
1. Die Eigenart und Behandlung hyperaktiver, impulsiver Kinder 199
2. Die Vermittlung und der Gebrauch von Selbstanweisungen bei schizophrenen Patienten 201
3. Die Methoden der Verhaltenstherapie und ihre kognitiven Faktoren ... 202
4. Das Training nach dem Prinzip der Streßimmunisierung ... 208
5. Die Methoden der kognitiven Rekonstruktion (Umstrukturierung) 217
6. Die Funktion und Struktur des inneren Dialogs 221
7. Der Diagnoseansatz der kognitiven Verhaltensmodifikation 224

III. Die Kognitive Verhaltenstherapie (M. J. Mahoney) 228
1. Die kognitive Umstrukturierung 228
2. Die Selbstinstruktionen 231
3. Das Training der Bewältigungsfertigkeiten 234
4. Das Problemlösen 235
5. Die Attribution 237
6. Das therapeutische Paradigma: Wissenschaftler für die eigene Person .. 239

IV. Die Kognitive Therapie – der Depression (A. T. Beck) 245
1. Die Bedeutung der Gedanken, Grundannahmen und Gefühle 245
2. Die Diskrepanz der subjektiv-privaten zur objektiv-offiziellen Ansicht und Einstellung 249
3. Die Einschränkung durch Befürchtungen und Ängste 256
4. Die realen Konsequenzen der Einbildung 259
5. Die Zusammenarbeit von Klient und Therapeut 261

V. Die multimodale Verhaltenstherapie (A. A. Lazarus) 265

    1. Wahrnehmung und Befinden 267
    2. Vorstellung und Imagination 270
    3. Denken und Auffassung 272
    4. Affekte und Gefühle 276
    5. Erregung und Antrieb 281
    6. Wünschen und Wollen 286
    7. Verhalten und Interaktion 288

VI. Aktivationstherapie (H.-R. Lückert) 303

    Leitlinien der Aktivationstherapie 303

    1. Die Therapiegrundlagen 304
    2. Fazit der Erkenntnisse 305
    3. Therapiewege entsprechend den Manifestationen des Fehlverhaltens .. 306
    4. Wann kann die Behandlung beendet werden? 306
    5. Die Wissenschaftsbasis 308
    6. Selbstkontrolle und psychische Gesundheitsvorsorge 311

    Nachwort 312

Literaturverzeichnis 314
Namenregister 322
Sachregister 324

Vorwort

Für das Verständnis eines Buches, das die Kognitive Verhaltenstherapie umfassend analysiert und darstellt, sind einige Erläuterungen und persönliche Bemerkungen angebracht, dies nicht zuletzt deshalb, als seine Entstehungsgeschichte eng mit der Wende in der Psychologie verknüpft ist.

Mein Mann und ich haben uns – die begrenzte Effizienz tiefenpsychologischer Verfahren erkennend – in den siebziger Jahren der Kognitiven Verhaltenstherapie zugewandt. Schon von Anfang an legten uns die praktischen Erfahrungen aus unserer therapeutischen Praxis nahe, den kognitiven Ansatz dieser Therapie besonders zu betonen; denn die zu mechanisch ausgerichtete behavioristische Verhaltenstherapie entsprach meist weder den Bedürfnissen und Erwartungen unserer Klienten noch unseren übergreifenden Zielvorstellungen: Aktivität, produktives Denken und Verhalten zu vermitteln, Selbstvertrauen zu stärken sowie letztlich Selbstkontrolle und Selbstfindung zu ermöglichen.

Der Kognitiven Verhaltenstherapie gelingt es, den Klienten über eine aufdeckende Aktualdiagnose sowie klar definierte und persönlichkeitszentrierte Therapieziele für eine unabdingbare aktive Mitarbeit zu gewinnen. Voraussetzung hierfür ist jedoch, ihn im Glauben an seine eigenen Fähigkeiten zu stärken, produktive Denk- und Verhaltensmuster zu erlernen und im Alltag bewährend einzuüben. Dieses aktive und komplexe Verfahren, das über kognitive Umstrukturierungsprozesse konstruktives Denken und dementsprechendes Verhalten, damit positive Emotionen auslöst, führt durch kontrolliertes Wiederholen zu einer wechselseitigen Stützung und Stabilisierung des sich positiv verändernden Wirkungsgefüges aus Kognition, Emotion und Verhalten. Ein abnormer Lernprozeß, selbstschädigendes Verhalten sowie eine gestörte Erlebnisverarbeitung werden so durch "Überschreiben" destruktiver Denkgewohnheiten und Ausschalten dementsprechend eingeübter Handlungsschemata überwunden.

Die überzeugendsten, oft verblüffend schnellen und auf Dauer wirksamen Erfolge zeigen sich in der Angst- und Streßbewältigung, der Heilung von Depressionen, der erfolgreichen Behandlung von Zwangserkrankungen sowie im Aufbau von Selbstsicherheit, von sozialer Kompetenz. Da unsere heutige, weitgehend orientierungs- und lieblose Berufs- und Lebenswelt diese psychischen Störungen und seelischen Leiden verstärkt hervorbringt, ist die Kognitive Verhaltenstherapie deshalb für die Mehrheit der Rat und Hilfe suchenden Klienten besonders geeignet.

Seine umfangreichen und wertvollen Therapieerfahrungen nutzend, entwickelte mein Mann die Aktivationstherapie als Weiterführung der Kognitiven Verhaltenstherapie und gründete 1977 ein eigenes "Institut für Aktivationstherapie". Das geistige Erbe meines Mannes bewahrend, der 1992 durch einen tragischen Verkehrsunfall ums Leben kam, hoffe ich, daß das vorliegende Buch dazu beitragen möge, Praktikern und Wissenschaftlern sowie Lehrenden und Studierenden einen umfassenden Einblick in eine Therapieform zu verschaffen, deren erfolgreiche Zukunft erst begonnen hat.

Februar 1994   Inge Lückert

A. Grundlagen

Einleitung

Forscher haben sich seit langem gefragt, wie der menschliche Geist arbeitet. Sie haben Experimente durchgeführt und Hypothesen aufgestellt, um die verschiedenen Mechanismen, die für Wahrnehmung, Sprache, Vorstellung, Gedächtnis, Denken usw. zuständig sind, in ihrer jeweiligen Wirkungsweise und ihren je besonderen Regeln zu bestimmen. Diese Beiträge zur Allgemeinen Psychologie wurden dann in einzelnen Kapiteln abgehandelt.

> "Von jedem der verschiedenen Standpunkte aus erschien das Seelenleben unter einer bestimmten Perspektive, die den anderen Perspektiven nicht gerecht werden konnte ... Nun kann jedoch keine Wissenschaft bestehen und fortschreiten, wenn sie nicht von Zeit zu Zeit den Versuch einer Gesamtdarstellung macht. Diese darf freilich nicht nur eine Verknüpfung der verschiedenen Methoden, Ergebnisse und Standpunkte enthalten; sie muß auf einer, das Ganze tragenden, einheitlichen Grundlage ruhen." (Stern 1950, 49)

William Stern hat diese Aufgabe – dem Stande der Wissenschaft entsprechend – in seiner personalistischen Allgemeinen Psychologie, der Wissenschaft von der erlebenden und erlebnisfähigen Person, gelöst. Seine Allgemeine Psychologie erschien in erster Auflage 1934, einer Zeit, in der die behavioristische Psychologie in der Blüte stand. Vier Jahre später unternahm, beeindruckt und beeinflußt von Stern, Philipp Lersch einen ähnlichen Versuch mit seinem "Aufbau des Charakters", in den folgenden Auflagen dann "Aufbau der Persönlichkeit" genannt. In beiden Werken ist die Subjektivität, das Erleben und die Ganzheit, die Person, der übergreifende Leitgedanke.

In den letzten fünfzig Jahren hat sich die Psychologie erst zögernd, dann schrittweise deutlicher innerhalb des amerikanischen Behaviorismus, der kontinentalen Erlebnispsychologie und in Auseinandersetzung mit beiden gewandelt, so daß vor zwei Jahrzehnten ein neues, heute vorherrschendes Gesamtmodell entstand. Entscheidend für diesen Neuansatz waren allerdings Fachgebiete, zu denen die Psychologie anfangs keinen Bezug hatte: die formale Logik, die Informationstheorie und die Computerwissenschaft.

> "In den fünfziger Jahren geschah, was geschehen mußte: Psychologen fingen an, ... den menschlichen Geist mit einer intelligenten Maschine zu vergleichen, das heißt, ihn selbst als einen hochentwickelten Informationsverarbeitungsmechanismus und seine ganzen inneren Vorrichtungen als Stufen innerhalb einer Informationsverarbeitungssequenz zu betrachten." (Hunt 1984, 80)

Verhalten und Erleben werden also unter dem Aspekt der Informationsverarbeitung gesehen. Wichtigste Methode ist mittlerweile die Protokollanalyse, bei der man die Versuchspersonen bei Wahrnehmungs-, Erinnerungs-, Formulierungs- und Problemlösungsaufgaben laut denken läßt. Ausgehend von der Analyse der Protokolle kann der Psychologe Hypothesen über innere Prozesse der black box aufstellen, diese in weiteren Versuchen verifizieren und falsifizieren. Die so entstandene *Informationsverarbeitungstheorie* ist das Kernstück der Kognitiven Psychologie. Das Lehrbuch der Psychologie von Lindsay u. Norman (1981) gibt im Untertitel den heutigen Standort wieder: "Informationsaufnahme und -verarbeitung beim Menschen". Kritisch ist allerdings anzumerken, daß hier die bei den Informationsprozessen so wichtigen emotionalen Dimensionen vernachlässigt werden.

I. Die kognitive Wende in der Psychologie

Seit 1954 erkennen wir eine Wiederbelebung des Bewußtseinsproblems. Der damals in Montreal stattgefundene 14. Internationale Psychologen-Kongreß stand im Zeichen einer deutlichen Ankündigung der Kognitivierung des Behaviorismus. Die Bewußtseinserscheinungen waren in den vergangenen fünfzig Jahren von zwei Seiten abgewertet worden: einmal von der Psychoanalyse mit ihrer Betonung der sog. unbewußten Mechanismen und zum anderen vom Behaviorismus, der vor allem vom Methodischen her die subjektivistischen Schwächen der Selbstbeobachtung (Bewußtseinserscheinungen sind ja vorzugsweise nur dieser zugänglich) durch objektivistische Methoden zu ersetzen trachtete. Zwei Jahre nach dem Kongreß erschien von Jerome S. Bruner u. Mitarb. "A study of thinking" (1956, VII). Die Arbeit beginnt mit folgenden Sätzen:

> "In den letzten Jahren hat sich das Interesse für die kognitiven Prozesse und ihre Erforschung stark entwickelt, für jene Prozesse, durch die Organismen Informationen gewinnen, speichern und transformieren. Diese Entwicklung muß man, so meine ich, eine eigentliche Renaissance nennen, denn es gab eine Zeit (vor dem ersten Weltkrieg) in der die höheren geistigen Prozesse ein zentrales Thema der Psychologie darstellten."

Die inhaltliche (kognitive) Wende führte von Anfang an auch zu einer methodologischen Wende. Ihr Hauptkennzeichen war die Bemühung, das Subjekt unverkürzt in die Forschung einzubringen. Zwei Perspektiven sind hervorzuheben: die ganzheitliche und die phänomenologische Perspektive.

Ganzheitlichkeit nennt man vor allem Beachtung und Einbeziehung von Umkreisbereichen (Netzwerk, Wechselwirkung) und Dominanz eines Ganzen vor den Teilen (Gestalt, hierarchische Gliederung). Die Bereichserweiterung zeigt sich u.a. darin, daß nicht mehr einzelne Funktionen isoliert analysiert werden, sondern stets in Zusammenhängen. Thematische Schwerpunkte sind etwa Wahrnehmen – Denken – Sprache, Informationsverarbeitung – Gedächtnis – Wissenrepräsentation, Einstellung – Erwartung – Imagination, Erleben – Verhalten – Produzieren.

Es ist schwierig, im psychischen und psycho-sozialen Bereich einzelne Ursachen festzumachen. Nach der Bootstrap-Theorie sind die zugrundeliegenden Faktoren mehrfach miteinander verknüpft (ähnlich wie die Schuhbänder, *bootstrap*; vgl. Chew 1968, 762–765).

Phänomenologie versteht sich als Bemühen, die Erfahrung zum Leitfaden psychologischer Forschung zu machen. Rausch (1979, 251f) spricht hier vom phänomenologisch-experimentellen Aspekt, hebt also den empirischen Aspekt besonders hervor. Nach ihm sind folgende Gesichtspunkte besonders zu berücksichtigen:

1. Neben dem Verhalten sollte das Erleben in höherem Maße Untersuchungsgegenstand werden, ebenso der Zusammenhang zwischen Erleben und Verhalten.

2. Die Analyse komplexer Gegebenheiten und Zusammenhänge sollte die natürlichen Strukturierungstendenzen berücksichtigen.

3. Auch qualitativen Verfahrensweisen und Befunden sollte die ihnen gebührende Beachtung geschenkt werden.

14 Die kognitive Wende in der Psychologie

4. Neben der Methodenzentrierung sollte das Schwergewicht auf der Problemzentrierung liegen.

5. Gegenüber anderen Forschungsrichtungen (Zielen und Wegen) sollte größtmögliche Toleranz bestehen. Auch sollten ältere Forschungen und Konzepte im Interesse des Fortschritts Berücksichtigung finden.

Die Kognitive Psychologie hat sich in der kritischen Auseinandersetzung mit der behavioristischen S-R-Theorie schrittweise herausgebildet, diese mittlerweile stark eingeschränkt. Seeger (1977, 122) meint, daß man mit der "Vertreibung der S-R-Theorie menschlichen Verhaltens auch die Auffassung von der Bedeutung des Lernens für die menschliche Entwicklung zurückgedrängt und den Weg für einen neuen Nativismus geebnet habe."

Man kann aber die gegenwärtige Lage auch anders beurteilen. Im Sinne einer Anerkennung der Komplexität psychischen Geschehens kommen eben auch komplementäre Auffassungen zu der ihnen gemäßen Geltung. Darüber hinaus ist die Frage nach durchgehenden "zeitlosen" Grundstrukturen des Menschen eine seit langem diskutierte, durchaus auch zeitgemäße Problemstellung. Landmann (1979, 153–169) bezeichnet diese Wesenseigenschaften des Menschen als "Anthropina". Drei von ihnen werden herausgestellt: die Kreativität, die Kulturalität und die Erkenntnis.

Der kognitive Wandel in der Psychologie kam, worauf Silvan Tomkins von der "School of Cognition and Affect" in New York hinweist, weniger von den Psychologen selbst, sondern paradoxerweise von den Neurologen und Computerkonstrukteuren zustande:

"Die Neurologen haben sich dem Sitz des Bewußtseins kühn mit Elektroden und Verstärkern genähert. Sie fanden heraus, daß der Strom vergangenen Bewußtseins durch angemessene Reizung an- und abgeschaltet werden kann. Sie fanden heraus, daß es Verstärkerstrukturen gibt, die durch Drogen und elektrische Stimulierung hoch- und runtergeschaltet werden können, und daß sich das Bewußtsein als eine Funktion derartiger Manipulation, verändert. Sie fanden heraus, daß es sich bei Anfällen und Bewußtlosigkeit um Folgen übermäßiger Stimulierung handelt. Sie fanden heraus, daß es Filter-Netzwerke gibt, die durch Dämpfung sensorischer Reizzufuhr unmittelbar an oder nahe den sensorischen Rezeptoren selbst Bewußtsein zu verhindern scheinen." (Tomkins 1962 u. 1963)

Nach weiteren Bemerkungen über den Einfluß der Computerkonstrukteure schließt Tomkins:

"Weder die Erkenntnisse über das Gehirn, wie sie von gegenwärtigen Neuropsychologen vorgelegt werden, noch die modernen Computersimulationen des Gehirns unterstützen in irgendeiner Weise die simplifizierten Auffassungen über das Wesen des Menschen, die die amerikanische Psychologie in den letzten dreißig Jahren beherrscht haben. Heute wird deutlich, daß der Organismus weder leer noch simpel ist."

In dem Buch "Love: Emotion, Myth and Metaphor" (1981, 41ff) erklärt Robert C. Solomon, daß wir von Problemen und komplexen Vorgängen besonders angezogen werden. Laut Solomon sind unsere Gefühle weder "primitiv noch natürlich", sondern "Konstruktionen der Vernunft". Wir "verlieben uns nicht", schreibt er, wir denken uns in diesen Zustand hinein, selbst wenn uns der Vorgang unbewußt bleibt.

Im Rahmen der kognitiven Wende zeichnen sich innerhalb der Psychologie einige Tendenzen und Themen ab, die – im Hinblick auf psychotherapeutische Fragen – besondere Beachtung erfordern:

1. Anerkennung der Komplexität psychischer Erscheinungen;
2. Einbeziehung der Alltagsrealität in die psychologische Forschung;
3. Rehabilitation der Introspektion;
4. Phänomensynthese im Tätigkeitskonzept;
5. Regulationstheorie der Persönlichkeit;
6. produktive und reproduktive Funktion des menschlichen Wissens;
7. Anstöße aus der Linguistik und Informationstheorie.

Mit einem Exkurs zu "Perspektiven des Bewußtseins und der Psychotherapie" soll dieses erste Kapitel abgeschlossen werden.

1. Die Anerkennung der Komplexität

Psychische Phänomene sind komplex, d. h., sie werden von verschiedenartigen Determinanten beeinflußt. Biotone, sozial-kulturelle, affektive und kognitive und nicht zuletzt biographische, also historische Komponenten, gehen in jedes Einzelphänomen ein. So erkannten mittlerweile auch die S-R-Psychologen, daß das Geschehen zwischen Reiz und Reaktion viel komplexer ist als sie ursprünglich vermutet hatten. Die vermittelnden Variablen erfordern zunehmend Beachtung. Reize werden, bevor die Reaktion stattfindet, nach gewissen Regeln ausgewählt, geordnet und verarbeitet. Menschliches Verhalten und Handeln ist nur zu erklären und zu verstehen durch Beachtung von Mediationsvariablen.

Besonders deutlich zeigt sich diese Entwicklung im Einfluß der Persönlichkeitspsychologie auf die Wahrnehmungspsychologie. Die Erforschung der Wahrnehmung erfordert die Beachtung des Subjekts, also des Wahrnehmenden. In der Wahrnehmungspsychologie sind – wie vor allem Jerome Bruner mit seinem New Look der Wahrnehmungspsychologie zeigte – Kräfte der Ich-Psychologie am Werke. Komplexe rationale Mechanismen beeinflussen die Wahrnehmungen, führen zum Ausfall von Wahrnehmungen (Abwehr) und zur Verkennung von Wahrnehmungen (Projektion). In der wahrnehmenden Zuwendung ordnet und kombiniert der Mensch die Reizgegebenheiten; er stellt Hypothesen auf und prüft sie.

Mit der Berücksichtigung der Komplexität verbunden ist die Tendenz, die alten Gegensatzpaare, die zur Kennzeichnung psychologischer Forschungsmethoden verwendet werden, wie z. B. qualitativ – quantitativ, objektnah – objektfern, phänomenologisch – experimentiell, strukturell – dynamisch nicht mehr als Dichotomien, sondern als Kontinua zu behandeln.

Die komplexen Strukturen menschlichen Denkens und Handelns erfordern Mustererkennen (pattern recognition). Hayek hat diesen durchgängigen Zug moderner Wissenschaftsauffassung klar charakterisiert. Beachten und Beobachten allein bringt noch keine Erkenntnis zustande, wir müssen wissen, auf was wir zu achten haben. Wir können erst systematisch etwas beobachten, nachdem wir uns, bzw. nachdem sich Fragen gestellt haben. Fragen setzt voraus, daß wir bereits eine vorläufige Hypothese oder Theorie über die Geschehnisse gebildet haben. Unsere Sinne nehmen ein sich wiederholendes Muster bzw. eine sich wiederholende Ordnung in den Geschehnissen wahr. Solche Regelmäßigkeiten werden von unseren Sinnen intuitiv erkannt. Neugier und Überraschung treten auf, wo unsere Sinne neue Muster wahrnehmen.

Ganz im Sinne der kognitiven Wahrnehmungstheorie führt Hayek (1952, §§ 7 u. 37) aus, daß jede Wahrnehmung eine Theorie oder Hypothese impliziert. Schon H. von Helmholtz wies mit seiner Theorie der unbewußten Schlußfolgerungen darauf hin, daß in den meisten Wahrnehmungen Schlußfolgerungen enthalten sind. Diese Auffassung wird auch von Hanson (1958, 19) vertreten.

Es gibt einfache und komplexe Muster. Kriterium für den Komplexitätsgrad ist die Zahl der Elemente. Wir brauchen eine Mindestzahl von Variablen, um die charakteristischen Muster verschiedener Gebiete zu reproduzieren. Der Komplexitätsgrad nimmt von den unbelebten über belebte zu den gesellschaftlichen Phänomenen zu. (Weaver 1967, 163–171)

Wichtig erscheint uns noch der Hinweis von Hayek zum Unvermögen der Statistik zur Behandlung der Muster-Komplexität: Die Statistik eliminiert die Komplexität. Sie behandelt absichtlich die einzelnen von ihr gewählten Elemente so, als ob sie nicht systematisch miteinander verbunden sind.

Die Statistik setzt an die Stelle der Information über individuelle Elemente eine Information über die Häufigkeit, mit der ihre verschiedenen Merkmale in einzelnen Klassen solcher Elemente auftreten. (v. Hayek 1972, 18–21)

Probleme der Gesundheit und Krankheit sind zureichend nur mit komplexeren Theorien zu beschreiben und zu analysieren. Eigenart und Befinden des Menschen werden durch biologische, psychologische und soziale Faktoren beeinflußt. Diese Einsicht führte dazu, daß sich in den USA die Verhaltensmedizin als neue Disziplin entwickelte. Wie die Verhaltenstherapie, so ist auch diese Disziplin dabei, sich von ihrer einseitig-verhaltenstheoretischen Orientierung zu lösen und sich den kognitiv-emotiv-behavioralen Theorien zuzuwenden.

"In den Anfangsjahren war die Behavioral-Medicine vorwiegend lerntheoretisch orientiert. Aus heutiger Sicht trifft diese Einengung nicht mehr zu. Wenn man als den ersten Eckpfeiler die Lernpsychologie ansieht, so ist der zweite die Kognitionspsychologie und der dritte die Emotionspsychologie. Entsprechend dieser theoretischen Basis der Verhaltensmedizin sind auch Therapiemethoden entwickelt worden, die sich entweder auf eine der drei Theoriebereiche beziehen oder in den multimodalen Therapieformen auf alle drei." (Traue 1986, 201)

Die Hinwendung zu den emotionalen Prozessen wurde auf dem Kongreß zum Thema "Emotions in Health and Illness" in San Francisco demonstriert. (Temoshok, Dyke u. Zegans 1984)

Das Methodenarsenal zur Erfassung und Beobachtung von Variablen auf der physiologischen, subjektiven und Verhaltensebene hat sich mittlerweile sehr erweitert. Lydia Temoshok hat dies näher in ihrem Beitrag "Emotion, adaption, and disease: A multidimensional theory" ausgeführt. Die Krankheiten werden anhand von den drei Dimensionen Copingstil, Streßintensität und Copingfähigkeiten analysiert. Dabei bilden die neueren psychophysiologischen Befunde aus Emotions-, Streß- und Coping-Theorie die Grundlage.

In kultur-evolutionistischer Perspektive stehen Mensch und Umwelt in einem dynamischen Wechselwirkungsverhältnis. In einfach strukturierten Gesellschaften und Kulturen leben und handeln auch einfach strukturierte Persönlichkeiten. Die Theorie der kognitiven Komplexität versucht, die heute vorfindbaren multidimensionalen Perspektiven von Person und Umwelt in ihr Konzept aufzunehmen und zu integrieren.

Die Beachtung der Komplexität ist vor allem auch für die Ausarbeitung von Lehr- und Lernstrategien von Bedeutung. Wir möchten darauf in Kap. II.5. eingehen. Das in diesem Abschnitt aufgegriffene Problem von reproduktiven und produktiven Fertigkeiten kann man auch unter den Titeln "Episteme und Heuristik" (Dörner 1974) und "Wissen und Denken" (Kluwe 1979) finden. Diese Arbeiten werden an anderer Stelle referiert. Es sind in diesem Zusammenhang dann auch so wichtige Begriffe, wie Schema, kognitive Struktur, semantisches Netzwerk, hierarchische Organisation – alles Begriffe, die auf Komplexität hinweisen – zu diskutieren.

2. Die Einbeziehung der Alltagsrealität

Im Zuge der Beachtung komplexer psychischer Verhältnisse wendet man sich dem Menschen in seinen realen Lebensbezügen zu; die Laborforschung wird durch die Feldforschung mit ihrer größeren Alltagsnähe ergänzt. So werden heute in der psychologischen Forschung auch Alltagspsychologie und Alltagstheorien betont berücksichtigt. Roediger (1980, 231–246) hat im Zusammenhang mit der Gedächtnisforschung auf die Bedeutung von Gedächtnismetaphern in der Kognitionsforschung hingewiesen.

> "Vorstellungen von an sich 'unanschaulichen Dingen' wie dem Gedächtnis drücken sich in der Alltagssprache häufig in der Form von Metaphern oder Analogien aus: 'Mein Gedächtnis ist wie ein Sieb' oder 'Sein Gedächtnis funktioniert wie ein Computer' ... Diese Metaphern enthalten in Kurzform die Modellvorstellung des 'Gegenstandes'. Sie lassen sich als zentrale Sätze einer subjektiven Theorie auffassen, etwa vergleichbar den 'Kernannahmen' fachwissenschaftlicher Theorien." (Kebeck 1982, 8)

Neisser (1979, 72) argumentiert programmatisch für diese Neuorientierung:

> "Erstens müssen kognitive Psychologen größere Anstrengungen unternehmen, um Kognition, wie sie in der alltäglichen Umgebung und im Kontext natürlicher Handlungen geschieht, zu verstehen. Das bedeutet kein Ende der Laboratoriumsexperimente, aber eine Verpflichtung auf Variablen, die ökologisch wichtig sind, statt auf solche, die leicht zu untersuchen sind. Zweitens wird es nötig sein, mehr Aufmerksamkeit auf die Einzelheiten der realen Welt, in der Wahrnehmer und Denker leben, und auf die feine Struktur der Information, die ihnen diese Welt verfügbar macht, zu richten. Wir haben wohl zuviel Anstrengung an hypothetische Modelle des menschlichen Geistes vergeudet und nicht genug eingesetzt, um die Umwelt zu analysieren, auf die hin sich der Geist entwickelt hat. Drittens muß sich die Psychologie irgendwie am Scharfsinn und der Vielfalt der kognitiven Fähigkeiten, die Menschen wirklich erwerben können, und an der Tatsache, daß sich diese Fähigkeiten systematisch entwickeln, zu messen versuchen. Eine befriedigende Theorie menschlicher Kognition kann kaum mit Experimenten begründet werden, die unerfahrenen Versuchspersonen kurze Gelegenheit geben, neue und sinnlose Aufgaben zu lösen. Und schließlich müssen kognitive Psychologen die Bedeutung ihrer Arbeit für fundamentale Fragen prüfen: das Menschenbild ist zu wichtig, als daß man es den Behavioristen und den Psychoanalytikern überlassen dürfte."

Die Beachtungsperspektive "Verankerung in konkreten Lebensbezügen" hat verschiedene Forscher zu weiterführenden theoretischen Konzepten angeregt. Wir wollen hier nur das Konzept von Flowers anführen.

18   Die kognitive Wende in der Psychologie

Zu Simulation und Rollenspiel

Verhaltensmuster, die die meisten von uns mühelos beherrschen, können allgemein gelernt und gelehrt werden. Wir meinen oft, daß jemand, der solches Verhalten nicht zeigt, an einer innerpsychischen Störung leiden muß.

> "Handelt es sich um ein seltenes Verhalten ... sind wir etwas geneigter, die Unfähigkeit zur Ausübung dieser Tätigkeit ganz einfach auf den Mangel an notwendiger Schulung zurückzuführen. Ist das Verhaltensmuster ein alltägliches, z. B. jemand um eine Verabredung bitten, nehmen wir für gewöhnlich an, Schwierigkeiten in der Durchführung würden auf innerpsychischen Ursachen beruhen. In Wirklichkeit haben viele Menschen nie gelernt, wie man mit jemand ins Gespräch kommt. Es mag zwar stimmen, daß eine solche Person große Angst hat, mit einem anderen Menschen zusammenzutreffen, aber unsere Annahme, die Angst hindere ihn daran, ein Gespräch zu beginnen, ist vielleicht voreilig. Es kann sein, daß er nicht weiß, welche Fragen er stellen und was er mit einer bestimmten Antwort anfangen soll." (Flowers 1977, 180)

In therapeutischen Simulationsübungen oder -spielen werden solche alltäglichen Verhaltensmuster in einer Reihe von standardisierten Partnersituationen in kleinen Schritten angeboten und vom Klienten eingeübt, d. h. gelernt. Es handelt sich um eine "programmierte Interaktion mit aktiver Teilnahme des Klienten". Die Simulation unterliegt also klar definierten Regeln; sie zeichnet weniger die aktuelle Lebenssituation des Klienten in der Therapie nach. Der Klient lernt das allgemeine Repertoire an Verhaltensweisen zur Lösung von Problemen. Simulationsübungen werden in gleicher Form von vielen Klienten angewandt. Im Gegensatz dazu sind die therapeutischen Rollenspiele auf den einzelnen Klienten, seine Lage und Lagebefindlichkeit abgestimmt. Dabei können anfangs Rollenspiele strukturierter Situationen, die der Therapeut anbietet, zum Einsatz kommen. Diese Standardszenen sind also eine Zwischenform von Simulation und Rollenspiel, also eine Rollenspiel-Simulation.

3. Die Rehabilitation der Introspektion

Eine Psychologie, die sich bemüht, stärker als bisher die Bewußtseinserscheinungen und die subjektiven Phänomene des Menschen zu erfassen und zu rekonstruieren, ist auf introspektive Daten als wichtige Informationsquelle angewiesen.

Introspektion oder Selbstbeobachtung ist eine psychologische Methode. Die beiden Begriffe sind kaum gegeneinander abgegrenzt. Es fällt auf, daß die Psychologen, die Introspektion als legitime Methode zulassen, meist von Selbstbeobachtung sprechen. von Kritikern der Methode wird der Begriff Introspektion in einem leicht abwertenden Sinne gebraucht, dies bereits schon bei Dilthey (Ges. Schr. 1957ff, Bd. 7, S. 250 u. 279). Dagegen gebraucht William Stern den Begriff Introspektion im Sinne von Selbsterfassung und ordnet ihn der engeren Selbstbeobachtung zu (1950, 67).

Nach Rohracher ist die Selbstbeobachtung – die Beschreibung des eigenen (bewußten) Erlebens – die wichtigste Methode der Psychologie.

> "Diese Methode hat aber große Mängel: sie kann immer nur von einem einzigen Menschen durchgeführt werden, sie führt nie zu Resultaten, die sich in Maßen und Zahlen ausdrücken lassen, und sie ermöglicht keine scharfen Definitionen ... Man muß daher versuchen, die Mängel der subjektiven Selbstbeobachtungs-Methode möglichst auszugleichen. Gegen die Gefahr, daß der einzelne Mensch Beobachtungsfehlern unterliegt, kann man weitgehend

dadurch aufkommen, daß man viele Menschen in die gleiche Situation bringt und aus ihren Erlebnisberichten feststellt, ob gleiche Erlebnisse aufgetreten sind ... Der zweite Mangel – daß man Erlebnisse nicht zählen und messen kann – läßt sich allerdings nicht beseitigen, wohl aber abschwächen: man kann von einer Empfindung oder einem Gefühl nicht sagen, wie stark es war, wohl aber, ob es stärker oder schwächer war als ein anderes ... Der dritte Mangel ... Nichtdefinierbarkeit des Erlebens – läßt sich dadurch weitgehend aufheben, daß man Beispiele verwendet und an ihnen die entscheidenden Merkmale der einzelnen Erlebnisarten demonstriert ..." (Rohracher 1963, 70 u. 73)

Die "innere" Problematik der Selbstbeobachtung liegt darin, daß das eigene Erleben zugleich beachtet und beschrieben werden soll. Es erhebt sich die Frage, ob zwei Erlebnisvollzüge, die sich gleichzeitig abspielen, möglich sind. Gegen diese Verdoppelung des Bewußtseins richten sich vor allem Behavioristen. Handelt es sich aber wirklich um eine Verdoppelung? Es scheint, daß hier Rohracher eine brauchbare Lösung angeboten hat.

"Das Rätsel läßt sich nur im Zusammenhang mit der Bewußtseinsfrage lösen; und in diesem Zusammenhang liegt auch das Eigen- und Einzigartige der psychologischen Methodik. Klarbewußtes Erleben ist immer auch schon beobachtetes Erleben. Es bedarf gar keines zusätzlichen Beobachtens; das bewußte Denken vollzieht sich von Natur aus so, daß der Denkende in jedem Moment weiß, daß er denkt und was er denkt. Man hat es hier mit einer letzten Tatsache zu tun, mit einer nicht weiter auflösbaren Naturerscheinung, die man so, wie sie ist, hinnehmen muß." (Rohracher 1963, 74)

Die mit der Erlebnisbeobachtung verbundenen Leistungen sind: die bewußte Feststellung des Erlebnisses, das Festhalten des Erlebnisses für die weitere Verwertung als eine Behaltensleistung und letztlich die sprachliche Formulierung des Inhalts zum Zwecke der Mitteilung. Als Fehlerquellen werden häufig angeführt: Einstellungen, Wertungen und Deutungen, die leicht in die Erfassung und Beschreibung von Erlebnissen einfließen. Wie jede Messung und Beobachtung, so muß auch die Selbstbeobachtung gelernt und kritisch geprüft werden.

Die Klienten sind in ihrer Selbst-Wahrnehmung sehr unterschiedlich entwickelt. Einige haben nicht gelernt, auf ihre inneren Zustände und Prozesse zu achten. So kommt es, daß sie gewisse Schwierigkeiten bei der Problemanalyse haben; sie können vor allem nicht die Knotenpunkte ihres Dilemmas klar erkennen und bezeichnen. Wir können uns den Unterschied am Schachspiel klarmachen. Der Anfänger sieht wohl eine Menge, die Schachfiguren, die grobe Anordnung auf dem Brett. Der gute Schachspieler richtet seine Augen auf die Konstellation der Figuren, er schaut auf entscheidende Figuren und entscheidende Felder. "Er sieht buchstäblich die Positionen anders – angemessener und verständiger – als ein Neuling oder ein Nichtspieler" (Neisser 1979, 141). Je größer unsere Erfahrung und Selbsterfahrung ist, desto genauer und feiner ist unsere Wahrnehmung. Wahrnehmungen sind also von Vorinformationen geleitet.

Um die Jahrhundertwende stand die Bewußtseinspsychologie und mit ihr die Introspektion ganz im Vordergrund der psychologischen Forschung. So spielte z. B. die Aufmerksamkeit eine zentrale Rolle. Kennzeichnend für diese Lage ist eine Äußerung Titcheners (1908), der meinte, man könne das Niveau einer psychologischen Theorie danach beurteilen, welche Bedeutung sie der Aufmerksamkeit zuwende. Die Aufmerksamkeit wurde damals durch den besonderen Grad an Klarheit und Deutlichkeit des

Bewußtseins oder der willensmäßigen Ausrichtung der Wahrnehmungs- und Denktätigkeit definiert. Mit dem Aufkommen und der Vorherrschaft des Behaviorismus traten mentale Konzepte – also auch die bisher in diesem Sinne definierte Aufmerksamkeit – zurück. Doch bald fanden sie, allerdings durch eine Uminterpretation, wieder Eingang in die Forschung. Aufmerksamkeit wurde in Form beobachtbarer Reaktionen beschrieben (Zuwendungsreaktion, Blickfixierung, vasomotorische und EEG-Veränderungen) und auf ihre mehr external "objektiv und öffentlich" gegebenen Bedingungen hin untersucht. Aber erst Ende der fünfziger Jahre trat durch die Arbeiten von Broadbent (1958) das Konzept Aufmerksamkeit wieder in den Ring psychologischer Forschung.

Wir können über Sachverhalte – etwa über Wetter, Vegetation, Zahlen, Farbigkeiten usw. – sprechen, also über etwas, in dem von uns selbst – so scheint es – nichts vorkommt. Die Sachen, um die es sich hier handelt, haben überhaupt offensichtlich kein Selbst. Wenn wir uns unserem Selbst nähern wollen, so können wir dies nicht über Sachverhalte, sondern nur über Geschichten. Wir selbst sind da nicht gespenstige Beziehungspunkte, die Sachverhalte intendieren, sondern in Geschichten verstrickte konkrete Menschen. Wilhelm Schapp (1981, 269ff) hat den Versuch unternommen, die Philosophische Anthropologie als "Philosophie der Geschichten" darzustellen. Den vierten Teil "Das Wort und die Geschichte" leitet Schapp mit dem Kapitel "Vom stillen Sprechen" ein.

Personen beziehen sich in ihrem Sprechen auf Zusammenhänge, Geschichten, in denen sie zu anderen stehen. Die Menschen sprechen zueinander vorbereitet – zwar nicht so, wie ein Redner – aber doch vergleichbar damit.

> "Jeder, der in Geschichten befangen ist, weiß, wie er hin und her überlegt, einen Schritt vorwärts macht, einen Schritt zurückgeht ... Dies erfolgt im stillen Sprechen, oft besonders eindrucksvoll vor dem Einschlafen. Wenn wir sagen sollten, wie sich dies stille Sprechen dem Umfange nach zum lauten Sprechen verhält, so würden wir sagen, daß von dem gesamten Sprechen noch nicht ein Tausendstel und auch noch nicht ein Zehntausendstel auf das laute Sprechen entfällt. Allerdings verhält sich das leise Sprechen zum lauten Sprechen wie die kürzeste Stenographie zum Schreiben der gewöhnlichen Schrift ... Wir meinen, daß dies laute Sprechen vielleicht nur Wellenkämmen auf dem Meer des inneren leisen Sprechens zu vergleichen ist, daß es irgendwie gelenkt wird von diesem leisen Sprechen, daß es nicht eine Eingebung des Augenblicks ist, sondern 'verwurzelt' ist in vielem und oft wiederholtem leisen Sprechen. Dies laute Sprechen hat aber nicht nur Beziehung zu dem mehr oder weniger weit zurückliegenden leisen Sprechen, sondern ist auch im Augenblick noch, in dem gesprochen wird, getragen von diesem leisen Sprechen, welches ihm auch wieder ... voraus ist ... Wir dürfen nicht so ohne weiteres das laute Sprechen als Fortsetzung, Nachmalung, Wiederholen eines leisen Sprechens hinstellen. Mit dem lauten Sprechen verlieren wir die Gewalt über etwas." (Schapp 1981, 269ff)

Das gesprochene Wort tritt wirksam in den lebendigen Zusammenhang, den Zusammenhang innerhalb der Geschichte oder der Geschichten, in die wir verstrickt oder mit verstrickt sind.

Wir meinen, daß in diesen Ausführungen wichtige Hinweise auf die Bedeutung des inneren Sprechens gegeben worden sind:

- Das innere Sprechen ist wesentlich umfangreicher als das laute Sprechen.
- Das innere Sprechen bereitet das äußere Sprechen und Handeln vor.
- Das innere Sprechen erfolgt im allgemeinen in verkürzter, gleichsam stenographischer Form.

- Das innere Sprechen bereitet nicht nur das äußere Sprechen vor, es begleitet dies auch, trägt es gleichsam.
- Das laute Sprechen ist nicht als einfache Fortsetzung oder Wiederholung des inneren Sprechens anzusehen; es entwickelt im sozialen Kontext eine dialoge Eigendynamik. Wenn ein anderer spricht, sprechen wir leise mit und sind "im Mitsprechen auch schon jeweils etwas voraus auf den Flügeln der Geschichte, auf den Flügeln des Sinnes." (Schapp 1981, 279)

Wenn wir Personen auffordern, Denkaufgaben zu lösen und dann darüber zu berichten, aus welchen Bildern ihre Gedanken sich zusammengesetzt hatten, kann man feststellen, daß sie oft gar nicht sagen können, was in ihnen vorgegangen ist. Sie lösen Probleme, ohne sich ihrer Gedanken bewußt zu sein. Die Kritiker dieser introspektiven Methode mißtrauen den Berichten der Personen, bei denen die Gedanken das einzige Instrument zur Untersuchung ihrer Gedanken bilden.

Der Mentalismus führte zur Gegenbewegung des Behaviorismus, der in der Zeit von 1925 bis 1970 die vorherrschende Richtung der Psychologie war.

Nach dem Behaviorismus konnte man aber nicht zur naiven Introspektion zurückkehren. Es wurden im Zusammenhang mit der Theorie der Informationsverarbeitung neue Methoden entwickelt. Einer der fruchtbarsten Wege ist die *Protokollanalyse*. Man läßt die Person, während sie eine Aufgabe löst, laut aussprechen, was in ihrem Kopfe vorgeht. Jede Äußerung wird registriert und später vom Versuchsleiter ausgewertet.

Die Personen rekapitulieren und kommentieren ihre Gedanken nicht, die ihnen durch den Kopf gehen. Sie fassen solche Gedanken einfach so schnell wie möglich in Worte. Die Protokollanalyse ist langwierig und kompliziert, jedoch um vieles objektiver als das zu Beginn des Jahrhunderts angewandte Verfahren der Selbstbeobachtung.

Allen Newell und Herbert Simon geben in ihrem Werk "Human Problem Solving" (1972) unter anderem folgendes kryptoarithmetisches Beispielproblem:

```
  DONALD
+ GERALD
--------
  ROBERT    Zusatzinformation: D = 5
```

Der Student 53 löste das Rätsel in einer Folge von 311 Aussagen oder laut angesprochenen geistigen Arbeitsschritten. Das Protokoll umfaßt 15 Seiten, seine Auswertung 66.

Die Protokollanalyse ist heute nicht nur auf Problemlösen im engeren Sinne beschränkt. Sie erstreckt sich z. B. auch auf die Erforschung der Operationen beim Erinnern, Schlußfolgern und kreativen Denken.

Die angeführte kryptoarithmetische Aufgabe benötigt zu ihrer Lösung im allgemeinen mindestens eine Stunde. Die idealen Lösungsschritte, die in der Praxis wohl kaum erreicht werden, sind:

1. D = 5, also muß T = 0 sein (mit einem Übertrag zu Spalte 2).
2. Sehen Sie sich Spalte 5 an: O + E = O. Das ist nur möglich, wenn 0 oder 10 zu O addiert werden. Deshalb muß E = 9 (plus ein Übertrag) oder 0 sein. Da aber T bereits 0 ist, muß E = 9 sein (mit einem Übertrag aus Spalte 4).
3. Wenn E = 9, dann muß A in Spalte 3 entweder 4 oder 9 sein (in jedem Fall mit einem Übertrag). E ist aber bereits 9, so daß a = 4 ist.
4. In Spalte 2 ist L + L + Übertrag = R plus Übertrag zu Spalte 3. R muß ungerade sein. Die einzig noch verbliebenen ungeraden Zahlen sind 1, 3 und 7. Aus Spalte 6 sieht man aber, daß 5 + G = R, deshalb muß R größer sein als 5. R muß also 7 sein, dann ist L = 8 und G = 1.

5. In Spalte 4 ist N + 7 = B + Übertrag. Deshalb ist N größer oder gleich 3. Die einzigen noch verbliebenen Zahlen sind 2, 3 und 6. N ist also 3 oder 6. Wäre N aber 3, dann müßte B = 0 sein (T ist aber bereits 0), also ist N = 6. Daraus folgt: B = 3.
6. Jetzt sind nur noch der Buchstabe O und die Zahl 2 übrig, d. h. O = 2.

```
  526485
+ 197485
  ──────
  723970
```

(vgl. Lindsay u. Norman 1981, 421)

Flavell hat in die Kognitive Psychologie das Konzept der Metakognition (metacognition) eingeführt: "Wissen über eigenes Wissen, über eigene kognitive Fähigkeiten und Schwächen, über Besonderheiten der eigenen geistigen Prozesse, aber auch über geistige Aktivität, die sich mit der eigenen kognitiven Ausstattung beschäftigt" (Kluwe 1979, 59; zit. nach Flavell 1976, 231–235).

Es hat sich gezeigt, daß die bewußte Selbstwahrnehmung und Aktivierung grundlegender kognitiver Techniken und Strategien die Gedächtnisleistung, das Problemverstehen und Problemlösungsverhalten, kurz: die kognitive Leistung, beträchtlich fördern können.

4. Die Phänomensynthese im Tätigkeitskonzept

1960 erschien das Buch "Strategien des Handelns" von Miller, Galanter u. Pribram. Hier wird Handlung als strukturiertes Gefüge von zielgerichteten Operationen nachgewiesen. Die Ausführung der Handlung und Koordination der hintereinander und gleichzeitig ablaufenden Teilschritte wird durch Pläne gesteuert. Pläne werden vermittels Operationen verwirklicht. Dabei wird die vorgefundene Situation geprüft und beurteilt (wie weit vom angestrebten Ziel entfernt? Wie weit hat die vollzogene Operation die Diskrepanz von Ziel- und Ist-Zustand verringert?).

Das Verhalten wird also nicht einfach durch Reize der Umwelt ausgelöst. Das aktive Individuum sucht sie auf und verarbeitet sie. Die Ausgangslage wird getestet (T), dann findet die Operation statt (O), diese wird wieder getestet (T) und mit dem Ausgang (Exit) verglichen. Dieses TOTE-Schema ist der Baustein des Handelns. Es ersetzt das behavioristische Reflexmodell und umfaßt die Prüfung der Situation, die Wirkreaktion, die Prüfung der Ergebnisse und eine Rückkoppelung, die die Wirkreaktion so lange auslöst, bis der Sollzustand erreicht ist.

Mit dem Plan ist aber noch ein zweites kognitives Grundelement verbunden, das Bild. Es ist das akkumulierte und organisierte Wissen des Menschen über sich selbst und die Welt, auf die die Handlungspläne und Operationen gerichtet sind. Es ist das Wissen des Menschen über die Wirklichkeit.

Wie Bruner gezeigt hat, gibt es drei Darstellungsmedien für die Erfahrung und das Wissen des Menschen: das Wissen um das Ausführenkönnen einer Handlung (inaktives Wissen), das Wissen, das wir im Wahrnehmen und Vorstellen vergegenwärtigen (ikonisches Wissen) und ein Wissen, das wir uns in Zeichen repräsentieren (symbolisches Wissen).

Es gibt also ein Handlungswissen, das nicht offen und direkt feststellbar, doch verhaltenswirksam ist. Es ist das Können des Menschen, seine Fähigkeiten, mit gewissen Situationen und Gegenständen umzugehen. Dieser Gedanke ist – worauf Aebli besonders hinweist – geeignet, den Dualismus von Denken und Handeln zu überwinden.

> "In welcher Beziehung steht das Handeln, bzw. das Planen von Handlungen, zum (Welt-) Bild? Was verbindet die beiden? ... Überall dort, wo die Strukturen des Handelns mit den Strukturen des bildhaften Wahrnehmens und Vorstellens übereinstimmen und wo wiederum Zeichen zur Verfügung stehen, die den Strukturen des Handelns und des Wahrnehmens/ Vorstellens gemäß sind, ist die Übersetzung ins andere Medium möglich". (Aebli 1980, 61)

Wir fassen handeln als lernendes System auf. Der Aufnahme neuer Informationen folgen Verarbeitungs- und Speicherungsprozesse, die bei entsprechender Herausforderung in den Aktionsorganen mobilisiert werden.

Zwei wichtige Punkte sind bei der Tätigkeit des Menschen wirksam: das Prinzip der Rückmeldung und das Prinzip der Hierarchisierung von Zielen und verhaltenssteuernden Regeln.

Das Rückmeldeprinzip ist die grundlegende Steuerungsmöglichkeit adaptiven Verhaltens bei Tier und Mensch. Annett (1969) weist darauf hin, daß Rückmeldungen besonders deutlich bei kognitiven Prozessen zu beobachten sind, bei denen die Informationsverarbeitung Teil der ausführenden Handlung und des angestrebten Zieles ist. Bei allen Problemlösungen ist die schrittweise Abfolge von Handlungsteilen wichtig. Hervorgehoben und thematisiert wird das Rückmeldeprinzip auch in der Evolutionsstrategie und systematischen Heuristik. Bei zwischengeschalteten Rückmeldeprinzipien können auch trial-and-error-Prinzipien eine Form systematischen Suchens darstellen. (Rechenberg 1973)

In der Systematischen Heuristik wird das Rückmeldeprinzip mit dem weiteren Steuerungsprinzip – dem Hierarchisierungsprinzip – verbunden. (Müller 1970)

Dem hierarchischen Zielkomplex mit seinen Zielen und Teilzielen entsprechen auf der Aktionsseite die Tätigkeiten, Handlungen, Operationen (Teilhandlungen). Der Systemaspekt des Tätigkeitszusammenhanges kommt in Abbildung 1 zum Ausdruck:

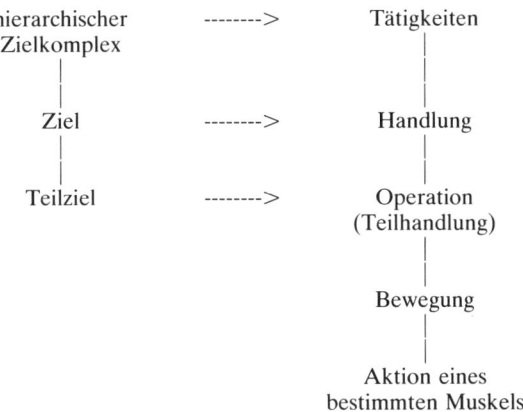

Abb. 1: Der Systemaspekt des Tätigkeitszusammenhangs

24 Die kognitive Wende in der Psychologie

Im Lichte dieser Erörterungen ist der therapeutische Prozeß ein Problemlösungsprozeß. Im Problembegriff sind alle Elemente enthalten, die bei einer Therapie ins Spiel kommen:

(1) Ein subjektiv angestrebtes Ziel,
(2) ein Ausgangszustand an Wissen,
(3) ein Repertoire von zielerreichenden Operationen,
(4) eine "Umbestimmtheit", die die Zielerreichung ohne Wissensneuproduktion nicht möglich macht und
(5) ein Hintergrundwissen, also Wissensbestände, deren Zusammenhang mit den erforderlichen Operationen nicht eindeutig sind.

"Die eigentliche Problemlösung besteht in der Erstellung einer handlungsleitenden Strategie. Gesucht ist also bei einem Problem das Wissen, das zur Regulation des zielerreichenden Verhaltens notwendig ist. Diese Unterscheidung zwischen den zielerreichenden Schritten und dem dafür – in Handlungsplänen organisierten – Wissen ist notwendig, um den Zusammenhang zwischen Wissen und Handeln beim Problemlösen zu analysieren." (Bromme u. Hömberg 1977, 124)

Es fragt sich, welche Mechanismen die Bewegungen des Wissens steuern. Die heuristische Wissensforschung ist bestimmt von

– dem Objekt, das für die Zielerreichung bearbeitet wird,
– dem Ziel,
– alten Erfahrungen mit den jeweiligen Objekten (also von vorhandenem Wissen),
– allgemein vorhandenen Erfahrungen (unabhängig von dem speziellen Problem).

Stets wirken gegenständliche und psychologische Determinanten zusammen.

Die psychologischen Determinanten umfassen nicht nur Strategien, sondern auch subjektive Bewertungshierarchien für Objekte, Bedürfnisse, Einstellungen und Gewohnheiten.

Wenn wir – wie bisher in der Psychologie – von Objekten ausgehen, die auf Subjekte wirken, also von einer zweigliedrigen Beziehung (S-R, Bewußtsein-Umwelt), dann bleibt ein "theoretisches Vakuum zwischen Kognition und Handlung", auf das vor allem Miller, Galanter u. Pribram (1973, 20) hingewiesen haben. Die Lücke zwischen Reiz und Reaktion, Wissen und Handlung wird theoretisch nicht geschlossen.

Dem Ausgang von der Tätigkeitstheorie liegt ein dreigliedriges Schema zugrunde, "welches als Mitglied die subjektgebundene Tätigkeit und deren Bedingungen und Ziele umfaßt und die Beziehungen zwischen ihnen vermittelt" (Leontjew 1973, 415–435).

"Die Tätigkeit vermittelt zwischen dem Subjekt und der Realität (dem Objekt), sie ist dabei einerseits bestimmt durch Gegebenheiten des Gegenstandes, auf den sie einwirkt, und andererseits durch das Subjekt, durch dessen Aktivität sie sich erst konstituiert". (Bromme u. Hömberg 1977, 126)

In dieser Sicht ist der Begriff der Tätigkeit dem der Handlung übergeordnet. Die Tätigkeit realisiert sich in Form von Handlungsserien. Die Handlung als bewußte, willensmäßig gesteuerte und zielgerichtete Aktivität des Subjekts muß in ihrer Abhängigkeit von der übergeordneten Tätigkeit gesehen und interpretiert werden.

Die Tätigkeit des Therapeuten umfaßt u. a. folgende Handlungen: das Studium therapeutischer Literatur, Meinungsaustausch mit Kollegen, die Entscheidung für eine flexibile therapeutische Konzeption, Durchführung einer Problemanalyse des Klienten, Besprechen des Vorgehens und Erläuterung der Therapiekonzeption und des speziellen Therapieplans mit dem Klienten, Festlegung der Zusammenkünfte, Einsatz der "maßgeschneiderten" therapeutischen Interventionen, Erarbeitung von "Hausaufgaben", Registrierung der Fortschritte in der Problemlösefähigkeit und damit im Aktivitäts- und Befindensprofil.

Abschließend sollen die wichtigsten Eigenschaften der in verschiedenen Tätigkeitsmustern eingebetteten Eigenschaften angeführt werden. Wir beziehen uns dabei auf die Arbeit von Volpert (1974, 18 ff). Nach Volpert sind vier Eigentümlichkeiten der Handlung hervorzuheben: die Bewußtheit, die Zielgerichtetheit, die Rückmeldung und die hierarchisch-sequentielle Organisation.

(1) Bewußtheit des Handelns

Die Begriffe "Bewußtsein" und "Bewußtheit" bezeichnen ein wesentliches menschliches Phänomen, das durch zwei Bezüge gekennzeichnet ist: Gegenstände, Dinge, Sachverhalte, kurzum Welt auf der einen, Subjektivität, Ich, Selbst auf der anderen Seite. Die Gegenstandsbezogenheit erfassen wir mit dem Begriff Intentionalität, die Selbstbezogenheit mit dem Begriff Reflexivität.

Wenn wir dem Handeln Bewußtheit zusprechen, dann meinen wir nicht, daß es stets im "Blickpunkt des Erlebens" steht. Neben diesem zentrierten Bewußtsein (Zentralbewußtsein) gibt es das randständige Bewußtsein (Randbewußtsein oder Mitbewußtsein), dessen Inhalte der Reflexion zugänglich sind.

(2) Zielgerichtetheit

Handlungen sind auf ein Ziel bzw. einen hierarchischen Zielkomplex gerichtet. Handlungen vollziehen sich anhand von Plänen. Miller, Galanter u. Pribram (1973) gebrauchen analog zu dem Begriff des Ziels den des Plans. Ziele sind dem Verhalten vorgeordnet. Sie können ein relativ variables Verhalten steuern. Es besteht eine Interdependenz zwischen Ziel und Ausführung. Dies zeigt sich darin, daß bei der Vorwegnahme des Ziels, also beim Aufstellen eines Plans, fast immer auch eine Vorwegnahme der Realisierungsbedingungen enthalten ist:

– Ziele und Pläne steuern die Handlung; dies zeigt sich deutlich beim Problemlösungsvorgang.
– Ziele sind auch Vergleichsmuster für die fortlaufende Kontrolle der Handlung.

(3) Rückmeldung der Handlung

Da das Ziel als Vergleichsmuster der Handlung funktioniert, kommt die Kontrolle durch Rückmeldung hinzu. Miller, Galanter u. Pribram (1973, 29ff) haben das S-R-Paradigma kritisiert und darauf hingewiesen, daß ein psychologisches Modell eine Rückkoppelungsschleife enthalten muß. Sie nennen das Modell die *TOTE*-Einheit nach der Handlungsfolge *Test-Operate-Test-Exit*, wobei jeder Handlungsphase (opera-

26 Die kognitive Wende in der Psychologie

te) eine Prüfungsphase (test) folgt, in der das Ergebnis der Handlungsphase auf seine Kongruenz mit dem angestrebten Sollzustand überprüft und das Ergebnis rückgemeldet wird.

Bei Kongruenz führt die Handlung zur Beendigung (exit) und bei Inkongruenz zu einem neuen Durchlauf.

Hacker (1973, 104ff) hat dieses Modell etwas abgeändert (Abb. 2). Er bezeichnet es als "Veränderungs-Vergleichs-Rückkoppelungseinheit" (VVR-Einheit) und weist darauf hin, daß hier kein nach außen abgeschlossener Prozeß vorliegt, sondern ein für Führungsvorgaben und Umwelt- (z. B. Produkt-)Rückwirkungen offener Kreisprozeß. In der Handlung muß nach Hacker zwischen Vergleichs- und Veränderungsvorgängen unterschieden werden. Durch die Hereinnahme der Umwelt in das Modell (Abb. 3) wird erst die "gegenständliche Seite" des Problems theoretisch bzw. modellmäßig reflektiert.

Abb. 2: Veränderungs-Vergleichs-Rückkoppelungseinheit (aus Hacker 1978, 92)

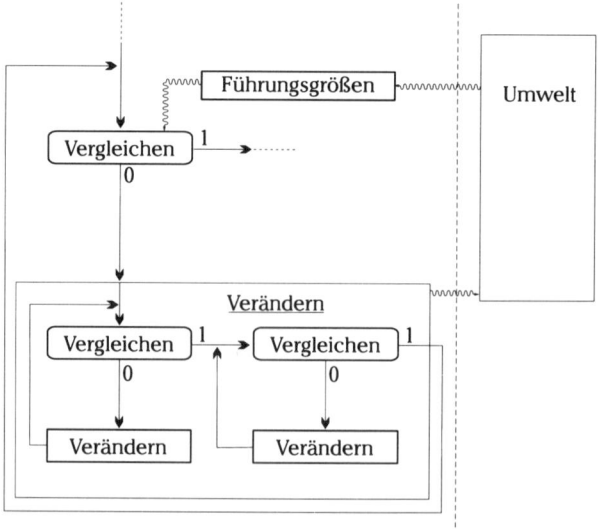

Abb. 3: Schematische Darstellung der hierarchischen Struktur einer VVR-Einheit unter Berücksichtigung des Bezugs der Vergleiche auf Führungsgrößen aus dem OAS, insbesondere auf Ziele (als angesteuerte Resultate und Vergleichsmuster) und der Veränderung der Umwelt durch die Produkterzeugung (modifiziert nach Miller, Galanter u. Pribram 1973; aus Hacker 1978, 93)

(4) Hierarchisch-sequentielle Organisation des Handelns

Die elementare Analyseeinheit der psychologischen Handlungstheorie ist die TOTE- oder VVR-Einheit. Es stellt sich die Frage, wie diese Einheiten miteinander verknüpft sind. Es handelt sich dabei sicher nicht, wie der Behaviorismus annahm, um eine lineare Verkettung $S_1 - R_1 - S_2 - R_2 \ldots$ Wir müssen ein Modell des Handelns annehmen, das gleichzeitig neben deren sequentiell verlaufender Ausführung der Handlungselemente die hierarchische Organisation eben dieser Elemente enthält, so daß die Handlung sowohl "von links nach rechts" als auch "von oben nach unten" betrachtet werden kann. Das Prinzip der hierarchischen Ordnung ist dem Prinzip der linearen Ordnung übergeordnet; letztere Ordnung ist nur durch erstere erklärbar. Die Sequenz der Einzelhandlung wird durch die hierarchische Handlungsorganisation überformt. Volpert (1974, 33) veranschaulicht diese Verhältnisse durch das in Abb. 4 dargestellte Modell.

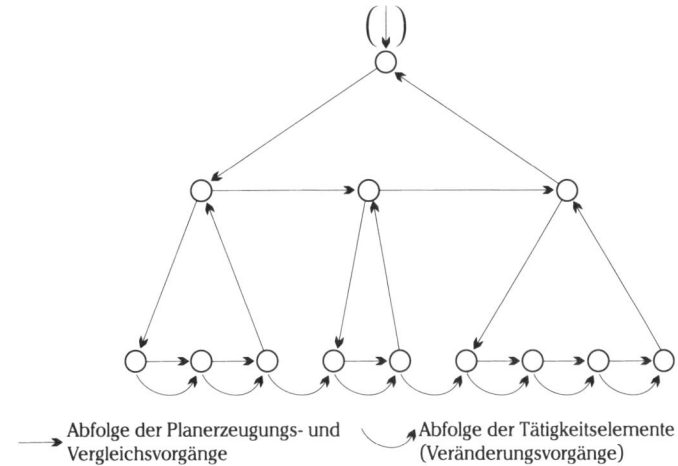

Abb. 4: Die hierarchisch-sequentielle Struktur der Tätigkeit (aus Volpert 1974)

Dieses Tätigkeits-Konzept (TK) hat verschiedene Vorzüge:

1. Das TK vertritt die These von der grundsätzlichen Aktivität des problemlösenden Subjekts, wie sie vor allem auch von der modernen Kognitiven Psychologie betont herausgestellt wird. Gegenüber dem reaktiven Verhalten nach dem Modell des Reflexgeschehens stellt das TK das zielgerichtete Verhalten gemäß dem Modell menschlicher Arbeit, die zur Herstellung eines bestimmten Produkts dient, in den Mittelpunkt.

> "Während wir im Zusammenhang mit reaktivem Verhalten seine Abhängigkeit von vorangegangenen Ereignissen betonen, unterstreichen wir bezüglich der Tätigkeiten die Bedeutung dessen, was erst eintreten wird. Das reaktive Verhalten dauert so lange, wie die Reize einwirken, während das zielgerichtete Verhalten im Moment der Zielerreichung abgeschlossen ist. Der Mensch, der sich reaktiv verhält, ist durch etwas 'getrieben', während der Mensch, der eine Tätigkeit ausübt, zu etwas strebt ... Reaktives Verhalten läßt sich in der Regel mit Hilfe der Formel S-R darstellen, wobei S das Symbol für den Reiz oder die Reizsituation und R das

28 Die kognitive Wende in der Psychologie

Symbol für die Reaktion des Menschen ist. Entsprechend kann man zielgerichtetes Verhalten mit der Formel A-E beschreiben, wobei A die Aufgabe oder die Aufgabensituation und E das Ergebnis der Tätigkeit symbolisieren, durch die die Aufgabe realisiert wurde ... Die Verbindung beider Steuerungsprinzipien der menschlichen Tätigkeit, die auf der Unterordnung des S-R-Prinzips unter das A-E-Prinzip beruht, kann man mit Hilfe einer zusammengesetzten hierarchischen Formel ausdrücken: A(S-R)E, in der der S-R-Mechanismus im Rahmen des höher organisierten A-E-Mechanismus funktioniert." (Tomaszewski 1981, 16, 21, 22)

2. Das TK löst auch theoretische Probleme, die mit dem Verhaltensbegriff im Sinne der behavioristischen S-R-Relation verknüpft sind. Diesen Aspekt betont Gleiss (1975, 445) in ihrer Abhandlung über "Verhalten oder Tätigkeit":

"Tätigkeit ... ist immer sowohl an ein Subjekt gebunden als auch an Gegenstände der objektiven Realität. Tätigkeit bezeichnet damit im Gegensatz zum behavioristischen Verhaltensbegriff keine rein subjektive Erscheinung ... Tätigkeit ist vielmehr die an den Gegenstand gebundene und durch ihn bestimmte Beziehung zwischen dem aktiv handelnden Subjekt und seiner Umwelt."

3. Das TK trägt sowohl der subjektiv-psychologischen als auch der gegenständlichen Determination der problemlösenden Tätigkeit Rechnung. Tomaszewski hebt als die zwei wesentlichen Merkmale zielgerichteten Verhaltens seine Gerichtetheit und seinen gegenständlichen Charakter hervor und unterstreicht dies auch terminologisch.

"Wenn uns lediglich der gerichtete Verlauf des Verhaltens interessiert, sprechen wir von Tätigkeiten; wenn wir jedoch auch den gegenständlichen Charakter der Tätigkeiten unterscheiden wollen, sprechen wir von Handlungen. Tätigkeiten treten aus der allgemeinen Aktivität des Menschen durch ihre innere Struktur hervor." (1981, 17)

4. Das TK erklärt die komplexe Steuerung der Tätigkeit. Während das reaktive Verhalten hauptsächlich nach dem energetischen Prinzip organisiert und gesteuert wird, also mehr automatisierten Charakter hat, folgt das zielgerichtete Verhalten hingegen hauptsächlich dem Informationsprinzip, d.h., es hat einen sinnbildenden Charakter. Menschliche Tätigkeiten sind danach auf zwei Niveaus energetisch-informativ organisiert. Die energetischen Mechanismen sind für den Ablauf kognitiver Prozesse notwendig; sie sind aber der inhaltlich-informativen Ausrichtung untergeordnet. Die

"gefundenen und zusammengestellten Daten zum Thema kognitiver Inhalte, die den Verlauf zielgerichteten Verhaltens steuern, lassen sich in ihrer allgemeinsten Aussage auf ein sehr allgemeines dreiteiliges System zurückführen. Dieses System kann die Form eines Dreiecks annehmen, in dessen Winkeln drei kognitive Hauptkategorien unterschieden werden, in denen sich jede Perzeption der Aufgabensituation als Ganzes oder aber auch ihrer verschiedenen Elemente und Aspekte vollzieht. Diese Kategorien entsprechen drei Arten von Fragen, auf die wir in Aufgabensituationen Antworten suchen und denen entsprechend unsere Aktivität in diesen Situationen verläuft. Diese drei Fragen sind folgende: Wie ist es, wie sollte es sein und wie kann es sein? ... Unabhängig davon, welche Elemente ... in einem kognitiven System die zentrale oder dominierende Stellung einnehmen, kann jedes von ihnen gesondert, wie auch die Ganzheit der Situation, zu der sie gehören, hauptsächlich unter einem der von uns unterschiedenen drei Aspekte R, M oder W gesehen werden. Die Menschen können sich also bei ihrer Art, die Welt zu sehen, vor allem dafür interessieren, 'wie es ist', indem sie der Welt gegenüber die Position von Beobachtern, Berichterstattern oder 'Kiebitzen' einnehmen. Sie können auch aus der Sicht dessen, 'wie es sein sollte', auf die Welt sehen, d.h. eher eine fordernde oder moralisierende Position einnehmen, oder aber aus der Sicht dessen, 'was möglich ist', indem sie eine vorsichtige, assekurierende Position einnehmen." (Tomaszewski 1981, 24 u. 30f)

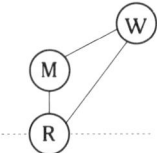

Abb. 5: Schema des Systems kognitiver Inhalte in einer Situation
(W = Wert, R = Realität, M = Möglichkeit).
(Aus Tomaszewski 1981, 24)

Die Ausführungen zum TK haben deutlich gemacht, daß das zweigliedrige Reiz-Reaktions-Schema unzureichend ist. Vor allem kann es nicht den für eine Therapie wichtigen Übergang von Einsicht und Wissen zum Tätigsein und Handeln zureichend erklären. Das Tätigkeitskonzept ist wegen seiner Berücksichtigung struktureller, dynamischer und ordnungspsychologischer Variablen als Systemkonzept zu bezeichnen.

Auf die bisher zögernde Aufnahme des Tätigkeitskonzeptes in die psychologische Theorienbildung machen zwei Abhandlungen in der Mitte der sechziger Jahre aufmerksam: Gleiss, I.: Verhalten oder Tätigkeit? Das Argument 17, 1975, 440–456; Maiers, W.: Normalität und Pathologie des Psychischen. Das Argument 17, 1975, 457–493.

5. Die Regulationstheorie der Persönlichkeit

In unserer Darstellung stützen wir uns auf die von Janus Reykowski entwickelte Persönlichkeitstheorie. Sie scheint uns mit ihren grundlegenden Annahmen und Begriffen am besten zu dem in dieser Arbeit herausgestellten Verhalten zu passen.

Wir unterscheiden zwischen reaktivem Verhalten, das durch Reize gesteuert wird, und zielgerichtetem Verhalten, das durch Aufgaben gesteuert wird. Die bereits dargestellte Tätigkeitstheorie konzentriert sich auf die Analyse dieses zielgerichteten Verhaltens.

"Das zielgerichtete Verhalten strebt nach der 'Lösung von Situationen', seine inhaltliche Eigenheiten hängen vom Bild des Subjektes über die Situation ab. Die konkreten Prozesse der Herausbildung dieses Bildes und der Steuerung von Tätigkeiten sind auf der einen Seite eine Funktion aktueller und stabiler Eigenschaften von Situationen, in denen die Tätigkeiten ablaufen, und auf der anderen Seite eine Funktion der inneren Organisation des Subjektes. Es handelt sich um eine 'elastische' Organisation, die verschiedenen Veränderungen in Abhängigkeit von sich ändernden Umweltbedingungen unterliegt. Dabei erhält sie jedoch eine ihr eigene stabile Ordnung ... Die Regulationstheorie der Persönlichkeit stellt einen Versuch dar, diese Ordnung abzubilden." (Reykowski 1981, 55)

Das theoretische Modell soll die Ordnung und Organisation menschlicher Tätigkeit erklären und gleichzeitig die Besonderheit des menschlichen Individuums, seine Individualität aufzeigen. Bei der Entwicklung der Persönlichkeit spielen spezifische Fähigkeiten des zentralen Nervensystems eine führende Rolle. Es werden funktionale Systeme hoher Komplexität und Kompliziertheit ausgebildet; dies aber nicht nach einem internen biopsychischen Reifungskonzept, sondern in Interaktion mit der sozialen Umgebung.

"Für die Entwicklung der Persönlichkeit ist die Teilnahme an der gesellschaftlichen Tätigkeit unumgänglich. Die Persönlichkeit stellt ein System dar, dessen spezifische Existenzform im Informationsaustausch mit der Umwelt und in der Transformation von Information in praktische Tätigkeit besteht. Eine Behinderung oder Unterbindung dieses Informationsaustausches führt zu Störungen der Persönlichkeit oder zu ihrer Vernichtung." (Reykowski 1981, 55)

Schon früh bildete sich beim Menschen in der Interaktion mit der Umwelt eine hohe Regulationskonstanz. Es entwickelte sich die Fähigkeit, Regulationstätigkeiten zu koppeln und zu integrieren. Es entwickelte sich ein kognitives Netz. Diese Instanz ist das Produkt von Aufzeichnungen systematisierter und verdichteter Erfahrungen des Individuums bezüglich der Organisation und Ordnung der Umwelt.

Das kognitive Netz repräsentiert in bildhaften und symbolischen Formen die Ordnung im Bereich der psychischen und sozialen Umwelt. Innerhalb des kognitiven Netzes sind zwei Funktionsbereiche zu unterscheiden, das operative Netz und das Wertenetz.

Das operative Netz repräsentiert die tatsächlichen Relationen der Objekte und ermöglicht Transformationen, die zur Aufdeckung und zur Formulierung von Voraussagen nichtzugänglicher oder beobachtbarer Eigenschaften der Gegenstände führen. Das Wertenetz repräsentiert die Ordnung hinsichtlich des Wertes, der den Objekten (Situationen, Erscheinungen) beigemessen wird.

Das operative Netz, das Reykowski auch als das Netz der deskriptiven Relationen bezeichnet, spiegelt die Struktur und Wechselbeziehungen der physischen und sozialen Objekte wider. Es enthält eine Aufzeichnung ihrer räumlichen und zeitlichen Ordnung, ihrer Eigenschaften, ihrer Zusammenhänge von Ursache und Wirkung, der Wahrscheinlichkeit ihrer Veränderungen. Eine besondere Rolle spielen die Relationen zwischen Menschen und Sachverhalten, zwischen Menschen und Institutionen. Diese Aufzeichnung kann man auch als "Karte" bezeichnen, die die Organisation des gesellschaftlichen Lebens und seiner Inhalte repräsentiert.

Der Ausdruck "Karte" legt eine statische Registrierung der Relationen nahe. Es ist aber mehr. Die Aufzeichnungen sind Produkt der Interiorisation äußerer Tätigkeiten, die zu Veränderungen des angeeigneten Materials führt. Die Transformationen im operativen Netz haben nicht nur reproduktive Funktion (Wiedergabe tatsächlicher Gegebenheiten), sondern auch produktive Funktion (Herausbildung neuer Konfigurationen). Das operative Netz kann diese beiden Aufgaben nur erfüllen, wenn der Zufluß entsprechender Informationen abgesichert ist. Zur Aufrechterhaltung des Gleichgewichts innerhalb des operativen Netzes muß das Informationsdefizit ständig ergänzt werden; zugleich muß die Abstimmung der sich im Psychischen herausbildenden Repräsentation mit dem, was tatsächlich gegeben ist und vor sich geht, vorgenommen werden. Wo diese Abstimmung nicht gegeben ist, entwickelt sich eine kognitive Dissonanz. (Berlyne 1974)

Das Wertenetz bildet eine Anordnung kognitiver Elemente durch den ihnen beigemessenen Wert. Das Subjekt organisiert die Objekte und Erscheinungen nicht nur nach ihren objektiven Relationen, sondern auch nach ihrer subjektiven Bedeutung. Im Wertenetz werden die Gegenstände nach ihrer Wichtigkeit und nach ihren Valenzen geordnet.

Die Bedeutung, die das Subjekt den Gegenständen und Tätigkeiten beimißt, hängt von drei Bedingungen ab:

Einmal davon, wie weit diese Gegenstände und Tätigkeiten für die Befriedigung der persönlichen Bedürfnisse von Belang sind, d. h., wie weit sie in der bisherigen Erfahrung zu ihrer Befriedigung bzw. Erfüllung beigetragen haben, Spannungen gelindert, positive Emotionen ausgelöst haben und so zu Erwartungsgewohnheiten geworden sind.

Die Wertbeimessung hängt andererseits von den inneren Eigenschaften des Wertenetzes ab. Je zentraler die Gegenstände und Tätigkeiten in diesem Netz verankert sind, je entwickelter ihre Repräsentation dem Individuum erscheint und je kohärenter das System ist, das sie schafft, desto größer ist ihr Wert. Solche Verankerung und Plazierung ist eine Funktion der Erfahrung des Individuums, und diese ist abhängig von der Kultur, in der das Leben des Individuums verläuft.

Drittens – und dies ergibt sich aus den vorausgehenden Erörterungen – erlangen die Gegenstände und Tätigkeiten auch einen Wert dadurch, daß die Gesellschaft, in der das Individuum lebt, diese Werte in bestimmter Weise einschätzt.

Im kognitiven Netz werden im Prozeß der Integration gewisse Regeln der Anordnung von Ereignissen herausgebildet, Wertungsskalen zweierlei Typs: der Wichtigkeit und der Valenz. Einmal erhalten die Gegenstände und Tätigkeiten im Netz einen mehr oder weniger zentralen "Platz", zum anderen wird auch einem bestimmten Zustand des Gegenstandes oder einer Eigenschaft von Tätigkeiten ein Wert beigemessen. Wichtig erscheint uns noch der Hinweis Reykowskis, daß die im Wertenetz verteilten Werte nicht nur einen Wert haben, sondern auch gleichzeitig Werte sind.

"Ein Wert sein bedeutet hier, daß die Repräsentation des Objektes ein stabiles System ist, dem Standards des gewünschten Zustandes zugeschrieben werden. Der gewünschte Zustand ist ein solcher Zustand, dessen Lage auf den Wertskalen höher ist als beim gegenwärtigen Zustand. Die Differenz zwischen Wirklichkeit und diesen Standards ist die Quelle der Motivation. Diese Motivation regt zur Beseitigung der Differenz an. Die Größe der Motivation hängt dabei von den Eigenschaften der gegebenen Struktur und vom Grad ihrer Erregung (ihrer Divergenz) ab. Wir gehen davon aus, daß die zentraler gelegenen Strukturen, also die wichtigeren, ein höheres Regulationspotential aufweisen, also die Ursache für stärkere Motive sein können." (1981, 58f)

Die beiden Ordnungen von Erfahrungen, die im kognitiven Netz wirksam sind – die operative und wertende Ordnung – stellen nicht zwei unterschiedliche Bereiche des Netzes dar. Sie sind zwei Prinzipien der Funktion derselben Ganzheit. Die Ordnungsunterschiede haben bestimmte Folgen bei der Regulation:

Operatives Netz	Wertenetz
Erkennen objektiver Eigenschaften der Gegenstände	Einschätzung der Bedeutung von Gegenständen
Ergebnis: Den Gegenständen werden bestimmte Eigenschaften (bzw. Standorte) zugeschrieben.	Ergebnis: Die Bewertung der Gegenstände erfolgt nicht nur im Hinblick auf das Subjekt, sondern auch im Hinblick auf andere Subjekte.

Der Prozeß der Informationsverarbeitung

strebt nach logischer und inhaltlicher Kohärenz, d. h. Übereinstimmung mit der Erfahrung = deskriptive Regeln der Informationsverarbeitung.	verfolgt das Ziel, affektive Informationsbedeutungen aufeinander abzustimmen = affektive Regeln der Informationsverarbeitung.

Die Repräsentationen der Objekte treten als Systeme auf,

für deren Gleichgewicht der Zufluß entsprechender Informationen erforderlich ist.

Defizit oder Nichtkohärenz der Informationen ist ein Faktor, der eine Motivation zur Erlangung neuer Informationen oder zur Beseitigung der Nichtkohärenz hervorruft.

denen die Rolle von Standards des gewünschten Zustandes beigemessen wird.

Divergenzen zwischen den Standards und den faktischen Tatbeständen sind Ursache von Motivationen zur Beseitigung dieser Divergenzen (im Hinblick auf die Durchführung entsprechender Handlungen).

Das kognitive Netz ist kein homogenes System. Es enthält Strukturen gemäß den verschiedenen Erfahrungsbereichen und verschiedenen Gegenständen.

Besondere Bedeutung haben die Strukturen, die das Produkt von Realisation sind, die von der eigenen Person hervorgerufen sind. Sie bilden sich durch den Verlauf und die Ergebnisse eigener Tätigkeiten und die Bewertungen und Einschätzungen der Umgebung, die an die Adresse des Subjekts gerichtet sind. Die Integration dieser persönlichen Erfahrungen im kognitiven Netz führt zur Schaffung der Ich-Struktur. Sobald der Mensch lernt, sich von der Umgebung zu unterscheiden, die Ergebnisse eigener Tätigkeiten von den Resultaten äußerer Reaktionen zu trennen, und lernt, sich selbst zu werten, also ab dem zweiten Lebensjahr, arbeitet er seine Ich-Struktur aus. Die Ich-Struktur spiegelt sich im Eigenmacht- und Selbstwertgefühl. Im Selbstwertgefühl orientiert sich das Individuum über sich selbst und die eigenen Handlungen; es ist auch eine Quelle von Motiven.

Weiter haben vor allem noch solche Strukturen eine Regulationsfunktion, die wesentliche Inhalte der sozialen Umwelt repräsentieren: bedeutsame Personen, besondere gesellschaftliche Institutionen, Systeme allgemeiner Überzeugungen. Diese haben appellativen Charakter. Das Individuum entwickelt Vorstellungen und Begriffe über gewünschte Zustände. Diese werden zum Ziel von Tätigkeiten und Tätigkeitsprogrammen. Einige von ihnen werden fest in der Persönlichkeit verankert. Sie bilden sich zu individuellen Verhaltensstilen mit Anpassungs- und Bewältigungsfunktion aus. – Eine Grundbedingung persönlicher Existenz

> "ist die Aufrechterhaltung des Aktivitätszustandes, die durch den ständigen Zufluß von Stimulationen aus der Umgebung oder aus den eigenen Tätigkeiten möglich ist. Somit ist der 'Bedarf an Stimulation' ein grundlegender Bedarf der Persönlichkeit. Die Größe dieses Bedarfs ist von bestimmten Temperamentseigenschaften, von den Entwicklungsbedingungen in der frühen Kindheit, vom jeweiligen Zustand des Organismus und von den Merkmalen der Umgebung abhängig (Stimulationssättigung). Der Mensch lernt die Methoden zur Kontrolle der Stimulationseinflüsse." (Reykowski 1981, 60)

Als Folge der Herausbildung inhaltlich differenzierter kognitiver Strukturen entwickelt der Mensch neben dem unspezifischen einen spezifischen Bedarf an Informationen. Dieser Informationsbedarf bildet die Grundlage differenzierter Bedürfnisse und Motive. Die Informationen werden in der Beziehung des Menschen zur Außenwelt empfangen. Sie zeigen ihm zugleich, welchen Platz er innerhalb der Gruppe und Gesellschaft innehat. Neben der Beziehung zur Außenwelt spielt auch der Erwerb ideeller Systeme eine besondere Rolle. Auch diese sind eine Quelle von Motiven, die zu ihrer Bestätigung oder Praktizierung anregen.

Die kognitiven Strukturen haben – wie schon angedeutet – nicht nur reproduktive, sondern auch produktive Funktion, generative Fähigkeiten, Fähigkeiten zur Schaffung neuer Konfigurationen. Diese können, wenn ihnen ein Wert beigemessen wird, eine Quelle der Motivation sein, die das Individuum zur praktischen Realisierung dieses Wertes anregt. Im übrigen drängen verschiedene Entwicklungstendenzen das Individuum zu Wachstum und Erweiterung, zur Suche nach Neuem und zur Ausführung neuer Handlungen.

Die Regulationstheorie der Persönlichkeit weist in ihrer Analyse immer wieder auf die Bedeutung sozialer Beziehungen hin, so daß es den Anschein hat, die Persönlichkeit sei als System ein soziales Produkt. Reykowski betont, daß damit nur ein Aspekt der Persönlichkeit gekennzeichnet wird.

> "Gleichzeitig aber stellt die Persönlichkeit in bezug auf die generativen Eigenschaften des kognitiven Netzes keine Rekonstruktion dieser Reaktionen, unter deren Einfluß sie entstanden ist, dar. Sie ist eine neue, nicht auf diese Erfahrung reduzierbare Ganzheit. Diese Eigenschaft zeigt sich im schöpferischen Wirken und in der Veränderung der Welt ... In diesem Sinne ist die Differenzierung der Persönlichkeit eine Funktion sozialer Bedingungen, in denen das Individuum geformt wurde, des individuellen Lebensschicksals und der eigenen autokreativen Aktivität." (1981, 61)

Die angeführten Systeme der Persönlichkeit sind nach Regeln organisiert. Ihre Aufdeckung führt zur Kenntnis allgemeiner Prinzipien der Formierung der Persönlichkeit, der spezifischen Eigenschaften des sozialen Lebens und der individuellen Lebensschicksale. Die Reflexion auf diese Prinzipien erschließt uns damit auch Abweichungen und Deformierungen der Persönlichkeit und des sozialen Lebens und Strategien förderlicher Korrekturen.

6. Die produktive und reproduktive Funktion des menschlichen Wissens

Der Erwerb von Kenntnissen führt zur Entstehung zweier verschiedener Fertigkeiten: der Fertigkeit der Reproduktion oder Rekonstruktion von Kenntnissen aus dem Gedächtnis sowie der Fertigkeit der Bildung und Auswahl von Informationen in neuen Situationen. Die erstgenannte Fertigkeit wird im folgenden als R (Fertigkeit mit reproduktivem Charakter) und die andere als P (Fertigkeit mit produktivem Charakter) bezeichnet.

Die beiden Fertigkeiten stehen im allgemeinen in Wechselbeziehung bzw. Kovarianz: Je höher die R (Kenntnis der Terminologie, einzelner Fakten oder verbindlicher Klassifikationen) um so höher auch P (Extrapolieren, Synthetisieren von Elementen zu neuen Ganzheiten, Interpretation und Einschätzung neuer Informationen). Je mehr Kenntnis ein Individuum sich aneignet und speichert, desto breiter sind die Grundlagen für die Aufstellung von Hypothesen, Verallgemeinerungen und für das Entdecken neuer Relationen.

Die Proportion zwischen diesen Fertigkeiten kann in Abhängigkeit von Lernbedingungen verschiedene Varianten aufweisen: So entspricht unter Streßbedingungen oft der hohen R eine relativ niedrige P. Vorhandenes Wissen kann in solcher Situation meist gut routinemäßig reproduziert und genutzt werden. Die Fähigkeit zur Transformation und zur nichtstereotypen Nutzung des Wissens ist jedoch gehemmt.

Wenn ein Lerngegenstand ein nach bestimmten Regeln geordnetes Material ist, tritt oft eine gegenteilige Wirkung ein. Das Individuum kann eine im Material behandelte

Regel für die Lösung neuer Aufgaben anwenden, erreicht also eine hohe P; während es bei der Reproduktion des gleichen Materials Schwierigkeiten hat. Maria Materska, auf deren Arbeit hier eingegangen wird, hält die drei möglichen Proportionen zwischen R und P in einem graphischen Bild (Abb. 6) fest. Als Modell verwendet sie die um die Vergessenskurve verlängerte klassische Lernkurve (Materska 1981, 124).

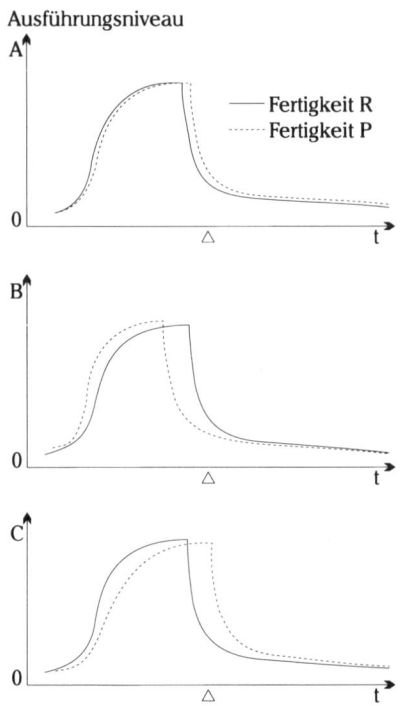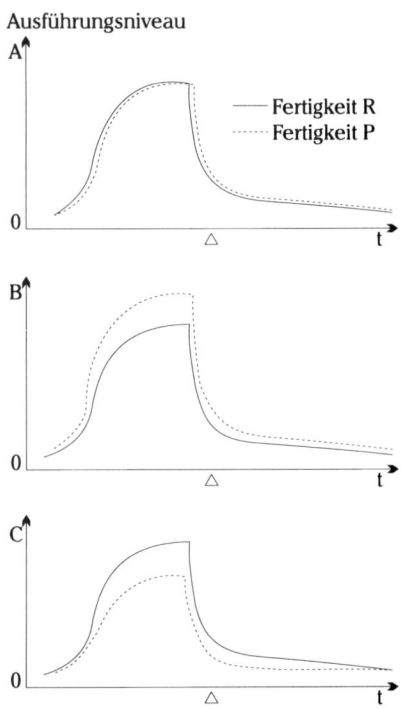

Abb. 6: Moment, in dem die Fertigkeitsübung R abgebrochen wird; Situation A: "normal"; Situation B: günstig, z. B. entsprechend organisiertes Material; Situation C: ungünstig, z. B. Streßsituation (aus Materska 1981)

Abb. 7: Moment, in dem die Fertigkeitsübung R abgebrochen wird; Situation A: Entwicklung von P proportional zu R; Situation B: Entwicklung von P geht R voraus; Situation C: Entwicklung von P im Vergleich zu R verzögert (aus Materska 1981)

Die bisherigen Verläufe sind noch mehr oder weniger kovariant. Es gibt nun auch Beispiele, wo die Beziehungen zwischen R und P nicht-kovariant sind, wo sich also das Maximum von P nicht mit dem Maximum von R deckt.

P kann sich später als R entwickeln. Aus der Kreativitätsforschung wissen wir, daß nach Ablauf der Lern- und Studienphase oft eine Leerphase eintritt, in der einem nichts Neues und Weiterführendes einfällt. Die Daten im Umkreis des Problems werden partiell vergessen. Es kommt zu einigen spontanen Reorganisationen, originellen

Assoziationen und schließlich zur Lösung des Problems. – Wir vergessen vieles Schulwissen, so daß wir nach mehrjähriger Pause weniger als die Hälfte der Termini und Daten wissen. Doch vermögen wir neue Daten zuverlässiger als früher zu interpretieren und Probleme des Fachbereichs gezielter, also schneller und ökonomischer, zu lösen.

Materska weist auf Untersuchungen von Katona hin (1949), bei denen Personen lange und komplizierte Zahlensequenzen behalten sollten. Die Sequenzen waren nach bestimmten Regeln geordnet. Wer in der Anfangsphase des Lernens diese Regeln erfaßte, konnte von sich aus eine größere Anzahl neuer Folgen bilden. Die P entwickelte sich hier schneller als die R. Neben der Kovarianz gibt es also einerseits ein Nachhinken und andererseits ein Vorauseilen der P vor der R. Wir müssen also eine relative Autonomie der P im Verhältnis zur R annehmen (Abb. 7).

Da die Situationen, in denen Kenntnisse produktiv genutzt werden, selten mit ihrer maximalen Beherrschung im Gedächtnis konvergieren, z. T. nach, z. T. vor dem Maximum liegen, können wir das erreichte Niveau von P nur durch mehrere Stichproben vor und nach dem maximalen Kenntniserwerb kontrollieren.

Didaktisch und therapeutisch sollten Einsichten variabel vermittelt werden, die Selbsterfahrung begleitend, aber auch nach der Erfahrung – hier gleichsam das Regel- und Prinzipienresümee ziehend. Wirksam und förderlich kann es aber auch sein, eine Grundregel bzw. -einsicht vorher theoretisch zu bringen und zu begründen und diese dann in den kommenden Verhaltens- und Erfahrungsübungen zu testen bzw. bestätigend zu festigen.

Die relative Autonomie der Fertigkeit produktiven Denkens (P) wurde bisher vorwiegend im Lichte der Gewohnheitskonzeption im Zusammenhang mit der Generalisierung gesehen. Es setzt sich aber immer mehr die Auffassung Bruners durch, der die P aus den Funktionen des Kodesystems ableitet.

"Die Konzeption der Generalisierung von Reizen erklärt das produktive Denken in den Kategorien der Übertragung erlernter Reaktionen aus der Situation, in der sie angeeignet wurden, auf andere Situationen, die sich durch eine gewisse Ähnlichkeit auszeichnen." (1981, 134)

Nach Berlyne (1965) ist das Denken dieses Typs vorwiegend reproduktiv. Es kann allerdings auch sehr nützliche Resultate bringen, z. B. wenn man Laser, die ursprünglich für die Metallbearbeitung Anwendung fanden, für die Durchführung chirurgischer Eingriffe nutzt.

Das reproduktive Verhalten ist Reaktion auf einen Reiz in einer gegebenen dominierenden Hierarchie. Das produktive Verhalten besteht in der Selektion der übrigen Reaktionen. Dieses Verhalten kann sich am besten entfalten, wenn die Reaktionen eine niedere Stufe in der Hierarchie einnehmen. Produktivität ist danach nichts anderes als das Auftreten von Reaktionen, die eine geringe Auftretenswahrscheinlichkeit haben.

Die Gewohnheitskonzeption des produktiven Denkens ist ziemlich inhaltsleer. Vor allem vermag sie nicht die Beziehung von reproduktiven und produktiven Verhaltensweisen zu erklären. Dies gelingt der Konzeption der Kodesysteme von Jerome S. Bruner (1973). Diese Konzeption basiert auf der Annahme, daß jedes Lernen unter normalen Bedingungen zur Entstehung zweier Produkte führt: zur Gewohnheit und zum Kodesystem. Die Gewohnheit ermöglicht die Reproduktion von Reaktionen, das Kodesystem dagegen die Modifizierung der Reaktionen und ihre Übertragung auf neue Systeme. Zugleich dient das Kodesystem dem Subjekt dazu, die Informationen über die Außenwelt zu gruppieren und zu ordnen, taxonomische, probalistische und kausale Relationen zwischen den Elementen der Wirklichkeit abzubilden. Mit Hilfe dieser Relationen werden neue Daten erschlossen, die sich bisher nicht in der Erfahrung des Subjekts befanden.

Das Funktionieren der Kodesysteme kann auf verschiedenen Stufen kognitiver Aktivitäten beobachtet werden: von einfachen sinnlichen Differenzierungen bis zum komplizierten theoretischen Denken.

Die Unterscheidung von reproduktiver und produktiver Funktion des Wissens spielt in der Konzeption von Dörner eine besondere Rolle. Er hat die Zwei-Ebenen-Hypothese zu einem integrativen psychologischen Theorieentwurf für die kognitive Struktur ausgearbeitet. Die kognitive Struktur gliedert sich in eine epistemische Struktur (Wissensstruktur) und eine heuristische Struktur (Verfahrensbibliothek). Die epistemische Struktur enthält Wissen über Merkmale von Problemzuständen sowie Handlungsmöglichkeiten (Operatoren) zu deren Änderung. Die heuristische Struktur verfügt besonders über Konstruktionsmittel, mit deren Hilfe Merkmale zu neuen Sachverhalten untereinander verknüpft und Handlungsprogramme erstellt werden.

7. Die Anstöße aus der Linguistik und Informationstheorie

Noam Chomsky veröffentlichte 1957 die "Syntactic structures" und dann auch andere Werke, in denen er seine Sprachstruktur-Theorie weiter ausbaute. Die Sprache ist nach Chomsky nicht ein System von Wortketten. Der Sprecher hat ein System von syntaktischen Regeln, aus denen er vielgestaltige Sätze zu erzeugen vermag. Die Regeln sind dem Sprecher normalerweise nicht bewußt; trotzdem sind sie beim Reden wirksam. Ein unausgesprochenes Wissen leitet das sprachliche Verhalten. Sprachverhalten gründet in Sprachkompetenz.

Diese Sicht- und Ausdrucksweise übernehmen die Psychologen: Handeln gründet in nicht formuliertem Handlungswissen, d. h. in Handlungskompetenz. Handlungen werden aus der Wissensbasis heraus erzeugt. Eine beschränkte Anzahl von Handlungsregeln können die vielfältigen "Oberflächenstrukturen" des Handelns erzeugen.

Die übergreifende Bedeutung der Kasus-Grammatik

Ende der 60er Jahre hat der Linguist Ch. J. Fillmore entscheidende Anstöße zur Kognitiven Psychologie, speziell auch zur Handlungstheorie, gegeben. 1968 hat Fillmore das Syntaxmodell der Kasus-Grammatik vorgeschlagen. Ähnlich wie Chomsky fragte er nach den universellen Tiefenstrukturen der Sprachen.

Er erkannte, daß diese Tiefenstrukturen semantischer Art sind und der Struktur der menschlichen Handlung entsprechen. Wie bei der Handlung gibt es bei den Sprachen Aktor und Empfangenden, Objekt, Ziel, Lokation, Zeit, also Elemente, die an der Handlung/Sprache partizipieren (sog. Aktanten). Die Aktanten bilden zusammen das Kasusmilieu. Das Verb bildet mit der Kasusstruktur den semantischen Kern des Satzes. Wir erkennen jetzt die Vergleichsmomente zwischen Satz und Handlung: Der Kern des

Satzes ist das Verb, der Kern der Handlung ist das Handlungsschema. Jedes Verb hat charakteristische Leerstellen; es fordert gewisse Kasuspositionen. Ähnlich hat jede Handlung ihre speziellen Leerstellen; z. B. impliziert die Handlung des Gebens einen Geber, einen Nehmer und ein Objekt.

Zur Story grammar

Das Modell, das 1975 innerhalb der Gedächtnisforschung von Rumelhart entwickelt wurde, besagt, daß viele einfache Geschichten trotz ihres stets unterschiedlichen Inhalts eine gleiche oder gleichartige abstrakte Struktur aufweisen, also nach einem gleichen Schema aufgebaut sind (Rumelhart 1977). Es handelt sich bei diesem Modell nicht um die Repräsentation sprachlicher Strukturen, sondern um die Abbildung von Handlungsstrukturen. Durch das Lesen und Hören vieler hundert Geschichten erwerben und verinnerlichen wir im Laufe unserer Entwicklung verschiedene "story schemas".

"Viele Erfolgsautoren von Kriminalromanen, Abenteuergeschichten, Liebesgeschichten usw. haben das 'story schema' wohl schon lange vor den Gedächtnisforschern gekannt und zur Konstruktion ihrer Geschichten benutzt. Ihr Erfolg beruht vor allem darauf, daß sie die Erwartungen ihrer Leser jedesmal aufs neue erfüllen." (Kebeck 1982, 29f)

In der Psychotherapie analysieren wir mit dem Klienten Episoden seines alltäglichen Lebens. Wir erkennen dabei, daß Menschen grundsätzlich in Geschichten leben, sie dabei – besonders bei der Bewältigung kritischer Situationen – voraufgebauten Schemata folgen. Es ist die Aufgabe des Therapeuten, die Grammatik dieser Geschichten mit dem Klienten zu analysieren und ihre jeweilige Handlungsstruktur (Grammatik) in stilisierter Form, d. h., in ihren Sequenzen und Konsequenzen bewußt zu machen. Bei dieser aufdeckenden Arbeit erkennt der Klient, daß die Grammatik seiner Handlungsvollzüge in sich folgerichtig, wenn auch oft im Sinne produktiver Lebensbewältigung situationsunangemessen, d. h. abträglich und selbstschädigend ist. Im therapeutisch angeregten Lernprozeß erfolgt schrittweise eine Neuorientierung im Erkenntnis- und Handlungssystem.

Zum Script-Modell

Auch dieses Modell wurde in der Gedächtnisforschung entwickelt. Es handelt sich hier um das Verständnis der Repräsentation von Alltagssituationen, wie "mit dem Bus fahren", "in einem Restaurant essen" oder "einkaufen gehen".

"Der Grundgedanke ist folgender: Jemand, der eine Geschichte oder ein Erlebnis erzählt oder einen Brief schreibt ... läßt eine Reihe von an sich für das Verständnis wichtigen Informationen aus, weil er annimmt, daß der Zuhörer oder Leser dieses aus seinem eigenen Hintergrundwissen über solche Situationen ergänzen wird ... Solches schematisches Hintergrundwissen für Situationen wird durch häufige Erfahrung gewonnen und ... als 'script' bezeichnet ... Ein 'script' beschreibt also eine stilisierte alltägliche Situation." (Kebeck 1982, 30f)

Die spezielle Aufzeichnung der Story grammar und Scripts soll hier nicht erörtert werden. Die Beschreibung erfolgt immer aus einer bestimmten Perspektive, entweder aus der des Senders oder Empfängers, des Einkaufenden oder Verkäufers, des Gastes oder Wirtes usw.

Das Scriptmodell enthält gemäß dem Titel der Arbeit von Schank u. Abelson "Scripts, Plans, Goals and Understanding" (1977) den Hinweis, daß für das Verständnis der Situation oder Geschichte und für die Beurteilung des Verhaltens in einer konkreten Situation die Kenntnis der Pläne, Erwartungen und übergeordneten Ziele eines Individuums wichtig sind. Ein Script ist "nicht einfach als eine Ansammlung von Handlungen zu denken ... sondern eher als eine organisierte Abfolge von einzelnen 'Episoden' ... denen einzelne Handlungen und Teilhandlungen zugeordnet werden, so daß sich eine hierarchische Struktur ergibt." (Kebeck 1982, 35)

In der Psychotherapie versuchen wir auch, die vom Klienten voraufgebauten Pläne und Erwartungen zur Diskussion zu bringen.

Die Sprache

Wir wirken nicht direkt auf die Welt, in der wir leben, ein. Wir schaffen uns Modelle oder Karten dieser Welt und verwenden diese Karten dazu, unser Verhalten zu steuern. Effektive Therapie führt zu einer Änderung der Modelle. Sie spiegelt sich in dem, wie ein Klient sich verhält und wie er sein Erleben darstellt. Effektive Therapie gibt sich also auch in der veränderten Sprache des Klienten kund. Er spricht mit sich selbst und mit anderen anders als bisher. Die Sprache zeigt uns, daß der Klient mehr Verhaltensmöglichkeiten gewonnen hat, weil er das Modell seiner Welt ausgedehnt und bereichert hat.

Wir gebrauchen die Sprache zuallererst, um unsere Erfahrungen zu repräsentieren. Wir nennen diese Aktivität Vorstellen, Denken, Erwarten und Phantasieren.

> Wenn wir die Sprache als Repräsentationssystem gebrauchen, schaffen wir ein Modell unserer Erfahrung. Dieses Modell der Welt, das wir durch unseren repräsentierenden Gebrauch der Sprache schaffen, beruht auf unseren Wahrnehmungen der Welt. Unsere Wahrnehmungen sind auch teilweise bedingt durch unser Modell bzw. durch unsere Repräsentation ... (Bandler u. Grinder 1981, 43)

Weil wir unsere Sprache als Repräsentationssystem gebrauchen, unterliegt unsere linguistische Repräsentation den drei Universalien menschlicher Gestaltung: der Tilgung, Verzerrung und Generalisierung. Wir gebrauchen unsere Sprache zweitens, um unser Modell bzw. unsere Repräsentation der Welt einander mitzuteilen. Diese Mitteilungen benennen wir Reden, Diskutieren, Schreiben, Belehren. Dabei legen wir anderen unser Modell vor, wie z. B. in der Interaktion von Klient und Therapeut. Wir bewegen uns dabei im Medium der Sprache, ohne im allgemeinen auf die Wortselektion für die Darstellung unserer Erfahrung zu achten. Unsere sprachliche Aktivität ist dabei aber stark strukturiert.

Das Befinden kann vom Klienten sprachlich unvollkommen und verzerrt ausgedrückt werden. Solange er dies tut, bewegt er sich in der verarmten sprachlichen Oberflächenstruktur. Es kommt darauf an, ihn zur Äußerung der Tiefenstruktur zu veranlassen. Die Tiefenstruktur ist die vollständige sprachliche Repräsentation der Erfahrung des Klienten. Wir kennen schon die Mechanismen, in der Menschen die Repräsentation ihrer Erfahrungen entstellen: Tilgung, Verzerrung und Generalisierung. Ein durchgängiges Merkmal der Oberflächenstruktur ist die Begrenzung der Wahlmöglichkeiten des Klienten. Sie haben das Gefühl, sich nicht anders verhalten zu können, als sie es tun.

Der Therapeut hat dem Klienten Wahlmöglichkeiten zu eröffnen und so seine Repräsentation der Welt anzureichern. Der Klient muß erkennen, daß sein Leid in der verarmten Repräsentation der Welt, die er geschaffen hat, gründet. Der Klient hat das verarmte Modell zu hinterfragen und das vollständige Modell der Welt aufzudecken:

    Kl.: Ich habe Angst.
    Th.: Wovor?
    Kl.: Vor Leuten.
    Th.: Vor welchen Leuten?
    Kl.: Vor Leuten, die so mit mir umgehen wie mein Vater.
    Th.: Sie ängstigen sich vor Ihrem Vater?
    Kl.: Ja, ich habe schon von kleinauf vor ihm Angst gehabt.
    Th.: Was bei Ihrem Vater hat Ihnen Angst gemacht?
    Kl.: Er hat mich immer von oben herab behandelt und gemeint, aus mir werde nichts Gescheites.
    Th.: Sie meinen, daß viele Leute Sie auch für wenig tüchtig halten?
    Kl.: Ja, so ist es.

Hier haben wir ein Beispiel, wie eine Tilgung aufgearbeitet werden kann. Der Klient hatte den Vater als den Urheber seines verunsicherten Verhaltens "aus den Augen verloren", d. h. getilgt.

Nun ein Beispiel, wie eine Verzerrung korrigiert werden kann. Die Verzerrung spiegelt sich in dem linguistischen Prozeß der Nominalisierung. Der Therapeut sollte die Nominalisierungen erkennen und den Klienten unterstützen, sein sprachliches Modell mit den fortlaufenden, dynamischen Prozessen des Lebens wieder in Verbindung zu bringen. Bei der Nominalisierung hatte der Klient versucht, den Prozeß zu einem abgeschlossenen Ereignis gerinnen zu lassen. Dabei werden Verben in Substantive verwandelt. "Die Angst hemmt mich" heißt eigentlich "Ich ängstige mich . . ."; "Ich bereue meine Entscheidung" heißt besser "Ich bereue, daß ich mich entschied, dies tun zu wollen."

    Kl.: Die Entscheidung, nach Hause zurückzukehren, bedrückt mich.
    Th.: Können Sie sich irgendwie vorstellen, Ihre Entscheidung zu ändern? Was hindert Sie daran, Ihre Entscheidung zu ändern? Was würde passieren, wenn Sie es sich noch einmal überlegen und entscheiden würden, nicht nach Hause zurückzukehren?

In den Fragen des Therapeuten wird das abgeschlossene Ereignis, d. h. die Entscheidung, aufgelöst als Prozeß "sich entscheiden", dem Klienten verdeutlicht, so daß er die Verantwortung für die Entscheidung übernimmt. Deutlich wird dies bei folgender Umformung:

    Kl.: Die Entscheidung, nach Hause zurückzuführen, bedrückt mich.
    Th.: Wer entscheidet sich, nach Hause zurückzukehren?

Die Generalisierung kann dazu führen, daß das Modell des Klienten verarmt, indem sie die Details und die Fülle der ursprünglichen Erfahrung verschwinden läßt.

40 Die kognitive Wende in der Psychologie

> Somit hindert die Generalisierung sie (die Klienten) daran, Unterscheidungen zu treffen, die ihnen vollständigere Wahlmöglichkeiten im Umgang mit einer bestimmten Situation bieten würden. Gleichzeitig erweitert die Generalisierung die spezifische, schmerzliche Erfahrung zur Größenordnung einer Verfolgung durch das Universum (ein Hindernis mit dem nicht umzugehen ist). Zum Beispiel wird die spezifische, schmerzliche Erfahrung 'Luise mag mich nicht' generalisiert zu 'Frauen mögen mich nicht'. (Bandler u. Grinder 1981, 105)

Es geht also darum, das Modell des Klienten mit seiner Erfahrung zu verbinden, die selbstgebauten unüberwindlichen Hindernisse auf etwas Konkretes zu reduzieren und damit dem Klienten wieder Wahlmöglichkeiten zugänglich zu machen.

Beispiel (vgl. Bandler u. Grinder 1981, 108ff):

> Kl.: Niemand achtet darauf, was ich sage.
> Th.: Wollen Sie mir damit etwa sagen, daß niemand überhaupt jemals auf Sie hört?
> Kl.: Nun ja, nicht ganz.
> Th.: Also gut, wer im einzelnen hört nicht auf Sie?

Ein weiteres Beispiel:

> Kl.: Es ist unmöglich, irgendwem zu trauen.
> Th.: Meinen Sie: Es ist immer unmöglich, daß irgendwer irgendwem traut?
> Kl.: So meine ich es nicht.
> Th.: Haben Sie jemals die Erfahrung gemacht, jemandem zu trauen? Haben Sie jemals irgendwem getraut?
> Kl.: Na ja, schon.
> Th.: Können sie sich irgendwelche Umstände vorstellen, unter denen es Ihnen möglich wäre, jemandem zu trauen?
>
> oder
>
> Können Sie eine Situation phantasieren, in der Sie jemandem vertrauen könnten?
>
> Später:
>
> Th.: Vertrauen Sie mir jetzt gerade in dieser Situation?
>
> Später:
>
> Th.: Was hindert Sie daran, irgendwem zu trauen? Was würde passieren, wenn Sie jemandem trauen würden?

Mit der kognitiven Wende tritt auch eine mentale Tätigkeit – das Konstruieren – mehr in das Beobachtungsspektrum der psychologischen Forschung. Wir glauben daran, daß wir die Umwelt und uns selbst ändern können. Das Konstruieren ermöglicht es uns, Systeme zu schaffen, die mehr leisten können als ein einzelner Mensch. Wir brauchen dabei nur an die Entwicklung der Transportmittel zu denken.

> Das Konstruieren gehört zu den sog. teleologischen, d. h. zweckgerichteten Verhaltensweisen. Es ist "ein Denkverhalten, das für eine Menge von Möglichkeiten prüft, welche zu einem erstrebten Ziel oder einer Menge von Zielen führt. In dieser Hinsicht ist Konstruieren dasselbe wie Planen, Optimieren oder womit sonst die gedankliche Vorwegnahme zielgerichteter Handlungen bezeichnet wird. Im Idealfall beschreibt jede der Möglichkeiten eine vollständige Handlungsabfolge, so daß jemand, dem die Gedanken des Konstrukteurs zugänglich sind, die Konstruktion in Handlungen umsetzen kann. Wir können also das Konstruieren vorläufig so bestimmen:
>
> 1. Es wird versucht, gedanklich zwischen verschiedenen Verhaltensweisen zu unterscheiden.
> 2. Es wird versucht, abzuschätzen, wie gut jede Verhaltensweise bestimmten Zielen dienen würde.

Die Anstöße aus der Linguistik und Informationstheorie 41

3. Es wird versucht, diese Gedanken anderen so mitzuteilen, daß sie sie in Handlungen umsetzen können, die den Zielen in der gedanklich vorweggenommenen Weise dienen ...
Eine vierte Eigenschaft des Konstruktionsverhaltens ist noch wichtig: das Anstreben von Allgemeinheit oder, wie manche sagen würden, Methode; der Konstrukteur braucht, wenn er vor einem ähnlichen Zielerreichungsproblem steht, nicht den ganzen Gedankengang zu wiederholen, wenn er die Schritte angibt, die zu der Konstruktion geführt haben. (Churchman 1973, 4f)

Letztlich weisen Konstruktionen auf Systeme, d. h. organisierte Strukturen von Elementen hin. Ein Hauptproblem der Systemkonstruktion besteht darin, über die Größe des Systems zu entscheiden, d. h. seine Grenzen zu bestimmen.

"Wir müssen also den vier oben angeführten Eigenschaften des Konstruierens eine fünfte hinzufügen, die auf die Konstruktion von Systemen zutrifft: der Systemkonstrukteur versucht, das ganze in Frage kommende System und seine Bestandteile auszumachen; die Konstruktionsmöglichkeiten bestehen in der Konstruktion der Elemente und der Beziehungen zwischen ihnen." (Churchman 1973, 7)

Das Konstruieren bezieht sich auf Wissen. Wissen läßt sich verschieden auffassen: als Sammlung von Informationen, als Tätigkeit oder als Potential.

Es ist ziemlich naiv, sich Wissen im Sinne einer Bibliothek mit Katalogsystem vorzustellen. Die Bibliothek enthält bestenfalls brauch- und verwertbare Datenberichte, gespeicherte Symbolfolgen. Der Wissensstand wird doch erst durch das System aus Bibliothek und intelligentem und wohlorientiertem Benutzer dargestellt. Wissen ist nicht lebloser Buchbestand, sondern eine lebendige Kraft. Wissen liegt also nicht bei der Informationssammlung, sondern beim Benutzer. Dieser Feststellung wird die nächste Auffassung von Wissen gerecht.

"Die Handlungsauffassung des Wissens ist eine pragmatische; Wissen ist die Fähigkeit eines Menschen, etwas richtig auszuführen. Ein Mensch zeigt ein bestimmtes Wissen, wenn er eine ihm gestellte Aufgabe richtig ausführen kann ... So ist das Wissen die Möglichkeit bestimmter Handlungen, die ausgeführt würden, wenn gewisse Prüfungen angestellt würden." (Churchman 1973, 9)

Wissen ist danach ein Potential, das in der Praxis ausgearbeitet und vervollkommnet wird.

Es ist nun erforderlich, den anfangs erwähnten Gedanken, daß das Konstruieren es uns ermöglicht, Systeme zu schaffen, weiterzuverfolgen. Es kann hier nicht die Aufgabe sein, die verschiedenen Systemtheorien darzustellen. Es sollen lediglich einige Grundbegriffe, die im Zusammenhang mit der kognitiven Wende der Psychologie gesehen werden können, dargestellt und diskutiert werden.

Die Erkenntnis kann einmal auf Elemente und Elementares gerichtet sein und zum anderen auf Ganzheit und Zusammenhänge.

"Das holistische Prinzip favorisiert die Ganzheit, das Denken in übergreifenden Zusammenhängen, die Synthese des Disparaten, die Integration der Vielfalt, die Einheit in der Mannigfaltigkeit. Das atomistische Prinzip hingegen postuliert den Primat der Teile, die Analyse des Zusammengesetzten, die Differentiation des Komplexen, den Rekurs auf die einfachsten Elemente, die Spezialisierung auf die ausgesonderten Segmente." (Lenk u. Ropohl 1978, 10)

Bereits der Begründer der allgemeinen Systemlehre, Ludwig von Bertalanffy, sah die synthetische Vereinigung beider Aspekte. Das Ganze ist nach seiner Auffassung die Summe seiner Teile *und* die Summe der Beziehungen zwischen den Teilen. Die Ele-

42 Die kognitive Wende in der Psychologie

mente stehen zueinander nicht nur in Relation; beide unterliegen auch einer hierarchischen Anordnung (Supersystem-System-Subsystem). Hinzu kommt als weitere Grundeigenschaft die Koppelung (Abb. 8).

Unter den verschiedenartigen Koppelungen kommt der Rückkoppelung eine zentrale Bedeutung zu. (Lenk u. Ropohl 1978, 38)

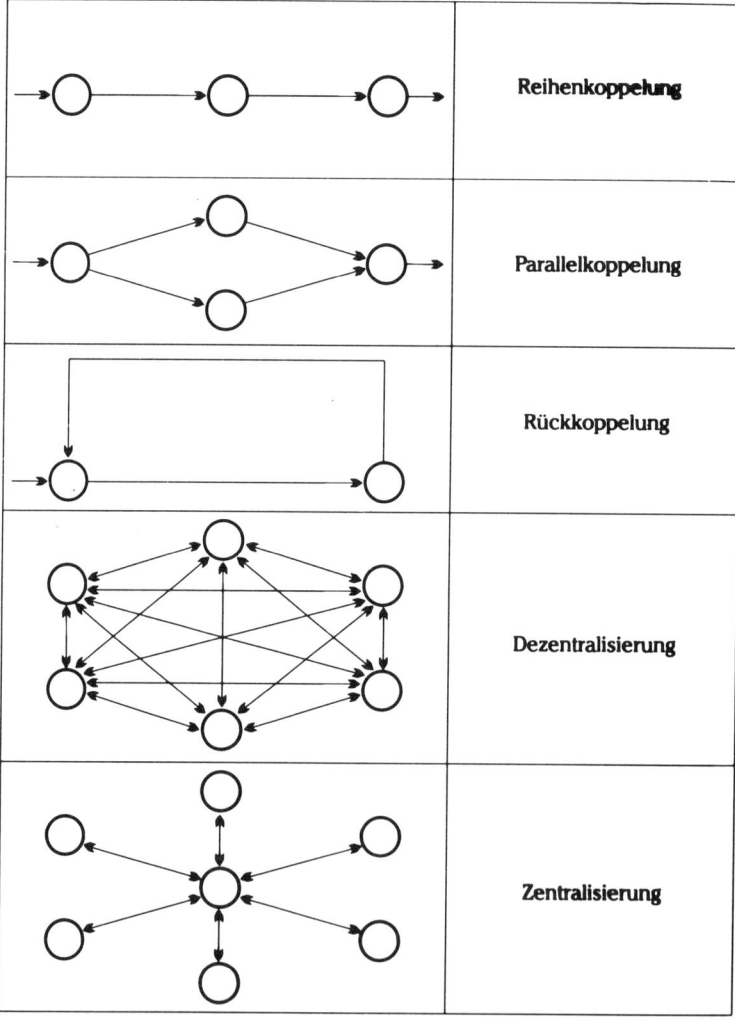

Abb. 8: Beispiele für typische Systemstrukturen (aus Ropohl 1978)

Die Impulse der Informationstheorie

Im Prozeß der wahrnehmenden und sprachlichen Übermittlung sind Verschlüsselung und Dekodierung der Eingaben entscheidend. Information umfaßt die Verbalisierung, Reverbalisierung (z. B. Umformulierung, Präzisierung oder Formalisierung), Kodierung, Artikulation und das Senden eines physikalischen Zeichenträgers als Signal, seine Übertragung und Verformung (Störung) im Übertragungsmedium, seinen Empfang und die Identifikation (Wahrnehmung) der dem Signal entsprechenden Mitteilung, Dekodierung, Verstehen und schließlich entsprechendes Handeln. (Bar-Hillel 1964, 103)

Die Informationstheorie ist einer der Versuche, kognitive, also auf Erkenntnis bezogene Prozesse zusammenzufassen und der Pragmatik des Lebens überschaubar zugänglich zu machen.

> "Während früher strikt getrennt wurde zwischen Wahrnehmen und Gedächtnis, zwischen Sprechen und Handeln, während noch in den 60er Jahren absolut getrennt wurde zwischen Begriffsbildung und Problemlösen einerseits sowie zwischen Sprachverstehen und Problemlösen andererseits, ist heute klar, daß allen psychischen Prozessen, die der Aufnahme, Verarbeitung, Speicherung oder Nutzung von Information zugrunde liegen, gemeinsame Gesetzlichkeiten, charakteristische Invarianzeigenschaften zugrundeliegen." (Klix 1979, 16)

Diese Integration und Zusammenführung von herkömmlich verschiedenen Problemgebieten der Psychologie ist das Verdienst der Informationstheorie. Die bei Ueckkert u. Rhenius (1979) zusammengefaßten Beiträge zur Tagung "Kognitive Psychologie" in Hamburg 1978 sind ein Dokument für die kognitive Wende in der Psychologie. In verschiedenen Beiträgen gehen die Referenten auf sechs Themenbereiche ein: (I) Kognitive Psychologie als integrativer Bestandteil psychologischer Grundlagenforschung, (II) Kognitive Organisation der menschlichen Informationsverarbeitung, (III) Informationelle Produktionssysteme und Computer-Simulation, (IV) Sprachliche Kognition und Semantisches Gedächtnis, (V) Entscheidungstheoretische Ansätze zur Kognitiven Psychologie und (VI) Anwendungsfragen der Kognitiven Psychologie. Dieser letzte Abschnitt wird eingeleitet durch zwei Themen, die uns an anderer Stelle noch beschäftigen werden. Klaus Struck und Georg Birkhan (1979, 441–448) versuchen hier grundlegende Prozesse in der Psychotherapie mit Hilfe von Modellvorstellungen aus der Informationstheorie zu erklären. Gunnar Friedrichsen und Hans Ueckert (1979, 449–458) analysieren verhaltensanalytische Entscheidungs- und Problemlösungsprozesse von Therapeuten in einer Einzelinterviewsituation.

Die Entwicklung der Computerwissenschaft

Seit Mitte der fünfziger Jahre hat die Computerwissenschaft große Fortschritte gemacht. Verhalten wird hier als Informationsverarbeitung gesehen. Das Problemlösungsverhalten wird automatisiert. Bei der Arbeit an der künstlichen Intelligenz traten neue Aspekte des Zusammenhangs von Denken und Sprache auf.

Folgende Arbeiten führten zur endgültigen Etablierung der Kognitiven Psychologie: Anderson, J. R.: Language, memory and thought (1976). – Kintsch, W.:

Memory and cognition (1977). – Norman u. Rumelhart: Strukturen des Wissens (1978; engl. 1975). – Schank, R. C.: Conceptual information processing. (1975). – Schank, R. C., u. Abelson, R. P.: Scripts, plans, goals and understanding (1977).

Bei allen diesen Arbeiten geht es um die Sprache verstehender Computerprogramme. Schank nimmt an, daß hinter den natursprachlichen Sätzen eine "Interlingua" von begrifflichen Strukturen wirksam ist, die sich aus elementaren Handlungen und Prozessen zusammensetzen (z. B. antreiben, bewegen, einnehmen, ergreifen, zusammensetzen). Aus diesen Elementen werden netzartige Dependenzstrukturen konstruiert, die die Bedeutung von Verben und Sätzen wiedergeben (Theorie des künstlichen Handlungswissens). Näheres bei Aebli 1980, 67–78.

Wir sollten die Mathematik nicht als spezifisch menschliche, als unsere Fähigkeit ausgeben.

"Die Computer zeigen, daß diese Leistung auch von anderen Systemen als dem Menschen vollbracht werden kann. Also wird, also muß die den Menschen auszeichnende höchste Kraft in etwas anderem liegen. Und dieses Andere wird durch Maschinen nicht simulierbar sein." (Landmann 1979, 57)

Im übrigen haben technische Systeme – wie A. M. Turing schon 1950 zeigte – ihre spezifischen Inferioritäten:

(1) Eine Maschine kann nur tun, was wir ihr einprogrammiert haben. Es fehlen ihr also Kreativität und Freiheit. Sie kann sich nicht selbst programmieren.

(2) Eine Maschine vollzieht wohl denkanaloge Vorgänge, sie tut es aber, ohne Subjekt zu sein ... Der Maschine fehlt das Ich ... das ichhafte Bewußtsein, das Selbstbewußtsein, die Selbstreflexion, das, was Ashby die "personal awareness" nennt, die bei uns allen anderen kognitiven Operationen vorhergeht.

(3) Der Computer kann wohl bestimmte logische Operationen vollziehen ... Aber er kennt nur technische Probleme, keine echten, keine menschlichen Probleme. Für ihn gibt es weder Gerechtigkeit noch Toleranz.

(4) Dem Computer fehlt die emotionale Sphäre: er kann sich nicht freuen, nicht hilfreich oder humorvoll sein. Er empfindet weder Hoffnung noch Ängste.

(5) Dem Computer fehlt die Erfahrung des Menschseins und der Geschichte des Menschen. Er weiß nicht, was ein Händedruck bedeutet, denn dazu muß man eine Hand haben. Er versteht Chemie, aber nicht eine Novelle. Ein Computer wird nie Psychotherapeut werden.

(6) ... Menschliches Verstehen ist, über das früher so sehr gerühmte Logische und Mathematische hinaus, immer ein Verstehen von Sinnzusammenhängen ...

(7) Joseph Weizenbaum wendet sich gegen die linear gemessene Intelligenz der Intelligenztests. Wir verfügen über zwei Intelligenzen, die in der linken und der rechten Hirnhälfte lokalisiert sind. Die linke denkt geordnet logisch, sprachgebunden, die rechte mehr intuitiv, in ganzheitlichen Bildern; sie ist musikalisch und gibt die räumliche Orientierung. Kreatives Denken beruht darauf, daß beide Hälften zusammenarbeiten, daß etwas von der linken Hälfte zur rechten hinüberwandert, wo die rigiden Standards der linken gelockert werden. Oft kommt so erst die Lösung, etwa in Form einer Metapher ... Der Computer kann Metaphern weder schaffen noch verstehen. (Landmann 1979, 57ff)

Bei aller Einschränkung der Erwartungen, die wir den Computern als Problemlösern entgegenbringen, sehen wir doch in den Forschungen zur "künstlichen Intelligenz" eine Möglichkeit, das Schicksal der Sinnesinformationen im Verlauf interner Informationsverarbeitung präziser zu erkunden und zu erfassen. Die Informationen über die Realität werden so verarbeitet, daß wir Aufschluß über diese Realität erhalten. Im Hinblick auf die offenkundige Komplexität menschlicher Informationsverarbeitung erscheinen die Computermodelle als angemessenes Forschungsinstrument, um diese Komplexität zu bewältigen. (Wimmer u. Perner 1979, 26 und Weizenbaum 1977)

Wir machen Erfahrungen, ordnen diese in eine übergreifende Ordnung oder in ein Schema ein; wir erstellen kognitive Karten. In diesen Karten sind die Informationen mit hoher Wahrscheinlichkeit nicht wie bei Landkarten und Stadtplänen analog, sondern aussageartig in semantischen Netzen repräsentiert.

Analoge Repräsentationen würden wegen ihrer Fülle an Global- und besonders Detailinformationen das Gedächtnis zu sehr belasten. Hinzu kommt, daß viele Beziehungen, wie etwa Quantoren (alle X) und logische Konnektoren (X oder Y) nicht konkret anschaulich repräsentiert werden können. Letztlich eignet sich die aussageartige geistige Repräsentation besonders gut zur Integration von Informationen. Da das Nervensystem ökonomisch arbeitet, wird man bei dem gegenwärtigen unvollkommenen Erkenntnisstand der Informationsverarbeitung der Hypothese von aussageartiger Repräsentation den Vorzug geben.

II. Die Ablösung vom behavioristischen Modell

Die Kognitive Psychologie als Grundlage der Kognitiven Therapie hat sich schrittweise durch eine Ablösung vom klassisch-behavioristischen Modell entwickelt. Entscheidend war, daß sich viele lern-experimentelle Ergebnisse nicht zureichend mit dem herkömmlichen behavioristischen Begriffsvokabular fassen ließen. Im Zuge der Ablösung gewannen sogenannte verdeckte Variablen oder Vermittlungsprozesse zunehmende Bedeutung hinsichtlich ihres Beschreibungs- und Erklärungswertes für eine Verhaltensmodifikation. Das Vermittlungsmodell und damit die Therapie der Verhaltensmodifikation standen anfangs noch ganz unter einer allerdings sich selbst revidierenden behavioristischen Sicht. Die hier gefundenen Zwischenlösungen sind Gegenstand dieses Abschnittes.

1. Die Entstehung der Theorie

Verhalten ist innerhalb der (humanistischen) Verhaltenspsychologie ein umfassender Begriff. Er bezieht sich nicht nur auf das äußere offene Tun und Lassen, sondern auch auf innere bzw. verdeckte psychische Prozesse, also auf "privates Verhalten", wie etwa Gedanken, Vorstellungen, Gefühle, Erinnerungen, Phantasien, Wachträumereien und ähnliches. Sowohl das äußere als auch das innere Verhalten kann verändert werden. Mit diesen Veränderungen befaßt sich die Verhaltensmodifikation. Michael J. Mahoney meint, daß die Angewandte Psychologie heute den größten Auftrieb seit der Psychoanalyse von der Verhaltensmodifikation empfängt. Diese übertreffe die Psychoanalyse in der Differenzierung der Methoden und in ihrer theoretischen Fundierung. Sie brachte eine andersartige Perspektive in die Bereiche der Persönlichkeit und der komplexen menschlichen Lebensabläufe. An die Stelle der traditionellen statischen Eigenschaftsvorstellungen traten dynamische Lernvorstellungen.

Verdeckte Phänomene werden seit etwa 20 Jahren von immer mehr Psychologen als wissenschaftlich legitime und klinisch-therapeutisch bedeutsame Variablen anerkannt. Nach Lloyd Homme (1965, 501–511) sind die (verdeckten) "inneren operants", die Gedanken und Vorstellungen, Erwartungen und Befürchtungen, wichtige Anfangsglieder in den dann offenen Reaktionsketten. Diese Gedanken sind beobachtbar für ihren Eigentümer. Sie können also in dieser "Ein-Mann-Öffentlichkeit" einer empirischen Überprüfung und experimentellen Kontrolle zugeführt werden.

Die Bedeutung der kognitiven Perspektive wurde zunächst an der Wahrnehmung und der Widerlegung des naiven Realismus demonstriert. Wahrnehmung kann nicht als Abbildung der Wirklichkeit verstanden werden. Die Individuen reagieren nicht auf eine reale Umwelt, sondern auf eine wahrgenommene Umwelt. Der geängstigte Flugpassagier reagiert nicht auf einen äußeren Reiz, etwa ein plötzliches leichtes Absinken, sondern auf seine Interpretation dieses Reizes: "Das Triebwerk setzt aus". "Wir stürzen ab". Der neben ihm sitzende ruhige Passagier nimmt den gleichen Reiz wahr, nur daß er ihn in seiner Wahrnehmung mit den Wetterverhältnissen in Zusammenhang bringt, auf die das Flugzeug ausbalancierend reagiert.

Einen ersten umfangreichen Bericht über die Literatur, die auf kognitiv-symbolische Vermittlungsvorgänge hindeutete, gab Albert Bandura in seinem Werk "Principles of Behavior Modification" im Jahre 1969. Seit dieser Zeit finden wir viele Beschreibungen signifikanter vermittelnder Verhaltensweisen und ihrer Kontrolle. Parallellaufend entwickelte sich die Technologie zur Modifikation kognitiver Verhaltensweisen.

Die Theorie der Verhaltensmodifikation gründet in ihrer Loslösung vom metaphysischen oder radikalen Behaviorismus. John Broadus Watson, der Begründer des Behaviorismus, gliederte diesen 1913 (Psychology as the behaviorist views it) in zwei Unterformen: den metaphysischen Behaviorismus und den methodischen Behaviorismus.

Der *metaphysische Behaviorismus* befaßt sich mit dem Konzept der Seele, der Frage nach dem legitimen Gegenstand der psychologischen Forschung. Dieser Behaviorismus ist radikal, weil er folgende grundlegenden Postulate vertritt:

(1) Die Existenz der "Seele", also auch das Vorkommen psychischer Zustände, wird geleugnet.
(2) Alle Erfahrungen können auf Drüsensekretion und Muskelbewegungen reduziert werden.
(3) Menschliches Verhalten wird fast ausschließlich von Umwelt- bzw. Lerneinflüssen, die zumeist nach den Prinzipien des klassischen Konditionierens verlaufen, bestimmt.
(4) Bewußtseinsprozesse (verdeckte Phänomene), wenn sie überhaupt existieren, können nicht Gegenstand wissenschaftlicher Forschung sein.
(5) Modell des Behaviorismus ist die Physik mit ihrem erfolgreichen Versuch, Erscheinungen und Vorgänge auf ihre quantitativen Dimensionen und auf das offenkundig Beobachtbare zu reduzieren.

Die Kritik setzte früh ein: Sie wies z. B. darauf hin, daß auch die Physik mit erschlossenen Größen, Kräften, Energien und mit vielen Annahmen nicht-beobachtbarer Potenzen arbeitet.

Wenn auch der radikale Behaviorismus bald immer mehr Anhänger verlor und bedeutungslos wurde, so blieb aber doch noch längere Zeit eine Abneigung gegen mentalistische Begriffe. Sie erschienen dem Verhaltenspsychologen nicht genügend einfach und faßbar, um als aufschlußreiche Variablen zu dienen.

Der *methodische Behaviorismus* befaßt sich weniger mit dem Gegenstand psychologischer Forschung, sondern hauptsächlich mit Verfahren und Methoden. Hauptkriterien für Wissenschaftlichkeit war die öffentliche Beobachtbarkeit. Zulässige wissenschaftliche Variablen waren also Umweltreize und offenes Verhalten.

Die jeweiligen abhängigen und unabhängigen Variablen müssen klar und objektiv nach den Verfahren (Operationen) spezifiziert werden, die ihre Messung mit sich bringt. Nur kontrolliertes Experimentieren führt zur Sammlung und Verfeinerung von Wissen über Verhalten.

Wenn auch die wichtigsten Grundsätze des methodischen Behaviorismus weiterhin eine breite Gültigkeit haben, so wurde man in der Folgezeit doch aufgrund verschiedener kritischer Reflexionen und Erkenntnisse aufgeschlossener gegenüber dem Einbezug vermittelnder Variablen. Es sind vor allem folgende Erkenntnisse, die zu einer Umorientierung führten:

– Der Mensch antwortet zumeist nicht auf objektive Reize, Reizobjekte, Reizsituationen, sondern auf die kognitive Repräsentation seiner Umgebung.

– Die kognitiven Repräsentationen sind funktionell mit Prozessen und Bedingungen des Lernens verbunden.
– Gedanken, Gefühle und Verhaltensweisen stehen in ursächlicher Interaktion zueinander.

2. Vom Black-box-Modell zum Vermittlungsmodell

Das Modell, das sich nicht mit den vermittelnden Variablen befaßt, wird das Black-box-Modell bezeichnet. Man spricht auch von einer Reiz-Reaktions-(S-R-)Theorie und von der Hypothese des leeren Organismus. In dieser Psychologie werden vor allem die "inputs" und "outputs" registriert, also die Stimulation, die auf einen Organismus einwirkt, und die darauf erfolgende beobachtbare Reaktion.

Nun steht der Stimulus-Input mit dem Reaktions-Output in Beziehung. Die hier wirksamen Beziehungsfaktoren können erschlossen werden. Wir sprechen dann von vermittelnden Variablen. Irgendwie wirken Nervensystem und physiologische Komponenten (z. B. Muskeln, Drüsen) mit. Dies ist eine strukturelle Vermittlung, da sie potentiell beobachtbare Elemente enthält. Solche angenommenen erschlossenen Variablen bezeichnet man auch als hypothetische Konstrukte. Wir sollten festhalten, daß erschlossen und beobachtet nicht gleichzusetzen ist mit unbeobachtbar. Wenn z. B. ein Psychiater annimmt, daß Schizophrenie durch ein biochemisches Defizit verursacht sei, schließt er auf ein hypothetisches Konstrukt.

Im Gegensatz zu hypothetischen Konstrukten steht die intervenierende Variable. Sie ist auch eine Form der Vermittlung, doch ist diese nicht beobachtbar. Die intervenierende Variable spielt nur eine begriffliche oder beschreibende Rolle in der Vermittlung, hat aber keinerlei erklärende Bedeutung. So besagt es z. B. nichts, wenn man Rauchen auf ein Rauchbedürfnis, Aggression auf ein Aggressionsbedürfnis zurückzuführen versucht. Erklärungen des Verhaltens sollten durch Verhaltensvariablen abgegeben werden, an Daten orientiert sein. Allerdings ist die Datennähe nicht das entscheidende Kriterium, sondern die Angemessenheit der Beschreibung. Es geht um größere Vorhersage-Genauigkeit, Erklärungskraft.

Wir sollten manche kritischen Stellungnahmen der Behavioristen beobachten, so z. B. ihre Kritik an den Versuchen des Konkretisierungsprozesses. Häufig wird das, was der Organismus tut, in etwas verwandelt, was der Organismus haben soll: Erhöhte Aktivität wird zur Neugierde, schnelles Lernen wird zur angeborenen Intelligenz, Verhalten wird in einen psychischen Zustand verwandelt, so wird schizophrenes Verhalten häufig zur Schizophrenie stilisiert.

Der Behaviorismus hat die experimentalpsychologische Forschung einerseits methodologisch bereichert, andererseits inhaltlich eingeengt. Diese Einengung wurde durch zwei Grundannahmen des behavioristischen Menschenbildes dargelegt und somit gerechtfertigt:

Erste Annahme: Der Mensch ist ein passiver Organismus. Er wird durch Umweltreize gesteuert und manipuliert.

Zweite Annahme: Der Mensch ist als biologischer Organismus ein a-kognitives Wesen. Seine Mentalität spielt in der Lebensbewältigung eine untergeordnete Rolle.

Mit dem Anwachsen konvergierender Gegenfakten und Gegenargumente entwickelte sich die Kognitive Verhaltenspsychologie. Ihre beiden Grundannahmen lauten:

– Der Mensch ist ein aktives Wesen. Er registriert nicht passiv die Welt, so wie sie ist, sondern er filtert, verändert und gestaltet in Interaktion mit der Welt seine Erfahrungen, die seine Realität bilden.
– Der Mensch ist ein kognitives Wesen. In der ihn charakterisierenden Trias von Denken, Fühlen, Verhalten, kommt der ersteren Funktion eine besondere wirkkräftige Bedeutung zu.

Was sind nun die Argumente und Erfahrungen, die auf vermittelnde Variablen als unverzichtbare Elemente des Verhaltens hinweisen? – Mahoney führt folgende Erkenntnisse an:

(1) Die vermittelte Reiztransformation

Wir reagieren nicht auf äußere Reize, sondern auf wahrgenommene Reize. So kann der Organismus auf zwei identische Reize unterschiedlich reagieren. Wenn ein Psychologe weiß, wie der andere einen Reiz wahrnimmt, kann er die Genauigkeit seiner Verhaltensvoraussage erhöhen. Neal Miller berichtet 1935 in seiner Dissertation von einem aufschlußreichen Experiment. Er bot Personen in zufälliger Reihenfolge die Symbole T und 4 an. Die Personen hatten die Symbole jeweils laut auszusprechen. Bei der Darbietung des T folgte konstant ein elektrischer Schmerzreiz. Dann bot er Reihen identischer Punkte an. Die Personen sollten beim ersten Punkt an T denken, beim zweiten an 4. Die physiologischen Reaktionen zeigten, daß die Personen beim ersten Punkt autonome Reaktionen zeigten. Die Punkte waren gleich. Durch die denkende Verknüpfung mit unterschiedlichen Erfahrungen – Reize mit und ohne Schmerzzufügung – wurden die Punkte unterschiedlich wahrgenommen.

(2) Semantische Konditionierung und Generalisation

Wenn auf das Wort "Hase" mehrfach hintereinander der lesenden oder hörenden Person ein schmerzhafter elektrischer Reiz zugefügt wird, wird dieses Wort zu einem konditionierten Reiz für eine "autonome" Erregung, z. B. erhöhter Puls, schnellere Atmung. Erfolgt danach ein Test ohne Schmerzreiz, bei dem ein phonetisch ähnliches oder ein semantisch ähnliches Wort dargeboten wird, z. B. das Wort "Haare", so zeigt die Person dann eine geringere autonome Erregung als auf das Wort "Kaninchen". Sie generalisiert ihre konditionierte Reaktion vorzugsweise gemäß der semantischen Deutung. Untersuchungen dieser Art wurden vor allem von Maltzmann durchgeführt.

(3) Symbolische Selbstreizung

Verbale und vorgestellte Reize beeinflussen in hohem Maße das menschliche Verhalten. Wörter allein können starke emotionale Reaktionen auslösen. Besonders deutlich zeigt sich der Einfluß vorgestellter und verbaler Reize in der Selbststimulierung des Menschen.

Nach dem Spracherwerb sprechen Kinder bereits (3./4. Lebensjahr) zu sich selbst.

Diese hörbaren Dialoge des kleinen Kindes werden allmählich durch unhörbare Selbstgespräche ersetzt. Durch diese Internalisierung des Sprachverhaltens ist der Mensch fähig, sich selbst zu beeinflussen und zu steuern. Vor allen wichtigen, freudigen oder betrüblichen Ereignissen bereiten wir uns auf diese Weise auf das Kommende vor. Aber auch danach wiederholen wir in Selbstgesprächen gewisse Situationen und ziehen daraus bestimmte Folgerungen.

Der Einfluß der Vorstellungen auf unser Verhalten ist auch experimentell belegt worden. Die Vorstellungen von aversiven Reizen führen zu Angstreaktionen. Die Vorstellung einer angenehmen Entspannung führt zur Umschaltung auf die parasympathische besinnlich-beschauliche Aktivität. Die Vorstellung, verschieden schwere Gewichte zu heben, bewirkt eine Kontraktion der Armmuskeln entsprechend der vorgestellten Gewichte.

Die Vorstellungs- und Einbildungskraft spielt in der therapeutischen Praxis eine große Rolle. Klienten mit Befürchtungs- und Bedrohungsvorstellungen lernen hier schrittweise, diese selbstschädigenden Programmierungen abzubauen und positive Erwartungshaltungen aufzubauen.

(4) Bewußtheit

Unter Bewußtheit verstehen wir die Bemühung, unsere Lagebefindlichkeit und Situation, deren Beeinflussungskräfte und Wirkungen zu erfassen und uns zu vergegenwärtigen. Bewußtheit ist die Grundlage von Verhaltensverbesserungen und von Fehlerkorrekturen. Sie fördert Lernprozesse, Lernorientierungen und Lebensmeisterung. Wir gehen oder geraten meist nicht unvorbereitet in eine Situation. Durch die Vergegenwärtigung des Kommenden, das mentale Durchsprechen von Möglichkeiten, können wir Entscheidungsprozesse abkürzen und Entscheidungen überlegter vornehmen.

(5) Stellvertretende Lernprozesse

Der Mensch ist in seiner Entwicklung nicht nur auf Erfahrungen durch Versuch und Irrtum angewiesen. Viele komplexere Tätigkeiten lernt er über die Vermittlung nach dem Prinzip des Beobachtungs- oder Modellernens. Wenn jemand ein Verhalten bei einem anderen beobachtet, dann lernt er nicht nur die betreffende Verhaltensweise, sondern er registriert auch die Folgen des Verhaltens anderer. Bandura kommt das Verdienst zu, das Modellernen sowohl in seinen theoretischen Grundlagen als auch in seiner therapeutischen Bedeutung aufgewiesen zu haben.

Sozial zurückgezogenen Kindern wurde z. B. ein Film gezeigt, in dem ein Kind allmählich vom isolierten Spielverhalten zum sozialen Spiel übergeht. Die Gruppe zeigte in der Folgezeit einen deutlichen Anstieg sozialer Interaktion. – Modellernen spielt eine bedeutsame Rolle beim Erwerb und bei der Eliminierung menschlicher Ängste, speziell Phobien.

3. Das verdeckte Konditionieren in der Therapie

In den vergangenen zwanzig Jahren sind in der therapeutischen Forschung und Praxis eine Anzahl von verdeckten Konditionierungen ausgearbeitet worden. Im einzelnen handelt es sich um folgende sieben Maßnahmen: (1) verdecktes Gegenkonditionieren mit der sogenannten Systematischen Desensibilisierung und Umkonditionierung des Organismus, (2) Gedankenstopp, (3) Coverant-Kontrolle, (4) verdeckte Sensibilisierung, (5) verdeckte Verstärkung, (6) verdeckte Löschung und (7) verdecktes Modelllernen.

(1) *Verdecktes Gegenkonditionieren.* Gegenkonditionieren ist ein angenommener Prozeß, bei dem die Valenz eines Reizes durch Assoziation mit einem anderen Reiz unterschiedlicher (gegensätzlicher) Valenz verändert wird. So kann z. B. ein angsterzeugender Reiz mit einem stark freude-erzeugenden Reiz gekoppelt werden. Auf diese Weise wird der negative Reiz neutralisiert oder positive Valenz erlernt. In der Therapie wird diese Methode mit Erfolg zur Eliminierung fehlangepaßten Vermeidungsverhaltens eingesetzt.

Bei der von Joseph Wolpe (1961a) 1958 entwickelten Systematischen Desensibilisierung wird der Klient gebeten, sich eine Reihe angstauslösender Ereignisse seines gegenwärtigen Lebens vorzustellen. Er soll diese dann entsprechend ihrem Erregungsgrad in eine Rangreihe bringen. Als gegenkonditionierender Faktor lernt der Klient, sich zu entspannen. In aufsteigender Reihe vergegenwärtigt sich der Klient die einzelnen Situationen, wobei er versucht, entspannt zu bleiben. Wenn ihm dies bei einer Situation nicht gelingt, muß er die Prozedur solange wiederholen, bis in dem Wettstreit von Angsterregung und Entspannung letztere siegt.

Neuere Untersuchungen legen nahe, daß die Entspannung wohl eine fördernde, aber keine notwendige Komponente des Verfahrens ist. Es scheint so, daß bildhafte und emotional getönte Bewältigungsvorstellungen die Angstreduktion herbeiführen. Wie Rachman (1968, 159–166) gezeigt hat, führen positive Vorstellungen zu einem Allgemeinzustand der kognitiven Entspannung, der dann der Angst entgegenwirkt.

Mit der Umkonditionierung des Organismus wird vor allem bei abweichendem Sexualverhalten gearbeitet. Für homosexuelles Verhalten ist nur dann Therapie angezeigt, wenn es einmal in ursächlichem Zusammenhang mit einem nicht zu bewältigenden Folgeproblem steht, zum anderen wenn der homosexuelle Klient starke Neigung zur Heterosexualität verspürt, aber seine Verhaltensgewohnheiten nicht zu ändern vermag, zumal er sich offenbar klar ist über seine sog. "Veranlagung".

McGuire, Carlisle u. Young (1965, 185–190) nahmen an, daß sexuell abweichendes Verhalten bei Erwachsenen auf das Produzieren abweichender Vorstellungen während der Masturbation zurückgeführt werden kann. Aufgrund dieser Hypothese führt dann Davison (1968) folgende Therapie bei einem homosexuellen Klienten durch: Er ließ ihn mit seinen üblichen Phantasien sexuelle Erregung herbeiführen und mit Masturbation beginnen. Kurz vor dem Orgasmus sollte der Klient seine Aufmerksamkeit auf ein ansprechendes Großbild aus dem Playboy richten. Im Fortgang wurde der heterosexuelle Reiz schrittweise an früheren Punkten der Masturbationskette eingeführt. Diese geplanten Masturbationsphantasien konnten die Sexualtherapie unterstützen. Unter (4) wird ein weiteres Beispiel dieser Therapie angeführt.

52   Die Ablösung vom behavioristischen Modell

(2) Beim *Gedankenstop* geht es darum, daß der Klient lernt, seine unerwünschten Grübeleien zu unterdrücken oder zu eliminieren. Dieses Verfahren wurde zuerst von J. Alexander Bain (1928) beschrieben, (1963, 237–244) und von Wolpe (1969) aufgegriffen.

Der Klient soll absichtlich sein irritierendes und störendes Grübeln ausführen. Wenn er dem Therapeuten anzeigt, daß diese unerwünschten Gedanken kommen, ruft dieser laut "stop". Durch die Schreckreaktion ist die Grübelfolge beendet. In der Folgezeit lernt der Klient, das Wort "stop" leise zu sich selbst zu sprechen. Es gibt allerdings nur wenig Nachweise über die Wirksamkeit des Gedankenstops. Da grübelnde Mitteilungen nicht nur verbale Mitteilungen sind, ist es erfolgversprechender, das Gedankenstop-Ablenkunsverfahren durch das Gedankensubstitutions-Verfahren zu ergänzen.

In einer Fallstudie bei einer zweiundzwanzigjährigen Frau, die an unkontrollierbaren selbstkritischen Zwangsgedanken litt, versuchte Mahoney (1971, 575–578) eine weiterführende Strategie. Zunächst gab er der Frau die Anweisung von 7 bis 0 zurückzuzählen, wenn sie unerwünschte Zwangsgedanken erlebte. Hypothese war, daß bei 0 die Unterbrechung stattfindet. Diese Methode war jedoch auch nicht wirksam; es stieg dabei sogar die Häufigkeit der Zwangsgedanken. Mahoney versuchte es dann mit einer taktilen Aversionstherapie. Die Klientin bekam ein breites Gummiband um ihr Handgelenk. Sie ließ es dann schnappen, wenn sie Zwangsgedanken hatte. Bei dieser Selbstbestrafung nahmen die Grübeleien ab, wie auf Abbildung 9 (aus Mahoney 1977) zu erkennen ist.

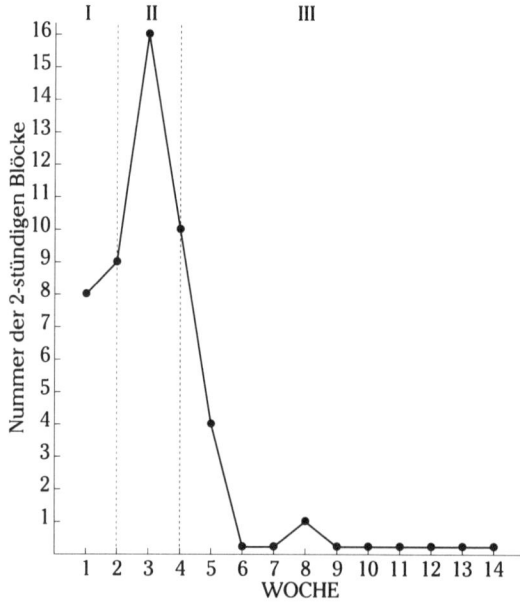

Abb. 9: Häufigkeit der Zwangsgedanken während der Grundkurvendiagnostik (Phase I), einer Intervention des Zurückzählens (Phase II) und Selbstbestrafung (Phase III). (Aus Mahoney 1977)

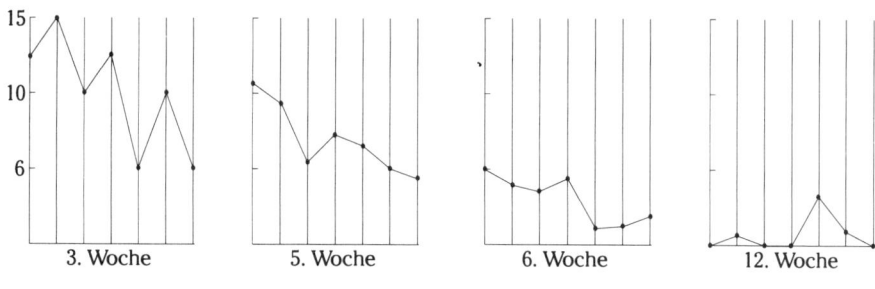
Abb. 10

Man kann auch noch anders vorgehen. Wenn es den Klienten gelingt, das Zwangsgrübeln eine Stunde zu verzögern, können sie auf der Tageslinie jeweils einen Punkt einzeichnen (Abb. 10), wie wir es den Klienten empfehlen.

Die Grundrate dieser Klientin (aus eigener Praxis) betrug vor der therapeutischen Intervention zwischen 12 bis 15 Zwangsgedanken pro Tag mit einer jeweiligen Erstreckung von 15 bis 30 Minuten. Sie schienen unabhängig von besonderen Streßsituationen zu sein. In den folgenden Wochen konnte die Klientin durch ihre Kontrolle und durch Selbstlob beim Abstieg gegenüber dem Vortag die Rate sukzessiv senken. Die später noch vorkommenden gelegentlichen Anstiege konnte sie eindeutig mit Streß in Verbindung bringen. Mit der achten Woche wurde diese Selbstkontrollmethode mit einem jetzt möglichen Selbstsicherheits- und Selbstbehauptungstraining verbunden, so daß die weitere und dann endgültige Eliminierung auf die kombinierte Methode zurückzuführen ist.

(3) *Coverant-Kontrolle.* Coverants sind Operanten des Geistes. Der Ausdruck coverant ist eine Abkürzung von coverantoperant (verdeckter Operant). In den "Perspektiven der Psychologie" geht L. E. Homme darauf ein (1965, 501–511).

Vor einem Abhängigkeitsverhalten gehen dem Betreffenden meist Gedanken durch den Kopf. Man spricht innerlich zu sich selbst, z. B. "Ich brauche unbedingt eine Zigarette." Solche inneren Aussagen, die einem unerwünschten Zielverhalten vorausgehen, aktivieren es funktionell.

Wenn wir dieser gedanklichen Vornahme des unerwünschten Zielverhaltens konträr wirkende Zielgedanken als aversiven Bestandteil der Kette (Mundgeruch) beimischen, kann es zur Abschwächung des unerwünschten Fehlverhaltens kommen. Es scheint jedoch nach Homme geboten, in Gedanken noch einen Gewinn bzw. Vorteil zu buchen, z. B. Geldsparen und sich bei Unterbrechung des unerwünschten Zielverhaltens zu belohnen, z. B. eine Tasse Kaffee zu trinken.

(4) Die *verdeckte Sensibilisierung* war die Form des verdeckten Konditionierens, die in vielen Bereichen (Alkoholismus, Rauchen, Übergewicht, Zwangsverhalten, sexuelle Abweichung) am frühesten den Eingang in die Therapie fand. Es wird ein verhaltenspsychologisches Syndromverhalten, also Problemverhalten, in der Vorstellung verdeutlicht und mit einem aversiven symbolischen Ereignis (z. B. Scene der Übelkeit, des Schmerzes, der sozialen Diffamierung) gepaart.

54 Die Ablösung vom behavioristischen Modell

Um dieses Verhalten zu veranschaulichen, wollen wir uns mit der von Cautela (1967, 462) durchgeführten Sensibilisierung von Übergewicht nach einem Entspannungstraining vertraut machen.

"Ich möchte, daß Sie sich vorstellen, Sie hätten gerade Ihre Hauptmahlzeit beendet und Sie wollen gerade mit Ihrer Nachspeise, einem Apfelstrudel, beginnen. In dem Moment, in dem Sie sich eine Gabel nehmen wollen, bekommen Sie in der Magengrube ein komisches Gefühl. Sie beginnen sich unwohl, übel und völlig schlecht zu fühlen. Wenn Sie Ihre Gabel berühren, fühlen Sie einige Essensstücke, die sich Ihren Hals hinaufschieben. Sie sind schon fast dabei, sich zu übergeben. Wenn Sie die Gabel in den Strudel hineinstechen, kommt Ihnen das Essen in den Mund. Sie versuchen, Ihren Mund geschlossen zu halten, weil Sie Angst haben, das Essen überall hin zu spucken. Sie bringen das Stück Strudel immer näher an Ihren Mund. Gerade als Sie Ihren Mund öffnen wollen, erbrechen Sie. Sie spucken alles über Ihre Hände, Ihre Gabel und über den Strudel. Es breitet sich über den ganzen Tisch aus und über das Essen der anderen Leute. Ihre Augen tränen. Schleim ist überall in Ihrem Mund und in Ihrer Nase. Ihre Hände fühlen sich klebrig an. Es gibt einen fürchterlichen Geruch. Wenn Sie diese Schweinerei anschauen, müssen Sie einfach immer wieder kotzen, bis nur noch wässriges Zeug herauskommt. Alle Leute schauen Sie ganz schockiert an. Sie wenden sich von dem Essen ab und beginnen, sich sofort besser zu fühlen. Sie rennen aus dem Zimmer, und während Sie herausrennen, fühlen Sie sich immer wohler. Sie waschen sich und richten sich her und fühlen sich wunderbar."

Die Fluchtszene, die auf die unmittelbare Erleichterung, auf das Beenden des Zielverhaltens folgt, wird von Cautela als wichtige Komponente der Therapie betont. Die Wirksamkeit der verdeckten Sensibilisierung wird in verschiedenen Übersichtsartikeln, auf die Mahoney hinweist (1977, 110ff), dargestellt.

Davison (1968, 84–89) behandelte einen Klienten mit sadistischen Vorstellungen, die dieser im Zusammenhang mit seinem Sexualverhalten zwanghaft entwickelt hatte. Mahoney führt diese Studie besonders an, um den Einfallsreichtum des Therapeuten bei dieser Behandlung zu illustrieren:

"Mit geschlossenen Augen wurde er angeleitet, sich eine typische sadistische Szene vorzustellen, ein hübsches Mädchen, das an Pflöcken am Boden festgebunden ist und verzweifelt hin- und herstrampelt, um sich zu befreien. Beim Anblick des Mädchens sollte er sich vorstellen, daß jemand mit einem glühenden Eisen an seine Augen kommt und schließlich seine Augenbrauen ansengt. Als sich dieses Vorstellungsbild als erfolglos erwies, wurde ein zweites versucht, nämlich von einem grausam aussehenden Karate-Experten in die Leisten getreten zu werden. Als er auch diesem Vorstellungsbild gleichgültig gegenüber wurde, schilderte ihm der Therapeut eine große Schüssel 'Suppe', die aus dampfendem Urin bestand, auf dem sich stinkende Fäkalienknödel hin und her bewegten. Seine Grimassen, Windungen und Stöhnen zeigten, daß ein wirksames Vorstellungsbild gefunden worden war; die folgenden 5 Minuten wurden mit der Vorstellung verbracht, er selber trinke aus der Schüssel und fühle sich die ganze Zeit dabei kotzübel, während er über die schwimmenden Trümmer hinweg das strampelnde Mädchen anschaue." (1977, 115)

Maletzky (1974, 34–40) ergänzte die mentale Aversion noch durch einen aversiven Geruch (Valeriansäure), um die Übelkeitsvorstellung zu erhöhen. Bereits nach zehn Wochen konnte er bei zehn Exhibitionisten das verdeckte und offene Fehlverhalten eliminieren.

Im ganzen gesehen sind die Resultate der Behandlung mit verdeckter Sensibilisierung sehr unterschiedlich. Bei Alkoholismus und Rauchen führten sie nicht zu Dauererfolgen. Besser waren die Ergebnisse bei Übergewicht-Klienten. Gute Erfolge konnten jedoch bei der Behandlung sexuell abweichenden Verhaltens erreicht werden.

Wahrscheinlich liegt dies daran, daß sexuelle Abweichungen sehr häufig durch Phantasien und erotische Vorstellungen vermittelt werden.

(5) Die *verdeckte (positive) Verstärkung* wurde in mehreren Untersuchungen bei Prüfungsängstlichen durchgeführt. In der Behandlung eines Studenten mit Prüfungsangst durch Cautela war der Klient schon dreimal bei seiner Abschlußprüfung durchgefallen. Er bekam noch eine letzte Möglichkeit, hatte aber davor sehr große Angst. Er lernte in der Therapie, sich auf das Wort "Verstärkung" durch den Therapeuten vorzustellen, daß er mit Skiern einen Berg hinunterfahre und sich dabei sehr gelöst und heiter fühlte. Dann wurde diese positive Vorstellung mit dem vorgestellten Verhalten in der Prüfungssituation gepaart (Cautela 1970, 39).

Wir haben diese Methode bei einem Studenten angewandt, der zum zweiten Mal zur 1. Lehramtsprüfung zugelassen wurde. In Anlehnung an Cautela gaben wir folgende Anweisungen:

> "Wir wollen jetzt an der Prüfungssituation arbeiten. Es ist der Tag der Prüfung, und Sie fühlen sich zuversichtlich (Verstärkung). Sie betreten das Gebäude, in dem die Prüfung stattfinden wird (Verstärkung). Sie setzen sich auf Ihren zugewiesenen Platz und haben ein gutes Gefühl; denn Sie haben sich ja diesmal gut vorbereitet (Verstärkung). Der Aufsichtsführende verteilt die Prüfungsaufgaben. Sie lesen die Themen und finden unter den sechs Aufgaben eine, für die Sie besonders gut vorbereitet sind (Verstärkung).
>
> Wir wiederholen jetzt die Gedanken- und Vorstellungsarbeit noch einmal etwas abgewandelt. Sie lesen die Themenstellung durch und entdecken zwei Aufgaben, für deren Bearbeitung Sie gut vorbereitet sind (Verstärkung). Sie überlegen, welche der beiden Aufgaben Sie besser bearbeiten können. Nach einer Besinnung von ca. 5 Minuten entscheiden Sie sich für eines der beiden Themen (Verstärkung). Sie schreiben eine Gliederung hin und machen sich Notizen (Verstärkung). Dann gehen Sie an die Ausarbeitung. Sie sind entspannt und arbeiten gut (Verstärkung)."

Nach acht Therapiesitzungen (jeweils zwei Vollstunden) bestand der Klient seine Prüfung.

In einer Arbeit von Wisocki (1973, 264–266) wird über die Behandlung von 32 Studenten mit verdeckter positiver Verstärkung berichtet. Sie konnten ihre Angst verringern, sich besser entspannen, hatten ein größeres Selbstvertrauen und entsprechend bessere Ergebnisse als eine Kontrollgruppe.

Mahoney kommt bei der Durchsicht diesbezüglicher Arbeiten zu dem Ergebnis, daß die Wirksamkeit der verdeckten Verstärkung doch noch recht bescheiden ist, es nur wenige zuverlässige Arbeiten gibt. Wir sollten daraus erkennen, daß einzelne isolierte Methoden – zumal sie meist unter experimentellen Laborbedingungen durchgeführt werden – kein zureichendes Modell für eine wirksame Verhaltensmodifikation darstellen.

(6) Bei der *verdeckten Löschung* hat der Klient in der Vorstellung ein unerwünschtes Verhalten auszuüben, jedoch ohne irgendwelche Konsequenzen. Diesem Vorgehen liegt die Erkenntnis zugrunde, daß durch verdecktes Üben das Problemverhalten abnimmt, wenn keine es stützenden Konsequenzen auftreten. Zumeist werden aber noch verdeckte Löschungsszenen eingesetzt.

Cautela regte z. B. einen Stotterer zu folgender Gedankenübung an: Sie sitzen in der Mensa. Suchen Sie sich einen Platz aus, an dem Sie gewöhnlich sitzen (Pause). Sie essen gerade Ihre Lieblingsspeise. In Ihrer Nähe ist ein leerer Platz (Pause). Ein hübsches Mädchen kommt zu Ihnen und fragt, ob es sich neben Sie setzen darf (Pause). Sie stottern: J.. j.. j.. ja! Sie reagiert überhaupt nicht auf Ihr Stottern und setzt sich neben Sie (1971b, 193f).

In manchen Fällen hat es sich als wirksam erwiesen, ein Problemverhalten in der Vorstellung stärker auszuschmücken, es dramatisch auszugestalten und es in seinen schrecklichsten Folgen vorzustellen (Implosion, symbolisches Flooding). Berichte über die Behandlung der Schlangenphobie heben hervor, daß der Klient schrittweise mit Schlangen vertraut wird und mit ihnen umgeht, dann aber auch gebissen oder erdrückt wird. Solche Gedankenspiele und -exzesse lassen das Problemverhalten gleichsam ins Leere laufen, führen es ad absurdum.

(7) Während alle bisher erwähnten Verfahren mehr oder weniger große Schwächen haben und in ihrem therapeutischen Effekt unsicher sind, ist dies beim *verdeckten Modellernen* anders. Aufgrund der größeren Komplexität und Variationsmöglichkeiten der Methode sind auf diesem Wege beachtliche Veränderungen zu erreichen.

Das vorgestellte Modell sollte möglichst dem Alter und Geschlecht des Klienten entsprechen und das Bewältigungsverhalten zeigen. Es ist zweckmäßig und förderlich, daß das Modell anfangs die gleichen Schwierigkeiten präsentiert, die der Klient hat. Schrittweise und zögernd baut dann das Modell das erwünschte Verhalten, also die zunehmende Sicherheit auf.

Beim Abbau von Phobien und beim Selbstsicherheitstraining spielt das verdeckte Modellernen eine große Rolle. Auch hier hat sich gezeigt, daß die Wirksamkeit der Methode gesteigert werden kann, wenn auch eine verdeckte Verstärkung und symbolische Verhaltensübung angefügt wird.

Verschiedene Fragen stehen noch offen: Wie ähnlich sollte das Modell gegenüber dem Klienten sein? Wie groß ist der Unterschied der Wirksamkeit, wenn das vorgestellte Modell die eigene Person statt einer fremden Person ist? Sollte evtl. zunächst eine andere Person als Modell vorgestellt werden und im Fortgang der Therapie die vorgestellte eigene Person als Vorbild dienen? Wie wichtig ist die Lebhaftigkeit der Vorstellungsbilder?

Das verdeckte Modellernen wird mittlerweile umfangreich angewendet. Mentale Übungen und bildhafte Zielvorstellungen finden nicht nur in der Therapie, sondern vor allem auch zur Leistungssteigerung im Sport statt. Im Training lernen die Sportler, zwischen dem körperlichen Training die verschiedenen Bewegungen in der Vorstellung optimal auszuführen, z. B. beim Stabhochsprung, Weit- und Hochsprung, Bewegungen am Reck und Stufenbarren, Slalomlauf usw. Es werden auf diese Weise Erfolgsschleifen im Gehirn eingraviert, die das reale Training optimieren. (Suinn 1973, 308–310)

4. Die Informationsverarbeitung

Das Modell der Informationsverarbeitung weist darauf hin, daß zwischen dem Reiz-Input und dem Verhaltens-Output vielerlei vor sich geht. Informationen werden aufgenommen und in komplexe Kodes umgebaut. Diese kodierte Information wird gespeichert, bis sie reproduziert und im Verhalten sichtbar und nutzbar gemacht wird.

Der Mensch ist nach der Informationstheorie ein aktiver Verarbeiter von Erfahrungen. Er reagiert nicht auf eine reale Welt, sondern auf eine vermittelte Wiedergabe davon. Therapeutisch bedeutsam ist, daß diese Vermittlung oft die Form von Reizselektionen, Reizverzerrungen und Reizumformungen annimmt.

Die Informationsverarbeitung beeinflußt die Reaktion des Menschen. Als wichtigste Kategorien der Verarbeitung werden angesehen:

(1) *Die Aufmerksamkeit.* Sie bestimmt, welche Reize aufgenommen und angeeignet werden, ein Prozeß, der als "selektive Orientierung" bezeichnet wird. Es werden nur solche Informationen aufgenommen, die für die Verhaltenssteuerung Bedeutung besitzen.

(2) *Die Kodierung.* Die Reize werden in bestimmte Zeichen umgeformt, die stellvertretend für physikalische und semantische Merkmale und Merkmalsgruppierungen auftreten. Diesen Prozeß bezeichnet man auch als symbolische Verschlüsselung.

(3) *Die Speicherung.* Hier geht es um das Verhalten oder Bewahren kodierter Informationen. Wir fragen uns, warum eine selektive Informationsaufnahme die Fähigkeit zur Speicherung von Informationen erfordert. Joachim Hoffmann gibt darauf eine zweifache Antwort:

"Zum ersten muß daran gedacht werden, daß unsere Umwelt ja immer nur mit kleinen aktuellen Ausschnitten zeitlich nacheinander auf uns einwirkt. Um diese zeitlich auseinanderliegenden Wirkungen zu einem geschlossenen Abbild unserer Umwelt zu integrieren, müssen zurückliegende Einwirkungen in ihren Effekten zur Verfügung gehalten werden, um mit nachfolgenden Einwirkungen in Verbindung gebracht werden zu können. Die zweite Notwendigkeit zur Informationsspeicherung ergibt sich aus der Zielstellung informationsverarbeitenden Verhaltens. Unser Zentralnervensystem hat sich als informationsverarbeitendes System entwickelt, um unser Verhalten so steuern zu können, daß erwünschte Zielvorstellungen erreicht und unangenehme Konsequenzen vermieden werden können. Wenn die Informationsaufnahme aber untrennbar mit der Steuerung des Verhaltens verbunden ist, dann müssen gemachte Erfahrungen über im weitesten Sinne anzustrebende und zu meidende Verhaltensweisen so gespeichert werden, daß sie für die nachfolgende Steuerung des Verhaltens erfolgreich genutzt werden können. Die Informationsspeicherung ist hier, kurz gesagt, an die Notwendigkeit von Lernprozessen gebunden." (1983, 8f)

(4) *Die Reproduktion.* Hier geht es um die folgende Anwendung der gespeicherten Information zur Verhaltenssteuerung. Zwischen Stimulus und Response nehmen wir heute drei hypothetische Konstrukte (strukturelle Einheiten) an, auf die sich die Prozesse der Informationsverarbeitung beziehen: den sensorischen Speicher oder das Ultrakurzzeitgedächtnis (Hoffmann 1983, 14ff), das Kurzzeitgedächtnis und das Langzeitgedächtnis. Mit ihnen sind die vier aufgezählten Prozesse (Aufmerksamkeit, Kodierung, Behalten und Reproduktion) verbunden (Abb. 11).

Wir achten im allgemeinen nur auf eine kleine Auswahl der verfügbaren Informationen. Wir haben eine gewisse Kontrolle über unsere eigene Selektivität. So können wir z. B. bei einer Party, auf der sich viele Menschen unterhalten, einen Kanal wählen, eine der stattfindenden Unterhaltungen auswählen, also mehrere Stimmen aussondern (Cocktailparty-Phänomen).

58   Die Ablösung vom behavioristischen Modell

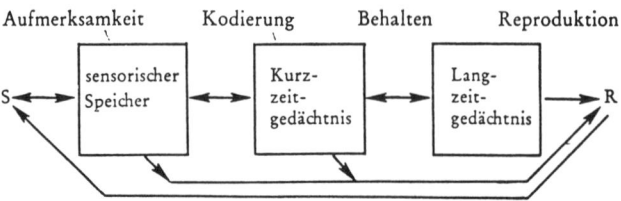

Abb. 11: (aus Mahoney 1977)

Zu (1) Die Aufmerksamkeit und das sensorische Speichern

Wenn wir etwas aufmerksam erfassen, dann wird ein ankommender Reiz einer gespeicherten Schablone oder einem Bild zugeordnet. Andererseits – und dieser Vorgang spielt im Leben und in der Therapie eine größere Rolle – ist die menschliche Wahrnehmung konstruktiv synthetisch. Der Organismus erzeugt zum großen Teil seine Inputs selbst bzw. er verzerrt sie. Wir beobachten vorzugsweise das, was unsere voraufgebauten Interessen, Einstellungen, Meinungen, Erwartungen, Befürchtungen uns "nahelegen". Frühere Erfahrungen lassen uns vieles im Lichte der voraufgebauten Gewohnheiten wahrnehmen.

Zu (2) Die Kodierung und das Kurzzeitgedächtnis

Beachten und flüchtiges Wahrnehmen (Hinhören, Hinschauen) bedeuten noch nicht, daß ein Reiz im Gedächtnis gespeichert wird. Verschiedene Faktoren beeinflussen die Kurzzeitspeicherung: die Dauer der Konfrontation mit dem Reiz, die Wiederholung oder Häufigkeit, mit der ein Reiz geboten wird, die zeitliche Position des Reizes (die Anfangs- und Endbetonung).

Von entscheidender Bedeutung ist der Prozeß der Kodierung. Wir halten einen Reiz fest, in dem wir die Stimulierung in einen inneren "Kode" transformieren, ihn durch ein Symbolsystem (z. B. Sprache) und begriffliche Kategorien stützen.

Zu (3) Das Behalten und das Langzeitgedächtnis

Wir bewahren Dinge und Ereignisse sehr unterschiedlich lang im abrufbaren Gedächtnis. Verschiedene Hypothesen über das Phänomen des Vergessens sind aufgestellt worden: die Zerfallshypothese, nach der Gedächtnisspuren mit der Zeit schwächer werden, die Interferenzhypothese, wonach nicht die Zeit, sondern die gleichzeitig und nachfolgend ablaufenden anderen Erfahrungen störend wirken. Dadurch würde die ursprüngliche Erfahrung mehr oder weniger verdeckt, so daß man sie nur mit Schwierigkeiten finden könnte. Aber auch gerichtetes Vergessen, bei dem wir absichtlich nicht auf bestimmte Reize und Erfahrungen achten, kann die Wahrscheinlichkeit der späteren Erinnerung an sie reduzieren.

Therapeutisch spielt die vierte Hypothese, die eng mit der dritten zusammenhängt, eine besondere Rolle – das motivierte Vergessen, das sich vor allem auf schmerzhafte und peinliche Erlebnisse, also Erfahrungen, die unser Selbstwertgefühl bedrohen, bezieht. In Laboruntersuchungen hat man bei der Darbietung bestimmter Items Personen einen Schmerzreiz zugefügt. Es zeigte sich, daß sich die Personen später an solche

Inhalte signifikant schlechter erinnerten. In der Verhaltenstherapie hat man solche Aversionsreize zur Reduktion von störenden Gedanken, Grübelketten und abweichenden sexuellen Phantasien benutzt. Die Klienten hatten die betreffenden Grübeleien und Phantasien aktiv zu erzeugen. Wenn sie davon eine lebhafte Vorstellung hatten, wurde ihnen ein schmerzhafter elektrischer Reiz zugefügt. Dadurch wurden fortschreitend längere Latenzen in der Produktion der abweichenden Vorstellungen beobachtet, z. T. wurden sie sogar "gelöscht". Wahrscheinlich werden behaltene Informationen nicht völlig gelöscht. Sie sind – wie Wilder Penfield bei seinen Hirnoperationen zeigen konnte – noch vorhanden, nur normalerweise nicht ekphorierbar. Penfield formulierte deshalb seine Theorie der Gedächtnis-Beständigkeit (1959, 1.719–1.725).

Zu (4) Die Reproduktion und die Verhaltenssteuerung

Informationen, die angemessen kodiert und gespeichert werden, werden mit größerer Wahrscheinlichkeit reproduziert und beim späteren Verhalten untergebracht. Wir wissen dies aus vielen Lern- und Übungsexperimenten.

Gelegentlich haben wir Schwierigkeiten, uns an einen Sachverhalt, z. B. Namen, zu erinnern. Wir wissen, daß wir wissen; wir haben ein "Gefühl von Wissen". Wir haben den Namen gleichsam auf der Zungenspitze. Oft kommt dann, wenn wir vorübergehend unsere Erinnerungsbemühung abschalten, der Name später ungerufen. Gelegentlich nähern wir uns der Erinnerung aber auch durch rahmenhafte Hinweisreize. Der Name fing mit einem F an, hatte irgendetwas mit Wald zu tun ... Förster. Vorstellungsmäßige und verbale Suchaktionen führen dann zu einem Resultat.

Das Modell der Informationsverarbeitung ist eine erstrangige Stütze der Kognitiven Psychologie und Therapie. Ohne die Annahme vermittelnder Variablen bleiben der Erwerb, die Übermittlung, Speicherung, Reproduktion und die Verwendung von Informationen und damit der Prozeß des Lernens, des Verlernens, des Umlernens, damit auch der therapeutische Prozeß ungeklärt.

5. Das kognitive Lernen

Von den kognitiven Faktoren, die den Lernprozeß beeinflussen, ist die zur Zeit des Lernens bereits vorhandene Wissens- und Problemlösungsstruktur der wichtigste Faktor. Da diese die Einwirkung früherer Erfahrungen im Laufe des Lernprozesses mit sich bringt, steht sie in engem Bezug zum Problem des Transfers.

Unter den Begriff "kognitive Struktur" fällt sowohl der wirkliche Umfang der Wissensstruktur (epistemische Struktur) des einzelnen Individuums als auch seine weiterreichenden organisatorischen problemlösenden Fähigkeiten (heuristische Struktur) auf einem bestimmten Fachgebiet. Da sinnvoller Stoff und erfolgreiche Operationen immer in Verbindung mit einem zuvor erlernten "Hintergrund" wichtiger Inhalte, Grundsätze und Informationen gelernt werden, ist es wichtig, daß diese genau und klar sind. Wenn die kognitive Struktur klar und angemessen organisiert ist, tauchen genaue, unzweideutige Inhalte auf, die ihre Beständigkeit lange bewahren. Wenn andererseits die kognitive Struktur undifferenziert und unbeständig ist, so wird sie sinnvolles Lernen und Behalten hemmen. Neues Lernen und Behalten kann also vorwiegend durch die Stärkung wichtiger Aspekte der kognitiven Struktur erleichtert werden.

Die Einzelheiten gegebener Sachverhalte können so schnell gelernt werden, wie sie in ein dem Zusammenhang entsprechendes Gerüst eingebaut werden können. Dieses Gerüst besteht aus dem angeeigneten Besitz allgemeiner Begriffe, Grundsätze und Lösungsoperationen. In Pädagogik und Therapie bemühen wir uns, die kognitive Struktur zu beeinflussen und damit sinnvolles Lernen, Behalten und Problemlösen zu optimieren.

Der Erwerb eines klaren, organisierten und beständigen Wissens- und Operationsbestandes durch den Lernenden führt nicht einfach nur zu Wissens- und Operationsbesitz, also einer Speicherung. Wissen selbst hat als unabhängige Variable eine dynamische Struktur. Es beeinflußt von sich aus über einige andere Begriffe den Erwerb breiteren Wissens auf dem gleichen Gebiet. Menschliches Lernen vollzieht sich betont durch Vermittlung kognitiv-symbolischer Prozesse. Wir benutzen die Erinnerung und die Denkprozesse, um

– der Erfahrung Gesetzmäßigkeit zuzuschreiben,
– die Konsequenzen unserer Handlungen zu antizipieren,
– unsere Bemühungen beim Problemlösen ökonomischer zu gestalten.

Bei der experimentellen und klinischen Darstellung von gestörter Vermittlung spielt neben der Aufmerksamkeit und dem bereits etablierten Wissensbestand noch ein weiterer Gesichtspunkt eine besondere Rolle: das Feedback aus Erfahrungen. Konsequenzen in menschlichem Verhalten beeinflussen zukünftiges Verhalten. Dabei können wir selbst unsere eigenen Konsequenzen bewerten und/oder die Konsequenzen bei anderen beobachten (Modellernen).

Kognitives Lernen stützt sich auf Begriffe, seien diese nun einzelne Bezeichnungen, Grundsätze oder Verallgemeinerungen. Sie sind unentbehrlich für die Übermittlung früherer Erfahrungen, die Deutung gegenwärtiger Situationen und für den Entwurf zukünftigen Verhaltens. Viele Begriffe haben zuerst wenig Bedeutung, aber diese Bedeutung erweitert sich, sobald die Erfahrungen des Menschen mit der Terminologie und mit den tatsächlichen Qualitäten und Dingen, für die der Begriff steht, zunehmen.

Mit der Präzision der Begriffe differenziert sich der Wissensbestand und damit auch die kognitive Struktur. Fünf Grundsätze können uns bei dieser Qualifikation dienlich sein:

(1) Wir sollten Begriffe in entsprechenden Lerneinheiten ordnen, die möglichst eindeutige Sachverhalte und Handlungsvollzüge enthalten.
(2) Wir sollten unsere fragende und suchende Haltung kultivieren, dadurch teilweise entwickelte Begriffe erweitern und nach weiterführenden Begriffen Ausschau halten.
(3) Wir sollten die Begriffe mit dem ständig wachsenden Wissen und womöglich mit den ständig wachsenden wirklichkeitsnahen Erfahrungen in Verbindung bringen.
(4) Wir sollten uns bemühen, die Bedeutungen der übermittelten Begriffe zu erfassen. Dies schließt das Diskutieren und Definieren der Ausdrücke ein.
(5) Wir sollten die Angemessenheit unserer Begriffe selbst beurteilen. Für das Lernen von Haltungen und für das kognitive Lernen ist das eigene Beurteilen der Angemessenheit der Begriffe wichtig.

Begriffe, Verallgemeinerungen und Grundsätze haben sich aus der menschlichen Erfahrung ergeben und sind zum Zwecke der Interpretation und Kommunikation mit der physischen und sozialen Welt in die Symbole der Sprache aufgenommen.

Ein Begriff hat sowohl den Aspekt der Einteilung als auch der Unterscheidung und enthält meist mehr als die Beispiele oder die einzelnen Erfahrungen, von denen der Begriff abstrahiert wird. Der Begriff eines Symboles ergibt sich aus der Bedeutung, die der einzelne ihm zuschreibt; und diese Bedeutungen ändern sich mit den Erfahrungen über die Sachverhalte, für die der Begriff steht.

Wir haben in diesem Abschnitt nur auf elementare Prozesse des kognitiven Lernens (Tatsachen und Begriffe) hingewiesen. Zum kognitiven Lernen gehört aber auch das Lernen von Problemlösungen, von weiterreichenden Bewältigungsfunktionen, von Einstellungen, Wertschätzungen und Überzeugungen.

III. Die Struktur und Dynamik des Bewußtseins

Verhalten gründet sich nicht nur auf Reiz und Belohnung. Wenn man Laboratoriumsmäuse in die Skinner-Box setzte und ihnen für das Drücken des Hebels nicht Futter sondern andere Reize, wie z. B. ein klickendes Geräusch oder Lichtwechsel bot, lernten die Mäuse, den Hebel zu drücken. Zu gleichartigen Ergebnissen kamen Psychologen, die mit Rhesusaffen experimentierten. Wir müssen also unsere Auffassung von materiellen Verstärkern erweitern. Für die Tiere ist nicht nur Futter eine Belohnung, sondern auch das Erlebnis von etwas Neuem.

Wir wissen mittlerweile auch, welcher Hirnteil auf Neues reagiert. Es ist der Hippocampus (= Ammonshorn), benannt nach der griechischen Bezeichnung für Seepferd, dem dieser Teil des Hirn der Form nach ähnelt. Der Hippocampus ist nachweislich bei der Gedächtnisbildung von entscheidender Bedeutung. Um Neues festzustellen bzw. zu erkennen, muß ich es von dem abheben, was ich bereits weiß.

> "Experimente von Dr.O.S. Vinogradowa weisen darauf hin, daß das Ammonshorn eine unentbehrliche Aufgabe bei der Speicherung von Informationen unabhängig von Belohnung oder Bestrafung erfüllt. Dagegen hängt seine Funktion eng mit dem Suchen nach etwas Neuem zusammen. Wird das Ammonshorn zerstört, so kehren die Versuchstiere stets in die Bereiche des Käfigs zurück, die sie bereits aufgesucht hatten, während sie die noch unerforschten Regionen ihrer Umgebung nicht mehr zu beachten scheinen."(Restak 1981, 25)

Wir sehen, daß Verhalten bereits auf der Verhaltensebene einer Maus oder eines Rhesusaffen nicht einfach in dem gängigen Schematismus von Reiz und Belohnung gründet. Die klassische Verhaltenspsychologie versuchte, Bewegungen und Verhaltensweisen aus erkennbaren und beobachtbaren Reiz-Reaktions-Verknüpfungen zu erklären und zu verstehen. Durch die Entwicklung der Neurophysiologie und -psychologie ist dieses vereinfachende Modell überholt.

> "Verläßt man sich auf die Reiz/Reaktions-Modelle, dann ist das so, als wollte man behaupten, es bestehe kein Unterschied zwischen dem inneren Aufbau einer 1910 hergestellten Taschenuhr und der Quarz-Digitaluhr von heute. Sie dienen zwar beide dem gleichen Zweck, nämlich uns die Zeit anzuzeigen, doch tun sie das mit Hilfe eines völlig unterschiedlichen Mechanismus. Wie gesagt, Sie brauchen nur den hinteren Deckel der Taschenuhr aufzuklappen, und Sie können durch die Beobachtung des Mechanismus von Getrieben, Zahnrädchen und Federn herausfinden, wie sie funktioniert. Bei der Quarzuhr dagegen handelt es sich nicht um ein mechanisches, sondern um ein elektrisches System, das nicht direkt von der Form seiner Bestandteile abhängt. Ein Transistor oder ein Kondensator kann die verschiedensten Formen haben und dabei einwandfrei arbeiten. Zweifellos gilt das auch für die Nervenzellen. Regeln wie 'Die Funktion folgt der Form' und 'Die Reaktion läßt sich nach dem Reiz voraussagen' sind auf das Nervensystem nicht anwendbar. Selbst die einfachsten Beispiele für das Verhalten sind komplexer, als uns die Verhaltenspsychologen eingeredet haben." (Restak 1981, 28)

In den folgenden Abschnitten soll zum einen die Verbindung der kognitiven Psychologie mit der neueren neurologischen und neurophysiologischen Forschung aufgewiesen werden. Die von uns vertretene und praktizierte Aktivationstherapie hat von Anfang an – man denke an den Begriff "Aktivation" – diesen Zusammenhang beachtet. Zum

1. Die Arbeitsweise des Gehirns

Die Arbeit des Gehirns erstreckt sich auf drei Funktionsbereiche (Wachsein, Informationsverarbeitung, Tätigkeitsregulation). Jede organisierte geistige Tätigkeit bedarf zu ihrer Durchführung eines optimalen kortikalen Tonus, des Wachseins. Geht der Tonus zurück, so wird unsere Reaktionsfähigkeit eingeschränkt und die Funktionsfähigkeit unseres Gehirn sinkt ab. Das Wachsein hängt von einer besonderen Formation im Hirnstamm, dem retikulären System oder Retikularsystem ab. Sind wir liegend schläfrig und werden durch ein auffälliges Geräusch gereizt, so löst dieser Reiz eine Erregungswelle im Retikularsystem aus, die sich im Hirnstamm nach oben weiter ausbreitet, zunächst das Gehirnzentrum aktiviert und dann auch andere Teile des Hirns erfaßt, bis sie schließlich den motorischen Kortex aktiviert und wir aufstehen.

Die Zellen im retikulären System sind so organisiert, daß die Erregung sich schnell durch das ganze Gehirn ausbreitet. Man denke sich ein dreidimensionales Netz, dessen Zellen klein und durch kurze Fortsätze miteinander verbunden sind.

Impulse können sich im Retikularsystem nach beiden Richtungen fortpflanzen: zum Großhirn und zum Rückenmark hin.

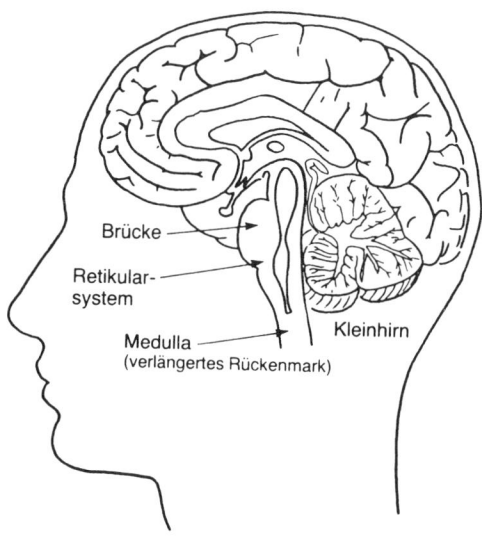

Abb. 12: Das Hirn des Menschen (aus Restak 1981, 30)

64 Die Struktur und Dynamik des Bewußtseins

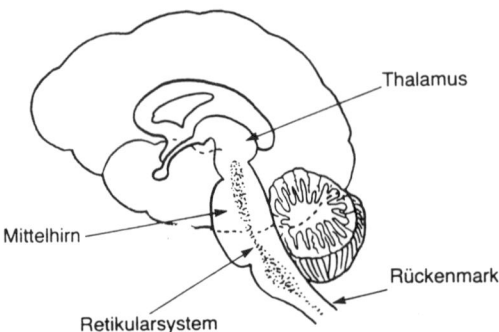

Abb. 13: Anordnung des Retikularsystems im Nervensystem des Menschen (aus Restak 1981, 31)

Bei einem Gedanken wird eine Erregungswelle stimuliert, die sich vom Kortex (der Großhirnrinde) nach unten ins Retikularsystem fortpflanzt und irgendwelche Muskeln aktiviert.

Wenn man bei Katzen das Retikularsystem zerstört, schläft die Katze und reagiert auf keine Reize mehr. Man kann sie auch auf keine Weise wieder aufwecken.

Das Retikularsystem ist ein mächtiger Hirnregulator. Er bestimmt das Niveau des Wachseins und kontrolliert von einem Augenblick zum anderen den funktionalen Zustand des Hirns. Die Funktion des Retikularsystems ist die eines allgemeinen Weckzentrums. Es dient dazu, uns wachzuhalten. Das Wachsein hängt also mehr vom Hirnstamm als von den höheren Zentren der Großhirnrinde ab. Ein kleiner Hirntumor oder ein streichholzkopfgroßes Blutgerinsel in der Nähe des RS ruft einen nicht zu beseitigenden Zustand der Bewußtlosigkeit hervor – obwohl der Kortex völlig normal geblieben ist. Das Wachsein hängt also ab von einem vertikal angeordneten Zweiwege-System:

– Informationen von außen werden ins Innere des Körpers geleitet;
– Informationen werden vom Kortex abwärts zu den Nerven und Muskeln weitergeleitet, welche unsere Körperfunktionen steuern.

Das Retikularsystem ist die erste funktionale Einheit des Gehirns.

Die zweite Ebene der funktionalen Struktur des Hirns umfaßt: Empfang, Analyse und Speicherung von Informationen. Diese Informationstätigkeit des Hirns ist hauptsächlich im Kortex lokalisiert. Der Kortex besteht aus einem Gefüge von Nervenzellen und -bahnen, aus isolierten Nervenzellen, die durch lange, fadenähnliche Fortsätze miteinander verbunden sind und die Fähigkeit besitzen, einen elektrochemischen Impuls von einer Zelle zur anderen weiterzuleiten.

Das Hirn zeigt eine hierarchische Struktur. Zum Beispiel hängt das Sehen von Impulsen ab, die über den Sehnerv an visuelle Analysatorzellen weitergeleitet werden, welche im primären Sehzentrum im hinteren Teil des Gehirns liegen. Diese Zellen sind von visuellen Assoziationszellen umgeben, die das Gesehene zu sinnvollen visuellen Mustern strukturieren.

Eine weitere Gruppe von Zellen umschließt die beiden ersten Gruppen. Ihre Aufgabe ist es, das, was wir sehen und hören, zu einer einzigen Wahrnehmung zu koordinie-

Die Arbeitsweise des Gehirns 65

ren. Wir sehen von weitem einen Kollegen. Er kommt näher und ruft uns etwas zu. Wir erkennen seine Stimme. Die für Sehen und Hören verantwortlichen Zellen im Hirn koordinieren sich und vermitteln uns die zusammengesetzte Wahrnehmung des "Kollegen". Die Koordination kann zerstört werden. Zum Beispiel kann der Sehbereich nach einem Schlaganfall nicht mehr in der Lage sein, die Informationen zu den Assoziationszellen, die dem Hören dienen, weiterzuleiten. So kann es kommen, daß der Betreffende den Kollegen erst erkennt, wenn er ihn reden hört. Auch hier gibt es eine hierarchische Struktur: Die primären Sehzellen reagieren nur auf den visuellen Impuls. Auf der nächsthöheren Stufe wird der Seheindruck koordiniert und strukturiert. Schließlich kommt es zum Erkennen des Kollegen, der integrierten Wahrnehmung.

Wir kommen zur dritten funktionalen Einheit des Hirns. Wachsein war die erste; die zweite umfaßt den Empfang, die Weiterleitung und Speicherung von Informationen im Gedächtnis. Die Kette der Impulse und Informationen führt zumeist zu einer Reihe von Verhaltensweisen und Handlungen, die der willentlichen Regie unterstehen. Der Auslöserkanal für Handlungen ist die kortikale motorische Region, die riesige Nervenzellen mit langen Faststrängen enthält, welche am Rückenmark entlanglaufen und schließlich mit sämtlichen Muskeln des Körpers in Verbindung stehen. Reizt man diese Riesenzellen mit einer elektrischen Sonde, so kommt es zu Zuckungen einzelner Muskeln, die für eine koordinierte Handlung kaum von Nutzen sind. Diesen Riesenzellen etwas vorgelagert sind die prämotorischen Zellen, die die höchste Stufe der Hierarchie darstellen und Bewegungsprogramme für die Überleitung an die Riesenzellen aufstel-

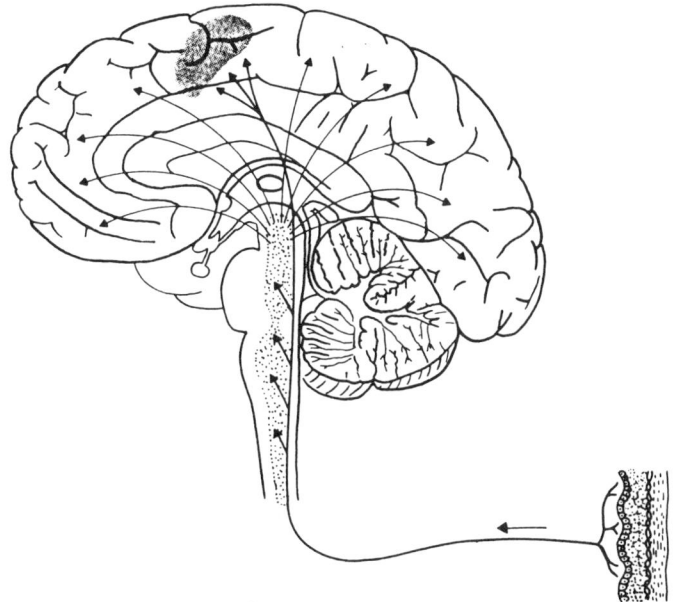

Abb. 14: Das Retikularsystem, ein winziges Netzwerk von Nerven etwa von der Größe eines kleinen Fingers, liegt tief eingebettet im Hirnstamm und hat die Funktion eines verstärkenden Wecksystems (aus Restak 1981, 31)

66 Die Struktur und Dynamik des Bewußtseins

len. Man kann sich die kortikale motorische Region als einen Computer vorstellen und die prämotorische kortikale Region als das Computerprogramm. Das Resultat ist eine zunehmend kontrollierte Abfolge von Muskelbewegungen. Der Programmierer sitzt im vordersten Teil des Hirns, in den präfrontalen Lappen. Er spielt bei der Erhärtung einer Absicht, beim Entschluß zu einer Handlung und bei der Regulierung unserer kompliziertesten Handlungsweisen eine entscheidende Rolle. Psychochirurgische Experimente (Durchtrennung der Faserstränge der präfrontalen Lappen) der 40er und 50er Jahre bei bestimmten geistigen Erkrankungen führten zur Symptommilderung. Der Preis war hoch. Es trat ein Verlust jeglicher Initiative, d.h. Gleichgültigkeit, Verlangen nach immer gleichbleibender Umgebung, auf.

Die wichtigste Aufgabe dieses Hirnbereichs ist die Regulierung des für das Verhalten notwendigen Hintergrundtonus. Er stellt eine Überstruktur dar, die andere Teile

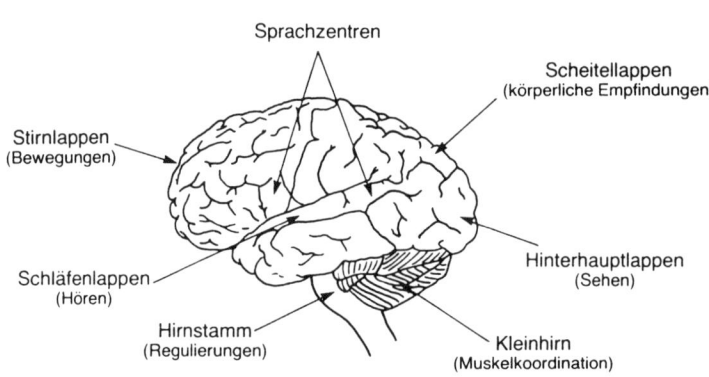

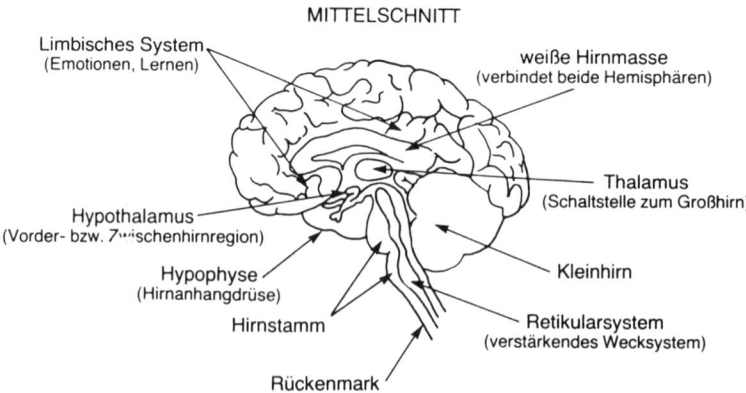

Abb. 15: Der Kortex mit seinen wichtigsten Funktionsbereichen (aus Restak 1981, 33)

des Kortex mit 'Energie lädt und die unser Verhalten im allgemeinen reguliert. Der präfrontale Lappen ist ein "Zweckorgan". Wird dieser präfrontale Bereich zerstört, so geht das zielgerichtete Verhalten verloren.

Das Hirn läßt sich am besten anhand seiner drei Funktionen erklären, die darin bestehen,

– uns wachzuhalten,
– Informationen zu verarbeiten und
– unsere Handlungen zu steuern.

Jede Art einer bewußten Betätigung hat zur Voraussetzung, daß alle drei funktionalen Hirnregionen einwandfrei zusammenspielen.

Wir möchten im Anschluß an die vorangehenden Ausführungen noch kurz auf die Hierarchie der neurophysiologischen Funktionsbereiche mit einem Blick auf die Evolution des Gehirns eingehen. Während der Evolution hat sich das menschliche Hirn nach drei Grundprinzipien auf eine hierarchische Weise weiterentwickelt. Diese drei Formationen unterscheiden sich hinsichtlich ihrer Chemie und ihrer Struktur deutlich voneinander. Wir haben drei Hirne. Jedes hat seine eigene Intelligenz, Subjektivität, seinen Sinn für Raum und Zeit, sein Gedächtnis und andere Funktionen. Jedes dieser Hirne hat prototypische Verhaltensmuster ausgebildet. Die erste Stufe der Hirnentwicklung finden wir in der Retikularformation. Um ihre Eigenart zu erkennen, studieren wir das Verhalten einer Eidechse. Die Eidechse sitzt auf einem Ast und bewegt den Kopf langsam auf und ab. Sie entdeckt eine zweite Eidechse. Beide beginnen ein Ritual: Sie recken ihre Köpfe ruckweise hoch und zischen sich gegenseitig an. Dies ist der Anfang einer aggressiven Begrüßung.

Die weitere Forschung hat über zwanzig ständig zu beobachtende Verhaltensmuster dieser Region feststellen können. Sie dienen der Selbsterhaltung oder dem Überleben der Art. Es sind Verhaltensweisen wie z. B. das Abgrenzen des Territoriums, Knurren, Nahrungssuche, Horten, begrüßen und Bildung sozialer Gruppen. Der Mensch zeigt viele bei Reptilien zu beobachtende Verhaltensmuster, z. B. Rituale, Ehrfurcht vor Autoritäten, soziale Hackordnungen, Zwangsneurosen. Die Formalitäten und Rituale bilden einen integralen Teil unseres täglichen Lebens. Wir haben eine Neigung zu Vorurteilen und zur Nachahmung.

Eine Ablation (von Hirnteilen) bei Reptilien ist nicht ergiebig, da man dem Tier die Fähigkeit, sich zu bewegen, zu sehen, nehmen würde und damit Untersuchungen über Knurren, Territoriumsabgrenzung nicht möglich wären. Beobachtungen an Totenkopfäffchen ergaben: In einer bestimmten sozialen Situation zeigen diese Tiere ein kompliziertes Verhalten, das sowohl Werbung als auch Aggression ausdrückt. Es soll die soziale Dominanz ausgehandelt werden. Ein stärkeres Totenkopfäffchen demonstriert seine Dominanz durch ein Imponiergehabe (schrilles, Geschrei, Spreizen der Schenkel, ein dem anderen Tier entgegengestreckter Penis). Dieses Gehabe hat nichts mit Sexualität zu tun; es dient der Feststellung der sozialen Dominanz. Es ist ein angeborenes Verhalten, das bereits zwei Tage nach der Geburt beobachtbar ist. Die Ablation eines kleinen, globus pallidus genannten Zellgebietes im R-Komplex ergab, daß das Tier mit seinem Imponiergehabe aufhörte. Die Zellen sind also der neurale Speicher für dieses angeborene Verhaltensmuster.

Parkinson-Patienten blinzeln selten mit den Augen; sie haben einen "starren Repti-

68   Die Struktur und Dynamik des Bewußtseins

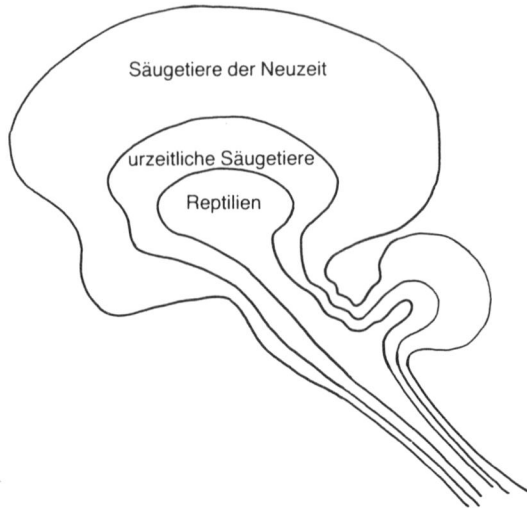

Abb. 16: Die Hierarchie der drei Haupt-Hirntypen, die im Verlauf der Evolution zu einem Bestandteil unseres biologischen Erbes wurden (aus Restak 1981, 48)

lienblick". Die Schädigung ist im R-Komplex lokalisiert und auf einen Mangel des Transmitters Dopamin zurückzuführen, der gewöhnlich in dem als substantia nigra bezeichneten Teil des R-Komplexes zu finden ist. Symptome der Patienten sind:
- Bewegungsarmut (Hypokinese),
- Verlangsamung aller Bewegungen (Bradykinese) und seelischen Reaktionen (Bradyphrenie),
- gebückte Haltung,
- Fehlen der physiologischen Mitbewegung der Arme beim Gehen,
- erhöhter Muskeltonus (Rigor),
- grobschlächtiger Wackel- und Schütteltremor,
- Maskengesicht (Amimie),
- Augenmuskellähmung (Reptilienblick).

Psychisch zeigt sich eine eigenartige Willenlosigkeit und Gleichgültigkeit (Antriebsverarmung), bei Kindern hemmungsloses Triebleben.

Die nächste Stufe der Hirnentwicklung finden wir beim Hirn der urzeitlichen Säugetiere oder dem limbischen Hirn. Dieses Hirn dient auch hauptsächlich der Selbsterhaltung und Arterhaltung. Das neue Schaltsystem macht emotionale Erfahrungen auch Phantasien, zugänglich. Das Limbische System besteht aus einer Reihe von Hirnstrukturen, die den R-Komplex der Reptilien umgeben. Es bildet eine den Hirnstamm umschließende Kappe oder einen Limbus (= Streifen, mit dem etwas eingefaßt wird).

Der limbische Lappen umschließt den Hirnstamm und stellt Verbindungen mit der neueren vergrößerten zerebralen Hemisphäre her. Wir bezeichnen es als das Limbische Systems (Abb. 17).

Das Limbische System spielt beim Riechen eine Rolle, deshalb nannte man es auch Riechhirn. Doch der Geruchssinn spielt im Leben des Menschen eine geringere Rolle,

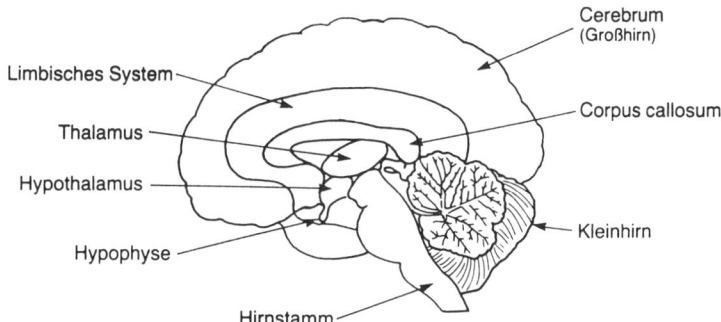

Abb. 17: Das limbische System, das dem zweiten Hirn (dem der urzeitlichen Säugetiere) innerhalb der drei Hirn-Grundtypen entspricht, ist für bestimmte automatisch ablaufende Körperfunktionen sowie für das Erleben und den Ausdruck von Emotionen verantwortlich
(aus Restak 1981, 54)

und so wurde das Limbische System auch weniger erforscht. Es ist aber von weit größerer Bedeutung. Eine Stimulierung oder Zerstörung des Limbischen Systems führte bei Tieren zu einer auffälligen Verhaltensänderung. Übt man auf die Amygdala (Mandelkerne), die einen Teil des Limbischen Systems bilden, einen elektrischen Reiz aus, so bleibt das Tier wie angewurzelt stehen und zeigt Merkmale der Erregung, Wut oder Angst.

Das Limbische System ist der Hirnbereich, der es vor allem mit unseren Emotionen zu tun hat. Das 1939 durchgeführte Experiment an der University Chicago an Kluver-Bucey-Affen (Namen der beiden Forscher): Entfernung eines Amygdalum (es gibt zwei Mandelkerne, einen auf jeder Hirnseite) erbrachte folgendes Ergebnis:

– Außergewöhnliche Friedfertigkeit; man konnte das Tier puffen und kneifen;
– es schien den vertrauten Futternapf nicht wiederzuerkennen;
– es steckte häufig nichteßbare Dinge ins Maul;
– es befühlte jeden Gegenstand, den es erblickte;
– es betätigte sich fast unausgesetzt sexuell.

Andere Untersuchungen, z. B. zu Epilepsiestudien, ergaben: Epileptische Entladungen im Limbischen System lösen lebhafte Emotionen aus. Die Patienten leiden oft unter merkwürdigen Körperempfindungen, als streife eine Brise ihren Körper: sie haben gehäuft Déjà-vu-Erlebnisse und werden durch bestimmte abweichende Geruchsempfindungen beeindruckt.

Das Limbische System macht nur das untere Fünftel des Hirns aus, hat aber auf unser Verhalten einen sehr großen Einfluß. Seine sämtlichen Teile sind in zwei Richtungen mit dem Hypothalamus (einer Anhäufung von Zellgruppen) verbunden. Diese stehen mit Außenposten in Verbindung, vorne mit den Septalregionen und seitlich mit den Amygdala. Kurz: Das Limbische System beeinflußt unser Verhalten und emotionales Erleben. Der Versuch, das Reptilhirn mit einer deckenden neurophysiologischen Kappe auszustatten, kann als Versuch angesehen werden, es von ungeeigneten stereotypen Verhaltensformen zu befreien. Das Limbische System hat über die Emotionen einen vereinigenden Faktor und, wie wir später noch sehen werden einen erfinderischen Faktor in das tierische und menschliche Verhalten eingeführt.

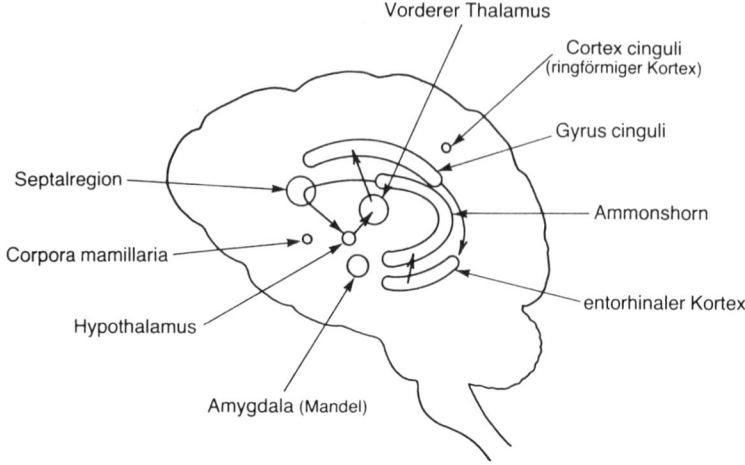

Abb. 18: Ansicht einiger Verbindungen innerhalb des limbischen Systems, die für die Integration von Emotionen und Denken verantwortlich sind (aus Restak 1981, 57)

Wir treffen z. B. jemand aus früherer Zeit. Die damalige Trennung war nicht freundlich. Wir sprechen mit dem anderen freundlich, plaudern, stellen Beobachtungen über die Person an. Daneben erleben wir unangenehme Gefühle, Spannungen, einen Widerspruch zwischen verbalen Äußerungen und der Körpersprache, dem Aufruhr im Inneren. Die Irritation kommt aus dem Gedächtnis des Limbischen Systems.

Einige Epileptiker leiden an einem starken Gefühl der Disharmonie, einem Verlust des Identitätsgefühls (Depersonalisation). Ähnliche Erlebnisse finden wir bei Schizophrenen, aber auch nach der Einnahme psychotroper Drogen (mentale Diplopia = geistige Doppelsichtigkeit).

Großhirnrinde: Abstraktes Denken;
Limbisches System: Informationen werden in Form von Emotionen als Kode weitergegeben, beeinflussen Entscheidungen und Handlungsablauf;
R. Komplex: Zwanghafte Handlungen.

Die Diskrepanz zwischen unseren Gefühlen und unserem Denken bezeichnen wir als Schizophysiologie (McLean).

Die Epilepsieuntersuchungen zeigen weiter: Gefühle hängen nicht unbedingt von etwas ab, das in unserer realen Welt vor sich geht. Die Stärke unserer Gefühle sind kein Maßstab für die Echtheit unserer Erfahrungen oder die Glaubwürdigkeit unserer Überzeugungen. Wir können gefühlsmäßig stark von etwas überzeugt und trotzdem ganz und gar im Irrtum sein.

Die Gefühle bilden die Verbindungsbrücke zwischen unserer inneren und unserer äußeren Welt. Sie versichern uns der Realität unseres Selbst und unserer Umgebung. Sie arbeiten an der Integration von innerlich und äußerlich gewonnenen Erfahrungen. Die Gefühle beeinflussen damit unser Gedächtnis und unsere Wahrnehmungen, unser Denken, Urteilen und Handeln.

Die Feinanalyse der Hirnprozesse
(Die evozierte Reiz-Reaktion und ihre Bedeutung für die Therapie)

Die Reiz-Reaktions-Beziehungen sind sehr komplex. Die Psychobiologen bemühen sich, die Wirkungen eines einzelnen Reizes auf das Gehirn zu studieren. So ruft z. B. ein greller Lichtstrahl eine ganze Flut neuraler Impulse im Sehnerv hervor, die entlang der Sehbahn ins Gehirn weiterwandern. Dieser relativ schwachen Reaktion ist aber durch direkte Messungen nur schwer beizukommen, weil sie von einem "Meer" von Hintergrundgeräuschen verschlungen wird, die der dauernd vorhandenen elektrischen Aktivität des Hirns entsprechen. Man kann sie aber erfassen, wenn man die Messung viele Male – mehrere hundertmal – wiederholt und durch einen Computer diese Messungen "ausmittelt". Etwa bei 200 Wiederholungen wird der hervorgerufene Reiz aus der Hintergrundaktivität "ausgefiltert" werden. Wir kommen zu folgendem Ergebnis: Die visuell hervorgerufene Reaktion auf einen Lichtstrahl läßt sich in mindestens acht Komponenten zerlegen:

Die ersten vier Komponenten – die primären Reaktionen – sind eine einfache Zweiphasenreaktion, die gleichbleibt, unabhängig davon, ob die Person wach ist oder schläft.

Die anderen vier Komponenten – die postprimären Reaktionen – verschwinden bei stark herabgesetzten Bewußtsein oder werden doch drastisch verändert. Die letzten vier Komponenten stehen zu den sensorischen Nervenimpulsen in Beziehung, die über den Hirnstamm unter Beteiligung des Limbischen Systems ziehen.

Die Untersuchung mit evozierten Reizen ist vielversprechend. Da die neueren Untersuchungen zum experimentellen Nachweis der kognitiven Komponenten bei der Informationsverarbeitung weniger bekannt sind, soll hier kurz eine Erläuterung eingefügt werden.

Information ist in den sog. Repräsentationssystemen im Hirn verankert. Das EEG mißt die elektrische Grundaktivität des Gehirns. Im Gegensatz dazu korrespondieren evozierte Potentiale (EP) mit Ereignissen der Umwelt. Die Methode besteht darin, sensorische Reize (gleich welcher Modalität, also Klicken oder Lichtreiz) zu setzen. Dadurch wird für ca. 600 msec das an bestimmten Stellen der Schädeloberfläche gemessene EEG in charakteristischer Weise verändert, um dann wieder auf seine Grundaktivität zurückzukehren.

Damit sich die EP-Reaktion deutlich zeigt, ist es erforderlich, den Reiz – wie schon angeführt – wiederholt jedesmal für 50 bis 500 msec einzusetzen und eine Pause von 500 bis 1500 msec einzulegen. Positiven Spitzen im EEG bei einer Latenz von ungefähr 300 msec bezeichnet man als P 300. Über die Existenz von P 300 berichteten zuerst Sutton u. Mitarb. Die Autoren konfrontierten ihre Teilnehmer mit Stimuluspaaren. Jedes Paarglied konnte weder ein Klick oder ein Lichtblitz sein. Der jeweils zweite Reiz folgte dem ersten nach einem nach Zufall variierenden Intervall von drei bis fünf Sekunden. Unmittelbar nach Erscheinen des ersten Paargliedes hatten die Testteilnehmer vorauszusagen, ob der zweite Reiz (Testreiz) ein Klick oder Lichtblitz sein werde. Wenn der Testreiz nicht voraussagbar war, zeigte die Person ca. 300 msec nach Einsetzen des Testreizes das evozierte Potential.

Diese und weitere Untersuchungen ergaben, daß drei Faktoren entscheidend für die

Auslösung der P 300 waren: die Aufmerksamkeit, die Erwartung (Voraussagbarkeit) und der Wechsel. Die Untersuchungen weisen weiter darauf hin, daß das Individuum kontinuierlich Hypothesen über seine Umwelt generiert, testet, diese beibehält oder verwirft, also ständig kognitiv aktiv ist (vgl. zu diesen Ausführungen Kaufmann 1981, 228–242).

Nach Edward Beck, einem der ersten Vertreter der Theorie der evozierten Reize, ist die Beständigkeit dieser Reize das beachtenswerteste Ergebnis (Dustman u. Beck 1975, 223–262). Die evozierten Reize stellen also eine einzigartige und kennzeichnende Eigenschaft des einzelnen Menschen dar, was besonders durch Vergleiche bei eineiigen Zwillingen belegt wird. Die evozierte Reaktion ist gewissermaßen ein Fingerabdruck des Gehirns.

Wir können durch diese Forschungen z. B. über die Erfassung der mit willkürlichen Bewegungen assoziierten Hirnpotentiale (Bereitschaftspotentiale) voraussagen, wann es zu einer bestimmten Bewegung kommen wird.

Eine andere Reaktion mit langer Latenz, die – wie schon angeführt – unter der Bezeichnung P 300- oder P 3-Welle bekannt ist, gibt den Naturwissenschaftlern die Möglichkeit, komplexe psychologische Variablen, wie z. B. das Treffen von Entscheidungen, zu messen. Wir wiederholen: Bei einem typischen P 300-Experiment wird die Person aufgefordert vorauszusagen, ob ein bestimmter Reiz so oder so ausfallen wird. Der Person wird dann eine Reihe von lauten und leisen Klicks in zufälliger Reihenfolge vorgeführt. Danach führt man ihr eine regelmäßige Reihe von Klicks vor, bei der auf einen leisen Klick immer ein lauter folgt. In beiden Situationen wird die Person zur Voraussage aufgefordert. Da die physikalischen Reize sich auf leise und laute Klicks beschränken, müssen Unterschiede in den durch sie hervorgerufenen kortikalen Reaktionen von der Erwartung der Person abhängen. Das erweist sich tatsächlich als zutreffend.

Abbildung 19 zeigt die P 300-Reaktion auf voraussagbare und zufällige Sequenzen. Die beiden Reaktionspotentiale unterscheiden sich in bezug auf ihre Amplitude, wobei es bei dem nicht voraussagbaren Fall zu einem großen Anschlag des Potentials nach unten kommt. Diese Welle bezeichnen Emanuel Donchin et al. (1978) als P 300. Sie stellt nach ihrer Auffassung eine endogene Aktivität des Kortex dar, die dem Treffen von Entscheidungen dient. Die P 300-Reaktion macht neue Erkenntnisse zugänglich.

Weitere Untersuchungen beziehen sich auf das Messen von Aufmerksamkeit und Ermüdung. Im allgemeinen sollte die P 300 schneller sein als jede motorische Reaktion. Bei impulsiven Personen kam die P 300 zu spät. Eine solche Person wird Fehler begehen und sich im allgemeinen nicht zu einer Führungsperson eignen. Interessant ist auch die Feststellung, ob jemand eine bestimmte Sprache spricht oder nicht. Die P 300-Reaktion unterscheidet sich signifikant bei Wörtern, die verstanden werden, von Wörtern, die einer Sprache angehören, die der Betreffende nicht versteht (Beispiel: völlig verstummter Gefangener).

Der Beweis wurde durch die P 300-Forschung erbracht: Die Fähigkeit des Gehirns beruht im wesentlichen auf dem Erkennen von Mustern. Das Gehirn ist kein passives Aufnahmegefäß von Inputs, in dem diese mechanisch in Outputs verwandelt werden. Es ist ein dynamisches System, das ständig Hypothesen über die Umgebung erzeugt (bekannt-vertraut? neu-überraschend?), die dann durch die eingehende Information bestätigt werden müssen.

Die Arbeitsweise des Gehirns 73

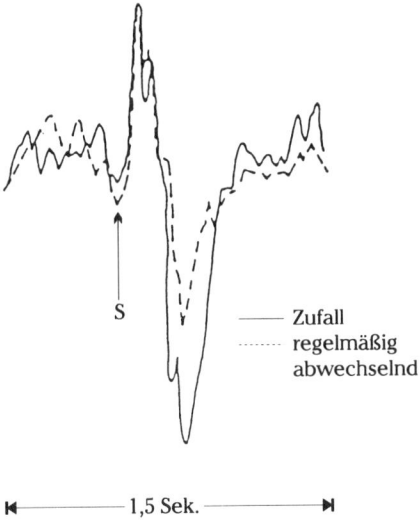

Abb. 19: Überlagerte, fallbezogene Potentiale, aufgezeichnet am Schädel einer menschlichen Versuchsperson. Beide Kurven zeigen die Reaktion auf ein Blitzlicht. Die punktierte Linie entstand, wenn der Reiz vollkommen vorherzusehen war, die durchgezogene Linie, wenn die Versuchsperson in bezug auf den Reiz unsicher war. Man beachte, daß die Wirkung der Unsicherheit sich auf einen Bereich von 300 ms (Millisekunden) nach dem Reiz beschränkt.

Die Psychobiologen sind gegenwärtig auf der Suche nach einer "Theorie der dynamischen Muster". Es wird angenommen, daß die Reaktionsmuster gewisser Neuronenpopulationen neuronalen Informationstransaktionen entsprechen, welche schließlich im Verhalten zum Ausdruck kommen.

Zur Messung des Reifezustandes des Hirns benutzt man die Forschungsergebnisse der "evozierten Reaktionen". Edward C. Beck und seine Mitarbeiter an der Universität von Utah (Dustman u. Beck 1975 u. 1976) studierten die Auswirkungen des Alterns auf die Wellenformen der visuell evozierten Reaktionen (visually evoked responses = VERs).

- Man kann mittlerweile das Alter eines Menschen an seinen evozierten Reaktionen messen.
- Auch kann man kluge von geistig behinderten Kindern unterscheiden. Die postprimäre Komponente der Reaktionen ist bei klugen Kindern größer, zugleich zeigen die Kinder Hemisphärenunterschiede hinsichtlich der Höhe der evozierten Reaktionen. Die klugen Kinder wiesen in der rechten Hemisphäre durchweg Reaktionen mit höheren Amplituden auf als in der linken. Wenn es möglich sein wird, die VER-IQ-Untersuchungen noch weiter zu verfeinern, werden wir in naher Zukunft in der Lage sein, Kinder von hoher und niedriger Intelligenz aufgrund ihrer evozierten Reaktionen verläßlich voneinander zu unterscheiden.
- Weiter kann man durch eine Meßmethode, die unter der Bezeichnung PINV (Postimperative negative Variation) läuft, bereits Neurotiker von Psychotikern unterscheiden. Bei der Messung der PINV wird die Person hintereinander zwei Reizen ausgesetzt. Der erste Stimulus (S_1) ist ein Warnreiz, der die Person auf einen zweiten Stimulus (S_2) gefaßt macht,

welcher von ihr verlangt, daß sie etwas Bestimmtes tut, etwa einen Knopf drückt, um damit einen Ton oder eine Reihe von Blitzlichtern abzuschalten. Die Periode unmittelbar nach dem S_2-Stimulus ist dann die PINV.

Wenn jemand weiß, daß er im nächsten Augenblick eine bestimmte Handlung ausführen muß, zeigt der Frontalbereich seines Hirns die Tendenz, ein sich ständig vergrößerndes negatives Potential zu entwickeln. Dies reicht vom Warnsignal (S_1) bis zum Zeitpunkt der geforderten Handlung (S_2). Ist die Handlung ausgeführt, so kehrt das Potential wieder in die normale Ruhelage zurück.

Im allgemeinen steht die Amplitude der negativen Welle (contingent negative Variation oder CNV) in direkter Beziehung zu bestimmten Aspekten des psychischen Zustands der Person: Interesse, Motivation und die Fähigkeit, die Aufmerksamkeit auf etwas Bestimmtes zu konzentrieren. Diese und ähnliche Untersuchungen gestatten bereits im einzelnen Fall, die Schwere einer emotionalen Störung zu bestimmen.

Die *Feinstruktur des Gehirns* zeigt sich in ihrer ganzen Komplexität in den einzelnen Funktionseinheiten, den Neuronen (Nervenzellen) und deren Schaltverbindungen. Ein von einem Mikrofotogramm abgezogenes Diagramm zeigt die räumliche Anordnung einiger Neuronen in den sechs Schichten der menschlichen Hirnrinde (Abb. 20). Die Darstellung ist stark vereinfacht. Jedes der sechzehn Neuronen tritt nur an wenigen Punkten mit anderen in Verbindung.

Wir haben aber mindestens zehn Milliarden Neuronen allein in der Hirnrinde und hundert Milliarden, wenn wir das Innere des Gehirns dazunehmen. Jedes dieser Neuronen ist mit mehreren hundert anderen durch tausend bis zehntausend Synapsen oder Kontaktstellen verbunden. Die Gesamtzahl der wechselseitigen Verbindungen und Leitungsbahnen durch das Gehirn geht in die Billionen. Die folgenden Ausschnitte (Abb. 21) der Hirnrinde in verschiedenen Phasen während der ersten beiden Lebensjahre, in denen das Netzwerk neuraler Verbindungen geknüpft wird, gibt einen ersten Eindruck von der Vielfalt. Das Netzwerk im letzten Ausschnitt ist aber viel weniger als der milliardste Teil in unserer Hirnrinde.

Viele Funktionen sind mehrfach in verschiedenen Regionen der Hirnrinde angelegt. Die Nervenimpulse können also auf verschiedenen Wegen von einem Punkt zu jedem beliebigen anderen Punkt gelangen. Wir können eine gewaltige Menge von Fakten speichern. Wir verfügen über verschiedene Methoden, Daten in unserem Gedächtnis zu speichern. Wir denken auf unterschiedliche Weise über Probleme nach.

Von besonderem Interesse für die kognitive Wissenschaft ist die Frage, wie Nervenimpulse den synaptischen Spalt passieren, der ein Neuron vom anderen trennt.
Die meisten Neuronen haben einen einzelnen Fortsatz, das Axon (die Nervenfaser). Er geht vom Zellkörper aus und endet meist in einer Anzahl kleinerer Verzweigungen (Abb. 22). Das Axon dient der Übermittlung von Botschaften an andere Neuronen. Zwischen dem Endknopf jedes Axonendes und den Dendriten eines anderen Neurons befindet sich der winzige synaptische Spalt. Diese Kontaktstelle nennt man Synapse. In einem mehrstufigen Vorgang gelangt die als elektrischer Impuls kodierte Botschaft eines Neurons durch den synaptischen Spalt zu einem anderen Neuron.

Die Arbeitsweise des Gehirns 75

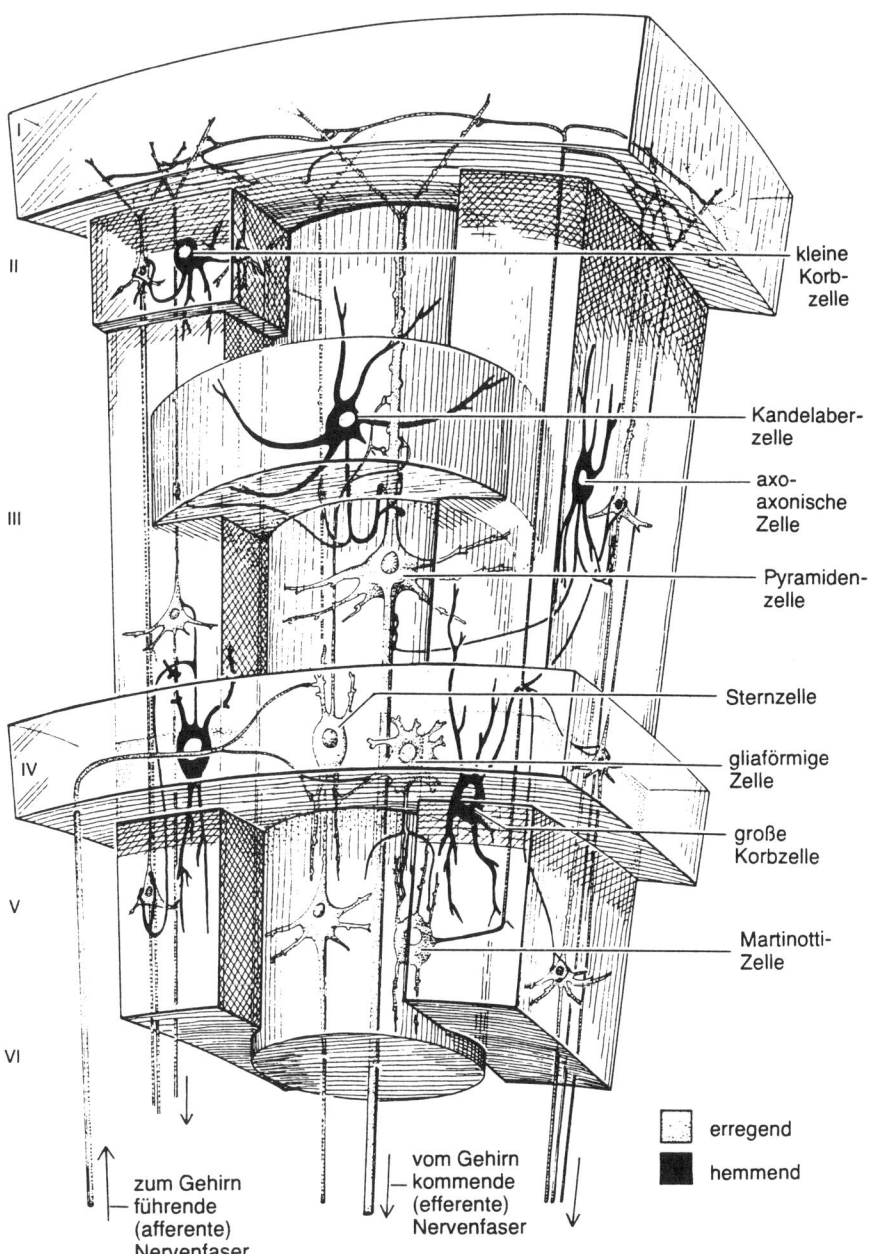

Abb. 20: Die Großhirnrinde wird durch säulenförmige Module aus spezialisierten Nervenzellen gebildet; diese Zellsäulen haben einen Ø von 250 bis 500 Mikrometer (1 Mikrometer = 1 Tausendstel mm). Die in der Zeichnung dargestellte kästchenartige Struktur existiert in Wirklichkeit tatsächlich nicht (aus Lassen u. Mitarb. 1978, 138)

76 Die Struktur und Dynamik des Bewußtseins

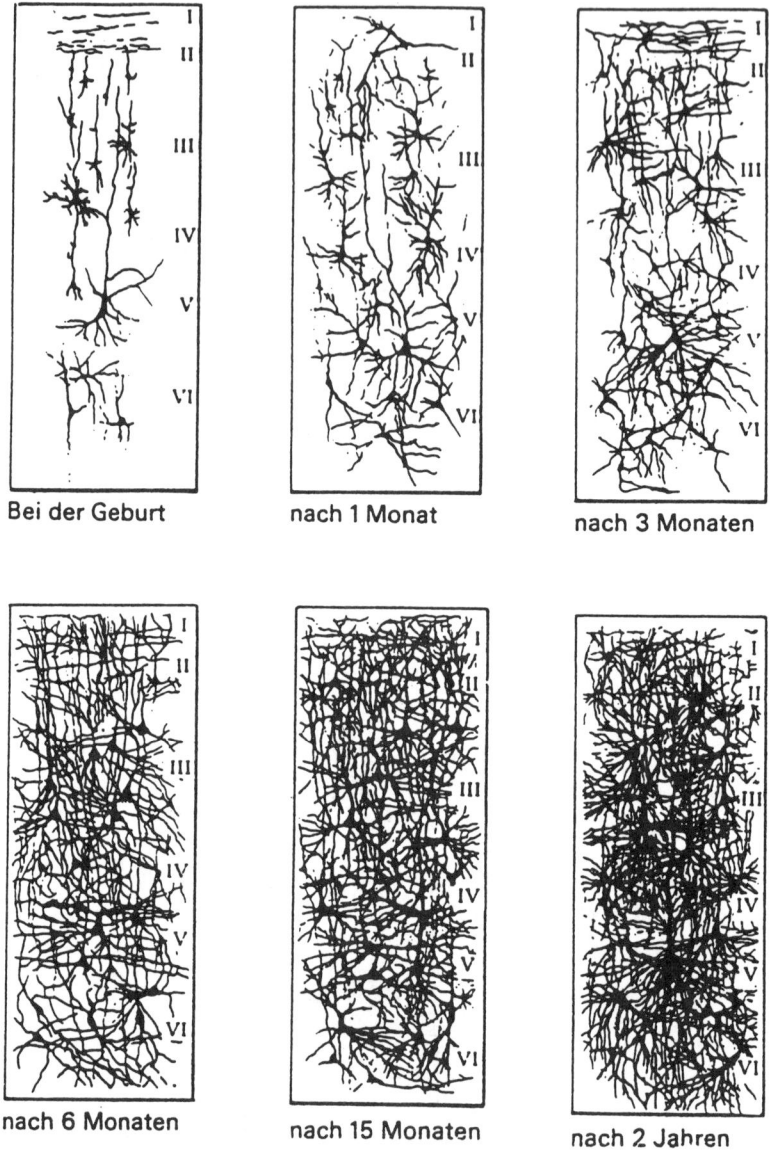

Abb. 21: (aus Hunt 1984)

Die Arbeitsweise des Gehirns 77

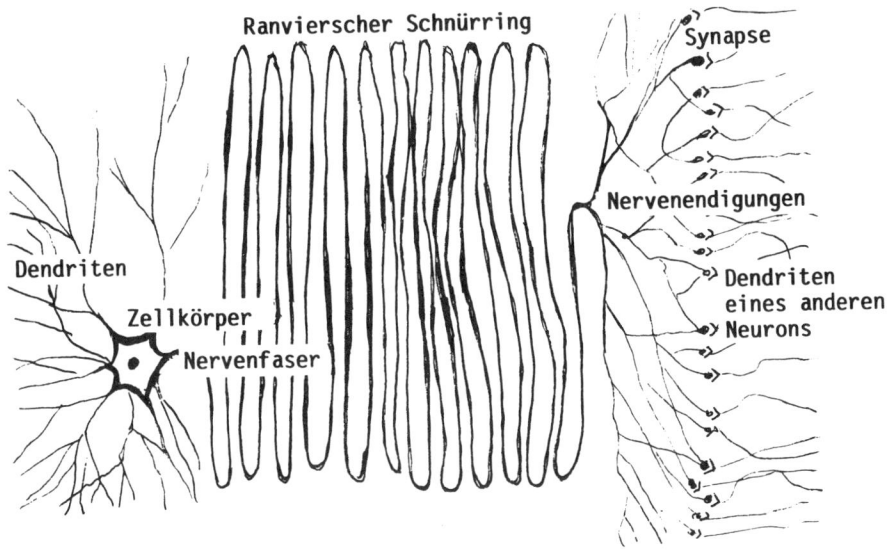

Abb. 22: Ein typisches Neuron, dessen Nervenfaser (Axon) hier aus Darstellungsgründen in regelmäßigen Falten gelegt ist.

Der Impuls, der sich längs des Axons fortpflanzt, bewirkt im synaptischen Endknopf eine Ausschüttung von Noradrenalin- oder Dopaminmolekülen oder irgendeiner anderen der ca dreißig "Neurotransmitter" (Übertragungssubstanzen) in den synaptischen Spalt. Diese Moleküle erregen oder hemmen die Aktivität im folgenden Neuron (dem postsynaptischen Endknopf), das dann gleichfalls einen elektrischen Impuls entlang seinem Axon "abfeuert" oder nicht.

> "An jeder Synapse werden ausschließlich die chemischen Neurotransmitter, die diese Botschaft überbracht haben, entweder vom präsynaptischen Endknopf wieder aufgenommen oder innerhalb von ein bis zwei Tausendstel Sekunden chemisch in unwirksame Teile gespalten. Während wir denken, spielt sich dieser Vorgang in Millionen oder Milliarden aktiver Neuronen ab, und zwar mit einer Geschwindigkeit von einigen hundert Zyklen pro Sekunde in jedem einzelnen Neuron." (Hunt 1984, 42f)

Wenn ein Gedanke auftritt, finden im Gehirn Milliarden solcher Ereignisse statt. Diese neuroanatomischen und -physiologischen Sachverhalte können uns nur einige Rahmenbedingungen veranschaulichen, die beim Denken vorgehen. Dem Vorgang des Denkens und Problemlösens kommen wir so allerdings nicht auf die Spur. Wir gewinnen aber durch die angeführten Sachverhalte ein Verständnis für die Wirkungsweise psychoaktiver Drogen auf das Denken.

Die Erregungs- und Beruhigungsmittel, Halluzinogene und ähnliche Substanzen wirken an den Synapsen. Sie fördern oder behindern auf chemischen Wege das Funktionieren der Neurotransmitter und wirken so auf die Gedankengeschwindigkeit und Abfolge gedanklicher Vorgänge in unserem Gehirn ein.

78   Die Struktur und Dynamik des Bewußtseins

"Leider verbessern psychoaktive Stimulanzien und Halluzinogene nicht wirklich die Qualität des Denkens; sie beschleunigen es lediglich oder rufen ein Gefühl der Erleuchtung hervor, das jedoch mit nachlassender Wirkung der Droge vergeht ... Man erreicht durch die Einnahme von Drogen ganz offensichtlich keine Steigerung der Kreativität ... Der chemische Weg zu Kunst und höherer Einsicht ist eine Illusion. Keine Illusion ist, daß einige Erkenntnisse, die man in jüngster Zeit in der Neurochemie gewonnen hat, über die Beruhigung von psychisch erregten und die Stimmungsverbesserung bei depressiven Patienten hinaus von praktischem Wert sind. Bei manchen Menschen, die unter Schlaflosigkeit leiden oder deren Gedächtnis mit zunehmendem Alter versagt, liegt die Ursache einfach in einer unzureichenden Produktion des einen oder anderen Neurotransmitters. Ihnen kann mit einer täglichen Extradosis bestimmter Nährstoffe geholfen werden: L-Tryptophan für den, dessen Geist nachts nicht zur Ruhe kommen will, und Lecithin für den alternden Menschen, dessen Gedächtnis nachläßt. In diesen Fällen dient die Chemotherapie nicht dazu, das Wesen von Denkprozessen zu verändern, sie soll lediglich das normale Entspannungs- oder Erinnerungsvermögen des einzelnen wiederherstellen, das durch Unregelmäßigkeiten in der Chemie des Körpers herabgesetzt war." (Hunt 1984, 43f)

Die Neurophysiologen stützten sich bei der Gewinnung von Informationen über die Wirkungsweise bestimmter Hirnareale bisher auf das Verhalten von Personen mit lokalen Hirnschädigungen oder Hirntumoren. Seit Ende der siebziger Jahre bietet sich ein neuer Zugang. Dänische Wissenschaftler haben die Durchblutung des Gehirns bei verschiedenen geistigen Tätigkeiten gemessen, indem sie harmlose Radioisotope ins Blut injizierten und so die im Gehirn verteilte Stärke der Radioaktivität aufzeichneten. (Lassen u. Mitarb. 1978, 135–144)

Die Ergebnisse zeigen, daß komplizierte geistige Aufgaben eine Wechselwirkung zwischen mehreren Teilen des Gehirn erfordern. Einige besitzen spezialisierte Fähigkeiten, andere nicht. Je nach Art des zu lösenden Problems werden wie beim Computer Programme eingesetzt. Die Forschung bestätigt die derzeitig führende Theorie des Denkens, die sog. Informationsverstärkungstheorie.

2. Die Domänen des Bewußtseins

Die Entwicklung des Bewußtseins hängt beträchtlich von Herausforderungen und von Bewältigungen der Umweltaufgaben ab. Bewußtsein ist ein vielschillernder Begriff. Bei Bewußtsein sein heißt so viel, wie sich darüber klar sein, wo man sich zu welcher Zeit in welcher Situation befindet. Bei Bewußtsein sein heißt auch, über sich selbst Kontrolle, also Selbstkontrolle zu haben.

Das auffallendste Merkmal des Bewußtsein ist seine Diskontinuität. Wir befassen uns ständig mit höchst unterschiedlichen Bildern in unserem Geist. Die Vorstellungen und Inhalte wechseln von Augenblick zu Augenblick. Selbst bei zielbezogener konzentrierter Tätigkeit, aber auch bei Routinearbeiten kommen ständig Gedanken und Bilder von außen hinzu. Chirurgen z. B. haben, während sie im Operationsraum sind, Tagträume über Themen wie Musik, Frauen, Wein und Essen. Diese Phantasien treten besonders zu Zeiten auf, in denen eine Operation nur relativ geringe Anforderungen an sie stellt, wie z. B. das Zunähen einer Wunde.

Das Bewußtsein entwickelt sich im gleichen Schritt mit dem reifenden Hirn und der Bewältigung von Umweltaufgaben. Je komplexer die Kultur ist, desto komplexer entwickelt sich das Bewußtsein. Das Bewußtsein hängt danach auch von der Gesellschaftsstruktur ab. In einfachen Gesellschaften sind die Menschen in ihrem Bewußtsein ganz auf die Außenwelt gerichtet.

Untersuchungen über die sensorische Deprivation zeigen, daß Bewußtsein nur bei normaler sensorischer Stimulation normal arbeitet. Bei Herabsetzung der Reize kommt es zu Verzerrungen der Bewußtseinsinhalte, zu Denkschwierigkeiten und Verwirrtheitszuständen. Das Bewußtseinsniveau sinkt ab, es treten Halluzinationen auf. Bei bettlägrigen chronisch kranken Patienten kommt es oft zu ähnlichen Bewußtseinsstörungen.

Das Bewußtsein baut sich durch Erfahrung im tätigen Umgang mit den Dingen und in der sozialen Auseinandersetzung auf. Es ist auch abhängig vom Gedächtnis. Patienten, die an der Korsakoffschen Krankheit leiden, sind in ihrer Fähigkeit, neue Erinnerungen aufzubauen, beeinträchtigt. Im Gespräch kitten sie die Lücken mit Konfabulationen (Phantasien). Diese Kranken können neu Erfahrenes nicht festhalten; damit ist die Möglichkeit einer Kommunikation unterbunden.

Ein wichtiges Merkmal des Bewußtseins ist die Bezugsfähigkeit. In jedem Augenblick können unsere eben gemachten oder gegenwärtigen Beobachtungen einer inneren Prüfung unterzogen werden.

Vieles in unserem Gehirn nehmen wir gar nicht wahr, so die elektrochemischen und inframolekularen Prozesse, die im Spiel sind, wenn Neurotransmitter mit den Membranen der einzelnen Nervenzelle interagieren. Unsere Bezugsfähigkeit ist begrenzt, und das ist gut so.

"Ein praktizierender Neurologe bringt seine Tage größtenteils damit zu, daß er Leute anhört, die über Beschwerden klagen, wie z. B., daß sie 'einen Reifen um den Kopf' oder andere 'komische' Empfindungen im Körper hätten. Früher hat man solche Menschen als Hypochonder bezeichnet – aber könnte es nicht auch sein, daß sie einen Zugang zu irgendwelchen inneren Prozessen haben, der den meisten von uns gnädig erspart bleibt? ... Nur dadurch, daß überflüssige Informationen ausgefiltert werden, können wir uns auf die Dinge konzentrieren, die uns wirklich interessieren. Das Fehlen der 'Fähigkeit, Überflüssiges auszufiltern', liegt nach Ansicht vieler Psychologen der echten Hyperaktivität und einigen Formen der Schizophrenie zugrunde. Solche Menschen werden von den Reizen, zu denen sie uneingeschränkten Zugang haben, buchstäblich überwältigt und können nur mit Hilfe von Medikamenten existieren, die diese Bezugsfähigkeit für Reize auf ein erträgliches Maß reduzieren."
(Restak 1981, 251)

Kritisch ist gegen die Bezugsfähigkeits-Theorie einzuwenden, daß sie nicht die Ergebnisse der Forschungsarbeit über das gespaltene Hirn berücksichtigt. Diese Arbeiten der letzten 25 Jahre haben die Existenz zweier Domänen des Bewußtseins bewiesen.

Die erste Domäne entspricht in ihren Leistungen ungefähr der herkömmlichen Vorstellung von unserer "Ich"-Wahrnehmung, Informationsaufnahme und -verarbeitung.

Aber auch die andere Domäne hat es mit der Zugänglichkeit zu tun. Wenn man Gegenstände so auf ein gespaltenes Hirn projiziert, daß jeweils einer auf jede Hemisphäre projiziert wird, so ist die rechte Hemisphäre sich des auf sie projizierten Bildes "bewußt", kann aber die andere Hemisphäre nur über das Corpus callosum darüber informieren. Kommt diese Querverbindung nicht zustande – wie dies bei Patienten mit gespaltenem Hirn der Fall ist – dann hat der Betreffende zu den Inhalten seiner rechten Hemisphäre keinen Zugang.

80 Die Struktur und Dynamik des Bewußtseins

"Tatsächlich ist die nichtvokale Hemisphäre ein System mit eigenem Bewußtsein ... Sie besitzt die Fähigkeit zu denken, wahrzunehmen, sich zu erinnern, zu überlegen, zu bewerten, zu wollen und zu fühlen ... Sowohl die linke als auch die rechte Hemisphäre können gleichzeitig sich einer Sache bewußt sein." (Sperry 1974)

Menschen mit gespaltenem Hirn machen den Eindruck zweier Persönlichkeiten. Als man – wie in einem Experiment – in die rechte Hemisphäre einer Patientin das Bild eines nackten Mädchen projizierte, errötete sie, konnte aber nicht sagen warum. Als sie darüber zur Rede gestellt wurde, bestritt sie, in Verlegenheit geraten zu sein. Sie lebte in zwei separaten Bereichen bewußter Erfahrungen.

In einer Untersuchung wurde das Wort "Nuss" in die rechte Hemisphäre eines Patienten projiziert. Die Information gelangt über Verbindungswege in den rechten motorischen Kortex, der die Bewegung der linken Hand kontrolliert. Nach ein paar Sekunden durchwühlte der Mann einen aus zehn Gegenständen bestehenden Haufen und griff schließlich eine Nuß heraus. Der Mann mußte sich also irgendwie der Bedeutung des Wortes "Nuss" bewußt gewesen sein; er brachte das projizierte Wort mit dem realen Gegenstand in Verbindung. (Abb. 23). Fragte man den Patienten, wie er das gemacht habe, so wußte er nichts davon. Er konnte sich nicht erklären, weshalb er eine Nuß in der linken Hand hielt und er konnte sich auch nicht erinnern, daß das Wort "Nuss" zuvor auf dem Bildschirm vor ihm projiziert worden war.

Nehmen wir noch ein Experiment zur Kenntnis. Bei dem Patienten wurde zunächst eine Reihe alltäglicher Gegenstände auf die Mitte eines Bildschirms projiziert und nach beiden Hemisphären ausgestrahlt: ein Glas, eine Tasse, ein Löffel, ein Buch und eine Feder. Er bekam gesagt, er solle die Bezeichnung eines Gegenstandes niederschreiben, den man ihm jetzt auf den Bildschirm projizieren werde (Abb. 24).

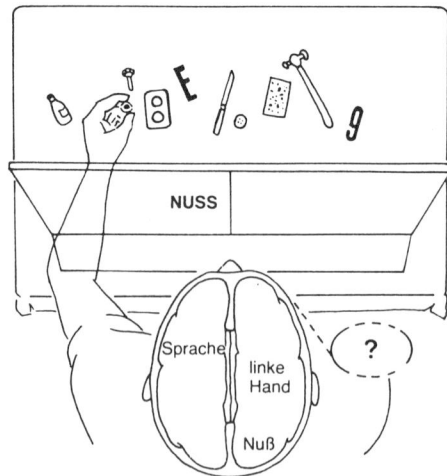

Abb. 23: Namen von Gegenständen in der linken Gesichtshälfte können gelesen und verstanden, aber nicht benannt werden, da die Sprachzentren nicht in der rechten Hemisphäre liegen (aus Restak 1981, 253)

Die Domänen des Bewußtseins 81

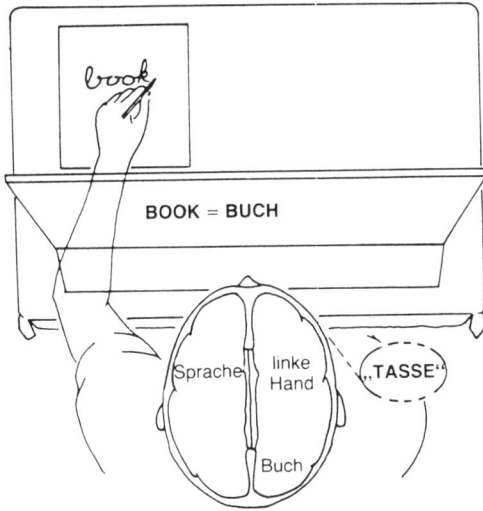

Abb. 24: Die linke Hand schreibt "Buch" entsprechend dem Wort in der linken Gesichtshälfte. Als die Versuchsperson aufgefordert wird, den Gegenstand zu benennen, entscheidet sich die linke, die Sprache kontrollierende Hemisphäre irrtümlich für "Tasse" (aus Restak 1981, 254)

Sobald das Wort "Buch" in seinem linken Gesichtsfeld auftauchte, programmierte die rechte Hemisphäre seine linke Hand, das Wort "Buch" zu schreiben. Er kopierte es jedoch nicht genau, sondern schrieb es in Schreibschrift. Dies beweist, daß die rechte Hemisphäre die Fähigkeit zu schreiben und nicht nur zu kopieren hat. Als der Mann damit fertig war, wurde ihm die Frage gestellt: "Was hat Ihre linke Hand da geschrieben?" Obwohl er sich bewußt war, etwas geschrieben zu haben, konnte er nicht sagen, was es war. Drang man weiter in ihn, begann er zu raten, sagte vielleicht "Tasse" anstatt "Buch".

Als Ergebnis dieser Untersuchungen können wir folgendes herausstellen: Das verbale Bewußtsein ist offenbar auf die linke Hirnhälfte beschränkt. Doch das ist nicht alles. Untersuchungen von Sperry (1974) weisen darauf hin, daß die "unbedeutendere" Hemisphäre ebenfalls ihr eigenes Bewußtsein besitzt.

Experimente ergaben: Nachdem ein Auge völlig abgedeckt war, wurde dem anderen Auge eine Kontaktlinse eingepaßt, auf der zwar ein kleines optisches System angebracht worden war, welches den Blick auf das linke Gesichtsfeld beschränkt. Es bewegt sich mit dem Auge, so daß, wo immer die Versuchsperson hinschaut, sie nur das linke Gesichtsfeld sah. Der visuelle Input ist also auf die rechte Hemisphäre beschränkt.

Das Ziel der Untersuchung war die Feststellung, ob ein Selbstbewußtsein und verallgemeinertes soziales Bewußtsein vorhanden ist. Es handelt sich also um das spezifisch menschliche Niveau der bewußten Wahrnehmung.

Zwei Patienten mit gespaltenem Hirn wurde eine Reihe von Bildern gezeigt, von denen anzunehmen war, daß sie bei ihnen emotionale Reaktionen hervorrufen würden, z..B. Bilder von Familienangehörigen, von politischen, historischen und religiösen Figuren. Die Patienten wurden dann aufgefordert, ihr "Lieblingsbild" herauszusuchen oder ihren Gefühlen einfach Ausdruck zu geben, indem sie einen Daumen hoben oder senkten.

Der 21jährige Patient reagiert mit "Daumen hoch" bei Churchill und hübschen Mädchen, während ihn Hitler, Castro und eine Kriegsszene zur Reaktion "Daumen runter" veranlaßten. Ein am Schluß der Bilderfolge gezeigtes Foto, das den Patienten selbst darstellte, veranlaßte diesen zu einer vielsagenden "Daumen runter"-Reaktion. Sperry erinnert sich: In diesem Fall war die Reaktion von einem deutlich erkennbaren selbstbewußten Grinsen begleitet, das in der stummen Hemisphäre seinen Ursprung hatte. Als man den Patient nach den Namen der Gegenstände fragte, die ihm nacheinander gezeigt wurden, konnte er diese nicht angeben.

Als Ergebnis halten wir fest: Die abgetrennte, stumme, untergeordnete Hemisphäre hat ein Selbstbewußtsein und soziales Bewußtsein, welche mit dem Niveau der linken Hemisphäre und des intakten Gesamthirns vergleichbar sind. Jede Hemisphäre hat ihr eigenes Bewußtsein. Der Mensch hat also ein doppeltes Bewußtsein.

3. Die Erlebensstufen und der Erlebnisprozeß

Mit dem "Erleben" (experiencing) hat sich vor allem E.T. Gendlin in verschiedenen Arbeiten auch im Zusammenhang mit Beratung und Therapie befaßt (Gendlin 1961, 233–245; 1962; 1969, 4–15; vgl. auch Bommert u. Dahlhoff 1978). Unter Experiencing versteht Gendlin das konkrete, im Augenblick vorsichgehende gefühlsmäßige Erleben. Im Erleben ist der Mensch auf einen Erlebnisgegenstand (Thema des Erlebens) bezogen. Diese Beziehung ist in mehr oder weniger deutlicher Weise positiv oder negativ gefühlsbestimmt (Vorzeichen des Erlebens). Dieses anteilnehmende Innesein von Befindlichkeiten und Gewahrwerden von Geschehnissen ist ein wichtiges Merkmal psychischer Lebendigkeit bzw. des Bewußtseins.

Psychische Störungen sind in dieser Sicht durch eingefahrene und verfestigte (structure-bound), d.h. stereotype Erlebnisweisen gekennzeichnet. Das Experiencing des Klienten ist zähflüssig und unflexibel; vermag nicht die mit dem Erlebnisgegenstand mitschwingenden, sich wandelnden Bedeutungsinhalte zu erfassen. Ziel der Therapie ist die "Verflüssigung" oder das "Wieder-in-Gang-Setzen" (reconstitution) strukturgebundener Erlebnisweisen: der Sensibilität und Flexibilität.

Wenn sich der Klient auf sein unmittelbares Erleben, seinen Ablauf oder Prozeß konzentriert, ist er im Focusing. Der direkte Bezug entwickelt sich im Verlauf der Persönlichkeitsveränderung. Gendlin unterscheidet vier Phasen:

Phase 1: Direct Referent. Man spürt einen bestimmten Bedeutungsgehalt, vermag ihn jedoch nicht klar zu erfassen und zu verbalisieren. Wir haben alle wenig Übung im Konzentrieren auf etwas vage Gefühltes. Bemüht man sich um das Erfassen, so heben sich gewisse Momente des Erlebens ab. Man kommt mit sich selbst in näheren Kontakt, wird mit sich selbst vertrauter. So wird die Konzentration auf ein anfänglich ängstlich Gefühltes die beunruhigende Spannung lindern.

Phase 2: Unfolding (Entfalten). Wenn die unruhige Spannung nachläßt, klärt sich die Situation, man erfaßt jetzt deutlich, worum "es" eigentlich geht. Es wird noch nicht mit Namen bezeichnet. Das Individuum fühlt aber, daß es seinen Zustand benennen könnte.

Phase 3: Global Application (Erweiterte Anwendung). Das Individuum wird von einer Fülle von Assoziationen, Erinnerungen und Situationen, die in Beziehung zum gefühlten Gegenstand stehen, überflutet. Dabei wird ein gemeinsamer Nenner dieser Bewußtseinserscheinungen erkennbar.

Phase 4: Referent Movement (Verschiebung im direkten Bezug). Andere implizierte Bedeutungsgehalte bzw. Symbolisierungen drängen sich auf. Es kommt zu einer Veränderung der Betrachtungsweise. Referent Movement gibt dem Focusing-Prozeß die Richtung, der Aufmerksamkeit und Symbolisierung folgen.

Gendlin versucht, den Erlebensbereich in seiner Aktualität und Subjektivität analytisch zu erfassen. Stets ist Erleben sinnhaft und "aufschlußreich". Verändert werden kann nach Gendlin nur etwas Aktuelles. Beim Erleben wird der Bezug zum körperlichen Befinden hergestellt.

Wie schon bei der Phasenaufteilung sichtbar, ist Erleben ein komplexer Prozeß. Im einzelnen lassen sich drei Stufen unterscheiden:

(1) Das Initialerleben: "Ich weiß nicht, was es ist, aber da ist noch etwas".
(2) Das Positionalerleben: "Ich weiß nicht, was es ist, aber es beunruhigt mich".
(3) Das Assoziativerleben: "Ich komme mir vor wie das fünfte Rad am Wagen". "Mir geht es wie damals, als ich durch die Prüfung durchfiel".
(4) Die Erkenntnis: "Ja, das ist es". (Der Bezugsgegenstand wird voll verfügbar)

(1) Das Initialerleben

Auf der Stufe des Initialerlebens nimmt der Mensch lediglich eine ungerichtete und unspezifische Erregung wahr. Diese Erregung leitet einen Prozeß der Orientierung ein. Der Organismus wird auf Wachheit eingestellt.

Wenn ein neuartiger Reiz auf uns trifft, dann kommt es zur Orientierungsreaktion. Sokolow (1971) hat auf diesen "Reflex" hingewiesen. Er war wohl in den frühmenschlichen Stadien sinnvoll, als in der begrenzten und vertrauten Umwelt jeder Überraschungsreiz Gefahr bedeuten konnte.

Man kann sich diese Reaktion an zwei Beispielen klar machen. Wenn eine Person schläft und sie mit dem Namen angesprochen wird, zeigt sie ein verändertes EEG, Schwellensenkung für Wahrnehmungen und beim Erwachen eine Hinwendung zur Reizquelle. "Da war doch was!" Noch deutlicher wird das Initialerleben bei einer anderen Situation: Man hat etwa vor, will z. B. noch einen Brief durchlesen, wird aber durch einen Telefonanruf abgehalten. Wenn man sich danach nicht genau an sein ursprüngliches Vorhaben erinnern kann, kommt es zu Dranggefühlen, die etwa so formuliert werden können: "Da war doch noch was". Gendlin spricht hier statt von Orientierungsreflex von Initialerleben, weil er die subjektive Seite des Vorgangs beachtet.

Das Initialerleben hat eine einleitende und vorbereitende Funktion, die unspezifisch und schnell abläuft. Es kann damit zur Tätigkeit des aufsteigenden retikulären Aktivationssystems (ARAS) in Bezug gesetzt werden.

In der Formatio reticularis (FR) treffen die Kollateralen nahezu aller sensorischen Nervenbahnen ein. Der Aktivierungseffekt auf von der Peripherie kommende Reize

84   Die Struktur und Dynamik des Bewußtseins

wird durch die Kolateralen der spezifischen sensorischen Bahnen, die direkt zur Hirnrinde führen, vermittelt:

- Es kommt zur Generierung der physischen (kurz dauernden) "Arousal-Antwort" und damit
- zur tonischen Wachheit,
- zur Beeinflussung der Muskulatur,
- zur Modifikation, Leitung und Integration aller sensorischen Signale.
- Das Nervensystem vermag dadurch Signale selektiv aufzunehmen oder zurückzuweisen.

Die von der FR ausgesandten Impulse verursachen Erregungen großer Rindenbezirke (im EEG zu erfassen). Diese Aktivierung geschieht unspezifisch, so daß die Reizung in einer Sinnesmodalität die Wahrnehmungsfunktion in einer anderen fördern kann. Der FR wird deshalb auch eine allgemein 'alarmierende' Funktion (Arousal) zugeschrieben, ohne die die Wahrnehmung zumindest stark beeinträchtigt ist. (Bense 1981, 36)

Das initiale Erleben ist somit in tieferen Zentren des Gehirns, dem sog. Stammhirn, verankert. Das initiale Bewußtsein kommt also ohne Kortex aus. Wir sehen, daß Bewußtsein nicht nur an das Großhirn gebunden ist. Bei großhirnamputierten Hunden und Katzen sowie beim Gamper'schen Mittelhirnwesen (ein ohne Großhirn geborenes Kind) finden wir Wachsein und Schlafen. Das erkennende Bewußtsein ist auf den Kortex angewiesen.

Rohracher, der statt von Stammhirn- von Urhirn-Erleben spricht, zeigt, wie dieses im Sinne des Initialerlebens zu verstehen ist. Jedes triebhafte Verlangen ist ursprünglich "leer" und wird auch als leer erlebt.

"Mit anderen Worten: die Triebe und Bedürfnisse sind ursprünglich von ganz allgemeiner Art ...; sie bedürfen einer inhaltlichen Bestimmtheit ... Ursprünglich ist dieses Erleben dunkel und unscharf; wir fühlen nur, daß wir irgend etwas 'möchten'. Dieser Drang steigert sich und erhält schließlich eine klarbewußte Richtung mit ganz bestimmten Zielvorstellungen. Die Stammerregungen haben sich mit spezifischen Rindenerregungen zu einer einheitlichen Konstellation verbunden. Nur solche Konstellationen, an denen Stammerregungen beteiligt sind, erzeugen das charakteristische Erleben des Dranges, Strebens, Verlangens, es ist im wesentlichen Urhirn-Erleben." (Rohracher 1967, 152f)

Dem retikularen System kommt – wie schon angedeutet – bei dem Initialerleben eine zentrale Rolle zu

"Die Retikularformation ist Teil des Urhirns und schließt graue Massen des Tegmentums, der Medulla, der Brücke und des Mittelhirns ein. Die Formation wird ... von Kollateralen nahezu aller spezifischen Bahnen von Sinnesorganen zum Kortex erreicht. Sie besitzt jedoch nicht nur fugale Verbindungen zum Kortex. Reticulopetale Axone fast aller Großhirnrindengegenden treffen ebenfalls in der Formation ein, so daß Potentiale in der Formation registriert werden können, wenn viele corticale Areale stimuliert werden: 'absteigende FR'. Diese sendet Impulse zu niederen Hirnzentren (z. B. zum Zwischenhirn; Thalamus und Hypothalamus), die ankommende Sinnesimpulse empfangen. Mit ihren intensiven Verbindungen zu Thalamus und limbischem Kortex ist die FR eine Art 'Zentralbassins' für Sinnesimpulse und wirkt kontrollierend auf viele Schaltungen ein." (Bense 1981, 37)

Wir sehen, wie drei Konzeptionen in ihren Grunddaten übereinstimmen. Darüber hinaus weisen steigende RF, Initialerleben (Gendlin) und Urhirnerleben (Rohracher) auf eine doppelte Verquickung einer spezifische(re)n und unspezifische(re)n Komponente hin.

Auch die Aufmerksamkeit hat eine unspezifische(re) und eine spezifische(re) Komponente. Sie haben verschiedene Bezeichnungen erhalten; so spricht man bereits in der klassischen Psychologie von unwillkürlicher und willkürlicher, von reizgebundener und willensgesteuerter Aufmerksamkeit. Neisser (1979, 68ff) unterscheidet zwischen präattentiver und fokaler Aufmerksamkeit.

William Stern spricht bei der Beschreibung der Aufmerksamkeit von einer Reliefbildung. Um ein hell beleuchtetes und energetisch betontes Zentrum lagern sich Zonen geringerer Intensität. Der schweifenden Aufmerksamkeit steht die konzentrische Aufmerksamkeit oder "unifokale" Aufmerksamkeit gegenüber. Initialerleben ist durch "schweifende" Aufmerksamkeit gekennzeichnet. Es fehlt der abgehobene Blickpunkt,

> "statt dessen nimmt das weitere Blickfeld als der Möglichkeitsbereich für den erst zu findenden Blickpunkt die Energie mehr schweifend in Anspruch. Diese Haltung liegt allen Tätigkeiten des Wartens, Suchens, Spähens, Lauerns, Kundschaftens zugrunde. Der eigentliche Gegenstand der Aufmerksamkeit ist noch nicht da; sein Wo und Wann des Wahrgenommenwerdens, vielleicht auch das Ob, Was und Wie ist fraglich. Gerade diese Unbestimmtheit aber erfordert das ständige Überstreichen eines weiteren Feldes mit der Aufmerksamkeit, um im eintretenden Falle den Gegenstand nicht entgleiten zu lassen, ihn vielmehr sofort in den Blickpunkt zu bekommen. Auch erlebnismäßig ist der Unterschied deutlich: In dem Moment, wo sich das Erwartete oder Gesuchte realisiert, wandelt sich die breite, vage und wandernde Spannung in zugespitzte, zugreifende und festhaltende Konzentration." (Stern 1950, 663)

Stern beschreibt hier präzis die von Sokolow herausgestellte Orientierungsfunktion und verdeutlicht damit zugleich das Gendlinsche Initialerleben. Das Initialerleben steht in gewissem Bezug zu den sog. Triebgefühlen.

> "Es ist immer eine Abstraktion, bei den Menschen von 'reinen' Drive-Gefühlen zu sprechen. Die Drives differenzieren sich im Laufe des Erwachsenwerdens des Menschen nicht nur sehr schnell, sondern werden je nach Situation und damit gesellschaftlich kodeterminiert. Der Neugeborene ist erst bloß einfach hungrig. Der Säugling und später das Kleinkind wird in immer stärkerem Maße nach etwas hungrig: danach nämlich, was seine gesellschaftliche Umgebung zum Stillen seines Hungers ihm anbietet." (Heller 1980, 91f)

Die Typologie der Gefühle geht weit über das hinaus, was wir hier im Anschluß an Gendlin und Bense demonstrieren wollen. So können wir auch nur gewisse Aspekte im Vergleich bringen. Aufschlußreich sind unseres Erachtens die ersten beiden Merkmale der Drive-Gefühle:

> "1. Die Drive-Gefühle sind Signale des Organismus; sie signalisieren, daß im Organismus etwas nicht in Ordnung ist ... 2. Die Signale sind an den sozialen Organismus adressiert, also an uns selber, und nicht an andere. Wahrscheinlich kommen die Drive-Gefühle deswegen weder in der Mimik, noch in dem Tonfall oder in den Gesten zum Ausdruck, sondern sind Gefühle von nicht kommunikativer Funktion. Das Drive-Gefühl als Signal hat die Bedeutung: 'Suche die Lösung!'" (Heller 1980, 92)

Ehe wir zur nächsthöheren Stufe des Erlebens – dem Positionalerleben – übergehen, sei kurz daran erinnert, warum diese Stufenbetrachtung für die Therapie so wichtig ist. Wir beobachten bei den verschiedenen Formen neurotischer Fehlentwicklung immer wieder, daß die Klienten sich aufgrund ihrer Ängstlichkeit und Selbstunsicherheit in einem vagen Erleben aufhalten und damit vielerlei Vermutungen nachgehen. Es ist eine wichtige Aufgabe der Kognitiven Verhaltenstherapie, den Klienten schrittweise zu den höheren Stufen des Erlebens und damit zur Einsicht in seine Lagebefindlichkeit zu führen. Erst wenn dies gelungen ist, können klar umschriebene Pläne aufgestellt und verfolgt werden.

(2) Das Positionalerleben

Der zentralnervöse Verarbeitungsprozeß eines Reizes "äußerer" oder "innerer" (gedanklicher, vorstellungsmäßiger) Art findet auf der nächsten Stufe – dem Positionalerleben – als erste Verarbeitung statt, die an Eigenschaften des Reizes aufgrund subjektiver Bewertung ansetzt und in der diese Bewertung bewußt erfahren wird. Äußerungen, die hier kennzeichnend sind, sind etwa: "Ich weiß nicht, was es ist. Aber es ist etwas. Es ist wahrscheinlich etwas Unangenehmes." "Ich verstehe das Ganze nicht, aber es zieht mich immer wieder hin." "Ich fühle mich hier nicht recht wohl, obwohl niemand was gegen mich hat." "Es überkommt mich etwas, und ich kann hier nicht bleiben."

Im Positionalerleben wird nicht nur etwas zur Kenntnis genommen, sondern bereits erkannt: ein gefühlsmäßiges Innewerden, Ein Antrieb zu oder von etwas fort, ein Sog zum Kontakt oder von ihm weg. Die Bewertung beschränkt sich auf "positiv" oder "negativ", vertraut oder unvertraut, bekömmlich oder schädlich, lustvoll oder schmerzvoll.

Die Motivation ist auf dieser Stufe noch ganz in der Dichotomie Lust-Unlust befangen. Es erscheint sinnvoll, daß auf unterer Stufe schon eine Grobbewertung des uns Begegnenden stattfindet, um schnell eine initiale Orientierung zu gewährleisten.

In Reykowskis Emotionstheorie (1973) läßt sich die erste von ihm herausgestellte Grundkomponente der Emotion, die Erregungskomponente, auf das Initialerleben beziehen. Die zweite Komponente geht auf die subjektive Bedeutung, auf das Vorzeichen der Emotion ein. Es ist kennzeichnend für das Positionalerleben. Hier ist das präsente Gefühl zunächst als bloßes Zumutesein vermittelt. "Die Vagheit kann sogar so weit gehen, daß nicht einmal die Alternative lustvoll/unlustvoll eindeutig anwendbar zu sein braucht . . ." (Stern 1950, 756). Verdeutlicht wird das Zumutesein dann in einer Stimmung. Mit Agnes Heller, die Fühlen als Involviertsein beschreibt, können wir die sonst fragwürdige Unterscheidung von Fühlen und Denken anwenden. Das Gefühl geht seiner Konzeptualisierung, seinem Begreifen und Plazieren voraus. Es ist mir "noch-nicht-bewußt".

> "Auch das Objekt des Gefühls selbst kann 'noch-nicht-bewußt' sein. 'Ich bin traurig, aber worüber?' Es mag auch sein, daß das Gefühl selbst begrifflich noch unbestimmt ist. 'Was mag denn dieses bedrückende Gefühl sein, das mich jetzt ergriffen hat? Bin ich wohl lebensmüde? Nein, sicherlich nicht. Oder bloß schlecht gelaunt? Nein, das ist auch nicht der Fall.' Später einmal lese ich über das Gefühl des 'Entfremdetseins'. 'Ich hab's, das ist es, was ich fühle.'" (Heller 1980, 43)

Mit den letzten Bemerkungen sind wir bereits auf eine höhere Stufe des Erlebens gelangt. Wir wollen den Bezug des Positionalerlebens zur Typologie der Gefühle, wie sie Heller gibt, aufzeigen. Erinnern wir uns an die für das Positionalerleben typischen Sätze, so fällt auf, daß sie alle bereits Orientierungsfunktion nach dem groben Muster einer Ja-Nein-Orientierung haben. Heller spricht von Ja-Gefühlen und Nein-Gefühlen. Diese Einteilung geht über das hinaus, was wir als "gutes" oder "schlechtes" Gefühl bezeichnen.

> Diese "Kategorisierung stammt aus der Anwendung der allgemeinen Wertorientierungskategorien auf Gefühle. Dieser Unterschied wird von Wittgenstein am Beispiel des Gefühls der Überzeugung schön dargestellt. Die Überzeugung ist ein typisches Ja-Gefühl: ich fühle, daß es so ist, ich spüre, daß es so sein wird . . . Ich kann mit dem Gefühl der Überzeugung sagen: 'Es

ist ein Fehler in der Rechnung'; aber daran knüpft sich kein gutes Gefühl. Es wird eher mit Ärgerlichkeit und Unzufriedenheit etc. verknüpft sein." (Heller 1980, 114f)

Interessant ist für uns in diesem Zusammenhang, daß Orientierungsgefühle – auf die wir hier nur im Ansatz hinweisen – mit dem Abbau der Instinkte im menschlichen Funktionsgefüge zu sehen sind. Die Orientierungsgefühle sind bereits von Erfahrungen abhängig. Sie werden letztlich herausgebildet und gelenkt von den gesellschaftlichen Objektivationen.

Ernst Bloch (1959) hat auf einen Bereich des Psychischen hingewiesen, dem wir im Initialerleben besonders in seinen ersten beiden Stufen unmittelbar begegnen: dem Bereich des Noch-Nicht-Bewußten, der Ahnungen.

Nach diesen Exkursen wollen wir die wichtigsten Charakteristika des Positionalerlebens herausstellen: Das Positionalerleben ist eng mit vegetativen Größen verbunden. Es bezieht sich auf die im gegebenen Augenblick wirksame Lust-Unlust. Zwar sind vegetative Vorgänge kognitiv zu beeinflussen, doch verlaufen sie zunächst und im allgemeinen relativ autonom ab.

> "Positionales Erleben und Verhalten tritt kurze Zeit nach der Reizeinwirkung auf. Diese Vorschaltung des Positionalerlebens vor konkretere, vor allem kortikale Erregungen, die erst verzögert angreifen können, ist klinisch-psychologisch besonders relevant. Wird der Erlebensprozeß auf der positionalen Ebene abgebrochen ... so wirkt sich das Positionalerleben doch in einem mitunter sehr kurzen, anfänglichen Zeitraum sichtbar aus. Physiologisch-verhaltensmäßig erkennt man vor allem motorische, spontane Ausdruckserscheinungen: Abwendung des Blickes, Kopfsenken, Zurücklehnen, Zurückweichen, Arme verschränken, Fäuste ballen, gesteigerte Lokomotorik, 'sich klein machen', Gesichtsausdruck des Erstaunens, Entsetzens, Angreifens, die Trauer oder Verlegenheit, Erröten, Zittern, kurzes Stottern, Wechsel der Sprechstimme, leises Sprechen, Erstarren, kurze Sprechpausen, plötzliches Nichtverstehen der Worte des Therapeuten usw." (Bense 1981, 57)

Oft finden nur minimale schnelle Veränderungen statt, die wir erst in der Filmaufzeichnung genauer erkennen. Wenn auch auf der positionalen Ebene noch kein betont adressierter Ausdruck zustande kommt, so kommt es hier doch bereits zum Durchsickern von Informationen (Ekman u. Friesen, 1968). Therapeuten sollten in der Wahrnehmung der feineren nonverbalen Äußerungen besonders geschult werden.

Vor allem sind die ersten Reaktionen wichtig. Sie werden oft durch nachfolgende Äußerungen abgeschwächt oder uminterpretiert: "Als er mich verlassen hatte, war ich zunächst traurig. Aber vielleicht doch nicht traurig. Mir war, als ob das alles nicht nötig gewesen wäre." "Als ihm das passierte, habe ich mich beinahe gefreut. Doch dann habe ich gedacht, er wird daraus etwas lernen."

Wie alles Erleben, so steht auch das Positionalerleben im Objektbezug, wenngleich das Objekt noch nicht faßbar wird. Die Orientierung der Emotionen liegt nicht im Erfassen der Eigenschaften der Gegenstände als solcher, sondern in der Beziehung der Objekte (Bedeutungsgehalt) zum Subjekt (Anmutungsaspekt).

Wir unterliegen bei unseren Welterfahrungen verschiedenen Einschränkungen. Zunächst lassen sich neurologische Einschränkungen nachweisen. Wir nehmen nur das wahr, was uns die Sinnesorgane vermitteln. Dabei werden ganze Teile der Welt verzerrt und ausgeschlossen. Unser Nervensystem stellt die erste Gruppe der Filter dar, die die Welt (das Gebiet) von unserer Repräsentation der Welt (der Landkarte) unterscheiden. Dabei arbeitet das Gehirn ökonomisch; es schirmt uns von vielen Reizen ab, die für uns belanglos sind.

"Um die Inhalte des so verringerten Bewußtseins zu formulieren und auszudrücken, hat der Mensch die Symbolsysteme und implizierten Philosophien, welche wir Sprachen nennen, erfunden und endlos ausgestaltet. Jeder Mensch ist zugleich der Nutznießer und das Opfer der sprachlichen Tradition, in die er hineingeboren wurde, der Nutznießer insofern, als die Sprache Zugang zu den aufgespeicherten Berichten über die Erfahrungen anderer Menschen gewährt; das Opfer insofern, als sie ihn in dem Glauben, dieses reduzierte Bewußtsein sei das einzige Bewußtsein, bestärkt ... so daß er nur allzu bereit ist, seine Begriffe für gegebene Tatsachen, seine Wörter für wirkliche Dinge zu halten." (Huxley 1970, 17)

Damit wird aber bereits auf die zweite Art Einschränkung hingewiesen, die uns in der sozialen Einschränkung mit ihren sozialgenetischen Faktoren begegnet. Wir erleben in den Kategorien, die uns das soziale System bereitstellt; sie bestimmen unsere allgemein anerkannten Arten der Wahrnehmung, alle sozial vereinbarten Fiktionen und unsere Sprache.

Im Gegensatz zu unseren neurologisch-genetischen Einschränkungen sind jene, die durch die sozialgenetischen Filter eingeführt werden, ohne transformierende Apparaturen (Magnetismus, ultraviolettes Licht usw.) durch kritische – vor allem auch sprachkritische und schöpferische Bemühungen und kulturelle Vergleichsstudien zu überwinden (Farbenbenennungen, Kritik der Eigenschaftszuschreibung. Beispiel: Nicht der Zucker ist süß, er schmeckt süß).

Die dritte Art der Reduktion zeigt sich in den individuellen Einschränkungen. Die Repräsentationen beruhen hier auf unserer persönlichen Geschichte und Erfahrung. In ihr bilden sich spezielle Interessen, Gewohnheiten, Vorlieben, Abneigungen, Bewertungen, Vorurteile und Verhaltensregeln aus, die unsere Wahrnehmung, unser Denken, Vorstellen und Verhalten lenken.

In der Therapie haben wir es vor allem mit den individual-genetischen Einschränkungen zu tun. Entfaltung und Erkenntnis beziehen sich zumeist auf drei allgemeine wachstumsblockierende Prozesse: die Generalisierung (generalization), die Tilgung (deletion) und die Verzerrung (destortion):

(1) Die *Generalisierung* "ist der Prozeß, durch den Elemente oder Teile eines persönlichen Modells von der ursprünglichen Erfahrung abgelöst werden, um dann die gesamte Kategorie, von der diese Erfahrung ein Beispiel darstellt, zu verkörpern." (Bandler u. Grinder 1981, 35)

Ein Kind sitzt zum ersten Mal auf einem Schaukelstuhl. Es lehnt sich an die Rückenlehne und fällt um. Es hat nun Angst, sich auf Schaukelstühle zu setzen und meidet sie. Eventuell überträgt es die Erfahrung auf alle Stühle, meidet sie bzw. ist bemüht, nicht die Rückenlehne zu berühren. Ein anderes Kind, das zwischen Stühlen und Schaukelstühlen unterscheidet, hat mehr Wahlmöglichkeiten für sein Verhalten. Es entwickelt eine Regel oder angemessene Generalisierung, die sich nur auf Schaukelstühle bezieht: Stütze dich nicht auf die Rücklehne von Schaukelstühlen!

Ein Mann entwickelt in Kriegsgefangenschaft die Regel "Zeige Deine Gefühle nicht". Die Regel ist hier sinnvoll; sie schützt vor Bestrafungen. Gebraucht der Mann dieselbe Regel in der Ehe, so schränkt er die Möglichkeit der Nähe, die für eine Ehe wichtig sind, ein. Der Ausschluß von Gefühlsäußerungen kann dazu führen, daß sich der Mann einsam und beziehungslos fühlt.

Wir sehen also, daß Regeln, die in speziellen Fällen sinnvoll sind, in anderen unbrauchbar sein können. Der Regelgebrauch ist auf seinen Wert hin betrachtet von dem Kontext abhängig.

(2) Die *Tilgung* ist ein Prozeß, durch den wir unsere Aufmerksamkeit auf etwas Bestimmtes richten und dabei andere wichtige Aspekte ausschalten. Ein Mann, der überzeugt war, nicht liebenswert zu sein, klagt darüber, daß ihm seine Frau keine Liebesbotschaften vermittle. In Wirklichkeit tut sie es; er überhört und übersieht sie aber. Tilgung reduziert die Welt auf das, mit dem wir meinen, gefühlsmäßig umgehen zu können.

(3) Die *Verzerrung* ist ein Prozeß der Umdeutung von Erfahrungen. Daten unserer Erfahrung umzugestalten, sie im Lichte unserer Interessen und Erwartungen wahrzunehmen. Der Mann, der sich als nicht liebenswert interpretiert, verzerrt die Aussagen der Zuneigung seiner Frau. Er dachte sich, bzw. vermutete, wenn er überhaupt einmal eine solche Zuwendung registrierte: "Sie sagt das nur, weil sie etwas will." Auf diese Weise lebte er mit seinem Modell von der Welt in Einklang.

"Ein Mensch, der irgendwann in seinem Leben abgelehnt worden ist, macht die Generalisierung, daß er nicht liebenswert ist. Da sein Modell diese Generalisierung enthält, tilgt er entweder Aussagen der Zuneigung oder deutet diese Aussagen als unaufrichtig um ... Die Generalisierungen oder Erwartungen eines Menschen filtern und verzerren seine Erfahrung, um sie mit diesen Erwartungen konsistent zu machen." (Bandler u. Grinder 1981, 37f)

(3) Das Assoziativerleben

Das Assoziativerleben spiegelt keine weitere Stufe. Es gehört noch zum Positionalerleben, enthält in sich aber bereits hinweisende Übergänge zur nächsten Stufe.

"Als Beispiele des assoziativen Erlebens können gelten: 'Wenn ich daran denke, ist mir als ob ich keine Luft mehr bekäme.' 'Ich begreife das nicht, was da mit mir passiert. Es ist fast so, als sollte ich hingerichtet werden. Dabei sind die eigentlich nett zu mir.' 'Als ich aus meiner gelungenen Prüfung rauskam, da dachte ich, es wäre Frühling. Mitten im September.'" (Bense 1981, 61)

Assoziatives Erleben verweist auf andere verdeutlichende Situationen. Das Erleben erscheint privat, für andere kaum zugänglich und verständlich; so wird es mit einem Als-ob-Bezug sich selbst gegenüber umschrieben und damit geklärt. Der Therapeut wird, wenn der Klient über sein Befinden keine klare Auskunft geben kann, ihn zu Assoziationen und Vergleichen anhalten. So kann der Klient sich schrittweise der Erkenntnis nähern. Erlebnisaktivierende Techniken arbeiten mit solchen assoziativem Erleben, z.B. in Analogien, Beispielen, Einfällen, Vorstellungen und Bildern usw. (Jankowski u. Mitarb. 1976, 127–134, 135–140).

Der Therapeut wendet sich an den Klienten: "Ich verstehe noch nicht, was das für Sie bedeutet." "Was sagt Ihnen dieses Gefühl, was will es von Ihnen?" Durch die evozierten Äußerungen wird der Klient veranlaßt, sich sein Erleben zu verdeutlichen und die Botschaft seiner Gefühlslage zu verstehen. Dabei soll der Therapeut dem Klienten auch helfen, die für den Klienten typischen Fehleinschätzungen und -zuordnungen abzubauen.

Auch kann die Aufforderung "Lassen Sie das Gefühl doch deutlicher kommen" oder "Nehmen Sie Kontakt mit ihren Gefühlen auf" zu aufschlußreichen Empfindungen und Vorstellungen führen. Diese wiederum können als Reize die Erregungs- und Antriebskomponente der Emotionen und damit diese selbst steigern. Auch die Aufforderung, sich genauer auf die Situation zu besinnen, in der eine emotionale Befindlichkeit zum ersten Mal auftrat, kann über das Erinnerungs- und Vorstellungsmanöver die Emotionen aufladen.

Durch die Assoziationen versucht das Individuum, den auf einen Reiz hin ausgelösten Erregungen eine angemessene Bewertung zuzusprechen, also die Emotion zu artikulieren. Dabei bezieht sich das Individuum auf bereits gemachte gegenständliche Erfahrungen, ohne daß ihm dieser Bezug bewußt zu werden braucht.

(4) Die Erkenntnis

Es geht darum, den Erlebensprozeß von dem Innesein zuständlichen Befindens zur gegenständlichen Erfassung der es bewegenden Kräfte, d. h. zum Erkennen weiterzuführen. Dieser Erkenntnisprozeß ist unerläßlich für eine wirksame Psychotherapie. Bei den Erlebnispsychotherapien (Gestalttherapie, Gesprächspsychotherapie) spricht man von Einsicht, bei der kognitiven Verhaltenstherapie von Verhaltensanalyse (Fiedler 1974). Bei dieser Therapie handelt es sich also nicht um Verhaltenstraining, sondern um ein Training in der Verhaltensanalyse. Der Klient hat auf äußere und innere Stimulusbedingungen, Umweltkontingenzen, Konsequenzen und Verstärkungen zu achten.

Die Erkenntnis erscheint hier als eine Stufe des emotional-motivationalen Erlebensprozesses. Reykowski (1973, 76) beschreibt den Sachverhalt wie folgt:

> "Wir treffen ... auf verschiedenartige Grade der Bewußtwerdung ... Eine vollständige Bewußtwerdung des eigenen emotionalen Prozesses umfaßt sowohl eine genaue Beschreibung der Emotion selbst als auch eine Orientierung über die Zusammenhänge zwischen der Emotion und den Faktoren, die sie hervorgerufen haben, und zwischen der Emotion und den Handlungen, die sie anregt".

Das Erleben dieser Art bezeichnet Gendlin (1961; 1962; 1969) als Entfaltung (unfolding). "Ja, das ist es. Jetzt habe ich es endlich." Mit dieser aufdämmernden Erkenntnis kommt es zu einem gewissen Spannungs- und Angstabfall, unabhängig davon, ob das Erkannte lösbar ist oder nicht. Die Entfaltung geht in Richtung von Problemlösungen und Begriffsbildungen. Problem meint ein Noch-nicht-Begriffenes, ein Un-Begriffenes. Im Fortgang der Problemlösung wird aus dem Un-Begriff ein Begriff.

Im Assoziativerleben tritt Erkenntnis bereits als eine Abstraktion des assoziierten Konkreten auf.

> "Das Assoziativerleben erscheint ... als Phase des Sammelns des Konkreten. In der Erkenntnis wird diese Aufstellung 'auf den abstrakten Begriff gebracht' ... In der Klarheit der Erkenntnis findet sich die relativ undifferenzierte Annäherung – Vermeidung des Positionalerlebens in am Gegenstand spezifizierter entwickelter Form wieder." (Bense 1981, 75)

Während der Entfaltung kann es zu einer Flut von Erlebnissen kommen, die in der global application-Phase auf ihre Ähnlichkeit hin befragt werden. Damit wird der Kern des Problems sichtbar.

> "Vorher erschienen die Assoziationen, Erinnerungen usw. inhaltlich sehr heterogen. Ein Klient, dessen Ziel es ist, mit unbedingt allen Menschen gut auszukommen, kann nach Konfrontation mit jemandem, bei dem ihm dies ... nicht gelingt und der damit die heftigsten Zweifel einleitet, zu der Einsicht kommen, daß er eigentlich Angst hat, bestraft zu werden, wenn er nicht freundlich ist. Nach dieser Erkenntnis der eigentlichen oder zumindest tieferen Gründe könne sich völlig unerwartet weitere Konkretisierungen ergeben. Möglicherweise erscheinen nun Erinnerungen an Schwierigkeiten mit dem Vater ('die ich nie verstanden habe') oder auch aktuelle Probleme in der therapeutischen Beziehung im neuen Licht des erworbenen Begriffes." (Bense 1981, 76)

Bisher wurden die Emotionen nur als Erregung und gefühlsmäßiges Engagement erlebt, falsch erklärt (Furcht vor Mißerfolg wird als Mangel an Interesse gehalten, Zorn auf jemanden wird auf dessen moralisches Verhalten geschoben, während er durch mangelnde Wertschätzung der eigenen Person durch den anderen bedingt ist) und die Zuordnung zwischen Emotion und Handeln wird falsch erklärt (Einschränkung der kindlichen Freiheit diene der Entwicklung des Kindes – in Wirklichkeit diente sie der eigenen Machtdemonstration).

Der Uminterpretation der Situation – die erlebte Verschiebung des direkten Bezugs (direct referent) – führt dazu, daß die Situation anders und besser wahrgenommen und begriffen wird, eine Bedingung für sachdienliches Denken und Verhalten. Man kann objektiver reagieren. Zugleich führt diese Erkenntnis – wie schon angedeutet – zur Reduzierung der Angst und Problematik. Man löst sich aus den Vermutungen und Fehlkonstruktionen. Die Erkenntnis kann dramatisch – mit ego involvement – verlaufen, geht dann aber in einen Zustand besonnener Distanz und Neutralität über, die angemessenen Verhaltensaufbau ermöglichen.

Ist die so "gewonnene Einsicht" eine Erkenntnis, d. h. ist sie den real vorliegenden Bedingungen des persönlichen und sozialen Lebens angemessen? Anfänglich läßt sich diese Frage nicht beantworten. In vielen Fällen begnügen wir uns zunächst mit einer Annäherung an objektive Verhältnisse. Deshalb sollten wir auch relative Erkenntnisse solange als brauchbare Hypothese auffassen und sie über Verhaltensproben auf ihre Effizienz hin prüfen. Diese Effizienz liegt nicht einfach im Erfolg, sondern in der sensiblen und wirksamen Auseinandersetzung mit den gegenständlichen und sozialen Erfordernissen, in der produktiven Lebensführung, wobei der Begriff produktiv als individuell und sozial produktiv zu verstehen ist.

Der Erlebensprozeß

Der Erlebensprozeß wird durch einige Merkmale bestimmt, deren Beachtung von therapeutischer Bedeutung ist. Es sind vor allem: der Gegenstandsbezug, die Subjekt-Objektivität, die Interiorisation und die Augenblicklichkeit. Ergänzend und zusammenfassend wird dieser Abschnitt mit einem Aufweis der Bewußtseinsqualität abgeschlossen.

(1) Der *Gegenstandsbezug*. Alles Erleben steht im Gegenstandsbezug, allerdings in

92   Die Struktur und Dynamik des Bewußtseins

verschieden betonter Ausprägung. Beim Initialerleben sind wir noch dumpf auf die eigene Befindlichkeit bezogen, bei der Erkenntnis haben wir den Bezug und damit den Gegenstand, auf den sich das Erleben bezieht, klar konturiert.

Die von Sokolow (1971, 136–141) ausgestellte Orientierungsreaktion ist ein spezifischer Aktivierungsvorgang. Aktivierung ist innere Orientierung: Damit wird der Gegenstandsbezug in die unspezifische Aktivierung hineingebracht. Erleben ist immer ein Erleben von etwas,

> "das heißt auch, ein Wissen von etwas. Es tritt als Erleben auf, nicht weil ... das Wissen in ihm ganz fehlt ... sondern weil der vitale oder persönliche Aspekt in ihm vorherrscht ... In elementarer, keimhafter Form ist das Wissensmoment in jeder psychischen Erscheinung mit enthalten, da jeder psychische Prozeß die Widerspiegelung der objektiven Wirklichkeit darstellt." (Rubinstein 1968, 19)

(2) *Subjekt-Objektivität.* Aufgrund verwurzelter Vorurteile fassen wir Erleben oft als binnenseelischen Prozeß auf. Erleben ist Erfahrung und als solche weder innerlich noch äußerlich, weder psychisch noch somatisch, sondern stets beides zugleich. Wahrnehmung, Vorstellung, Erinnerung und Phantasie sind verschiedene Modalitäten von Erfahrung. Meine Erfahrung ist nicht in mir, sie ist im Bezug.

Es ist besonders Ronald D Laing, der in seiner *Phänomenologie der Erfahrung* (1975) gegen die Trennung von "innen" und "außen" angegangen ist. Innen und Außen folgen denselben Gesetzen. Man sollte sich darüber klar sein, daß, wenn man von Innenwelt spricht, mehr den Subjektpol und bei der Außenwelt mehr den Objektpol akzentuierend bezeichnet.

Wir denken gerade an den letzten Skiurlaub in Sils Maria. Unser Denken im Außen – eben im Engadin – und nicht nur in unseren Köpfen. Denken, Fühlen, Erinnern sind Bezugsphänomene. – Sehr gut läßt sich der Bezug zum Außen auch bei sog. inneren Konflikten aufzeigen. Im Gewissenskonflikt, im Entscheidungskonflikt geht es um Gegenstandsbezüge im Widerstreit. Im übrigen wirken sich solche inneren Konflikte auch im Außenbereich, im Verhalten und Handeln aus.

Wir müssen uns mit einer weiterführenden Ansicht vertraut machen, auf die vor allem Galperin (1973; 1974; 1980) hingewiesen hat.

(3) Die *Interiorisation*. Den besten Zugang zu den verschieden psychischen Erscheinungen gewinnen wir durch eine Analyse der Tätigkeit bzw. im engeren Sinne der Handlung.

> "Die psychischen Prozesse in einer Handlung weisen eine analoge Struktur auf wie die äußere sichtbare Handlung. Deshalb ist die These richtig, daß sich das Psychische in der Tätigkeit äußert. Aber gleichzeitig ergibt sich daraus eine weitere wesentliche Schlußfolgerung: Die Handlung des Menschen ist die Grundeinheit des Psychischen. Grundeinheit bedeutet, daß die einzelne psychische Erscheinung immer im Handlungszusammenhang auftritt, also nicht für sich isoliert existiert. Das gilt auch für die sozialen Beziehungen, die der Mensch entwickelt und äußert." (Erlebach u. Mitarb. 1962, 46)

Die gegenwärtige Psychologie bemüht sich um die Überwindung der Innen-Außensicht der bisherigen Psychologie. Man sucht das Verbindende und Integrierende in der menschlichen Tätigkeit, auf die letzten Endes alle psychischen Prozesse bezogen sind. Die geistigen Handlungen bilden sich etappenweise aus. Jede dieser Handlungen ist anfangs als materielle oder materialisierte Handlung vorhanden. Das Tun wird mit der Entwicklung der sprachlichen Fähigkeiten verinnerlicht.

Anfangs finden wir Handlungen nur im praktischen tätigen Vollzug, am Gegenstand. Um einen Gegenstand als Objekt der Wahrnehmung hervorheben zu können, muß der Gegenstand sich anfangs bewegen, seine Lage im Raum verändern. Dadurch hebt sich für das Kind der Gegenstand von den vielen unbewegten Gegenständen ab. Weiter muß das Kind mit dem Gegenstand hantieren, ihn betasten, nach ihm greifen und ihn wegwerfen können. "Später hilft das Wort, das der Erwachsene als Signal benutzt und mit dem er ein bestimmtes Ding bezeichnet, um den Gegenstand hervorzuheben" (Ljublinskaja 1961, 112). Die Entwicklung der gegenständlichen Handlungen vollzieht sich nach Ljublinskaja (1961, 115ff) in mehreren Etappen:

1) Etappe des aktiven Wachzustandes. Es kommt zu kurzen Unterbrechungen des Schlafs im ersten Lebensmonat.
2) Etappe der sensorischen Aktivität. Sie erstreckt sich vom ersten Monat bis zu 2 ¼ Monaten. Das Kind konzentriert sich auf den wahrgenommenen Gegenstand.
3) Etappe der "Vorhandlung" von 2 ¼ bis 4 ¼ Monate. Die bisher unwillkürlichen Bewegungen wandeln sich; das Kind greift nach Dingen und betastet sie. Anfangs geschieht dies zufällig, wenn das Kind in Berührung mit dem Gegenstand kommt, später erblickt es den Gegenstand und greift nach ihm.
4) Etappe der Bildung einfacher, resultativer, gegenständlicher Handlungen. Diese Etappe erstreckt sich von vier bis sieben Monate; sie hat folgende Merkmale: Das Kind tut verschiedenes mit dem Gegenstand. Die auf den Gegenstand bezogene Handlung wird von einer Reihe von Nebenbewegungen begleitet. Die Bewegungen werden vielfach wiederholt. Der gesamte Prozeß und das Ergebnis der Handlung rufen eine positive emotionale Reaktion hervor.
5) Etappe der aufeinander bezogenen Handlungen (von 7 bis 10 Monate). Das Kind lernt mit zwei Gegenständen gleichzeitig zu hantieren; es koordiniert die Bewegungen der Hände und der Augen.
6) Etappe der funktionalen Handlung (von 10 bis 12/13 Monate). Die Anzahl der vom Kind ausgeführten Bewegungen nimmt erheblich zu. Es kommt zu ersten nachahmenden Sujethandlungen. Das Kind füttert und wäscht z..B. seine Puppe. Die Bewegungen werden komplizierter und verschränken sich zu Handlungsketten.

Später im Vorschulalter kann eine Aufgabe mittels gesprochener Sprache bearbeitet werden: die Handlung bekommt "theoretischen Charakter". Es folgt nun die Handlung mit stillem Nachsprechen.

"In einer letzten Etappe wird die Handlung anhand der 'inneren Sprache' ausgeführt ... Die Automatisierung der Handlung führt dazu, daß der sprachliche Prozeß nicht mehr Gegenstand des Bewußtseins ist ... Im Verlauf der Automatisierung der Handlung wird der sprachliche Prozeß immer entbehrlicher, so daß schließlich das Produkt der Handlung, der gegenständliche Inhalt, scheinbar isoliert 'auftritt' ... So kann ein Objekt, das in einem langen Aneignungsprozeß einmal 'persönlich erworben' wurde, schließlich in der Selbstbeobachtung als für 'von außen gegeben' gehalten werden." (Bense 1981, 90f)

Psychisches Leben geht von Tätigkeiten aus. Sie werden von Sprache begleitet: erst nach"träglich" und dann vorweisend. Mit der Automatisierung der Handlungen wird Sprache verkürzt und schließlich von den konkreten Handlungen abgesetzt, und rein gedankliche Operationen treten auf. Der genetisch bedingte Bezug zum Handeln bleibt aber durchgängig weiterhin bestehen. Handlung ist nicht nur Bezugspunkt, Handlung konstituiert Psychisches.

(4) Die *Augenblicklichkeit*. Erleben vollzieht sich in der Gegenwart. Unser Verhalten und Handeln wird durch die im Augenblick aktiven Antriebe und Gefühle beeinflußt. Entgegen der psychoanalytischen Lehre, nach der gewisse Erfahrungen im Kleinkindalter einen direkten Einfluß auf das spätere Verhalten der Erwachsenen haben, wird – im Sinne auch der Topologischen Psychologie Kurt Lewins – die Bedeutung aktuell gegenwärtiger Einflußfaktoren hervorgehoben (Lewin 1951). Die Psychoanalyse vertritt eine der Wirklichkeit nicht entsprechende Rigidität und Inflexibilität der menschlichen Persönlichkeit. Von neurophysiologischer Seite kommt Rohracher (1967, 187) zum gleichen Ergebnis:

> "Das Psychische ist aber nicht Etwas, das irgendwo frei im Gehirn vorhanden ist und bald hier, bald dort eingreift; es ist in jedem Augenblick seines Daseins vom Dasein der Erregungsprozesse abhängig. Vorstellungen, Gefühle, Gedanken sind nur vorhanden, solange sie hervorgebracht werden."

In der Verhaltensdiagnostik bemüht man sich um die Erkenntnis der "aufrechterhaltenden" Bedingungen des zu verändernden Verhaltens. "Die Genese der Verhaltensstörung wird lediglich zur Hypothesenbildung über die aktuellen Bedingungsfaktoren herangezogen" (Bense 1981, 108). Beobachtung und situationsspezifische Fragebögen sind wichtige diagnostische Verfahren. Dabei werden motivationale Bedingungen nur im engen aktuellen Situationsbezug gesehen und gesucht. Bei Erinnerungen wird auf den aktuellen Rekonstruktionsprozeß, also auf aktuelle Größen geachtet. Erinnerungen vollziehen sich im Jetzt unter den Bedingungen des Hier.

(5) Die *Bewußtseinsqualitäten*. In der Kognitiven Psychologie spielen Bewußtseinsprozesse eine entscheidende Rolle. Es lassen sich verschiedene Kennzeichen des Bewußtseins oder Bewußtseinsqualitäten aufzeigen:

Wachheit

Wenn wir fest schlafen oder uns in Ohnmacht befinden, sind wir "bewußtlos", nehmen damit auch nichts wahr. Zum Bewußtsein und zur Wahrnehmung gehören also gewisse Momente der Klarheit und Deutlichkeit. Die psychoanalytisch orientierten Psychologen vertreten hier eine Diskontinuitätstheorie zwischen Bewußtsein und Unbewußtsein, so daß die Gleichsetzung von Wachsein und Bewußtsein berechtigt erscheint. Doch müssen wir hier Übergangsformen annehmen.

Bemerken

Wir bemerken etwas, ein Seiendes der Außenwelt, des Eigenleiblichen oder Selbst-Seelischen. Es handelt sich um eine Reizreaktion. Wir haben es hier mit einem präreflektierten sinnlichen Gewahren einer bloßen Reizbetroffenheit zu tun. Damit ist Bewußtsein immer auch Bewußtsein von Sich-einer-Sache-bewußt-Sein. Zum Bewußtsein gehören Gerichtetheit, Bezogenheit, Ausrichtung oder Intentionalität.

Unterscheidung

Der Organismus vermag zwischen Reizen zu unterscheiden, wenn er differentiell reagiert. Das Kind, das zwischen Kreis und Viereck, die Ratte die zwischen weißem und schwarzem Gang, der Psychologe, der zwischen Hypothese und Beweis unterscheiden kann, d. h. alle die sich gegenüber Alternativen unterschiedlich verhalten, zeigen "Bewußtsein". Wir sprechen von wählendem Bewußtsein. Die Unterscheidungsleistung ist allerdings psychische Funktion schlechthin. Sie ist im besonderen Maß Kriterium des Bewußtseins und Wissens erst dann, wenn ein Wahlakt vorliegt und dieser mitgeteilt werden kann.

Registrierung

Hier ist gemeint, daß wir dort von Bewußtsein sprechen, wo etwas mit Aufmerksamkeit verfolgt wird. In der Aufmerksamkeit unterscheiden und selektieren wir. Die Aufmerksamkeit wird in drei Aufmerksamkeits-Konzeptionen näher erforscht, als topologische, vektorielle und in einem engeren Sinne als dynamische Aufmerksamkeit. Topologische Aufmerksamkeit: Hier spielt die Unterscheidung Zentrum-Peripherie eine Rolle. Ich fixiere einen Mittelpunkt, beachte ihn im Wahrnehmungsfeld besonders. Ich richte meine Aufmerksamkeit auf das Objekt, beachte aber nicht die Form eines Gegenstandes. Die Form bleibt unbemerkt, unbewußt, halbbewußt. Ich richte als Korrektor meine Aufmerksamkeit auf Druckfehler, nicht auf den Inhalt des Textes. Vektorielle Aufmerksamkeit: Hier spielt der Konzentrationsgrad der Gerichtetheit eine Rolle. Wolfgang Köhler (1958) unterscheidet aufmerkende und beiläufige Wahrnehmung (attentive und incidental perception). Es sind zwei verschiedene Einstellungen zu komplexen, speziell visuellen Reizen. Wir heben etwas als Figur von einem Grund ab. Dynamische Aufmerksamkeit: Bei Rohracher kennzeichnet Aufmerksamkeit den jeweiligen Aktivitätsgrad der psychischen Funktionen schlechthin. Man kann die einzelnen psychischen Funktionen in sehr unterschiedlichem Maße zum Einsatz bringen. Die heutige Aktivationstheorie unterscheidet die psychischen Prozesse nach ihrem Aktivitätsgrad. Sie ist sowohl durch neurophysiologische als auch psychologische Befunde gut abgestützt. Ein mittlerer Aktivationsgrad scheint die günstigste Bedingung für präzise Wahrnehmung und Selbststeuerung zu sein.

Absichtlichkeit

Hier meint man den Aspekt der Steuerung des Verhaltens, der deutlich den Unterschied aufweisen soll sowohl zur Impulsivität als auch zur Zwanghaftigkeit. Die Steuerung wird verstanden als die Regulierung des Verhaltens im Sinne übergreifender Absicht, als Selbststeuerung und Selbstkontrolle.

Wissentlichkeit

Hier wird bewußt mit Begriff gewußt, Bewußtsein wird dem Begriff Wissen angenähert. Bewußtsein ist Kenntnisnahme. Wahrnehmung wird mit Lernen, Erfahrung und Erinnerung verbunden. Es wird die Repräsentation der Außenwelt *im* Subjekt und damit zugleich die Ichhaftigkeit des Bewußtseins hervorgehoben. Bewußtsein ist dort in ausgeprägtem Maße gegeben, wo gesprochen werden kann von "Ich erlebe bewußt etwas", im Sinne: Es ist mir klar und deutlich geworden. Während diese Ichhaftigkeit längere Zeit in Forschung und Lehre der Psychologie verdrängt wurde, wenden sich verschiedene Psychologen wieder dieser Frage- und Problemstellung zu. Ausdrücke sind Identität, Ichstärke, Selbstkontrolle, Selbstbild usw.

In uns sind Kräfte, die nach Klärung und Ausdruck drängen. Sie gehören dem Bezirk des "Noch-Nicht-Bewußten" an. Es ist das Verdienst von Ernst Bloch, diesen Erlebensbereich als eine besondere Klasse des Bewußtseins aufgezeigt und beschrieben zu haben (1959, Bd. 5, 129–203):

> "Das bewußte Feld ist derart eng, und ringsum verläuft es in dunklere Ränder, löst sich darin auf. Auch bevor, ja ohne daß ein Seelisches vergessen wird, ist vieles darin nicht bewußt. So kann ein Schmerz ungefühlt bleiben, ein äußerer Eindruck unempfunden, obwohl er psychisch durchaus vorhanden ist. Er liegt unter der Schwelle, sei es, daß der Reiz zu schwach ist, um eben merklich zu sein, sei es, daß das Aufmerken mit anderem beschäftigt, also abgelenkt ist, sei es, daß die Wiederholung selbst starke Reize abstumpft... Die eigentlichen Ränder des Bewußtseins liegen freilich nicht im gegenwärtigen Erleben... Sie finden sich vielmehr dort, wo Bewußtes verklingt, im Vergessen und Vergessenen, wo Erlebtes unter den Rand, die Schwelle sinkt. Und nun: sie finden sich auf andere Weise auch auf der dem Vergessen entgegengesetzten Seite, wo ein bisher nicht Bewußtes aufdämmert. Auch dort ist im Bewußtsein ein Rand, eine Schwelle... hinter der es psychisch nicht ganz hell hergeht. Unter der Schwelle des Verklingens, jedoch auch über der Schwelle des Aufdämmerns ist relativ Unbewußtes, der aufmerkende Blick muß sich erst gewaltsam, oft mit Mühe darauf richten. Es ist allerdings fähig, vorbewußt zu sein, sowohl im Unten des nicht mehr Merklichen wie erst recht dort, wo Neues aufzieht, das noch niemand in den Sinn kam. Beides kann hinter seinen Rändern hervorgeholt, mehr oder minder erhellt werden." (S. 129f)

Während die bisherige Psychologie sich ausgiebig mit dem Vergessenen, Verdrängten und dem Traum befaßte, entgingen ihr wesentliche für menschliches Erleben und Verhalten kennzeichnende Momente der Zukunftsvorbereitung, wie wir sie z. B. in den Wachträumereien, kreativen Antizipationen und Utopien beobachten können.

> "Im Tagtraum eröffnet sich so die wichtige Bestimmung eines Noch-Nicht-Bewußten, also die Klasse, wozu er gehört. Eine letzte psychologische Bestimmtheit des Tagtraums geht damit auf, es gilt, sie zu erläutern. Sie ist bis jetzt gänzlich außer Begriff geblieben, es gibt noch keine Psychologie des Unbewußten der anderen Seite, der Dämmerung nach vorwärts. Dies Unbewußte blieb unnotiert, obwohl es den eigentlichen Raum der Bereitschaft zum Neuen und der Produktion des Neuen darstellt... Das Noch-Nicht-Bewußte ist so einzig das Vorbewußte des Kommenden, der psychische Geburtsort des Neuen." (S. 131f)

Im Unterschied zur Psychoanalyse, die sich betont dem Vergangenen zuwendet, damit aber nur unzureichend die Gegenwart zu erhellen vermag, tritt Bloch für die Analyse des gegenwärtigen Erlebnisses mit seinen Wünschen und Hoffnungen ein.

> "Insofern im Heute schon das Morgen enthalten ist und alle Fäden des Zukünftigen schon gelegt sind, könnte also eine vertiefte Kenntnis der Gegenwart eine mehr oder minder weit reichende und sichere Prognose des Zukünftigen ermöglichen." (S. 156)

In der Kognitiven Verhaltenstherapie berücksichtigt man diese Erkenntnisse. Man hält den Klienten an, auf seine inneren Selbstgespräche zu achten, in denen er seine persönliche Zukunft vorbereitet, aber auch blockiert.

Mitteilbarkeit

Was sprachlich mitgeteilt wird, kann als bewußt gelten, jedoch ist Mitteilbarkeit kein ausschließendes Kriterium. Nichtmitteilbarkeit kann noch nicht bedeuten, daß etwas unbewußt verläuft. – Die "Sprachhaftigkeit des Bewußtseins" verweist auf die soziale Entwicklung des Bewußtseins. Die Mitteilbarkeit spielt in der kognitiven Verhaltenstherapie sowohl auf der Seite des Klienten als auch auf der des Therapeuten eine zentrale Rolle. Die in der Therapie angestrebte Veränderung des Klienten wird sich auch in seiner sprachlichen Äußerung manifestieren. was hier zu beachten ist, soll im folgenden Abschnitt ausgeführt werden.

4. Die kognitive Strukturiertheit und Komplexität

Kognitive Strukturen sind alternative Kategorierungs-, Problemlösungs- und Verhaltensbereitschaften, über die der Organismus je nach Situation und Herausforderung verfügen kann. Der hier verwendete Begriff der (Aktions-)Bereitschaft entspricht anderweitig verwendeten Bezeichnungen wie Schemata, Pläne, Regeln, Hypothesen, Strategien und kognitive Landkarten. Diese Aktions- und Reaktionsbereitschaften haben einen mehr oder weniger breiten Verallgemeinerungs- und Geltungsbereich. Hohe Verallgemeinerung kommt z. B. den begrifflichen und logischen Invarianzen zu. Sie spielen im Erkennen, Problemlösen und in sozialen Interaktionen eine entscheidende Rolle.

Die verhaltensbestimmenden Determinanten sind nicht ausschließlich auf der Ebene des äußeren Verhaltens, sondern auch im Organismus anzusiedeln. Die Kognitionspsychologen haben bei allem Unterschied ihrer besonderen Position einige übereinstimmende Aussagen zu den "kognitiven Strukturen" gemacht:

1) Kognitive Strukturen beziehen sich auf sog. innerpsychische Prozesse, sie steuern Informationsaufnahme und -verarbeitung. Es sind also Erkenntnis-, Vorstellungs-, Denk-, Urteils- und Bedeutungsprozesse; Reaktionsmuster von Individuen in ihrer Auseinandersetzung mit der dinglichen und sozialen Umwelt. Mit der Kennzeichnung "kognitive Struktur" machen wir relativ konstante persönlichkeitsspezifische äußere Verhaltensweisen verständlich.

2) Kognitive Strukturen werden im Laufe der individuellen Lerngeschichte erworben und ausgearbeitet. Erfolgreiche, d.h. bewährte Reaktionen werden in verkürzter und vereinfachter Form gespeichert und in neuen Situationen reaktualisiert. Die kognitiven Strukturen charakterisieren das Bewältigungspotential der Persönlichkeit, damit die Persönlichkeit selbst. Die Individuen unterscheiden sich im Grad der kognitiven Strukturiertheit und Komplexität. Sie besitzen mehr oder weniger differenzierte begriffliche Kategorien und Unterscheidungsmöglichkeiten zur Erfassung, Einstufung und Bewältigung materialer und sozialer Sachverhalte und Anforderungen. Dabei ist zu beachten, daß es im Hinblick auf verschiedene Realitätsbereiche Unterschiede der Strukturiertheit bei ein und derselben Person gibt.

3) Kognitive Strukturen haben als gelernte Reaktionsbereitschaften eine zentralnervöse Bahnung erfahren. Sie sind deshalb im hohen Maße konsistent. Dies vor allem auch

dadurch, daß sie als Determinationsgrund von den entsprechenden Erlebens- und Verhaltensweisen gleichsam rückwirkend bestätigt und damit verfestigt werden.

4) Kognitive Strukturen haben eine selektive Funktion. Sie bestimmen den Ausschnitt der Wirklichkeit, der von einem Individuum "wahrgenommen", in seinem Verhalten berücksichtigt und in seinen Problemlösungsprozessen verarbeitet werden kann.

5) Kognitive Strukturen sind ordnungsstiftend. Sie stellen Kategorien zur Verarbeitung der anfallenden Information zur Verfügung. Sie nutzen die Redundanz der anfallenden Information aus bzw. bringen Ordnung in das Chaos dieser Information.

6) Kognitive Strukturen sind bedeutungsstiftend. Sie verleihen den Dingen, Personen, Sach- und Sozialverhalten Bedeutung.

7) Kognitive Strukturen dienen dem Entscheidungs- und Problemslösungsprozeß. Durch alternative Koordination kognitiver Strukturen simuliert das Individuum wirkliche oder mögliche Ereignisfolgen, die es auf ihre Effektivität hin im Sinne der Zielerreichung in Leistungs-, Sozial- und Konfliktlagen prüft und bewertet.

8) Kognitive Strukturen dienen der Impulskontrolle. Durch die Chance mentaler Repräsentation bzw. Antizipation lernt das Individuum die Vorzüge der differed reaction, des vernunftgeleiteten und verständigungsbereiten Handelns und Verhaltens.

9) Kognitive Strukturen sind mit ihren Kategorien Erkenntniswerkzeuge, welche uns die Regeln und Gesetze, also wiederum Strukturen der sozialen und sachlichen Weltdynamik erschließen.

10) Kognitive Strukturen sind Operationssysteme, welche die Individuen zum Handeln anregen und sie auf Ziele ausrichten. Antriebe und Interessen haben ihre Wurzeln in den kognitiven Strukturen.

Jeder kognitiv-mentalen Struktur kommt ein affektiv-emotionaler und motorisch-behavioraler Aspekt zu. Die kognitive Persönlichkeitstheorie betont die mentalen Prozesse, stützt sich aber keineswegs nur auf sie.

Eine Anzahl von theoretisch-postulierten und empirisch-untersuchten Variablen spielen in den kognitiven Persönlichkeitstheorien eine besondere Rolle:

1) Unterscheidungsfähigkeit im Hinblick auf Stimulus-Dimensionen und -Abstufungen. Bieri bezeichnet diese beiden Aspekte als Differenziertheit und Artikuliertheit, wobei sich der erste Begriff auf die Anzahl verfügbarer Urteilskategorien und der zweite auf die Abstufungsmöglichkeiten innerhalb einer Kategorie bezieht. Diese sich ausdehnende Sensibilität bedarf zugleich einer zunehmenden Integration oder Zentralisation. (Bieri 1966)

2) Fähigkeit, Informationen in diverse alternative Muster zusammenzufassen und zu organisieren. Kognitive Strukturen sind danach auf Konkordanz sachlogischer Vereinheitlichung und Stimmigkeit ausgerichtet. Kognitive Dissonanzen werden also weitgehend ausgeschaltet. Die hier wirksamen Harmonisierungstendenzen können gemäß der Qualität der kognitiven Strukturen zu produktiven, allerdings auch unproduktiven Lösungen führen.

Neben diesen beiden grundsätzlichen kognitiven Strukturmerkmalen gibt es weitere Variablen in denen sich Persönlichkeiten jeweils akzentuierend unterscheiden:

3) Feldunabhängigkeit und Feldabhängigkeit. Diese Unterscheidung geht auf Wahrnehmungsuntersuchungen von Witkin und Mitarb. (1962) zurück. In den Experimenten zeigte sich, daß ein Teil der Personen – sie wurden die Feldnunabhängigen genannt – fähig war, vom unmittelbaren und engbegrenzten Wahrnehmungsfeld zu abstrahieren und weit auseinanderliegende Wahrnehmungselemente in einem Wahrnehmungsurteil zu berücksichtigen. Die Feldabhängigen hatten dagegen die Tendenz, sich an den unmittelbaren, an das zentrale Wahrnehmungsobjekt angrenzenden Gegebenheiten zu orientieren. Nach der Forschungsgruppe um Witkin schien es, daß diese Wahrnehmungsstile mit einer Reihe von generellen Eigenarten des Denkens und Handelns korrelieren, so z. B. mit der Neigung zur Selbstbestimmung und Fremdbestimmtheit, mit der Fähigkeit, Alternativen zu beachten oder nicht u. ä.

4) Hervorheben oder Verwischen von Unterschieden im Wahrnehmungsprozeß und bei der Informationsaufnahme (sharpening und leveling). Kognitive Strukturen können auch die in ihnen verankerten Wertungsaspekte, das Wahrgenommene im Hinblick auf seine grundsätzliche und aktuelle Bedeutung einstufen.

5) Systematisch sich ausbreitendes und fortlaufendes Überprüfen aller Stimuli und zentrierendes Haftenbleiben an einzelnen Stimuli (scanning and focusing). Hier werden Unterschiede in der Aufmerksamkeitsentfaltung bei Wahrnehmungsvorgängen beachtet. Es wurde ein doppelter Zusammenhang festgestellt: erstens zwischen Umfang und Intensität der Aufmerksamkeit und zweitens zwischen dem Grad der Lebhaftigkeit des Wahrnehmungsvorgangs und dem Umfang und der Intensität dieser Wahrnehmung.

6) Reflexivität und Impulsivität beim begrifflichen Verarbeiten von Stimulusmaterial. Kagan u. Mitarb. gingen von Begriffsbildungsuntersuchungen bei Kindern aus (1963, 73–124). Von mehreren Gegenständen oder Ereignissen sollten die Personen zwei heraussuchen, die sich in irgendeiner Beziehung ähnlich sind. Dabei zeigte sich, daß die einen bedächtig und überlegt, die anderen ziemlich schnell und oberflächlich vorgingen. Das führte zugleich zu einer weiteren Untersuchung:

7) Analytisches und global-funktionales Vorgehen und Erkunden. Diese gegensätzlichen Reaktionstendenzen zeigen sich darin, daß die eine Gruppe gleiche Beschaffenheitsmerkmale sucht, sich also um eine detaillierte und artikulierte Erfassung bemüht (analytisch-reflexive Orientierung) und die andere mehr nach Tuns- und Wirkungsmerkmalen differenziert (global-funktionale Orientierung).

8) Sensibilisierung und Unterdrückung im Stimulusselektionsprozeß. Diese Unterscheidung hängt bis zu einem gewissen Grade von den eben angeführten Orientierungsweisen ab. Analytisches Vorgehen verrät zumeist eine größere Tendenz zur auswählenden Unterscheidung; während beim global-funktionalen Vorgehen oft die Stimulusselektion unterdrückt wird. (Byrne 1961, 334–349)

Zuletzt sollen noch zwei Gegensatzvariablen allgemeiner Art angeführt werden, die auch therapeutisch besonders bedeutsam sind:

9) Rigide und flexible Wahrnehmung und Aufmerksamkeitslenkung bzw. Schwierigkeit und Leichtigkeit bei der Umstellung der bestehenden kognitiven Organisation (rigidity und flexibility und closed bzw. open mind). Für die psychisch und psychosomatisch belasteten oder gar gestörten Menschen ist kennzeichnend, daß sie – gleichsam zum Schutze ihres Selbstwertgefühls und zur Selbstverteidigung – an ihrer eingeengten Aufmerksamkeit, Wahrnehmung und Urteilskundgabe festhalten (z. B. Schwarz-Weiß-Sehweise. Freund-Feind-Einstufung). Ziel der Psychotherapie ist es, diese selbstschädigenden Einstellungs- und Verhaltensweisen aufzulockern, flüssig zu machen und somit dem Klienten weiterführende Entwicklungschancen anzubieten.

10) Innen- und Außensteuerung bei der Kontrolle der Verhaltensverstärkung (locus of control: intern bzw. extern). Selbstunsichere neigen dazu, für ihre Schwierigkeiten die Umstände oder andere Personen verantwortlich zu machen. Selbst wenn ihnen etwas gelingt, schieben sie dieses Ergebnis recht häufig Glücksumständen oder anderen Personen zu. Sie haben eine Scheu, sich selbst als Initiator und Verursacher eigenen Tuns zu betrachten. Damit aber nehmen sie sich selbst auch die Chance eigengesteuerter Verhaltenskorrektur und -verbesserung. (Mielke 1982, 43–62)

Harvey u. Mitarb. (1961) versuchen, die von früheren Forschern beschriebenen und postulierten Unterscheidungen in ein System einzuordnen. Dabei kommen noch weitere Variablen zu Sprache. Wir wollen fünf von ihnen wegen ihrer hohen pädagogisch-therapeutischen Relevanz herausstellen:

1) Wertbestimmtheit. Wenn man von der inhaltlichen Wertorientierung und -differenzierung absieht, so lassen sich doch Unterscheidungen mehr formaler Art nachweisen. So neigen die einen zur Bevorzugung einfacher dichotomer und absoluter Werturteile, während andere sich um differenziertere Urteile in Gradabstufungen bemühen. Die ersteren urteilen zumeist vorschnell, die anderen bedächtig und verzögert. Eine weitere hierher gehörende Unterscheidung ist mit der Prävalenz in positiver bzw. negativer Richtung gegeben. So neigen die einen zu oppositionellen und ablehnenden Urteilen und Haltungen, andere zu bejahenden und positiven Urteilen, während wieder andere sich mehr an objektiv gegebenen Sachverhalten orientieren.

2) Ambiguitätstoleranz bezeichnet die Fähigkeit, Ungewißheit zu ertragen, vor unstrukturierten Situationen und Aufgaben nicht zurückzuweichen, sich zugleich aber in definitiven Urteilen bis zur Einholung von genügenden Informationen zurückzuhalten. Menschen, die diese Fähigkeit nicht genügend entwickelt haben, legen sich vorschnell fest. In unstrukturierten Situationen fühlen sie sich unwohl, weichen leicht in vereinfachende Lösungen aus.

3) Konflikt- bzw. Frustrationstoleranz bezeichnet die Fähigkeit, Konfliktspannungen und Ärger zu ertragen. Diese Menschen haben zumeist Selbstvertrauen; sie können den weitere Ablauf abwarten, schrittweise beeinflussen und sich auf produktive Lösungen einstellen. Menschen geringer Frustrationstoleranz geraten durch Versagungen und Beeinträchtigungen leicht aus der Fassung; sie erregen sich zu stark, produzieren Aggressionen oder geraten in depressive Verstimmtheit.

4) Angsbehaftetheit. Erhöhte Angstbereitschaft fördert Tendenzen, sich möglichst an andere, deren Urteile und Verhaltensweisen anzupassen. Ängstliche Menschen vermeiden, neue und abweichende Perspektiven zu beachten, sich auf eigenes Urteilsvermögen zu verlassen.

5) Impulskontrolle. Menschen zeigen unterschiedliche Fähigkeiten, ihre Impulse, vor allem Angstimpulse, bewußt unter Kontrolle zu bringen, von ihnen Abstand zu nehmen, sie kognitiv zu verarbeiten.

Nach den vorangehenden Aufzählungen und Detailerörterungen soll hier noch kurz auf die Theorie der kognitiven Komplexität von Harvey u. Schroder eingegangen werden. Diese Theorie erscheint bei ihren Begründern zunächst als Theorie der kognitiven Strukturiertheit, dann aber auch als Theorie der menschlichen Informationsverarbeitung (human information processing), als Begriffssystemstheorie (conceptual system theory) und als Theorie begrifflicher Komplexität (conceptual complexity).

Im einzelnen wird die differentielle Analyse kognitiver Systeme und ihre Auswirkungen auf die Informationsverarbeitung, Wahrnehmen, Urteilen, Verhalten untersucht. Unter kognitivem System verstehen die Autoren die Gesamtheit der Vorstellungen, Begriffe. Meinungen, Einstellungen und Motive und ihre für ein bestimmtes Individuum charakteristische Organisation.

"Das zentrale Konstrukt dieser Theorie ist der Strukturiertheitsgrad des kognitiven Systems, von den Autoren häufiger Abstraktheitsdimension oder Integrationsniveau genannt. Es geht davon aus, daß sich die einzelnen Menschen nicht nur bezüglich ihrer kognitiven Inhalte (Begriffe, Einstellungen, Motive), sondern sehr viel mehr durch gewisse übergreifende Struktureigenschaften unterscheiden. Diese Struktureigenschaften bestimmen die Art und Weise wie die Objekte dieser Begriffe, Einstellungen und Motive wahrgenommen und verarbeitet werden. Sie werden an Hand der Dimensionen der Differenziertheit, Diskriminiertheit und Integriertheit analysiert. Unter Differenziertheit und Diskriminiertheit verstehen die Autoren die Anzahl der Beurteilungs- und Unterscheidungskategorien, die einem kognitiven System in einem bestimmten Bereich zur Verfügung stehen. Mit Integriertheit meint man die Anzahl der möglichen alternativen Gesichtspunkte, nach denen sie gewichtet und zu einem Gesamturteil verbunden werden können. Dabei gilt die Integration als die wichtigere Dimension. Von ihr hängt die Fähigkeit des Individuums ab, komplexe Situationen adäquat und kreativ zu beantworten, indem alternative Gesichtspunkte, Lösungen oder Urteile miteinander verglichen und abgewogen werden." (Seiler 1973, 28f)

Bernhard Seiler hat die Arbeit von Harvey und Mitarbeitern einer referierenden und kritischen Prüfung unterzogen, dabei das Grundkonstrukt der kognitiven Strukturiertheit (KS) und fünf Folgethesen herausgearbeitet (S. 36ff):

Harvey u. a. betonen bei der Einordnung verschiedener kognitiver Variablen ihren Interaktionsmodus, eine bestimmte Person in bestimmter Umwelt. Interaktion wird als aktiver Vorgang von Informationsgewinnung und -verarbeitung gesehen. Sie analysieren Wahrnehmungs- und Denkoperationen sowie die dabei benutzten oder dafür generierten Urteilskategorien, Begriffe, dahinter stehenden Einstellungen und Motive nach dem Grad ihrer "Strukturiertheit". Die Strukturanalyse gründet auf den Begriffen Differenziertheit, Diskriminiertheit und Integriertheit. Unter Differenziertheit wird die Anzahl der Hauptkategorien und Hauptdimensionen erfaßt, die der Information dienen. Diskriminiertheit bezieht sich auf die Verästelungen und Abstufungen der Hauptkategorien. Mit dem Begriff Integration werden die Zahl der möglichen Verbindungen der einzelnen Urteilsdimensionen und die Zahl der möglichen alternativen Kombinationen aller begrifflichen Unterscheidungen und Einordnungen erfaßt, die ein Individuum in einer Urteilssituation vollziehen kann.

Seiler weist auf Schroder hin, der die genannten Kriterien an einem, hier etwas abgewandelten Beispiel verdeutlicht (Schroder 1971):

> Ein Abteilungsleiter (A) hat zu entscheiden, ob ein Mitarbeiter (M) für eine bestimmte Führungsposition geeignet sei. Als wichtige und unabdingbare Führungsqualitäten sieht A Kreativität, Organisationsfähigkeit und soziale Interaktionsfähigkeit an. M wird nun von A auf jeder der drei Dimensionen eingestuft, d. h., es wird M jeweils ein bestimmter Grad dieser Qualitäten zugeschrieben.
>
> Die Entscheidung von A hängt davon ab, wie er für die Position diese einzelnen Qualitäten gewichtet. So kann er z. B. Kreativität 65% oder 45%, Organisationsfähigkeit 30% oder 20% und soziale Interaktionsfähigkeit nur 5% oder 35% für maßgebend halten. Je nachdem, welcher Regel er folgt, wird er andere Erwartungen bezüglich des Führungsstils haben.
>
> Führungsstil ist keine für sich bestehende Persönlichkeitseigenschaft. Er ist abhängig von den einzelnen Arbeitsbereichen (Entwicklungsabteilung, Produktion, Verkauf, Marketing) und den Situationen (Zulieferbedingungen, Zeitplanung der Fertigung). Hier können Engpässe vorkommen. Bekanntlich müssen Liefertermine eingehalten werden, so daß M auch fähig sein muß, rechtzeitig mal "Druck" auszuüben. Es gelten dann wieder besondere Regeln.
>
> Eine Person, die in einem Entscheidungsprozeß nur über eine einzige Regel verfügt, ist nach Schroder einfach integriert und je mehr Regeln sie bei einer Entscheidung heranziehen kann, desto höher integriert ist sie. (Seiler 1973, 39f)

In den Folgethesen verdeutlicht Seiler noch im einzelnen, welche Bedeutung die kognitive Struktur mit ihren drei Dimensionen (Differenziertheit, Diskriminiertheit und Integriertheit) für die Entwicklung und das Niveau der Persönlichkeit hat. Geringe Strukturiertheit bzw. niedriges Integrationsniveau schränkt Flexibilität und Offenheit ein. Solche Menschen neigen zu stereotypen Verhaltensweisen und Urteilen, zu dichotomem Denken, zur Außensteuerung bei kognitiven Entscheidungen usw. Die kognitive Struktur zeigt eine gewisse Bereichsspezifität. Die Menschen sind zumeist nicht in allen wichtigen Lebensbereichen gleich hoch differenziert. So kann jemand in wissenschaftlicher Fachhinsicht hochstrukturiert, in sozialpolitischer Hinsicht (Lagebeurteilung, Engagement, Aufweis weiterführender Perspektiven) ausgesprochen undifferenziert sein, also auf niederem Niveau denken und handeln. Der Strukturiertheitsgrad unterliegt aber auch dem Einfluß der Situation. Bedrohung, Zeitdruck, Streß können das Niveau der Informationsverarbeitung beträchtlich senken. Die kognitive Strukturiertheit kann durch Umwelt- und besonders durch Erziehungseinflüsse gefördert bzw. in ihrer Entwicklung beeinträchtigt werden, je nachdem das Individuum in einer kulturell angereicherten Umwelt aufwächst und eine sensibel fordernde und anregende Erziehung genießt. Letztlich hat der kognitive Strukturiertheitsgrad Bezug zum Kreativitätskonzept.

Weiterführende Gedanken, Kritik und offene Fragen

Die kognitive Struktur wird im Laufe des Lebens in der Bewältigung von Umweltaufgaben ausgebildet. Sie ist damit durch Erziehung und Unterricht zu beeinflussen. Da die kognitive Struktur eine zentrale Stelle im Rahmen der Lebensbewältigung einnimmt, kommt es in der Schule darauf an, die kognitive Differenzierung und Integration zu fördern, nicht nur Wissen zu vermitteln, sondern zum neugierigen Explorieren, selbstständigen Suchen und beweglichen Problemlösen anzuregen und anzuleiten.

Diese Forderungen setzen aber eine ihnen gemäße Auswahl und Aufbereitung des Unterrichtsstoffes voraus. Hier liegen von anderer Seite z. B. Bruner schon konkrete Vorschläge vor. Es fällt auf, daß die Autoren der kognitiven Struktur sich sehr allgemein ausdrücken und die neueren Lehr-Lernmethoden nicht in ihr Konzept einbauen (entdeckendes Lernen, forschendes Lernen usw.).

Die Verhaltensmuster bei der schulischen Interaktion werden stark durch den Strukturiertheitsgrad der Schüler geprägt. Hier spielen Variablen wie z. B. Interessiertheit, Oppositionsgrad, Kooperationsgrad der Schüler und der kognitive Stil der Lehrer eine große Rolle (Hunt 1966, 277–302):

1) Die Konstrukte müßten in einer systematischen Übersicht geordnet werden. Seiler macht den Vorschlag, sie in drei Kategorien einzuteilen (S. 53ff):

- Konstrukte, die das kognitive System eines Individuums charakterisieren sollen (Differenziertheit, Diskriminiertheit, Integriertheit);
- Konstrukte, die das Urteilsverhalten (den Informationsverarbeitungsprozeß) generell zu beschreiben versuchen (Überzeugtheitsgrad, Behauptungsstärke – Extremtendenz – Generalisierungstendenz – Stereotypie des Urteilens – Konformitätsgrad – Flexibilität, Rigidität);
- Konstrukte, die das Gesamtverhalten charakterisieren (Verhältnis zwischen Flexibilität und Rigidität, zwischen Rollendistanz und Rollenflexibilität, weiter Offenheit, Wertbestimmtheit, Negativitätsgrad, Ambiguitätstoleranz, Konflikt- und Frustrationstoleranz, Angstbehaftetheit, Impulskontrolle, Konformitätsgrad).

2) Die Konstrukte überschneiden sich, zeigen unterschiedliche Abstraktionsgrade, sind noch nicht untereinander in eine systematische Beziehung gebracht.

3) Der zentrale Begriff der Integration ist nicht genügend präzisiert. Auch ist die Integration in den einzelnen Bereichen unterschiedlich.

4) Die Rolle der Motivation wird im Integrationsprozeß zu wenig analysiert. Auch hier ist die Bereichsunterscheidung von Bedeutung.

5) Das Menschenbild, an dem sich die Theorie der kognitiven Struktur orientiert, ist das eines kulturell gebildeten, geistig wachen, vielseitig interessierten, sozial sensiblen und - aktiven Menschen.

5. Die Perspektiven des Bewußtseins und der Psychotherapie

(1) Systemkomplexität und Bewußtsein

Im Gegensatz zu früheren Auffassungen, nach denen die Psyche aus Elementen aufgebaut zu sein schien (Assoziationen, Vorstellungen etc.), sehen wir heute den Menschen in seiner materiellen, biologischen, sozialen, kulturellen und spirituellen Verfassung eingeordnet in ein übergreifendes, dynamisches Gewebe untereinander verbundener Geschehnisse. Der Mensch ist danach eine Schnittpunktexistenz unzähliger Wechselwirkungen. Wir können uns dieser Existenz nur durch die Konstruktion von Modellen höherer Reichweite nähern und sie damit vorläufig teilweise zu bestimmen versuchen.

Damit sind aber die beobachtbaren Strukturen Spiegelungen der Strukturen des Bewußtseins. Die Modelle greifen ineinander, heben jeweilige Aspekte hervor, überschneiden sich, lassen sich also im Maße ihrer Übereinstimmung mit anderen Modellen kombinieren. Wir können mit ihnen damit schrittweise höhere Ordnungen anvisieren.

Die Welt ist ein dynamisches Gewebe von Zusammenhängen. Dynamische Ordnungen zu erkennen ist ein wesentlicher Aspekt des Verstandes. Um die Ordnungen, ihren Wandel und ihre Umgestaltung zu erfassen, bedienen wir uns der Matrizen, um die Ordnungskategorien zu klassifizieren, der Topologie. Bewußtsein scheint ein wesentlicher Aspekt des Universums zu sein. Damit verlassen wir das Paradigma des reduktionierten Elementenbildes und sehen Wirklichkeit im Sinne des holistischen Systembildes.

Systeme sind integrierte Ganzheiten. Ihre Eigenschaften lassen sich nicht auf kleinere Einheiten reduzieren. Die Systemlehre konzentriert sich nicht auf Grundbausteine, sondern auf grundlegende Ordnungsprinzipien. Jeder Organismus ist ein integriertes Ganzes, also ein lebendiges System. Das Gehirn ist das komplizierteste System im menschlichen Organismus. Die Strukturen der Ganzheiten ergeben sich aus wechselseitigen Beziehungen und Abhängigkeiten.

Systeme unterstehen einer innewohnenden Dynamik. Ihre Formen sind flexibel und dennoch stabile Manifestationen der den Systemen zugrundeliegenden Prozesse. Krankheiten sind zumeist Systemkrankheiten, sie entstehen nicht durch vereinzelte Ursachen, sondern durch eine Schwächung der Selbstorganisation des Beziehungsgefüges Mensch-Umwelt bzw. des dynamischen Gleichgewichtszustandes zwischen Innen- und Außenwelt.

Die Entwicklung der modernen Physik, Biologie und Computertechnologie veranlaßt uns, das Systemphänomen Geist und Bewußtsein in seiner umfassenderen Bedeutung zu sehen. Geist tritt dort in Erscheinung, wo es um Informationsverarbeitung – Wahrnehmen, Gedächtnis, Lernen, Verstand und Intelligenz – geht. Diese Phänomene sind mit einer gewissen Komplexität gegeben, die einsetzt, lange bevor die Organismen ein höheres Nervensystem entwickeln. Geist ist eine wesentliche Eigenschaft lebender Systeme; er tritt auf als Organisationsmuster oder in der Gruppierung dynamischer Beziehungen im Einzelindividuum, in Gesellschaftssystemen, ökologischen Systemen, planetarischen Systemen und letztlich im kosmischen Geist.

Fritjof Capra, ein Schüler Heisenbergs, vormals Professor an der Universität Berkeley/Cal., hat in seinem Buch "Wendezeit. Bausteine für ein neues Weltbild" (1983) die neuen Trends in Physik, Biologie und Psychologie dargestellt. Er schreibt:

> "In der geschichteten Ordnung der Natur ist der jeweilige individuelle menschliche Geist in den umfassenderen Geist gesellschaftlicher und ökologischer Systeme eingebettet; dieser wiederum ist in das planetare geistige System integriert – in den Geist von Gaia –, das seinerseits an irgendeiner Art von universalem oder kosmischem Geist teilhaben muß. Das Gedankengebäude des neuen Systemansatzes wird in keiner Weise eingeengt, wenn man diesen kosmischen Geist mit der traditionellen Vorstellung von Gott assoziiert." (S. 324)

Der kosmische Geist manifestiert sich in der umgreifenden Selbstorganisations-Dynamik.

(2) Systemarbeit des Gehirns und Wirklichkeitserkenntnis

Das menschliche Gehirn ist ein Musterbeispiel eines komplexen Systems. Nach dem ersten Jahr des Wachstums werden keine Neuronen mehr gebildet, doch gehen Formveränderungen während des ganzen Lebens vor sich. "Das Gehirn nutzt sich niemals ab; im Gegenteil, je mehr man es benutzt, um so besser arbeitet es." (Capra 1983, 324).

Die Neuronen empfangen elektrische und chemische Impulse und leiten sie weiter. Sie sind mit zahlreichen feinen Fasern versehen, die sich verzweigen und Verbindungen mit anderen Zellen herstellen. Dieses riesige Kommunikationsnetz ist eng mit dem Muskel- und Skelettsystem verbunden. Die ständig aktiven Neuronen senden in jeder Sekunde Milliarden von Impulsen aus und modellieren Aktionsmuster, um Informationen zu übermitteln.

Um zu einem Verständnis der Natur lebender Systeme zu kommen, benutzen wir zwei Methoden: die Analyse und die Synthese (Integration). Diese beiden Prinzipien der Wirklichkeitserkenntnis sind schwerpunktartig auf die beiden Gehirnhälften verteilt; sie stehen in komplementärer Beziehung zueinander. Die linke Hirnhälfte ist mehr auf lineares, analytisches Denken und auf die Verarbeitung zeitlich aufeinanderfolgender (verbaler) Informationen spezialisiert. Die rechte Gehirnhälfte funktioniert auf eine mehr ganzheitliche Weise, ist also für die Synthese und das Erfassen gleichzeitiger (bildhafter) Informationen eingestellt.

Die innere Welt des Menschen spiegelt die äußere Wirklichkeit wider; sie hat darüber hinaus Charakteristika, die für die menschliche Natur kennzeichnend sind: bewußte Erfahrung, begriffliches Denken, symbolische Sprache, Selbst-Bewußtsein, Träume, Kulturschaffen, Sinn für Werte, Interesse an zurückliegender Vergangenheit und Sorge für fernere Zukunft. Wir werden von der äußeren Welt beeindruckt und wirken auf die äußere Welt ein. Die erkennbaren Strukturen und Muster der Außenwelt beruhen auf den Strukturen und Mustern der Innenwelt. Die Welt reflektiert Strukturen des Geistes, gefärbt durch subjektive Gefühle und Werte. Es ist nicht so, daß unser Bild von der Welt nur auf die subjektive Interpretation unserer Sinnesdaten zurückzuführen ist. Die vergangenen Erfahrungen, Erwartungen und Zielsetzungen modifizieren die sinnlichen Daten schon an den "Pforten der Wahrnehmung", also bevor Wahrnehmung auftritt.

Wir können die Umwelt wirksam gestalten, weil wir fähig sind, die äußere Welt symbolisch darzustellen, begrifflich zu denken und unsere Symbole, Begriffe und Ideen anderen in Sprache und Bildern mitzuteilen. Der menschliche Geist zeichnet sich durch Bewußtsein aus. Wir können uns wie wohl viele Lebewesen Gestalten und Geschehnisse vergegenwärtigen (Bewußtsein) und darüber hinaus diese Vergegenwärtigungen reflektieren, in die Dynamik unseres Innenlebens und Handelns über Erinnerungen, Vorstellungen und Bewertungen einbeziehen (Selbst-Bewußtheit).

> "Der menschliche Geist ist ein vielschichtiges und integriertes Muster von Vorgängen, in den die Dynamik der menschlichen Selbstorganisation zum Ausdruck kommt. Bewußtheit ist eine Eigenschaft der Geistestätigkeit auf jeder beliebigen Ebene, vom Einzeller bis zum Menschen, wenn sie natürlich auch im Fassungsvermögen sehr unterschiedlich ist. Selbst-Bewußtsein scheint sich andererseits nur bei höheren Tierformen zu manifestieren, kommt nur im menschlichen Geist zu voller Entfaltung." (Capra 1983, 329)

Das Systembild des Geistes ist nicht auf individuelle Organismen begrenzt. Capra ist der Ansicht, daß auch Gruppen von Menschen, Gesellschaften, Kulturen einen kollektiven Geist und damit ein kollektives Bewußtsein besitzen. Darüber hinaus erscheint es sinnvoll, vom planetarischen und kosmischen Geist und Bewußtsein zu sprechen.

Mit dieser Auffassung nähern wir uns alten, vor allem fernöstlichen philosophischen Traditionen, zu denen wir heute durch die Wiederentdeckung der Meditation besseren Zugang haben. In der meditativen Versenkung kommt es zu Erlebnissen, bei denen die Grenzen von Subjekt und Objekt und darüber hinaus alle verbalen und räumlichen Markierungen, Begrenzungen und Konturen aufgelöst sind, wobei dann das individuelle Bewußtsein sich erweitert und aufgehoben wird durch das umfassendere kosmische Bewußtsein. (Vgl. bes. Charon 1979; Capra 1983; Wilber 1984; Sheldrake 1985)

(3) Selbstaktive Heilung in psychotherapeutischer Regie

Wir nähern uns heute wieder einer ganzheitlichen Einstellung zur Gesundheit und zum Helfen, nach der der Mensch eingebettet ist in biologische, sozial-kulturelle und ökologische Zusammenhänge. Der gesunde Mensch lebt in Harmonie mit den vorgegebenen Ordnungen; er erkrankt, wenn er in Disharmonie auf der individuellen und gesellschaftlichen Ebene gerät. Gesundheit und Krankheit manifestieren sich im persönlichen Befinden der Menschen. Diese subjektive Befindlichkeit ist bei der Therapie zu beachten. Im Organismus sind Heilungskräfte vorhanden, die ihn zum Gleichgewichtszustand zurückzuführen versuchen. Der Arzt oder Therapeut hat diese Selbstheilungsprozesse zu mobilisieren.

Allerdings ist die Erkenntnis wichtig, daß eine Erkrankung zumeist eine Problemlösung darstellt, die dem Menschen in schwieriger und belastender Lage Überlebenschancen anbietet. Damit aber liegt der Sinn einer Erkrankung zugleich darin, daß sie uns eine Botschaft übermittelt. Diese Botschaft zu verstehen bedeutet, daß wir Bilanz machen und unsere Lebensführung ändern. Krankheiten sind stets psychosomatischer Art. Dabei können einmal mehr die psychischen, ein andermal mehr die körperlichen Symptome dominieren.

Mittlerweile ist bekannt, daß die Rolle der Persönlichkeit des Klienten ein entscheidender Faktor beim Entstehen vieler Krankheiten ist. Der Zusammenhang wurde bei Herzkrankheit, Magengeschwüren, Asthma bronchiale und neuerdings auch beim Krebs nachgewiesen.

Psychische Verhaltensweisen und Vorgänge spielen nicht nur beim Erkranken eine wichtige Rolle, sondern auch beim Gesundwerden. Wenn der Mensch bei der Entstehung seiner Krankheit mitgewirkt hat, kann er auch am Heilungsprozeß mitwirken und die Selbstheilungskräfte mobilisieren. Der Arzt oder Therapeut hat die Aufgabe, den Patienten bei der Entwicklung positiver Erwartungen anzuregen. "Medikamente sollten nur in Notfällen und dann so sparsam und spezifisch wie möglich verordnet werden." (Capra 1983, 378)

Daß wir mental auf physiologische Prozesse Einfluß haben, hat in überzeugender Weise die Biofeedback-Forschung bewiesen. Das sog. autonome Nervensystem, das die wichtigsten Lebensfunktionen (Atmung, Herzrhythmus, Blutdruck, Muskelspannung, Aktivität der Gehirnwellen etc.) regelt, ist danach nicht mehr als autonom zu bezeichnen. Es ist über das zentrale Nervensysten – die bewußte Einstellung und

Wahrnehmung – zu beeinflussen. Sobald wir die "autonomen" Funktionen durch bestimmte Apparaturen elektronisch verstärken und der Wahrnehmung über Auge und Ohr zugänglich machen, können wir sie unter Kontrolle bringen. Dies ist allerdings keine willentlich-aktive Kontrolle, sondern vorstellungsmäßig-pathische Kontrolle, da sie am besten im tiefen Entspannungszustand funktioniert.

Wir brauchen aber zur Einübung in diese Selbstbeeinflussungsmethode keine bestimmten Apparaturen. Auch über gelenkte bildhafte Vorstellungen kann man vegetative Funktionen erreichen und steuern. Ich möchte – wegen der besonderen Aktualität der Krebsforschung – auf die Simonton-Methode eingehen. Carl Simonton ist Bestrahlungsonkologe und seine Frau Stephanie Matthews-Simonton ist Psychotherapeutin. Beide haben in Zusammenarbeit eine Methode entwickelt, die von besonderer Bedeutung für die aktive Unterstützung der Heilungsprozesse ist, also nicht nur für die Krebsheilung. Doch konzentrieren wir uns hier auf diese.

"Bis jetzt ist die durchschnittliche Überlebenszeit ihrer Patienten doppelt so lang wie die in den besten Krebstherapie-Instituten und dreimal so lang wie der nationale Durchschnitt in den Vereinigten Staaten. Darüber hinaus sind Lebensqualität und das Niveau der Aktivitäten dieser Männer und Frauen, die alle als medizinisch unheilbar galten, absolut außergewöhnlich." (Capra 1983, 395)

Das Buch der Simontons liegt auch in deutscher Übersetzung (1982) vor; ihm ist eine Kassette beigegeben. Ich möchte jedoch darauf hinweisen, daß Buch und Kassette lediglich Anregungen vermitteln. Die Therapie sollte deshalb begleitend neben der medizinischen Strahlen- oder Chemotherapie von einem mit der Methode vertrauten Psychotherapeuten durchgeführt werden, der die Therapie auf die spezielle Krankheit und die individuelle Persönlichkeit des Kranken abstellt. Wir haben in unserem Institut in den letzten Jahren mehrere Klienten mit Erfolg behandelt. Von Erfolg kann man allerdings erst sprechen, wenn man ihre positive Entwicklung über mehrere Jahre verfolgt. – Wie gehen die Simontons vor? Wir skizzieren die Methode in ihren Grundlagen:

(1) Der Klient macht sich unter therapeutischer Anleitung ein *genaues Bild seiner Krebserkrankung*. Er erkennt, daß die Krebszellen – genau betrachtet – schwache Zellen sind. Sie werden normalerweise von den weißen Blutkörperchen angegriffen, vernichtet und über den Blutkreislauf im Urin ausgeschieden. Erst wenn diese Regulation gestört ist, entwickeln sie durch ungebremste Vermehrung ihre lebensbedrohende Wirkung.

(2) Der Klient hat in der Therapie *eine ihm gemäße Entspannung* einzuüben. Der Begriff "gemäß" bezieht sich auf die beim Klienten stattgefundene Krebslokalisierung, auf seine speziellen Verspannungen und auf sein individuelles *LAU*-Syndrom (emotionale *L*abilität, erhöhte *A*ngstbereitschaft und *U*nsicherheit).

(3) Der Klient wird in seinem *Glauben an die Wirksamkeit der doppelspurigen Behandlung* gestärkt. Es werden schrittweise Zuversicht und Heilungserwartungen aufgebaut.

(4) Der Klient führt die in der Therapie gemeinsam mit dem Therapeuten ausgearbeiteten und auf einer Kassette festgehaltenen *Übungen* mehrmals am Tage gewissenhaft durch.

(5) Es geht bei der Übung um die *Stärkung des Immunsystems* über Entspannung und bildhafte Vorstellung (Visualisierung); es geht um die *Aktivierung des Heilungsprozesses*.

Wir brauchen hier nur auf die Punkte 1 und 5 näher einzugehen:

Zu (1) Aneignung der Kenntnisse über die Krebserkrankung

Der Krebs ist eine systembedingte Störung. Die anfangs lokale Erkrankung ist nur die Spitze eines Eisberges, der weit in andere Körperfunktionen reicht. Sie kann sich ausbreiten, also Metastasen bilden, und so den Körper schwer schädigen.

Die Krebszellen werden als mächtige eindringende Feinde erlebt, denen man hilflos ausgeliefert ist. Da der Körper sie in ihrem Wachstum nicht aufhält und zurückdrängt, mißtrauen die Klienten auch ihrem Körper. Die moderne Zellbiologie hat demgegenüber gezeigt, daß die Krebszellen nicht stark und mächtig, sondern im Gegenteil schwach und unsicher sind. Sie greifen nicht an, zerstören auch nicht, sondern vermehren sich lediglich.

Der Krebs beginnt bei einer Zelle, die durch schädliche Substanzen bzw. durch noch nicht geklärte Umwelteinflüsse in ihrer Funktion geschwächt ist. Vielleicht produziert der Körper aber auch ab und zu solche unvollkommenen Zellen. Diesen Zellen fehlt gewissermaßen die Kraft, sich normal in den Zellverband des Körpers einzuordnen. Die schwachen und unvollkommenen Krebszellen produzieren gleichartige Zellen, so bildet sich ein Tumor. Die Zellen versuchen, ihre Schwäche einmal durch Vermehrung, zum anderen durch ihre Größe auszugleichen.

In einem gesunden Organismus werden diese Krebszellen durch das Immunsystem erkannt, zerstört und zumindest eingekapselt. Wir wissen nicht, wieviel solche schwachen Zellen bei Gesunden eingekapselt oder zerstört wurden. Es ist also das schwache Immunsystem, das letztlich dazu führt, daß Krebszellen weiterwachsen. Krebs entsteht nicht durch einen Angriff von außen, sondern durch eine Schwäche in unserem Körper.

Zu (5) Stärkung des Immunsystems

Die Aufgabe einer Krebstherapie besteht danach aus zwei Teilaufgaben: einmal die Krebszellen gezielt durch Strahlen- oder Chemotherapie anzugreifen und zum anderen den Körper und sein Immunsystem zu stärken. Bei dieser zweiten Aufgabe ist nun eine aktivierende Psychotherapie und die Methode der Denkvisualisierung von großer Bedeutung.

Die aktivierende Psychotherapie mobilisiert das Lebens- und Gesundungsbedürfnis. Sie macht dem Krebskranken Mut, sich an der Aufgabe der Krebsbekämpfung aktiv zu beteiligen, sich um die Stützung und Stärkung seiner Selbstheilungskräfte zu bemühen, sich in seiner Lebensweise auf Gesundung einzustellen und danach zu verhalten.

Die Denkvisualisierung verlangt vom Klienten, daß er im entspannten Zustand sich bildhaft-anschaulich und -eindringlich vorstellt, wie seine gesunden Zellen, von den Hormonen unterstützt, die schwachen Krebszellen angreifen, einkapseln und zerstören. Ich denke dabei an einen Klienten, der aus Essen zu uns kam, mit dem ich das Denkvisualisierungsprogramm erarbeitete. Bei meiner Frage, wie er sich bildhaft die aggressiv-förderlichen Zellen vorstellen kann, fielen ihm Piranhas, kleine Raubfische ein. Der Klient wurde mit seinem Lungenkrebs in einer größeren Essener Klinik sowohl chemotherapeutisch als auch mit Kobaltstrahlen über einige Monate hin behandelt. Den Text des Programmes hatte ich ihm auf einer Kassette mitgegeben, damit er das Programm lernen kann. Er hat dann sowohl in der Klinik als auch zwischendurch zuhause mehrmals am Tage völlig entspannt und bei geschlossenen Augen den "inneren Therapiefilm" – wie er ihn nannte – ablaufen lassen.

IV. Das Verhalten und die Bedeutung

Im folgenden werden wichtige Prozeßvariablen der Kognitiven Verhaltenstherapie herausgestellt. Begriffe wie Interaktion, Einstellung und Überzeugung, Zuschreibung oder Attribution, Antizipation und Imagination, der Zusammenhang von Emotion und Kognition spielen dabei eine besondere Rolle.

1. Der Symbolische Interaktionismus

Verhalten kann von zwei Richtungen her bestimmt werden, einmal von außen, wie es ein anderer Beobachter sieht, zum anderen von innen her, wie nur der Sichverhaltende es selbst erlebt. Verhalten hat also ein äußeres und inneres Bezugssystem. Im *äußeren Bezugssystem* wird die Erklärung des Verhaltens in den auslösenden Reizen gesehen. Wenn die Verkehrsampel grün ist, gehen die Passanten über die Straße. Im *inneren Bezugssystem* wird das Verhalten von Erlebnisaspekten (Einstellungen, Gefühlen, Überzeugungen, Auffassungen, Bedürfnissen, Wünschen, Interessen, Wertvorstellungen) abgeleitet. Beide Versuche, menschliches Verhalten zu verstehen, sind begrenzt.

Wir wissen oft nicht, auf welchen Reiz ein Individuum reagiert. Wir bieten einem Kind vor Ostern eine Handvoll Gummibärchen an. Es wird sie begierig ergreifen. Einen Tag nach Ostern zeigt es wahrscheinlich wenig Interesse daran, da es Ostern viele Süßigkeiten bekam. Reize sind nicht immer gleich reizvoll. Zwar gehen bei Rotlicht die meisten Verkehrsteilnehmer nicht über die Straße; einige jedoch halten sich nicht an die Regel. Verhaltensvoraussagen aufgrund von Reizen geben nur Wahrscheinlichkeiten für Gruppen an. Genauere Auskunft, wie der einzelne reagieren (sich verhalten) wird, ist nicht möglich, da die Reize für einzelne verschiedene Bedeutung und verschiedene Verbindlichkeit haben. Wenn wir vom äußeren Bezugssystem, also einer Reiz-Reaktions-Psychologie ausgehen, betonen wir die Wirksamkeit der Umwelteinflüsse. Man meint, man brauche nur die Umweltbedingungen zu ändern, dann würden sich die Menschen ändern. Sicher gilt dies für kleine Kinder, jedoch nicht für Erwachsene. Je älter ein Mensch wird, desto schwieriger ist es, sein Verhalten über eine Veränderung seiner Umwelt zu ändern.

Nicht der Reiz löst Verhalten aus, sondern die Bedeutung, die der Reiz für den Menschen hat, auf den er einwirkt. Es scheint, als habe die Ableitung des Verhaltens aus inneren Variablen eine bessere Grundlage. Um aber hier zu verläßlichen Aussagen zu kommen, bedürfen wir der Mitarbeit des Klienten. Verhalten ist stets ein Produkt gegenwärtiger Wahrnehmungen. Um Verhalten zu ändern, muß ich die Wahrnehmungen verändern. Beim anderen erreiche ich es dadurch, daß ich ihm entsprechende neue Erfahrungen zugänglich mache.

Wir versuchen in der Therapie, das Verhalten der Klienten durch die Prozesse der Wahrnehmung zu verstehen. Wir versuchen zu erkunden, wie dem Klienten die Dinge und Geschehnisse im Augenblick des Handelns erscheinen. Welche Wahrnehmung hat der Klient von der Welt und von sich selbst? Das Verhalten des Individuums ist eine

Funktion all jener Wahrnehmungen, die in einem gegebenen Augenblick für das Individuum existieren. Wahrnehmen ist mehr als das was uns die Sinne vermitteln; Wahrnehmung enthält immer auch Bedeutung. Wenn man im Rahmen des inneren Bezugssystems das Verhalten von Menschen verstehen will, muß man herausbekommen, wie ihnen die Dinge erscheinen, besonders wie die Menschen sich selbst und die Welt sehen, mit der sie zu tun haben.

Das, was der andere empfindet, wahrnimmt oder fühlt, ist für ihn real. Wenn uns das gelegentlich auch absurd erscheint, so sollten wir doch zunächst einmal solche Mitteilungen annehmen, die Realität akzeptieren:

> Während der Visite in einem Nervenkrankenhaus riß der Patient sein Hemd auf und stürzte auf einen Arzt zu. Offensichtlich von Schmerzen befallen rief er aus: "Doktor, auf meiner Brust sind vierzehn Teufel! Sie stechen mit Speeren auf mich ein! Können Sie sie sehen?" Dem Arzt war klar, daß der Patient sie *fühlte*. Er antwortete: "Nein, Josef, ich sehe sie nicht, aber ich kann sehen, daß Du sie fühlst. Das tut mir leid."

Auf solche Weise halten wir die Türen der Kommunikation offen. Es besteht die Chance, daß in weiteren Gesprächen der Rapport erreicht wird.

Das *Bild vom eigenen Selbst* beeinflußt unser Verhalten in hohem Maße. Unser Tun folgt der Art und Weise, wie wir uns selbst und unsere Situation sehen. Die Situationen ändern sich von Augenblick zu Augenblick; die Ansichten des Menschen von sich selbst bleiben ziemlich konstant.

Das Selbstbild ist ein Gefüge vieler einzelner Vorstellungen, ein besonderes Muster von Selbstwahrnehmungen: *wer wir sind* (Ehefrau, Mutter, Schwester, Bayerin, mit charakteristischer Körperfigur und bestimmten Körpermaßen), *was wir können* (Auto fahren, schwimmen, Tennis spielen, lesen, schreiben), *was wir tun* (Büroarbeit, Kaufen, Verkaufen...), *was wir erstreben* (privat, beruflich) usw. Einzelne dieser Vorstellungen sind wichtig, andere von geringerer Bedeutung. Das Selbstbild bestimmt weitgehend unser Befinden und unsere Lebensbewältigung.

Das Selbstbild ist für jeden der Mittelpunkt seiner Welt. Es ist das Bezugssystem, von dem jeder seine Beobachtungen macht. Das Selbst wird auch als Maßstab für die Beurteilung benutzt: Wir sehen andere größer – kleiner, gescheiter – dümmer, älter – jünger als uns selbst an.

Der Mensch neigt dazu, das wahrzunehmen, was zu seinem bestehenden Selbstbild paßt. Das kann, wie im folgenden Beispiel, zu fatalen Folgen führen:

> Ein Student versagt, weil er negative Vorstellungen von sich selbst hat. Bei der Eintrittsprüfung hatte er erfahren, daß seine Intelligenzleistung im 98er Perzentil lag. – Er glaubte, er habe einen IQ von 98. So brachte er im ersten Semester nur schwache Leistungen zustande und wollte aufgeben. Er ging zur Studienberatung und erfuhr, daß er einen IQ von 140 hat. In der Folgezeit erreichte er erstklassige Ergebnisse.

Wenn das Selbstbild etabliert ist, stellt es einen Raster dar, durch den alles gesehen, beurteilt und verstanden wird. Jeder Mensch nimmt die Welt gemäß seinen Vorstellungen von sich selbst wahr. Wenn wir wissen, wie ein Mensch sich selbst sieht, wird uns vieles von seinem Verhalten klar.

Das Selbstbild bestätigt und unterstützt die bereits bestehenden Ansichten über das eigene Selbst. Es neigt dazu, seine eigene Existenz aufrechtzuerhalten und zu verstärken. Wir erkennen daran die zirkuläre Eigenschaft des Selbstbildes. Wenn jemand glaubt, er kann etwas nicht, dann vermeidet er Anlässe, die betreffende Fähigkeit anzuwenden. Er weicht den Gelegenheiten aus, sie zu üben. Wenn er gezwungen ist zu handeln, bestätigen Mißerfolge das, was er schon fest geglaubt hat.

Die sich selbst bestätigende Wirkung der Vorstellungen vom eigenen Selbst beschränkt sich nicht auf Erfolg und Mißerfolg in bestimmten Leistungsbereichen. Sie erstreckt sich auf alle Aspekte des menschlichen Lebens und Erlebens, und zwar in negativer und positiver Hinsicht. Menschen, die glauben, sie können ihre Aufgabe gut erledigen, haben leichter Erfolg.

"Die Krankenschwester, die sich ihrer selbst sicher fühlt, benimmt sich mit Würde und Sicherheit, wobei sie positive Reaktionen von anderen Menschen erwartet. Dies wiederum ruft bei denen, mit denen sie arbeitet, Reaktionen hervor, die meistens die Überzeugungen bestätigen, die sie schon hat. So schafft die zirkuläre Wirkung des Selbst-Bildes eine Art Spirale, in der 'die Reichen immer reicher und die Armen immer ärmer werden'." (Combs 1975, 58)

Viele Klienten, die zur Therapie kommen, waren und sind zunächst in einem Teufelskreis gefangen, in dem ihre Erfahrungen immer ihre ungünstigen oder katastrophalen Bilder von ihrem eigenen Selbst zu bestätigen scheinen. Sie haben sich selbst in einer Weise definiert, die Hoffnung auf Erfolg ausschließt. Somit bleiben sie Opfer ihrer Selbstwahrnehmung. Es ist eine der wichtigsten Aufgaben der Therapie, das Könnensbewußtsein der Klienten zu stärken, sie von ihrem selbstschädigenden "Ich-kann-nicht-Komplex" zu befreien und ihnen anhand von konkreten Beispielen und Beweisen über ingangsgesetzte Lernprozesse den Glauben an Können, Bewältigen und Erfolg zu vermitteln.

Ein negatives Selbstbild läßt sich in seiner Entstehung oft bis in die Kindheit zurückverfolgen. Dabei spielen dramatische und traumatische Ereignisse eine untergeordnete Rolle. Viele unscheinbare Erfahrungen formen unser Selbstbild. Psychoanalytiker sind anderer Auffassung. Sie lassen von ihren Klienten im Laufe der Therapie deren Entwicklung nachzeichnen. Sie bestätigen den Klienten darin, daß ein bestimmtes Erlebnis entscheidende Bedeutung gehabt habe. Doch was der Klient dann vorbringt ist ein Ereignis, das er in seiner Erinnerung leicht zur Verfügung hat. Das bedeutet noch nicht, daß es für ihn und seine Entwicklung von besonderer Bedeutung war. Geformt werden wir zumeist durch viele unscheinbare Erfahrungen über längere Zeit hinweg. Weil der Aufbau bzw. die Störung des Selbstbildes im allgemeinen sich über längere Zeit hinweg vollzogen hat, kann eine therapeutische Änderung im allgemeinen auch nicht durch ein besonderes Erlebnis zustande gebracht werden.

Ich möchte die Bedeutung besonderer Lebensereignisse und Erlebnisse nicht abwerten, meine jedoch, daß solche gravierenden und konstellierenden Erlebnisse durchgängig eine unscheinbare Vorgeschichte haben, in der das Individuum auf solche Zusammenbrüche oder Aufbrüche sensibilisiert wurde.

Es ist eine Frage, wie weit ein Therapeut fähig ist, das Selbstbild des Klienten zu erkennen und zu erfassen. Das Selbstbild setzt sich zusammen aus dem, wie sich der Klient wahrnimmt, was er von sich selbst glaubt. Das Selbstbild ist also ein System von Überzeugungen. Der Klient kann uns einiges von sich selbst in der Selbstdarstellung vermitteln. Diese Darstellung hängt davon ab, wie weit der Klient fähig und bereit ist, über sich selbst etwas auszusagen. Selbstdarstellung ist ein Verhalten und wie jedes Verhalten wird es vom Selbstbild beeinflußt. Das, was der Klient dem Therapeuten mitteilt, muß nicht mit seinem Empfinden übereinstimmen. Häufig kommt es durch soziale Erwartungen zu Abweichungen und Verzerrungen. Was wir über uns sagen, wird beeinflußt durch das, was man von uns erwartet. Weitere Einschränkungen kommen dadurch zustande, daß die Klienten unterschiedlich befähigt sind, ihre eigenen Gefühle und ihre Einstellungen genauer zu beschreiben.

Bei aller Einschränkung der Zuverlässigkeit der Selbstdarstellung ist diese doch wichtig. Sie erbringt wertvolle Daten, ist somit ein wichtiges Mittel zum Verstehen des anderen. Selbstaussagen sind Daten des Verhaltens; sie können brauchbare Hinweise auf das Selbstbild geben, das sie hervorbringt. Die Bedeutung des Selbstbildes für Verhalten und Lernen ist vielfach bewiesen worden. Wir sollten das Selbstbild gebührend im Umgang mit anderen berücksichtigen.

Da das Selbstbild erlernt wird, kann auch ein geschädigtes Selbstbild durch den Beistand anderer wieder in Ordnung gebracht werden. Die Förderung von Veränderungen im Selbst erfordert Geduld, da die Veränderungen zumeist langsam vor sich gehen. Wie kann man die seit langem etablierte Fehleinstellung "Kein Mensch mag mich" korrigieren? Es wäre wenig sinnvoll, dem Klienten einfach zu sagen, "Aber ich mag dich". Im gegebenen Stadium seiner Entwicklung würde das wie Hohn klingen. Der Therapeut kann den Klienten bei der Entdeckung oder Anbahnung wirksamer Beziehungen zwischen sich selbst und der Umwelt helfen. Er kann durch sein Verhalten, seine Zuwendung, seine Anteilnahme, sein Zuhören, seine Ermutigungen beim Klienten Reflexionen und Impulse des Aufbruchs und Wachstums wecken.

Der Mensch strebt nach Wachstum und Wohlbefinden. Therapeutisch stützen wir uns auf das Wachstumsprinzip. Wir bemühen uns, die Abwehr- und Widerstandskräfte und die Aufbau- und Bewältigungskräfte des Klienten zu fördern.

Wenn der Mensch von Natur aus nach Wachstum und Erfüllung strebt, folgt daraus, daß der Therapeut den Klienten als Verbündeten hat. Die Beziehung zwischen beiden ist eine Art Partnerschaft. Der Klient muß nicht motiviert werden; er ist von sich aus auf der Suche nach Selbsterfüllung. Die Aufgabe des Therapeuten ist es, dem Klienten zu helfen, neue Ziele, neue Wertvorstellungen und neue Möglichkeiten, sich selbst und die Welt zu sehen, zu erforschen und seine eigenen Lösungen für Probleme zu entdecken.

Um eine Veränderung im Verhalten eines Menschen herbeizuführen ist es notwendig, eine Veränderung in seinem Wahrnehmungsfeld – seinem Feld der persönlichen Bedeutungen – zu bewirken. Die Bedeutung ist nicht das, was gesehen und gehört wird, sondern das, was er Sich-Verhaltende meint. Die Bedeutungsinhalte sind für den Menschen die Tatsachen des Lebens. Eine Tatsache ist nicht das, was ist, sondern sie ist für jeden Menschen das, von dem er glaubt, es sei so.

A glaubt, B. sei ungerecht. A benimmt sich so, als wäre B ungerecht. Ob B in den Augen anderer wirklich ungerecht ist, hat wenig oder gar nichts mit der Sache zu tun. Wie A denkt, so verhält er sich. In bezug auf A's Verhalten sind die "realen" Tatsachen, wie sie einem Außenstehenden erscheinen, irrelevant und unwesentlich.

Wenn wir versuchen, A davon zu überzeugen, daß er unrecht hat, laufen wir Gefahr, daß er glaubt, wir verstünden ihn auch nicht.

Wie sollen wir vorgehen? Zweckmäßig ist es, mit dem Klienten die Argumente, die ihn zu seiner Behauptung geführt haben, im Detail durchzugehen und zu bewerten. Häufig führt eine solche Ableitungsanalyse schon zu einer ersten Lockerung der Aussage, gelegentlich auch zu ihrer Zersetzung.

Die Dinge um uns herum erhalten ihre Bedeutung innerhalb einer Kultur durch den Umgang mit ihnen. Andere Kulturen, die den Gegenstand nicht kennen, geben ihm eine andere Bedeutung. So kann ein Tisch als Plattform zum Tanzen, als Sitz des Dorfhäuptlings, als Liegestätte oder als Schutzdach gegen Regen "gesehen" werden. Die Menschen verhalten sich gemäß dem Feld der für sie gültigen Bedeutungen. Das Bedeutungsfeld ist die Realität, es bestimmt unser Verhalten. Um einen Menschen zu verstehen, muß ich mir Kenntnis seiner persönlichen Bedeutungswelt verschaffen. Andernfalls kann es zu Mißverständnissen kommen:

> Eine Studentin aus Jamaica las in der Zeitung, daß ein Mann wegen Ladendiebstahls verhaftet worden war. Er hatte eine ganze Tasche voll gestohlener Sachen bei sich. Als man ihn durchsuchte, hatte er hundert Pfund bei sich. – Die Studentin konnte den Bericht nicht verstehen; sie fand die Geschichte rätselhaft. Die anderen verstanden sie nicht, bis sich die Sache klärte. Die Studentin stammte aus der britischen Kolonie; dort waren Pfund nicht Gewicht, sondern Geld. Sie dachte: Wie braucht jemand, der 100 Pfund in der Tasche hat, zu stehlen?

Wir müssen uns bemühen, den individuellen Charakter der Bedeutung beim anderen zu verstehen. Wo dies nicht geschieht, begegnen die Menschen einander wie Schiffe in der Nacht.

Der Mensch neigt dazu, sich auf einmal entdeckte Bedeutungen zu verlassen. Sie werden selten in Frage gestellt. Neue Erfahrungen, die zum bestehenden Gefüge passen, werden leicht und rasch einverleibt. Sie bestätigen und verstärken das, was schon differenziert ist. Wenn die neue Erfahrung nicht zu den bereits bestehenden Bedeutungen paßt, entsteht das Problem disparater Wahrnehmungen oder kognitiver Dissonanz. Der Anpassung stehen drei Wege offen:

(1) Die neue Erfahrung wird nicht beachtet, sie wird geleugnet. Der Mensch klammert sich an die alten Bedeutungen.

(2) Die neuen Erfahrungen werden so verdreht, daß sie doch noch passen. "Ich muß viel essen, um bei Kräften zu bleiben", sagt der Dicke. Solche Art Rechtfertigung des Verhaltens bezeichnet man als Rationalisierung.

(3) Der Betreffende stellt sich der neuen Erfahrung und nimmt eine Veränderung der bereits bestehenden Bedeutungen vor.

Der Mensch verhält sich gemäß der Bedeutungen und ruft dadurch bei anderen eine bestimmte Art von Interaktion hervor, die das bestehende Bedeutungsfeld bestätigt. Jeder Mensch ist weitgehend sein eigenes Produkt oder anders ausgedrückt: Jeder Mensch ist der Architekt seiner Persönlichkeit.

Lernen in der Therapie bedeutet, daß der Klient zur Entdeckung von Bedeutungen geführt wird. Der Klient erhält Informationen; er macht neue Erfahrungen und entdeckt neue Bedeutungen. Vieles, das wir lernen, fügen wir unserem Wissen zu; wir erweitern unser Wissen. Dieses Lernen ist zumeist recht oberflächlich. Tieferes Lernen findet dort statt, wo das Lernen eine Verhaltensänderung bewirkt. Dabei spielt die Entdeckung von Bedeutungen die große Rolle. Jede Information beeinflußt das Verhalten eines Menschen nur in dem Maße, in dem er die Bedeutung entdeckt hat, die sie für ihn persönlich hat.

Es besteht ein großer Unterschied zwischen Wissen und Sich-Verhalten. Um Wissen in Verhalten zu überführen, muß der Lernende die Beziehung des Wissens zu seinem persönlichen Leben erkennen und erfahren.

Die persönliche Bedeutung ist nicht nur für das Lernen wichtig. Sie spielt auch bei Fragen des Gedächtnisses und des Gefühls eine Rolle.

> "Wenn ein Mensch auf ein Ereignis in der Vergangenheit zurückblickt, ist das, woran er sich erinnert, nicht, was wirklich geschehen ist, sondern das Ereignis, getönt durch die Bedeutung, die es damals für ihn hatte oder jetzt für ihn hat. Er erinnert sich an das, was ihm damals zu geschehen schien oder, noch ungenauer, an das, was nach seiner Meinung damals geschehen sein muß! Die Erinnerung an ein Ereignis ist also eine Meinung über es, nicht ein genaues Protokoll des Ereignisses." (Combs 1975, 115f)

Emotionen werden durch den Grad der persönlichen Bedeutung beeinflußt. Die Nähe eines Ereignisses zum Selbst bestimmt den Grad der Betroffenheit. Der Tod des Partners trifft uns in weit höherem Maße als der Tod eines Bekannten. In Grenzsituationen, wenn unser Selbst in Gefahr ist, steigern wir uns in Wut und Angst oder, wenn sich unser Selbst über die Grenzen des alltäglichen Lebens schwingt, geraten wir in Ekstase.

Je wichtiger der Bezug zum Selbst ist, desto höher ist die Konzentration unserer Wahrnehmung. Die Konzentration der Aufmerksamkeit ist besonders aktiv, wenn Menschen sich bedroht fühlen. Es erfolgt eine Verengung des Wahrnehmungsfeldes auf das bedrohliche Ereignis (Tunnel-Optik). Zugleich neigt der bedrohte oder vermeintlich bedrohte Mensch dazu, bisher Geglaubtes und Gewußtes zu verteidigen.

Nach den betont therapiebezogenen und praxeologisch ausgerichteten Erörterungen wollen wir nunmehr die ihnen zugrundeliegende Theorie im Umriß kennzeichnen.

Der *Symbolische Interaktionismus* – von George Herbert Mead begründet – geht davon aus, daß das Verhalten einer Person A auf zumindest eine andere Person B gerichtet ist und Auswirkungen auf das Verhalten von B hat. Dieses Verhalten wiederum hat rückwirkend Auswirkungen auf das Verhalten von A.

Wir handeln Dingen gegenüber auf der Grundlage der Bedeutungen, die diese Dinge besitzen. "Dinge" umfassen alles, was der Mensch vorfindet: Gegenstände, Menschen, Institutionen, Leitideale und Handlungen anderer.

Die Bedeutung solcher Dinge ist aus der sozialen Interaktion abgeleitet bzw. entsteht aus ihr. Die Bedeutungen werden in einem interpretativen Prozeß gehandhabt und abgeändert. Die Menschen richten ihre Handlungen auf die Bedeutungen, die diese Dinge für sie haben.

Die Bedeutungen gehen aus einem Interaktionsprozeß zwischen verschiedenen Personen hervor. Die Bedeutung eines Dings für eine Person ergibt sich aus der Art und Weise, in der andere Personen ihr gegenüber in bezug auf dieses Ding handeln. Bedeutungen sind also soziale Produkte. Der Gebrauch von Bedeutungen durch den Handelnden erfolgt in einem Interpretationsprozeß, in dem er Bedeutungen als Mittel für die Steuerung abstimmt, abändert und gebraucht.

Soziale Interaktion ist danach ein Prozeß, der menschliches Verhalten in der Ausrichtung und Abstimmung auf Vorhaben der anderen formt. Es gibt zwei Formen oder

Ebenen sozialer Interaktion: die Konvention der Gesten als nicht-symbolischer Interaktion und der Gebrauch signifikanter Symbole als symbolische Interaktion.

Nichtsymbolische Interaktion finden wir dort, wo ein Mensch auf die Handlung des anderen direkt antwortet, ohne diese zu interpretieren. Ein Extrembeispiel wäre das reflexartige Reagieren eines Boxers. Symbolische Interaktion findet – auf dieses Beispiel bezogen – dann statt, wenn der Boxer annimmt, daß eine kurze Bewegung der linken Faust des Gegners bedeute, daß dieser zuschlagen will. Wenn die Geste für beide dieselbe Bedeutung hat, verstehen sie sich. Es kommt zu abgestimmten Handlungen. Die Beteiligten müssen notwendigerweise die Rolle des jeweils anderen übernehmen.

Nicht nur Verhalten ist ein Produkt des Interaktionsprozesses, sondern auch das Selbst und das Bewußtsein des Selbst. Nach Mead erwächst das Selbst aus der sozialen Erfahrung. Der Mensch lernt, wie er aussieht, indem er in einen Spiegel blickt, indem er sich verdoppelt und das Spiegeldoppel so betrachtet, als sei es ein Objekt. Ein ähnlicher Aufbau geschieht auch beim Selbst. Man wird seiner nur ansichtig, wenn es gelingt, dieses Selbst zum Objekt der Betrachtung zu machen.

Die Chinesen haben dies so ausgedrückt: Wenn ich eine Schwalbe wäre, könnte ich fliegen. Wenn ich zwei Schwalben wäre, könnte ich hinter mir her fliegen. Und wäre ich drei Schwalben, könnte ich sehen, wie ich hinter mir herfliege.

Den Spiegel meines Selbst bilden die anderen, in deren Reaktionen auf mein Verhalten ich mein Selbst gespiegelt finde. Wir sehen uns also im Spiegel der anderen.

Das Selbst ist das Bild, das ich mir aufgrund der Reaktionen der anderen auf mein Verhalten mache. Erläutern wir dies an einem Beispiel: Die relevanten Personen meiner sozialen Umgebung behandeln mich mit Nichtachtung, übergehen mich, machen mich lächerlich usw. Dann werde ich von mir das Bild des Versagers entwickeln. Das Ergebnis dieser Reaktion über die Reaktionen anderer auf mein Verhalten ist das "Selbst". Aber jetzt reagiere ich auf dieses Selbstbild mit einem Selbstverständnis: Ich schäme mich, ich resigniere oder ich bin wütend. Diese Reaktion auf das Selbst ist Ausdruck des "Ichs".

Das Ich kann das Bild der anderen vom eigenen Selbst übernehmen; aber es muß dies nicht tun. Das Ich ist der spontane, schöpferische Aspekt der Person, der mir oft nicht bewußt ist, mit dem ich mich selber sozusagen überrasche. Ich kann nicht alle Reaktionen voraussagen, die aus dem Ich kommen können und werden. Während ich also von meinem Selbst oft ein klares Bild habe, ist meine Kenntnis vom eigenen Ich weniger vollständig. Das Ich enthüllt sich mir nur nach und nach in den neuen Situationen, die der Lebensprozeß mit sich bringt. Diese Auffassung vom Ich – als eigenständig stellungnehmende Instanz – ist therapeutisch von großer Tragweite. Wir sprechen in der Therapie ja auch von der Förderung der Ichstärke.

Ein Beispiel für die Wichtigkeit des Verhaltens anderer für die Entwicklung und Erkenntnis des eigenen Selbst geben Krech u. Mitarb. (1962). Sie berichten über eine ältere Feldstudie:

> "Eine kleine Gruppe von College-Studenten wurde dazu veranlaßt, ein scheues, sozial gehemmtes und linkisches Mädchen sozusagen 'aufzubauen', als 'Star' zu etablieren. Sie sorgten dafür, daß das Mädchen zu allen wichtigen Bällen eingeladen wurde und daß es nie unbetanzt als Mauerblümchen dasaß. Sie behandelten es so, als sei es eine umschwärmte College-

> Schönheit. Innerhalb eines Jahres kam es zu einem grundlegenden Wandel des Mädchens: lockeres, gelassenes Benehmen und die ruhige Sicherheit, als Frau akzeptiert und begehrt zu sein. Es wurde eine erfolgreiche Frau, weil es sich selbst so fühlte. Es fühlte sich so, weil die Reaktionen der anderen ihm einen solchen Eindruck von sich selber vermittelten."

Der Mensch reagiert nicht nur auf der nicht-symbolischen Ebene, er zeigt auch anderen etwas an und interpretiert deren Anzeigen. Er kann dies nur aufgrund der Tatsache, daß er ein Selbst besitzt, d. h. der Mensch kann Gegenstand seines eigenen Handelns sein. Er betrachtet sich z. B. als Mann in älteren Jahren, als Therapeut usw. Er ist Objekt für sich selbst. Wie andere Objekte, so entwickelt sich auch das Selbst-Objekt aus einem Prozeß sozialer Interaktion, in dem andere Personen jemanden die eigene Person definieren.

Ein Weg, auf dem dies geschieht, ist die Rollenübernahme. Eine Person muß sich von außerhalb ihrer Selbst betrachten, um für sich selbst zum Objekt zu werden. Man kann dies nur, indem man sich in die Position anderer hineinversetzt und von dieser Position aus sich selbst betrachtet oder in bezug auf sich selbst handelt. Die Fähigkeit des Menschen, sich selbst etwas anzuzeigen, verleiht seinem Handeln einen spezifischen Charakter.

Der Mensch steht der Welt gegenüber, die er – will er handeln – interpretieren muß. Er reagiert nicht einfach. Er muß mit Situationen fertig werden, in denen er gezwungen ist zu handeln, indem er sich der Bedeutung der Handlungen anderer versichert und seinen eigenen Handlungsplan im Hinblick auf eine derartige Interpretation entwirft. Er muß seine Handlungen aufbauen und steuern. Er berücksichtigt dabei seine Wünsche und Bedürfnisse, seine Ziele, seine Mittel zur Erreichung, die antizipierten Handlungen anderer, sein Selbstbild. Um das Handeln des anderen zu verstehen, müssen wir den Definitionsprozeß seines Handelns erschließen.

2. Die Einstellung und Überzeugung

Die Einstellung

Der Begriff Einstellung wurde seit Beginn unseres Jahrhunderts in der Psychologie gebraucht, um Unterschiede der Lebensgewohnheiten zu erklären. Heute gibt es zwei Auffassungen von Einstellung: einmal ist Einstellung ein anderes Wort für die *Konsistenz des Verhaltens*, eines Verhaltens, das sich nicht aus Situationsfaktoren erklären läßt, und zum anderen wird Einstellung als ein der Verhaltenskonsistenz zugrundeliegender *innerer Mechanismus* angesehen.

Im Zuge der Kognitivierung der Psychologie tritt in den neueren Arbeiten die zweite Sichtweise in den Vordergrund. Ausgangspunkt vieler Erörterungen und Experimente ist die Definition von G. W. Allport (1935), der Einstellung als intervenierende Variable versteht und an ihr folgende Aspekte hervorhebt: Sie ist

- ein cerebraler Zustand,
- der eine Antwortbereitschaft ausdrückt;
- ein organisierter und
- durch Erfahrung erworbener Zustand,
- der dynamisierend und
- dirigierend Einfluß auf das Verhalten ausübt.

Zu: *Cerebraler Zustand*. Viele Forscher neigen dazu, Einstellung als nicht direkt beobachtbar anzusehen, als ein Konstrukt neurophysiologischer Art aufzufassen. Die Konkretisierung bleibt der weiteren Forschung vorbehalten, die nach Bedingungen sucht, die dem Erwerb bestimmter Einstellungen vorausgehen und feststellt, welches Verhalten als Konsequenz von bestimmten Einstellungen zu erwarten ist.

Zu: *Antwortbereitschaft*. Mit diesem Dispositionsbegriff steht Allport in einer Gegentradition zum Behaviorismus, die ihren ersten Höhepunkt in William Sterns "Allgemeiner Psychologie auf personalistischer Grundlage" (1935) erreichte, also im gleichen Jahre, in dem Allport seine Definition veröffentlichte. Es scheint geboten, sich an die von Stern gegebenen Ausführungen zu erinnern. Er schreibt:

"Aktuelles Erleben ist auf eine bestimmte Gegenwart begrenzt. Es beginnt und hört auf; Erleben ganz anderer Art oder auch Erlebnislosigkeit geht voraus und schließt sich an. Wollen wir den Begriff des 'Psychischen' nur auf das fragmentarische und chaotische Auftreten von Phänomenen, Zuständen und Akten beschränken? Der allgemeine Sprachgebrauch hat längst anders entschieden, und wir schließen uns ihm an; denn wir haben in der personalistischen Theorie die Rechtfertigung zu dieser Erweiterung des Begriffes 'psychisch' auch auf das potentielle Erleben. Die Person ist ja in ihrem Gesamtlebensvollzuge eine sinnvolle Einheit; die ihr innewohnende Zielstrebigkeit zwingt uns, alles Einzelne in den personal-historischen Zusammenhang einzuordnen, und in diesem Zusammenhang gleichsam den potentiellen Untergrund: die Voraussetzung, Bereitschaft, Gerichtetheit – kurz die 'Disposition' für das Eintreten aktueller Tatbestände zu sehen." (Stern 1950, 111)

Wir wollen, da der Begriff der Reaktionsbereitschaft oder Disposition in der kognitiven Psychologie eine wichtige Rolle spielt, hier gleich auch die nähere Kennzeichnung des Dispositionsbegriffes von Stern geben:

"Freilich werden die Dispositionsbegriffe in der modernen Psychologie wissenschaftlich nur brauchbar durch folgende Merkmale, welche sie von dem alten Begriff der Seelenvermögen unterscheiden.

a) Dispositionen stehen nicht als starre und abgegrenzte Seelenkräfte nebeneinander, sondern sie sind unselbständige Teilstrahlen der einen persönlichen Entelechie ...

b) Dispositionen sind Möglichkeiten mit Spielraumbreite, nicht eindeutig wirkende Kräfte und also nicht alleinige Voraussetzungen für das, was aktuell in der Person geschieht. Mit ihnen konvergiert vielmehr immer und überall jene andere Faktorengruppe, die aus der Welt da draußen stammt. Es gibt kein Lebnis, kein Erlebnis, keine Beschaffenheit und Verhaltensweise der Person, die ausschließlich aus Dispositionen ableitbar wäre, so wie es keine gibt, die eindeutig vom Milieu her bestimmt wäre. Milieu wird nur wirksam dadurch, daß in Dispositionen die Empfänglichkeit für seine Einflüsse vorbereitet ist. Dispositionen ihrerseits sind ergänzungsbedürftig; sie vermögen sich aus der Potentialität und Vieldeutigkeit nur dadurch in Aktualität und Eindeutigkeit umzusetzen, daß die Umweltsituation ihnen Anstoß oder Material dazu bietet ...

c) Dispositionen sind, teleologisch gesehen, Möglichkeiten in doppeltem Sinne: nämlich als Hilfsmittel und als Richtungsweisungen des personalen Funktionierens ... In jeder Disposition steckt also zugleich Potenz und Tendenz. Aber die Betrachtungsperspektive kann nun vorwiegend das Potenzmerkmal oder das Tendenzmerkmal zum Kennzeichen einer Disposition machen; danach sondern sich 'Rüstungs'- und 'Richtungs'-Dispositionen. So ist die Intelligenz Rüstungsdisposition; denn hier kommt es auf die instrumentale Bedeutung an, die sie für die verschiedensten personalen Sonderzwecke besitzt. Dagegen ist das Interesse eine Richtungsdisposition; denn in ihm ist das dauernde Tendieren der Person auf bestimmte Ziele enthalten".

118 Das Verhalten und die Bedeutung

Man wird wohl die in der Arbeit zur Diskussion stehende 'Einstellungsdisposition' den Richtungsdispositionen zuzuordnen haben.

> "d) Dispositionen sind variabel nach Zeit, Potenz und Tendenz. Wohl sind Dispositionen chronische Möglichkeiten; das bedeutet aber nicht, daß sie das ganze Leben der Person ... begleiten müßten. Es gibt vielmehr Dispositionen von ganz verschiedener Dauer und Zeitstruktur ...
> e) Der Ausdruck 'psychisch' ist auf Dispositionen nur in weiterem Sinne anwendbar. Sie erscheinen ja nicht selber im Bewußtsein; die Intelligenz als Disposition z. B. ist nicht ein Denkphänomen, sondern die Voraussetzung der Möglichkeit von Denkphänomenen."
> (Stern 1950, 112–115)

Zu: *Organisiert*. Bei Einstellungen handelt es sich um Sachverhalte mit System- und Gestaltcharakter. Die cerebralen Zustände bestehen aus mehreren Bestimmungsstükken. Wenn sich eines davon ändert, kovariieren die anderen.

Die Kennzeichnung als System enthält in sich zwei Vorstellungen: Glied oder Element einerseits und Ganzheit oder Einheit andererseits. Dazu kommt noch das Merkmal Ordnung. Die Teile oder Elemente sind in der Ganzheit nicht irgendwie und unbestimmbar vorhanden, sondern es besteht ein Netzwerk oder Anordnungsmuster (pattern); die Ganzheit ist strukturiert oder organisiert. Das bedeutet auch, daß zwischen den Teilen Beziehungen bestehen (Interdependenz, Konnektivität, Interaktivität).

Zu: *Durch Erfahrung erworben*. Einstellungen sind nach der vorherrschenden Ansicht das Ergebnis von Lernprozessen im Sozialisationsvorgang. Neuere Untersuchungen der Psychologie schränken diese behavioristische Auffassung von der Alleinherrschaft der Lernvorgänge beim Aufbau von Einstellungen und Verhaltensmustern jedoch ein, indem sie bei einer Reihe von Verhaltensweisen die Wirksamkeit angeborener, neurophysiologisch verankerter Erregungsmuster nachweisen. Einstellungen, die z. B. dem Neugierverhalten zugrunde liegen, sind nur sekundär mit der Erfahrungsspeicherung verbunden.

> "In den letzten Jahren haben Psychologen den Teil des Hirns isoliert, der auf Neues reagiert. Der Hippocampus (= Ammonshorn), benannt nach der griechischen Bezeichnung für Seepferd (dem dieser Teil des Hirns der Form nach ähnelt), ist nachweislich bei der Gedächtnisbildung von entscheidender Bedeutung. Natürlich könnte ein Tier nicht überleben, wenn es nicht in der Lage wäre zu registrieren, welchen Teil seiner Umgebung es bereits erforscht hat, oder wenn es nicht durch Erfahrung gelernt hätte, in welchen Gebieten Raubtiere leben. Hierzu muß es sich aber zunächst eine Erinnerung an seine Erkundungserlebnisse bilden, eine Aufgabe, die eben das Ammonshorn erfüllt." (Restak 1981, 25)

Das Ammonshorn leistet – wie nachgewiesen wurde, eine unentbehrliche Aufgabe bei der Speicherung von Informationen unabhängig von Belohnung und Bestrafung. Seine Funktion hängt dagegen eng mit dem Suchen nach etwas Neuem zusammen. Wird das Ammonshorn zerstört, verlieren die Tiere den Antrieb, Neues zu erkunden. Wir können an diesem Beispiel erkennen, daß die Erklärung der Verhaltenspsychologen, daß sich das Verhalten allein auf Reiz und Belohnung gründe, nicht richtig ist.

Noch deutlicher wird das Problem bei der Beachtung stereotyper oder zwanghafter Verhaltensweisen. Hier konnte Paul MacLean nachweisen, daß diese Aktivitäten durch besondere Aktivationsmuster des primitivsten Hirnteils – dem R- oder Retikularkomplex – gesteuert werden. Dieser Gehirnteil spielt bei den Reptilien eine dominierende Rolle. Beim Aufstieg der Evolutionsleiter wird dieser R-Komplex immer weniger auffällig. Beim Menschen spielt er nur noch eine untergeordnete Rolle, wenn auch noch viele Verhaltensweisen, wie z. B. die Neigung zu Nachahmungen und starren Ritualen, hier ihre neurophysiologische Verankerung haben (MacLean 1973; 1977). Vermutlich sind viele unserer sozialen Einstellungen und Verhaltensweisen durch neurale Schaltungen und Erregungsmuster prädisponiert.

Zu: *Dynamisierend.* Einstellungen wirken auch dynamisierend; sie haben Einfluß auf das Gesamtniveau des Energieausstoßes. Einstellungen sind keine Energielieferanten, sondern Anziehungspunkte für Energien.

Zu: *Dirigierend.* Einstellungen haben eine weichenstellende Funktion. Sie wirken in verschiedener Richtung dirigierend. So beeinflussen sie – wie aus vielen Untersuchungen hervorgeht – die Wahrnehmung so weit, daß nur eine bestimmte Richtung wahrgenommen wird. Sie bestimmen weiter die Alternativwahl bei Entscheidungen und damit auch bestimmte Handlungen.

Um den Begriff "Einstellung" zu präzisieren, soll er nun noch kurz von verwandten Begriffen unterschieden werden. Wir folgen hier den Ausführungen von Mueller u. Thomas (1974, 232f):

Einstellung und Wissen: Wissen gründet sich auf Informationen. Einstellung hat es mehr mit gefühlsbezogenen und wertenden Sachverhalten und Entscheidungen zu tun. Einstellungen haben in sich die Tendenz nach Bestätigung und Festigung, Wissen hat darüber hinaus in sich die Tendenz nach Erweiterung und Vertiefung.

Einstellung und Wert: Es gibt hier zwei Auffassungen. Nach der ersten ist Wert der allgemeinere Begriff. Wert wäre danach eine umfassende Einstellung. Nach Allport werden die Begriffe der Reihe "Meinung, Einstellung, Interesse, Wert" zunehmend umfassender.

Die andere Auffassung sieht Werte als Komponenten der Einstellung. Einstellung ist die Kombination der Wertungen, die für eine bestimmte Handlung relevant sind. "In die Einstellung, nie etwas auf Raten zu kaufen, gehen zum Beispiel solche Werte ein wie Schuldenfreiheit, psychologische Ruhe, Respektabilität." (Mueller 1974, 232)

Einstellung und Meinung: Meinungen sind leichter beobachtbar; Einstellungen sind der direkten Beobachtung entzogen. So hat man vorgeschlagen, Meinungen als den offenen Ausdruck verdeckter Einstellungen anzusehen.

Einstellung und Motiv: Gegenüber Motiven sind Einstellungen im allgemeinen beständigere und allgemeinere Orientierungen der Umwelt gegenüber. Doch ist diese Trennung nicht allgemein akzeptiert, da es ja auch Motive gibt, die mehr allgemein und auf längere Zeit unser Erleben und Verhalten determinieren. Die Begriffe sind also weitgehend austauschbar. Der Einstellungsbegriff wird mehr in der Sozialpsychologie verwendet, der Motivbegriff mehr in der Persönlichkeitspsychologie.

Wir meinen, daß noch ein weiterer Begriff zur Abgrenzung von Einstellung wichtig ist: der *Begriff der Haltung.* Bei diesem Begriff wird vor allem die moralische Festigkeit und die Beständigkeit von Lebensgrundsätzen betont.

120 Das Verhalten und die Bedeutung

Struktur und Funktion der Einstellung (für den einzelnen)

Zunächst ist festzustellen, daß Einstellungen Zielausrichtungen inklinieren und damit zugleich auch Zielbewertungen provozieren. Andererseits sind Einstellungen mit Gefühlen und Gedanken verbunden. Wir können uns diese Bezüge im Schema (Abb. 25) verdeutlichen. Katz hat eine Kategorisierung von Einstellungen nach ihrer Funktion, die sie für den einzelnen haben, vorgenommen (1960, 163–204):

Die Nützlichkeitsfunktion. Im allgemeinen unterstützen unsere Einstellungen unser Anpassungsverhalten; wir entwickeln Einstellungen, die uns nicht allzuweit von denen der anderen Gruppenmitglieder unterscheiden. Kurz: Unsere Einstellungen haben sozialen Anpassungswert.

Die Ökonomiefunktion. Einstellungen erleichtern das Handeln, indem sie die Komplexität der Probleme, denen wir begegnen, handlungsrelevant reduzieren. Die Lage wird im Hinblick auf Tauglichkeit, Bekömmlichkeit, Angemessenheit, Förderlichkeit usw. taxiert. Damit eröffnen uns die Einstellungen Handlungsfähigkeit, Kompetenz und Sicherheit. Einstellungen haben handlungsfördernde und -leitende Funktion.

Die Identitätsfunktion. Durch vielerlei Anforderungen, Herausforderungen und Erfahrungen werden wir veranlaßt, gegenüber Ereignissen, Zuständen und Verhaltensweisen Stellung zu nehmen, einen Standpunkt zu entwickeln. Auf diese Weise werden Einstellungen Mittel zur Selbstbestimmung und Selbstrechtfertigung. Nach der Dissonanztheorie von Festinger entwickeln wir die Einstellungen, die unserem Verhalten entsprechen. Wenn wir gezwungen werden, uns anders zu verhalten als bisher, ändern wir im allgemeinen auch unsere Meinung bzw. Einstellung. Wir haben das Bedürfnis, im Einklang (in Identität) mit unserem Verhalten zu stehen.

Die Abwehrfunktion. Wir gestalten unsere Einstellungen so, daß sie uns helfen, mit unseren Problemen fertig zu werden. Wenn wir etwas abwerten oder hassen, dann liegt dies oft nicht an einer negativen Qualität des Objekts, sondern daran, daß wir auf diese Weise besser mit unseren Unzulänglichkeits- oder Neidgefühlen fertig werden.

Die angeführten Funktionen können je nach Objektbezug dieser oder jener Einstellung dienlich sein. Gelegentlich erfüllt die gleiche Einstellung mehrere Funktionen. Die

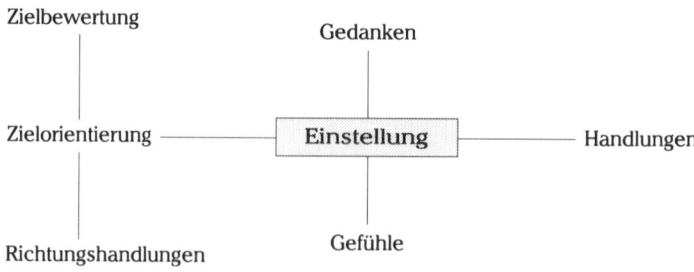

Abb. 25

Erfassung von Einstellungen ist dadurch erschwert, daß diese oft nur einen Bezirk unserer Tätigkeiten und Objektbezüge abdecken. So kann jemand in seiner politischen Orientierung konservativ, aber in künstlerischen Fragen ausgesprochen progressiv sein.

Entstehung und Wandel von Einstellungen durch Kommunikation

Einstellungen erstrecken sich von der hochkonstanten Grundhaltung bis zu oberflächlichen Meinungen. Die Individuen unterscheiden sich vor allem im Bewegungsspielraum, den ihre Grundhaltungen haben. Ist dieser eng, so wird man nur wenig ändern können; ist er weit, so können Einflüsse stärker wirksam werden. McGuire veranschaulicht dies im Ankerketten-Modell. Der Anker repräsentiert die Grundhaltung des Menschen; sie bestimmt weitgehend sein Handeln. Die speziellen Einstellungen entsprechen dem Boot, das mit diesem Anker über eine Kette verbunden ist. Ist die Kette kurz und straff, so hat das Boot nur wenig Spielraum, kaum Möglichkeit zur Positionsänderung. Nur massive Einflüsse vermögen Grundhaltungen zu verändern, z. B. Gehirnwäsche, Intensivtherapie. Ist die Kette lang und locker, so kann das Boot leicht Positionen wechseln. Die Grundhaltung kann sich in verschiedenen Richtungen und Positionen realisieren. (McGuire 1969)

Es sind vor allem zwei Vorgänge, die unmittelbar unsere Einstellungen aufbauen und verändern:

Die Erfahrung und die Massenmedien. Es gibt einmalige, überraschende, aber tiefgreifende und schwerwiegende Erfahrungen, die Einstellungen "schlagartig" erzeugen oder verändern. Wir sprechen von traumatischen Ereignissen: plötzlicher Tod eines nahestehenden Menschen, Enttäuschungs- und Versagenserlebnis, Vergewaltigung, Unterdrückung, Beraubung – aber auch der große Glücksgewinn. Auf der anderen Seite stehen Erfahrungen, die sich über längere Zeit erstrecken, Erziehungserfahrungen, Berufserfahrungen, Umgangserfahrungen mit einem bestimmten Personenkreis.

Wir werden auch über längere Zeit durch die Massenmedien beeinflußt. Spezielle soziale Gruppen vermitteln über Presse, Film, Rundfunk und Fernsehen einer größeren Anzahl von Menschen Lebenstexte und -bilder. Es ist schwer zu entscheiden, wieweit die Produzenten der Medieninhalte die Erwartungen der Empfänger vorwegnehmen und zur Sprache bringen oder ins Bild setzen. In verschiedenen Untersuchungen wird darauf hingewiesen, daß die Einflüsse erst dann einstellungsbildend und -verändernd wirksam werden, wenn sie auf entsprechende Erwartungs- und Einstellungsbereitschaften bei den Empfängern treffen.

Um die Einflußwirkung genauer zu erfassen, hat sich die Forschung vor allem für die bewußt geplanten und veranstalteten kommunikativen Beeinflussungen interessiert.

Die bewußten kommunikativen Einflüsse. Das klassische Beschreibungsmodell finden wir in der von H. D. Lasswell (1948) aufgestellten Formel: Wer sagt was zu wem wie und mit welchem Effekt? Dieses Modell macht uns auf die verschiedenen Determinanten des kommunikativen Einflusses aufmerksam, auf den Kommunikator, die Kommunikation selber, die Art der Übermittlung, die Eigenart des Empfängers und die Wirkung der Botschaft. Es vernachlässigt allerdings die Rückwirkung des Kommunikanten auf den Kommunikator, die Interaktion.

McGuire hat darauf hingewiesen, daß sich der Prozeß der Einstellungsentstehung und -veränderung in fünf Schritten vollzieht:

(1) Aufmerksamkeit wird erregt.
(2) Kommunikation wird aufgenommen und verstanden.
(3) Bewertung und Akzeptieren der empfangenen Aussagen.
(4) Speicherung der veränderten Einstellung.
(5) Handlung gemäß der veränderten Einstellung.

McGuire geht dann noch näher auf die Aspekte des Kommunikators, der Kommunikationsform und -folge ein:

Die Aspekte des Kommunikators

Der Kommunikator kann seine Macht ausspielen, dann kommt es beim Kommunikanten zur äußeren Anpassung, zur Geste der Folgsamkeit. Er kann aber auch liebenswürdig und sympathisch sein, dann wird sich beim Kommunikanten der Wunsch entwickeln, die Verbindung aufrechtzuerhalten. Er identifiziert sich mit dem Kommunikator. Dieser kann aber letztlich durch seine Fachkompetenz überzeugen, so daß der Kommunikant sich seine Anschauungen zu eigen macht.

Wie Kelman gezeigt hat, sind diese drei Einstellungsänderungen – Einstellung als Willfährigkeit, als Identifikation und Internalisation – in ihrem Aufbau und ihrer Auswirkung sehr unterschiedlich (Kelman 1958, 51–60; 1961, 57–78). Man kann drei Merkmale des Kommunikators, die auch gebündelt auftreten können, herausstellen:

(1) *Glaubwürdigkeit.* In diesem Zusammenhang sind vor allem zwei Aspekte untersucht worden: die Vertrauenswürdigkeit und die Sachkenntnis. *Die Vertrauenswürdigkeit* stützt sich vor allem auf bisherige Erfahrungen mit dem Kommunikator, auf die Gründlichkeit seiner Argumente, auf die Sachlichkeit seiner Urteile, auf die Wahrhaftigkeit und den Ernst seiner Aussagen und Entscheidungen und nicht zuletzt auf die Offenheit, d. h. auf die Fähigkeit, Einwände entgegenzunehmen und sie freimütig zu bedenken. Im gleichen Sinne wirkt auch *Sachkenntnis* einstellungsbildend und -verändernd. Sachkenntnis ist das Ergebnis einer gründlichen Auseinandersetzung mit einer Aussagematerie. Diese Kenntnis stützt sich auf präzise beleg- und nachprüfbare Fakten und Zusammenhänge. Der Sachkundige vermag das Detailproblem in seinen weiteren Fundierungs- und Wirkungseffekten zu erfassen und darzustellen.

(2) *Attraktivität.* Menschen, die wir als Persönlichkeiten schätzen, werden als ähnlich erlebt, sie sind uns vertraut: Wir finden sie sympathisch. Daraus resultiert der Wunsch, die Beziehung zu ihnen aufrechtzuerhalten. Es ist eine Frage, worin die Ähnlichkeit besonders gegeben wird: in der Übereinstimmung von Normen und Werten oder in sozio-ökonomischen Herkunftsmerkmalen. Es scheint so – und das ist auch die Auffassung von Rokeach –, daß die ideologische Ähnlichkeit dominant ist. Im allgemeinen kann man sagen, daß im Mittelbereich zwischen geringer Bekanntheit und völliger Bekanntheit die Sympathie mit dem Grad der Bekanntheit zunimmt. Also: Bekanntwerden fördert Sympathie.

(3) *Macht.* Wir können Menschen in abhängiger Situation mit mehr oder weniger Druck zu einem bestimmten Verhalten veranlassen und zwingen. Die Betreffenden geben sich zunächst den Schein der Füg- und Folgsamkeit. Innere Widerstände vermitteln den so Behandelten, daß sie als gespaltene Existenz leben. Doch der Mensch vermag zumeist nicht über längere Zeit in dieser emotional-kognitiven Dissonanz zu leben. Recht häufig wird dann aus der oberflächlichen Zustimmung im Laufe der Zeit eine verinnerlichte Annahme. Der Mensch versucht in Identität mit sich selbst zu leben. H.-R. Lückert hat auf dieses Phänomen unter dem Stichwort "imitative Aggression" hingewiesen:

"In Gefangenenlagern kann man immer wieder beobachten, daß nach einiger Zeit einige Gefangene das Gebaren der Wachmannschaften übernehmen (Frontwechsel). Tarde spricht von einer 'oppositio par l'imitation'. Sobald neue Gefangene eintreffen, schikanieren sie diese und übernehmen die brutale Haltung ihrer Quäler. Die überstarke Aggression gegen die Wachmannschaft hat sich umgekehrt und von ihnen selbst Besitz ergriffen. Die innere Dynamik dieses Vorgangs ist noch nicht restlos geklärt. Am nächsten kommt man ihr wohl mit folgender Hypothese auf die Spur: die Gefangenschaft und die Aussichtslosigkeit der Lage, der außergewöhnliche äußere und innere Druck (das Ohnmachtsgefühl) führen zu einer durchgreifenden Regression. Der Mensch sinkt gleichsam auf das frühkindliche Stadium der völligen Hilflosigkeit. In diesem Stadium wird nun auch die infantile Identität – die 'symbiotische Einheit' – und damit der Vorgang der infantilen Identifizierung wieder aktiviert. Diese Identifizierung dient auf solche Weise – wie alle Psychismen – der Selbsterhaltung." (Lückert 1972, 305f)

In den Forschungen zur "forced compliance" (erzwungene Unterwerfung) ist dieses Thema ausführlich behandelt. (Frey 1971, 323–342)

Zugleich ist hier ein für die Therapie äußerst wichtiges Problem angesprochen. Gelegentlich kommen Klienten, die wohl Einsicht in ihr selbstunsicheres Verhalten haben, es aber über die innere Neuorientierung nicht abzubauen vermögen. Hier hilft dann oft die zunächst rein äußerliche Übernahme und Einübung selbstbewußten Verhaltens: aufrechter Gang und Stand, Blickkontakt, mittlere Lautstärke der verbalen Zuwendung usw. Durch die Rückmeldung des Verhaltens beim Klienten selbst, aber auch über die Bezugsperson, kommt es zu einem kumulativen Internalisierungsprozeß, in dem schrittweise sich die entsprechenden Emotionen und Kognitionen etablieren.

Die Kommunikationsform und -folge

Zunächst wollen wir uns mit der Art und Weise der Vermittlung bzw. des Einflusses befassen. Es gibt hier zwei Formen des Appells, den mehr emotional ausgerichteten und den mehr rational bestimmten Einflußversuch.

Ganz allgemein kann man sagen, daß sowohl die eine als auch die andere Art Wirkungen auf Einstellungsentstehung und -wandel zustande bringen. Allerdings ist es wichtig, daß sowohl in der einen als auch in der anderen Richtung nicht zu "dick aufgetragen" wird, also zu erwartende Gefahren und Nutzen, Verluste und Gewinne nicht übertrieben werden und bei dem rationalen Appell nicht nur anhand von Statistiken gearbeitet wird. Am günstigsten ist die Mischung auf mittlerem Niveau: Man spricht das Gefühl an und bringt klare, beweiskräftige Argumente.

Wichtig ist auch, daß man die Zusammensetzung der Zuhörer als Variable einbezieht, ihren Bildungsgrad, Beruf und ihre Interessenlagen. Diese Bedingungen sind übrigens von besonderer Bedeutung, wenn man sich die Frage stellt, ob der Kommunikator die Schlußfolgerungen explizit formulieren oder die Zuhörer zu eigenen Schlußfolgerungen anregen soll. Es scheint zweckmäßig zu sein, wenn der Kommunikator spezielle Denkanstöße gibt.

Bei der Frage nach der Wirksamkeit der Kommunikation spielen die *Reihenfolge der Argumente*, die *Plazierung des Höhepunkts einer Information* und die Frage nach der Einseitigkeit bzw. *Ausgewogenheit bei der Behandlung eines Themas* eine Rolle.

Wichtig ist, daß man zunächst das Interesse des Zuhörers und seine Zuwendung (Geneigtheit) gewinnt und damit seine Aufmerksamkeit erregt und wachhält. Es scheint günstig zu sein, wenn man das "schlagende" Argument am Ende bringt, die Argumentenkette aber schrittweise auf das überzeugendste Argument ausrichtet. Der Höhepunkt sollte also am Ende liegen, da der Wirkungseffekt dann gut ausschwingen kann.

Wenn der Kommunikator auf Langzeitwirkung bedacht ist, und nur diese steht ja mit Einstellungsbildung und -veränderung im Bezug, dann wird er sich um eine möglichst ausgewogene Darstellung bemühen, die Contras und dann die Pros bringen. Es hat sich gezeigt, daß die so angesprochenen Personen im höheren Grade immun sind gegen die Einflüsse einer nachfolgenden Gegendarstellung.

Einen Faktor, den wir noch erwähnen sollten, ist die *Situation des Zuhörers*. Menschen mit emotionaler Labilität und geringerem Selbstwertgefühl nehmen sachliche Informationen, also Informationen, die nicht ihr Selbstwertgefühl attackieren, leichter auf als selbstsichere. Gegenüber Hinweisen, die als Kritik am Selbst aufgefaßt werden, sind Selbstunsichere jedoch hartnäckig abweisend. Das uneingestandene Minderwertigkeitsgefühl wehrt sich gegen weiteren Abstieg; der Betreffende verharrt in stupider Rigidität auf seinem Standpunkt. Das Problem ist therapeutisch von Wichtigkeit; hier aber komplizierter. Klienten – speziell Zwangskranke – neigen dazu, an sich neutrale Objekte, Situationen, Personen und Ereignisse mit "bedrohlicher Valenz" zu belegen. Damit wird ihre neurotische Lebenseinschränkung verfestigt und zugleich gerechtfertigt.

Die *soziale Situation* des Zuhörers ist zu berücksichtigen. Innerhalb der Gruppe ist er Einflüssen im allgemeinen eher zugänglich als gegenüber Außeneinflüssen. Das Gefühl der Zugehörigkeit zu einer Gruppe macht resistent gegen Einflüsse von außen. Allerdings ist hier noch die Position des einzelnen in der Gruppe zu berücksichtigen.

Von Bedeutung ist auch die jeweilige *Ausgangslage des Zuhörers*. Sie bestimmt in hohem Maße seine Aufnahmebereitschaft. Im einzelnen handelt es sich um folgende, zum Teil schon erwähnte Faktoren wie Erfahrung und Informationsstand, Interesse und Aufmerksamkeit, Einstellung und Meinung. Ein Kommunikator, der in einer Weise spricht, die sich stark von der Meinung seiner Zuhörer unterscheidet, setzt sich zwei Gefahren aus.

> "Die erste Gefahr besteht darin, daß man ihm gar nicht zuhört, d. h. zu seinem Vortrag einfach nicht hingeht oder das Radio abschaltet. Diese Gefahr läuft unter dem Begriff 'selective exposure', selektives Sich-aussetzen. Die zweite Gefahr liegt darin, daß man die Haltung des Kommunikators falsch interpretiert, wenn er Bereiche anspricht, die man ablehnt."
> (Mueller u. Thomas 1974, 272)

Es gibt zwei Auffassungen. Nach der einen haben auch recht extrem vertretene Meinungen noch beachtliche einstellungsverändernde Wirkung. Die andere Auffassung ist differenzierter. Sie unterscheidet beim Zuhörer drei Zonen der Einstellung: die Zone des Annehmbaren und Vertretbaren, die der Indifferenz, in der der Zuhörer keine feste Meinung hat, und dann die Zone des Unannehmbaren. Die größte Chance, Veränderungen zu erreichen, hat der Kommunikator, wenn er die Zone der Indifferenz beim anderen anspricht. Wenn jedoch der Kommunikator auf den Bereich der Ablehnung stößt, wird seine Meinung durch einen Abwehr- und Kontrasteffekt als unähnlicher angesehen, als sie vielleicht ist. Für beide Auffassungen gibt es bestätigende empirische Befunde.

Doch kann man diesen Widerspruch aufklären, wenn man die Diskrepanzen, die bei jeder Beeinflussung auftreten, genauer beachtet und hier eine Unterscheidung einführt: *Diskrepanz der Argumentationsstile* und *Diskrepanz der Einstellung*. Wenn der Kommunikator sich der Denkschablone und Argumentationstechnik seiner Zuhörer bedient, kann er recht extreme Meinungen vertreten, ohne auf Ablehnung zu stoßen.

Wir wissen, daß Einstellungen und Werthaltungen im sozialen Kontext erworben werden, damit auch über den Einfluß von Gruppen beim einzelnen verändert werden können. Um in der Gruppe akzeptiert zu werden, muß sich der einzelne den Normen der Gruppe anpassen.

Da diese Arbeit sich auf die kognitive Einzeltherapie bezieht, können wir die Gruppenaspekte vernachlässigen. Wir sollten uns allerdings stets darüber im klaren sein, daß positive und förderliche Einstellungen, um stabil zu werden, auf die Stützung, Ermutigung und Belohnung durch andere (Gleichgesinnte) angewiesen sind.

Einstellung und Verhalten

Wir sind zumeist davon überzeugt, daß Einstellungen das Verhalten beeinflussen. Doch es gibt für diese Annahme überraschenderweise kaum gesicherte Belege.

> "Nach mehr als 75 Jahren Einstellungsforschung gibt es, wenn überhaupt, dann nur sehr wenige gesicherte Befunde zur Stützung der Hypothese, daß die Kenntnis der individuellen Einstellung zu einem Sachverhalt eine Voraussage über das tatsächliche Verhalten diesem Sachverhalt gegenüber erlaubt." (Fishbein 1967, 477)

Mueller u. Thomas (1974) weisen im Anschluß an dieses Zitat auf einen weiteren Beleg hin:

> "Noch weniger gesichert ist die Meinung, daß auf eine wie auch immer erreichte Einstellungsänderung eine Verhaltensänderung folgt. Festinger ist dieser Frage nachgegangen. Erstens fand er bis 1963 überhaupt nur ganz wenige Untersuchungen, die sich bis dahin mit dieser Frage befaßt hatten. Und zweitens waren die wenigen Untersuchungen zu unklaren, wenn nicht gar gegenläufigen Ergebnissen gekommen."

Festinger (1964, 416/417) kommt zu dem Schluß:

> "Zur Zeit behaupte ich: Damit auf eine Meinungsänderung auch eine überdauernde Verhaltensänderung folgt, muß eine Änderung im Lebensraum erreicht werden, die ... dergestalt ist, daß das neue Verhalten und die neue Meinung gestützt werden ... Was ich betonen möchte, ist, daß wir in aller Ruhe und Gelassenheit ein sehr wesentliches Problem ignoriert haben. Wir haben uns selbst mehr oder weniger überredet, daß wir eine Beziehung zwischen

> Einstellungswandel und nachfolgendem Verhalten natürlich einfach annehmen können ... Aber die wenigen hier relevanten Untersuchungen zeigen mit Sicherheit, daß diese 'offensichtliche' Beziehung vermutlich nicht existiert, sondern daß in der Tat allenfalls einige nicht offensichtliche Beziehungen bestehen mögen." (Mueller u. Thomas 1974, 298)

Wie ist diese Inkonsistenz von Einstellung und Verhalten zu erklären? Mueller und Thomas weisen zunächst auf methodische Fehlerquellen der Untersuchungen hin. Die wichtigste ist unseres Erachtens dadurch gegeben, daß verhältnismäßig differenzierte Skalen zur Einstellungsmessung vorliegen, aber recht ungenaue Versuche von Verhaltensmessungen. Daneben sind noch zwei Punkte von Bedeutung: einmal, daß der Versuchsleiter mehr oder weniger bewußt auf das Ergebnis der Einstellungsmessung Einfluß nimmt. Die Testperson möchte mit ihrer Antwort auf den Interviewer einwirken. Zum anderen werden in den Einstellungsskalen Einstellungen zu einer Gruppe erfaßt; daraus werden Voraussagen abgeleitet über das Verhalten des Einstellungsträgers zu Einzelpersonen.

> "Da aber die Einzelperson nur bedingt und teilweise als Gruppenmitglied angesprochen werden kann, spielt die Einstellung zur Gruppe nur eine begrenzte Rolle für die Wahl des Verhaltens. Entweder sollten wir die Einstellung zu einer bestimmten Person zu erfassen suchen, oder aber wir sollten unsere Verhaltensvoraussagen auch nur auf das Verhalten gegenüber Gruppen erstrecken." (Mueller u. Thomas 1974, 299)

Die Annahme einer Konsistenz von Einstellung und Verhalten ist aber auch durch sachliche Gründe nicht zu rechtfertigen. Mueller und Thomas weisen auf drei Überlegungen hin:

(1) *Verhaltensrelevanz der Einstellung.* Die Einstellung zu bestimmten Speisen ist als spezifische Einstellung im höheren Grade verhaltensbezogen. Während die Einstellung zur Friedenssicherung globaler ist und widersprüchlich im Hinblick auf praktisches bzw. realpolitisches Engagement sein kann. Wir können darüber hinaus eine Einstellung zum Sterben und zum Tod haben, die wir schwerlich in bestimmten Verhaltensweisen äußern können. Mueller und Thomas führen noch die Einstellung zu Einsteins Relativitätstheorie an, die offensichtlich überhaupt nicht handlungsbezogen ist. Handlungen sind konkrete Vollzüge, damit auch eindeutiger zu erfassen und zu beschreiben.

(2) *Übersetzungsschwierigkeiten.* Einstellungen werden als Handlungsdispositionen definiert. Im Sozialisationsprozeß lernen wir vielerlei Einstellungen; es wird uns aber nur in meist unzureichender Weise vermittelt, wie diese Einstellungen im Verhalten und Handeln zu realisieren sind. So lernen bayerische Kinder nach dem neuen Lehrplan wieder, ihre Heimat zu beachten und zu schätzen; es ist aber schwer, im einzelnen zu zeigen, wie sie den Wert "Heimat" im Verhalten Ausdruck verleihen können.

(3) *Einstellung und Situation.* Verhalten spielt sich in Situationen und in bezug auf Personen ab; Einstellungen sind meist entweder personenbezogen oder situationsspezifisch. Nach Rokeach kann man die Einstellung im Hinblick auf eine Handlungsvoraussage nur dann präzisieren, wenn man mindestens zwei Einstellungen erfaßt: die Einstellung zum Handlungsobjekt und die Einstellung zur Situation, in der gehandelt wird. Kompliziert wird das Problem dadurch, daß wir sowohl zum Objekt als auch zur Situation jeweils mehr als nur eine Einstellung haben. Das Ergebnis, das man aus den vorliegenden Untersuchungen formulieren kann, ist, daß Einstellung möglicherweise

Die Einstellung und Überzeugung 127

eine Variable unter anderen bei der Voraussage von Handlungsvollzügen darstellt. Von wahrscheinlich höherer Bedeutung ist die Kenntnis der normativen Situationsanforderungen.

Die Schwierigkeit, mit der wir es hier zu tun haben, liegt vor allem darin, daß die Einstellung verallgemeinerten Zustandscharakter und die Handlung konkreten Prozeß- und Vollzugscharakter hat. Aus verallgemeinerten Zuständen, etwa dem Intelligenzquotienten, läßt sich keineswegs mit Sicherheit voraussagen, daß jemand mit einem hohen Intelligenzniveau sich in dieser oder jener Situation intelligent verhält und entsprechend handelt. Er mag intelligent beim Lösen bestimmter Testaufgaben sein und kann dumm bei der Lösung physikalischer oder sozialer Probleme sein.

Was wir hier bei der *Einstellung* (Haltung und Meinung) festgestellt haben, gilt im vergleichbaren Sinne für Einsicht, Wissen und Intelligenz. Näher am Verhalten und Handeln – aber wie alle anderen Dispositionen zunächst auf eine Situation bezogen – ist das Interesse. Wir können uns das Variablennetz wie folgt vorstellen:

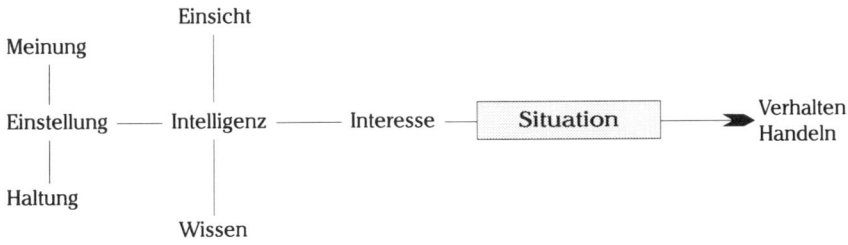

Abb. 26: Das Variablennetz

Die Überzeugung

Der menschliche Organismus reagiert auf eine "konstruierte" Realität und die Art dieser "Konstruktion" beeinflußt die Varianz des Verhaltens.

Die Verbreitung dieser "angenommenen Welten" (Frank 1961) wird dadurch verhüllt, daß es sich um viele gemeinsame und häufig kulturell vermittelte Illusionen handelt. Lediglich wenn unsere Überzeugungen (und die mit ihnen verbundenen Handlungen) sich beträchtlich von denen unterscheiden, die sozial anerkannt sind, wird das Etikett "Abweichung" verwendet.

Regeln, Einstellungen, Überzeugungen, Erwartungen und Vorstellungen spielen im Leben eine große Rolle. Sie sind – als verdeckte oder symbolische Ereignisse – jedoch längere Zeit von der Lernpsychologie weniger beachtet worden.

Das Problem der Überzeugung wurde am intensivsten von Rokeach 1960, McGuire 1968, 140–162 und Bem 1970 behandelt. Bem führt aus, daß Überzeugungen und Einstellungen des Menschen ihre Ursache in vier menschlichen Aktivitäten haben: dem Denken, Fühlen, Verhalten und der Interaktion. Bei der kognitiven-symbolischen Struktur unterscheidet er zwischen primitiven Überzeugungen und Überzeugungen höherer Ordnung. Die primitiven Überzeugungen, die er auch als implizite Glaubenssprünge bezeichnet, benötigen keine experimentelle Bestätigung oder formale Rechtfertigung. Wir zweifeln im allgemeinen nicht an der Gültigkeit unserer eigenen Sinneseindrücke, auch stellen wir Annahmen, wie die der Kausalität nicht in Frage. Im Gegensatz dazu stehen z. B. politische Einstellungen. Sie bedürfen der Bestätigung und Rechtfertigung.

Überzeugungen haben voraussagbares Verhalten zur Folge. Die Stärke der Überzeugung spiegelt sich in der Häufigkeit und Form der Handlungen, die sie hervorruft.

Nach Rokeach unterscheiden sich die Menschen auf der Grundlage ihrer Rigidität oder Offenheit für kognitive Veränderungen. Eine kognitiv-offene Person ist flexibler und sensibler für eine genaue Informationsverarbeitung. Kognitiv-verschlossene (rigide) Personen, wie z. B. Fanatiker, sind bei ihren Realitätsverzerrungen zuversichtlich stur.

Es gibt verschiedene Theoriensätze, um das Phänomen der Überzeugung angemessen zu beschreiben und zu erklären. Einmal sieht man in der Überzeugung eine *implizite Selbstverbalisierung*. Auch wenn diese häufig wiederholt wird, so reicht sie doch nicht aus, um die Entstehung von Überzeugungen zu erklären. Eine andere Auffassung vertritt Ellis. Nach ihm haben Überzeugungen als logische Rechtfertigungen die *innere Konsistenz von Denkstrukturen*. Auch diese Auffassung erklärt nicht die Entstehung. Sie kann allerdings darauf hinweisen, daß eine logische Selbstüberprüfung deutliche Überzeugungs- und Verhaltensänderungen induzieren kann. Verdeutlicht wird dies noch durch den Sokrates-Effekt, wie ihn Rosen u. Wyer (1972, 420–424) beschreiben. Wenn Individuen die Rationalität und die Kohärenz ihrer eigenen Überzeugungen selbst überprüfen und bewerten dürfen, sind die resultierenden kognitiven Veränderungen oft deutlicher und dauerhafter als bei Anwendung einer didaktischen Vermittlungsstrategie. Die Unstimmigkeit wird auf diese Weise besonders nah erlebt. Der Sokrates-Effekt sollte zur Verfeinerung des rational-emotiven Verfahrens genutzt werden.

Überzeugungen sind oft extrem änderungsresistent. Sie können nur durch widerlegende Beweise beeinflußt werden (Wason P. C.: Problem solving and reasoning. Brit. Medic. Bulletin 1971, 200–210). Auch bei solchen Beweisen versucht der Mensch durch hinhaltenden Widerstand seine Überzeugungen zu halten. Wir sind vielmehr auf Bestätigung unserer Ansichten und Einstellungen aus als auf deren Widerlegung und damit Korrektur. Dies hat schon Francis Bacon in seinem Novum organum (1621 – Oxford Univ. Press, Oxford 1889, 46) klar erkannt:

> "Wenn eine Behauptung einmal feststeht, zwingt der menschliche Verstand alles, neue Unterstützung dafür und Bestätigung hinzuzufügen; und obwohl sehr zwingende und zahlreiche gegenteilige Beispiele bestehen können, beachtet er sie entweder nicht oder schätzt sie gering oder ... weist sie eher zurück, als daß er die Autorität seiner ersten Konklusionen opfert."

Der Mensch strebt also danach, seine Überzeugungen zu stützen. Für ihn ist Verifikation wichtiger als Falsifikation. Dies gilt nicht nur für den Alltagsmenschen, sondern auch für Wissenschaftler. (Kuhn 1978)

Personen achten selektiv auf betätigende Erfahrungen. Sie begeben sich auch in Umwelten, die die Wahrscheinlichkeit solchen Feedbacks erhöhen. Erfahrungen, die unserer angenommenen Welt widersprechen, werden selektiv ignoriert oder verzerrt.

Dieser inselhaften Trägheit geschlossener Systeme begegnen wir deutlich in den Illusionen und extrem in der Paranoia.

Wir stellen uns die Frage nach den wirksamsten *Mitteln, die eine therapeutische Überzeugungsänderung* herbeiführen.

Wir haben leider wenig Daten über die praktischen Effekte der Strategien zur Änderung von Überzeugungen im klinischen Bereich. Die meisten Untersuchungen beziehen sich auf wirtschaftliche und politische Meinungsumfragen, Änderungen der Verbrauchergewohnheiten, d. h. Verbraucherüberzeugungen u. a.

> "Unterdessen werden unsere Kliniken, Hospitäler und Heime von Personen bewohnt, deren Existenz und tägliches Wohlbefinden durch gestörte Überzeugungen peinlich gefährdet werden. Der klinische Wissenschaftler bezeugt das extreme persönliche Leiden, das täglich in unseren 'psychiatrischen' Institutionen beobachtet wird. Hätten wir der Verfeinerung der Techniken der therapeutischen Überzeugungsänderung ebensoviel Zeit und konzentrierte Forschungsbemühungen gewidmet, wie wir in die Marketing-Forschung investierten, könnte die Durchgängigkeit der zeitgenössischen Denkstörungen deutlich reduziert worden sein." (Mahoney 1977, 272f)

Es gibt verschiedene Strategien zur Änderung von Überzeugungen. Ihre Valenz und erfolgversprechende Verknüpfung ist allerdings noch nicht durch klinische Studien aufgezeigt worden. Wir müssen uns vorerst mit einer Aufzählung begnügen:

(1) Wichtig ist zunächst, daß man die Überzeugung, die man zu ändern beabsichtigt, deutlich herausstellt und dem Klienten bewußt macht.

(2) Die Überzeugung ist auf ihren Inhalt hin kritisch zu überprüfen. Wie weit ist sie als Ergebnis gesammelter Erfahrungen entstanden? Handelt es sich bei ihr um eine vorzeitige Verallgemeinerung?

(3) In einem weiteren Schritt sind die Konsequenzen dieser Überzeugung festzustellen. Der Klient erkennt, daß seine neurotischen Überzeugungen nur von einem sehr begrenzten privaten Nutzen sind, ihn mehr einschränken als freimachen.

(4) Es ist an einzelnen Beispielen aufzuzeigen, wie weit und wie oft die aufgebaute Überzeugung den Klienten schon bestimmt hat, wie weit er dem Mechanismus der sich selbstbestätigenden Überzeugung unterlegen ist. Diese bestätigende Erfahrung ist der wichtigste Faktor bei der Aufrechterhaltung von Überzeugungen. Der Klient erkennt, daß der Begriff der Erfahrung doppeldeutig ist. Sie kann – wenn es sich um offene Erfahrungen handelt – unser Wissen und Können erweitern und vertiefen; sie kann aber auch – wenn wir es mit einer präparierten, d. h. vorgeformten Erfahrung zu tun haben – unser Wissen und Können gegen Veränderungen abschirmen und verfestigen.

Wenn der Klient die Zusammenhänge und Hintergründe seiner selbstschädigenden Überzeugungen erkannt und verstanden hat, kann er daran gehen, sie zu modifizieren. Die Notwendigkeit einer Änderung hängt von der Art der Überzeugung ab. Manche Überzeugungen sind für das Zusammenleben der Menschen ohne besondere Bedeutung, so wenn z. B. jemand der Auffassung ist, daß religiöse Menschen ohne Angst sterben. Andere Überzeugungen können das Zusammenleben mit andern beträchtlichen stören, etwa wenn jemand die Maxime vertritt, daß man im Leben nur vorankommt, wenn man sich jederzeit aggressiv durchsetzt. Daneben gibt es verdeckte Überzeugungen, die nichtsdestoweniger unser Verhalten offenkundig steuern, so wenn jemand glaubt, Krebs sei ansteckend, und daher ängstlich den Kontakt mit Krebskranken vermeidet.

Wie kann der Therapeut dem Klienten helfen, seine unproduktiven oder selbstschädigenden Überzeugungen zu überwinden? Es bieten sich mehrere Wege an:

(1) Information. Manche Überzeugungen können durch Vermittlung von zutreffenden Kenntnissen korrigiert werden.
(2) Wenn der Klient von seiner störenden Überzeugung abkommen will, hilft manchmal, daß er sich mit der konträren Überzeugung befreundet und sie – wenn auch zunächst probeweise – annimmt.
(3) Mit dem Therapeuten gemeinsam kann der Klient auch kurze Sätze formulieren, die mit der angestrebten neuen Ansicht vereinbar sind. Sie sollten auf ein Kärtchen geschrieben und vor jeder Mahlzeit rekapituliert werden. Die Mahlzeiten sind dabei nicht als Verstärker zu betrachten, sondern als Hinweisreize. Eine junge Studentin – der man diese Prozedur empfohlen hatte –

"wandte sich gegen die Künstlichkeit der Übung, aber stimmte zu, sie zu versuchen. Nach einer Woche gab es keine Veränderung. In der Mitte der zweiten Woche rief sie jedoch den Therapeuten zu Hause an und rief aus: 'Ich kann es nicht verstehen – es ist etwas passiert! Ich glaube, was ich mir selbst sage!'" (Mahoney 1977, 276f)

(4) Der Klient kann auch so tun, als verträte er die neue Auffassung. Dieses Als-ob-Spiel führt in vielen Fällen schrittweise zur Einnahme der erstrebten Position.
(5) Da Lernen von Überzeugungen z. T. Lernen am Modell ist, scheint es zweckmäßig zu sein, den Klienten mit solchen Modellpersonen zusammenzubringen. Je ähnlicher diese Modelle dem Klienten z. B. im Alter, in der Lebensauffassung, in Bildung und Hobby sind, desto eher wird der Klient die Überzeugung der anderen übernehmen.

Der Prozeß der Überzeugungsmodifikation kann sich allmählich oder als plötzlicher Umbruch vollziehen. Man kann beide Arten besonders gut bei der Behandlung von Phobien erkennen, wo manchmal erst die schrittweise Annäherung eine Lösung bewirkt, manchmal aber auch – vielleicht auf halbem Wege – ein kognitives Einrasten stattfindet. Es scheint so, daß es bei der Anbahnung von Verhaltens- und Überzeugungsmodifikation – sei es bei Desensibilisieren oder beim teilnehmenden Modellernen – einen bestimmten Erfolgspunkt gibt, ab dem die neue Einsicht oder/und Verhaltensweise etabliert ist. Recht häufig lassen sich Veränderungen beider Arten der Überzeugungsänderung nachweisen. So kann die kognitive Umstrukturierung einer allmählichen und relativ abgestuften Generalisierungskurve folgen.

"Der Klient kann also bestimmte Überzeugungen auf Alles-oder-Nichts-Weise ändern und ihre Änderung kann wiederum eine Breitenwirkung auf damit zusammenhängende oder übergeordnete Annahmen haben. Wenn genügend 'Einzelheiten' modifiziert wurden, kann die 'Generalisierung' selbst angegangen werden." (Mahoney 1977, 276)

So kommt es auch in der Wissenschaft vor, daß im Fortschritt erst einzelne Hypothesen modifiziert werden, bis dann – wie Thomas Kuhn gezeigt hat – geradezu in einer Art Kippschwingung ein Wechsel im ganzen Paradigma erfolgt.

In der Literatur zum Aberglauben werden häufig Beispiele genannt, bei denen eine einzige Erfahrung eine Überzeugung bewirken kann (vgl. Jahoda 1969).

3. Die Attribution (Konstruktion)

Wir schreiben den Ereignissen und Geschehnissen um uns herum Ursachen zu; so auch den Handlungen anderer Personen und unseren eigenen Verhaltensweisen. Die Attributionstheorie hat darauf aufmerksam gemacht, daß an- oder wahrgenommene Kausalität das Verhalten beeinflußt. Wenn ich z. B. meine Kopfschmerzen und Schwindelanfälle als Anzeichen meiner inaktiven Lebensweise oder als Symptom einer fortschreitenden Cerebralsklerose auffasse, werde ich mich jeweils verschieden verhalten. Im ersten Falle kann ich durch eine Veränderung meiner Lebensweise auf Besserung hoffen, im anderen Falle werde ich mich eher um symptomreduzierende Medikamente bemühen. Wenn ich das schlechte Abschneiden in der akademischen Prüfung meiner Faulheit oder einer schwächeren Intelligenz oder der unklaren Themenformulierung der Prüfungsveranstalter zuschreibe, werde ich mich in jedem der Fälle anders verhalten und von der Zukunft anderes erwarten. Wenn sich ein Klient als "endogen depressiv" – aufgrund eines psychiatrischen Gutachtens – bezeichnet und dann in der psychotherapeutischen Diagnose erfährt, daß es sich bei ihm mit hoher Wahrscheinlichkeit um eine "reaktive Depression" handelt, wird er die Therapie in sehr verschiedener Weise annehmen und in ihr mitarbeiten.

Die Forschungen zur Attributionspsychologie, die sich in den USA seit Ende der fünfziger Jahre erst langsam, dann stürmisch entwickelten, sind bei uns erst Ende der siebziger Jahre, speziell durch die Übersichtswerke von Herkner (1980) und Mielke (1982) bekanntgeworden.

Wir neigen also dazu, ein beobachtetes Ereignis oder Verhalten auf gewisse Ursachen zurückzuführen. Diese "Wahrnehmungen" von Kausalbeziehungen, diese Attributionen bestimmen weitgehend, wie man auf das Ereignis reagiert.

Heider, der Initiator der Attributionsforschung, unterscheidet zwischen "wahrgenommenen" Ursachen bei *Personen* und *Situationen* (Personen- und Situationsattributionen oder Dispositions- und Stimulationsattributionen). Herkner verdeutlicht diese Klassifizierung durch einige Beispiele:

> "A hat die Prüfung mit sehr gut bestanden, weil er so begabt ist (Personenattribution), oder weil die Fragen so leicht waren (Situationsattribution). – Alle Beziehungen von B scheitern, weil B ein schwieriger Mensch ist (P), oder weil B immer die falschen Partner trifft (S). – C lobt das neue Buch, weil es ihm gefällt (P), oder weil er seinen Bekannten nicht widersprechen will (S) ... Die Unterscheidung in Personen- und Situationsattributionen ist nicht nur bei der Wahrnehmung anderer Personen, sondern auch bei der Selbstwahrnehmung wichtig: Ich war unfreundlich zu E, weil ich gerade schlecht gelaunt war (P), oder weil er mich provoziert hat (S). – Ich habe beim Spiel gewonnen, weil mein 'System' richtig ist (P), oder weil ich Glück hatte (S). – Ich verstehe das Buch nicht, weil ich unkonzentriert bin (P) oder weil das Buch schlecht ist (S)." (Herkner 1980, 11f)

Die unterschiedlichen Attributionen haben unterschiedliche Erlebnisbedeutungen und -auswirkungen. Erfolg, der meiner Fähigkeit zugeschrieben wird, erscheint mir im allgemeinen befriedigender als Erfolg, der von einem Glücksumstand abzuhängen scheint.

Die wichtigsten persönlichen Faktoren sind *Fähigkeit* und *Anstrengung*. Man kann bei einer Prüfung gut abschneiden, weil man begabt ist oder sich besonders bemüht hat. Die wichtigsten Situationsfaktoren sind *Schwierigkeitsgrad* und *Zufall* (Glück oder Pech). Man kann bei einer Aufgabe versagen, weil sie zu schwierig war und/oder weil

132 Das Verhalten und die Bedeutung

man Pech gehabt hat. Die bisher angeführte Unterscheidung ist auch der Dimension intern/extern zuzuordnen. Spricht man aber von relativ stabilen Attributionsfaktoren, dann meint man *Fähigkeit* und *Schwierigkeit*, bei den relativ instabilen Faktoren *Anstrengungen* und *Zufall*.

Nach dieser Phänomenbeschreibung heben wir aus den umfangreichen Berichten zur Attributionsforschung nur sieben Aspekte heraus, die das Konzept jeweils in einer bestimmten Weise ergänzen:

(1) die Attributionsentstehung nach Kelly,
(2) die Lokalisation der Kontrollüberzeugung nach Rotter,
(3) die Auffälligkeitshypothese von Duval,
(4) die kognitive Emotionstheorie nach Schachter,
(5) das Konzept der gelernten Hilflosigkeit nach Seligman,
(6) die Leistungsattribution nach Weiner,
(7) die Theorie der Selbstwahrnehmung von Bem.

Abschließend wird kurz auf die Attributionsfehler und das Menschenbild der Attributionspsychologie eingegangen.

(1) Zur Attributionsentstehung

Wir führen nach der Theorie von Kelley ein Ergebnis auf diejenige seiner möglichen Ursachen zurück, mit der es (über die Zeit) kovariiert. Wir fragen uns, unter welchen Bedingungen das Ergebnis auftritt und wann es nicht auftritt. Drei Klassen von Informationen sind besonders wichtig: *Information über Personen, Objekte bzw. andere Personen* und *Zeit*. Wir beobachten das Verhalten einer bestimmten Person gegenüber einer anderen Person zu einem bestimmten Zeitpunkt, z.B. A beschimpft B.

Zunächst stellen wir uns die Frage: Liegt es eher an A oder B, das A B beschimpft? Zur Entscheidung sind drei Informationen wichtig: Wird B nur von A oder auch von anderen Personen beschimpft? = Information über *Konsensus* (Ks). Beschimpft A nur B oder auch andere Personen? = Information über *Distinktheit* (D). Hat A nur diesmal B beschimpft oder auch schon früher? = Information über *Konsistenz* (Kz). Hoher Konsensus besteht, wenn sich viele Personen gegenüber einem Objekt so verhalten wie A; Distinktheit ist hoch, wenn sich A nur gegenüber wenigen Objekten zu vielen Zeitpunkten gegenüber B so verhält wie zum Beobachtungszeitpunkt. Es lassen sich nach Kelly drei Hypothensen formulieren (h oder g bedeutet hoch oder gering):

(1) h Ks, h D u. h Kz → B-Attribution: B ist eine unausstehliche Person.
(2) g Ks, g D u. h Kz → A-Attribution: A ist eine aggressive Person.
(3) g Ks, h D u. g Kz → U-Attribution: (besondere Umstände sind verantwortlich zu machen): A war gerade schlechter Laune, oder B hat ausnahmsweise A provoziert.

Da vollständige Kausalanalysen aus Zeit- und Informationsmangel (über Konsensus, Distinktheit und Konsistenz) häufig nicht möglich sind, greift man zur Abkürzung des Attributionsprozesses auf *kausale Schemata*, d.h. auf gelernte Annahmen über mögliche Ursachen eines bestimmten Ereignisses zurück.

So kommt es z.B., wenn nur hoher Konsensus (viele Personen beschimpfen B) festgestellt wird, zur B-Attribution. Ähnlich führen geringe Distinktheit (A beschimpft fast alle Personen) zu einer A-Attribution und geringe Konsistenz (A hat noch nie B beschimpft) zu einer Umständeattribution.

Noch aufdringlicher kommen vorfabrizierte Kausalschemata dort zur Geltung, wo wir ein Ereignis nur einmal beobachten, also nicht Näheres über KDK wissen. Solche Schemata lauten etwa: "Nur aggressive Menschen schimpfen"; "Nur wer provoziert, wird angegriffen" oder "Bei Aggressionen sind immer beide Teile schuld".

Neben dem Einsatz kausaler Schemata spielt das *Abschwächungsprinzip* eine besondere Rolle, wo mehrere plausible Ursachen für ein Ereignis *vorhanden* sind. Der Beobachter versucht hier meistens festzustellen, welche Ursache in erster Linie wirksam war.

> "Jemand beobachtet, wie A seinem Kollegen B bei der Arbeit hilft, und er weiß, daß A dazu nicht verpflichtet ist. Der Beobachter nimmt daraufhin an, daß A ein hilfsbereiter Mensch ist. Etwas später erfährt der Beobachter, daß B sehr einflußreich ist und daß A das weiß. Zum ersten plausiblen Grund (Hilfsbereitschaft) tritt jetzt ein zweiter (A hilft B, um sich durch B Vorteile zu beschaffen). Der Beobachter wird jetzt nicht mehr mit derselben Sicherheit wie vorher annehmen, daß A hilfsbereit ist." (Herkner 1980, 24)

Wirksam ist bei diesen Versuchen der Attribution auch ein Prozeß, der in einer Hypothese von Deci formuliert wurde. Danach werden immer zuerst externe Ursachen gesucht. Sobald sie gefunden sind, wird der Attributionsprozeß abgebrochen. Wenn aber keine externen Ursachen gefunden werden, wird nach internen Ursachen weitergesucht. Bei gleichzeitigem Vorliegen externer und interner Ursachen werden die internen abgeschwächt oder eliminiert. (Deci 1975)

Wann schließt man von einem beobachteten Verhalten einer Person auf Eigenschaften dieser Person? Nach dem *Abschwächungsprinzip* von Deci werden nur dann interne Ursachen (z.B. Disposition) angenommen, wenn keine externen Ursachen feststellbar sind.

Grundlegendes Kriterium für die interne Attribution ist die wahrgenommene *Wahlfreiheit* der handelnden Person. Wo jemand aus mehreren Alternativen eine Handlung "frei" wählen kann, wird die Handlung Aufschluß über die handelnde Person – ihre Disposition gewähren. Wenn jemand die Wahl zwischen einigen Möglichkeiten trifft, die in wichtigen Merkmalen übereinstimmen, z.B. auch interessant oder/und gewinnbringend sind, so reicht die Wahlfreiheit nicht aus, um vom Verhalten auf eine entsprechende Disposition zu schließen. Hier sind dann nur *spezifische Konsequenzen* (non-common effects), die ausschließlich mit der gewählten Alternative verbunden sind, von Bedeutung. So könnte z.B. das Merkmal "anstrengend" aufschlußreich sein: Er hat großes Interesse an der Tätigkeit und ist sehr fleißig, weil die Tätigkeit besonders anstrengend ist. Die Hypothese der spezifischen Konsequenzen wurde von Newtson (1974, 489–496) untersucht und bestätigt.

Die Art unserer Attributionen wird durch viele Faktoren beeinflußt: durch frühe Erfahrungen, gegenwärtig verfügbare Informationen, persönliche Stärken oder Schwächen, aber auch günstige oder ungünstige situative Umstände. Mit den zuletzt genannten beiden Punkten wird auf ein wichtiges in der Attributionsforschung behandeltes Phänomen hingewiesen: auf die *Lokalisation der Kontrolle*.

(2) Zur Lokalisation der Kontrollüberzeugung

Wenn eine Veränderung im Verhalten oder ein Ereignis im Leben einer Person von dieser so wahrgenommen wird, daß sie nicht kontingent auf seine Handlung erfolgt, wird er sie typischerweise als das Ergebnis von Glück, Zufall, Schicksal, als kontrolliert von mächtigen Personen oder als unvorhersagbar ansehen. Wenn das Ereignis durch eine Person auf diese Weise interpretiert wird, bezeichnet Julian B. Rotter das als Glaube an externe Kontrolle. Wenn die Person das Ereignis als kontingent auf ihr eigenes Verhalten ansieht, nennt er dies Glaube an interne Kontrolle. Es geht also bei dem Konstrukt Kontrollüberzeugung darum, ob sich eine Person als aktiver Urheber oder eher als passiver Empfänger von Umwelteinflüssen sieht.

Die internale-externale Selbstwahrnehmung wird von Rotter in seiner I-E-Skala anhand von Meinungsaussagen der Versuchsperson gemessen. Sie hat sich bei angebotenen Aussagepaaren jeweils für eine Aussage zu entscheiden (Bsp.: Oft fühle ich, daß ich auf das, was mir passiert, wenig Einfluß habe. – Es ist für mich unmöglich, zu glauben, daß Zufall oder Glück eine wichtige Rolle in meinem Leben spielen).

Internale Personen unterscheiden sich in vielen Punkten von externalen Personen. Eine internal gesteuerte Person übernimmt z. B. in konkreten Situationen mehr Initiative und Verantwortung. Sie beschafft sich und verwertet Informationen oft wirkungsvoller. Personen, die ihre Leistungen eher persönlichen als zufälligen Ursachen zuschreiben, sind im Beruf zumeist aktiver und erfolgreicher. Wenn Personen ihre Schwierigkeiten (z. B. Streß) als von ihnen kontrollierbar ansehen, leiden sie im allgemeinen weniger unter dem diesbezüglichen Problem.

Es konnte nachgewiesen werden, daß zu Beginn der Therapie kleine, signifikante Erfolgserlebnisse den Klienten in Richtung der für eine erfolgreiche Therapie wichtigen Internalität beeinflussen.

> "Wenn sich jemand eher als passive Schachfigur und nicht so sehr als verantwortlich handelnd wahrnimmt, wird er mit viel geringerer Wahrscheinlichkeit aus der Therapie einen Nutzen ziehen. In der klassischen 'Du-hilfst-mir'-Einstellung von allzu vielen Klienten wird der Therapeut vielleicht eher als wohlwollender Beeinflussender und nicht so sehr als technischer Berater beim Lösen persönlicher Probleme angesehen." (Meichenbaum 1979, 249)

Im Gegensatz zu behavioristischen Lerntheoretikern postulierte Rotter, daß Verhaltenskonsequenzen (Verstärker und Strafreize) das Verhalten nicht direkt beeinflussen, sondern daß vermittelnde kognitive Prozesse (Erwartungen und Bewertungen) eine Rolle spielen. Wichtig ist auch eine Kausalattribuierung: der Ort der Kontrolle oder locus of control. (Rotter 1954)

> "Ein Ereignis befindet sich für eine Person unter interner Kontrolle, wenn die Person glaubt, daß das Eintreffen oder Ausbleiben des Ereignisses von ihrem Verhalten und/oder von ihren Eigenschaften (z. B. als Fähigkeit) abhängt. Ein Ereignis wird von einer Person als extern kontrolliert wahrgenommen, wenn sie glaubt, daß das Eintreffen oder Ausbleiben des Ereignisses nicht von ihrem Verhalten und/oder von ihren Eigenschaften abhängt, sondern von externen Faktoren (z. B. Zufall)." (Herkner 1980, 54)

Die Erwartungen bestimmter Verhaltenskonsequenzen beeinflussen weitgehend die Lernprozesse. Ein bestimmtes Verhalten wird häufiger ausgeführt, wenn die Person mit großer Wahrscheinlichkeit angenehme Folgen des Verhaltens erwartet. Die Entwicklung von Erwartungen wird von der Variable *Ort der Kontrolle* beeinflußt. Bei interner Kontrolle entwickeln sich die Erwartungen "realistisch", d. h. in Übereinstimmung mit dem Verlauf des Lernprozesses (z. B. je öfter ein Verhalten belohnt wird, desto stärker wird die Erwartung zukünftiger Belohnungen für dasselbe Verhalten). Bei externer Kontrolle entwickeln sich die Erwartungen unsystematisch und häufig im Gegensatz zu den tatsächlichen Ereignissen (z. B. werden bei externer Kontrolle häufig die Erfolgserwartungen nach einem Erfolg kleiner und nach einem Mißerfolg größer).

Rotter (1966) erweiterte das Konzept der Kontrollwahrnehmung zu einer Persönlichkeitsdimension. Er konnte Zusammenhänge zwischen dem wahrgenommenen Ort der Kontrolle und anderen psychologischen Variablen nachweisen.

Interne

(1) Sind besser über ihre Umwelt informiert;

(2) sind sozial aktiver;

(3) aufmerksamer und mehr an
Informationen interessiert:
– stellen mehr Fragen,
– schauen ihrem Interaktionspartner
öfter ins Gesicht;

(4) geben mehr Gründe für ihre Entscheidungen an;

(5) sind weniger ängstlich, neigen auch weniger
zu depressiven Verstimmungen und anderen
negativen Gefühlen.

Externe

(entsprechend gegensätzlich)

(3) Zur Auffälligkeitshypothese von Duval

Nach Duval neigen wir dazu, jenen Aspekten eines Ereignisses erhöhte Kausalwirkung zuzuschreiben, die unsere Aufmerksamkeit durch die Reizintensität, Neuigkeit usw. auf sich lenken. Die auffällige Ansicht (Frontalansicht), Position (erhöhte Stellung), Beleuchtung (auf den Gegenstand gerichtet), Bekleidung (gestreifte Bluse) oder Bewegungsart (im Stuhl schaukeln) veranlaßt uns zu betonter Personen- und geringerer Situationsattribution. (Duval 1972; McArthur u. Post 1977, 520 u. 535)

(4) Zur kognitiven Emotionstheorie von Schachter

Die Untersuchungen Rotters lassen sich gut in Einklang bringen mit den Ergebnissen zur Therapie der Fehlattribution von Schachter und Singer (1962, 379–399). Sie untersuchten die Rolle des kognitiven Etikettierens bei emotionaler Erregung. Freiwilligen Personen wurde Epinephrin injiziert, das Mittel, das die Erregung des autonomen Nervensystems ansteigen läßt (schnellerer Puls, erhöhter Blutdruck usw.). In dieser Phase erhielten einige Personen durch die Anwesenheit entsprechender Modelle Suggestionen euphorischen, andere solche ärgerlichen Verhaltens. Die Erlebnisweise entsprach bei Erregung jeweils dem Modell. Diese Untersuchungen führten zu einer Theorie über die Rolle der Kognitionen und des Etikettierens bei subjektiver Erregung.

Schachters Theorie behauptet, daß artikulierte Emotionalität aus zwei Prozessen besteht: aus der autonomen Erregung und einem kognitiven Etikett, welches die Ursache der Erregung einer emotional relevanten Quelle zuschreibt. Wenn jemand in einen physiologischen Erregungszustand gerät und diesen nicht sofort erklären kann, wird er diesen Zustand "etikettieren" und seine Gefühle beschreiben, je nachdem, welche Kognitionen ihm zur Verfügung stehen.

Schachters Gefühlstheorie (1964) enthält wesentliche attributionstheoretische Aspekte. Diese Theorie stützt sich vor allem auf drei Hypothesen:

– Physiologische Aktivierung ist eine notwendige (aber keine hinreichende) Voraussetzung für das Erleben von Gefühlen. Die Stärke der Aktivierung bestimmt die Intensität des erlebten Gefühls.
– Die Qualität des erlebten Gefühls hängt von den vorhandenen Umgebungsreizen und deren Verarbeitung ab. Die physiologischen Erregungsprozesse sind zu undifferenziert, um die erlebnismäßige Vielfalt von Gefühlen erklären zu können. Die Erregungsprozesse sind bei allen Gefühlen sehr ähnlich. Ob man die Aktivierung z. B. als Freude oder Ärger empfindet, hängt von kognitiven Prozessen ab – von der Verarbeitung der Umgebungsreize.
– Wenn man für die Aktivierung eine plausible Erklärung hat, d. h., wenn man sie auf externe Ursachen, wie z. B. die Einnahme von Medikamenten oder große Hitze, zurückführen kann, wird die Aktivierung nicht als Gefühl erlebt (sondern einfach als Herzklopfen usw.). Nur wenn keine externe Attribution möglich ist, wird die Aktivierung (unter Bezugnahme auf Situationsreize) als Gefühl interpretiert.

Nach Valins (1966, 400–408) wird die erlebte Intensität eines Gefühls weniger vom Aktivierungsgrad als solchem determiniert, sondern vielmehr durch den wahrgenommenen Aktivierungsgrad. Genauso wie objektive Sinnesreize aus verschiedenen Gründen (Ablenkung, Aufmerksamkeitsschwankungen) nicht immer gleich empfunden werden, kann auch ein und derselbe Aktivierungsgrad unterschiedlich wahrgenommen werden. Danach ist nicht die Aktivierung selbst, sondern die subjektive Information über die Aktivierung entscheidend. Wenn man z. B. beim Betrachten bestimmter Bilder den Personen eine stärkere Pulsfrequenz (Frequenz der Herztöne) über einen Apparat zuspielt, dann werden Bilder als besonders attraktiv eingestuft, bei denen die Änderung der Pulsfrequenz hörbar war. Valins stellt damit eine Selbstüberzeugungshypothese auf: Nachdem die Person hörte, daß sich ihre Pulsfrequenz bei einem bestimmten Bild ändert, betrachtet sie dieses Bild genauer und sucht nach Merkmalen, wodurch sie ihre "Aktiviertheit" erhöht haben könnte. Dadurch überzeugt sie sich selbst davon, daß das Bild attraktiv ist. – Die weiteren Untersuchungen haben ergeben, daß bei starken Emotionen der Aktiviertheitsgrad selbst und nicht die "wahrgenommene" Aktiviertheit von Bedeutung ist.

Therapeutisch ergeben sich von Valins Ansatz einige Implikationen: Man kann durch gezielte Herbeiführung einer Fehlwahrnehmung des Aktivierungsgrades die erlebte Intensität aversiver Gefühle (vor allem Angst) senken und evtl. auch Vermeidungsverhalten reduzieren, das mit der Angst verbunden ist.

Jeder unangenehme Erregungszustand (wie Angst oder Schmerz) wird als weniger intensiv (und damit weniger unangenehm) erlebt, wenn man die Symptome der Aktivierung (Zittern, Herzklopfen usw.) auf gefühlsmäßig neutrale externe Ursachen (z. B. bestimmte Placebopillen) zurückführen kann. Die Fehlattribution erhöht die Schmerzschwelle bzw. vergrößert die Schmerztoleranz, verbessert die Beschwerden.

Unterdurchschnittlich aktivierte Personen verfügen über mangelhafte Selbstkontrolle, sie sind weniger imstande, sich über antizipierte positive Konsequenzen zu freuen bzw. antizipierte Strafen zu fürchten. Schachter vertritt die Ansicht, daß eine bestimmte Gruppe von Kriminellen – Soziopathen, die als gefühllos, brutal und unbelehrbar gelten – Aktivierungsstörungen und dementsprechende Lerndefizite aufweist.

Nach Reisenzein (1983, 239–264) hat Schlachter die psychophysiologische Aktivierung für das Entstehen von Emotionen überschätzt. Emotionale Reaktionen können auch ohne kortikalen Vergleich auf direktem Wege nach dem S-R-Prinzip entstehen. Dabei kann eine kognitive Bewertung nachfolgen. Auch läßt sich nicht durch Zurückführen der erhöhten Aktivierung auf neutrale Reize die Intensität der Emotion reduzieren.

Panksepp (1982) weist darauf hin, daß Schachter die spezifischen subjektiven und physiologischen Reaktionsmuster einzelner Emotionen ignoriert hat. Die Basis der Emotionen bilden – wie auch tierexperimentelle Untersuchungen zeigen – vier transhypothalamische Exekutivsysteme, deren Erregung subjektiv als Erwartung, Wut, Furcht und Panik empfunden wird. Diese Systeme verschalten unmittelbar Reizwirkung, Emotion und Verhalten. Hardo Sorgatz (1986, 215) faßt die Ergebnisse wie folgt zusammen:

> "Das Auftreten von bestimmten Umweltreizen erfordert nach Panksepps Konzeption bei allen höheren Lebewesen rasche Anpassungsprozesse, die vorwiegend subkortikal verschaltet sein müssen. Belohnungsreize wie Wärme, Essen, Sexualpartner führen zur Erregung des Erwartungssystems und dann unmittelbar zu appetetiven Verhaltensweisen, wie motorische Annäherung und genaues Beobachten des Reizes. Einschränkungen der körperlichen Bewegung oder Frustrationen wichtiger Bedürfnisbefriedigungen führen zur Aktivierung des Wutsystems mit Angriffs- und Kampfreaktionen auf der Verhaltensebene. Das Furchtsystem wird dagegen durch Bedrohung und Schmerzreize erregt, Fluchtverhalten ist dann die häufigste Konsequenz. Der vorübergehende Verlust von Sozialpartnern ist als spezifischer Stimulus des Paniksystems anzusehen. Explosives Verhalten und heftige Unmutsäußerungen sind die direkten Konsequenzen im beobachtbaren Verhalten, wenn sich zum Beispiel die Mutter eines Säuglings nach einer längeren Zuwendungsphase abrupt von ihrem Kind entfernt."

(5) Zum Konzept der erlernten Hilflosigkeit nach Seligman

In der Theorie von Seligman wird erlernte Hilflosigkeit als (intervenierende) Variable aufgefaßt, die zwischen bestimmten Erfahrungen und den typischen Folgen dieser Erfahrungen vermittelt.

> "Wenn ein Organismus Situationen erlebt, in denen kein Zusammenhang zwischen seinem Verhalten und den Umweltereignissen (Verstärkern und Strafreizen) feststellbar ist, dann lernt er, daß die Ereignisse von seinem Verhalten unabhängig sind. Diese Wahrnehmung heißt erlernte Hilflosigkeit und beeinflußt das spätere Verhalten des Organismus in dreifacher Weise:
> – Einfluß auf die Motivation: Erlernte Hilflosigkeit führt zu Passivität. Wenn die eigenen Handlungen ohnehin zu nichts führen, ist kein Anreiz vorhanden, überhaupt etwas zu tun.
> – Einflüsse auf Lernprozesse: Nachdem man gelernt hat, daß kein Zusammenhang zwischen Verhalten und Verstärken bzw. Strafreizen besteht, ist es schwer, in nachfolgenden Lernprozessen zu erkennen, daß doch ein Zusammenhang vorhanden ist. Erlernte Hilflosigkeit beeinträchtigt spätere Lernprozesse.
> – Einflüsse auf Gefühle: Erlernte Hilflosigkeit führt zu Traurigkeit und depressiven Verstimmungen. Man ist traurig, weil man nichts ändern kann und der Welt hilflos ausgeliefert ist."
> (Herkner 1980, 56)

Seligman (1974) erweiterte seine Theorie zu einem Modell der Depression und Depressionstherapie. Es besteht Ähnlichkeit zwischen Depressionssymptomen und dem Verhalten nach der Erfahrung unkontrollierbarer Ereignisse (vor allem Passivität und der allgemeine Eindruck, nichts ändern zu können). Klienten mit Neigungen zu depressiven Verstimmungen weisen im gleichen Ausmaß Motivations- und Lerndefizite und untypische Erwartungsänderungen auf wie normale (nichtdepressive) Personen nach einem Hilflosigkeitstraining. (Klein u. Seligman 1976, 11–26)

Kritisch wurde gegen diese Depressionstheorie eingewandt, daß Depressive Erfolge weniger auf ihre Fähigkeit und Mißerfolge mehr auf ihre mangelnde Fähigkeit bzw. mangelnde Anstrengung zurückführen als nichtdepressive Personen. Sie nehmen also durchaus Zusammenhänge zwischen Ereignissen und ihren Eigenschaften bzw. Verhaltensweisen an, allerdings in einer für sie ungünstigen Weise. Ferner scheinen Erwartungsänderungen von depressiven Klienten nicht unsystematisch zu sein. Sie "übergeneralisieren", d. h., es treten nach einzelnen Erfolgen oder Mißerfolgen zu große Erwartungsänderungen auf.

Wortman u. Brehm (1975) heben hervor, daß die Theorie Seligmans der gut fundierten Reaktanztheorie von Brehm widerspricht. (Brehm 1966; 1972)

> "Die Reaktanztheorie von Brehm befaßt sich ebenfalls mit unkontrollierbaren – oder genauer: *nicht mehr* kontrollierbaren – Ereignissen. Die Reaktanztheorie wurde ursprünglich als Theorie über den Verlust von Freiheit konzipiert. Freiheitsverlust bedeutet, daß Verhaltensweisen, Objekte und Ereignisse, die bisher verfügbar waren (bzw. von denen man *erwartet hat,* daß sie verfügbar sind), plötzlich nicht mehr zugänglich sind. Als Reaktion auf den Freiheitsverlust tritt Reaktanz auf. Reaktanz ist ein unangenehmer Erregungszustand, der mit dem Wunsch verbunden ist, die verlorene Freiheit wieder herzustellen. Reaktanz ist – wie Hilflosigkeit – eine intervenierende Variable, allerdings mit anderen Folgen. Eine Folge von Reaktanz ist gesteigerte Aktivität, die sich in dem Versuch äußert, die verlorene Freiheit wieder zu erlangen. Andere Folgen des Freiheitsverlusts sind eine erhöhte Bewertung der verlorenen Möglichkeit und Aggressivität gegen die wahrgenommene Ursache der Freiheitseinschränkung." (Herkner 1980, 61f)

Während der Theorie der gelernten Hilflosigkeit die Passivität, das Versagen und die Depression herausstellt, hebt die Reaktanztheorie Aktivität, Ausdauer und Aggression hervor. Man muß wohl zwischen kurzen und längerdauernden Frustrationen unterscheiden: Kurze und nicht schwerwiegende Frustrationen führt häufig zu vermehrter Aktivität und Anstrengung, längerdauernde und intensive Frustration – Erfahrung der Unkontrollierbarkeit – reduziert die Erfolgserwartungen, so daß Hilflosigkeit und Passivität die Folgen sind.

Hier wollen wir vorerst festhalten, daß die Dimension Kontrolle versus Hilflosigkeit von größter persönlichkeitspsychologischer und damit auch therapeutischer Bedeutung ist. Der Pol Kontrolle ist eng mit psychischer Gesundheit und Wohlbefinden verbunden, während der andere Pol – Hilflosigkeit – mit Schwäche und Krankheit in Zusammenhang steht. Therapie hat sich also im besonderen Maße mit der Förderung der Selbstkontrolle zu befassen.

(6) Zur Leistungsattribution nach Weiner

Weiners Theorie der Leistungsmotivation und des Leistungsverhaltens (1972; 1974) beschäftigt sich mit Attributionen von Leistungsergebnissen (Erfolg und Mißerfolg), mit der Entstehung solcher Attributionen und mit deren Auswirkungen auf das Leistungsverhalten und der Wahrnehmung von Erfolg bzw. Mißerfolg. Die Theorie baut auf Heider (1958) und Kelley (1967) auf. Weiner (1974) kombiniert die zwei Attributionsdimensionen Ort der Kontrolle und Stabilität (Abb. 27).

ORT DER KONTROLLE

Stabilität	internal	external
stabil	Fähigkeit	Aufgabenschwierigkeit
variabel	Anstrengung	Zufall

Abb. 27

Die genannten vier Ursachen sind besonders wichtig. Die Verhaltenstendenz bzw. Verhaltenshäufigkeit hängt vor allem von zwei Faktoren ab, nämlich von Erwartungen und Bewertungen. Erwartungen und Bewertungen hängen ihrerseits wieder von Attributionen ab. Für Erwartungen ist die Dimension Stabilität von besonderer Bedeutung. Bewertungen werden dagegen vor allem von der Attributionsdimension Ort der Kontrolle beeinflußt. Erfolge werden mehr geschätzt, wenn man sie auf interne Faktoren zurückführt als bei Attribution an externe Faktoren. Mißerfolge sind bei interner Attribution peinlicher als bei externer Attribution. (Feather 1967, 372–386; Karabenik 1972, 101–110)

Bei Berücksichtigung der verschiedenen Faktoren kommt Herkner (1980, 67) zu dem in Abb. 28 dargestellten Schema.

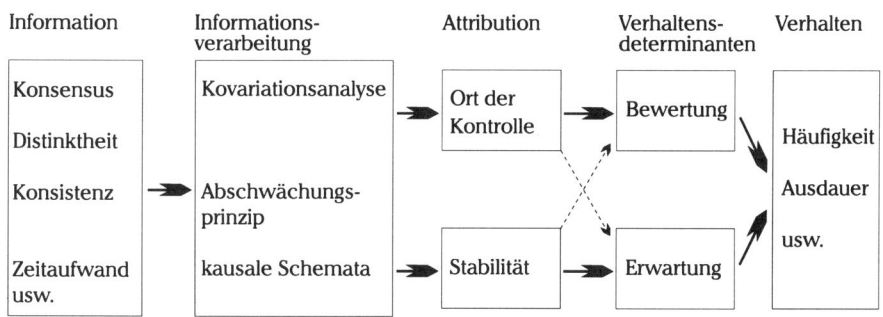

Abb. 28: Schema einer attributions-psychologischen Verhaltenstheorie

Weiners Theorie enthält auch Aussagen über Leistungsmotivation. Personen mit hoher Leistungsmotivation unterscheiden sich in ihren Attributionen von Personen mit geringer Leistungsmotivation.

	Hochmotivierte		*Niedrigmotivierte*	
		führen		
		Erfolge		
		zurück		
		auf		
	hohe Begabung und Anstrengung		Leichtigkeit der Aufgaben und Zufall	
				Mißerfolge
		auf		
	mangelnde Anstrengung		mangelnde Begabung	
	erhöhte Bereitschaft zu Leistungsverhalten und große Ausdauer (auch wenn Mißerfolge auftreten)		Vermeidung von Leistungssituationen und geringe Ausdauer	

(7) Zur Theorie der Selbstwahrnehmung von Bem

Einen wesentlichen Beitrag zur Attributionstheorie lieferte auch Daryl J. Bem (1972, 2) mit seiner Theorie der Selbstwahrnehmung:

> "Personen lernen ihre eigenen Einstellungen, Befehle und anderen inneren Zustände 'kennen', indem sie von Beobachtungen ihres eigenen offenen Verhaltens und/oder aus den Bedingungen, unter denen dieses Verhalten vorkommt, Schlußfolgerungen ziehen. Deshalb ist jemand – außer seine internalen Hinweisreize sind schwach, nicht eindeutig oder nicht zu interpretieren – von seiner Funktion in derselben Position wie ein außenstehender Beobachter, der sich notgedrungen auf dieselben externalen Hinweisreize beruft, um die inneren Zustände einer Person herzuleiten."

Die Selbstwahrnehmungstheorie legt nahe, daß in der Therapie Bewältigungsverhalten systematisch angeregt und aufgebaut wird. Jeder Fortschritt spiegelt sich in der Selbstwahrnehmung als Kompetenzzuwachs.

Wir wollen abschließend noch auf zwei Themen hinweisen: auf Attributionsfehler und auf das Menschenbild, das den Attributionstheorien zugrunde liegt.

Die Attributionsfehler

Attributionsfehler können entstehen, weil das Informationsmaterial, das im Attributionsprozeß verwendet wird, falsch oder unvollständig ist oder weil verzerrende Motivationseinflüsse am Werk sind.

Attributionen werden nach Berscheid u. Mitarb. (1976, 978–989) vor allem in bezug auf solche Person gemacht, von denen man abhängig ist. Man wendet ihnen besondere Aufmerksamkeit zu und versucht Daten im Gedächtnis zu speichern. Solchen Personen werden auch extremere (stärker ausgeprägte) Eigenschaften zugeschrieben, und sie werden im Sinne wunschhaften Denkens sympathischer beurteilt.

Sympathie bestimmt die Art der Attribution. So haben Regan u. Mitarb. (1974, 850–856) nachgewiesen, daß dieselben "guten" Handlungen bei beliebten Personen auf Dispositionen und bei unbeliebten auf Situationsfaktoren zurückgeführt werden. Schlechte Handlungen werden bei sympathischen Personen auf die Situation, bei unsympathischen auf entsprechende Dispositionen zurückgeführt.

Die meisten Personen glauben nach Ross (1977), andere Personen würden genauso wie sie selbst denken und handeln. Ihre eigenen Verhaltensentscheidungen und Urteile sehen sie als relativ allgemein und den vorliegenden Umständen angemessen an, während sie andere Verhaltensweisen als ungewöhnlich, abweichend und unpassend ansehen (falscher Konsensus-Effekt). Wir erkennen, daß häufig die Konsensusinformation vernachlässigt wird.

Die allgemeine Vorliebe für Personenattribution ist nach Ross der fundamentale Attributionsfehler. Die Umgebungseinflüsse werden zumeist unterschätzt. Handelnde Personen schreiben ihre Handlungen bevorzugt den Anforderungen der Situation zu, Beobachter neigen dazu, dieselben Handlungen auf stabile Persönlichkeitsmerkmale zurückzuführen. Handelnde sind also der Meinung, daß ihr Verhalten in vernünftiger Weise von externen Situationsfaktoren (z. B. von Verstärkern und Strafreizen) bestimmt ist, während Beobachter das Verhalten der Handelnden eher auf interne, situationsunabhängige Dispositionen zurückführen (Jones u. Nisbett 1972). Erklären läßt sich dieser Unterschied dadurch, daß der Handelnde mehr Informationen über sein Verhalten und dessen Bedingungen zur Verfügung hat als der Beobachter.

> "Er weiß, wie er früher unter vergleichbaren Bedingungen gehandelt hat und wie er sich in anderen Situationen verhält, das heißt, er hat Konsistenz- und Distinktheitsinformationen, die dem Beobachter im allgemeinen nicht zugänglich sind. Außerdem weiß er besser über seine Intentionen und Gefühle Bescheid als der Beobachter. Der Beobachter dagegen verfügt meistens nur über Konsensusinformation und wird das Verhalten des Handelnden desto mehr auf Persönlichkeitsmerkmale zurückführen, je geringer die Häufigkeit dieses Verhaltens im allgemeinen ist ... und je mehr es sich von seinem eigenen Verhalten unterscheidet." (Herkner 1980, 44f)

Das Menschenbild der Attributionstheorien

Der Mensch wird in den Attributionstheorien als ein relativ rationales Wesen gesehen. Er sammelt Daten, zieht daraus gewisse Schlüsse und handelt nach ihnen.

Im Unterschied zu den in den sechziger Jahren vorherrschenden sozialpsychologischen Konsistenz- bzw. Dissonanztheorien, die den Menschen mehr als ein irrationales Wesen ansahen, das triebartig Widersprüche aufzulösen hatte, betont die attributionstheoretisch beeinflußte Sozialpsychologie der siebziger Jahre mehr die Prozesse der Informationsverarbeitung. Diese kognitive Psychologie entfernt sich sowohl von der behavioristischen Reiz-Reaktionskonzeption als auch von den psychoanalytischen Annahmen unbewußter Triebkräfte.

Andererseits unterliegen die Attributionsprozesse doch gewissen persönlichen Interessen und Motiven der Ichverteidigung und Ichrechtfertigung und der Selbstwertsteigerung. Eigenes Versagen wird mehr auf widrige Umstände, Versagen anderer dagegen eher auf persönliche Mängel bezogen; eigener Erfolg eher auf persönliche Vorzüge, Erfolg anderer bevorzugt auf glückliche Umstände.

Attributionen entspringen auch dem Bedürfnis nach Vorhersagbarkeit und Kontrollierbarkeit der Welt.

"Nur wenn man 'hinter' der ständig wechselnden Fülle von Phänomenen ein relativ konstantes Ursachengefüge 'erkennt', ist die Welt vorhersagbar und kontrollierbar ... Auf diesem Hintergrund wird auch verständlich, daß sich die Attributionspsychologie nicht nur der Erklärung von Kausalwahrnehmungen widmet, sondern auch – allerdings ... in geringerem Ausmaß – zwei verwandten Problemkreisen: Eigenschaftszuschreibung und Vorhersage. Die Eigenschaftszuschreibung gehört zum Themenbereich der Personenwahrnehmung. Die zentrale Frage lautet hier: Wie kommt es dazu, daß bestimmten Personen bestimmte Eigenschaften zugeschrieben werden? Diese Frage hängt mit Vorhersagbarkeit zusammen: Wenn man das beobachtete Verhalten einer bestimmten Person auf (relativ konstante) Eigenschaften von ihr zurückführt, dann wird dadurch das zukünftige Verhalten dieser Person besser vorhersagbar ... Aber nicht nur Eigenschaftszuschreibungen, sondern Attributionen jeder Art sind für Vorhersagen relevant. Aus den angenommenen Ursachen für ein beobachtetes Ereignis folgen Voraussagen über das zukünftige Auftreten oder Ausbleiben dieses Ereignisses." (Herkner 1980, 15)

4. Die Antizipation und Imagination

In der Abfolge der meisten Umweltereignisse sind bestimmte Regelmäßigkeiten zu erkennen. Aufgrund solcher Übereinstimmungen erwarten wir, daß bestimmte Ereignisse anderen folgen bzw. andere hervorrufen. Wenn wir die Beziehung erkennen, können wir mit unterschiedlicher Genauigkeit vorhersagen, was wahrscheinlich geschehen wird, wenn bestimmte antezedente Bedingungen vorliegen. Wir antizipieren verschiedene Ereignisse und Handlungsfolgen und regulieren so entsprechend unser Verhalten. Die Ereignisse gewinnen für uns prognostischen Wert.

Ein Ereignis, das zufällig real oder in Vorstellungen und Gedanken mit einem ersten Ereignis verknüpft ist, kann die gleiche Wirkung bei uns hervorrufen wie das erste Ereignis. Dabei ist – gemäß der kognitiven Psychologie – nicht die automatische Verknüpfung von Reiz und Reaktion entscheidend, sondern die durch kontingente Erfahrungen aufgebaute Erwartung.

Wenn Ereignisse nahe beieinanderliegen und das zweite weitgehend aufgrund des ersten vorhersagbar ist, geraten physiologische Reaktionen sehr rasch unter den Einfluß von Umweltstimuli. So neigen emotional labile und ängstliche Klienten dazu, auf an sich neutrale Ereignisse, die mit einem bedrohlichen Reiz konsequent assoziiert sind, mit Erregung (Herzschlag, Atmung, Schweißabsonderung, Muskelspannung, gastro-intestinale Sekretionen, Gefäßreaktionen und Harndrang) zu reagieren. Jeder Umstand, der den Vorhersagewert von Umweltereignissen durch die Verminderung der Korrelationen mit den Ereignissen reduziert, verringert in der Regel das Aktivierungspotential der Antezendenzien. Doch die Erwartung ist oft stärker als die reale Erfahrung, so daß die abweichenden antizipatorischen Reaktionen beibehalten werden.

Ereignisse, die aufgrund von Assoziationen mit schmerzhaften Erlebnissen bedrohlich sind, aktivieren unser Verhalten. Wir weichen solchen Ereignissen aus, vermeiden sie, ziehen uns von ihnen zurück und schützen uns dadurch vor möglichen Risiken.

Vermeidungs- und Rückzugsverhalten vermindern die Angst. Auf diese Weise wird das Abwehrverhalten bekräftigt. Durch den Zusammenhang von *Angst- und Abwehrverhalten* glaubte man, daß durch den Abbau der zugrundeliegenden Angsterregung man auch das Abwehrverhalten abbauen könnte. Abwehrverhalten wird aber auch ohne autonome Erregung, die den wichtigsten Angstindex darstellt, erlernt. Diese Erkenntnis führte dazu, daß wir heute autonome Erregung (bzw. Angst) als zwei partiell korrelierende Aktivitäten auffassen, die aber nicht in einer ursächlichen Beziehung zueinander stehen. So kann Vermeidungsverhalten auch dann noch beibehalten werden, wenn die autonomen Reaktionen auf erlernte Bedrohungen längst gelöscht worden sind.

> "Die Forschungsergebnisse insgesamt zeigen, daß Angst und Abwehrverhalten eher eine gemeinsame Ursache haben, als daß sie untereinander ursächlich verknüpft sind. Aversive Erfahrungen – persönlicher oder stellvertretender Art – führen zu negativen Erwartungen, die sowohl Angstreaktionen wie Abwehrverhalten aktivieren können. Da ihre einzige Verbindung eine gemeinsame Ursache ist, gibt es keine feste Beziehung zwischen autonomer Erregung und Handeln. Solange keine effektiven Bewältigungsweisen entwickelt worden sind, bewirken Bedrohungen hohe emotionale Erregung und verschiedene Abwehrmaßnahmen ... Drohungen aktivieren das Abwehrverhalten durch ihren prognostischen und nicht durch ihren aversiven Wert. Sie signalisieren die Wahrscheinlichkeit von schmerzhaften Folgen, wenn keine Schutzmaßnahmen ergriffen werden. Das Abwehrverhalten wiederum wird beibehalten, weil es dem Eintreten von aversiven Ereignissen erfolgreich vorbeugt oder sie reduziert. Wenn es erst einmal im Verhaltensrepertoire Platz gefunden hat, läßt es sich nur schwer wieder ausmerzen, selbst wenn die Gefahren längst nicht mehr bestehen. Da er die 'Gefahr' meidet, kommt der Organismus nicht dazu, festzustellen, daß die Wirklichkeit sich verändert hat. Die Tatsache, daß die antizipierten Bedrohungen gar nicht eintreten, bekräftigen also die Erwartung, daß die Abwehrmaßnahmen ihnen vorbeugen, also funktional sind.
> Dieser Prozeß subjektiver Bestätigung wird auf amüsante Weise in dem Fall jenes Zwangsneurotikers illustriert, der auf die Frage seines Therapeuten, warum er ständig mit den Fingern schnippe, erwiderte, daß er dadurch die wilden Löwen verscheuche. Als ihm sein Therapeut mitteilte, daß doch ganz offensichtlich keine Löwen in der Nähe seien, die man verscheuchen müsse, erwiderte der Zwangsneurotiker: 'Sehen Sie, es wirkt!' (Bandura 1979, 68f)

Erwartungen, die wenig mit der Realität zu tun haben, können im allgemeinen durch genaue Informationen abgebaut werden. Bei ängstlichen Erwartungen ist dies anders, sind sie doch im allgemeinen selten völlig grundlos. Manche Tiere beißen, Autofahren führt gelegentlich zu Unfällen, Lifts bleiben manchmal stecken, Flugzeuge stürzen von Zeit zu Zeit ab, selbstsicheres Verhalten wird manchmal bestraft.

> "Wenn nachteilige Konsequenzen unregelmäßig und unvorhersagbar eintreten, lassen sich die Erwartungen nur schwer verändern. Wenn ängstliche Individuen den Mitteilungen, die man ihnen macht, nicht recht trauen wollen, wie es in schweren Fällen vorkommt, verhalten sie sich ihren Erwartungen entsprechend, statt das Risiko negativer Konsequenzen einzugehen, wie unwahrscheinlich diese auch immer sein mögen. Die ängstlichen Erwartungen solcher Individuen lassen sich nur durch Erfahrungen abbauen, die ihre Erwartungen eindeutig widerlegen. Dazu sind mündliche Versicherungen allein nicht in der Lage." (Bandura 1979, 69)

Antezedente Determinanten bilden sich nicht nur durch Erfahrungen erster Hand heraus. Zwar werden häufig emotionale Reaktionen durch unmittelbare Erfahrung gelernt; sie können aber auch über die Beobachtung anderer erworben werden.

Affektive Reaktionen können auch rein kognitiv stimuliert werden. So können wir uns durch bedrohliche Gedanken in Angst und Schrecken versetzen. Wir können in uns

Ärger wachrufen, indem wir uns vorstellen, daß wir von irgendwelchen Widersachern grundlos mißhandelt werden. Solche Vorstellungen schmerzhafter Stimulation rufen subjektives Unbehagen und physiologische Reaktionen hervor, die den Reaktionen auf Realerfahrungen entsprechen.

Bandura weist darauf hin, daß die konditionierten emotionalen Reaktionen als selbstaktiviert zu verstehen sind. Sie werden nicht automatisch hervorgerufen; sie gehen auf Erwartungen zurück. Wenn die Personen erkennen, daß die Bedrohung nicht mehr besteht, verschwinden plötzlich die emotionalen Reaktionen. Allerdings hat man – wie schon erwähnt – festgestellt, daß die Angstreaktionen, die sich aufgrund wirklicher Schmerzerfahrungen entwickelt haben, sich weniger leicht durch kognitive Mittel verändern ließen, auch wenn die Individuen erkannt hatten, daß die physische Bedrohung nicht mehr vorlag.

Es gibt bei Angstreaktionen allem Anschein nach zwei Komponenten: die durch externe Stimuli unmittelbar hervorgerufene und die durch Selbsterregung geschaffene Reaktion. Erstere braucht zu ihrer Löschung die Widerlegung durch Erfahrung, letztere läßt sich verändern, indem man das Denken verändert. Hinzu kommt, daß reale Schmerzerfahrungen zu einem hartnäckigeren Abwehrverhalten führen, weil dabei dem Individuum leichter ein wahrscheinliches Auftreten von Bedrohung möglich erscheint.

Die korrektiven therapeutischen Lernerfahrungen lassen sich am besten durch eine dreifache Strategie erreichen:

- die kognitive Umstrukturierung,
- das teilnehmende Lernen am Modell,
- die eigentätige Konfrontationserfahrung des Klienten.

Sinnvolles Suchen und Auffinden setzt Vorwegnahme voraus. Wie im gestaltenden Bereich (z. B. der Kunst) entwickelt der Mensch einen Entwurf, dem er sich dann schrittweise annähert. Imagination führt in diesem Sinne zur produktiven Imitation.

In der Therapie vermittelt der Therapeut dem Klienten eine Werdevorstellung seiner selbst. In der Imagination – dem Zwischenbereich von Sinnlichkeit und Geistigkeit – äußert sich die emotionale Befindlichkeit und das Selbst-, Wunsch- bzw. Werdebild des Menschen in seiner Beziehung zur Welt.

Der Mensch erlebt ständig die Distanz zwischen dem Ist- und Sollzustand seiner Persönlichkeit. Konzentriert er sich auf den Sollzustand, hält er diesen im anschaulichen Bild fest, so entdeckt er die Zugkraft des Bildes. Er nähert sich in seinem Verhalten und Erleben imitierend seiner Phantasievorstellung, d. h., er gestaltet sich um und gibt seiner Beziehung zur Welt eine Neuprägung.

Die Reaktanztheorie von Brehm – die an anderer Stelle (Seite 138) bereits dargestellt wurde – befaßt sich mit nicht mehr kontrollierbaren Ereignissen nach Verlust von Freiheit. Freiheitsverlust bedeutet, daß Verhaltensweisen, Objekte und Ereignisse, die bisher verfügbar waren, plötzlich – oder nach einer neurotischen Entwicklung – nicht mehr zugänglich sind. (Brehm 1966; 1972)

Als Reaktion auf Freiheitsverlust tritt Reaktanz auf, ein unangenehmer Erregungszustand, der mit dem Wunsch verbunden ist, die verlorene Freiheit wieder herzustellen. Im Leidensdruck wird dem Klienten seine rückständige Lagebefindlichkeit bewußt. Der Klient findet gemäß der Reaktanztheorie das Verlorene noch wichtiger als vorher. Dies zeigt sich in vielen alltäglichen Beispielen, z. B. bei der Absage einer bestellten Konzertkarte. Der so arrangiert verpaßte Besuch lädt nachträglich den Bedeutungsgehalt des Konzerts auf, so daß das Versäumnis um so schmerzlicher erscheint. Damit drückt dieser Bewertungsvorgang einen Appell zur Umkehr bzw. Umorientierung aus.

Die Erwartungsänderungen sind u. a. eine Funktion davon, ob der Klient seine Situation als extern oder intern kontrolliert auffaßt. Größere Erwartungsveränderungen in Richtung des aufgegebenen Leistungsniveaus sind bei solchen Aufgaben festzustellen, die als fähigkeitsbestimmt, weniger bei Aufgaben, die als zufallsbestimmt wahrgenommen werden. Auf unser oben angeführtes Beispiel bezogen bedeutet dies folgendes: Schiebt der Klient sein Vermeidungsverhalten auf zufällige äußere Umstände zurück, dann behindert er sich selbst in seiner Umorientierung.

Unmittelbare Determinanten des Verhaltens sind *Erwartungen* und *Bewertungen*. Erwartungen beziehen sich auf gelernte Wahrscheinlichkeiten, darauf, daß auf bestimmte Verhaltensweisen bestimmte Konsequenzen folgen werden. Die Bewertung bezieht sich auf die antizipierten Konsequenzen bzw. die emotionalen Reaktionen auf diese Konsequenzen. Erwartungen und Bewertungen sind also abhängig von Attributionen.

Klienten ergehen sich häufig in negativen Vermutungen und Ahnungen. *Vermutungen* beziehen sich zumeist auf andere, was diese wohl über sie und ihr Verhalten denken mögen. *Ahnungen* signalisieren ein Gewahrwerden von Künftigem. Das Zukünftige, das im Bewußtsein antizipiert wird, ist nicht eine person-eigene Tat, sondern ein passiv hinzunehmender Tatbestand. So sehen Klienten z. B. ein Unbehagen als Vorzeichen einer Krankheit. Dem Gefühl der Abgespanntheit folgt das Gefühl des Krank*werdens*. Die erlebte Unsicherheit wird zu einem zukunftsbezogenen Unsicherheitsgefühl. Indem der Klient zu sich selbst spricht "Heute wird mir etwas passieren", gerät er in den Zustand erhöhter Unfallbereitschaft.

Vermutungen und Ahnungen sind Wahrscheinlichkeitsannahmen, die nicht aus logischen Argumenten ableitbar sind, sondern aus dem Zumutesein, als ob dies oder das eintreten könnte. Die eigene Unsicherheit formt die Wahrscheinlichkeit dann oft in Gewißheit um. Karl Leonhard (1981) spricht in solchen Fällen von "Erwartungsneurosen" und demonstriert sie an Phobien, am Lampenfieber, an der Prüfungsangst usw. Es wird ein von außen kommendes Mißgeschick befürchtet.

In der Erwartung liegt ein starker Antrieb zur Erfüllung und Entspannung. Dabei kann es leicht zu Kurzschlüssen kommen. Wir sprechen von Erwartungssuggestion. Der Schiffbrüchige auf treibendem Wrack glaubt am Horizont eine Rauchwolke oder ein Segel zu sehen. In Schillers Gedicht "Die Erwartung" erwartet der Liebende im Garten die Geliebte. Verschiedene akustische und optische Eindrücke werden autosuggestiv als Annahmen der Nahenden aufgefaßt. In Angstzuständen kann es zu Entfremdungsgefühlen und zur Verkennung der Wirklichkeit kommen. Wer Gespenster erwartet, sieht sie.

Die Erwartung spielt in der Therapie aber auch eine positive Rolle. Der Therapeut hat dem Klienten dabei zu helfen, positive Erwartungen bezüglich seiner Heilungschancen aufzubauen. Aus vielen Untersuchungen wissen wir, daß der "Gesundungswille" die Heilung – auch der organischen Erkrankungen – fördern kann.

Die Antizipation (Vorwegnahme) ist ein anthropologisches Grundphänomen. Bei Handlungsbezügen nehmen wir die Endhandlung bzw. das Ziel vorweg. Hall (1943) weist darauf hin, daß der Mensch eine große Spannweite der Antizipation hat. Die "Erwartungsmechanismen" zeigen, daß der Mensch grundsätzlich in der Antizipation lebt. Der Mathematiker Speiser (1932, 107) hat dies bereits vor über 50 Jahren anschaulich geschildert:

> "In Wirklichkeit bereiten wir jeden Schritt, den wir tun, vor; die Seele läßt nichts geschehen, ohne vorher das Terrain rekognosziert und abgeleuchtet zu haben."

Während der Vergangenheitsbezug in der Psychologie des Gedächtnisses und der Erinnerung seit langem intensiv erforscht wurde, ist der Zukunftsbezug allen psychischen Geschehens stark vernachlässigt worden.

> "Alles Erleben ist ... durch seinen Zeitbezug, durch seine Beziehung zu dem vergangenen, gegenwärtigen und zukünftigen inneren Geschehen qualitativ bestimmt ... Daß aber prinzipiell in jedem aktuellen psychischen Geschehen ... das Erleben des Zukünftigen eine Rolle spielt und spielen kann, ist nur selten mit dieser Eindeutigkeit ausgesprochen worden." (Bergius 1957, 8)

Das Phänomen der Erwartung führte – besonders in der schrittweisen Aufnahme der Tolman'schen Konzeption – zur Kognitiven Psychologie und Therapie.

Bereits in der klassischen Verhaltenstherapie hat man mit visuellen Bildern gearbeitet, so Lazarus bei der systematischen Desensibilisierung und Stampfl bei der Implosionstherapie. Die Imagination bzw. das Bilderleben haben Leuner (Katathymes Bilderleben) und Shorr (Psychoimaginationstherapie) in besonderer Weise therapeutisch eingesetzt.

Personen benutzen ihre Imagination als Instrument, um sich selbst auf alles vorzubereiten, was sie erwarten. Bilder bieten einen Schlüssel, mit dessen Hilfe Gedanken, Wünsche, Erwartungen und Gefühle wirkungsvoll reaktiviert werden können. Die aktive Einführung und bewußte Verwendung von imginären Situationen ist ein stimulierendes Instrument, ein Zugang zu Handlungsmöglichkeiten. Imaginäre Situationen erlauben dem Klienten, sicher und offen zu explorieren, mit Phantasie und Realität zu experimentieren. Ich will hier nicht auf die beiden Therapien eingehen, möchte aber betonen, daß einzelne Strategien dieser Therapien – besonders der von Leuner, die umfassender und systematischer konzipiert und angewendet wird – sehr wohl im Rahmen einer Kognitiven Verhaltenstherapie eingesetzt werden können.

> "Die imaginären Bilder einer Person weisen – mehr als jede andere mentale Funktion – darauf hin, wie diese die Welt sieht ... Die Bilder helfen dem Klienten ..., die Strategien zu erkennen, die entwickelt wurden, um falsche Positionen aufrechtzuerhalten, und unterstützen ihn dann bei der Konzentration auf eine Änderung, bei der Auflösung von Konflikten und Überwindung von Widerständen ... Die Psychoimaginationstherapie mobilisiert die konstruktiven Kräfte des Klienten ..." (Shorr 1983, 1049f)

Sobald eine Bewegung ihre vorwiegende Zukunftsbezogenheit verliert, d. h. sobald ihr momentaner Ablauf beachtet wird, gehen auch Zügigkeit und Sicherheit der Bewegung verloren. Neurotische Hemmungen haben oft in dieser Selbstaufmerksamkeit ihre unmittelbare Ursache. Es ist also wichtig, sich auf das Ziel zu konzentrieren. Der Jüngling in Kleists "Marionettentheater", der die anmutige Bewegung des Dornausziehers wiederholen will, versagt, weil er sich eine Vorstellung von der Bewegung selbst zu machen versucht, statt sich ganz dem Entwurf in die Zukunft hinzugeben. Ein Sprichwort verdeutlicht dies: Der Reiter muß vor dem Sprung jenseits der Hürde sein, wenn der Sprung gelingen soll.

5. Die Emotion und Kognition

Wie sich beim Menschen bereits im Mutterleib die einzelnen Organe und Organempfindungen entwickeln, so beginnt ab der Geburt mit der weiteren Entwicklung der Organfunktionen der Aufbau und die Differenzierung der psychischen Funktionen und ihre integrative Verankerung im kognitiven, emotionalen und volitionalen Bereich. Grob gegliedert unterscheiden wir Eindrucks-, Verarbeitungs- und Äußerungsfunktionen.

Zu den *Eindrucksfunktionen* der Informationsaufnahme rechnen wir die Sensibilität, Empfindung, Wahrnehmung, Vorstellung und das Denken, wobei letztere Funktion bereits zur zweiten Gruppe der Verarbeitungsfunktionen zu rechnen ist. Zu den *Äußerungsfunktionen* zählen Vitalität, Antrieb, Bedürfnis, Vorsatz und Wollen. Sie gehen ein in Motivation und Handeln. Zu den *Verarbeitungsfunktionen* des mittleren Bereichs gehören Erregung, Affekt, Stimmung, Imagination, Emotion, Gedächtnis, Phantasie, Antizipation, Aufmerksamkeit, wobei der Emotion eine zentrale Stellung im Netzwerk zukommt. Die Emotion steht in der Querachse zwischen Erkennen (Informationsaufnahme) und Handeln (Motivation) und in der Senkrechtachse zwischen Lernen und Konzentration. Die Emotion steht – was im Schema (Abb. 29) deutlich wird – zu allen anderen Funktionen in Beziehung, gibt ihnen ihre je spezifische Tönung der subjektiven Bedeutsamkeit.

Was sind die wichtigsten Kennzeichen der Emotion? Fühlen heißt nach Agnes Heller (1980, 21) involviert zu sein:

> "Das Involviertsein ist keine 'Begleiterscheinung'. Es handelt sich nicht darum, daß meine Handlungen Gedanken, Gespräche, Reaktionen und mein Informationserwerb durch das in ihnen Involviertsein 'begleitet' werden, sondern darum, daß das Gefühl inhärenter Bestandteil von Handlung, Denken etc. ist, daß es in all dem – auf aktive oder reaktive Weise – enthalten ist."

Der anmutende Gegenstandsbezug zeigt sich in den Ausdrücken "gegenüber", "über", "in", "von", "an" oder "auf": Ich bin mißtrauisch *gegenüber*; ich bin traurig, beleidigt, ungeduldig, erbost, verärgert, zufrieden, erfreut, glücklich *über*; ich bin verliebt *in*; ich bin gelangweilt, angetan, fasziniert *von*; ich leide *an*; ich bin neugierig *auf* ... Wenn mich etwas nichts angeht, ist es mir gleichgültig, ich bin gleichgültig. Aber selbst dieser "Nullzustand des Involviertseins" spiegelt sich noch in dem Gefühl der Gleichgültigkeit.

Ich kann extrem involviert sein, so weit, daß ich das biologische Gleichgewicht, den Verstand, ja das Leben verliere. Ich kann vor Wut oder Schmerz, manchmal sogar vor Freude sterben. Dieses intensive Involviertsein ist jedoch zumeist zeitlich eng begrenzt und endet in Erschöpfung. Andererseits werden Gefühlsausbrüche durch gesellschaftliche Gewohnheiten und Riten reguliert, so daß sie noch im Rahmen der biologischen Homöostase bleiben. Man denke an die Regelung des Trauergefühls.

148 Das Verhalten und die Bedeutung

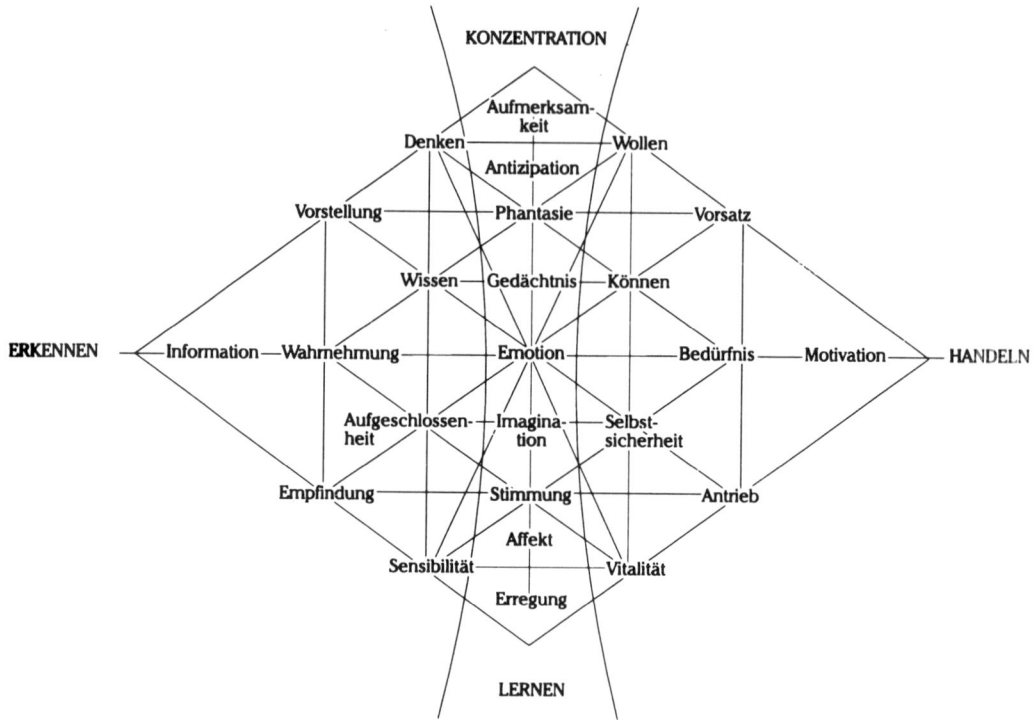

Abb. 29: Landkarte der psychischen Funktionen

Bei Wiederholung einer Situation oder Tätigkeit kann die emotionale Beteiligung, die Involviertheit, abflachen. Was ich häufig tue oder benutze, verläuft gewohnheitsmäßig, ohne Ichbeteiligung. Ich habe mir ein neues Auto gekauft, pflege es, lasse es häufig waschen und freue mich über das neue Fahrgefühl. Doch nach einiger Zeit ... Es gibt allerdings Tätigkeiten, die komplexer sind, bei denen ich erst mit steigender Tüchtigkeit oder Präzision mehr Freude erlebe, z. B. beim Bergsteigen, Golf- oder Tennisspiel.

Auch wenn die Gefühle im Ablauf der verschiedenen psychischen Funktionen nicht im Vordergrund des Bewußtseins stehen, sind sie doch, wenn auch im Hintergrund, mit ihm verbunden. Wir spüren dies, wenn plötzlich in unserer Wahrnehmung etwas Besonderes auftritt, unser Denken und Wollen blockiert ist, wir die Aufgabe gelöst oder das Ziel erreicht haben.

> "Zahlreiche Untersuchungen beschäftigen sich mit der Tatsache, daß die Bomber-Piloten des Zweiten Weltkrieges ihre schweren Verletzungen während der Kämpfe nicht einmal bemerkt haben. Ihre Wunden schmerzten erst, nachdem sie die Aufgabe erfüllt hatten und zu ihren Stützpunkten zurückgekehrt waren." (Heller 1980, 27)

Wir können uns diesen Sachverhalt therapeutisch zunutze machen. Haben wir in einer Situation Angst, so können wir durch die Ausrichtung unserer Aufmerksamkeit auf andere Dinge die Angst vorübergehend abbauen. Wir pfeifen beim Gang in den dunklen Keller.

Involviertsein tritt beim Gefühl am deutlichsten in seinem Doppelaspekt von Anmutung durch Reizkonstellationen und Motivation zu Tätigkeiten in Erscheinung. Es ist aber mehr oder weniger allen psychischen Funktionen eigen. Es ist also ein zentrales Bestimmungsstück des Menschen, ein anthropologisches Existential. Wir müssen also noch fragen, was Involviertsein bedeutet.

Der Mensch kommt zur Welt mit einem genetischen Code, der lediglich die Vorbedingungen der Aneignung der gattungsmäßigen menschlichen Existenz bereitstellt. In Interaktion mit der gesellschaftlich vorgegebenen Welt eignet sich der Mensch (aktiv) ab Geburt die Informationen an, die sein Menschsein konstituiert. Erst sie befähigen ihn, sich in der Welt orientierend und agierend zu bewegen. In der Neurophysiologie geht man davon aus, daß das Gehirn zum Zeitpunkt der Geburt noch nicht ganz fertig ist, sich erst im Kontakt mit der Welt voll ausbildet. So kommt es z.B., daß ein Siebenmonatskind und ein Neunmonatskind im Alter von zwei Monaten Gehirne gleicher Struktur aufweisen. Der Rückstand des Siebenmonatskindes wird nicht durch Reifungs-, sondern durch Aneignungsprozesse aufgeholt.

Anfänglich nimmt das menschliche Kind die Information aus der Welt noch weitgehend pathisch auf. Doch schon in den ersten Monaten entwickeln sich die Aktivitätsstrukturen des Individuums. Es entsteht die Subjekt-Objekt-Beziehung. Die Aneignung manifestiert sich in Tätigkeiten, Objektivierungen und im Selbstausdruck bzw. im Handeln, Denken und Fühlen. Der Mensch ist ein Wesen, das sich zur Welt und zu sich selbst verhält.

Im Gesamt der menschlichen Fähigkeiten des Sich-verhaltens kommt dem Gefühl eine besondere Stellung zu. Die Entwicklung (Differenzierung) der Gefühle erfolgt stets im Zusammenhang mit der Entwicklung der Wahrnehmungs-, Denk- und Handlungsfunktionen.

Das Subjekt selektiert zwischen den durch die Welt gegebenen Aufgaben. Die Selektion ist auf die *Erhaltung* des Gleichgewichts, des bio-sozialen Organismus und auf seine *Erweiterung* ausgerichtet. Die Aneignung von Welt (Sprache, Denk- und Handlungsstrukturen) ist zugleich Selbstaufbau des Individuums und seiner Welt im Sinne von Selbstverwirklichung. Involviertsein bedeutet Regulieren der Aneignung der Welt in Hinsicht auf Erhaltung und Erweiterung des Subjekts. Bei diesem Prozeß sind stets Gefühle beteiligt.

Woher kommt es, daß wir im Alltagsleben Gefühl und Denken oft als gegensätzliche und nicht als einander verwobene Funktionen ansehen?

Gefühle können ganz im Vordergrund des Erlebens stehen, so wenn wir uns über etwas freuen, über einen Verlust traurig sind, uns vor etwas fürchten usw. Gestaltpsychologisch entsprechen solche Gefühle der Zeichnung auf einem gemalten Grund. Sie treten hervor, sind Figur auf dem weniger beachteten Erlebnisgrund. Aber dieser Hintergrund ist irgendwie emotional-kognitiv gefärbt; wir sind jeweils gestimmt, zu etwas aufgelegt, an etwas interessiert, auf etwas konzentriert. Es ist eine Täuschung, wenn wir meinen, wir seien nur von einem partikulären Gefühl bestimmt. Wir nehmen dabei nur die hintergründigen Kognitionsanteile (Bewertungen) nicht wahr.

Allerdings gibt es eine Emotionsgruppe, die Affekte Panik, Wut, Scham oder Jubel, die so im Vordergrund des Erlebens stehen, daß sie unser Denken geradezu blockieren, daß wir ihre kognitive Auslösung durch ein wahrgenommenes Ereignis gar nicht zur Kenntnis nehmen. Diese Affekte sind zumeist von kurzer Dauer. Darüber hinaus erfahren wir, wenn wir dem Erlebnis auf den "Grund" gehen, daß der Affekt durch ein höherstehendes Gefühl abgelöst wird, die Panik durch Angst, die Wut durch Zorn, die Scham durch Schuld, der Jubel durch Freude. In den zuletzt jeweils zweitgenannten Emotionen tritt die Bewertung, also Kognition mit in den Vordergrund.

Kognition auf einer Seite und Gefühl und Handeln auf der anderen Seite können im Widerspruch zueinander stehen. Das kommt z. B. dadurch, daß länger eingeübte Verhaltensweisen auch Gefühlsgewohnheiten nach sich ziehen. Ich kann z. B. einsehen, daß Rauchen schädlich ist, und dennoch rauche ich weiter. Allerdings geht dabei oft die Naivität der Gewohnheit verloren; sie wird durch die Einsicht kognitiv belastet. Aber das Gewohnheitsmuster ist dann oft so gefestigt, daß weiter geraucht wird. Im übrigen sind Verhaltens- und Gefühlsmuster zumeist konservativer als die beweglicheren Denkmuster. Daß hier dennoch kein Widerstreit zwischen Kognition und Gefühl (Verhalten) vorliegt, beweisen die eifrig herbeigesuchten Argumente für die Aufrechterhaltung der Gewohnheit. Das Gefühl, hier die Abneigung gegen das Rauchen, ändert sich erst in dem Maße, als das Nichtraucherverhalten eingeübt wird.

Gelegentlich geht ein Gefühl voraus, ehe ich es kognitiv auf einen Auslöser zurückführen kann. "Ich bin traurig, weiß aber nicht worüber". Ich denke nach, plötzlich merke ich, daß eine Erinnerung mir die Antwort gibt. "Ich weiß nicht, was soll es bedeuten, daß ich so traurig bin, ein Märchen aus uralten Zeiten kommt mir in den Sinn." Bloch (1959) geht auf Phänomene dieser Art in seinem Kapitel "Entdeckung des Noch-Nicht-Bewußten" näher ein. Vieles ist im Seelischen nichtbewußt. "So kann ein Schmerz ungefühlt bleiben, ein äußerer Eindruck unempfunden, obwohl er psychisch durchaus vorhanden ist. Er liegt unter der Schwelle" des Bewußtseins. Bei solchen vorlaufenden Gefühlen suchen wir nach deren Motiv. Im Aufspüren lösen wir die kognitive Dissonanz.

Häufig geht das Denken dem Fühlen voraus. Wahrscheinlich sind allen komplexeren Gefühlen, wie sozialen Ängsten, Phobien, Aversionen – Sympathien, Neid, Eifersucht, Argwohn, Vertrauen – Mißtrauen, Dankbarkeit – Schadenfreude, Liebe – Haß kognitive Bewertungen vorgeschaltet. Diese können sehr kurz, gleichsam in Stenogramm ablaufen, angenehm – unangenehm, belastend erfreulich, interessant – uninteressant, harmlos – bedrohlich. Bei einer genaueren Analyse der Selbstgespräche stößt man stets auf solche vorangehenden, die Gefühle bestimmenden Kognitionen. Schachter und Singer haben aufgrund dieser Tatsache die "kognitive Emotionstheorie" entwickelt, die kurz folgendes besagt: Zunächst wird ein Individuum durch irgendwelche realen oder vorgestellten Situationen erregt, dann wird diese Erregung gemäß dem situativen Kontext als Gefühl interpretiert bzw. etikettiert und das Individuum entwickelt dann das entsprechende Gefühl. (Schachter u. Singer 1962, 379–399)

Der Zurückführung der Emotion auf die vorangehende Kognition kommt in der Therapie der Ängste und Phobien große Bedeutung zu. Die ermittelten Bedrohlichkeitsobjekte und -situationen können dann im Detail seziert, auf ihren wahren Bedrohlichkeitsgehalt – der zumeist aufgebauscht und verallgemeinert wurde – zurückgeführt und in der weiteren Therapie über mentale Übungen der Umstrukturierung und in Verhaltensübungen schrittweiser Annäherung abgebaut werden.

Gelegentlich erfährt der Mensch, daß er nicht fühlen kann. Er bezeichnet seinen Zustand als "Gefühlsleere", "Ausgebranntsein". Für den Depressiven ist dies eine äußerst schmerzliche Erfahrung. Damit ist aber ausgedrückt, daß dieses dumpfe Wissen doch wiederum ein Gefühl ist, eben das Gefühl der Gefühllosigkeit. Gerade auch dieses Beispiel zeigt, daß der Mensch ein aktiv zu sich und der Welt verhaltendes, interpretierendes Wesen ist.

Gefühle haben Regulationsfunktion

Die biologischen Antriebsgefühle (Hunger, Durst, Schläfrigkeit usw.) melden sich, wenn die Körperfunktionen ins Ungleichgewicht geraten. Diese "Weisheit des Körpers" schützt unsere biologische Existenz vor einer Beeinträchtigung. Auch Muskelschmerzen melden sich, um uns vor weiterer Anstrengung zu warnen, um die biologische Homöostase aufrechtzuerhalten.

Die anthropologisch-soziale Homöostase überformt die vitale Homöostase. Selbst biologische Antriebsgefühle sind in ihrem Erscheinen z. T. sozialdeterminiert. Unser Hungergefühl ist z. B. abhängig von dem Speise-Rhythmus der Gesellschaft, in der wir leben. Die anthropologisch-soziale Homöostase ist breiter angelegt und vielschichtiger als die biologische Homöostase. Um uns im sozialen Medium zu erhalten, bedarf der Mensch der Aneignungen von Arbeitsfertigkeiten, der Manipulation der Dinge, der Gewohnheits- und Normensysteme sowie der Sprache. Essen auf dieser Ebene ist nicht nur Sättigung; wir wählen aus, achten auf Geschmack, lieben dabei Geselligkeit.

Die Gefühle regulieren im Rahmen der anthropologisch-sozialen Homöostase einerseits die Erhaltung des Subjekts, andererseits seine Erweiterung. Wenn etwas häufig wiederholt wird oder wir in eine eintönige Umgebung versetzt sind, quält uns Langeweile; es meldet sich der Erlebnishunger. Irgendwie scheinen wir einen gewissen Grad von Erregung und Spannung für unser Leben zu brauchen. Gefühle sind in dieser Beziehung Spannungsregler. Wir reagieren Wut im Wutausbruch, Angst im Fluchtverhalten ab. Selbst bei spannungsgeladenen kreativen Tätigkeiten, die ja nicht zur Gewohnheit werden, benötigen wir Pausen. Die Freude über den Erfolg ist bereits spannungsmildernd.

Die Gefühle zeigen ihre homöostatische Funktion aber nicht nur in ihrer Selbstregulierung, sondern auch in der Erkenntnis.

Gefühle haben Selektionsfunktion

Das Gefühl selektiert die Wahrnehmung. Aus der Flut der Stimuli greift der Mensch das für ihn Bedeutsame heraus. Dieses Involviertsein sorgt dafür, daß Wahrnehmung nicht nur Widerspiegelung ist.

Das Gefühl ist eng in das erkennende und problemlösende Denken verwoben. Der Mensch interessiert sich für Zusammenhänge und Wirkungen. Die Neugier und der Wissensdurst dienen nicht nur der Erhaltung des Lebens, sondern auch dem Aufbau seiner eigenen Welt.

Dem Gefühl kommt auch bei der Gedächtnisspeicherung eine wichtige Funktion zu. In der Wahrnehmung selektiert das Gefühl das für uns Wichtige; darüber hinaus wirkt ein zweites Selektionssystem. Es "wirft" von den im kurzfristigen Gedächtnis aufgenommenen Wahrnehmungen diejenigen heraus, in die wir nicht involviert sind. Im langfristigen Gedächtnis speichern wir also nur das für uns Bedeutsame.

> "Jede Wahrnehmung, jeder Gedanke, jede Handlung etc. wird in unserem Gedächtnisreservoir mit dem ihnen inhärenten konkreten Gefühl zusammen gespeichert. Wir haben gute und böse, lustige und traurige, angstvolle und angenehme Erinnerungen ... Wir halten die Gedächtniseinheiten für unbewußt, bei denen das Erlebnis ohne Konzeptualisierung gespeichert wird." (Heller 1980, 64f)

Solch ein Erlebnis wurde zum Zeitpunkt der Speicherung wohl in seiner Wichtigkeit begriffen, jedoch nicht in seiner Bedeutung. Wir konnten es in unserer eigenen Welt nicht plazieren.

In seinem Modell der Handlungskontrolle faßt Lantermann kognitive und emotionale Geschehnisse zusammen. Handlungen setzen dort an, wo ein Individuum zur Lösung einer gestellten Aufgabe oder Anforderung aufgerufen wird. Die Handlungskontrolle wird durch zwei Kontrollsysteme bestimmt: das emotionale und das kognitive Kontrollsystem.

Das emotionale Kontrollsystem ist durch zwei Merkmalsgruppen charakterisiert: durch besondere *Prozeßeigenschaften* und durch *spezifische Inhalte*. Dieses Kontrollsystem läuft weitgehend außerhalb der Selbstkontrolle ihres Trägers, des Handelnden, gleichsam automatisch ab. Emotionale Prozesse unterscheiden sich im *Grad der Erregtheit oder in ihrer Intensität*. Je größer die Intensität der Gefühle ist, umso stärker beeinflussen sie den gesamten Kontrollprozeß. Erregung kann durch physiologische Maße und durch psychologische Schätzungen des "Gedrängtwerdens", das bis zum Kontrollverlust führen kann, bestimmt werden. Die Inhalte stellen emotionale Erfahrungen spezifischer inhaltlicher Qualität dar.

> "Das emotionale Kontrollsystem hat so in bezug auf die Handlungskontrolle mehrere Funktionen:
> - es führt zu einer Selektion von Komponenten einer wahrgenommenen Person-Umwelt-Transaktion;
> - es produziert unbezweifelbare globale Signale, die dem Akteur 'mitteilen', inwieweit eine Diskrepanz zwischen einem aktualisierten Standard oder Ziel und einer aktuellen Situation existiert und inwieweit der Akteur in der Lage ist, diese Diskrepanz zu kontrollieren ...;
> - es leitet in Abhängigkeit von der Intensität und Qualität emotionaler Prozesse zu unterschiedlichen kognitiven Kontrollprozessen über und begrenzt so den Bereich verfügbarer kognitiver und Verhaltensoperationen." (Lantermann 1983, 264)

Vermittels des kognitiven Kontrollsystems wird die Handlung in ihrem Verwirklichungsprozeß fortlaufend und in Etappen registriert und kontrolliert.

> "Kognitive Kontrollprozesse haben in bezug auf die Handlungskontrolle ... zwei allgemeine Funktionen:
> - sie verhelfen dem Akteur innerhalb einer Situation zur Entwicklung von Handlungsplänen, in denen die Handlungsziele oder -standards festgelegt und in eine zeitliche Ordnung gebracht werden und in denen geeignete Operationen zur Annäherung von Zielen oder Erreichung von Standards enthalten sind;
> - sie kontrollieren aktuell ablaufende Handlungen, indem der Akteur deren Verlauf an dem geplanten Verlauf mißt und im Falle einer unerwarteten Diskrepanz entsprechende Kontrollmaßnahmen einzuleiten versucht." (Lantermann 1983, 266)

Die beiden Kontrollsysteme beeinflussen sich gegenseitig. Bei hoher Erregung dominiert das emotionale Kontrollsystem über die weiteren Kontrollprozesse, bei geringer Erregung können Kompromißlösungen gefunden werden. Wut und Wutexpression dort werden hier in Zorn unter Anführung der Ablehnungsargumente überführt. Die kognitiven Prozesse sind während der Handlungskontrolle von emotionalen Prozessen eingehüllt.

"Das emotionale System entscheidet über den Spielraum und über die Qualität kognitiver Kontrollprozesse, das kognitive System dagegen leistet die eigentliche Kontroll-'Arbeit', deren Resultate wiederum auf das emotionale System zurückwirken. Emotionale Prozesse bilden so den 'Hintergrund', vor dem die kognitiven Kontrolltätigkeiten ablaufen." (Lantermann 1983, 269)

Gefühle haben Motivationsfunktion

Der Mensch ist ein sich verhaltendes aktives Wesen. Er schaut im allgemeinen nicht in sich hinein. Die Frage nach dem Motiv seines Verhaltens kann sich also nicht auf seine Aktivität im allgemeinen beziehen.

"Wenn wir nach dem Motiv fragen, tun wir das immer aus einem bestimmten Blickwinkel ... Wir fragen nie: 'Was motivierte diese Mutter dazu, daß sie ihr Kind aufzog?' Wir fragen vielmehr: 'Was hat sie dazu motiviert, daß sie ihr Kind nicht aufzog?' Der Gesichtspunkt unserer Frage ist pragmatisch, ihr Bezugssystem ist das herrschende Gewohnheitssystem. Wir fragen nach den idiosynkratischen Faktoren der Abweichung vom Gewöhnlichen ... Insofern die Handlung unseren Wertpräferenzen entspricht, fragen wir nicht nach dem Motiv, sondern nach der Ursache. Nur wenn die Handlung unseren Wertpräferenzen widerspricht, fragen wir nach dem Motiv. 'Er hat seine Frau umgebracht, weil sie ihn betrogen hatte', würde man auch heute in Süditalien sagen. Daß sie 'ihn betrogen hat' ist kein Motiv, sondern die Ursache. In einer Umgebung jedoch, wo andere Wertpräferenzen herrschen, wo also der 'Betrug' kein ausreichender Grund ist, die Frau umzubringen, werden wir in solchen Fällen nach dem Motiv fragen. 'Er hat seine Frau in einem Eifersuchtsanfall umgebracht' – der Eifersuchtsanfall ist keine Ursache, sondern ein Motiv." (Heller 1980, 70f)

Wenn bekannt ist, daß jemand neidisch, der Neid ein Zug seines Charakters ist, fragen wir, wenn er sich neidisch verhält, mehr nach seinem Motiv. Er handelt deshalb so, weil er neidisch ist. Das ist eine Ursache-Deutung. Wenn jemand also mutig bekannt ist und in irgendeiner Situation die Flucht ergreift, fragen wir: "Was ist mit ihm passiert, was hat sich in ihm abgespielt?"; wir fragen nach dem Motiv.

Das Gleiche gilt auch für die Introspektion. Ich erwidere z. B. nicht den Gruß eines Bekannten. Ich empfinde dieses Verhalten im Widerspruch zu meiner Gewohnheit. Ich frage nach dem Motiv, um mich selbst zu deuten.

In ethischer und rechtlicher Hinsicht ist es immer sinnvoll, nach Motiven zu fragen: "Sie hat ihr Kind nur deshalb aufgezogen, damit es später für ihren Unterhalt sorgt." "Jemand hat einen anderen geschlagen. Daran starb der andere." Wollte der Schlagende den anderen umbringen oder nicht? Wir fragen nach dem Motiv.

In allen Fällen, in denen ich nach dem Motiv frage, frage ich zugleich nach den Gefühlen. Damit ist aber Gefühl nicht mit Motiv gleichzusetzen. Gefühl kann auch Motiv sein.

Ähnlich ist es bei dem Verhältnis Gefühl und Information. Gefühl kann auch Information sein. Ich bin in eine gefährliche Situation geraten, das Gefühl signalisiert mir dieses Bedrohtsein. Das Gefühl der Müdigkeit signalisiert mir, daß ich Entspannung brauche. Der Schmerzschrei beim Zahnarzt ist eine Expression. Wenn ich aber sage: "Es tut mir weh, wenn Sie an den oberen Zahn kommen", dann ist dies eine indirekte Expression. Jede Expression ist zugleich eine Information. Der Gefühlsausdruck ist ein Zeichen, das eine Bedeutung hat.

Zwei Fragen stellen sich:

– Bin ich imstande, das, was ich fühle, adäquat auszudrücken?
– Kann ich die Zeichen des anderen lesen und adäquat deuten?

Mehr oder weniger angenähert erreichen wir dies in den meisten Situationen. Wir spüren dabei, daß sich vollständig ausdrücken und verstehen ein positiver Wert ist.

Gefühle haben Ausdrucksfunktion

In Mimik, Gesten, Gebärden, Tonfall, in den Reaktionsweisen, in der Handlung, im Gesamtverhalten drücken wir das, was wir fühlen, direkt aus. Von direktem Ausdruck sprechen wir bei den auf die Gefühle bezogenen Mitteilungen.

> "Die direkten und die indirekten Expressionen können wir nicht scharf voneinander abgrenzen. Wenn eine Mutter, sich an ihrem Kind ergötzend, spontan lächelt, dann ist das eine direkte Expression. Wenn das Kind beim Zahnarzt im Stuhl sitzt und die Mutter es ermutigend anlächelt, dann ist das eher eine indirekte Expression und hat ungefähr die Bedeutung: 'Ich liebe dich, ich bin bei dir, habe keine Angst!'" (Heller 1980, 75)

Die einzelnen Gefühle sind unterschiedlich expressiv. So sind die Antriebsgefühle in der Mimik, im Tonfall am wenigsten, in der Handlung am meisten expressiv. Die höheren Gefühle zeigen sich deutlich in Mimik, Gestik und Tonfall.

Der Mensch kann seine Expressionen beherrschen; er kann ein Gefühl für sich behalten. Dabei verheimlicht er, was er fühlt und wie intensiv er das Gefühl empfindet. Je intensiver ein Gefühl ist, desto schwieriger ist es, dies zu beherrschen.

Gefühle haben Mitteilungsfunktion (Information)

Jede Expression ist auch eine Information. Der Gefühlsausdruck ist ein Zeichen, das eine Bedeutung hat. Wir müssen die Bedeutung der Gefühlsausdrücke als Zeichen lernen.

> "Dies lernen wir nicht an uns selber, sondern am Gesicht von anderen Menschen, an ihrem Tonfall, an ihren Reaktionstypen, an ihrem Verhalten. Um uns in dem gesellschaftlichen Medium bewegen zu können, müssen wir uns die 'Sprache' der Gefühle genauso aneignen, wie die der Begriffe. Und noch mehr: da beide Sprachen einander bedingen, bedingen sich ihre Aneignungen. Um ein einfaches Beispiel zu erwähnen: ob das 'Komm her' eine Bitte, eine Aufforderung oder ein Befehl ist, werden wir erst aus dem Tonfall verstehen können." (Heller 1980, 78)

Der informative Charakter der Gefühlsexpression zeigt sich auch darin, daß wir mit ihrer Hilfe lügen können und daß wir uns in der Deutung der Gefühlsexpression irren können.

Gefühle haben Wertungsfunktion

Gefühle zeigen uns an, was wir schätzen, ablehnen und verabscheuen, vorziehen und nachsetzen. Zum großen Teil sind diese Orientierungen gesellschafts-, gruppen- und zeitbedingt. Innerhalb dieser rahmenhaften Ausrichtung gibt es jedoch sehr viele individuelle Varianten des "Geschmacks". Neben den allgemeinsten Wertorientierungskategorien "gut – schlecht" gibt es weitere wie: angenehm – unangenehm, gutmütig – böse, schön – häßlich, richtig – unrichtig, wahr – falsch, erfolgreich – erfolglos, nützlich – schädlich usw.

Max Scheler (1954, 271) hat die wohl umfassendste Analyse der Gefühle unter dem Gesichtspunkt der Wertorientierung vorgenommen. Er weist auch darauf hin, daß in dem Fühlen von Werten, das ja den Orientierungen und Entscheidungen zugrunde liegt, "das Fühlen neben seiner intentionalen Natur auch noch eine kognitive Funktion" gewinnt.

Es gibt allerdings auch Hinweise, daß Emotionen ein eigenständiges Orientierungssystem sind. Zajonc (1980, 151--175) macht darauf aufmerksam, daß viele Entscheidungen ohne vorhergehende kognitive Prozesse ablaufen. Viel eher – so meint er – rechtfertigen wir nach der Entscheidung diese mit plausiblen Argumenten. Wir entscheiden uns für vieles, weil es uns gefällt. Es können sich – so führt Zajonc aus – einige Emotionen von den Kognitionen loslösen und teilweise unabhängig von ihnen werden, wie z. B. bei höheren Graden der depressiven Hilflosigkeit und Entfremdung. Als weitere Begründung für die Prävalenz der Gefühlsreaktionen weist Zajonc darauf hin, daß diese in der Ontogenese die erste Stelle einnehmen. Schon mit zwölf Tagen können Säuglinge Gefühlsausdrücke imitieren.

Wir sollten vorsichtiger sein, Emotion und Kognition so deutlich gegenüberzustellen. In der breiten Spanne menschlicher Orientierungen und Verhaltensweisen sind beide Funktionen aufs engste miteinander verwoben. Nur an den Endpunkten des Kontinuums erkennen wir so etwas wie "reine Gefühlsäußerungen" und "reine Kognitionen".

In den verschiedenen Emotionstheorien wurden bisher die in Abb. 30 aufgeführten Komponenten der Emotion in unterschiedlicher Betonung beachtet.

Es besteht unter den Emotionstheorien noch kein Konsens über die Art des Zusammenwirkens dieser Komponenten. Nach Izard (1981, 53ff) sind die vier wichtigsten Systeme für Persönlichkeit, soziale Interaktion und menschliche Funktionen höherer Ordnung: das emotionale, das perzeptive, das kognitive und das motorische System. Sie bilden die Grundlage menschlichen Verhaltens. Effektives Verhalten beruht auf der harmonischen Interaktion dieser vier Systeme.

Nach Scherer (1981, 309) ersetzen Emotionen starre reflexartige Reaktionsmuster oder instinktmäßig angeborene Auslösermechanismen mit festprogrammierten Verhaltensabläufen. Bei zunehmender Komplexität der Informationsverarbeitungskapazität und größerer Variabilität von Verhaltensinventaren wurde im Laufe der Evolution eine Prozeßvariable erforderlich, die eine adäquate Anpassung des Verhaltens an externe und interne Reize erlaubt.

156 Das Verhalten und die Bedeutung

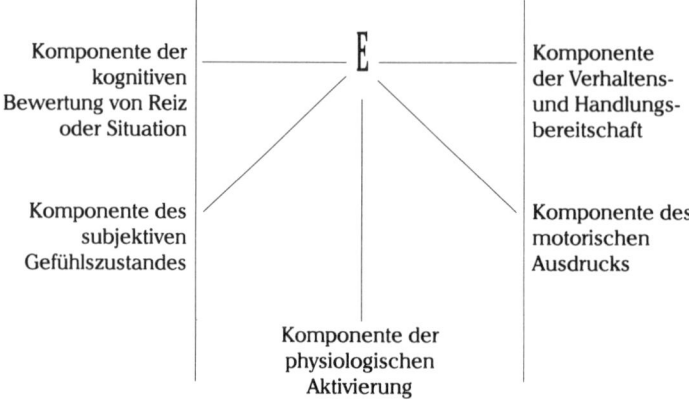

Abb. 30: Komponenten der Emotion

Emotionen als organisierende Faktoren des Bewußtseins

Die Kognitive Psychologie hat es mit den Prozessen der Informationsaufnahme und -verarbeitung und des Problemlösens zu tun. Diese Prozesse laufen im Innern des Organismus unter aktiver Beteiligung der Person ab. Sie bestimmen das Handeln, vor allem die Handlungsplanung.

Unter Emotionen versteht man Gefühlsregungen, Erlebnistönungen und Stimmungen. *Gefühlsregungen* und besonders die starken Affekte zeigen eine zeitlich begrenzte Erstreckung (Ich freue mich auf den morgigen Ausflug; ich bin betrübt über den Ausfall der Begegnung; ich jubele über die Preisverleihung; ich bin wütend über die Zurücksetzung).

Erlebnistönungen sind Reaktionen auf Kognitionen. Ich höre die Musik, ich betrachte ein Bild und bin von beiden angenehm oder unangenehm "berührt". Solche Erlebnistönungen halten so lange an, wie der spezifische Inhalt meinem Bewußtsein gegeben ist. *Stimmungen* erstrecken sich zumeist über längere Zeiträume. Sie beeinflussen gleichsam vom Hintergrund her die Kognitionen, machen mich aufgeschlossen (gehobene Stimmung) oder verschließen mich gegenüber Informationen (depressive Stimmung).

Emotionen gelten oft als Gegenspieler von Kognitionen. Diese ältere Auffassung kann heute nicht mehr in dieser Allgemeinheit vertreten werden, sind doch Emotionen, wie z. B. die Angst, zumindest Moderatorvariablen der kognitiven Prozesse.

Emotionen beeinflussen Denkprozesse, Lernverläufe und Leistungsverhalten, wobei starke Emotionen beeinträchtigend, schwächere Emotionen fördernd wirken können.

"Die Reduktion emotionaler Phänomene auf unterschiedlich intensive physiologische Erregung ... brachte schließlich die Umpolung der Bewertung des Emotions-Kognitions-Verhältnisses. Emotion als Epiphänomen physiologischer Aktiviertheit stellt nun die Grundlage kognitiver Orientierung in der Welt dar." (Mandl u. Huber 1983, 6)

Schachter und Singer konnten nachweisen, daß wir medikamentös hervorgehobene physiologische Erregung kontextspezifisch, also durch kognitive Interpretationsprozesse vermittelt, emotional erleben. Emotion ist in dieser Sicht ein postkognitives Phänomen.

Die Untersuchungen, z. B. von Zajonc (1980, 151–175), machen darauf aufmerksam, daß solche Gegensatzpositionen artifiziell durch Versuchsanordnungen gestützt sind, im realen Leben bzw. in Handlungsvollzügen aber zwischen den emotionalen und kognitiven Phänomenen eine interaktionale Beziehung besteht, das heißt: Kognitionen können den Emotionen vorausgehen, ihnen aber auch folgen; Kognitionen können über der Interpretation Emotionen ihre Richtung und Farbe geben; Emotionen können bei mittlerem Aktivationsgrad Lernen und Problemlösen (Kognitionen) in ihrer Dynamik und Qualität steigern.

Emotionen haben einen selektierenden Einfluß auf kognitive Prozesse, auf das Beachten bestimmter Umweltstimuli, das Behalten, Denken und Urteilen.

Gefühle wirken als selektiver Filter bei der Informationsverarbeitung. Der Filter läßt Material durch, das mit der Stimmung des Wahrnehmenden übereinstimmt (Stimuluskongruenz-Effekt). Auch das Auffinden von Gedächtnisinhalten wird durch Stimmungen beeinflußt. Wir können Fakten am besten wiedergeben, wenn wir uns in der Stimmung befinden bzw. in sie versetzen, in der wir die Fakten gelernt haben. Der emotionale Zustand einer Person beeinflußt auch ihre assoziativen Prozesse und die Interpreation mehrdeutiger Situationen.

Nach der Netzwerktheorie von Bower (1981, 129–148) werden Ereignisse in einem semantischen Netzwerk festgehalten. In diesem Netzwerk bilden die verschiedenen Emotionen Einheiten oder Knoten, die mit ähnlichen Ereignissen und Erlebnissen, ihrer sprachlichen, ausdruckhaften und aktionalen Repräsentanz verbunden sind. Die Aktivierung dieser Satelliten weckt die entsprechende Emotion. So haben z. B. Furcht und Freude jeweils ihre bestimmten Felder. Die Evokation des Furchtfeldes hemmt die Inhalte des Freudefeldes.

Lazarus u. Mitarb. (1980, 189–217) und Averill (1980, 305–339) sehen die Emotion als ein komplexes Reaktionssyndrom an. Die Komponenten lassen sich wie in Abb. 31 anordnen.

Emotionen und ihr Ausdruck unterliegen sozio-kulturellen Bedingungen. Es bilden sich emotionale Reaktionsbereitschaften in Verbindung mit personalen und situativen Bedingungen. Die weitere Aktivierung zur Emotion findet über die Wahrnehmung situativer Bedingungen durch die kognitiven Einschätzungen und über die Sensibilität personaler Bedingungen durch physiologische Aktivierung statt. Um zur vollkomponierten Emotion zu kommen, bedarf deren motorischer Impuls noch der Spiegelung im Erleben und der Entäußerung im Verhalten, Handeln und Ausdruck.

Die Verwobenheit der Emotion erklärt auch, warum negative Gefühlsreaktionen oft so hartnäckig gegenüber der Einsicht in ihre Selbstschädlichkeit sind. Bei wiederkehrenden situativen Bedingungen, die als Gefährdung und Bedrohlichkeit und bei personalen Bedingungen mit ihrer lerngeschichtlichen Verankerung aufgebaut wurden, können Gefühlsregungen oft außerordentlich beständig sein.

Im allgemeinen wird angenommen, daß Entscheidungen in einem bestimmten Ausmaß kognitiver Verarbeitung bedürfen. Zajonc weist aber darauf hin, daß es bei vielen Entscheidungen schwer ist, solche vorlaufenden kognitiven Prozesse nachzuweisen.

158 Das Verhalten und die Bedeutung

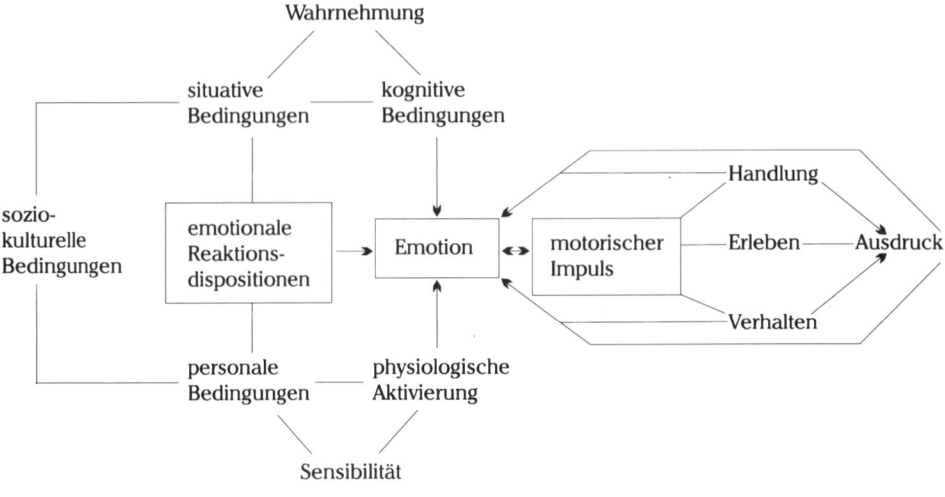

Abb. 31

Wir entscheiden uns zumeist spontan aufgrund von Gewohnheiten, Sympathien und Vorlieben. Kognitive Prozesse dienen dann nicht dazu, Entscheidungen zu treffen, sondern sie nachträglich zu rechtfertigen.

Es gibt vier Argumente, daß Emotionen den Kognitionen vorgeordnet sind: (1) Säuglinge können schon mit zwölf Tagen Gefühlsausdrücke imitieren, lange bevor sie denkendes und sprechendes Verarbeiten zur Verfügung haben (Ontogenese). (2) auch phylogenetisch ist das limbische System, das die emotionalen Reaktionen kontrolliert, vor dem Neocortex, der für die Entwicklung der Sprache und des Denkens verantwortlich ist, ausgebildet. (3) Weiter bewirken Versuche, in denen Bilder emotionalen Ausdrucks extrem kurz als Stimuli dargeboten werden, bei den Versuchspersonen emotionale Anmutungen und Reaktionen, ohne daß sie sich über die Auslöser im klaren sind. (4) Letztlich kann man bei Erinnerungen an zurückliegende Lebensereignisse oder Träume feststellen, daß wir oft den Stimmungs- oder Gefühlszustand genauer angeben können, aber die einzelnen Inhalte dabei recht unbestimmt bleiben. Allerdings müssen wir bedenken, daß bei komplexeren Gefühlen (Furcht, Bedrohung, Eifersucht, Geborgenheit, Wohlbefinden, Vertrauen usw.) zumeist eine – wenn auch oft sehr kurze – kognitive Situations- und Befindungswertung vorausgeht.

Nach den vorliegenden Untersuchungen kommt man zu dem Ergebnis, daß Emotionen und Kognitionen relativ selbständige Funktionsbereiche sind, sich aber gegenseitig beeinflussen können.

Vielleicht ist die Gegenüberstellung von Emotion und Kognition der Komplexität psychischen Geschehens nicht angemessen, enthalten doch emotionale Prozesse in ihren Erlebnisdimensionen lust- und unlustvoll, angenehm – unangenehm, bekömmlich – unbekömmlich usw. bereits Wertschätzungen, also kognitive Akzente; und kognitive Prozesse sind bei den Problemlösungsversuchen (gelungene – mißlungene Lösung) mit verschiedenen emotionalen Zuständen der Befriedigung, der Unruhe bzw. des Mißmuts verbunden. Diese Gedanken haben C. G. Jung veranlaßt, Denken und Fühlen zu den rationalen Funktionen zu rechnen.

Mit dem Begriff der Kontrolle hat man versucht, diese übergreifende Bindung von Emotion und Kognition zu verdeutlichen. Der Mensch erlebt Kontrolle über Umwelt und sich selbst als positiv; er möchte die Welt und sich selber als geordnet und vorhersagbar erleben und sich nicht als Spielball zufälliger Antriebe und Ereignisse sehen. Das emotionale Kontrollsystem bewirkt die Selektion von Komponenten einer wahrgenommenen Person-Umwelt-Transaktion und gibt Signale im Hinblick auf die Diskrepanz zwischen Ist- und Sollzustand. Das kognitive Kontrollsystem führt zur Entwicklung von Handlungsplänen und zur Überwachung aktuell ablaufender Handlungen. Es beeinflußt darüber hinaus auch die Erregung und die Inhalte des emotionalen Kontrollsystems. (Lantermann 1983, 248–281)

Weitergehende Beziehungen zwischen Emotion und Kognition lassen sich aufzeigen, wenn wir die beiden Bereiche unter dem übergeordneten Begriff der "Bewußtseinserscheinungen" fassen.

Wir unterscheiden Wachheit und Schlaf, Bewußtsein und Bewußtlosigkeit. Während Wachheit und Bewußtsein eng zusammengehören, besteht doch zwischen Schlaf und Bewußtlosigkeit ein Unterschied. Der Schlaf ist ein aktiver Prozeß; und es ist sinnvoll, ihn als einen besonderen Bewußtseinszustand aufzufassen, da in ihm affektiv-kognitive Traumprozesse ablaufen, deren Inhalte von Vorstellungen abhängen, die ursprünglich vom Individuum im Wachzustand geschaffen wurden. Im Zustand der Bewußtlosigkeit gibt es keine perzeptiven, emotionalen und kognitiven Prozesse, also auch keine Träume.

Bewußtsein ist ein Zuwendungsprozeß zu äußeren oder inneren Gegebenheiten; er bildet gleichsam den Hintergrund für die affektiv-kognitiven Prozesse bzw. Bewußtseinsinhalte (Affekte, Stimmungen, Gefühle-Gedanken, Vorstellungen und Erinnerungen). Die Unterscheidung von Bewußtsein und den Inhalten des Bewußtseins ist wichtig. Bei disziplinierter Meditation erhöht man Bewußtsein oder Bewußtheit, indem man übliche Operationen des Geistes (Wahrnehmungen, Gedanken, Erinnerungen) überwindet. Erweiterung des Bewußtseins bedeutet also Erweiterung bewußter Sensibilität und nicht der Inhalte des Bewußtseins.

Die Emotionen sind nach Izard (1981, 164) organisierende Faktoren des Bewußtseins.

"Der bewußte Geist hat eine starke Tendenz, aktiv zu sein, und seine Aktivität umfaßt typischerweise Vorstellungen, Gedanken, Emotionen und affektiv-kognitive Orientierungen – wobei letztere die häufigsten Strukturen im Bewußtsein sind ... Der hier vertretene Standpunkt ist der, daß die fundamentalsten Inhalte von Bewußtsein und diejenigen, die es mit seiner wesentlichen Organisation und Ausgerichtetheit versehen, die Affekte und die affektiv-kognitiven Orientierungen sind."

Empfindung wird als der elementarste Aspekt des Bewußtseins betrachtet. Unbestimmte Stimulationen, seien sie extern oder intern, treten als Empfindungen in unser Bewußtsein. Wir blicken kurz aus dem Fenster und sehen etwas Braunes, hören dabei ein Geräusch, blicken nochmal hin und sehen einen herbstlichen Laubbaum und erkennen jetzt auch das Geräusch eines Flugzeugs. Wir spüren gewisse Druckempfindungen in der Magengegend, wissen jetzt, daß uns die eben verzehrte Nahrung "schwer im

Magen" liegt. Bei dieser Besinnung haben sich die Empfindungen zu Wahrnehmungen artikuliert. Sobald wir bei Empfindungen – was normalerweise der Fall ist – den Gegenstandsbezug erkennen, werden diese zu Wahrnehmungen. Unser Bewußtsein hat die Tendenz, Empfindungen und sensorische Daten in Anmutungen (Emotionen) und dann in Wahrnehmungen und Kognitionen umzuformen. So gesehen sind Emotionen als Teil des Wahrnehmungsprozesses zu betrachten.

Das subjektive Erleben von Emotionen ist als der wichtigste organisierende Faktor im Bewußtsein anzusehen. Der Wahrnehmungsprozeß ist nicht eine einfache Transformation sensorischen Inputs. Der Wahrnehmende fügt beim Wahrnehmen stets etwas aus seiner bisherigen Erfahrung hinzu. Wahrnehmung ist also nicht eine einfache Abbildung der Wirklichkeit, sondern eine persönliche Konstruktion. Sie dient der Orientierung und Handlungssteuerung. Die dabei wirksame Selektion ist eine Funktion der Emotion. In der Wahrnehmung steckt also viel von emotionsgetragener Meinung. Wir erleben die Welt nicht so, wie sie wirklich ist.

Wir sprechen zwar von einem einheitlichen Bewußtsein und meinen damit Wachheit, Erleben, Innesein (von Empfindungen, Wahrnehmungen, Vorstellungen usw.). Offenbar gibt es aber verschiedene Bewußtseinszustände, wie es ja auch verschiedene Formen des Wissens und der kognitiven Stile gibt – intuitives Denken bzw. rationales Denken.

Ein Versuch, diese zwei Modi des Erkennens zu erklären, ist von der Neurophysiologie unternommen worden, nach der die beiden Hirnhemisphären jeweils besondere Funktionen haben. Danach kontrolliert die dominante Gehirnhälfte (gewöhnlich die linke) die Sprache und die meisten linguistischen und verbal-kognitiven Funktionen, die rechte dagegen die emotionalen-nonverbalen (z. B. räumlichen, musikalischen) Funktionen. Neuere Untersuchungen machen jedoch deutlich, daß es sich hierbei nicht um scharf getrennte hemisphärenbezogene Bewußtseinszustände handelt. Es gibt mannigfache Querverbindungen hemmender und fördernder Art.

Das Bewußtsein ist noch durch zwei Hauptmodi der Organisation gekennzeichnet, einem Aktions- und einem Rezeptionsmodus. Die Werkzeuge des Aktionsmodus, das sympathische Nervensystem und die quergestreifte Muskulatur, dienen dem Organismus zur Einwirkung auf die Umwelt. Der rezeptive Modus mit seinen sensorisch-perzeptiven Werkzeugen dient der emotionalen und kommunikativen Organismus-Umwelt-Interaktion.

Die Untersuchungen, die am Institut für evolutionäre Physiologie und Biochemie im damaligen Leningrad durchgeführt worden sind und von denen Izard 1981, 179, berichtet, weisen auf einen interessanten hemisphärenbezogenen Wirkungsmechanismus hin.

Man verglich die Wirkungen von Elektrokrampfbehandlungen bei depressiven Patienten, die wechselweise in der rechten und der linken Hemisphäre durchgeführt wurden. Dies widersprach der traditionellen Vorgehensweise, gleichzeitig einen bilateralen Schock in beiden Hemisphären auszulösen. Hierbei wurde darauf geachtet, daß der Schock stark genug war, um die Funktionen der schockbehandelten Gehirnhälfte kurzzeitig zu blockieren oder zu beeinträchtigen. Als Ergebnis dieser Versuche stellte sich heraus, daß bestimmte sensorische Grundfunktionen unabhängig von der jeweils durch Schock gelähmten Hemisphäre gleich beeinträchtigt worden waren. Da Patienten, die einen Schock in der rechten Gehirnhälfte erhielten, gesprächiger wurden, wurde hieraus der Schluß gezogen, daß diese Hemisphäre das Sprechen oder Verbalisieren zu unterdrücken vermag. Dies führte zu der Überlegung, daß der mitunter bei Depressiven zu beobachtende Mutismus auf eine Unterdrückung der linken Gehirnhälfte durch die rechte zurückzuführen sein könnte.

Von besonderer Bedeutung sind auch noch zwei weitere Ergebnisse der Leningrader Forscher: Das wechselseitige Auslösen von Schocks in beiden Hemisphären zeigte nach dessen Abklingen ein jeweils entgegengesetztes Ergebnis hinsichtlich der vokalen Intonationen und Verbalisierung sowie Gestik, Mimik und Haltung. Während in der rechten Gehirnhälfte aufgrund des Gesamtverhaltens offenbar Glücksgefühle ausgelöst wurden, sprachen die bekümmerten und furchtsamen mimischen Äußerungen der Patienten in der linken Hemisphäre von entgegengesetzten Reaktionen.

Außerdem wurde festgestellt, daß die Auslösung eines Schocks in der rechten Gehirnhälfte das Erkennen vokaler Intonationen erheblich herabsetzt, die unterschiedliche Emotionen anzeigen.

David Galin vom Neuropsychatric Institute in San Francisco weist darauf hin, daß die Tätigkeit der rechten Hirnhälfte eine auffallende Ähnlichkeit mit "unbewußten" Prozessen hat. Bei beiden dominieren Bilder, die gewöhnlich nicht verbalisiert werden können; beide sind mehr auf die Erfassung von Gesamteindrücken im Sinne der Gestaltpsychologie ausgerichtet.

Galin (1976) stellt klar, daß jede Hemisphäre auf einen bestimmten kognitiven Stil festgelegt ist. Daraus ergibt sich, daß sie jeweils mit unterschiedlichem Material arbeiten: Die linke Gehirnhälfte benutzt für ihre logisch-analytische Arbeitsweise Worte, während sich die rechte Hemisphäre mit ihrer holistisch-ganzheitlichen Gestaltungskraft räumlicher Formen bedient.

Jede der Hemisphären arbeitet auf ihre eigene Weise, wobei jede in derselben Umgebung andere Aspekte auswählt.

Störungen in der Datenverarbeitung bei Kommunikationsschwierigkeit sind danach auf Störungen in der Beziehung zwischen den beiden Hirnhälften zurückzuführen. So ist dies z.B. der Fall bei dem unausgesprochenen Konflikt zwischen einem Mädchen und seiner Mutter, der ausgelöst wird, wenn die Mutter mit Worten etwas Bestimmtes ausdrückt und gleichzeitig durch Ton, Mimik und Gestik eine entgegengesetzte Haltung einnimmt. 'Ich mache dies, weil ich Dich lieb habe', steht in eklatantem Widerspruch zum gehässigen Tonfall und dementsprechenden Gesichtsausdruck seitens der Mutter. In dieser Situation wird jede Gehirnhälfte aufgrund ihrer Unterschiede eine unterschiedliche Bedeutung herauslesen. Während die linke Gehirnhälfte des Mädchens infolge der verbalen Aussage der Mutter das Gefühl des Geliebtwerdens erzeugt, vermittelt die rechte Hemisphäre aufgrund des Gesichtsausdrucks, der Gestik und des Tonfalls der Mutter dem Mädchen eine bedrohliche Lage.

Die beiden Hirnhälften werden die Tochter zu völlig unterschiedlichem Verhalten veranlassen: Die rechte veranlaßt sie dazu, sich von der bedrohlichen Mutter abzuwenden, während die linke sie drängt, ihrer liebevollen Mutter nahezubleiben. Sofern beide Gehirnhälften gleichstarke Impulse vermitteln, ergibt sich ein ambivalenter Zustand, der als Haßliebe in seiner vollen Ausprägung ein Symptom der Schizophrenie ist. Meist gelingt es aber der linken Hemisphäre, die rechte zu dominieren, zu unterdrücken, was darauf zurückgeht, daß die sprachliche Formulierung eine Überlegenheit der linken Hemisphäre zur Folge hat.

Nach Izard ist auch ein Unterschied im Funktionsmechanismus des Hirns bei den Geschlechtern angeboren und biologisch bedingt. Wir können danach nicht einfach Verhaltensunterschiede der Geschlechter auf sozial-kulturelle Prägeeinflüsse zurückführen, zumal die Unterschiede schon bei Säuglingen feststellbar sind. Worin liegen nun die Unterschiede?

- Weibliche Säuglinge reagieren sensibler auf Geräusche, besonders die Stimme der Mutter. Das bessere Hörvermögen bleibt – statistisch gesehen – bei Frauen besser erhalten als bei Männern, bei denen es früher nachläßt.
- Mädchen reagieren auch sensibler mit der Haut, insbesondere an den Fingerspitzen, wo sie bereits eine leichtere Berührung verspüren.
- Im allgemeinen interessieren sich die Mädchen auch mehr für ihre gesellschaftliche Umwelt: für Gesichter, für die sprachliche Ausdrucksweise und den Tonfall der Stimme.
- Mädchen verfügen auch schon früh über einen größeren Wortschatz und weisen nur selten Sprachfehler auf.
- Sie können auch schon früher eine Melodie richtig singen.
- Mädchen lernen schneller lesen, sie lernen Fremdsprachen leichter.
- Mädchen bevorzugen bei der Auseinandersetzung mit ihrer Umwelt den kommunikativen Modus, d. h. sie fragen andere, machen sich deren Erfahrungen zunutze.
- Auch in der Sehschärfe sind Mädchen zumeist den Jungen überlegen, so daß sie feinere motorische Aufgaben besser erledigen.
- Mädchen sind weniger geneigt, Risiken einzugehen; und sie können auch unter Streßbedingungen mit Problemen besser fertig werden.
- Jungen lösen Aufgaben, die mit der rechten Hemisphäre im Zusammenhang stehen, besser: sie schneiden bei Labyrinth- und Raumorientierungsfragen im allgemeinen besser ab. Bei vielen Aufgaben der Intelligenztests kommen Jungen zu besseren Lösungen. So mußten z. B. bei der Eichung des bekannten Wechsler-Intelligenz-Tests mehr als dreißig Aufgaben ausgeschieden werden, weil sich bei ihnen Unterschiede zugunsten des einen oder anderen Geschlechts ergaben.

Izard weist in diesem Zusammenhang darauf hin, daß auch andere Tests in bezug auf geschlechtsspezifische Anforderungen untersucht werden müßten. Auch scheinen seiner Ansicht nach gemeinsame Examina keine soziale Gleichberechtigung zu garantieren. Im allgemeinen haben bei den Tests Fragen, welche überlegene Leistungen bei den männlichen Teilnehmern garantieren, ein starkes Übergewicht.

Nach Izard liefern die Empfindungen sowohl der Interozeptoren als der Exterozeptoren die Basis des Bewußtseins. Bewußtsein ist auf dem grundliegenden Niveau Bewußtsein von Empfindungen, die von Emotionen organisiert werden, indem sie den Empfindungen Sinn und Bedeutung (erlebnismäßige motivationale Eigenschaften) verleihen. Die Emotionen legen das Fundament für Wahrnehmung, Kognition und andere Operationen des Bewußtseins; sie beeinflussen damit auch jedes Verhalten.

Die emotionale Komponente tritt bei den elementaren Kognitionen "mögen – nicht mögen" oder "erwünscht – unerwünscht" besonders deutlich hervor. Gegenstände, die der Mensch wahrnimmt, haben emotionale Eigenschaften.

Die Strukturen und Operationen des gewöhnlichen Bewußtseins sind fest eingegraben; deshalb ist es für Erwachsene schwierig, ohne Gebrauch psychoaktiver Drogen einen veränderten bzw. erweiterten Bewußtseinszustand zu erreichen. Bei solchen Veränderungen lösen sich die gewöhnlichen Raum-Zeit-Objektbeziehungen auf. Der Mensch öffnet sich der Intuition, erfährt den Kontakt zum "universellen Bewußtsein".

Unsere Kognitionen stützen sich weitgehend auf die logische Analyse empirisch gewonnener – mit den Sinnen erfaßter – Daten. Diese Art des Bewußtseins, über Jahrhunderte in Analogie zur naturwissenschaftlichen Methode geschult, erfährt in der Gegenwart durch das Interesse der Kinder und Jugendlichen an Computern eine extreme Verstärkung. Wir sollten wissen, daß diese Fixierung auf das computerisierte Bewußtsein eine verengte Welt- und Erlebnisausrichtung darstellt. Wir sollten zwischen empirischem, rationalem und kontemplativem Erkennen oder symbolischem und intimen Erkennen unterscheiden.

> "Das symbolische, schlußfolgernde oder Landkarten-Erkennen ist von Symbolen oder Symbolsystemen wie etwa der Sprache abhängig, während das direkte, unmittelbare oder intime Erkennen keiner Vermittlung durch Symbole bedarf. Wenn wir diesen Unterschied vergessen ... werden wir blind für die Tatsache, daß unsere Vorstellung von der Wirklichkeit, unser Weltbild, nur eine 'Landkarte' ist – eher eine Begriffsschöpfung als die wirkliche Welt selbst. Nur der kontemplative Bewußtseinszustand, der uns ein nichtsymbolisches, intimes Erkennen erlaubt, kann uns die wirkliche Welt erfahrbar machen." (Walsch u. Vaughan 1985, 224)

Die Erfahrungen mit psychedelischen Drogen, aber auch mit der drogenfreien Meditation und Trance können uns von der Wirklichkeit anderer Bewußtseinszustände, von denen die Mystiker aller Zeiten berichten, überzeugen.

Wir wissen noch wenig über die Funktionsweise des Bewußtseins. Fragen, die noch offen sind, lauten etwa: Welches sind die wichtigsten Dimensionen des menschlichen Bewußtseins? Ist das Bewußtsein individueller oder kosmischer Natur? Unsere Psychologie berücksichtigt nicht in ausreichendem Maße menschliche Erfahrungen in dem Bereich, den wir "spirituell" bezeichnen (Tart 1978; Goleman 1972; 1975; 1977).

Die Emotionen spielen eine entscheidende Rolle bei der Entwicklung des *Selbstbewußtseins* und der *Selbstkontrolle*. Das Selbstbewußtsein spiegelt sich in besonderer Weise im *Selbstwertgefühl*. Diese Konzepte sind zweckmäßigerweise im Rahmen der übergreifenden Lebensbewältigung (und der Frustration) darzustellen.

Die einzelnen Menschen zeigen verschiedene Vollkommenheitsgrade der Lebensbewältigung und Tüchtigkeit. Vor allem sind es fünf Eigenschaften, die hier von Bedeutung sind:

- *die geistige Beweglichkeit*, d. h. die Fähigkeit, den jeweiligen Situationen und ihren Anforderungen aktiv, kritisch oder distanzierend zu entsprechen. Sehr oft erweist sich ein beharrliches Bestehen auf einer Verhaltensreaktion als nachteilig für die Bewältigung der Aufgaben;
- *die produktive Erlebnisverarbeitung und persönliche Integration*. Der integrierte Mensch handelt als ein ausgeglichenes Ganzes; er erfaßt verschiedene Aspekte der Situationen, denen er gegenübersteht und setzt sie in Beziehung zu früheren Erfahrungen;
- *die soziale Aktivität und die Stärke und Beständigkeit der Kommunikation*. Es ist die Fähigkeit, sich in die Gemeinschaft einzuordnen und für deren Entwicklung einen Beitrag zu liefern;
- *das Vernehmen der inneren und äußeren Anrufe von Gewissen und Werten*. Ohne diese Offenheit und Sensibilität entbehrt der Mensch der sicheren Lebensführung. Im Vernehmen kommt die dem Menschen eigene Besinnlichkeit zum Ausdruck;
- *die Festigkeit und Standortgebundenheit*. Diese Eigenschaft stellt die komplementäre Begrenzung der erstgenannten Eigenschaft dar.

164 Das Verhalten und die Bedeutung

Bei einem frustrierten Menschen sind die sonst wirksamen Steuerungskräfte der Besinnung, der Gefühlsgestimmtheit und der erworbenen Formen des sozialen Verhaltens gestört und werden im Extremfall ganz außer Kraft gesetzt.

Strasser (1956, 182f) gibt in seinem Buch "Das Gemüt" eine interessante Analyse, an der sich die Ausschaltung der drei psychischen Steuerungsfunktionen deutlich aufweisen läßt. Die Situation: Hänselei eines Knaben durch seine Mitschüler.

1. Phase: Der Junge steht der Situation "gegenüber"; er pariert die Angriffe mit wohlüberlegten Gegenangriffen. Er könnte jetzt noch ausweichen, er wählt jedoch die soziale Taktik des Wortwechsels. Er überschaut die Situation und bewahrt Haltung.

2. Phase: Durch die weiteren, z. T. aufreizenden Bemerkungen der Kameraden wird der Junge anscheinend immer mehr in die Enge getrieben. Das Lächeln weicht einem ostentativen Ausdruck der Überlegenheit und wird aber immer mehr zu einer Grimasse. Das Selbstvertrauen gerät ins Wanken; die Situation erscheint aussichtslos.

3. Phase: Plötzlich nach einer kurzen spannungsgeladenen Atempause, wirft sich der Junge "blindlings mit seinen Fäusten arbeitend" auf die ganze Gruppe der Spötter. Der Wutanfall äußert sich in einem wilden, sinnlosen Umsichschlagen. Die Abwehrintention ist durch die Abwehrexplosion abgelöst. Der Junge hat seine Selbstkontrolle verloren.

Besinnung setzt Situationsüberblick und ausgeglichene Gefühlslage voraus. Durch das Innewerden der Aussichtslosigkeit, weiter wirksam (d. h. mit Erfolg) reagieren zu können, und dem Zwang, etwas tun zu müssen, kommt es zu einer affektiven Stauung, bei der der Kontakt mit der Umwelt gestört und der Gestaltzerfall der Situation und Intention herbeigeführt werden. Der affektiv Ergriffene antwortet auf diesen Ein- und Zusammenbruch mit einer absoluten Reaktion; er gerät "außer sich". Es gibt fünf Formen eines solchen absoluten Reagierens:

– die blinde Aggression bei Ausweglosigkeit,
– das expansive Sichöffnen und Zuwenden im Freudenrausch,
– die Flucht um jeden Preis bei panischem Schrecken, aber auch das Erstarren, den "Totstellreflex",
– das In-den-Boden-versinken-Wollen bei Scham,
– das krampfhafte Ringen um Befreiung aus der Umklammerung der Angst.

Aus dem Angeführten wird ersichtlich, daß wir zu den eingangs angegebenen fünf Kennzeichen einer lebenstüchtigen Persönlichkeit noch ein weiteres hinzufügen müssen: *die emotionale Stabilität*. In ihr erfassen wir zugleich auch ein Wesensmerkmal der sogenannten Frustrationstoleranz. Diese dem äußeren Verhalten abgelesene Eigenschaft wird innerseelisch durch die Selbstwerthaltung bzw. das Selbstwertgefühl repräsentiert.

Wegen der zentralen Bedeutung, die dem Selbst in der Struktur und Dynamik des Psychischen zukommt, soll zunächst *Wesen und Artung des Selbstwertgefühls* dargestellt werden.

Während alle anderen Gefühlsregungen sich auf etwas Gegenständliches im Außenbereich beziehen, wird im Selbstgefühl die zentrale Instanz der Persönlichkeit, das Selbst, in besonderer Weise erlebt. Ich ärgere mich über etwas, ich fürchte mich vor etwas, bin zornig auf etwas, zufrieden oder unzufrieden mit etwas. In allen diesen

Die Emotion und Kognition 165

Regungen ist der Erlebende, wie wir erkennen, auf etwas außer ihm bezogen. In dieser Bezogenheit konstituiert sich das jeweils spezifisch gefärbte Gefühl.

Einen Schritt näher stehen dem Selbstgefühl Regungen, die sich auf ein Tun oder eine Eigenschaft der Person beziehen. So kann ich mich über eine Ungerechtigkeit, die ich begangen habe, ärgern; im gleichen Sinne kann ich mit mir unzufrieden über eine meiner Leistungen und Handlungen sein. Alle diese Regungen kommen und vergehen mit der sie entfachenden Aktualität.

In allgemeinerer und dauerhafterer Weise werden wir uns gewisser Stimmungen inne. Die Heiterkeit, Verdrossenheit, Schwermut scheinen unser Selbst bereits unmittelbar zu bestimmen.

Das Selbstgefühl ist durch drei Momente gekennzeichnet: durch einen spezifischen Stimmungsgehalt, eine persönliche Wertschätzung und eine Schwerpunktbestimmung. Der Stimmungsgehalt kommt im sog. schlichten Selbstgefühl, das eigentlich nur die Stimmungsschwankungen wiedergibt, zum Ausdruck: deprimiert sein, ohne zu wissen warum; froh sein, ohne zu wissen woher. Erst im bewußten Selbstgefühl mit seinen gegenständlichen Begründungen bezüglich guter Taten, Leistungen, Vorzüge kann das Selbstgefühl eine Erhöhung erfahren. Man macht sich einen Teil seines Wesens zum Gegenstand, und im Hinblick darauf erfährt das Selbstgefühl sein spezifisches Niveau. Der Mensch vergleicht sich in bezug auf beachtenswerte Eigenschaften (Vorzüge und Mängel) und diese Erfahrungen beeinflussen sein Selbstgefühl in Richtung auf ein persönliches Wertgefühl. Im Zusammenhang damit tritt zumeist eine Schwerpunktbestimmung in Richtung der Selbsthingabe oder Selbstbehauptung auf.

Bisher wurde das Selbstgefühl als Eigenwertgefühl, das auf das eigene Selbst gerichtet ist, dargestellt. Es gibt aber noch eine zweite Form des Selbstgefühls, wo die Inhalte bestimmt werden von dem, was sich einer vorstellt. Es ist das Spiegelselbstgefühl oder Geltungsgefühl. In ihm wurzeln z. B. der Ehrgeiz, die Eitelkeit und das Bedürfnis nach Rang, Ansehen, Ruf (Abb. 32).

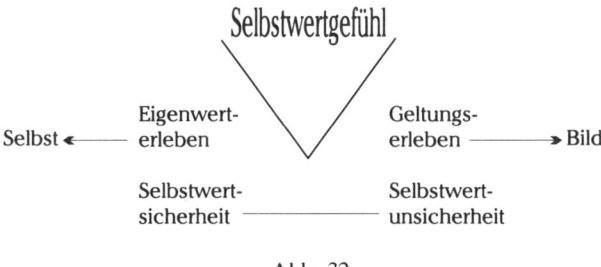

Abb. 32

Mit dieser Außen-Innenorientierung sind verschiedene Grade der Selbstsicherheit und -gewißheit verbunden. Das Eigenwerterleben vermittelt uns Selbstsicherheit. Das Geltungserleben – der Blick auf das, was andere von mir halten, wie sie mich sehen und beurteilen – macht mich fremdbestimmt und damit anfällig für Selbstgefälligkeit und Pose.

Nun sollten wir die Gegenüberstellung von Eigenwertgefühl und Geltungsgefühl nicht scharf trennen, will doch der Mensch von anderen nicht bloß erkannt, sondern auch anerkannt, nicht bloß beachtet, sondern auch geachtet sein. Auch scheint es sinnvoll zu sein, auf sein Ansehen und seinen Ruf zu achten.

Das im Eigenwerterleben gründende Selbstwertgefühl kommt auch in einer geistigen Grundhaltung zum Ausdruck, die den Menschen befähigt, Widerstände und Hemmungen, Niederlagen und Schmerz zu ertragen. Wir sprechen von *Erleidenskraft*.

Der Mangel an Erleidenskraft prädisponiert zur fehlgeleiteten Erlebnisverarbeitung. Erleidenskraft ist nicht identisch mit Erleidensfähigkeit. Gerade der Neurotiker zeigt oft eine außerordentliche Fähigkeit zum Leiden. Er verstrickt sich in das Leiden, ohne die positive Kraft der Leidensbannung zu entwickeln.

Das Bewußtsein kommt innerhalb der Emotionen, wie wir gesehen haben, akzentuiert im Selbstwertgefühl zum Ausdruck. Stimmungen und Gefühle haben aber noch in allgemeinerer Weise "Bewußtseinsfunktion".

Das Überraschungsfeld des modernen Menschen ist mit einer Fülle von Unvorhersehbarem besetzt, so daß für die Orientierung des Menschen niemals die ihn steuernden Automatismen und Gewohnheiten ausreichen. Zum anderen ist die Umwelt aber auch nicht so hindernisreich, daß er sich nur mit Hilfe der abgehobenen Willens- und Denkfunktionen orientieren müßte. Darum ist die Steuerung der Lebensvollzüge durch das Gefühl geradezu die Hauptform der alltäglichen Lebensregulierung. (Stern 1955, 764)

Hierbei kommt der Stimmung – dem zuständigen Zumutesein – mehr die Bedeutung einer diffusen Aufforderung oder Abwehr zu, ohne bestimmte Wegleitung. Die Angeregtheit und Fröhlichkeit führen uns aus uns selbst heraus zur Teilnahme; die Reizbarkeit und Verärgerung drängen uns zur weiteren Verteidigung und Abwehr; die Behaglichkeit und genießerische Versunkenheit lassen uns im Gegenwärtigen verweilen; die Traurigkeit, Schwermut, Verstimmtheit und Resignation binden uns an die bedrückende und unliebsame Gegenwart. Wir werden uns dieser Bezüge vorzugsweise bei den sog. Um-Stimmungen inne.

Im Gestimmtsein gibt sich die Existenz des Menschen in besonderer Weise zu erkennen. Stimmungen sind fundamental; ihr Einfluß erstreckt sich auf alle menschlichen Lebensäußerungen; sie sind allem Erleben und Handeln unterlegt und vorgeordnet. Der gesunde Mensch vermag aber als erkennend-wollendes Wesen zu seinem Gestimmtsein Distanz zu gewinnen, ja sogar seine Stimmungen zu kontrollieren.

Stimmungen sind nichtintentionale Gefühle. Sie beziehen sich damit nicht auf vorgegebene Vorstellungen, wie etwa "Freude oder Ärger über"; sie spiegeln rein subjektive Zuständigkeiten.

In der Stimmung erfährt sich der Mensch noch in ursprünglicher Kommunikation mit dem Umgebenden. Die in mir und in der Außenwelt ungeschieden erlebte Stimmung kann nicht als eine Projektion von mir auf ein Außen verstanden werden, da einem solchen Vorgang die Scheidung in Subjekt und Objekt vorausgehen müßte.

Wir sehen also als Kernphänomen des Erlebens (des Bewußtseins) das Gefühl oder besser das Fühlen an. Es entfaltet sich vorzugsweise in Situationen, die einen Wandel anzeigen. Sehr gut hat dies Marcus (1928, 197) beschrieben:

> "Das Ferne und aus der Ferne Ersehnte, das wir noch nicht haben, das Neue, das überraschend in unseren Bezirk tritt, entfacht unser Gefühl. Was wir dagegen dauernd haben, wird uns gleichgültig. Und andererseits: Was uns, solange wir es haben, gleichgültig ist und ohne Gefühlsanreiz, wird plötzlich wieder wertvoll im Augenblick des Verlustes oder der Verlust-

drohung. Ob also ein Neues auftauchen oder ein Altes entschwinden will: Gefühle erwachen regelmäßig, wenn eine Veränderung, ein Wandel, ein Geschehen sich ankündigt. Beide Male belebt sich das Gefühl. Es meldet das Neue an, damit wir uns darauf einstellen können. Und es mahnt, wenn ein Altes verlorengehen will. Dagegen im Beharrungszustand schweigt das Gefühl. Das Gefühl ist also eine Übergangserscheinung. Es ist Signal und Warnungsruf bei Veränderungen. Und da die Veränderungen, die Übergabe nicht Dauerzustände sind, sondern episodischen Charakter tragen, sind auch die Gefühle nur flüchtig und augenblickhaft. Man kann es vielleicht auch so ausdrücken: die Gefühle sind Begleiterscheinungen einer Anpassung und dauern nur solange, bis sich die Anpassung an einen veränderten Zustand vollzogen hat, sei dieser Bereicherung durch ein Neues oder Verlust eines Alten."

Mit dieser Feststellung ist die regulatorische und darüber hinaus steuernde Funktion der Gefühlsregungen noch einmal sichtbar geworden.

B. Modelle der Kognitiven Verhaltenstherapie

Einleitung

Die Kognitive Verhaltenstherapie geht davon aus, daß kognitive Prozesse das Verhalten beeinflussen und daß diese Prozesse durch kognitive und behaviorale Techniken verändert werden können.

Die Kognitive Verhaltenstherapie konzentriert sich auf die Veränderung der gegenwärtig wirksamen, also erkennbaren Stützursachen der Lebensschwierigkeiten und nicht auf die weiter zurückliegenden vermutbaren Entstehungsursachen. Die kognitiven Prozesse umfassen alle psychischen Vorgänge, die es mit Informationsaufnahme, -verarbeitung, -verwertung zu tun haben, also mit Aufmerksamkeit, Wahrnehmung, Überzeugungen und Überzeugungssystemen, Beurteilungen und Wertungen, Vorstellungen, Annahmen, Vermutungen, Erwartungen, Hoffnungen und Befürchtungen, weiter mit Begriffsbildung, Urteilsbildung, Schlußfolgerung bzw. Problemlösung.

Verhalten untersteht nicht automatisch der Kontrolle externer Faktoren. Aufgrund vergangener Erfahrungen hat der Klient Wahrnehmungspräferenzen, Einstellungen und Erwartungen entwickelt, die sein Verhalten stützen und steuern. Der gemeinsame Nenner dieser Stütz- und Steuerungsfunktion ist das Bedeutsamkeitsrelief. Wir nehmen vorzugsweise das wahr, stellen uns auf das ein, erinnern uns an das und erwarten das, was für uns von besonderer Bedeutung ist.

Wenn es dem Therapeuten gelingt, die dem Verhalten und Erleben des Klienten zugrundeliegenden Bedeutsamkeiten aufzudecken, versteht er die oft seltsamen, bizarren oder stereotypen selbstschädigenden Gedankengänge und Verhaltensweisen des Klienten. Diese Aktualdiagnose verweist den Therapeuten zugleich auf die Ziele und Ansatzpunkte der Therapie. Der Therapeut vermittelt dem Klienten diese Zusammenhänge, so daß dieser die Zielsetzung und den Nutzen zu erwartender Veränderungen versteht.

"Diese Erwartung ist abhängig vom Glauben des Klienten an seine eigene Fähigkeit, die für eine therapeutische Veränderung erforderlichen Verhaltensweisen hervorzubringen, sowie vom Glauben, daß das therapeutische Verfahren Erfolg haben wird ... Ein Mensch verhält sich deshalb unangepaßt, weil er aufgrund eines abnormen Lernprozesses davon ausgeht, daß er Gefühle der Angst oder der Depression nicht ändern, verarbeiten oder vermeiden kann. Ziel der Therapie ist es also, die falsche Einschätzung des Klienten hinsichtlich zukünftiger Resultate zu verändern, und zwar entweder, indem man die Art und Weise verändert, wie Umweltinformationen verarbeitet werden, oder indem man den Klienten Fähigkeiten trainieren läßt, die es ihm erlauben, an die erwünschten Verhaltensweisen zu glauben, oder indem man beide Methoden anwendet." (Foreyt u. Goodrick 1983, 532f)

Die Zusammenhänge zwischen Kognition, Emotion und Verhalten sind noch nicht vollständig geklärt. Wir müssen uns also vorläufig mit der Aufstellung von Hypothesen begnügen. Wichtig ist die Art und Weise, wie der Therapeut das Problemverhalten des

Klienten diesem kognitiv vermittelt. Die Deutung muß für den Klienten sinnvoll sein und einleuchtende Veränderungsstrategien eröffnen, die unter Berücksichtigung der dem Klienten eigenen Kraft realisierbar sind. (Foreyt u. Goodrick 1983)

Der Klient lernt in der Therapie, daß akut-aktuelle Kognitionen sowohl die Emotionen als auch das Verhalten weitgehend beeinflussen und bestimmen. Unter akuten Kognitionen kann man die in der Lebenserfahrung aufgebauten Denk-, Einstellungs- und Erwartungsgewohnheiten verstehen, die als Bereitschaften in vielerlei Situationen gleichsam automatisch die negativen Aspekte dieser Situationen beachten und/oder hervorkehren. Die aktuellen Kognitionen artikulieren sich in den sogenannten inneren Dialogen. Der Klient wird darauf aufmerksam, daß er häufig vor, in und nach gewissen kritischen Situationen zu sich "negativ spricht". Er lernt weiterhin, daß man Emotionen erst über den Umweg von neuen "positiven" Kognitionen verändern kann, während das Verhalten sowohl direkt als auch über die veränderten Kognitionen angehbar ist. Er lernt letztlich auch noch, daß sowohl die positiven Emotionen als auch das produktive Verhalten das positive Denken stützen und stabilisieren. Es geht also in der Kognitiven Verhaltenstherapie um eine Neukonstruktion des zentralen Dreiecks (Abb. 33).

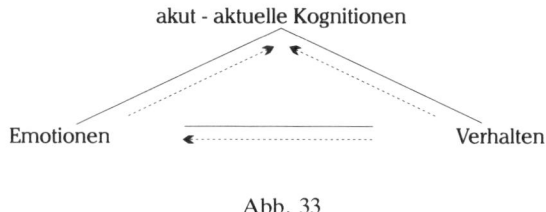

Abb. 33

Ziele der Therapie

(1) *Weckung der Erwartung, daß Hilfe möglich ist und die Behandlung erfolgreich sein wird. Der Klient muß sich über die unangebrachten Kognitions-, Emotions- und Verhaltensmuster klar werden.*

– Der Therapeut fordert den Klienten dazu auf, seine Gedanken, Gefühle und Verhaltensweisen selbst zu registrieren, die vor, während oder nach bestimmten problematischen Situationen oder Stimmungen auftreten.

– Der Therapeut und der Klient erreichen eine Übereinkunft hinsichtlich der Interpretation der Klientenprobleme aufgrund der Analyse bzw. Deutungen der Problemnotizen, wobei die Aufdeckung unangemessener Kognitionen eine besondere Rolle spielt.

– Der Klient findet eine plausible Erklärung für seine Probleme und gewinnt damit Anhaltspunkte für eine wünschenswerte Veränderung. Er wird nicht mehr durch das Gefühl, allmählich verrückt zu werden, belastet.

(2) *Entwicklung neuer Kognitionen, die beim Klienten eine Bereitschaft zur Veränderung stärken.*

- Das Vertrauen des Klienten zur Therapie und zum Therapeuten weckt bei ihm die Erwartung, daß eine Lösung seiner Probleme möglich ist.
- Bereits nach den ersten drei, vier Zusammenkünften verspürt der Klient einen Zuwachs an Eigenmacht und Selbstkontrolle. Die automatisierten kognitiven und behavioralen Problemmuster verlieren ihre Bestimmungskraft.
- Schrittweise baut der Klient einen neuen Kognitions-Set auf, der zu produktiven Emotions- und Verhaltensmustern führt.

(3) *Praktische Anwendung des neuen Kognitions-Sets. Vieles – manchmal sogar Entscheidendes – kann durch Einsicht, durch ein sogenanntes Aha-Erlebnis, erreicht werden. Damit die Einsicht aber auch in kritischen Belastungssituationen durchhält, bedarf sie der Veränderung im Verhalten.*

- In der Therapie erfolgt die Anwendung vorzugsweise in der Imagination. Der Klient stellt sich real erlebte kritische Situationen gleichsam wiederholend vor und bewältigt sie in der Vorstellung. Unter dem Beistand des Therapeuten kann er auch noch zusätzlich verdichtete Problemsituationen konstruieren, sie wiederum in Gedankenspielen konstruktiv bewältigen. Wichtig ist dabei die Erfahrung, daß ihm diese am besten bei Entspannung gelingt. Deshalb ist ein Entspannungstraining in jede kognitive Therapie eingebaut.
- Die Anwendung sollte aber auch in der realen Beziehungssituation Klient-Therapeut zur Geltung kommen. Da der Klient zum Therapeuten Vertrauen entwickelt hat, kann er in dieser therapeutischen Modellsituation angstfrei den neuen Lebensstil praktizieren.
- Um eine angemessene kognitive Kontrolle in problematischen Lebenssituationen zu erreichen, muß der Klient seine neue Lebens- und Erlebnisweise in der alltäglichen Lebenspraxis einüben. Durch die neuen Erfahrungen des Klienten in normalen und kritischen Situationen wird er zunehmend deutlicher in seinen positiven Erwartungen bestätigt, so daß er das Gefühl der Selbsteffizienz im Umgang mit den eigenen Problembereichen entwickelt.

Am besten ausgearbeitet ist die Kognitive Verhaltenstherapie in der Streßimpfung, in der Therapie der Depression und im Aufbau einer sozialen Kompetenz. Zunächst sollen noch kurz drei übergreifende therapeutische Zielvorstellungen erörtert werden: Ermutigung und Vertrauensgewinn, Aktivität und Rationalität, Selbstverantwortung und Sinnfindung.

Ermutigung und Vertrauensgewinn

Die Klienten sind zumeist entmutigte Menschen. Sie haben viele Enttäuschungen und Niederlagen erlebt. In ihnen hat sich die Vorstellung festgesetzt, daß sie sich nicht ändern können und daß Therapie bei ihnen auch nichts mehr erreichen kann. Oft haben sie Erfahrungen mit wechselnden Psychopharmaka gemacht. Sie konnten zwar hier und da zwischendurch kurzfristige Erfolge buchen; zu einer grundlegenden Veränderung ihrer Lebenslage und Befindlichkeit, zur Mobilisierung ihrer Selbstachtung, ihres sozialen Interesses und ihrer Leistungsfähigkeit sind sie nicht gekommen.

Sie haben ihr Leben eingeschränkt, Aktivitäten aufgegeben, sich vom gesellschaftlichen Leben selbst ausgeschlossen. Die Untätigkeit und das Grübeln wirken belastend. Sie können nicht den Mut zur Veränderung aufbringen, zumal bei allen Leiden an sich selbst sie doch einen geheimen Gewinn buchen: Das eingeschränkte Leben dieser Teilzeitmenschen gewährt eine gewisse Sicherheit. Sie fürchten sich vor der Veränderung, weil diese gewisse Unsicherheit mit sich bringt und Ängste auslöst. Andererseits erleben sie aber auch, daß ihre Angehörigen und Bekannten ihnen besondere Aufmerksamkeit und Mitgefühl entgegenbringen. Diese Zuwendung tut ihnen irgendwie gut, so daß sie diese nicht verlieren möchten.

Die Klienten sammeln über Jahre hinweg Überzeugungen in bezug auf sich selbst, auf andere und auf die Wirklichkeit, mit denen sie die Entmutigung bestätigen. Wie Losoncy (1983, Bd. 1, S. 181) gezeigt hat, sind die Überzeugungen die Melodie, nach der die Gefühle und Handlungen des Betreffenden tanzen. Der entmutigte Klient hält an zwei Motiven fest: Ich bin für mein Leben nicht verantwortlich. – Ich bin schwach, tauge nichts.

Entmutigte Menschen neigen dazu, ständig andere Menschen, die Welt und die Vergangenheit für ihre gegenwärtige Lage verantwortlich zu machen.

Losoncy nennt vier Arten von Beschuldigungen: die Beschuldigung von Gruppen (Die Gesellschaft hat mich kaputt gemacht), die Beschuldigung von Personen (Meine Eltern haben mich falsch erzogen), die Beschuldigung von Sachverhalten (Das Klima in Bayern, der Föhn, setzt mir sehr zu), die Selbstbeschuldigung (Ich bin zu sensibel, kompliziert, um mich in wichtigen Situationen schnell und eindeutig zu entscheiden).

Entmutigte Menschen neigen dazu, sich selbst abzuwerten. Sie bilden von sich ein negatives Selbstbild (Ich kann nichts, ich bin nichts.). Mit ihrer beschuldigungsorientierten Identität glauben sie, auf Mißerfolg und Versagen programmiert zu sein. Dabei neigen sie auch zu definitiven Verallgemeinerungen in bezug auf andere Menschen und die Welt (Jeder denkt nur an sich und sein Fortkommen. Das Leben ist ein Kampf aller gegen alle).

Menschen, die so zu sich selbst sprechen, haben weder zu sich noch zu anderen Menschen Vertrauen. Eine permanente Vertrauenskrise lähmt ihre Kräfte. Sie halten nicht Ausschau nach neuen Wegen der Bewältigung, sondern vergeuden ihre Energien damit, über die Risiken eines Versagens nachzudenken.

Die Überzeugungen, die wir uns aneignen, sind entscheidend für die Lebensbewältigung. Sie äußern sich in den Selbstgesprächen, Gefühlen und Handlungen. Wenn es dem Therapeuten gelingt, den Klienten zur Neukonstruktion von förderlichen Überzeugungen und damit zur Eigenverantwortlichkeit anzuregen, dann spricht der Klient in anderer Weise zu sich, fühlt und handelt anders als bisher. Die Überzeugungen sind Elemente der kognitiven Struktur. Im Verbund mit der kognitiven Umstrukturierung des Klienten lernt dieser, in speziellen Übungen die sich anbahnende Veränderung der Selbstgespräche und des Verhaltens auszubauen, so daß von diesen beiden Seiten aus zusätzliche Impulse den Gefühlswandel stützen (Abb. 34).

Die Kognitive Verhaltenstherapie führt den Klienten zur Einsicht, daß die äußeren Umstände nicht die Ursachen seines Leidens sind, sondern die Bedeutung, die er

172 Modelle der Kognitiven Verhaltenstherapie

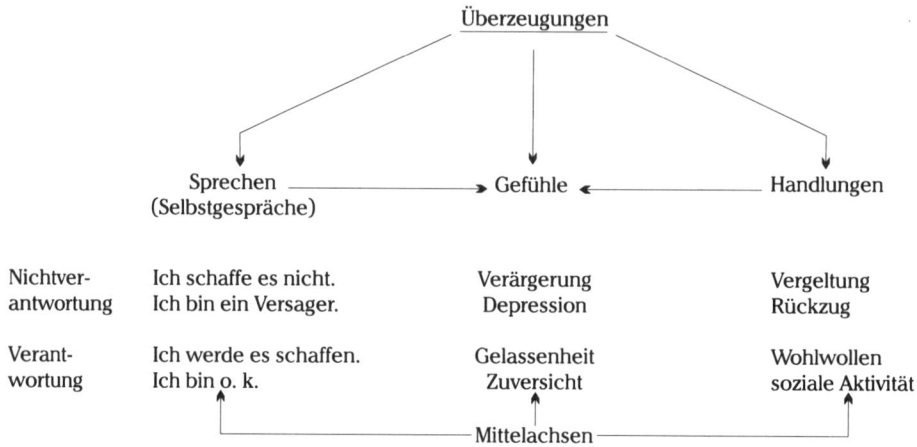

Abb. 34

diesen Umständen zuspricht bzw. die Überzeugung, die er sich auf diesem Wege bildet. In Absetzung von der Stimulus-Response-Psychologie der Behavioristen bezeichnet Losoncy die hier vertretene Sichtweise als S-You-R-Psychologie. Er will damit sagen, daß letzten Endes die Reaktionen des Menschen durch die Wahl des "You" bestimmt werden und nicht automatisch das Resultat von Reizen sind.

In der hier erörterten Therapie werden die Klienten zur Übernahme von Verantwortung und zum Aufbau von Vertrauen ermutigt.

Verantwortung übernimmt ein Klient dann, wenn er zur Einsicht gelangt, daß er das, was sich nicht ändern läßt bzw. das, was er nicht ändern will, akzeptiert und das ändert, was er ändern will. Veränderung erreicht man dann, wenn man sich als Regisseur seines Lebens auffaßt und aktiv an der Verbesserung seiner Lage und Lagebefindlichkeit arbeitet.

Vertrauen liegt in der positiven Lebensauffassung des Klienten und im Bewußtsein seiner Fähigkeiten. Vertrauensvolle Menschen lassen sich nicht durch Schwierigkeiten von der Bewältigung abhalten. Sie fassen Schwierigkeiten nicht als unüberwindbare Barrieren, sondern als Herausforderung auf. Sie halten nach Alternativen Ausschau, scheuen auch keine Umwege, um ans Ziel zu kommen. Der entmutigte Mensch sieht bei Schwierigkeiten Sackgassen, es mangelt ihm – aufgrund seines eingeengten Blickfeldes – an "perzeptuellen Alternativen".

Vier Phasen kennzeichnen den therapeutischen Ermutigungsprozeß:

In der *ersten Phase* (affect focusing) geht es um die Herstellung einer vertrauensvollen und ermutigenden Beziehung zwischen Klient und Therapeut. Hier werden die Gefühle des Klienten angesprochen. Der Therapeut vermittelt ihm Sicherheit und Zuversicht, indem er ihn, so wie er ist und sich gibt, akzeptiert und sich auf seine Belange konzentriert. Dabei gewinnt der Therapeut erste Einblicke in die Überzeugungen des Klienten.

In der *zweiten Phase* (cognition focusing) konzentrieren sich die therapeutischen Partner auf die Wahrnehmungen, perzeptuellen Alternativen und Überzeugungen. Der Klient lernt, sich selbst, andere Menschen und die Wirklichkeit neu zu sehen. Er erkennt, daß er durch seine "irrationalen Gedankengänge" sich selbst immer wieder in Schwierigkeiten bringt. Im Ergreifen perzeptueller Alternativen eröffnet sich ihm ein Weg, aus dem Dilemma herauszukommen. Das Wissen, das die persönliche Lebensauffassung die Art und Weise beeinflußt, das Leben zu erleben und zu führen, mobilisiert produktive Einsatzkräfte. Der Klient entdeckt bei sich Bewältigungsfähigkeiten und wird dadurch in seinem Vertrauen zu sich und dem Therapeuten bestärkt. Zugleich wächst sein Mut zur Änderung.

In der *dritten Phase* (action focusing) wird dem Klienten klar, daß Einsicht, Vertrauen, Verantwortung, Mut und die damit zusammenhängenden Gedanken, Worte, Gefühle wichtige private Voraussetzungen der Neuorientierung sind. Der Klient kann sich selbst und andere können ihn aber erst dann kennenlernen, wenn diese psychischen Elemente sich im Verhalten und Handeln manifestieren. Diese Phase ist deshalb die Phase des Planens, des Engagements und der Vorwärtsbewegung. Es werden bestimmte Ziele abgesteckt; der Klient wird zum Handeln ermutigt, ohne auf Erfolg oder gar Versagen fixiert zu sein. Der Therapeut fordert den Klienten bei jedem Fortschritt, den dieser im Handlungsbereich erreicht, auf, sich selbst zu loben, zu feiern.

In der abschließenden *vierten Phase* (holistic focusing) konzentriert sich der Therapeut auf die ganze Person des Klienten. Er hilft dem Klienten zur Erkenntnis der Zusammenhänge zwischen Denken, Sagen, Fühlen und Handeln.

> "Diese erleuchtende Erkenntnis gibt dem Klienten ein Gefühl innerer Einheit, persönlicher Kontrolle, eigener Kraft und die Motivation zur positiven Entwicklung. Wenn dieses Ziel erreicht ist, stellt sich die zentrale Annahme der Ermutigungstherapie als richtig heraus: Am Ende ist der wesentliche Grund, weshalb sich Menschen überhaupt ändern, der, daß sie selbst motiviert sind, das zu tun." (Losoncy 1983, 189)

Die meisten Menschen sind mehr außen- als innengelenkt. Sie richten ihren Blick nach außen – auf Autoritäten und Personen, die sie respektieren – und auf das, was sie "sollen" und "müssen", ohne zu erkennen, daß sie von "innen heraus" besser lernen könnten zu leben: aus ihren Gefühlen, Wünschen, Erwartungen, Hoffnungen.

Um dieser Erkenntnis zu folgen, muß der Klient das Vertrauen zu sich selbst herstellen. Der Therapeut unterstützt ihn darin, daß er dieses Vertrauen bei allen sich bietenden Gelegenheiten verbal, emotional und im (körperlichen) Verhalten zum Ausdruck bringt.

Mit dem Freilassen und Äußern innerer Befindlichkeiten lösen sich angstgebundene Hemmungen auf, der Klient tritt mehr mit den anderen Menschen in Verbindung, gelangt so zu einem neuen und präziseren Realitätsbild. Es werden neue Handlungsmöglichkeiten erkannt und realisiert. Das Leben gewinnt an Spannkraft und Flexibilität.

Aktivität und Rationalität

Im Laufe der Entwicklung erwirbt der Mensch einen ziemlich festgelegten Katalog von Einstellungen und Vorstellungen über sich selbst und andere. Alfred Adler hat das Ergebnis dieses Vorgangs als private Logik und private Intelligenz bezeichnet. Die Kombination dieser Vorstellungen, von denen einige unrichtig sind, führt zur Fehlorientierung und zu sich wiederholenden Lebensschwierigkeiten.

Nach Adler übt die Unterentwicklung des Gemeinschaftsgefühls einen negativen Einfluß auf die Wahrnehmung, die Vernunft und Wertbildung aus. Solche Menschen sehen die Welt anders, sie orientieren sich nach ihrer "privaten Landkarte".

> "Wir haben hier also zwei Bezugssysteme vor uns. Das eine davon ist das normale, das gesellschaftlich durchschnittliche, das alle Logik, alle Weltvernunft umfaßt, und im Sinne dieses letzteren erwarten wir normale Bewegungen eines Individuums. Daneben aber gibt es private Bezugssysteme, die mit dem ersteren nicht mehr zu identifizieren sind. So, wenn ein sehr verzärteltes Kind für sein Leben ein Verhalten zeigt, das von vornherein erfordert, daß man ihm alles auf dem Präsentierteller entgegenbringt, daß sich immer jemand finden soll, der sich in seinen Dienst stellt, damit es möglichst ohne Kraftaufwand alles erreichen kann, was sich andere erst mühsam erarbeiten müssen." (Adler 1927, 95f)

Klienten verhalten sich innerhalb ihres Bezugssystems folgerichtig und sinnvoll. Sie versuchen auch, ihr Problemverhalten unter großen Anstrengungen und unter Vornahme falscher Wertungen mit der Logik in Einklang zu bringen. In der Therapie geht es darum, den Klienten zur Einsicht in sein "privates Bezugssystem" zu führen und ihn zur Aufgabe seiner falschen Wertungen zu veranlassen.

> "Gelangt der Neurotiker zum Verständnis seines eigenen Weltbildes – ein Bild, das er sich in der frühen Kindheit aufgebaut hat und das ihm als 'private Karte' sozusagen beim Ausfindigmachen seines Lebensweges gedient hat –, so ist ein wesentlicher Teil des Heilungsvorganges geschafft. Wenn jemand bestrebt ist, sein Leben auf einen annähernd normalen Lebensweg umzulenken, muß er erkennen, wie er die Welt bisher gesehen hat. Er muß stets die Welt von neuem sehen und seine alte private Anschauung mit einer mehr dem common sense entsprechenden Sicht in Einklang bringen." (Adler 1936, 13)

In der Therapie wird der Klient auf das Grundmuster seiner unstimmigen Vorstellung aufmerksam gemacht und mit zur Wirklichkeit des Lebens stimmigen Vorstellungen konfrontiert. Er erfährt das, was Festinger als "kognitive Dissonanz" bezeichnet. Die erlebte Irritation und Verwirrung, die dissonanten Gefühle und Gedanken und ihre äußeren Anzeichen der Spannung und des Fehlverhaltens führen zu einer Umstrukturierung des Denkens in Richtung einer produktiven Lebensorientierung.

Diese Umorientierung verläuft sehr unterschiedlich. Gelegentlich führt die Einsicht in die verfehlte Lebensorientierung in eine schwere Krise, Verwirrung, Selbstklage und depressive Verstimmung. Andererseits gibt es Beispiele völlig entgegengesetzter Art. Die Erschütterung wird von einer sichtbaren "leuchtenden Erleichterung" abgelöst; der Klient fühlt sich befreit von der lastenden Hoffnungslosigkeit seines Schicksals. Er gewinnt Lebensmut und Zuversicht, erfährt an sich das, was Bergson (1907) als "élan vital" bezeichnete. Dazwischen liegt das breite Band des hinhaltenden Widerstandes, der erst unter dem mühseligen therapeutischen Beistand schrittweise abgebaut werden kann.

Der Therapeut hat für den Klienten neue wirkungsvolle Erfahrungen zu finden und zu arrangieren:

Nehmen wir an, ein Mensch ist der Meinung, daß die Erde eine Scheibe sei. Der Therapeut unternimmt mit ihm eine Schiffsreise und macht ihn aufmerksam darauf, daß weiter entfernte Segelschiffe zuerst an den "auftauchenden" Masten und Segeln zu erkennen sind, erst bei weiterer Annäherung dann auch der Bug und Schiffsleib sichtbar werden. Der Klient kann dann immer noch behaupten, daß die Scheibe gebogen sei. Unabweisbar wäre die neue Erfahrung erst, wenn der Klient in einer Weltraumfähre dem entscheidenden Wahrnehmungsdruck ausgesetzt werden könnte.

Dieses Beispiel soll nur zeigen, worauf es in der Therapie ankommt Konfrontation mit überzeugungskräftigen Erfahrungen. Die einzelnen Erfahrungen und Vorstellungen des Menschen vereinigen sich zu lebens- und erlebnisbestimmenden Leitlinien. Es stellt sich die Frage nach den dabei wirksamen Psychismen. Die sogenannte Ich-Psychologie hat darauf eine weiterführende Antwort.

Die Prinzipien, durch die die verschiedenen Zielvorstellungen der Gesamtpersönlichkeit in Übereinstimmung gebracht wurden, bezeichnet Hartmann (1972, 71f) als die organisierende Funktion und Nunberg (1930) als die synthetischen Funktionen des Ich. Drei Aspekte dieser Funktion lassen sich aufzeigen: 1. die Selbsterhaltung, 2. die Aktivität und 3. das Realitätsprinzip.

Zur Selbsterhaltung: Während die Selbsterhaltung beim Tier weitgehend durch Instinkt gesichert wird, bedarf der Mensch dazu der bewußten Wahrnehmung, Beurteilung und Entscheidung. So ist zum Beispiel beim Menschen Gesundheit nicht einfach gegeben, sondern eine zu erbringende Leistung.

Zur Aktivität: Der Mensch ist vom Beginn seines Lebens an ein aktives Wesen, das sich mit seiner Umwelt auseinandersetzt. Nach einer anfänglich mehr reaktiven Phase wird das Verhalten immer deutlicher intentional und integriert. Mit der wachsenden Fähigkeit der Vorwegnahme artikulieren sich die intentionalen Akte. Mit zunehmender Entwicklung wächst die Unabhängigkeit vom unmittelbaren Anstoß durch Reizdarbietung. Hier spielt die sogenannte Internalisierung eine große Rolle, d. h. die Fähigkeit, "innerhalb" des Organismus die in den Reizen enthaltene Information zu speichern und zu verarbeiten. Damit erweitert sich der Kreis der Reaktionsmöglichkeiten. Mit der Objektivierung erreicht das Individuum die Differenzierung des Selbst von den Objekten und Menschen der Umwelt.

Zum Realitätsprinzip: Das Individuum wird zunehmend fähiger, die "realen" Züge der Innen- und Außenwelt abzuschätzen und unmittelbare Bedürfnisimpulse zugunsten effektiver Lebensführung zurückzustellen. Hartmann versucht die Bedeutung des Ausdrucks "Realität" zu klären (1972, 198ff u. 257ff). Nach ihm befähigen den Menschen zwei Arten des Wissens zur Erfassung der Realität: ein objektives Wissen, das verifiziert und empirisch geprüft werden kann, und ein sozialisiertes Wissen, das konventionell ist und durch eine ziemlich unkritische subjektive Annahme gekennzeichnet wird. Zwangsläufig wird das objektive Wissen durch das sozialisierte Wissen verändert. Es bedarf zumeist einer intensiven kritischen Einstellung, um zu erkennen, welche große Rolle Werturteile in dem scheinbar objektiven Denken spielen.

> "Die Welt der Erfahrung – und es ist nur die Welt der unmittelbaren Erfahrung, die der Mensch direkt erfassen kann – ist nicht leicht zu bestimmen. Es ist klar, daß sich die Welt der Erfahrung und die wissenschaftliche Welt nicht decken; die Wissenschaft kennt viele Variablen, die der direkten Erfahrung nicht zugänglich sind. Es ist weiters klar, daß Zusammen-

hang und Ordnung im Denken die 'Realitäts'-wahrnehmung merklich assimilieren. Eine Nichtübereinstimmung mit bereits bestehenden Gedächtnisinhalten führt meist zu Störungen im Gebrauch des objektiven Wissens. Was wir Realität nennen, wird daher von unserer eigenen Lebensgeschichte geformt, wie sie sich gerade zu diesem Zeitpunkt und an diesem Ort darstellt, sowie von der Struktur des geistigen Apparates selbst. Vermittels der ordnenden Funktionen des Ich bauen Erwachsene ein funktionierendes, aber beständig schwankendes Gleichgewicht zwischen objektivem Wissen und innerer und äußerer subjektiver Welt auf. Auf diese Art ist das Wissen nach Umfang und Dynamik durch ein beständiges Zusammenspiel mit der spezifisch menschlichen psychischen Struktur der Veränderung ausgesetzt." (Kovacs 1969, 139)

Aktivität und Einsicht stehen als komplementäre Formen der Beziehung zur Außenwelt in Wechselwirkung zueinander.

"Die Einsicht in die Realität – d. h. die innere Aufzeichnung, Assimilation, Bearbeitung, das 'Verstehen' und Planen, das den perzeptiven und kognitiven Apparat einsetzt – bestimmt zum Großteil die Handlungen der reifen Person. Jedoch die bei der Ausführung einer Handlung gewonnenen Daten bilden eines der wichtigsten Mittel zum Erwerb weiteren Wissens über die Welt und zusätzlicher Einsicht. Die beiden Funktionsgefüge durchdringen einander und arbeiten bei normaler Anpassung synergistisch. Bei psychopathologischen Syndromen, wie den zwanghaften Leiden oder den Phobien, sehen wir, wie der normale Synergismus zerfallen kann." (Kovacs 1969, 135)

In den weiteren Ausführungen geht Kovacs auch auf die Rollen ein, die rationale bzw. irrationale Handlungen für den Menschen spielen. Die Aktivität verfolgt fast immer irgendwelche Zwecke und Ziele.

"Im Normalfall sind die 'Ziele' konkreter Handlungen nur Wendepunkte. Das Leben ist ein ständiger Fluß, und ein durch eine bestimmte Handlung erreichtes Ziel dient als Basis, von der aus der Mensch dem Ziel für die nachfolgende Handlung zustrebt ... Einige Ziele scheinen freilich zu erstarren und ziemlich resistent gegen Veränderungen zu werden. Die meisten Leute haben eine relativ große Anzahl von Zielvorstellungen, die während langer Perioden ihres Lebens immer wieder verfolgt werden, und die der Modifikation nicht besonders zugänglich zu sein scheinen. Sie können auch unter dem Druck der Erfahrung nicht aufgegeben werden ... Daß sich der Mensch zu 'unveränderlichen Zielen' bekennt, ja sie ehrfürchtig bewahrt, scheint ein spezifisch menschliches Merkmal zu sein, doch ist das erstrebenswerte Gut seinem Inhalt nach von Kultur zu Kultur ungeheuer verschieden." (Kovacs 1969, 135f)

Der Mensch ist auf der ständigen Flucht vor einem Gefühl der eigenen Abgetrenntheit und Einsamkeit.

"Ewige Wahrheiten liefern dem Menschen eine 'Verschmelzungsillusion', die wieder das subjektive Erleben der Sicherheit fördert und als Puffer gegen die Angst seiner existentiellen Not dient." (Kovacs 1969, 136)

Die Ausdrücke "rational" und "irrational" werden oft – so auch bei Ellis – ohne semantische Präzision gebraucht. Mit dem Begriff des Rationalen bezeichnen wir zunächst das logisch "korrekte" Denken. Dieses Denken stützt sich auf die Beobachtung der empirischen Tatsachen und auf die allgemein anerkannten logischen Regeln. Irrational sind dagegen Prozesse, die in erster Linie impulsiv und affektiv sind. In der Literatur wird der Begriff rational oft gleichgesetzt mit "adäquat" und "vernünftig".

"Diese Gleichsetzung hat nur dann eine gewisse Berechtigung, wenn das als vernünftig oder adäquat Bezeichnete selbst auf Intelligenz, Einsicht und logischem Denken beruht. Viel zu häufig jedoch wird auf der Grundlage von Werturteilen anstelle des empirischen Wissens entschieden, was in einer Angelegenheit für den Menschen vernünftig oder adäquat ist." (Kovacs 1969, 136)

Auch sollte man das Rationale nicht mit dem Gesunden bzw. Rechten gleichsetzen. Rationale Handlungen können auch der Zerstörung und Selbstzerstörung dienen. Vor allem sollte man sich vor einer einseitigen Überbewertung des Rationalen, vor der Annahme einer Allmacht des Geistes, hüten. Im vollkomponierten Leben spielen auch Phantasie, Wünsche, Stimmungen und Intuitionen eine große Rolle.

Selbstverantwortung und Sinnfindung

Die Selbstkontrolle und Selbststeuerung sind wichtige Therapieziele. Doch erhalten diese Ziele erst ihre volle Bedeutung, wenn sie auf die Entwicklung von persönlicher Verantwortlichkeit ausgerichtet sind. Der Klient übernimmt die Verantwortung für seine persönliche Lebensführung. Er entschuldigt sein Verhalten nicht mehr, indem er die Eltern und ihre Erziehung, die Gesellschaft und ihre lähmenden Beschränkungen für seine Misere verantwortlich macht, sondern sich selbst, seine selbstverschuldete Unwissenheit und sein eigenes Mißmanagement. In der Therapie kann sich der Klient das für eine produktive und befriedigende Lebensführung wichtige persönliche Wissen aneignen. Zugleich kann er die selbstgestalterischen Kräfte schrittweise erweiternd freisetzen. Da es dabei zur Konturierung von Sinnperspektiven des eigenen Lebens kommt, wird diesem Leben Spannkraft und Zuversicht verliehen.

> "Für gewöhnlich beachten wir die Luft, die uns umgibt, kaum. Nur wenn wir zu wenig oder gar keine Luft bekommen, etwa bei einem Erstickungsanfall, werden wir uns der Luft und unseres Bedürfnisses nach ihr eindringlich bewußt. In dieser Hinsicht besteht eine Ähnlichkeit zwischen der Luft und 'dem Sinn' des Lebens. Solange das Leben sinnvoll ist, denkt und spricht der Mensch relativ wenig über diesen Sinn. Aber sobald es wenig oder keinen Sinn mehr hat, spielt das Problem des Sinnes in den Äußerungen und in dem Bewußtsein eines Menschen eine wichtige Rolle." (Weisskopf-Joelson 1969, 308).

Wenn wir uns über den Sinn des Lebens verständigen wollen, sollten wir die Klienten fragen, die behaupten, ihr Leben sei sinnlos. Wenn man dies tut, erfährt man, daß die Klienten mit Sinn und Sinnlosigkeit oft Verschiedenes meinen. Ihre Antworten lassen sich aber fast alle in drei Definitionen einordnen:

(1) Sinn als Integration der privaten und der öffentlichen Welt;
(2) Sinn als Erklärung oder Interpretation des Lebens;
(3) Sinn als Zweck oder Aufgabe im Leben.

Weisskopf-Joelson weist darauf hin, daß heute mehr Klienten als früher mit der Klage zum Therapeuten kommen, ihr Leben sei sinnlos. Die spezifischen Beschwerden, wie etwa hysterische und zwanghafte Symptome, die vor 60 bis 70 Jahren so häufig waren, treten immer mehr zurück. Dagegen nehmen die Leiden allgemeiner Art, die es mit emotionaler Labilität, Angst, Unsicherheit, Hemmungen, diversen psychosomatischen Beschwerden und depressiven Verstimmungen – Verlust des Lebenssinnes – zu tun haben, zu.

Zu (1): Menschen, die angeben, daß das Leben sinnlos erscheine, erwähnen häufig, daß die Welt ihrer Gedanken und Wünsche zum Teil oder ganz von der Welt der äußeren Realität getrennt ist. Diese äußere Realität ist nicht mit Interesse oder innerer Anteilnahme besetzt. Die innere Welt spiegelt sich nicht in äußeren Ereignissen und steht mit ihnen nicht in Wechselwirkung. In beiden Richtungen breitet sich Entfremdung bzw. Sinnlosigkeit aus. Nur ein zur Realität in Beziehung stehendes Individuum kann Ziele setzen und Bindungen eingehen. Wenn sich die inneren Direktiven nicht in die Außenwelt hinaus erstrecken, kann der Mensch seine Phantasien nicht verwirklichen, er kann nicht "Märchen in Geschichte verwandeln" (Milner 1958, 119f). Wenn die Außenwelt nicht mehr bedeutet, wird sie allmählich nicht mehr voll erlebt; sie wird unreal wie ein Schatten. Auch die Innenwelt verliert ihre Lebendigkeit; es breitet sich Leere aus.

Zu (2): Menschen, die angeben, daß sie ihr Leben als sinnlos empfinden, deuten an, daß sie das Fehlen einer Interpretation ihres Lebens so fühlen läßt. Solche Menschen haben das Gefühl, daß ihr Leben wie eine Geschichte ist, "die von einem Narren erzählt wird" (Shakespeare, Macbeth). Weisskopf-Joelson sieht die Aufgabe der Psychotherapie darin, den Klienten zu einer kognitiven Strukturierung ihrer Einstellung zum Leben zu verhelfen. Ein solches System an Überzeugungen erklärt das Leben durch ein integratives Prinzip und macht es damit sinnvoll. Jede Psychotherapie vertritt eine bestimmte Lebensphilosophie; sie vermag die zum Teil widersprüchlichen Einstellungen und Äußerungen der Klienten miteinander zu verbinden und ihnen so Sinn beizulegen.

Zu (3): Manche bezeichnen ihr Leben als sinnlos und meinen das Fehlen einer äußeren Aufgabe, eines Zweckes oder Zieles. Der Mensch verfolgt in seinem Leben viele Ziele. Ein Ziel, das dem Leben Sinn gibt, muß langfristig und auf zentrale Belange ausgerichtet werden. Solche Belange können als Aufgaben oder Pflichten erkannt und verfolgt werden, als Hingabe oder wichtige Entscheidungen auftreten. Es ist vor allem Viktor E. Frankl, der in seiner Therapie die Lösung der Sinnfrage als Ziel herausstellt (1947; 1950; 1951; 1956).

In diesem Abschnitt B. werden die wichtigsten Kognitiven Therapien in ihren Grundzügen erörtert. Dabei wird nicht nur referiert, sondern ausgewählt, akzentuiert und ergänzt. Letzteres war z. B. bei der in der konzeptuellen Anlage wichtigen multimodalen Therapie erforderlich. Hier wurde die Konzeption übernommen, jedoch in den einzelnen Dimensionen genauer und ausführlich ausgearbeitet.

Die Kognitive Verhaltenstherapie sieht ihre Aufgabe darin, fehlerhafte gedankliche Abläufe zu modifizieren, um damit produktives Handeln und Verhalten freizusetzen. Die therapeutischen Maßnahmen zielen also in erster Linie auf die Veränderung der hemmenden und störenden verbalen und bildhaften Kognitionen des Klienten sowie auf die Prämissen, Annahmen und Einstellungen, die diesen Kognitionen zugrundeliegen.

Wie schon angedeutet, verändert sich mit den Kognitionen auch das Verhalten und Handeln des Klienten. Allerdings müssen diese Aktivitäten in vielen Fällen – und deshalb wird in dieser Arbeit nicht von kognitiver Therapie, sondern von Kognitiver Verhaltenstherapie gesprochen – regelrecht zusätzlich angeregt und eingeübt werden.

Ellis, ursprünglich Psychoanalytiker, störten vor allem zwei Punkte an der Analyse: einmal die willkürliche Verknüpfung aktueller Probleme mit irgendwelchen vergangenen Erlebnissen und zum anderen die passive Haltung des Analytikers und Klienten mit ihrem Warten auf sogenannte Einsichten. Ellis erkannte, daß die Psychoanalyse zumeist nicht den von ihr erstrebten Erfolg brachte. Er löste sich von ihr und vertritt seitdem eine mehr aktive Psychotherapie. Die Ursache der Störungen sieht er auch nicht mehr in verdrängten Erinnerungen an frühere Traumata oder in verdrängten Triebregungen, sondern darin, daß sich die frühkindlichen Erfahrungen in irrationalen Gedanken und Überzeugungen niedergeschlagen haben. Diese werden durch fortlaufende verbale Selbstindoktrinationen (Selbstgespräche) aufrechterhalten und zu einem integralen Bestandteil der Lebensorientierung des Klienten.

Die anderen kognitiven Verhaltenstherapeuten wurden von Ellis und seinen Arbeiten zum Teil stark beeinflußt und angeregt. Die meisten von ihnen gehen deshalb auch näher auf die rational-emotive Therapie ein.

So würdigt z. B. *Meichenbaum* in mehreren Ausführungen die Arbeit von Ellis, wenn er auch selbst in der Therapie nicht wie Ellis eine rationale Analyse der sogenannten irrationalen Überzeugungsstruktur vornimmt. Statt dessen versucht er, dem Klienten die Fähigkeit des Problemlösens zu vermitteln und ihn zur Auseinandersetzung mit dem Problem anzuleiten. Meichenbaum gesteht ein, daß die Unmittelbarkeit und Sicherheit der Gedanken von Ellis ihn veranlaßt haben, einen Teil seiner Überlegungen, seiner Forschung und klinischen Praxis aufzugeben.

Auch *Mahoney* vermerkt und belegt in seinem Buch, daß er in verschiedener Weise von Ellis angeregt wurde. Mit ihm teilt er die bis zum stoischen Philosophen Epiktet (60 v. Chr.) zurückgehende Behauptung, daß die Menschen nicht durch die Dinge gestört werden, sondern dadurch wie sie diese Dinge betrachten. Die fehlangepaßten Gefühle und Handlungen resultieren aus fehlangepaßten Gedanken. Die von Ellis aufgestellten irrationalen Annahmen werden von Mahoney ergänzt und in ein kognitives Umstrukturierungsmodell integriert.

Das von *Beck* entwickelte kognitive Depressionsmodell entstand durch eine Reihe von Untersuchungen über Depressionen, die Beck in den späten 50er Jahren durchführte. Er wollte empirische Belege zur Bestätigung psychoanalytischer Depressionstheorien vorlegen. Im Laufe seiner Arbeit erkannte er, daß das psychoanalytische Modell empirisch nicht aufrechtzuerhalten ist. Später fand er den kognitiven Faktor "Hoffnungslosigkeit" als eine wichtige Determinante der Depression. In weiteren Untersuchungen stellte er als Grundmuster der Depression die "kognitive Triade" heraus (negative Selbsteinschätzung – verzerrte Interpretation von Erfahrungen – negative Zukunftsperspektiven). In den weiteren Ausführungen über Beck gehe ich nicht näher auf seine Depressionstheorie ein; ich hebe dagegen den generellen Aspekt seiner kognitiven Therapie hervor.

Lazarus ist mit seiner Breitspektrum-Therapie weniger theoretisch und systematisch als empirisch-praktisch orientiert. Sein multimodaler Ansatz stellt eine tragfähige Ausgangsbasis für eine weiter zu entwickelnde kognitive Verhaltenstherapie dar.

I. Die rational-emotive Therapie (A. Ellis)

Ellis bezeichnet die von ihm vertretene Therapie als rational-emotive Therapie. Er will damit herausstellen, daß unser Erleben und Verhalten in hohem Maße von unseren Gedanken (Überzeugungen und Deutungen) und unseren Wertvorstellungen (Einschätzungen und Bevorzugungen) bestimmt werden. Die beiden Einflußvariablen sind damit auch weitgehend für unser vital-emotionales Befinden, also unsere psychische Gesundheit verantwortlich.

Irrationale, d. h. zur Lebenswirklichkeit (Psycho- und Interaktions-Dynamik) unstimmige und damit selbstschädigende Gedanken produzieren zumeist eine Kette weiterer solcher unstimmiger Einstellungen und Wertungen. "Die anderen, alle anderen Menschen sind lieblos, böse und niederträchtig; sie lassen einen nicht zur Geltung kommen; sie nutzen einen nur aus: sie haben sogar Spaß daran, andere zu quälen".

Eine neurotische Störung entsteht nach Ellis durch die Übernahme solcher irrationaler Einstellungen. Sie wird dadurch aufrechterhalten, daß sich der so geschädigte Mensch dauernd autosuggestiv reindoktriniert. Die dabei entstehenden Ängste und Befürchtungen werden durch die Interpretation der Situation oder der Ereignisse hervorgerufen. Sie haben keine objektive Grundlage. Ursprünglich wurden die Ängste und Befürchtungen auf andere bezogen: es ist schrecklich, fürchterlich und entsetzlich, von anderen nicht geachtet und geliebt zu werden. Später hat die Person sich diese Definition zu eigen gemacht; sie produziert jetzt ihre Ängste und Befürchtungen selbst. Ereignisse, die andere wenig oder gar nicht tangieren, irritieren, erhalten durch die subjektive Interpretation und Gewichtung eine emotional aufgeladene persönliche Bedeutung.

Wir werden von unserer Familie und anderen Institutionen unter dem Einfluß der Sozialisation oft dazu veranlaßt, an unsinnige Ideen zu glauben, so z. B. daß es für jeden Erwachsenen wichtige und notwendig sei, von jeder Person in seinem Umfeld beachtet, anerkannt und geliebt zu werden. Daß so etwas wünschens- und erstrebenswert sein kann, braucht nicht bestritten zu werden. Darum geht es hier nicht. Es geht um die Überzeugung, daß die Beachtung und Anerkennung für eine befriedigende Lebensführung unbedingt erforderlich sei. Hat sich solch eine irrationale Meinung in einem Individuum etabliert, dann ist es auf Enttäuschungen programmiert. Dem anderen zuliebe stellt es seine legitimen Wünsche und Forderungen zurück; es wird nachgiebig und fremdbestimmt: zugleich bemüht es sich krampfhaft, zum Teil durch Liebedienerei und Anbiederung, um Anerkennung. Es erfährt dann aber schmerzlich, daß es von anderen nicht für "vollgenommen", ja eher verachtet und ausgenutzt als beachtet und geschätzt wird. Da die betreffende Person den an sich folgerichtigen Interaktionsprozeß nicht durchschaut, gerät sie in eine zunehmende Irritation, emotionale Labilität, Angst und Unsicherheit; sie entwickelt neurotische Symptome: Hemmungen, Habachteinstellung, Echoverhalten, Verdächtigung, depressiv-aggressive Verstimmungen usw.

Die Therapie besteht darin, die irrationale Lebensphilosophie zu attackieren, dem Klienten die Zusammenhänge bewußt zu machen, die irrationalen Gedanken und Erwartungen abzubauen und durch angemessene lebensstimmige, d. h. rationale Konzepte zu ersetzen. Wie dies im einzelnen zu erreichen ist, wird später gezeigt. Vorerst wollen wir der Frage nachgehen, worin diese kognitive von der behavioristischen Konzeption abweicht.

Nach dem behavioristischen Modell entwickeln sich Verhaltens- und Erlebensweisen aufgrund von äußeren Reizeinwirkungen. Dabei kann im Fortgang später ein anderer Reiz, der mit dem ursprünglichen Reiz verbunden war, stellvertretend als Auslöser wirksam werden. Viele unserer Aversionen, Befürchtungen haben sich über dieses Signallernen fixiert. Das Verhalten wird also nach dieser Konzeption durch äußere Ereignisse, hier vorausgehende Stimuli, gesteuert (klassische Konditionierung).

Aus behavioristischer Sicht werden auch die komplexeren Verhaltensweisen durch äußere Ereignisse gesteuert und zugleich festgehalten, in erster Linie durch die nachfolgenden Bedingungen, durch die positiven Konsequenzen oder die Vermeidung negativer Konsequenzen.

Die Therapie besteht im behavioristischen Modell darin, die Situation durch Veränderungen der Reizgegebenheiten oder der Konsequenzen so zu verändern, daß die Auftretenswahrscheinlichkeit des neurotischen Verhaltens reduziert wird.

In der kognitiven Therapie geht man von der psychischen Verarbeitung der Situation aus, bei der behavioristischen Theorie von der Änderung der Situationsgegebenheiten. Die kognitive Therapie geht von der Annahme aus, daß veränderte Kognitionen zu verändertem Verhalten führen; die behavioristische Therapie nimmt an, daß verändertes Verhalten eine Veränderung der Mentalität (Einstellung, Vorstellung, Erwartung) bewirkt.

In ihrem Diskussionsbeitrag zur rational-emotiven Therapie gehen Kleiber und Mitarbeiter auf die hier vorliegende Problematik ein (Beule u. a. 1978, 559–584). Sie meinen, daß eine Einordnung der beiden Therapietechniken Schwierigkeiten mache, da das Indikationsproblem in bezug auf kognitive und verhaltensorientierte Therapieformen bis heute ungeklärt sei. Die dann folgenden Ausführungen deuten eine Klärung an:

"Wir diskutieren im folgenden die Hypothese, daß sich verhaltensorientierte und kognitive Therapien auf verschiedene Symptombereiche mit unterschiedlichem Erfolg anwenden lassen. Es scheint evident, daß eine kognitive Therapie wie die RET besonders dann effektiv sein dürfte, wenn die einem Verhalten zugrundeliegenden Einstellungen und Überzeugungen für die Regulation dieses Verhaltens bedeutsam sind. Je mehr sich Einstellungen nur auf einen abgegrenzten Gegenstandsbereich beziehen, desto erfolgreicher dürfte in der Regel eine verhaltensorientierte Therapieform sein; zu diesem Bereich zählen z. B. Phobien, bei denen zumeist keine stark verallgemeinerten Überzeugungen im Sinne von Ellis' Lebensphilosophien vorliegen.

Der Erfolg einer Verhaltenstherapie liegt in diesem Fall darin, daß eine Einstellungsänderung gegenüber einem Gegenstand durch neue Erfahrungen mit dem Gegenstand erreicht wird. Dabei dürfte der Erfolg umso größer sein, je deutlicher ein Verhalten durch die Umwelt verstärkt wird, oder anders ausgedrückt, der Klient selbst einen Erfolg mit einem neuen Verhalten erlebt und der diesem Verhalten zuzuordnenden neuen Einstellung nicht durch bisherige Einstellungen entgegengewirkt wird." (1978, 561f)

Arbeits-, Kommunikations- und Sexualstörungen sind meist komplexerer Art. Um sie anzugehen, bedarf es einer genaueren Analyse der stützenden Bedingungen, einer Erkundung zielsetzender Neuorientierung, behindernder Widerstände institutioneller und interaktioneller Art und sich anbietender oder erst zu findender günstiger Standpunkte, Startzeiten und Aktionswege.

Die Ziele sind in den angeführten Bereichen kurzfristig und kurzwegig durch irgendeine Verstärkung zu erreichen. Ehe Verstärkungen möglich werden, muß die Ausgangslage des Betreffenden verändert und ein erfolgversprechender Stufenplan entwickelt werden. Die Stufen markieren den Abbau der irrationalen Einstellungen und den Erwerb einer rationalen Grundhaltung. Wir fragen uns, was Ellis unter Irrationalität und Rationalität versteht. Doch zuvor wollen wir die Rolle, die Überzeugungen in unserem Leben spielen, charakterisieren.

1. Die Funktion von Überzeugungen

Ellis geht davon aus, daß wir nicht in erster Linie durch passive Prozesse der Konditionierung, der Reaktionsverstärkung und durch das Lernen von anderen in emotionale Schwierigkeiten geraten, sondern zumeist aktiv unser eigenes Schicksal bestimmen. Wir tun dies über unsere grundlegenden Wertvorstellungen oder Überzeugungen. Wir interpretieren die Ereignisse in unserem Leben oder betrachten sie unter einem bestimmten Winkel und ziehen daraus die Konsequenzen für unser Handeln. Ellis erfaßt diesen Sachverhalt mit Hilfe der A-B-C-Theorie.

Am Anfang steht eine aktivierende Erfahrung oder ein aktivierendes Ereignis (A). Sie werden z. B. entlassen und sind arbeitslos. Der Punkt C weist auf die emotionalen verhaltensmäßigen Folgen, Konsequenzen hin. Sie reagieren auf die Ereignisse, die am Punkt A stattgefunden haben. Zorn und Entmutigen breiten sich aus. Sie sind wie gelähmt, verbringen die meiste Zeit zuhause mit Grübeleien. Sie können sich nicht dazu aufraffen, eine neue Stelle zu suchen. Sie sehen, wie die emotionale oder verhaltensmäßige Konsequenz (C) nahezu unmittelbar und direkt auf die aktivierende Erfahrung (A) folgt. Somit neigen Sie fälschlicherweise zu der Annahme, daß A die Wurzel von C sei. Sie kommen irrtümlicherweise zu Schlußfolgerungen: Ich habe meine Stelle verloren und dieser Verlust hat mich deprimiert und dazu geführt, daß ich es vermeide, nach einer anderen Stelle zu suchen.

> "Die Theorie der rational-emotiven Therapie besagt nun, daß diese Schlußfolgerung eigentlich nicht zwingend ist ... Denn das, was wirklich geschehen ist, beinhaltet zwar A (den Verlust des Jobs) und C, die Folge des Verlustes oder die Deprivation oder die Frustration (nicht mehr das bekommen, was man haben wollte); dennoch folgt C nicht automatisch aus A, sondern aus B, Ihrer Überzeugung (engl. belief) im Hinblick auf A. Welche Überzeugung? Nun, die ziemlich einleuchtende Überzeugung: 'Ich mochte den Job, den ich hatte, und da ich ihn mochte, wollte ich ihn nicht verlieren; da ich ihn nicht verlieren wollte, sehe ich den Verlust als etwas Schlimmes an, als ein Unglück, als einen Schaden für mich'." (Ellis 1979, 6)

Wir erkennen an diesem Beispiel, daß der Grad der Betroffenheit nicht vom Verlust der Stelle abhängt, sondern von dem Grad der Wertschätzung der Stelle und wie ich darüber hinaus den Verlust in seinen Folgen für mich einschätze. Ich kann etwas sehr hoch einschätzen und den Verlust bedauern, ohne daß ich in ein psychisches Dilemma gerate. Wenn ich aber den Verlust als Katastrophe, die mein Leben ruiniert, die mir keine Chance einer Rehabilitation läßt, auffasse, dann bahnt diese Überzeugung die schwere psychische Niederlage an.

Gelegentlich reagieren wir nicht erst bei einem aktivierenden Ereignis, sondern schon bei der Erwartung eines solchen Ereignisses. Wieder ist es nicht das Ereignis als solches (z.B. Verlust des Arbeitsplatzes), das zu schweren negativen Konsequenzen führt, sondern die Bewertung der Stelle und deren Verlust. Wenn wir den (tatsächlichen oder möglichen) Verlust als Katastrophe interpretieren, dann manövrieren wir uns selbst in eine Depression hinein.

In der Sprache der rational-emotiven Therapie formuliert ergibt sich:

> "Nicht A (ein aktivierendes Ereignis) ist die direkte Ursache von C (den Konsequenzen im Hinblick auf die Gefühle und das Verhalten), sondern B (die eigenen Überzeugungen im Hinblick auf A).
>
> Weiter gilt: Wenn Sie einmal die Tatsache akzeptiert haben, daß Ereignisse in der Außenwelt (einschließlich frühe Konditionierungsprozesse) zwar in bedeutendem Maße zu Ihren Gefühlen beitragen, sie aber eigentlich nicht verursachen, und daß Sie weitgehend fühlen, wie Sie denken, dann können Sie erstaunlich mehr Macht über Ihre eigenen Gefühle bekommen. Sie werden sie zwar kaum nach Belieben ändern können, aber Sie werden merklich besser in der Lage sein, Ihre Gefühle von Entscheidungen abhängig zu machen. Wenn Sie wollen, können Sie beschließen, sich angemessenen Gefühlen wie Kummer, Bedauern, Frustration, Ärger und Gereiztheit hinzugeben; Sie können sich andererseits sehr häufig weigern, sich von unangemessenen Gefühlen wie Angst, Depressionen, Feindseligkeit und Selbsterniedrigung überwältigen zu lassen." (Ellis 1979, 7f)

Wie dies im einzelnen geschehen kann, wird noch erörtert. Ellis zeigt, daß die Kette A-B-C mit Hilfe von D (einem Disput) und E (einem therapeutischen Effekt in Form einer neuen Lebensphilosophie) zu Ende geführt werden kann.

2. Der Sog der irrationalen Überzeugungen

Irrationale Überzeugungen sind, nach Ellis Meinung, die im Widerspruch zu lebenspraktischen Erfahrungen stehen. Es sind zumeist vorzeitig verallgemeinerte rigorose Schlußfolgerungen und Erwartungen. Jemand kommt nach einigen vergeblichen Versuchen, eine neue Arbeitsstelle zu finden, zu dem Ergebnis: Ich werde nie wieder einen Arbeitsplatz finden. Zugleich redet er sich ein, daß er das Leben nicht mehr aushalten kann, daß ihm ein Weiterleben zu große Schwierigkeiten bereite. Diese Schlußfolgerungen sind selbstschädigend, da sie dem Betreffenden zum Aufgeben "zwingen". Die Schlußfolgerungen werden durch eine vorausgehende irrationale Überzeugung vorprogrammiert: Wenn ich nicht schnell eine andere Stelle bekomme, dann bekomme ich nie mehr eine, und das würde für mich ein großes Unglück, eine Katastrophe sein. Diese Überzeugung gründet in einer zwanghaften Mußeinstellung: Ich muß sofort bekommen was ich gerne haben möchte, wenn ich es nicht sofort erreiche, geht alles schief.

Um seinen irrationalen Überzeugungen auf die Spur zu kommen, sollte man sich folgende Fragen stellen:

– Was erwarte ich so dringlich bei anderen und mir?
– Was irritiert oder stört mich besonders stark bei anderen und mir?
– Was verurteile ich hart bei anderen und mir?
– Was empfinde ich im Leben als Niederlage und Katastrophe?

184 Die rational-emotive Therapie (A. Ellis)

Die meisten emotionalen Störungen gehen darauf zurück, daß die betreffenden Personen etwas absolut fordern und daß sie es als Katastrophe empfinden, wenn diese Forderungen nicht erfüllt werden. Die wichtigsten absolutistischen Mußeinstellungen oder irrationalen Überzeugungen lassen sich in drei Gruppen auflisten (Ellis 1979, 12ff):

1. Ich muß meine Sache gut machen, ich muß für meine Leistungen Anerkennung erhalten, sonst gelte ich als wertloses Subjekt. Zu dieser Ideologie gehören meistens noch folgende Gedanken:

(1) Ich muß von allen Personen, die mir etwas bedeuten, beachtet, anerkannt und geschätzt werden.
(2) Ich muß mich bei allem, was ich tue, als erfolgreich erweisen.
(3) Meine Gefühlsprobleme sind fast ausschließlich auf belastende äußere Umstände zurückzuführen, die ich kaum oder wenig ändern kann.
(4) Wenn sich Dinge ereignen, die mir Schwierigkeiten machen oder mich bedrohen, muß ich meine Gedanken ausschließlich auf diese Ereignisse konzentrieren.
(5) Mein vergangenes Leben hat mich stark beeinflußt und zu dem gemacht, der ich heute bin. Es hat auch weiterhin diesen bestimmenden Einfluß. Ich kann mich nicht ändern.
(6) Ich brauche unter allen Umständen andere, auf die ich mich verlassen und auf die ich mich stützen kann.
(7) Die Ansichten von Experten und Autoritäten in Wissenschaft und Gesellschaft sind immer richtig und maßgebend. Ich habe kein Recht, sie in Frage zu stellen.

2. Andere müssen mich rücksichtsvoll und freundlich behandeln, genauso, wie ich von ihnen behandelt werden möchte. Wenn sie es nicht tun, dann sind sie schlecht und müssen verurteilt werden.

(8) Die anderen müssen mich jederzeit auf eine faire und gerechte Art behandeln.
(9) Die Menschen müssen, um ein glückliches und sinnvolles Leben zu führen, ihre Fähigkeiten voll ausschöpfen.

3. Meine Lebensbedingungen müssen so beschaffen sein, daß ich praktisch alles, was ich will, schnell und ohne Mühe bekommen kann und daß ich praktisch mit nichts konfrontiert werde, was ich nicht will.

(10) Die Dinge müssen so laufen, wie ich es gerne haben möchte.
(11) Mit Schwierigkeiten im Leben werden wir am besten fertig, wenn wir ihnen aus dem Wege gehen.
(12) Über Menschen, die mir Schwierigkeiten machen, muß ich mich dauernd erregen und mich mit ihnen auseinandersetzen. So gelingt es mir, sie unter Kontrolle zu bringen und zu ändern.
(13) Ich muß Erfolg gleich sehen. Ich kann nicht Mühen auf mich nehmen, um erst später etwas davon zu haben.

(14) Es hat gar keinen Zweck, gegen Behinderungen und Schwierigkeiten, die sich durch Einflüsse aus meiner Vergangenheit oder Umgebung verfestigt haben, anzugehen.
(15) Ich muß für meine Probleme und die Probleme anderer eine immer richtige und perfekte Lösung finden.
(16) An meinem Unglück sind die Umwelteinflüsse und die anderen Leute schuld.
(17) Ich halte Belastungen nicht aus, die mit Angst, depressiver Verstimmung, Schuld, Scham oder sonstigen Gefühlsbeeinträchtigungen verbunden sind. Wenn ich durchdrehen würde, käme ich in eine Nervenklinik, das könnte ich nicht ertragen; ich würde unter Umständen meinem Leben ein Ende setzen.

In der Psychotherapie begegnen uns gehäuft noch einige irrationale Überzeugungen, die ich kurz anführen möchte:

(18) Mein Leiden und meine Schwierigkeiten bestehen schon viele Jahre. Die Therapie wird deshalb sehr lange dauern.
(19) Ich gehe zu K in die Therapie, weil ich weiß, daß mich diese(r) Therapeutin (Therapeut) heilen kann.
(20) Ohne Medikamente kann ich nicht leben; sie helfen mir, daß ich überhaupt noch im Leben einigermaßen zurechtkomme.

Neben diesen angeführten irrationalen Überzeugungen gibt es sicher noch viele andere. Sie lassen sich aber thematisch mehr oder weniger in den Katalog einordnen und angliedern.

Wir wollen noch einmal kurz die wesentlichen Merkmale der irrationalen Überzeugungen anführen:

– Es sind fixe Lebensanschauungen und Verhaltensmaximen mit eingeengtem, jedoch starkem Aufforderungs- und Erwartungscharakter.
– Es sind unrealistische, zur Lebenspraxis unstimmige Vorstellungen, Erwartungen, Verhaltensanweisungen und Forderungen.
– Viele Formen irrationalen Denkens bestehen aus unsinnigen und übertriebenen Generalisierungen. So fangen manche mit einer vernünftigen Beobachtung an: "Ich habe die Prüfung nicht bestanden" und treffen dann die übertriebene Verallgemeinerung: "Ich werde immer bei Prüfungen versagen; ich habe nicht die Fähigkeit, sie erfolgreich zu bestehen."
– Die irrationalen Überzeugungen finden sich nicht nur bei unwissenden, ungebildeten oder bereits gestörten Personen, sondern auch bei sehr intelligenten, gebildeten und relativ normalen Personen.
– Menschen mit solchen irrationalen Überzeugungen und unerfüllbaren Erwartungen produzieren geradezu mit ihnen Fehlschläge, Enttäuschungen und Niederlagen. Irrationale Überzeugungen sind also selbstschädigend.
– Irrationale Überzeugungen wirken wie starke Gewohnheiten gleichsam impulsiv und automatisch. Sie werden im allgemeinen – trotz ihrer negativen Auswirkungen – nicht in ihrer A-B-C-Dynamik durchschaut, vor allem auch deshalb nicht, weil neurotische Menschen zu extrapunitiven Schuldzuschreibungen und zu externer Kontrollüberzeugung neigen.

- Irrationale Überzeugungen haben – weil sie nicht aus Erfahrungen abgeleitet sind – die Tendenz, sich der korrigierenden Erfahrung zu entziehen. Sie blockieren damit das Lernen, im besonderen das problemlösende und entdeckende Lernen und die Selbsteinsicht.
- Die Einsicht in die Irrationalität des eigenen Verhaltens und die Kenntnis, was zu tun wäre, helfen uns nur teilweise oder überhaupt nicht, das Verhalten zu ändern. Zwischen Einsicht und Verhalten besteht kein kausaler Zusammenhang, weil Einsichten und Verhaltensweisen oft durch jeweils andersartige Prozeßvariablen aufgebaut und unterstützt werden.

Wir werden im folgenden noch auf zwei weitere Kriterien hinweisen, doch zunächst ist noch eine grundsätzliche Bemerkung einzufügen:

Die irrationalen Überzeugungen haben, ähnlich wie die Fiktionen, in der Wirklichkeit kein Gegenstück. Während aber die Fiktionen uns im allgemeinen für die Bewältigung der Wirklichkeit dienlich sind als Hilfskonstruktionen, wie z. B. die Fiktion, daß alle Menschen gleich sind und damit gleiche Rechte haben, sogar förderliche sozialethische Programme stützen, manövrieren uns die irrationalen Überzeugungen in wiederkehrende gleichartige Schwierigkeiten. Man könnte denken, daß der so entstehende Leidensdruck das betreffende Individuum zur Revision seines Denk- und Verhaltensschemas bewegen würde. Dies ist aber nur selten der Fall. Zum Teil liegt dies daran, daß der Betreffende geradezu eine schicksalshafte Leidensideologie (mit der irrationalen Überzeugung, daß er zum Leiden berufen oder gemacht sei) ausgearbeitet hat, zum Teil hat er aber auch im Rückzug von früher bestandenen Sozialkontakten die commonsense-Intelligenz ab- und die irrationale "private Intelligenz" aufgebaut. Was das heißt, hat Alfred Adler in seiner Schrift "Wozu leben wir" (1979, 17) anschaulich demonstriert:

> "Von der Leiterin einer kleinen religiösen Sekte wird eine Anekdote berichtet: Sie rief eines Tages ihre Getreuen zusammen und teilte ihnen mit, daß das Weltende am nächsten Mittwoch fällig sei. Ihre Gläubigen waren sehr beeindruckt, verkauften ihre Besitztümer, wandten sich von allen weltlichen Geschäften ab und warteten erregt auf den angekündigten Schicksalsschlag. Der Mittwoch verstrich ohne besondere Vorkommnisse. Am Donnerstag beriefen sie eine Versammlung ein, um eine Erklärung zu verlangen. 'Sieh, in welchen Schwierigkeiten wir sind', sagten sie. 'Wir haben alle Sicherungen hinter uns gelassen. Jedem, den wir trafen, sagten wir, daß am Mittwoch die Welt untergehen werde, und wenn sie uns auslachten, ließen wir uns nicht beirren, sondern wiederholten, daß wir es von einer unfehlbaren Autorität wüßten. Der Mittwoch ist vorbei und die Welt steht immer noch hier um uns herum'. 'Aber mein Mittwoch', sagte die Prophetin, 'ist nicht euer Mittwoch'. So, durch einen privaten Sinn, sicherte sie sich gegen Vorwürfe. Ein privater Sinn kann niemals auf die Probe gestellt werden."

Damit haben wir noch ein weiteres 9. Kriterium für irrationale Überzeugungen herausgestellt: Irrationale Überzeugungen sind privater Natur; sie ermangeln der allgemeinen Bedeutsamkeit und Verbindlichkeit.

Das jetzt herauszustellende 10. Kriterium weist in besonderer Weise auf den dynamischen Komplexitätscharakter irrationaler Überzeugungen hin. Alle selbstschädigenden Gedanken haben nicht nur eine Tendenz zur Reproduktion (Wiederkehr in gleichen Situationen), sondern auch eine Tendenz zur Filiation (zur Bildung von Ablegern, also Einbeziehung weiterer, zum Teil andersartiger Situationen) und zur Irradiation (zur Ausbreitung auf andere, zum Teil zentrale psychische Bereiche): Ich habe die Prüfung nicht bestanden – Ich werde andere Prüfungen auch nicht bestehen – Ich habe einfach nicht die Fähigkeit, Prüfungen zu bestehen – Ich bin ein Versager.

3. Die Klärung durch Disput

Der Klient erkennt bald, daß seinem Erleben (z. B. Wahrnehmen und Fühlen) und seinem Verhalten (z. B. Rückzugs- und Aggressionsverhalten) bestimmte ungerechtfertigte und unangemessene Gedanken und Schlußfolgerungen zugrunde liegen. Es kommt jetzt darauf an, diese irrationalen Überzeugungen präziser zu fassen und zu durchschauen. Ellis empfiehlt, den Klienten drei Fragen nahezulegen: Welche Beweise gibt es für die Überzeugungen? Was ist an ihnen wahr, was falsch? Wodurch ist diese Überzeugung falsch?

Im Debattieren, einem innerlichen Streitgespräch mit sich selbst, stellt der Klient die rationalen und irrationalen Überzeugungen einander gegenüber. Ziel des *Debattierens* ist es, die irrationalen Überzeugungen zu zerstören oder zumindest auf ein Minimum zu reduzieren. Aus den einleitenden Vorerörterungen mit dem Therapeuten weiß der Klient, daß ein Fehlverhalten oder eine negative emotionale Konsequenz (C) auf irgendeine aktivierende Erfahrung oder ein aktivierendes Ereignis (A) hin mit höchster Wahrscheinlichkeit durch irgendeine Überzeugung (B) bewirkt wird, die irrationale Elemente enthält und deshalb eine irrationale Überzeugung (iB) ist. Jede Annahme, die auf wackligen Beinen steht, besonders diejenige, die zu schlechten Resultaten führt, nimmt sich der Klient vor. Er ficht sie solange aktiv und mit Nachdruck an, bis sie aufgegeben oder zumindest angeschlagen worden ist.

Beim *Diskriminieren* soll sich der Klient über seine Wünsche und Bedürfnisse, über das, was er gern haben möchte und was er fordert oder meint, haben zu müssen, klar werden und diese abheben von seinen rationalen und irrationalen Gedanken. Es sollen also hier sowohl die positiven als auch die negativen Aspekte des Verhaltens sichtbar gemacht werden. Wichtig ist, daß der Klient folgende Unterschiede klar erkennt:
– zwischen unerwünschten und "unerträglichen" Resultaten.
– zwischen Scherereien und "Katastrophen",
– zwischen logischen und ungerechtfertigten Schlußfolgerungen in seinem Leben.

Dabei wird der Klient noch andere Unstimmigkeiten und Widersprüchlichkeiten in seinem Denken und Handeln erkennen, während er mit sich selbst die irrationalen Überzeugungen im Disputieren – am Punkt D des rational-emotiven Prozesses – aufspürt.

Ein dritter Aspekt des Disputierens ist der Akt des *Definierens*. Es werden Sätze gebildet, anhand derer der Klient seine fatale Neigung zur Übergeneralisierung erkennt. Seine Definitionen von Situationen, Ereignissen und Erwartungen sind nicht differenziert und auf tatsächlich vorfindbare äußere Lagen und innere Befindlichkeiten begrenzt, sondern selbstschädigend ausgeweitet, d. h. verallgemeinert. Der Klient ist z. B. beeindruckt und redet sich dann eine irrationale Überzeugung ein:

– Ich mache wie bei der letzten Prüfung *immer wieder* Fehler; ich werde nie in der Lage sein, eine Prüfung zu bestehen.

188 Die rational-emotive Therapie (A. Ellis)

– Jetzt, nachdem ich die Prüfung nicht bestanden habe und deprimiert bin, *kann* ich *nicht* aufhören, so zu fühlen. Ich werde wahrscheinlich *immer* in dieser depressiven Verfassung steckenbleiben.
– Nachdem ich jetzt schon die zweite Prüfung nicht bestanden habe und auch sonst in meinem Leben *immer wieder alles* schiefgeht, glaube ich, daß ich ein *Versager* bin.

In der rational-emotiven Therapie lernt der Klient, daß er, wenn er einmal Fehler gemacht hat, er diese in Zukunft nicht wiederholen muß; daß er, wenn er jetzt so deprimiert ist, sich von dieser Niedergeschlagenheit befreien und in Zukunft anders fühlen kann; daß man – auch wenn bisher im Leben vieles schiefgelaufen ist – noch lange kein Versager ist, schon gar nicht ein solcher bleiben muß.

Das rational-emotive Disputieren führt zum Aufspüren irrationaler Überzeugungen und zum Debattieren dieser Überzeugungen und damit zur kognitiven Umstrukturierung: zur Unterscheidung zwischen logischem und unlogischem Denken und zum semantischen Definieren und Neudefinieren, das dem Klienten hilft, mit dem übermäßigen Verallgemeinern aufzuhören und sich enger an die Realität zu halten.

Ellis erläutert die Zusammenhänge in der Sprache der rational-emotiven Therapie am Beispiel eines Klienten, der seinen Arbeitsplatz verlor. Die Ausführungen, die Ellis über seinen Klienten macht, sind ziemlich unrealistisch, da die real existierenden Arbeitsplatzchancen unbeachtet bleiben. Es scheint mir angemessen, hier eher ein Beispiel über Prüfungsversagen anzuführen, wobei wir an eine Prüfung denken, die im Hinblick auf die objektiven Bedingungen und Zusammenhänge von existentiell geringerem Gewicht ist:

A (aktivierende Erfahrung):	Durchfall in einer Prüfung
B (rationale Überzeugung):	Ich habe Pech gehabt. Ich habe mich doch nicht genug vorbereitet.
C (angemessene Konsequenz):	Gefühle der Enttäuschung, fester Entschluß, das Verhalten in Zukunft zu ändern, sich also gründlicher vorzubereiten, Ärger über sich selbst.
iB (irrationale Überzeugung):	Wie entsetzlich, daß ich mich so dumm verhalten habe. Ich hätte mich doch gründlicher vorbereiten sollen. Ich kann den Leichtsinn nicht verschmerzen. Ich bin und bleibe eine Niete.
iC (unangemessene Konsequenzen):	Depression, Verzweiflung, Scham und schwere Minderwertigkeitsgefühle, Untätigkeit und wenig Neigung, sie zu überwinden und sich auf eine Wiederholung der Prüfung vorzubereiten.

Wir sollten jetzt den rationalen Disput im einzelnen verfolgen. Es könnte etwa so verlaufen:

(1) Angenommen, daß ich mich wirklich dumm verhalten habe und ich die Prüfung nicht bestanden habe, wie kann ich beweisen, daß ich mich entsetzlich dumm verhalten habe? Antwort: Ich kann es nicht. Auch wenn ich Fehler gemacht, Fragen nicht beantwortet habe, so war ich deshalb noch nicht entsetzlich dumm. Entsetzlich dumm würde bedeuten, daß ich alles falsch gemacht habe und keine Frage beantwortet hätte. Ent-

setzlich dumm heißt doch wohl, daß man sich dümmer nicht verhalten könnte. Das erscheint aber höchst unwahrscheinlich, denn:

- Ich habe ja einiges gewußt.
- Ich könnte ja das nächste Mal besser abschneiden, besonders dann, wenn ich etwas mehr Zeit für die Vorbereitung der Prüfung investiere.
- Ich bin doch kein Versager; denn ich habe ja bisher einiges gut, manches sogar sehr gut geleistet.

(2) Wenn ich die Überzeugung aufrechterhalte, ich könnte mein falsches Verhalten nicht ertragen oder erdulden, dann läßt sich diese Feststellung wiederum anfechten, indem ich mich am Punkt D frage: In welcher Hinsicht kann ich es nicht ertragen? Wo sind die Beweise, daß ich es nicht ertragen kann? Wieso kann ich es nicht? Wenn ich mir diese Frage stelle, so komme ich zu dem Ergebnis, daß ich offenbar mein Verhalten ertragen kann, auch wenn ich es nicht mag. Ich ertrage es ja zur Zeit. Also ist meine Behauptung, ich könnte es nicht ertragen, unsinnig. Ich kann sicher noch vieles mehr ertragen.

(3) Ich hätte mich für die Prüfung besser vorbereiten sollen, dann hätte ich evtl. die Prüfung bestanden, und ich wäre nicht so gefühlsmäßig durcheinander geraten.

"Emotionale Probleme hängen selten damit zusammen, daß man etwas wünscht, begehrt, vorzieht oder möchte. Egal, was Sie sich wünschen, sogar wenn Sie den Mond vom Himmel herunterholen möchten, Sie kommen am Ende immer zu dem Schluß: 'Es scheint so, als ob ich nicht das bekäme, was ich gerne möchte, und vielleicht werde ich es nie bekommen. Wirklich zu schade! Ich muß wohl darauf verzichten, jetzt und womöglich mein ganzes Leben lang. Warum muß ich es auch bekommen?' Sobald Sie aber aus Ihrem Wünschen ein Fordern, Befehlen und absolut auf etwas Bestehen machen, dann ändert sich die Sache. Wenn Sie nicht das kriegen, was Sie lieber hätten, dann ist das hart, aber zu verkraften. Aber wenn Sie nicht das bekommen, was Sie absolut brauchen (oder – um genauer zu sein – was Sie Ihrer Meinung nach brauchen), wie können Sie dann anders als zu dem Schluß kommen: 'Wie entsetzlich! Ich halte es nicht aus! Ich werde nie wieder in meinem Leben richtig glücklich werden!' ... Wenn Sie sich nicht auf so dogmatische und selbstverurteilende Art und Weise dieses unberechtigte, totalitäre ... Sollen und Müssen einreden würden und wenn Sie nicht befehlen würden, daß andere Menschen und Dinge in der Welt sich ebenfalls danach zu richten haben, dann würden Sie sich ... nur selten emotionale Probleme schaffen." (Ellis 1979, 28f)

(4) Die letzte irrationale Überzeugung (iB) über sich selbst hört sich ungefähr so an: Weil ich die Prüfung nicht bestanden habe, weil ich mich nicht genügend auf sie vorbereitet habe, muß ich mich selbst als Versager betrachten, der immer so dumm handeln wird und nichts Gutes im Leben verdient! Inwiefern muß ich mich so verurteilen? Wenn ich in einer Prüfung versagt habe, dann ist dies noch lange kein zureichender Grund für ein solch selbstschädigendes Pauschalurteil. Ich könnte ja bei der nächsten Prüfung Erfolg haben.

"Dadurch, daß Sie Ihre irrationalen Überzeugungen (iB's), die Ihnen emotionale Probleme schaffen, am Punkt D im A-B-C-D-E-Prozeß der rational-emotiven Therapie anfechten, sind Sie schließlich in der Lage, diese Überzeugungen aufzugeben und werden letzten Endes, wenn Sie häufig genug auf diese Weise vorgehen, kaum jemals wieder in sie zurückfallen." (Ellis 1979, 32)

190 Die rational-emotive Therapie (A. Ellis)

Zusammengefaßt läßt sich die Ellis'sche Formel wie folgt in allgemeiner Form darstellen:

A bezieht sich auf ein objektives empirisches Ereignis (z. B. bei einer Prüfung durchzufallen).

B steht für die Selbstaussagen, die beim Denken an dieses Ereignis folgen (z. B.: Das ist schrecklich; ich werde den ersehnten Beruf nicht ausüben können).

C Es bilden sich durch diese Selbstaussagen negative Gefühle (Unsicherheits-, Minderwertigkeits- bis Verzweiflungsgefühle).

D Durch therapeutischen Beistand werden die B-Reaktionen kritisch auf ihre Angemessenheit und Berechtigung hin geprüft. Der Klient wird zur Neubewertung angeregt.

E Hier wird der zu erreichende Umstrukturierungsprozeß in seinen fünf Etappen dem Klienten verdeutlicht. Zweckmäßig ist es, wenn der Klient eine Gedächtnisformel verwendet. Ich benutze dazu den Ausdruck EUBIS. Jeder Buchstabe repräsentiert einen Bestandteil des kognitiven Verhaltens:

E = Erkenne die bedrückenden Gefühle (Angst, Unsicherheit, Ärger).

U = Unterscheide die dabei auftretenden Gedanken, Vorstellungen und Selbstgespräche.

B = Bewerte die Berechtigung und Angemessenheit der Gedanken, Vorstellungen und Selbstgespräche.

I = Imaginiere Alternativen mit weiterführendem Inhalt.

S = Selbstlob. Sage zu Dir, daß Du diese Folge gut durchgeführt hast.

Allem Anschein nach spielen symbolische Ereignisse bei Erlebens- und Verhaltensstörungen eine große Rolle. Gedanken und bildhafte Vorstellungen können fehlangepaßte Verhaltensmuster erzeugen und aufrechterhalten. Besonders beeinträchtigend wirken negative Selbstaussagen; sie machen den Klienten unsicher, unbeholfen und hilflos.

4. Die Bezugspunkte der Interpretation

Ehe wir das Endergebnis der rational-emotiven Therapie – den therapeutischen Effekt (E) in Form einer neuen Philosophie – erörtern, wollen wir die Eigenart der in dieser Therapie angewandten Interpretationen, vor allem auch ihre Begrenzung, diskutieren. Der Therapeut interpretiert nach Ellis die Verbalisierungen und Verhaltensweisen des Klienten so, daß dieser zu einem weitaus besseren Verständnis seines Denkens und Handelns gelangt und seine Einsicht in das eigene Verhalten (und auch das der anderen) dahingehend nutzt, um die Aspekte seiner Lebensführung grundlegend zu ändern. Zunächst wollen wir aufzählen, welche Interpretationen in der rational-emotiven Therapie keine (besondere) Rolle spielen:

(1) Der rational-emotive Therapeut hält sich nicht bei angenommenen Verbindungen zwischen den frühen Lebenserfahrungen des Klienten und seinen gegenwärtigen psychischen Störungen auf. Er ist überzeugt, daß nicht die vergangenen Erfahrungen einen Menschen schädigen, sondern die unrealistischen und übermäßig fordernden Interpretationen dieser Erfahrungen. Der Therapeut befaßt sich konsequent mit den Interpretationen der Reaktionen des Klienten auf seine eigenen Lebenserfahrungen.

(2) Der rational-emotive Therapeut befaßt sich auch nicht mit dem sog. unbewußten und verdrängten Material. Viele Zusammenhänge blieben dem Klienten bisher unbekannt. Der Therapeut macht den Klienten jedoch bei der Konfrontation mit seinen Problemen, mit den Zusammenhängen von Überzeugung und Verhalten bekannt. Diese Zusammenhänge kann der Klient verstehen und erlebend nachvollziehen bzw. erproben und bestätigen.

(3) Der rational-emotive Therapeut befaßt sich auch nicht besonders mit der sog. Übertragungsbeziehung. Er ist davon überzeugt, daß die Beziehungen des Klienten zu anderen Menschen weitaus wichtiger sind als seine Beziehung zum Therapeuten. Statt Einstellungen gegenüber dem Klienten zu analysieren, interpretiert der Therapeut die allgemeinen Gedanken, mit der sich der Klient seine Überzeugungsreaktion schafft. Er weist den Klienten auf die irrationale Überzeugung hin, durch die dieser der Anerkennung vom Therapeuten dringend zu bedürfen scheint.

(4) Der rational-emotive Therapeut befaßt sich im allgemeinen auch nicht mit den Träumen des Klienten, weil er der Auffassung ist, daß Träume in der Regel keine wichtigen Aspekte der Gedanken und Wünsche des Klienten enthalten. Er konzentriert sich auf die Gedanken und Verhaltensweisen, die im gegenwärtigen Wachzustand des Klienten anzutreffen sind. Auf diese Weise erhält er zutreffendes und reichhaltiges Material für den Fortgang der Therapie.

(5) Der rational-emotive Therapeut ignoriert vieles, was andere Therapeuten besonders beachten, so z. B. Gesten, Körperhaltungen und eine Reihe von Verhaltensweisen. Er greift nur solche Äußerungsweisen auf, denen er besondere therapeutische Bedeutung zumißt. Damit ist nicht gesagt, daß er die anderen Äußerungsweisen des Klienten für unbedeutend hält; aber er nimmt sich einige von ihnen heraus, denen er mehr Bedeutung zuschreibt, und zieht es vor, seine therapeutischen Bemühungen im Interesse der Effizienz auf diese wichtigeren Bereiche zu konzentrieren. (Ellis 1979, 187f)

Worauf legt der rational-emotive Therapeut besonderen Wert und was tut er im Zusammenhang mit dem Interpretieren?

Bei allen Fehlverhaltensweisen und störenden Erlebnisweisen führt der Therapeut den Klienten zu der Erkenntnis der damit verbundenen Gedanken, Überzeugungen und Wertungen.

Der Therapeut macht dem Klienten klar, daß er in absoluten Begriffen denkt, daß er ein Blindgänger, ein Moralist, ein Perfektionist oder ein Dogmatiker sei; daß er nur davon loskommen wird, wenn er die Realität, eine gewisse Unsicherheit, akzeptiert und eine tolerante Haltung einnimmt.

Der Therapeut macht dem Klienten auch klar, daß "schwierig" nicht dasselbe bedeutet wie "unmöglich"; daß er sich ändern kann, wenn er genügend Anstrengung und Übung aufbringt.

Der Therapeut verhilft dem Klienten nicht nur dazu, seine irrationalen Überzeugungen anzuzweifeln und anzugehen, sondern er erteilt dem Klienten auch Handlungsanweisungen für sein Verhalten in seiner realen Umwelt.

Durch das Umsetzen von Einsicht in entsprechendes Verhalten kann der Klient über ein positives Feedback von anderen die rational-emotive Therapie gleichsam auf die Probe stellen und so eine Verstärkung seiner angebahnten Veränderung erreichen.

Die Interpretationen im Rahmen der rational-emotiven Therapie werden zumeist in einer direkten Form gegeben.

Für die Arbeit mit den Interpretationen bedarf es vorher nicht des Aufbaus einer besonders guten Beziehung zwischen Therapeut und Klient. Mit dieser Arbeit kann schon in der ersten Sitzung begonnen werden.

Für den Erfolg der Therapie bedarf es nicht der warmen und liebevollen Zuwendung, wohl aber der unbedingten positiven Wertschätzung von seiten des Therapeuten.

Da der Therapeut nicht den Klienten selber, sondern seine Gefühle und Gedanken attackiert, muß er auch nicht sorgfältig auf den Zeitpunkt der Interpretation, etwa auf eine besondere Bereitschaft des Klienten, achten.

In vielen Fällen kleidet der Therapeut seine Interpretationen in die Form von Fragen ein, statt Erklärungen zu geben. Er will damit den Klienten anleiten, sich selbst und sein Denken in Frage zu stellen.

Häufig wird ein und dieselbe Interpretation mehrfach gegeben. Dadurch wird ihr mehr Nachdruck verliehen, und der Klient wird sich die Interpretation vertiefter und umfassender zu eigen machen.

5. Die Chancen der Vernünftigkeit

Am Ende des rational-emotiven Prozesses steht der therapeutische Effekt (E). Der Klient hat seine selbstschädigenden Gedanken abgebaut, eine rational-emotive Sicherheit und Zuversicht gewonnen.

Der eigentliche Gradmesser der Rationalität ist die Tätigkeit der Reflexion, d. h. die Fähigkeit, die eigenen Gedanken wieder zum Gegenstand des Denkens zu machen. Die Fähigkeit zur Reflexion ist in der menschlichen Struktur angelegt: sie bedarf zu ihrer Entwicklung allerdings der Anregung und Anleitung. Im therapeutischen Prozeß lernt der Klient, seine Gedanken auf ihre Angemessenheit zu prüfen und in ihrer Auswirkung auf die emotionale Befindlichkeit zu beachten. Mit dem Einsatz von Reflexion erhöhen wir auch unsere Frustrationstoleranz. Wir lernen, aktuelle Unpäßlichkeiten zu ertragen und auf unmittelbare Bedürfniserfüllung zu verzichten.

Zur Rationalität gehört auch die Kenntnisnahme von Informationen, die Aneignung von Wissen. Wichtig scheint dabei nicht die Masse des Wissens zu sein, sondern die Aneignung und Verwertung des für eine produktive Lebensführung wichtigen relevanten Wissens.

Mit der Pflege der Wahrnehmungsfähigkeit gewinnt der Klient eine Sensibilität für die kognitiv-emotionalen Wechselwirkungen in komplexen und konfliktbeladenen Situationen.

Rationales Handeln ist zielgerichtetes Handeln. Es dient der Verbesserung des Lebens, des Erlebens und Handelns. Ein solches Handeln ist damit zugleich ein nutzbringendes Handeln. Im rationalen Handeln werden wir dazu veranlaßt, bewußt Alternativen für Ziele und Mittel zu suchen. Rationales Handeln ist im Hinblick auf Ziele, Mittel und Wege transparentes Handeln. Zusammenfassend gesehen ist rationales Handeln ein regelgesteuertes abwägendes und kalkulierendes flexibles Verhalten.

6. Die Bedeutung der Selbstbejahung

Die Selbsteinschätzung des Menschen hat Konsequenzen für sein Erleben und Verhalten, für seine Lebensführung. Wer sich selbst negativ eingeschätzt, provoziert dadurch psychische Probleme und Störungen.

Die Lernbereitschaft und Leistungsfähigkeit werden beeinträchtigt, weil sich der Betreffende wenig oder nichts zutraut, nicht an einen erfolgreichen Abschluß einer Tätigkeit glaubt.

Der sich selbst negativ beurteilende Mensch neigt dazu, sich zurückzuziehen und in die Phantasie zu flüchten.

Sein Minderwertigkeitsgefühl kann er durch Macht- und Geltungsstreben zu kompensieren versuchen.

Die Wahrnehmung des eigenen Wertes wirkt sich auf Gedanken, Gefühle, Handlungen und soziale Beziehungen aus.

Es ist wichtig, daß man den Unterschied von Selbstbejahung und Selbstachtung kennt. Die Selbstbejahung oder Selbstakzeptierung ist die fundamentalere Einstellung. Man bejaht sich, weil man das Leben schätzt und am sozialen Leben gern teilnimmt. Die Selbstbejahung stützt sich nicht auf bestehende herausragende Fähigkeiten und auf die Beachtung und Anerkennung durch andere. Anders ist dies bei der Selbstachtung. Man schätzt sich hier, weil man intelligent ist, sich kompetent verhält und dies von anderen beachtet und anerkannt wird. Bei dem Streben nach Selbstachtung machen wir uns teilweise von unseren Erfolgen und von den anderen abhängig.

Ellis vertritt die Auffassung, daß der Mensch sich der Selbstbewertung möglichst enthalten sollte, dagegen aber viele seiner Eigenschaften und Tätigkeiten bewerten sollte. Von den 14 Argumenten, die Ellis anführt, möchte ich nur die ersten fünf zitieren:

1. Sowohl die positive als auch die negative Selbstbewertung sind ineffektiv und stehen der Lösung von Problemen ernstlich im Wege. Wenn sich jemand wegen seiner Leistungen erhöht oder erniedrigt, dann neigt er dazu, mehr selbst- als problemzentriert zu sein, und die Leistungen werden darunter wahrscheinlich leiden. Außerdem hat die Selbstbewertung in der Regel eine sehr prüferische Note und absorbiert einen enormen Aufwand an Zeit und Energie. Auf diese Weise kann jemand vielleicht seine "Seele" kultivieren, aber wohl kaum seinen Garten.

2. Die Selbsteinschätzung funktioniert dann gut, wenn jemand viele Talente und wenig Schwachpunkte besitzt; aber statistisch ausgedrückt gibt es nur wenige, die in diese Klasse fallen. Die Selbsteinschätzung führt auch oft zu der Forderung, auf allen Gebieten kompetent zu sein, aber es gibt wiederum nur wenige, die mit einer solchen Forderung mithalten können.

3. Die Einschätzung der eigenen Person bewirkt fast unvermeidlich, daß man andere besser oder schlechter macht. Wenn sich jemand als "guten Menschen" bewertet, dann wird er gewöhnlich andere als "schlecht" oder "weniger gut" einschätzen. Wenn er sich als "schlecht" sieht, werden andere in seinen Augen "weniger schlecht" oder "gut" sein. Auf diese Weise bringt er sich praktisch dazu, mit den anderen, was "gut" und "schlecht" anbelangt, zu wetteifern und empfindet ständig Neid, Eifersucht oder Überlegenheit. Aus einer solchen Art des Denkens und Fühlens können leicht individuelle Konflikte oder Konflikte zwischen Gruppen und Nationen entstehen; Liebe, Kooperativität und andere Formen mitmenschlicher Verbundenheit werden auf ein Minimum eingeschränkt.

4. Die Selbstbewertung führt zu stärkerer Befangenheit und birgt deshalb die Gefahr in sich, daß man sich in sich selbst verschließt, daß man den Bereich seiner möglichen Interessen und Quellen der Freude einengt.

5. Den ganzen Menschen nur wegen einiger seiner Handlungen zu tadeln oder zu loben, ist eine unwissenschaftliche und übermäßige Verallgemeinerung ... (Ellis 1979, 68f)

Lazarus führt in seiner Abhandlung "Auf dem Weg zu einer ego-losen Existenz" diesen Gedanken noch weiter. Ich komme im folgenden Abschnitt kurz darauf zu sprechen.

7. Das Vorgehen des Therapeuten

Am Ende des therapeutischen Prozesses wird erwartet, daß der Klient eine möglichst hohe Frustrationstoleranz erreicht hat, d. h., daß er Ärger und gelegentlich Leiden gut verarbeiten kann, also durch Bedrängnisse nicht in schwere Krisen gerät.

Im Zusammenhang und im Gefolge der Frustrationstoleranz soll die Therapie dem Klienten dabei helfen, daß dieser seine Angstbereitschaft, depressiven Verstimmungen, Selbstverurteilungen und Aggressionen abbauen kann, so daß er eine sozial aktive und zuversichtliche Lebenshaltung entwickeln kann.

Wie geht nun die rational-emotive Therapie im einzelnen vor? Im Gegensatz zu anderen Therapieformen hält sie den Klienten nicht dazu an, seine Angst- und Schuldgefühle, seine Depressionen und seinen Ärger zu äußern, abzureagieren oder auszuleben. Der Therapeut versucht, dem Klienten zu verdeutlichen, daß er sich selbst die negativen Gefühle beibringt, sie also auch angehen, verändern und sich von ihnen lösen kann. Dabei soll der Klient wissen, daß es berechtigte – in der Realität begründete – Furchtzustände, Ärger und Aggressionsgefühle gibt.

In der rational-emotiven Therapie werden dem Klienten in klarer und konkreter Form drei Einsichten vermittelt:

(1) Der Klient erkennt, daß sein gegenwärtiges neurotisches Verhalten zeitlich zurückliegende Entstehungsursachen hat.

(2) Der Klient versteht, warum die ursprünglichen Gründe für seine Störung ihm immer noch zu schaffen machen und ihn durcheinander bringen. Er erkennt, daß sein Problem nicht bei den zurückliegenden Entstehungsursachen zentriert ist, sondern bei den gegenwärtigen Stützursachen. Er sieht ein, daß er noch immer an den ursprünglich erworbenen irrationalen Überzeugungen festhält und sich diese Überzeugungen nach wie vor einhämmert.

(3) Der Klient weiß, daß es für ihn wahrscheinlich keinen anderen Weg zur Überwindung seiner emotionalen Probleme gibt als den, seine Überzeugung in Frage zu stellen und anzuzweifeln und den irrationalen Annahmen durch verbale und motorische Aktivitäten entgegenzutreten.

Wie geht der Therapeut vor, damit der Klient seine eigenen irrationalen Annahmen erkennt und diese selbstschädigenden Prämissen in Frage stellt und anzweifelt?

Der Therapeut weist – wo immer es sich anbietet – den Klienten darauf hin, daß nicht einfach die Umstände ihn ärgern, sondern er sich selbst über etwas ärgert. Weil er das, was eingetreten ist, nicht mag, nicht für richtig hält, ablehnt, verurteilt, regt er sich auf.

Hat der Klient die Annahmen entdeckt, die seine emotionalen Probleme hervorrufen, dann versucht der Therapeut, ihm die Unrichtigkeit dieser Annahmen zu beweisen. Dabei vermittelt der Therapeut diese Erkenntnis zumeist über Fragen: "Warum muß Ihr Partner sich stets freundlich und liebevoll Ihnen zuwenden? Warum müssen andere Sie eigentlich immer beachten und schätzen? Warum müssen andere auf Ihr Lage und Befindlichkeit immer besondere Rücksicht nehmen? Warum müssen Sie immer das erhalten, was Sie sich wünschen?"

Der rational-emotive Therapeut verhält sich bei den meisten Klienten aktiv-direktiv. Der Therapeut greift das irrationale Meinungssystem ohne Umschweife an und veranlaßt den Klienten, von sich aus in der gleichen Richtung weiterzugehen. Zugleich gibt der Therapeut sogenannte Hausaufgaben; er fordert den Klienten zur Erledigung von bestimmten Aktionen und Interaktionen in seinem Erlebens- und Tätigkeitsbereich auf, um den Klienten erleben zu lassen, daß die neu erworbenen Einsichten und Erwartungen, wenn sie in Verhalten überführt werden, zu neuen, d. h. positiven Konsequenzen führen.

Der rational-emotive Ansatz ist betont didaktischer Natur. Der Therapeut erklärt dem Klienten immer wieder, welches die allgemeinen Mechanismen von emotionalen Störungen sind, wie emotionale Störungen gewöhnlich entstehen, sich verfestigen und was man tun kann, um gegen sie vorzugehen. Dabei vermittelt der Therapeut dem Klienten eine an dessen Person und den Fakten seines gegenwärtigen Lebens orientierte Lebenspsychologie. Übertragungs- und Gegenübertragungsprobleme spielen in der rational-emotiven Therapie kaum eine Rolle. Der Therapeut bleibt zum Klienten in mittlerer Distanz; er ist der Auffassung, daß er auch ohne die Zuneigung seiner Klienten seine Arbeit überzeugend und gut leisten kann.

Der Therapeut setzt viel rhetorisches Geschick und Phantasie ein, um den Klienten rationale Alternativen überzeugend aufzuzeigen. Hierzu verwendet er verschiedene Methoden. Der Therapeut überhöht die neurotische Tendenz des Klienten. Der Klient sagt beispielsweise: "Ich befürchte, daß im Seminar alle über mich lachen, wenn ich etwas Falsches sage." Der Therapeut geht darauf ein: "Es ist noch viel schlimmer. Die anderen werden nicht nur im Seminar über Sie lachen, sondern auch zu Hause Tag und Nacht an Ihre blöde Bemerkung denken." Der Therapeut fragt den Klienten, was er über andere Menschen denken würde, wenn diese genau das gleiche Problem wie er haben würden und welchen Rat er ihnen geben würde. Dabei zeigt sich, daß viele Klienten vernünftige und kritische Gedanken äußern: Sie würden den anderen niemals den Unsinn zumuten, den sie sich selbst einreden.

Um dem Klienten die alternative Betrachtungsweise aufzuzeigen, erzählt der Therapeut Gleichnisse und Analogien. Einer Klientin, die sich für schlecht und wertlos hielt, erzählt ein Therapeut das Pflaumengleichnis: "Sie gehen auf den Markt, und dort ist ein Obststand, an dem Äpfel, Birnen und Pflaumen verkauft werden. Jetzt kommt ein Kunde und kauft Äpfel und Birnen ein. Bedeutet dies, daß die Pflaumen schlecht sind? Nein. – Und wenn jemand Sie ablehnt, weil Sie nicht seinem Geschmack entsprechen, heißt das, daß Sie schlecht sind?" (Eschenröder 1978, 217)

Der Therapeut kann den Klienten auffordern, seine Auseinandersetzung zwischen rationalen und irrationalen Gedanken im Stil der Gestalttherapie auf zwei Stühlen zu spielen. Auf dem einen Stuhl sitzt der Rationale, auf dem anderen Stuhl sitzt der Irrationale. Wenn der Klient gute rationale Ideen nur zaghaft äußert, kann der Therapeut den Klienten auffordern, die Sätze lauter und selbstbewußter zu wiederholen, um das irrationale Denkschema zurückzudrängen. Im fortgeschrittenen Stadium kann der Therapeut die Rolle des advocatus diaboli übernehmen. Er äußert die irrationalen Ideen des Klienten und läßt sie von diesem widerlegen.

Ein wichtiges Ziel der Therapie ist es, den Klienten davon abzubringen, daß er bei bedeutsamen Vorhaben sein Ich aufs Spiel setzt. Bei bestimmten Aufgaben setzen wir im allgemeinen nicht unsere gesamte Person ein, sondern nur einen Teil unseres Ichs vielleicht Ich_1 oder Ich_2 oder Ich_3 usw. Jedes Ich entspricht einem Teil unseres Wesens. Wenn etwas schiefgeht, jemand in einer Prüfung versagt, dann sollte er wissen, daß nur ein Teil von ihm, eben eines seiner Iche, die gewünschte Leistung nicht erbracht hat. Es ist also ungerechtfertigt, das Versagen der Person als Ganzes anzulasten. (Lazarus 1979, 79–85)

Wie in jeder anderen Therapie, so haben einzelne Klienten auch in der rational-emotiven Therapie besondere Schwierigkeiten (Grieger u. Boyd 1979, 213–227). Die Probleme konzentrieren sich zumeist um vier Themen

- *Die kognitive-emotive Dissonanz.* Ein Klient findet seine Probleme zu groß, die Eigenbeteiligung in dieser Therapie zu anstrengend. Ein anderer Klient lehnt, da sich bei ihm nicht gleich Veränderungen einstellen, diese Therapie rundweg ab.
- *Das Verfremdungssyndrom.* Ein Klient glaubt, nicht mehr er selber sein zu können; er meint, er werde sich und anderen nur was vorschwindeln. Wieder ein anderer glaubt, in der Therapie seine Gefühle zu verlieren, zu einer seelenlosen Maschine zu werden.
- *Der Selbsthaß.* Der Klient bleibt bei seiner Auffassung, daß er wie alle anderen auch weiterhin nicht alles richtig machen könne und deshalb nichts wert sei.
- *Die Angst vor der Mittelmäßigkeit.* Der Klient ist fest davon überzeugt, daß – wenn er

seine irrationalen Gedanken aufgebe – er ein ziemlich durchschnittlicher Mensch mit wenig Motivation zu höheren Leistungen werde.

Wir brauchen hier nicht auf die je besonderen therapeutischen Maßnahmen einzugehen, da sie sich nicht grundsätzlich von den bereits erwähnten unterscheiden.

Die kognitive Umstrukturierung ist nur der erste Schritt der Therapie. Sie führt nicht immer automatisch zu einer entsprechenden Verhaltensänderung. Deshalb sollte der Therapeut – wie an anderer Stelle schon gesagt – stets konkrete Aufgaben vereinbaren, damit der Klient es lernt, rationale Einsicht in praktisches Handeln umzusetzen.

Ellis tritt für den Abbau dauerhafter negativer Emotionen ein; er stellt aber nicht die Forderung auf, alle negativen Emotionen auszumerzen. Kummer, Sorgen, Enttäuschungen gehören zum Leben. Diese emotionalen Befindlichkeiten sind oft adäquate Antworten auf objektiv bestehende bedrückende Verhältnisse. Sie sind damit auch wichtige Motivationsanlässe im Kampf um die Verbesserung der Umwelt.

Die rational-emotive Therapie tritt also nicht ein für ein bedingungsloses positives Denken. Dem Klienten wird vielmehr mit aller Deutlichkeit und Eindringlichkeit klargemacht, daß er sich ständig in einer negativen und unsinnigen Lebensphilosophie reindoktriniert. Die Betonung der Therapie liegt mehr auf dem Ausmerzen der ungerechtfertigten selbstschädigenden negativen Einstellungen, weniger auf der Betonung des Positiven. Es hat sich nämlich gezeigt, daß Individuen, die sich einreden, sie seien wertvoll, fühlten sich täglich besser, es erstaunlicherweise fertigbringen, gleichzeitig und parallel dazu höchst negative Ansichten über sich zu hegen.

Wir sollten uns also davor hüten, negativen Unsinn durch positiven Unsinn zu kompensieren. Unerfreuliche Tatsachen und wirkliche Gefahren sollten wir möglichst objektiv betrachten, sie nicht leichtfertig verharmlosen oder gar leugnen. Kurz: Wir sollten die realen Verhältnisse zur Kenntnis nehmen, sie rational analysieren, bewerten und an ihrer Verbesserung arbeiten.

II. Die kognitive Verhaltensmodifikation – Selbstinstruktionstherapie (D. W. Meichenbaum)

Meichenbaum bemüht sich, die Rolle der kognitiven Faktoren in der Verhaltensmodifikation zu klären. Dabei geht er sowohl von eigenen Untersuchungen aus als auch von Berichten anderer zu diesem Thema. Kognitive Prozesse zeigen sich in Merkmalszuschreibungen, Wertschätzungen, Interpretationen, Selbstverstärkungen, Überzeugungen u. a. Diese Begriffe dienen dazu, Bewußtseinsinhalte kenntlich zu machen und das zu erklären, was Meichenbaum als "inneren Dialog" bezeichnet. Diese inneren Dialoge sind nach seiner Ansicht von grundlegender Bedeutung für die Steuerung des Verhaltens.

Das innere Sprechen ist ein lautloses, mentales Sprechen. Es tritt vor allem auf, wenn wir vor einem Problem stehen, etwas genauer unter die Lupe nehmen, nach Anhaltspunkten und Lösungen Ausschau halten, eine Entscheidung treffen müssen und Argumente für oder gegen sie abwägen. Das innere Sprechen dient also der Lebensorientierung und Lebensbewältigung, es hat Einfluß auf unser Wahrnehmen, Fühlen, Denken, Wollen und Verhalten.

Im inneren Sprechen kommen auch unsere Einstellungen und Überzeugungen zum Ausdruck, mit denen wir unser Verhalten und Handeln begründen und rechtfertigen. Die verbalen Selbstanweisungen bestimmen weitgehend unser Verhalten. Der Gedanke liegt nahe, über eine Veränderung des inneren Sprechens das Verhalten zu ändern. Meichenbaum machte diese Erfahrung im Umgang mit schizophrenen Patienten. In Interview-Sitzungen sollten diese lernen, sich "vernünftig" zu unterhalten (d. h. sinnvoll und zusammenhängend zu sprechen). Jeder Ansatz und Schritt in dieser Richtung wurde verstärkt.

> "Interessanterweise wiederholte eine Reihe von schizophrenen Patienten, die in 'vernünftiger Unterhaltung' trainiert wurden, spontan die experimentelle Anweisung 'Unterhalten Sie sich vernünftig; sprechen Sie zusammenhängend und sinnvoll' ... Die spontanen Selbstanweisungen ... halfen den Untersuchten, ihre Aufmerksamkeit auf die Aufgabe zu konzentrieren." (Meichenbaum 1979, 12f)

In verschiedenen Untersuchungen, vor allem auch der Psychologen Luria und Wygotski, wird auf die verhaltenssteuernde Funktion der Sprache hingewiesen. In der Sozialisation des Kindes spielen zunächst die sprachlichen Hinweise – Gebote und Verbote – der Erwachsenen für die kindliche Verhaltensausführung und -kontrolle eine führende Rolle. In einem zweiten Stadium wird das laute Sprechen des Kindes zu einem wirksamen Verhaltensregulator. In der dritten Phase übernimmt das nicht geäußerte oder innere Sprechen die selbststeuernde Funktion. Beim Erlernen komplexer Handlungsketten, wie z. B. beim Autofahren, geht man anfangs – manchmal auch laut – im Geiste die einzelnen Anweisungen durch, leitet sich selbst an, lobt sich bei Gelingen der Prozedur. Später – nach Erreichen einer Routine – verläuft das Ganze automatisch. Nur wenn man einen Fehler macht oder etwas Besonderes bemerkt, wie z. B. einen Unfall oder ein Polizeiauto, stellt sich erneut verbale Reflexion ein. Ehe komplexe

Handlungen automatisiert werden, treten oft noch sprachliche Abkürzungen, gleichsam stenografische Kurzanweisungen, auf.

Die Selbstgespräche beeinflussen das Verhalten unmittelbar. Sie helfen dem Individuum, sich auf die Aufgabe, das Ziel und die Lösung zu konzentrieren. Meichenbaum konnte dies in seiner Arbeit mit hyperaktiven Kindern nachweisen.

1. Die Eigenart und Behandlung hyperaktiver, impulsiver Kinder

Man schätzt, daß heute in den Schulen 5 bis 10 Prozent der Kinder hyperaktiv sind. Viele von ihnen erhalten Medikamente zur Dämpfung ihrer motorischen Unruhe. Aber auch Anregungsmittel scheinen gewisse Erfolge herbeizuführen, weil sie den Kindern helfen, ihr Verhalten zu planen und zu kontrollieren. Meichenbaum bezieht sich auf eine Untersuchung von Douglas (1972), nach der hyperaktive Kinder wie folgt charakterisiert werden:

> "Sie sind unfähig, ihre eigenen Impulse soweit zu kontrollieren, damit sie mit Situationen fertig werden, in denen Umsicht, konzentrierte Aufmerksamkeit oder geordnetes Planen erforderlich sind. Sie neigen dazu, ihre ersten Ideen vorschnell umzusetzen oder auf Situationsaspekte zu reagieren, die am meisten vordergründig und zwingend erscheinen ... Das gleiche Fehlverhalten – ein Fehlverhalten, das ich als Unfähigkeit 'aufzuhören, zu betrachten und zuzuhören' bezeichnen möchte – scheint auch das Sozialverhalten der Kinder zu beeinflussen." (Douglas 1972, 275)

In verschiedenen Untersuchungen konnte Meichenbaum – im Anschluß an Arbeiten Lurias (1959; 1961; 1969) – nachweisen, daß impulsive Kinder im Gegensatz zu reflexiven Kindern ihre Sprache bei der Steuerung ihres motorischen Verhaltens, wie z.B. bei Geduldspielen, und bei der Lösung von Wahrnehmungsaufgaben, z.B. bei Figurenunterscheidung, in geringerem Maße einsetzten. Auch benutzten sie bei ihren Lösungsversuchen Rückmeldungen nicht informativ – ein Zeichen für ihre schlechtere Informationsverarbeitung. Meichenbaum faßte zusammen:

> "Impulsive Kinder analysieren weder gewohnheitsmäßig noch spontan ihre Erfahrungen mit Hilfe von kognitiv vermittelten Begriffen (seien es geäußerte oder vorgestellte), und sie formulieren und verinnerlichen auch keine Regeln, die sie in neuartigen Lernsituationen anleiten könnten." (Meichenbaum 1979, 27f)

Wenn man die Beeinträchtigung in Betracht zieht, erhebt sich die Frage, ob man die Kinder anregen oder anleiten kann, ihren Problemlösungsstil zu verändern, so daß sie, bevor sie handeln, denken bzw. differenziert zu sich selbst sprechen. Diese Gedanken führten Meichenbaum zum Entwurf und zur Anwendung eines Trainings zur Selbstanweisung.

So lernten die Kinder z.B. beim Nachzeichnen eines Strichmusters: (1) die Aufgabe zu verstehen, (2) Vermittlungsglieder (verbale Handlungsanweisungen) spontan aufzubauen und (3) die Vermittlungsglieder zu benutzen, um ihr Verhalten anzuleiten, zu steuern und zu kontrollieren.

Das Training zur Selbstanweisung wurde in einzelne Etappen gegliedert: Zunächst führte ein Erwachsener als Modell eine Aufgabe aus und sprach laut zu sich selbst (kognitives Modellernen); dann führte das Kind die gleiche Aufgabe aus, angeleitet durch die Anweisung des Modells (beobachtbare, äußere Anleitung), Drittens bearbeitete das Kind die Aufgabe und gab sich selbst laut Anweisungen (beobachtbare Selbstanleitung). Viertens flüsterte das Kind die Selbstanweisungen bei der Bearbeitung der Aufgabe (abgeschwächte, beobachtbare Selbstanweisung), und schließlich bearbeitete das Kind die Aufgabe, während es sich durch privates Sprechen anleitete (verdeckte Selbstanweisung).

In der ersten Phase, der Phase des lauten Denkens, führte das Modell mehrere für die Aufgabenbearbeitung wichtige Fertigkeiten vor: (1) Problembestimmung (Was habe ich zu tun?), (2) Hervorhebung der Aufmerksamkeit und Verhaltensanleitung (Sei sorgfältig ... ziehe die Linie nach unten), (3) Selbstverstärkung (Gut, ich mache es ausgezeichnet) und (4) Selbstbewertung des Nachzeichnens und Entscheidungen für die Fehlerkorrektur (So stimmt es ... Auch wenn ich einen Fehler mache, kann ich langsam weitermachen). Es zeigte sich, daß 60% der impulsiven Kinder bereits nach einem Training der Selbstanweisung im Nachtest und in den Folgesitzungen spontan zu sich sprachen und so ihre Leistungen verbesserten.

Weitere Studien zeigten, daß impulsive Kinder nicht nur ein Modell der Selbstanweisung brauchten, sondern auch Anregungen und Erfahrungen im eigenständigen Entwickeln und Probieren von Selbstanweisungen. Die Methode der Selbstanweisung konnte – wie verschiedene Untersuchungen mit sozial isolierten und aggressiven Kindern zeigten – auch zur Verbesserung der sozialen Interaktion und Kommunikation eingesetzt werden.

In diesem Zusammenhang wurde der Wert des Argumentierens in der Erziehung wiederentdeckt. Wenn z.B. die Eltern mit ihren Kindern argumentieren, die Gründe erklären, weswegen etwas falsch ist, was Kinder machten, und warum sie in bestimmter Weise handeln sollten, werden Wertvorstellungen leichter und dauerhafter verinnerlicht, so daß die Kinder gegenüber Versuchungen größeren Widerstand entwickeln. Anregungen in dieser Richtung sind dann auch in die kognitive Verhaltenstherapie aufgenommen worden.

Einen besonderen Aspekt des inneren Dialogs stellen die Attributionen dar, nach denen Kinder die verursachenden Bedingungen von Erfolg und Mißerfolg festlegen.

In einer Untersuchung erhielten hyperaktive Kinder während eines Zeitraums von zwei Monaten im Schulunterricht individuelle Betreuung. Eine Hälfte wurde in der Selbstkontrolle des Sprechens unterwiesen, die andere Hälfte wurde sozial verstärkt. Zwischen dem Behandlungsansatz und dem Attributionsstil der Kinder ergaben sich signifikante Wechselwirkungen.

"Attributionen wurden mit Hilfe eines strukturierten Fragebogens eingeschätzt, der von den Knaben verlangte, mögliche Ursachen von Erfolg und Mißerfolg zu gewichten. Knaben, für die die Zuordnung von 'Glück' typisch war, verbesserten sich mehr ... nach der Behandlung durch Verstärkung; dagegen zogen aus dem Trainingsprogramm zur Selbstanweisung jene Knaben größeren Nutzen, die typischerweise 'Anstrengung' zuordneten." (Meichenbaum 1979, 45)

Man wird danach Behandlungsstrategien geordnet aufzubauen haben. Es scheint sinnvoll zu sein, Individuen, die Ereignisse als zufällig und chaotisch erleben, in einem Vortraining die Einführung von Regeln über systematische äußere Verstärkung nahezubringen. Die Vermittlung der Überzeugung, daß Anstrengung wichtig ist, ist ein produktives Vorspiel für das Training von Selbststeuerung.

In der Therapie kommt es zunächst darauf an, dem Klienten ein Bewußtsein darüber zu vermitteln, welche Rolle das Denken in der Verhaltensabfolge spielt. Viele fehlangepaßte Denk- und Verhaltensweisen der Klienten haben sich gewohnhaftsmäßig fixiert; sie laufen automatisch ab. Solches Verhalten sollte unter bewußter Kontrolle ablaufen, d. h. dem Zielverhalten sollten beabsichtigte Kognitionen vorausgehen. Solche "erzwungene Vermittlung" kann die Ereigniskette unterbrechen, die sonst zur Fehlreaktion führt.

Zuvor muß der Klient mit einzelnen produktiven Verhaltensweisen vertraut gemacht werden. Auf diese Weise kann man ihm – falls er sich von anderen isoliert hat und einsam fühlt – im Modell zeigen, wie man sich anderen nähert, mit ihnen Kontakt aufnimmt. So haben Meichenbaum und Goodman einen Film vorgeführt, bei dem die Betonung der Entwicklung von Kognitionen durch eine Stimme kommentiert wurde, die eine Folge von Selbstanweisungen sprach (Meichenbaum u. Goodman 1971, 115–126). Ergänzt wurde dieser Trainingsteil des Modellernens durch Rollenspiele.

Meichenbaum berichtet auch über Untersuchungen zur Förderung kreativen Denkens. Es zeigte sich, daß eine Reihe von Selbstanweisungen förderlich ist. Sie beziehen sich vor allem darauf, das Problem von verschiedenen Perspektiven anzugehen, den Gedanken und der Phantasie freien Lauf zu lassen, sich vom Urteil der anderen zu befreien, also seinen Weg zu gehen, bei Barrieren nicht aufzugeben u. ä.

2. Die Vermittlung und der Gebrauch von Selbstanweisungen bei schizophrenen Patienten

Der Anstoß für Untersuchungen, in denen Schizophrene lernen sollten, sich vernünftig zu unterhalten, sinnvoll und zusammenhängend zu sprechen, geht auf Arbeiten Meichenbaums zum operanten Konditionieren unter Laborbedingungen mit eine Gruppe von stationären schizophrenen Patienten zurück. Die Arbeit fand im Rahmen seiner Dissertation statt (Meichenbaum 1969, 101–114). Meichenbaum beobachtete, daß die Patienten während der Übertragung auf andere verbale Aufgaben die Anweisungen des Versuchs- bzw. Trainingsleiters spontan wiederholten: "Spreche vernünftig, zusammenhängend und sinnvoll". Die Patienten versuchten, sich durch diese spontanen Selbstanweisungen auf ihre Aufgabe zu konzentrieren und ihre intern entstehenden Störreize abzublocken.

Jeder von uns wird in unterschiedlichem Ausmaße durch aufgabenunwesentliche Gedanken, Vorstellungen und Gefühle beeinflußt. Wir unterdrücken sie jedoch im allgemeinen. Schizophrene scheinen diese Fähigkeit nicht zu haben.

Die Patienten bei Meichenbaum wurden angewiesen, ihr Verhalten und Denken zu beachten, außerdem auf Mitpatienten zu achten, die "schizophrenes Verhalten" zeigten z. B. bizarre, unzusammenhängende oder sinnlose Verhaltensweisen und Äußerungen).

"Sowohl die Beachtung zwischenmenschlicher Signale als auch die Selbstbeobachtung ermöglichten dem Patienten, Hinweise für das Äußern einer Reihe von Selbstanweisungen wahrzunehmen, wie etwa 'sinnvoll und im Zusammenhang handeln, sich selbst verstehen lernen'. Es wurde versucht, die Art und Weise zu ändern, wie der Schizophrene solche interpersonalen und intrapersonalen Hinweisreize wahrnimmt, kennzeichnet und interpretiert." (Meichenbaum 1979, 67)

Dabei ging Meichenbaum so vor, daß am Anfang des Selbstanweisungstrainings systematisch aufgebaute, sensomotorische Aufgaben standen, die nur in geringem Maße soziale Interaktion erforderten. Sobald die Patienten eine gewisse Fertigkeit in der Verwendung von Selbstanweisungen erreichten, erhöhten sich die Aufgabenanforderungen (z. B. Deuten von Sprichwörtern und Gespräche führen).

Der Versuchsleiter diente anfangs als Modell beim Beobachten und Bewerten der eigenen Tätigkeit durch das Stellen von Fragen an sich selbst.

Die Ergebnisse des Versuchs und anderer berichteter Untersuchungen zeigten eine bleibende Verbesserung im standardisierten Interviews, im Abstrahieren von Sprichwörtern, bei der Integration von Wahrnehmungen bei Tintenklecksbildern sowie im Zahlenerinnern ohne Ablenkung sowie unter Ablenkungsbedingungen.

Weiter versuchte man, Schizophrene durch strukturierte Lerntechniken im Sozialverhalten zu trainieren. Dabei zeigte sich, daß die Trainingsformen für soziales Verhalten erst dann wirksam waren, wenn sie durch Techniken der kognitiven Verhaltensmodifikation ergänzt wurden.

3. Die Methoden der Verhaltenstherapie und ihre kognitiven Faktoren

Bei operanten Trainingsmethoden hat sich gezeigt, daß die Behandlungsergebnisse besser übertragen werden und länger andauern, wenn die Klienten ihre Aufmerksamkeit auf ihre kognitiven Prozesse richten, die Ergebnisse also noch kognitiv verankern.

Wenn auch mit der Verhaltensänderung, die durch die Methoden der klassischen Verhaltenstherapie erreicht wird, zumeist eine Veränderung der Kognitionen einhergeht, so scheint es doch angezeigt, diese kognitiven Elemente im therapeutischen Prozeß besonders herauszuheben und gezielt anzugehen. Diese Akzentverschiebung findet ihre Begründung darin, daß menschliches Verhalten in hohem Maße durch Kognitionen gesteuert wird. Meichenbaum zeigt dies an der Angstbefreiung durch Konditionierung, an der systematischen Desensibilisierung und am Modelllernen.

Konditionierung zur Angstbefreiung

Wenn ein unangenehmer Reiz unmittelbar nach dem Auftreten eines bestimmten Signals aufhört, wird das Signal zu einem bedingten Reiz jener Veränderung, die auf die Beendigung des unangenehmen Reizes folgt. Wir bezeichnen diesen Lernvorgang als "negative Verstärkung". Wolpe und Lazarus gingen so vor, daß sie kognitive Prozesse eines Klienten, wie Befürchtungsgedanken und Angstvorstellungen mit von außen dargebotenen aversiven Konsequenzen, etwa schmerzhaften elektrischen Stromstößen, paarten. Wenn der Klient sich einen Reiz wie die Selbstanweisung "ruhig" verpaßt, setzen die Stromstöße aus. Durch diese Gegenkonditionierung erhält die Selbstanweisung angstbefreiende Eigenschaften. In zahlreichen Untersuchungen wurde diese Methode zur Besserung phobischen und zwanghaften Verhaltens angewandt.

Meichenbaum fragte sich, ob es möglich sei, Gedanken und Vorstellungen in der gleichen Weise zu verstärken und zu bestrafen wie das beobachtbare Verhalten. Zunächst knüpften seine Untersuchungen an die Angstbefreiungstherapie an. Er verglich die Ergebnisse einer Kontrollgruppe, die nur Selbstanweisung (Sei ruhig, entspanne Dich) übte und keine elektrischen Schocks erhielt. Die Gruppe mit dem Angstbefreiungstraining zeigte signifikant mehr Veränderung auf der Ebene des Verhaltens und der Gefühlserregung. Die erfolgreichsten Klienten dieser Untersuchung berichteten, sie hätten nicht nur Entspannungswörter benutzt, sondern zusätzlich andere Formen der sprachlichen Auseinandersetzung, ohne sie laut auszusprechen.

In einer weiteren Untersuchungsserie veranlaßte Meichenbaum Klienten, die unter Schlangenphobie litten, Selbstanweisungen zu entwickeln und in das Paradigma der Angstbefreiung einzubauen, z. B. "Ich entspanne mich. Ich kann mit der Schlange umgehen. Vorerst einmal ganz kurz." Die Beendigung des Schocks wurde eher von solchen Äußerungen abhängig gemacht als von den einfachen hinweisenden Wörtern, wie "sei ruhig" oder "entspanne Dich". In einer weiteren Revision wurden die Klienten aufgefordert, die furchterzeugenden Gedanken, die sie zuvor bei sich wahrgenommen hatten, zu äußern. Der Schock setzte auf diese Äußerungen hin ein. Die Selbstanweisungen, die hier als Bewältigungsmöglichkeiten gedacht waren, konnten im Gegenzug den andauernden Schock beenden.

Die erweiterte Angstbefreiungstherapie bestand aus folgenden Schritten:

(1) Der Therapeut nannte den Namen des Furchtobjekts (z. B. Schlange).
(2) Der Klient äußerte die furchterregenden Gedanken (z. B. Sie ist widerlich; ich möchte sie nicht ansehen).
(3) Der Therapeut schaltete den Schock ein.
(4) Der Klient äußerte die Selbstanweisungen, die ihm dazu verhelfen, mit dem Problem zurechtzukommen.
(5) Der Therapeut schaltete den Schock ab.
(6) Der Klient entspannte sich darauf.

Bis hierher lassen sich die Ergebnisse lerntheoretisch im Sinne der Verstärkung (positive und negative Verstärkung) und Bestrafung erklären.

Es wurden nun noch einige Experiment durchgeführt, die zu Ergebnissen führten, die von den bekannten Lerngesetzen nicht abgeleitet werden konnten. So wurde beispielsweise die Verstärkerabfolge innerhalb der Angstbefreiungstherapie überprüft. Eine Gruppe wurde einer umgekehrten Behandlung zur Angstbefreiung unterzogen. Die Schocks setzten ein, wenn der Klient in den Selbstäußerungen die Auseinandersetzung mit der Furcht bekundete. Auch diese Gruppe zeigte signifikante Verbesserungen im Angstabbau.

Auch im Hinblick auf andere verhaltenstherapeutische Methoden zeigte sich, daß die lerntheoretischen Erklärungen unzureichend bzw. unangemessen sind. Bei der sog. Implosion bzw. Reizüberflutung werden phobische Klienten aufgefordert, sich Situationen extrem belastender Art vorzustellen. So soll etwa ein Schlangenphobiker sich vorstellen, er werde von Hunderten von Schlangen angegriffen und gebissen. Das Ergebnis, der Abbau der Phobie, wurde bisher nach dem Prinzip der "Löschung" erklärt. Nun ergaben Untersuchungen, bei denen sich die Klienten irgendeine stark gefühlsbetonte Situation vorstellen sollten, die in keinerlei Beziehung zum speziellen phobischen Thema stand, daß es auch hier zu einer Verringerung der Furcht kam.

Bei der Methode der verdeckten Sensibilisierung hat der Klient zwei Gedanken oder Vorstellungen zu assoziieren. Ein Klient, der sich das Rauchen abgewöhnen möchte, soll sich etwa vorstellen, daß er, wenn die Zigarette zum Mund geführt wird, erbricht. In diesem Konditionierungsexperiment werden die beiden Vorstellungen des

Rauchens und Erbrechens miteinander gekoppelt. Die Ergebnisse in der Praxis bleiben oft hinter den mehr theoretischen Labor-Erwartungen zurück. Bei einzelnen Untersuchungen mit der sog. backward technique der verdeckten Sensibilisierung, bei der man sich die aversive Szene vor der gedachten Wiederholung des unerwünschten Verhaltens vorstellt, ergaben genau so erfolgreiche Ergebnisse wie in der standardisierten Form. Eine Erklärung nach dem Konditionierungsprinzip ist hier nicht angemessen.

Es scheint so, daß andere als in der klassischen Verhaltenstherapie angenommene Prinzipien eine Rolle spielen. Schon allein, daß die Klienten erfahren, daß sie ihre Beschwerden in Konfrontation mit dem Problem abbauen können, mobilisiert Selbstkontroll- und Bewältigungskräfte, die sie über verschiedene Situationen hinweg einsetzen konnten. Die Klienten teilten den Experimentatoren bzw. Therapeuten diesbezügliche Selbstbeobachtungen mit, so daß in der Meichenbaum-Gruppe der Plan entstand, die Selbstkontroll- und Bewältigungsfähigkeiten gezielt zu fördern. Dieses Vorgehen bezeichnete Meichenbaum als Streßimpfung. Der Klient wird zur Einschätzung des therapeutischen Prozesses angehalten. Dabei werden seine Wahrnehmungen und Fähigkeiten zum Zwecke der Auseinandersetzung hervorgehoben. Was der Klient in einer so konzipierten Verhaltenstherapie erwirbt, ist ein komplexes Muster von kognitiven und behavioralen Fähigkeiten, "in dem folgendes enthalten ist:

(1) Veränderungen von fehlangepaßten Meinungen; sie entstehen durch eine Aufeinanderfolge von sich nicht bestätigenden Erfahrungen in der therapeutischen Interaktion; ...

(2) Veränderungen der Vorstellungen, die man über sich selbst hat, und der Meinungen über andere; sie entwickeln sich durch den Erwerb von Wissen;

(3) die Entwicklung von neuartigen Fähigkeiten zum Problemlösen und im zwischenmenschlichen Verhalten." (Meichenbaum 1979, 114)

Systematische Desensibilisierung

Der unter Angst leidende Klient wird aufgefordert, in tiefer Entspannung sich eine Folge von Situationen mit zunehmender Angst vorzustellen und diese bei Entspannung auszuhalten. Nach Wolpe sind die beiden Reaktionen, die Furcht und die Entspannung, unvereinbar. Wenn der Klient fähig ist, bei einer der Situationen entspannt zu bleiben, dann kommt es schrittweise zum Abbau der Furcht. Die Wirkung läßt sich nicht mehr als einfache Gegenkonditionierung erklären.

Ein Beispiel, daß bei der systematischen Desensibilisierung kognitive Prozesse eine Rolle spielen, gibt u. a. Brown. Er hatte selbst an den Sitzungen von Wolpe teilgenommen. Eine verheiratete Frau, die Angst und Abscheu vor männlichen Genitalien empfand, wurde von Wolpe mit Erfolg behandelt. Sie hatte sich u. a. die Statue eines nackten Mannes in wechselnder Entfernung vorzustellen. Die Frau berichtete anschließend: "Wissen Sie, ich dachte mir: Ist es nicht dumm von mir, warum sollte ich nichts dagegen unternehmen, daß mich die Statue beunruhigt? ... Sie hat kein Leben, ist nur ein Stück Stein, ich dürfte mich durch sie nicht betroffen fühlen!" (Brown 1967, 857). Diese und ähnliche Kommentare, die bei Verhaltensänderungen abgegeben werden, weisen auf die Bedeutung kognitiver Faktoren hin, die Einstellungsänderungen anzeigen. Die kognitive Verhaltensmodifikation liegt also der Desensibilisierung zugrunde. Es fragt sich, welchen Anteil an der Veränderung die Entspannung und die Vorstellungskraft haben.

In verschiedenen Untersuchungen konnte nachgewiesen werden, daß bei der Desensibilisierung weniger die körperliche Entspannung von Bedeutung ist, sondern eher die Fähigkeit, sich auf eine friedliche beruhigende Szene zu konzentrieren. Nach einer kurzen Einübungsperiode hilft oft schon das Wort "Ruhe" oder "Entspannung", die Streßsituation abzubauen.

Wie die Entspannung, so wird in der Desensibilisierung durch die Selbstanweisungen auch die Vorstellungskraft verbessert. Dabei lernt der Klient schrittweise die Formen der Auseinandersetzung, also Bewältigungsformen.

"Im Gegensatz zur standardisierten Methode der Desensibilisierung werden beim Vorgehen nach der kognitiven Verhaltensmodifikation in der Desensibilisierung Vorstellungen verwendet, die eine Auseinandersetzung ermöglichen. Diese Methode verlangt vom Klienten, während er sich eine Szene aus der Hierarchie vorstellt, sich mit der Angst auseinanderzusetzen und sich dessen bewußt zu sein, indem er langsam und tief durchatmet, sich entspannt und sich Selbstanweisungen gibt. Mit anderen Worten: Bei der Methode, die Vorstellungen und Auseinandersetzung verbindet, erlebt der Klient sowohl das Angstgefühl wie auch Mittel und Wege, mit der Angst zurechtzukommen und sie zu verringern." (Meichenbaum 1979, 117)

Zugleich kommt es bei dieser verbesserten Methode einer zu einer Um- und Neubewertung von Erregungen. So lernte z. B. ein Prüfungsängstlicher die Erregung als Ehrgeiz und nicht als Zeichen von Furcht zu bewerten. Wenn er also bei einer Prüfung in Erregung gerät, so wird dies in Zukunft als eine Herausforderung zur Aufgabenbewältigung gesehen und nicht als Zeichen der Bedrohung und als Vorzeichen für Versagen.

Es geht hier nicht um eine Aufhebung, sondern um eine abwandelnde Anreicherung der Desensibilisierungsmethode. Der Klient wird dabei angehalten und angeleitet, die Fähigkeiten zur Auseinandersetzung und Selbstkontrolle zu erlernen. Er übt in Gedanken vorwegnehmendes Problemlösen, das ihm als Vorbereitung für zukünftige Belastungen dient.

Meichenbaum weist noch auf eine andere Variante der Desensibilisierung hin, auf die von Feather u. Rhoads (1972, 496–502) entwickelte "Dynamische Verhaltenstherapie".

"Bei diesem Vorgehen fordert man den Klienten auf, anstatt sich im Zustand der Entspannung echte Lebenssituationen vorzustellen, die Phantasien auszumalen, die der Angst häufig zugrundeliegen. Der Therapeut provoziert die Phantasie des Klienten, indem er ihn nach den schlimmsten Vorfällen fragt, die eintreten könnten, wenn er einer phobischen Situation begegnet. Ein Klient mit Sprechangst könnte in seiner Phantasie meinen, er würde sich über sich selbst und die Zuhörer so sehr ärgern, die Kontrolle verlieren und jemanden verletzen. Feather und Rhoads vertreten die Auffassung, daß der Klient in vielen Fällen Angst vor seinen eigenen Gedanken hat und häufig gelernt hat, solche Gedanken zu vermeiden. Man kann zwischen Realität, Phantasie und Kontrolle der Phantasie unterscheiden, wenn man den Klienten dazu veranlaßt, sich die Phantasiesituation unter Kontrolle und unter Entspannung vorzustellen." (Meichenbaum 1979, 121)

Modellernen

Wie bei der Desensibilisierung, so sind auch beim Modellernen kognitive Prozesse beteiligt. Bereits Bandura hebt hervor, daß die Information, die der Beobachter vom Modell empfängt, sie in Vorstellungen perzeptiv-kognitiven Charakters und in vermittelnde und verdeckte Verhaltensübungen umsetzt. Diese werden vom Beobachter gespeichert und später als symbolische Hinweisreize für beobachtbares Verhalten benutzt.

Die kognitive Verhaltensmodifikation vertritt die Auffassung, daß durch das gezielte Vorführen solcher vermittelnder Verhaltensweisen das Lernen erleichtert bzw. verbessert werden kann.

Meichenbaum veränderte die Methoden des Modellernens, indem er Kognitionen des Klienten einbezog und in den Vordergrund stellte. So zeigte er in einem Modellfilm zur Behandlung der Schlangenphobie Verhaltensformen der Auseinandersetzung. Die Modellpersonen nahmen zu ihrer Angst und den physiologischen Begleiterscheinungen (Schweißabsonderung, erhöhte Herz- und Atemfrequenz, körperliche Spannung) Stellung und gaben Kommentare ab. Dabei versuchten sie, durch Selbstanweisungen sich mit ihrer Furcht auseinanderzusetzen: Entspannt bleiben, Kontrolle durch langsames Atmen bewahren, Ziel beibehalten, immer nur einen Schritt gehen, Furcht bewältigen.

Es wurden auf diese Weise zusätzliche therapeutische Verbesserungen erreicht. Es ist also zweckmäßig, nicht nur Verhaltensformen vorzuführen, sondern auch Verhaltensweisen der Auseinandersetzung, die die Problembewältigung zum Ziel haben. Man kann dabei die Ähnlichkeit zwischen Modell und Beobachter noch erhöhen, indem das Modell anfangs möglichst genau das Fehlverhalten, die Fehleinstellung, die die Befürchtungen und Gefühle des Beobachters spiegelt und zeigt, wie er sich vermittels gedanklicher Auseinandersetzung mit der Frustration und dem Selbstzweifel befaßt, dann aber schrittweise das Problem bewältigt und schließlich das Ergebnis durch selbstverstärkende Äußerungen demonstriert. Die Modellperson kann, während sie die Aufgabenstellung bearbeitet, ihre Gedanken laut denken, also zu sich sprechen. Man kann aber auch die Gedankengänge der Modellperson gleichsam als Expertenkommentar begleitend verdeutlichen.

Mit großem Erfolg hat man diese Methode bei Kindern eingesetzt, die Angst vor dem Krankenhaus und operativen Eingriffen hatten. (Melamed u. Siegel 1975, 511–521)

> "Modellernen ermöglicht es dem Therapeuten, die vom Klienten wahrscheinlich empfundenen Gedanken und Gefühle in die Therapie einzubeziehen. Der Therapeut kann dem Klienten mehrere Verhaltensmodelle anbieten, die sich mit Bedürfnissen auseinandersetzen und Selbstkontrolle ausüben. Diese Darbietung verfolgt mehrere Zielsetzungen:
>
> – Sie vermittelt spezifische Fähigkeiten in bezug auf kognitive Tätigkeiten und beobachtbares Verhalten,
> – sie stellt das Modellverhalten anderer vor, die ihre Probleme bewältigt haben, und veranschaulicht die ihnen daraus erwachsenen Verstärkungen, und
> – sie ermuntert den Klienten auf jene Art nachzudenken, mit der er sich wahrscheinlich engagieren könnte." (Meichenbaum 1979, 125f)

In den Untersuchungen zur Selbstsicherheit hat sich gezeigt, daß bei Selbstunsicheren positive und negative Aussagen als innere Auseinandersetzungen mit einem Konflikt im Wettbewerb lagen und die Formen zwischenmenschlichen Verhaltens überlagerten. Im Gegensatz dazu produzierten Selbstsichere signifikant mehr positive, an sich selbst gerichtete Aussagen. Gegenüber der Unentschiedenheit der Selbstunsicheren vertraten die Selbstsicheren eine eindeutige, und zwar positive Haltung. Therapeutisch kommt es vor allem darauf an, daß der Klient seine negativen Selbstgespräche abbaut, sie schrittweise durch positive ablöst. Dabei hilft ihm, wenn der Therapeut die Situation und Lagebefindlichkeit des Klienten vorstellt und als Modell die hier fällige gedankliche Auseinandersetzung spiegelt, das positive Verhalten vorführt und sich selbst für den Erfolg belohnt.

Aversives Konditionieren

Beim aversiven Konditionieren wird dem Klienten ein tabuisierter Reiz (etwa Alkohol, Rauchen) real oder im Bild angeboten. Sobald der Klient mit Erregung darauf reagiert, erhält er einen kleinen elektrischen Stromstoß. Die Erregung wird durch physiologische Messung festgestellt. Die Schmerzzufügung setzt aus bei der Abnahme der physiologischen Erregung.

Aversives Konditionieren kann durch den Einbezug von Vorstellungen des Klienten erweitert werden. So wird z. B. der Schock abgeschaltet, wenn der Klient Bewältigungsvorstellungen, entsprechende Gefühle und Phantasien bei der Begegnung mit dem tabuisierten Objekt entwickelt und kundgibt.

Es sind einige Bemerkungen zur Bedeutung der gedanklichen Übungen zu machen. Steffy, Meichenbaum u. Best (1970, 115–125) nehmen an, daß das Einbeziehen von Vorstellungsprozessen oder gedanklichen Übungen folgende Auswirkungen habe:

– Sie führen zu einer verbesserten Repräsentation jener Reizmuster, die zur Aufrechterhaltung des fehlangepaßten Verhaltens beitragen.
– Sie liefern über das Training mehr unterschiedliche Hinweissituationen.
– Sie führen den Klienten gezielt dazu, der Problembewältigung konzentrierte Aufmerksamkeit zu widmen.
– Sie bedingen eine stärkere Gefühlsbeteiligung.
– Sie verkoppeln in höherem Maße Einsicht und Verhalten.

Das mentale Training spielt auch im Hochleistungssport eine zunehmend bedeutungsvolle Rolle. Untersuchungen über die Verbesserung des Golfspielens (Anderson u. Carter 1976), des Skifahrens (Suinn 1972), des Tennisspielens (Gallwey 1974) und anderer Sportarten liegen mittlerweile vor. Meichenbaum berichtet über die Methode von Gallwey:

> "Gallwey beschrieb, wie man den Unterricht ausbauen kann; der Anfänger im Tennis soll sorgfältig beobachten, wie der Lehrer bestimmte Schläge ausführt, ohne in irgendeiner analytischen Weise darüber nachzudenken, was der Lehrer macht. Er soll einfach versuchen, eine bildliche Vorstellung von dem Schlag zu gewinnen. Indem er dies tut, soll der Schüler den Vorgang vor seinem geistigen Auge mehrmals ablaufen lassen, und im Anschluß daran soll 'sein Körper dies nur nachahmen'. Das Vorgehen von Gallwey unterscheidet sich vom eher traditionell funktionalen Ansatz, der den Erwerb von verschiedenartigen Teilfertigkeiten beinhaltet." (Meichenbaum 1979, 137)

Es scheint noch eine Bemerkung zur Bedeutung der inneren Beteiligung beim Verfahren der Selbstanweisung angebracht zu sein: Die an sich selbst gerichteten Äußerungen sollten nicht heruntergeleiert, sondern entsprechend ihrer Bedeutung eindringlich vorgebracht werden.

Im Zusammenhang mit den Selbstanweisungen spielen auch die Vorstellungen eine wichtige Rolle. Je intensiver und präziser sie sind, desto günstiger ist ihre handlungsbezogene Auswirkung.

Das Selbstanweisungstraining legt den Schwerpunkt auf das bewußte selbstregulierende Handeln des Klienten. Im Training lernt der Klient Bewältigungsfertigkeiten, die er in unterschiedlichen Problemsituationen anwenden kann:

(1) Das Unterdrücken von impulsiven Reaktionen,
(2) das Beibehalten der Aufmerksamkeit,
(3) das Erinnern an die Zielsetzung,
(4) die Unterstützung bei der Auseinandersetzung mit Frustration und Mißerfolg und
(5) die Hilfe bei der Kontrolle des sprachlichen und nichtsprachlichen Verhaltens.

4. Das Training nach dem Prinzip der Streßimmunisierung

Bei näherer Betrachtung sind viele der sogenannten konditionierten Verhaltensweisen weitgehend eigenständige Handlungen auf der Grundlage von gelernten Erwartungen. Diese Reaktionen werden nicht einfach automatisch hervorgerufen. Menschen lernen, (kritische) Ereignisse vorherzusagen; beim Eintreten rufen sie entsprechende Reaktionen ab.

Mit dem Wandel der Klassischen Verhaltenstherapie zur kognitiv orientierten Verhaltenstherapie haben sich auch die Therapiemethoden verändert. Der Schwerpunkt verlegt sich von der Untersuchung diskreter, situationsspezifischer Verhaltensweisen und problemspezifischer Methoden auf Fähigkeiten, die der Auseinandersetzung mit Problemen dienen und die sich auf Verhaltensweisen, Situationen und Probleme verschiedener Art übertragen lassen.

> "Bisher wurde z.B. die systematische Desensibilisierung als eine therapeutische Methode betrachtet, die dazu gedacht war, mittels Gegenkonditionierung verschiedene Ängste des Klienten getrennt voneinander zu behandeln; statt dessen kann man sie als ein Vorgehen sehen, bei dem der Klient eine Reihe von Auseinandersetzungsfähigkeiten erlernt, die sich auf zahlreiche Angstsituationen übertragen lassen". (Meichenbaum 1979, 140f)

Man braucht sich also nicht auf einzelne spezifische Angstsituationen jeweils zu konzentrieren und sie schrittweise im Aufstieg der Angsthierarchie abzuarbeiten. Wenn man gründlich Entspannung gelernt hat, kann man sich Szenen auf verschiedenen Angsthierarchien vorstellen und sich weiter zugleich vorstellen, wie man sich mit diesen Angst hervorrufenden Szenen mittels Strategien der Selbstanweisung und Reizetikettierung auseinandersetzt. Das ist der heute im Zentrum der Therapie stehende fähigkeitsorientierte Behandlungsansatz.

Es ist die Aufgabe des Therapeuten, dem Klienten zu vermitteln, daß die verschiedenen Angsthierarchien gemeinsame Kennzeichen haben. Im Maße dieser Gemeinsamkeit ist die jeweilige Behandlung übertragbar. Wir wollen in der Therapie ja nicht nur einzelne Verhaltensweisen ändern, sondern breitere Verhaltensmuster. Diese Muster sind verankert in kognitiven Stilen und Einstellungen. Es geht also bei der Therapie um die Entwicklung der Selbstkontrolle und Selbststeuerung. Diese sind eine Funktion verschiedenartiger Verhaltensmöglichkeiten zur Auseinandersetzung, die in verschiedenen Situationen aktiviert werden.

Trainingsmethoden zur Auseinandersetzung mit Problemen

Nachdem Meichenbaum über verschiedene Trainingsprogramme zu Auseinandersetzungsformen des Verhaltens referiert hat, faßt er deren allgemeine Behandlungsaspekte zusammen. Sie umfassen:

(1) Der Klient wird über den Beitrag von kognitiven Prozessen für die Darstellung des Problems unterrichtet und zum selbständigen Aufdecken dieser Prozesse angeleitet. Der Klient erfährt, daß die Art und Weise, wie er eine Situation kennzeichnet und bewertet, seine darauffolgende Gefühlsreaktion bestimmt.
(2) Der Klient wird angehalten, bildliche Vorstellungen und an sich selbst gerichtete Aussagen systematisch zu beachten und mit ihnen gedanklich und auf beobachtbare Weise umzugehen. Dabei soll der Klient fehlangepaßtes Verhalten selbständig registrieren.
(3) Der Klient wird mit den Grundsätzen des Problemlösens vertraut gemacht: Problemkennzeichnung, Sichtweise und Bewertung der Situation, Vorwegnahme der Folgen, veränderte Perspektive, Veränderung des Verhaltens, Bewerten der Rückmeldung.
(4) Der Klient soll an sich gerichtete Aussagen und bildliche Vorstellungen modellhaft vorführen und damit wieder gedanklich und auf beobachtbare Weise umgehen.
(5) Der Klient soll positive Selbstbewertungen, Fähigkeiten zur Auseinandersetzung mit Problemen, Konzentration der Aufmerksamkeit modellieren und üben.
(6) Der Klient soll verschiedene Methoden der Verhaltenstherapie anwenden: Entspannungstraining, das Training vorgestellter Auseinandersetzung, Verhaltensübungen.
(7) Der Klient soll in der konkreten Lebenssituation Verhaltensweisen und Verhaltensbedingungen angeben können, die zunehmend bedeutsam werden.

Es ist erforderlich, für die Vermittlung von Auseinandersetzungsformen des Verhaltens ein komplexes, auf verschiedenen Ebenen wirkendes Trainingsverfahren zum Einsatz zu bringen. Das Verfahren muß flexibel sein, damit es auf verschiedene Situationen und Personen anwendbar ist. Wichtig ist dabei noch, daß die Klienten lernen, sich dosiert mit den bedrohlichen Situationen zu beschäftigen. Fehlangepaßte Personen neigen dazu, sich nach dem Alles-oder-nichts-Prinzip zu verhalten: Entweder schotten sie das Bewußtsein gegenüber Bedrohung vollständig ab oder sie setzen sich der Bedrohung in ihrer vollen Intensität aus. Wir lernen, den Streß zu bewältigen, wenn wir uns schrittweise fortschreitend mit kleinen, bewältigbaren Streßeinheiten auseinandersetzen. Oft brauchen wir zur Bewältigung einer schwierigen Situation gewisse Vorerfahrungen, wie es in ähnlicher Weise bei der Immunisierung durch die Streßimpfung gegeben ist. Meichenbaum hat bei seiner Methode der Streßimpfung die bisher vorliegenden Anregungen verarbeitet.

Methoden der Streßimpfung

Das Training nach dem Prinzip der Streßimpfung gliedert sich in drei Phasen. In der ersten Phase wird der Klient mit dem theoretischen Bezugsrahmen – den Grunderkenntnissen der Kognitiven Therapie – vertraut gemacht. Der Klient soll dadurch die Eigenart seines Verhaltens unter Streßbedingungen verstehen. In der zweiten Phase wird der Klient mit einer Reihe von Verhaltensformen vertraut gemacht, die ihn dazu befähigen, sich auf der Kognitions- und der Verhaltensebene mit Problemen auseinanderzusetzen und diese Auseinandersetzung zu üben. In der dritten Phase erhält der Klient Gelegenheit, seine Fähigkeiten der Auseinandersetzung unter verschiedenartigen Streßbedingungen einzusetzen.

Die Phase der Unterweisung

Um den Klienten von Anfang an in das Therapiekonzept einzubeziehen, bedarf er einiger grundsätzlicher Informationen über die der Therapie zugrundeliegenden Erkenntnisse. Die vermittelten Informationen sollten dem Klienten plausibel erscheinen, so daß er sie bei seinem Bemühen um Problembewältigung zuversichtlich einsetzen und anwenden kann.

Dem Klienten soll die Logik des Trainingsvorgangs verständlich sein. Bei dem Training stützt sich Meichenbaum vor allem auf Schachters Gefühlstheorie und Melzaks Schmerztheorie. Der Klient soll mit der Einführung und dem Vertrautmachen der hier vorliegenden Erkenntnisse ermutigt werden, seine Probleme aus einer weiterführenden Perspektive zu betrachten. Diese einführenden Informationsmaßnahmen sind auch für die Entwicklung einer guten Zusammenarbeit zwischen Klient und Therapeut wichtig.

Meichenbaum verdeutlicht sein Vorgehen am Beispiel von Personen mit mehreren Phobien, z. B. Schlangen- und Rattenphobien. Man könnte meinen, daß die Bewältigung solcher Phobien eine unwichtige Angelegenheit bedeute. Doch kann ein Mensch, der sich vor harmlosen Schlangen ängstigt, damit in mancherlei Handlungen eingeschränkt sein. Er kann z. B. Wanderungen in der Natur, Camping und ein Picknick im Freien scheuen und vermeiden.

Anfangs schildern die Klienten ihr phobisches Verhalten. Es werden gestufte Folgen der Annäherung an die phobischen Gegenstände erörtert und festgelegt. Der Klient berichtet, wie stark seine Phobien sind und wie lange sie bestehen. In der Diskussion wird über die Gefühlserlebnisse des Klienten, über seine Gedanken bei der Begegnung mit den phobischen Gegenständen und darüber, wie der Klient sich gegenwärtig allgemein mit Streßbedingungen auseinandersetzt, mit seinen phobischen Gegenständen im besonderen, gesprochen. Um dem Klienten zu helfen, die Eigenart seiner Gedanken und Empfindungen gegenüber den phobischen Objekten zu ergründen, fordert man ihn auf, seine Augen zu schließen und einen Film ablaufen zu lassen, der seine Gedanken und Gefühle zeigt, die ihn vor, während und nach der Annäherungsaufgabe überkommen.

Anschließend erklärt der Therapeut die Angst des Klienten nach dem Modell der Gefühlserregung von Schachter. Der Therapeut weist den Klienten darauf hin, daß dessen Furchtreaktionen zwei Hauptelemente enthalten, einmal die erhöhte Erregung mit ihren Symptomen der Herzfrequenzbeschleunigung, der schwitzenden Hände, des schnellen Atmens, der körperlichen Anspannung usw. und zum anderen die Ansammlung von angstauslösenden Vermeidungsgedanken mit ihren Äußerungen, wie Entwicklung von Abscheu, Gefühl der Hilflosigkeit, Panikempfindungen bei Gedanken, durch die Angst überwältigt zu werden, Bedürfnis zu fliehen, Verlegenheit in sozialen Situationen, die Angst, verrückt zu werden usw.

Der Klient erfährt, daß seine Selbstaussagen, die bei der Wahrnehmung der Erregung auftreten, die ersten Anzeichen eines emotionalen Vermeidungsverhaltens sind. Der Klient erfährt dann, daß sich die Behandlung auf zwei Punkte konzentrieren wird: dem Klienten zur Kontrolle seiner physiologischen Erregungen zu verhelfen und die an sich selbst gerichteten Äußerungen zu verändern, die den Klienten gewöhnlich unter Streßbedingungen beschäftigen.

Die Unterweisung schließt mit einer Diskussion ab. Der Klient wird ermutigt, sein Verhalten unter phobischen Bedingungen oder Streß als eine Folge von Phasen zu betrachten und nicht als eine phobische Totalreaktion. Es werden vier Phasen angenommen:

- Vorbereiten auf eine Streßsituation,
- Konfrontation und Beschäftigung mit der Streßsituation,
- eventuelle Überwältigung durch die Streßbedingungen und
- Belohnung für die Auseinandersetzung mit den Streßbedingungen.

Die dritte Phase wurde hereingenommen, um dem Klienten zu helfen, sich mit dieser Möglichkeit auseinanderzusetzen und die Furcht vor dem Kontrollverlust zu "zerstreuen".

Die Übungsphase

Der Klient wird hier mit den verschiedenen Methoden der Auseinandersetzung mit Problemen vertraut gemacht. Sie sind auf den unterschiedlichen Stufen des Auseinandersetzungsprozesses anzuwenden. Sie beziehen sich auf unmittelbares Handeln und auf Formen der gedanklichen Auseinandersetzung.

Zum unmittelbaren Handeln gehören das Sammeln von Informationen über die phobischen Gegenstände, das Vorsehen von Fluchtwegen und das Erlernen von Übungen zur körperlichen Entspannung und damit zur Verringerung der physiologischen Erregung. Der Klient erfährt, daß die Entspannungsübungen in Angst hervorrufenden Situationen die negativen Selbstäußerungen löschen, weil er gegen sein Unbehagen etwas Positives unternimmt (z. B. sich entspannt). Neben Anspannungs- und Entspannungsübungen kommt dem kontrollierten Atmen eine besondere Bedeutung zu, das sich auf Herzfrequenz und die begleitenden Angstgefühle auswirkt.

Die gedankliche Auseinandersetzung ist deshalb wichtig, weil angepaßtes und fehlangepaßtes Verhalten durch eine Folge von Aussagen mitgesteuert wird, die der Klient an sich richtet. Begriffe wie Bewertung, Erwartung, Ursachenzuschreibung und Selbstwahrnehmung werden in spezifische Selbstanweisungen übersetzt. Um den inneren Dialog des Klienten zu ändern, wird er dazu angeleitet, sich der negativen, Angst hervorrufenden, selbstzerstörerischen Äußerungen bewußt zu werden, die er in phobischen Situationen an sich richtet; außerdem muß er diese negativen Gedanken für sich selbst registrieren. Sobald der Klient das Auftauchen negativer Gedanken bemerkt, ist dies für ihn ein Anlaß, sich damit unvereinbare Selbstanweisungen zu geben, durch die er sich mit dem Problem auseinandersetzt.

Die Selbstanweisungen ermuntern den Klienten:

- die Wirklichkeit der Situation zu kennzeichnen,
- negative Gedanken und Vorstellungen zu kontrollieren,
- die von ihm empfundene Erregung zu akzeptieren, einzusetzen und erneut zu kennzeichnen,
- sich seelisch zu stärken, um phobischen Situationen begegnen zu können,
- über seine Handlungen nachzudenken und sich für den Versuch der Bewältigung zu belohnen.

Methoden der Streßimpfung

Beispiele für Auseinandersetzungsformen der Selbstanweisung, die im Training nach dem Prinzip der Streßimpfung geübt wurden.

Vorbereitung auf eine Streßbedingung

Was hast Du zu tun?
Du kannst einen Plan aufstellen, um Dich damit auseinanderzusetzen.
Denke einfach darüber nach, was Du damit machen kannst.
Das ist besser, als Angst zu bekommen.
Keine negativen Äußerungen an sich selbst richten: Nur vernünftig denken.
Mach Dir keine Sorgen; Kummer nützt überhaupt nichts.
Vielleicht ist das, was Du für Angst hältst, der drängende Wunsch, der Streßbedingung zu begegnen.

Auf die Streßbedingungen stoßen und sich mit ihr beschäftigen

Du mußt dich nur "seelisch aufrüsten" – Du kannst dich der Herausforderung stellen.
Du kannst selbst zur Überzeugung gelangen, es zu tun. Du kannst Deine Furcht mit dem Verstand überwinden.
Mache jeweils nur einen Schritt; Du kannst mit der Situation zurechtkommen.
Denke nicht über die Furcht nach; nur über das, was Du zu tun hast. Bleibe beim Wesentlichen.
Die Anspannung kann ein Verbündeter sein; ein Hinweis, sich mit dem Problem auseinanderzusetzen.
Entspanne Dich; Du hast Dich unter Kontrolle. Atme einmal tief durch. So ist es gut.

Sich mit dem Gefühl des Überwältigt-Werdens auseinandersetzen

Mache eine Pause, wenn sich die Furcht einstellt.
Konzentriere Dich auf das Jetzt; Was hast Du beobachtet?
Bewerte Deine Angst zwischen 0 und 10 und beobachte die Veränderung.
Erwartungsgemäß müßte Deine Furcht zunehmen.
Versuche nicht, die Furcht völlig zu unterdrücken; nur soweit, daß Du damit zurechtkommst.

Selbstanweisungen zum Zwecke der Belohnung

Es hat geklappt; Du hast es geschafft.

Warte nur, bis Du Deinem Therapeuten (oder Deiner Gruppe) davon erzählen kannst.

Es war gar nicht so schlimm, wie Du geglaubt hast.

Du hast mehr Aufhebens aus der Furcht gemacht, als dafür sprach.

Deine verdammten Ideen – das ist das Problem. Wenn Du sie unter Kontrolle hast, kontrollierst Du Deine Furcht.

Jedesmal, wenn Du die Methode anwendest, wird es besser.

Du kannst mit Deinen Fortschritten zufrieden sein.

Du hast es geschafft.

Das Anwendungstraining

Wenn der Klient die Fähigkeit der Auseinandersetzung auf der Verhaltens- und der Kognitionsebene beherrscht, schlägt der Therapeut vor, daß der Klient sie unter Beweis stellt und unter anderen Streßbedingungen als jene der phobischen Situation einsetzt.

"Beim Vorgehen nach dem Prinzip der Streßimpfung veränderte der multiphobische Klient die Wahrnehmung seiner Bedingungen; er gelangte von der Perspektive der 'erlernten Hilflosigkeit' zum 'erlernten Hilfsmittelreichtum'." (Meichenbaum 1979, 156)

Die Methode der Streßimmunisierung kann bei allen belastenden Situationen eingesetzt werden, so z. B. bei der Geburtserleichterung. Die Gebärende wird angehalten, sich gedanklich mit der Entspannung von spezifischen Muskeln und der Durchführung von Atemübungen während der Wehen zu beschäftigen. Dadurch wird die Schmerzempfindung abgeschwächt.

Im Zusammenhang mit der Methode der Streßimmunisierung geht Meichenbaum auch auf die Traktate des sogenannten positiven Denkens ein. Er kritisiert, daß einfache Formeln und ihre mechanische Reproduktion kein Mittel der Auseinandersetzung sein können, also letztlich wirkungslos bleiben.

"Diese Art von Selbstanweisung ist ... zum Scheitern verurteilt. Einige Gründe für das Scheitern ergeben sich aus logischen und experimentellen Untersuchungen. In erster Linie sind die Selbstanweisungen des Klienten zu allgemein und zu vage, nur unzureichend auf den einzelnen zugeschnitten ... Überdies sind sehr allgemeine Selbstanweisungen für situative Bedingungen mit hoher Wahrscheinlichkeit unspezifisch und beziehen kaum damit in Zusammenhang stehende Belohnungen und Bestrafungen ein, die angemessenes Verhalten in bezug auf die Selbstanweisungen verstärken würden und unangemessenes Verhalten abschwächen. ... Wenn man sich selbst das 'Richtige' sagt, so reicht das noch nicht ... für eine Veränderung aus. Man muß die Selbstanweisungen abgestuft in wirklichen Situationen ausprobieren, die, wie die Kriteriumsaufgabe, wirkliche Bedrohungen darstellen." (Meichenbaum 1979, 158f)

Die Anwendung des Streßimpfungstrainings bei der Kontrolle von Ärger und Wut

Ein besonderes Streßimpfungstraining wurde von Novaco (1975) entwickelt. Die Methode ist darauf abgestellt, Personen in der Handhabung von Provokationen und in der Steuerung von Wutausbrüchen, wie sie Menschen mit chronischer Verärgerung haben, zu befähigen. Wut und Ärger sind nach Novaco als eine Gefühlsreaktion auf Provokationen zu verstehen, die durch drei Verhaltensmodalitäten zu kennzeichnen ist: einer kognitiven, einer somatisch-affektiven und einer im engeren Sinne verhaltensbezogenen Modalität.

> "Auf der kognitiven Ebene ist Wut bzw. Ärger eine Funktion von Einschätzungen, Zuschreibungen, Erwartungen, Aussagen, die man an sich selbst richtet, und von Vorstellungen, die im Zusammenhang mit Provokationen auftreten. Innerhalb der somatisch-affektiven Modalität wird Ärger oder Wut durch Anspannung und Unruhe vorangetrieben und verstärkt. Deshalb kann angesammelte physiologische Anspannung das Wutverhalten potenzieren; das gegen den anderen gerichtete, daraus resultierende zwischenmenschliche Verhalten kann die Folge der Provokationen bis zum Höhepunkt treiben. In bezug auf die verhaltensbezogene Modalität können der Rückzug aus der Situation und die Wendung gegen den anderen zum Ärger beitragen; ersteres dadurch, indem es die Folge der Provokationen vorwärtstreibt und für weitere Hinweise sorgt, über die die Person in Wut gerät. (Meichenbaum 1979, 159f)

Zunächst spricht der Therapeut mit dem Klienten über die Dauer und das Ausmaß seiner Ärgerprobleme. In der Situationsanalyse werden dem Klienten die besonderen Gesichtspunkte von Provokationen, die Verärgerung hervorrufen, verdeutlicht. Zugleich werden hierbei die Gedanken und Empfindungen erkundet, welche der Klient bei provozierenden Begegnungen durchlebt. Erleichtert wird diese Selbsterforschung dadurch, daß man den Klienten veranlaßt, jüngere Erfahrungen mit Ärger in Form von stellvertretenden Vorstellungen nochmals zu durchleben. Er hat dabei die Augen zu schließen, soll die Provokation wie einen Film ablaufen lassen und über seine Gefühle und Gedanken berichten.

Novaco macht den Klienten damit vertraut, daß er von ihm empfundene Ärger durch seine eigenen Gedanken beeinflußt wird, d. h. durch das, was er selbst zu sich sagt. Durch die Aussagen an sich selbst wird der Ärger des Klienten in der provozierenden Situation ausgelöst, aufrechterhalten und aufgeladen.

Im Anschluß daran wird der Klient über die Funktionen von Wut und Ärger informiert. Besonders zu beachten sind die Selbstverteidigung und die Funktion des Beziehungsabbruchs. Das, was der Klient als Provokation wahrnimmt und der Inhalt seiner an sich gerichteten Aussagen beeinflussen seine Ärgerreaktion. Die negativen, an sich gerichteten Aussagen führen zu einer intoleranten Einstellung gegenüber Fehlern, zur Überzeugung von der Notwendigkeit, Erfolg zu haben und Vergeltung zu üben. Der Klient sieht sich in seinem Selbstwertgefühl bedroht.

Die Ärgerreaktion setzt sich also aus zwei Komponenten zusammen: aus Gefühlserregung und gedanklicher Tätigkeit (Bewertungen, Vorstellungen, Vermutungen, Zuschreibungen). Die Therapie hat danach nach dem Muster der Streßimpfung zu verlaufen:

– Unterweisung des Klienten in der Anwendung von Entspannung, um ihn in die Lage zu versetzen, die Spannung zu verringern und sich kognitiv zu kontrollieren.
– Durch das kognitive Training soll sich der Klient seiner negativen, Ärger hervorrufenden, an sich gerichteten Aussagen bewußt werden, die er bei Provokationen äußert.

Auf diese Weise lernt der Klient, eine Analyse der Situation im Hinblick auf Ärger auslösende Aspekte durchzuführen und sich eine Reihe von verfügbaren kognitiven Alternativen und Verhaltensformen zu überlegen.

Um das Verständnis des Klienten begrifflich zu festigen und um zu erreichen, daß Entspannung und kognitive Fähigkeiten beherrscht werden, hat der Klient anfangs Hausaufgaben zu erledigen. Er hat

– auf die an sich gerichteten Aussagen zu achten, die mit Ärger zusammenhängen,
– Analysen von Ärger hervorrufenden Situationen durchzuführen,
– diese Situationen in eine hierarchische Ordnung zu bringen.

In den Sitzungen übt der Klient gedanklich die Auseinandersetzung mit den aufgelisteten Provokationen. Der Klient stellt sich vor, wie er manchmal die Kontrolle über sich verloren hat, jetzt aber weiß, daß die Erregung, die zum Kontrollverlust führt, ein Hinweis auf die Anwendung der Methode der Auseinandersetzung ist.

Der Klient eignet sich mehr Wissen über die verschiedenen Muster seines Ärgerverhaltens an:

Er lernt dabei, zwischen Ereignissen zu unterscheiden, bei denen der Ärger gerechtfertigt und angemessen ist bzw. nicht.

Er lernt weiter, wie man den Ärger in einer sozial akzeptierten Weise äußern kann und nicht seine Äußerung eventuell unterdrücken soll.

Der Klient erfährt so, wie man von einem besonderen Vorfall Abstand gewinnen und die Rolle eines außenstehenden Beobachters übernehmen kann.

Der Klient lernt, sich bei der Begegnung mit einer Provokation aufgabenorientiert zu verhalten, also die Provokation nicht als eine Bedrohung, sondern als eine Aufgabe zum Lösen anzusehen. Der Klient konzentriert so die Eskalation aufeinanderfolgender Provokation.

Meichenbaum geht noch auf eine Fallstudie bei einem 38 Jahre alten männlichen Patienten ein, dessen Diagnose "depressive Neurose mit wiederkehrenden Selbstmordgedanken und Gefühlen der Wertlosigkeit und Unzulänglichkeit" lautete. Die Geschichte des Patienten – er war verheiratet, Vater von sechs Kindern, arbeitete als Kreditmanager – war durch Schwierigkeiten gekennzeichnet, seinen Ärger unter Kontrolle zu halten. Die Anspannung während der Arbeit häufte sich, und zu Hause machte er sich Luft. Die Auseinandersetzungen zu Hause führten zu Streitereien und körperlichen Mißhandlungen mit der Folge, daß einer der Söhne des Patienten das Haus verließ. Man behandelte den Klienten in fünfzehn Sitzungen nach dem Streßimpfungstraining: die Ergebnisse waren beeindruckend. Eine Vielfalt von Quellen, eingeschlossen ein Tagebuch über Ärgerverhalten, Berichte von wichtigen anderen Personen und Beobachtungsdaten, belegt die Veränderungen. Nach dem Streßimpfungstraining konnte der Patient auch bei Provokationen seinen Ärger unter Kontrolle halten. (Novaco 1975b, zit. bei Meichenbaum 1979, 166)

Novaco gibt einige Hinweise für Selbstanweisungen beim Streßimpfungstraining zur Kontrolle der Ärgerreaktionen.

Vorbereitung auf die Provokation

- Es kann mich aus der Fassung bringen, aber ich weiß, wie ich damit zurechtkomme.
- Ich kann die Situation bewältigen. Ich weiß, wie ich meinen Ärger unter Kontrolle bringen kann.
- Wenn ich merke, daß ich außer Fassung gerate, weiß ich, was ich zu tun habe.
- Es ist Zeit für ein paar tiefe Atemzüge der Entspannung.
- Fühle dich bequem, entspannt und erleichtert.

Auftreten der Provokation und Begegnung mit ihr

- Bleibe ruhig. Mache nur weiter mit der Entspannung.
- Solange ich mich kühl gebe, habe ich mich unter Kontrolle.
- Ich lasse mich von ihm nicht rumkriegen.
- Es gibt keinen Grund, an mir zu zweifeln. Es ist gleichgültig, was er sagt.
- Ich stehe über der Situation; und sie ist unter Kontrolle.

Auseinandersetzung mit der Erregung

- Ich fühle, daß meine Muskeln sich zu verkrampfen beginnen. Es ist Zeit, sich zu entspannen und kürzer zu treten.
- Es hat keinen Sinn, sich so zu ärgern.
- Meine Verärgerung signalisiert mir, was ich zu tun habe. Ich sollte mir jetzt Selbstanweisungen geben. Ich werde nicht durcheinandergeraten.
- Vielleicht will er, daß ich mich ärgere. Gut, ich werde ihn enttäuschen.
- Ich kann nicht erwarten, daß die Leute sich so verhalten, wie ich es wünsche.

Überdenken der Provokation

Wenn der Konflikt ungelöst bleibt:

- Vergiß den Ärger. Darüber nachzudenken bringt dich nur in Fahrt.
- Das sind schwierige Situationen, man braucht Zeit, um sich zu fangen.
- Versuche, es abzuschütteln. Laß es nicht dazu kommen, daß es dich bei der Arbeit stört.

Wenn der Konflikt gelöst bzw. die Auseinandersetzung erfolgreich ist:

- Ich habe die Sache gut hingekriegt.
- Es hätte viel schlimmer sein können.
- Ich habe es tatsächlich ohne Verärgerung überstanden.

Meichenbaum hat auch ein Streßimpfungstraining in bezug auf die Schmerztoleranz entwickelt. Zur Erklärung des Schmerzes wurde von ihm die gate-control-Theorie des Schmerzens von Melzack u. Wall (1965) herangezogen. Diese geht von der Annahme aus, daß die Schmerzempfindung aus drei unterschiedlichen Komponenten besteht, nämlich einer sensorisch-diskriminativen, einer motivational-affektiven und einer kognitiv-evaluativen Komponente. (Melzack u. Wall 1982, 18–29)

In der Therapie wird die Schmerzkontrolle im Zusammenhang mit den anderen schon angeführten Strategien behandelt; sie ist Teil des Entspannungs-, Vorstellungs- und Selbstanweisungstrainings, wird jedoch in dieser Arbeit nicht weiter behandelt.

5. Die Methoden der kognitiven Rekonstruktion (Umstrukturierung)

In der Kognitiven Verhaltenstherapie spielt die kognitive Rekonstruktion eine wichtige Rolle. Es geht darum, das Denken des Klienten, seine Einstellungen und Annahmen, die dem Denkprozeß zugrunde liegen, zu verändern. Besondere Beachtung erfahren die das fehlgelenkte Denken kennzeichnenden irrationalen Schlußfolgerungen.

Für den kognitiven Therapeuten

"ist psychische Krankheit grundsätzlich eine Störung des Denkens – der Patient verzerrt die Wirklichkeit dauernd auf eine krankhafte Weise und/oder landet bei widersinnigen Schlußfolgerungen in bezug auf seine Fähigkeit, mit seiner Umwelt zurechtzukommen. In einer für den Patienten nachteiligen Art beeinflussen seine verzerrten Gedankengänge seine Sicht der Dinge und führen zu unangenehmen Gefühlen und Verhaltensproblemen. Der kognitive Therapeut hilft dem Klienten, besondere Mißverständnisse, Verzerrungen und fehlangepaßte Ursachenzuschreibungen zu erkennen und ihre Gültigkeit und das Vernünftige daran zu prüfen. (Meichenbaum 1979, 183)

Das Denken spiegelt sich in den an sich selbst gerichteten Aussagen des Klienten. Dem fehlorientierten Denken entsprechen selbstschädigende Selbstaussagen. In der Therapie wird ein Lernprozeß ingangeesetzt, durch den der Klient die Fähigkeit erwirbt, mit sich in angemessener Weise zu sprechen, um so sein Verhalten in gleicher Weise zu steuern. Der kognitive Therapeut achtet also auf die Sprache des Klienten, sie ist der differenzierteste Ausdruck seiner Befindlichkeit und Aktivität. Sie gibt ihm auch Auskunft über die Fortschritte der Therapie, den Abbau irrationaler Überzeugungen, fehlerhafter Denkstile und unzureichender Problemlösungen und Bewältigungen.

Meichenbaum ergänzt seine Ausführungen durch den Hinweis auf verwandte Gedankengänge bei Ellis, Beck und Goldfried. Die Ergebnisse dieser drei Autoren werden an anderer Stelle ausführlich dargestellt. Es ist aber doch interessant zu sehen, welche Aspekte Meichenbaum bei ihnen besonders herausstellt:

Gedanken und Vorstellungen als Beispiele für irrationale Überzeugungsstrukturen (Ellis)

Nach der rational-emotiven Therapie (RET) von Ellis sind die Leidenserlebnisse auf das irrationale Vorgehen, mit denen die Menschen die Welt gedanklich aufbauen, also auf die Voraussetzungen, die sie machen, zurückzuführen. Die Voraussetzungen führen zu einem gegen sich selbst gerichteten inneren Dialog und zu Selbstanweisungen, deren Auswirkungen im Gegensatz zu ihren fundamentalen Interessen stehen.

Die Aufgabenstellung der RET-Therapeuten ist von dreifacher Art:

– Er muß die äußeren Ereignisse festhalten, die den Klienten aus der Bahn werfen (Verhaltensanlässe und -auslöser).
– Er muß die spezifischen gedanklichen Muster und die dahinter stehenden Überzeugungen bestimmen, die das innere Verhalten auf diese Ereignisse bedingen und Anlaß für die negativen Gefühlserlebnisse und das fehlangepaßte äußere Verhalten sind. Zugang zu seinen Überzeugungen und irrationalen Annahmen findet der Klient, wenn er auf seine Selbstgespräche und Selbstanweisungen – besonders beim Umgang mit anderen – zu achten beginnt. So erkennt er z. B., daß er meint, er

müsse von allen Menschen, die er kennt, anerkannt und geliebt werden; falls dies nicht geschehe, sei dies schlimm.
- Er muß dem Klienten bei der Veränderung dieser Überzeugungen und gedanklichen Muster helfen, indem er ihn auffordert, die Gedanken, die zu seinen Fehlwahrnehmungen und dem Fehlverhalten führen, zu überprüfen.

Die Vorstellungen, wie z. B. die, "man müsse von allen, die man kennt, geschätzt werden", drücken aus, daß er Klient sein Selbstwertgefühl grundsätzlich auf andere stützt. Dies wird durch den Mußcharakter der Aussagen unterstrichen, besonders aber auch dadurch, daß der Klient meint, die Nichterfüllung seines Verlangens sei für ihn ein schweres Unglück, eine Niederlage, die ihn dann zu einer weiteren Schlußfolgerung führt, daß er selbst nichts wert sei.

Der Klient erkennt bald, daß sein fehlangepaßtes Verhalten und seine emotionale Störung Ausdruck einer Bindung an irrationale Überzeugungen sind. Er lernt, die irrationalen Überzeugungen durch rationale zu ersetzen: "Sicher ist es angenehm, die Zuneigung und Anerkennung anderer zu erhalten, aber ohne sie kann ich mich immer noch selbst akzeptieren und mich über mich freuen".

Die Klienten, die zur Therapie kommen, haben zumeist bisher nicht auf ihre inneren Dialoge geachtet. Sie wissen oft nicht, daß sie absichtlich mit sich sprechen, wenn sie in einer konkreten Situation stehen. Die Überzeugungen haben Gewohnheitscharakter, bleiben als automatisierte Denkabläufe im Hintergrund des Erlebens.

"Darüber hinaus nehmen die kognitiven Fehlanpassungen des Patienten eher eine bildliche Gestalt an, die an die Stelle einer sprachlichen Form tritt oder eine sprachliche Form zumindest ergänzt ... So entdeckte z. B. eine Frau, die Angst hatte, alleine spazieren zu gehen, daß ihre Angstphasen nach bildlichen Vorstellungen auftraten, in denen sie unter Herzattakken litt und sich allein gelassen fühlte. Eine Studentin in einem College entdeckte, daß ihre Angst beim Verlassen des Schlafsaales durch bildliche Phantasien, sie werde angegriffen, ausgelöst wurde. Solche krankhaften Gewohnheitsvorstellungen (ob in bildlicher oder in sprachlicher Form) laufen in der Regel sehr schnell ab und beinhalten häufig einen ausgearbeiteten Gedanken, der sich zu einigen Sekunden oder weniger verdichtet." (Meichenbaum 1979, 187)

Derartige Vorstellung erscheinen dem Klienten gar nicht als unrealistisch, sondern als plausibel.

Der Therapeut weist den Klienten auf seine negativen Selbstanweisungen und Vorstellungen hin. Dabei hilft er ihm, die Aspekte solcher Denkgewohnheiten zu erkennen: das Hervorrufen von Angst, die Programmierung der Niederlage im Sinne der sich selbst erfüllenden Prophezeiung.

- Der Klient beginnt, die Selbstaussagen als mögliche Ursache für seine Gefühlsirritation und seine Verhaltensschwierigkeit in Betracht zu ziehen.
- Der Klient entwickelt in Zusammenarbeit mit dem Therapeuten ein begriffliches Verständnis seines Problems.
- Der Klient ist bereit, sein Erleben und Verhalten als durch Selbstanweisungen beeinflußt und durch sie veränderbar zu sehen.
- Der Klient erhält vom Therapeuten Hausaufgaben. Er soll beachten, wie seine Gedanken und Vorstellungen zur Entwicklung seines Fehlverhaltens beitragen (Situationsanalysen).

– Der Klient erwirbt auf diese Weise ein Verständnis für die kognitive Psychotherapie und die Anweisungen des Therapeuten.

Meichenbaum weist darauf hin, daß alle Menschen hin und wieder irrationale Überzeugungen haben. Die irrationalen Überzeugungen sind nach ihm nicht Unterscheidungskriterium zwischen gesunden und therapiebedürftigen Klienten.

> "Was klinische von nichtklinischen Gruppen unterscheiden mag ist das, was nichtklinische Personen gegenüber sich selbst über die irrationalen Überzeugungen meinen, was sie als Bewältigungstechniken anwenden. Mit anderen Worten: nicht das Fehlen von irrationalen Gedanken als solchen kennzeichnet normale Gruppen oder bestimmt die Zeit der 'Genesung' nach emotionaler Überwältigung, sondern viel eher das Paket von Bewältigungstechniken, die zur Auseinandersetzung mit solchen Gedanken und Gefühlen eingesetzt werden. Der Nichtpatient mag eher in der Lage sein, derartige Vorfälle 'in Teile zu zerlegen' und Bewältigungstechniken wie Humor, Rationalität anzuwenden, oder wie ich es mir zu sagen angewöhnt habe, 'kreative Unterdrückung'." (Meichenbaum 1979, 190)

Beck befaßt sich mit den stilistischen Eigenschaften der kognitiven Prozesse bei den Klienten. Er versucht, seinen (depressiven) Klienten die Verzerrungen in ihren gedanklichen Strukturen bewußt zu machen. Diese Verzerrungen sind:

– das willkürliche Schlußfolgern. Es werden Schlüsse gezogen, obwohl offensichtlich nichts dafür spricht oder Tatsachen angeführt, die gegenteilige Schlußfolgerungen nahelegen;
– Verherrlichen. Man übertreibt die Bedeutung eines Ereignisses;
– unzulängliches, gedankliches Verarbeiten. Man läßt wichtige Gesichtspunkte der realen Lebenssituation außer acht;
– Denken in Schwarz-Weiß-Kategorien. Ereignisse werden übertrieben vereinfacht und rigide als gut oder schlecht, falsch oder richtig angenommen;
– übertriebenes Verallgemeinern. Ein einzelnes Beispiel, etwa Mißerfolg in bestimmter Situation, wird als Ausdruck vollkommener Unfähigkeit der Person betrachtet, so daß man dadurch eine irreführende Regel aufstellt.

> "Solche kognitiven Verzerrungen führen dazu, daß der Klient Konsequenzen selektiv erfaßt und ungenau vorwegnimmt. Die Therapie von Beck zielt darauf ab, daß der Klient solche stilistischen Eigenschaften erkennt; auf diese Weise vermag er seine affektiven Erlebnisse und fehlangepaßten Verhaltensweisen als Ergebnis seiner besonderen gedanklichen Prozesse begreifen – als Ergebnis von gedanklichen Prozessen, die er selbst ändern und steuern kann." (Meichenbaum 1979, 191)

Zusammengefaßt läßt sich die Beck'sche Konzeption wie folgt charakterisieren:

(1) Dem Klienten wird geholfen, seine Fähigkeiten und Ursachenzuschreibungen realistisch einzuschätzen. Die Bedeutung negativer Selbstbeurteilungen wird hervorgehoben.
(2) Der Klient hat eine Liste über seine Tätigkeiten zu führen. Diese Arbeit soll den Klienten veranlassen, sich genauer mit sich selbst zu befassen. Anhand der Verhaltensdaten kann der Therapeut die Denkstile des Klienten untersuchen und diesem verdeutlichen.
(3) Der Klient wird darin unterwiesen, seine kognitiven Prozesse und die Beziehungen zwischen Gedanken und Gefühlen zu erkennen und zu beachten. Dabei wird dem Klienten klar, daß komplexe Gefühle das Produkt vorlaufender Gedanken sind.

(4) Die Gültigkeit der Grundlage der negativen Gedanken und Vorstellungen wird hinterfragt. Die heimlichen Annahmen und Überzeugungsstrukturen werden bei dem Versuch, ihre Berechtigung zu prüfen, in ihrer destruktiven Wirkung erkannt.
(5) Nachdem der Klient anhand der gesammelten Daten erkannt hat, daß seine Interpretation der Alltagserfahrung unrealistisch ist, lernt er, angemessene Perspektiven aufzugreifen, damit sich selbst und sein Verhalten in wirklichkeitsentsprechender Weise zu steuern. Mit der Veränderung der Kognitionen und des Fehlverhaltens werden Bewältigungsfähigkeiten aufgebaut.

Gedanken und Vorstellungen als Beispiele für Problemlösungs- und Bewältigungsfähigkeiten (Goldfried)

Die kognitiven Therapien achten vorzugsweise auf das, was die Klienten "wahrnehmen und denken";

Ellis und Beck achten auf das Vorhandensein von irrationalen Überzeugungen und fehlangepaßten Selbstanweisungen;

Goldfried achtet auf die Beeinträchtigung bzw. den Ausfall der Fähigkeiten zur Problemlösung.

Der Klient soll seine Situation als eine Problemlage sehen; er soll lernen, wie man das Problem kennzeichnet, wie man alternative Lösungen entwickelt, einen Lösungsweg auswählt, den erfolgreichen Ausgang des Lösungsprozesses überprüft und bestätigt. Mit dem Problemlösen lernt der Klient zugleich, schwierige Situationen zu bewältigen.

Bei der Erörterung der kognitiven Verhaltenstherapie von Mahoney im nächsten Kapitel wird in den Abschnitten 3 und 4 auf das Problemlösen und das Training der Bewältigungsfähigkeiten näher eingegangen. Hier soll jedoch der Zusammenhang von Problemanalyse und Fällen von Entscheidungen in den Grundzügen – also ziemlich formalisiert – aufgezeigt werden:

In allen kognitiven Therapien wird der Klient angehalten und angeleitet, sein(e) Problem(e) zu erkennen und zu analysieren und aufgrund dieser Analyse(n) Entscheidungen im Hinblick auf Verhalten und Handeln zu fällen.

Derjenige, der ein Problem analysiert, muß einen zu erwartenden "Sollzustand" vor Augen haben und ihn mit dem "Istzustand" vergleichen. Ein Problem ist eine Abweichung von einer Verhaltens- bzw. Leistungsnorm.

Gewöhnlich müssen wir ein Problem aus einer Anzahl von zu lösenden Problemen auswählen, mit dem wir uns dann befassen. Wir tun dies, indem wir eine Rangordnung nach Dringlichkeit, Bedeutung und Auswertungsmöglichkeit schaffen.

Eine Abweichung von einer Norm muß inhaltlich bestimmt und genau beschrieben werden. Dabei sollten wir uns um die Erfassung von vier Eigenschaften bemühen: Gegenstand, örtliches Vorkommen, Zeitpunkt und Ausmaß. Ebenso müssen wir beschreiben, was nicht zum Problem, gehört, um so den anzugehenden Bereich genauer zu umreißen.

Die Ursache des Problems ist stets eine Veränderung, die durch ein besonderes Merkmal, eine besondere Erscheinungsform oder einen besonderen Umstand hervorgerufen wurde und eine unerwünschte Wirkung erzeugt. Von Bedeutung und daher in

Betracht zu ziehen sind nur solche Veränderungen, die sich direkt auf Besonderheiten der Abweichungen beziehen. Um bedeutsame Veränderungen zu erkennen, müssen wir alle Besonderheiten der Beschreibung des Problems genau beachten.

Die möglichen Ursachen einer Abweichung werden von den Veränderungen abgeleitet, die bei der Analyse der Problems als bedeutend erkannt wurden. Die wahrscheinlichste Ursache einer Abweichung ist jene, die alle in der Beschreibung des Problems auftretenden Tatbestände erklärt.

Wie bei der Problemanalyse so können wir auch beim Fällen von Entscheidungen vernunftbedingte Verfahrensstufen einhalten. Es bestehen aber wesentliche Unterschiede zwischen diesen beiden Prozessen.

Bei der Problemanalyse erhalten wir eine Erklärung, die sich genau bestätigen läßt, denn das Ereignis (die Ursache) hat bereits stattgefunden.

Beim Fällen von Entscheidungen können wir dagegen die Ergebnisse nicht überprüfen, denn die auf die Entscheidung folgenden Maßnahmen erstrecken sich auf die Zukunft.

Wenn eine systematische Feststellung und Bestätigung der Ursache des Problems stattgefunden hat, ist der Klient in der Lage, geeignete Maßnahmen zur vorübergehenden oder dauernden Beseitigung des Problems auszuwählen.

Das Fällen von Entscheidungen muß in Verfahrensstufen erfolgen. Folgende Begriffe sind zu beachten:

(1) Die Zielsetzung einer Entscheidung muß als erstes festgelegt werden. Wir sollten uns folgende Fragen stellen: Was wollen wir mit der Entscheidung erreichen? Welche Aufgabe soll gelöst werden?
(2) Die Zielsetzungen sind nach Bedeutung zu gruppieren. Gewisse Bedingungen müssen erfüllt sein, damit wir in unserem Erleben, Verhalten bzw. in der Beziehung vorwärtskommen (Muß-Bedingungen). Wünschenswerte Ziele wären z. B. Abbau leichter Erregbarkeit, Abbau der Hilflosigkeitsvorstellungen, baldige Arbeitsaufnahme, Aufrichtigkeit dem Partner gegenüber, damit Entwicklung von Vertrauen zu ihm u. ä. Die Wunsch-Zielsetzungen werden dann entsprechend ihrer Wichtigkeit und Realisierbarkeit eingestuft und gewichtet.
(3) So kann z. B. der Abbau der Hilflosigkeitsvorstellungen erstrangiges Ziel sein, weil von ihnen die Arbeitsunfähigkeit und die leichte Erregbarkeit gestützt wird, das Selbstwertgefühl untergraben und damit die Beziehung zum Partner gestört wird.

6. Die Funktion und Struktur des inneren Dialogs

Dem inneren Sprechen oder inneren Dialog kommt in den kognitiven Therapien – wie schon mehrfach festgestellt – eine besondere Bedeutung zu. Klienten lernen in der Therapie, auf andere Weise mit sich zu sprechen.

Im Laufe der Sprachentwicklung gewinnt das Kind die sprachliche Kontrolle über sein Verhalten, indem es die Anweisungen der Erwachsenen übernimmt. Um die Funktion der Selbstanweisungen kennenzulernen, braucht man sich nur die Funktionen klarzumachen, die interpersonale Anweisungen beim Problemlösen erfüllen:

(1) Sie motivieren eine Person, indem sie eine leistungsbezogene Einstellung hervorrufen,
(2) Sie helfen ihr, den Leistungsmaßstab und die Hauptaspekte der Aufforderungssituation zu erkennen.
(3) Sie tragen dazu bei, sich der wichtigsten Fähigkeiten, die zur Durchführung der Aufgabe erforderlich sind, zu erinnern.
(4) Sie lenken das Denken auf aufgabenbezogene Hypothesen und bringen abweichende Gedanken unter Kontrolle.
(5) Sie speichern Informationen im Kurzzeitgedächtnis.

Deutlich kommt auch das innere Sprechen bei der Auseinandersetzung mit Streßbedingungen zur Geltung. Zwei Personen, A und B, die im wesentlichen über die gleiche Sprachgewandtheit verfügen, stehen vor der Aufgabe, bei einem bestimmten Anlaß eine öffentliche Rede zu halten. A hat Angst vor dem Sprechen, B kaum. Im Verlaufe der Ansprache beider Redner verlassen einige Zuhörer den Raum. Dieser Vorgang löst bei beiden unterschiedliche Reaktionen aus. A sagt sich wahrscheinlich: Ich langweile die Leute. Ich wußte, daß ich keine Rede halten kann. B sagt etwa: Ziemlich unhöfliche Leute hier, oder: Die müssen sicher noch zu einer anderen Veranstaltung.

Ähnlich reagieren Personen mit größerer (A) und geringerer (B) Prüfungsangst. Einige Studenten geben ihre Unterlagen frühzeitig ab. A wird zu beunruhigenden Äußerungen veranlaßt: Ich kann die Aufgaben nicht lösen. Ich werde sicher nicht fertig. B: Die haben sicher wenig gewußt. Hoffentlich schaffen sie noch die Prüfung.

Die Art der Reaktion auf Streß wird zum Großteil dadurch beeinflußt, wie man die Streßsituation einschätzt, welche Ursache man seiner Erregung zuschreibt und wie man die Fähigkeit beurteilt, damit fertig zu werden.

Die inneren Dialoge beeinflussen die Aufmerksamkeit und die Beurteilungsprozesse des Klienten. Die inneren Dialoge beeinflussen auch die physiologische Erregung. Wenn ein Klient die Erregung als Angst interpretiert, dann steigert er damit seine Erregung und blockiert sein Denken und Handeln. Umgekehrt ist die Wirkung bei demjenigen, der die Erregung als Leistungsmobilisierung interpretiert. Er wird sich besser mit der Aufgabe auseinandersetzen können. Also, nicht die Erregung selbst ist das beeinträchtigende Moment, sondern das, was der Klient über jene Erregungen sagt. Die kognitive Bewertung ist nicht ein zusätzlicher Vorläufer des Gefühlslebens sondern ein integraler Bestandteil unserer Emotionen.

Das innere Sprechen verläuft zumeist automatisch und ziemlich schnell, meist in einer Art Kurzschrift. Nur die wesentlichen Worte eines Satzes treten in Erscheinung – wie im Telegrammstil. Die Gedanken sind nicht das Ergebnis von Überlegungen und Begründungen. Die Schritte haben keine logische Abfolge wie beim zielorientierten Denken oder Problemlösen. Die Gedanken "treten einfach nur auf"; es sieht so aus, als seien sie relativ autonom. Bei ausgeprägten Störungen sind sie aufdringlich: es fällt dem Klienten schwer, sie "abzuschalten", zumal sie ihm plausibel und sinnvoll erscheinen (Beck 1976, 36f)

Wir denken nicht immer, bevor wir handeln. Die meisten unserer Verhaltensweisen laufen auf der Grundlage von Gewohnheiten oder erlernten Ritualen ab. Allerdings müssen wir denken, wenn wir wie die Klienten vor ungelösten Problemen stehen oder wenn wir eine Verhaltensweise verändern wollen. Hier "entautomatisiert" das innere

Sprechen fehlangepaßtes Verhalten und liefert die Grundlage für die Entwicklung von neuartigem produktivem Verhalten.

Inneres Sprechen beeinflußt nicht nur das Verhalten des Klienten, sondern auch seine kognitiven Strukturen.

Wir sprechen von kognitiven Strukturen, weil die einzelnen Gedanken Teil eines umfassenderen Auffassungs-, Verarbeitungs- und Reflexionssystem sind, das die Bedeutungen, die der einzelne Dingen, Situationen, Personen und sich selbst zuspricht, festlegt.

Selbstanweisungen, wie z. B. "Lasse Dich nicht aus der Fassung bringen", üben einen selbstkontrollierenden Einfluß im Rahmen eines Aktions- und Bedeutungssystems aus.

Wir sprechen bei den Selbstanweisungen nicht von inneren Monologen, sondern von inneren Dialogen. Es ist also im Prozeß der Verhaltensänderung nicht nur wichtig, zu sich selbst zu sprechen, sondern sich auch selbst zuzuhören. Es handelt sich also um ein selbstkommunikatives System. Der Dialog mit sich selbst beeinflußt das Verhalten.

Unter das Schlagwort "kognitive Struktur" fallen Begriffe wie Vorstellungen und Pläne, Schema, Rolle und Kontrollsystem. Meichenbaum bevorzugt den Begriff der kognitiven Struktur, der ursprünglich von Tolman geprägt wurde (Tolman 1932). Meichenbaum schreibt:

"Mit dem Begriff *kognitive Struktur* möchte ich auf den Aspekt der Organisiertheit des Denkens hinweisen, durch den die Strategie, der Weg und die Wahl des gedanklichen Ablaufes überwacht und gesteuert werden. Ich denke dabei an ein 'Ausführungsorgan', das 'den Entwurf des Denkens festhält' und bestimmt, zu welchem Zeitpunkt der gedankliche Ablauf zu unterbrechen, zu ändern oder fortzusetzen ist. Bei dem Wort *kognitive Struktur* denke ich an ... Drehbücher, denen die Gesamtheit solcher Dialoge entstammt ... Eine Strukturveränderung mündet in ein neuartiges inneres Sprechen, in neuartige Verhaltensweisen und in die weitere Festigung der Strukturen usw. Es entsteht so etwas wie ein 'Wirkungskreis' ... Der innere Dialog trägt dazu bei, das Bewußtsein zu intensivieren oder die Bewußtheit zu erhöhen, was ... für neue Beobachtungen empfänglicher macht. (Meichenbaum 1979, 211ff)

Um Veränderungen bei Klienten zu bewirken, muß der Klient sich klarmachen, welche Mechanismen der Veränderung zugrunde liegen. Der Therapeut hilft ihm, sein Verhalten und die Ansatzpunkte für eine Veränderung zu verstehen. Vier Schritte sind wichtig:

(1) Der Klient muß das Verhalten, das zu ändern ist, erkennen. Er hat auf sein beobachtbares Verhalten in Leistungs- und Sozialsituationen, auf seine physiologischen Reaktionen und auf seine Gedanken, Vorstellungen und Gefühle zu achten, dabei sein Problem bzw. seine Schwierigkeit zu erkennen. Der Klient erfährt bei diesem Versuch, daß seinem Fehlverhalten bestimmte Einstellungen und Erwartungen, die sich in Vorstellungen zeigen, vorauseilen.

(2) Der Klient erkennt weiter, daß Vor-Annahmen sich, wenn auch oft sehr verkürzt, in Selbstgesprächen kundtun. Es kommt also darauf an, im Gespräch mit dem Therapeuten andere Selbstgespräche zu entwickeln. Alle Therapien führen – wenn sie erfolgreich sind – zu Veränderungen des inneren Dialogs, ganz gleich, ob dabei therapeutisch psychoanalytisch orientierte Aufklärungsarbeit geleistet wird oder Verhaltensgewohnheiten abgebaut oder falsche Überzeugungsstrukturen aufgelöst werden sollen.

(3) Der Klient hat erkannt, daß er bisher bei kritischen Situationen Unsicherheit, Angst und Erregung produzierte und dann Gefühle der Hilflosigkeit und Hoffnungslosigkeit oder Angst vor dem Verlust geistiger Fähigkeiten oder der Selbstkontrolle, aber auch Zwangsgedanken un -verhaltensweisen entwickelte. Er glaubte bisher, daß die kritische Situation, also äußere Ereignisse (Personen, Gegenstände) seine Schwierigkeit verursachten. Er ahnt, daß seine eigenen Denkprozesse und die Bedeutungen, die er seinem Verhalten beimißt, die Vor-Annahmen, die Quellen der Störungen sind.

(4) Der Klient unternimmt es jetzt, seine Vor-Annahmen zu ändern. Der Therapeut unterstützt diesen Vorgang dadurch, daß er das Fehlverhalten des Klienten als Strategie verdeutlicht. So sieht der zwanghafte Klient vor der Therapie seinen Waschzwang als Hinweis auf den "Verlust seiner Sinne"; im Verlauf der Therapie gelangt er zu der Auffassung, daß sein Waschen mit einem Kommunikationsproblem zusammenhängt oder Ausdruck eines tiefsitzenden Schuldgefühls oder Ableger eines Verhaltensrepertoires ist, das durch sekundäre Vorteile aufrechterhalten wird.

Die Therapie konzentriert sich auf die Veränderung in drei Bereichen: dem der Selbstgespräche, dem des Verhaltens und dem der kognitiven Strukturen. Die Akzente und die Reihenfolge der therapeutischen Bearbeitung sind je nach Therapeut, Klient und Problem verschieden.

"Bei den depressiven Patienten von Beck mag es erforderlich sein, den Schwerpunkt auf Verhaltensmomente zu legen und sich zum inneren Sprechen und zu den kognitiven Strukturen vorzuarbeiten. Die Neurotiker von Ellis mögen für frontale Angriffe auf die kognitiven Strukturen empfänglich sein. Meine phobischen und ängstlichen Klienten benötigen u. U. ein Training der kognitiven Fertigkeiten, wobei der Schwerpunkt auf dem inneren Sprechen liegt." (Meichenbaum 1979, 225)

7. Der Diagnoseansatz der kognitiven Verhaltensmodifikation

Der kognitive Verhaltenstherapeut versucht, den Stil und das Auftreten der kognitiven Prozesse des Klienten (d. h. den inneren Dialog und die Vorstellungen) zu beurteilen und sie in bezug zum beobachtbaren Verhalten und den Empfindungen des Klienten zu stellen. Zwei Fragestellungen sind hier wichtig:

- Was vermag der Klient nicht zu sich zu sagen? – Es werden die Bedingungen seines Fehlverhaltens aufgedeckt, die Abweichung von dem, was er zu sich sagen sollte, um zu produktivem Verhalten und angemessener Leistung zu kommen.
- Was ist der Inhalt der kognitiven Prozesse, die mit produktivem Verhalten einhergehen?

Zur Beantwortung dieser Fragen benutzt der Therapeut verschiedene diagnostische Verfahren. Das vielleicht nützlichste Instrument ist das klinische Interview.

Das klinische Interview

Die erste Sitzung beginnt mit einer Erkundung des Ausmaßes und der Dauer des vom Klienten dargestellten Problems und seinen Erwartungen gegenüber der Therapie. Der Therapeut unternimmt eine Situationsanalyse des Klientenverhaltens. Meichenbaum (1979, 248) führt das Interview von Peterson (1968) an.

A. Definition des Problemverhaltens

1. Kennzeichen des Problems, wie sie der Klient festlegt

"Wenn ich es recht verstehe, kommen Sie hierher, weil . . ." (Diskutieren Sie die Gründe für die Kontaktaufnahme, soweit sie von der zuweisenden Institution oder aus anderen Informationsquellen stammen). "Ich möchte gerne, daß Sie mir darüber mehr erzählen. Wie sehen Sie das Problem?" (Versuchen Sie, wie gefordert, die Sichtweise des Klienten gegenüber seinem eigenen Problem zu kennzeichnen, d. h., was er tut oder woran er scheitert, was er oder irgendein anderer als Problem definiert.)

2. Ernsthaftigkeit des Problems

(a) "Wie schwerwiegend ist für Sie das Problem?" (Versuchen Sie, die Sichtweise des Klienten gegenüber seinem eigenen Problem zu bestimmen, d. h., was er tut oder woran er scheitert, was er oder irgendein anderer als Problem definiert.)

(b) "Wie oft kommt es bei Ihnen vor, daß . . .?" (Legen Sie das Problemverhalten dar, wenn es sich um eine Störung handelt, die mit Bloßstellungen verbunden ist; oder geben Sie die Gelegenheit zur Ausführung des gewünschten Verhaltens, wenn das Problem mit dem Unterlassen eines Verhaltens zusammenhängt. Das Ziel ist, Informationen über die Häufigkeit der Verhaltensweise zu erhalten.)

3. Allgemeinheitsgrad des Problems

(a) Dauer: "Wie lange geht das nun schon?" (b) Ausmaß "Bei welcher Gelegenheit tritt das Problem in der Regel auf?" (Versuchen Sie die Situationen zu kennzeichnen, in denen das Problemverhalten auftritt, z. B. "Haben Sie dieses Gefühl bei der Arbeit? Wie ist es zu Hause?")

B. Bestimmungsgrößen des Problemverhaltens

1. Bedingungen, die das Problemverhalten verstärken

"Nun möchte ich gerne, daß Sie an jene Male denken, bei denen es (das Problem) am schlimmsten ist. Was geht dabei vor?"

2. Bedingungen, die das Problemverhalten abmildern

"Wie ist es in Zeiten, wenn es (das Problem) besser geht? Was geht dabei vor?"

3. Wahrgenommene Ursachen

"Worauf ist Ihrer Meinung nach das Problem zurückzuführen?"

4. Besondere Vorbedingungen

"Denken Sie an das letzte Mal zurück, als das Problem auftrat. Was passierte dabei?" – Erforderliche Informationen: (a) Soziale Einflüsse – "Waren irgendwelche anderen Leute dabei? Wer? Was taten sie?" (b) Einflüsse durch den Betroffenen – "Woran dachten Sie die ganze Zeit? Wie fühlten Sie sich?"

5. Besondere Folgen

"Was passierte, nachdem das Problem auftrat?" – Erforderliche Informationen: (a) Soziale Folgen – "Was machten die anderen?" (andere Personen, die vom Klienten vorher als wichtig eingeschätzt wurden). (b) Folgeerscheinungen beim Betroffenen – "Welchen Einfluß hatte dies auf Ihre Gefühlslage?"

6. Veränderungsvorschläge

"Sie haben mir über das Problem eine Menge erzählt. Was glauben Sie, könnte man tun, um die Situation zu verbessern?"

Das Interesse des kognitiven Verhaltenstherapeuten geht über die Fragen im Interview von Peterson hinaus. Er veranlaßt den Klienten zur Mitteilung seiner Empfindungen und Gedanken, die – in einem typischen Beispiel – seinem Problemverhalten vorausgingen, es begleiteten und auf es folgten. Der Klient soll sich einen typischen Vorfall der letzten Zeit konkret vorstellen und dabei darauf achten, was in seinem Kopfe vorging und wie er sich dabei verhalten hat. Der Klient wird angehalten, auf Kleinigkeiten zu achten, die besonderen Gedanken, Vorstellungen, Phantasien und Empfindungen sich vergegenwärtigen, die er in einer bestimmten Situation erfahren hat.

Nach der Beschreibung des Vorfalls und nach dem Bericht über die bildlichen Vorstellungen fragt der Therapeut, ob der Klient in anderen Situationen ähnliche Gedanken und Empfindungen hatte.

Weiter fragt er danach, seit wann oder wie lange der Klient schon zu sich selbst so gesprochen und über sich gedacht hat.

Die Diagnose dient nicht nur der Bewertung des inneren Dialogs des Klienten, sondern sie wirkt auch als Anreiz für diesen, seinen problembezogenen inneren Dialog zu verändern.

Die kognitiv-funktionale Beschreibung und Beurteilung wird den Klienten zu der Feststellung führen, daß sich ein Teil seiner Probleme aus dem ergibt, was er zu sich selbst sagt. Zugleich wird der Klient erkennen, daß er seine Gedanken steuern kann, daß er also nicht das Opfer dieser Gedanken und Empfindungen ist. Der Therapeut vermittelt dem Klienten seine Verwunderung darüber, daß dieser sich für solche selbstschädigenden Gedanken und Empfindungen entschieden hat. Der Klient erfährt, daß man für das Lernen der Selbstkontrolle etwas tun kann.

Zu betonen ist, daß – wenn der Klient erst einmal seine Selbstgespräche ins Blickfeld genommen hat – er in seiner Wachsamkeit, Bewußtheit und Einsicht voranschreitet und produktive Gedanken und Verhaltensweisen in Gang setzt.

Die Verhaltenstests

Ein brauchbarer Weg, dem Klienten bewußt zu machen, wie sein Denkstil sein Verhalten und seinen Kummer beeinflußt, besteht in der Durchführung von Verhaltenstests. Der Klient wird aufgefordert, bestimmte Tätigkeiten auszuführen: Ein sprechängstlicher Klient soll vor der Gruppe sprechen, ein phobischer Klient soll sich in die phobische Situation begeben, ein depressiver Klient hat sich mit bestimmten Aufgaben zu beschäftigen.

Fragen, die der Klient dabei beantworten soll, sind etwa:

- In welchen Situationen werden bei mir besondere Selbstaussagen und Vorstellungen ausgelöst?
- Bei welchen Gelegenheiten beginne ich mich ängstlich zu fühlen?
- Wann erlebte ich die stärkste Angst?

Der Klient kann zum Rollenspiel aufgefordert werden, in dem er sein fehlangepaßtes Verhalten zeigt. Danach kann er die erfahrenen Gedanken und Empfindungen rekonstruieren.

Der Klient kann auch über die Deutung von Situationsbildern und die Beurteilung von Handlungen und Interaktionen in Kurzgeschichten zur Klärung seiner Vor-Einstellung geführt werden.

III. Die Kognitive Verhaltenstherapie (M. J. Mahoney)

Mahoney setzt sich kritisch mit dem klassischen Behaviorismus auseinander. Er zeigt, wie die "nichtvermittelnden Modelle Reiz – Organismus – Reaktion" unzulänglich für eine wirksame Therapie sind. Man wollte nach dem Prinzip der Sparsamkeit nur die direkt beobachtbaren Verhaltensvariablen, eben die Reize und Reaktionen berücksichtigen, um Komplikationen bei der Erklärung von Verhalten zu vermeiden. Zu erschließende Variablen führen – so meinten die klassischen Behavioristen – von den Daten und damit von einer angemessenen Verhaltensbeschreibung weg.

Auch Schlußfolgerungen (inferences) sind im klassischen Modell verpönt, bedeuten sie doch einen Sprung von beobachteten zu nichtbeobachteten Ereignissen.

"Viele heutige Verhaltensmodifikatoren halten alle Schlußfolgerungen für 'schlecht'. Private, nicht beobachtete Ereignisse werden automatisch als 'mentalistisch' eingestuft und sind deswegen illegitim und unwissenschaftlich. Erschlossene Vermittler, auch wenn man sie operational bestimmt, werden oft hochmütig als 'weich', unsparsam und überflüssig abgetan" (Mahoney 1977, 36)

Es ist ein Verdienst der kognitiven Psychologen – und darauf hat Mahoney vielfach hingewiesen – gezeigt zu haben, daß ein Input-Output-Modell des passiven Organismus äußerst unangemessen ist. "Der Mensch registriert nicht passiv die Welt, so wie sie wirklich ist: er filtert, verändert und gestaltet die Erfahrungen, die seine 'Realität' bilden" (1977, 41). Natürlich müssen wir bei Schlußfolgerungen sehr behutsam vorgehen und sie an dem Kriterium einer Vergrößerung der Vorhersage-Genauigkeit oder der konzeptionellen Weite messen. "Ein vermutetes Element ist in dem Maße logisch gerechtfertigt, in dem es sich bei der Vorhersage, Kontrolle oder beim Verstehen systematischer Beziehungen als nützlich erweist." (1977, 45)

Im Mittelpunkt der Therapiekonzeption von Mahoney stehen: die kognitive Umstrukturierung, die Selbstinstruktionen, das Training der Bewältigungsfertigkeiten, Problemlösen und Attribution und letztlich der Hinweis auf die Bedeutung der Überzeugungen und Überzeugungsänderungen.

1. Die kognitive Umstrukturierung

Die kognitive Psychologie geht in ihrer Grundauffassung auf den stoischen Philosophen Epiktet (60 v.Chr.) zurück, der erkannte, daß die Menschen nicht durch die Dinge gestört werden, sondern dadurch, wie sie die Dinge betrachten. Fehlangepaßte Gefühle resultieren aus fehlangepaßten Gedanken. Ellis hat diese Erkenntnis am deutlichsten in seine Therapie eingebracht. Er hat die wichtigsten irrationalen Ideen, die emotionale Störungen verursachen und aufrechterhalten, herausgestellt und gezeigt, wie man sie auflösen und an ihre Stelle produktive Denkmuster setzen kann.

In der Nachfolge und Auseinandersetzung mit Ellis haben sich einige Autoren bemüht, umfassendere Kategorien gestörter Gedanken aufzuzeigen, so z. B. Beck (1970, 184–200) und Lazarus (1971).

Worin sind die üblichen Verzerrungen der Denkmuster von Klienten begründet?

(1) Willkürliches Kausaldenken

Es werden Schlußfolgerungen gezogen, ohne daß Beweise vorliegen. So kommt es vor, daß ein unbeantworteter Brief als Beweis für eine Zurückweisung interpretiert wird.

(2) Übertriebene Verallgemeinerung

Ein einziges Ereignis schafft eine allgemeine Regel. So versagte der Klient z. B. in einer einzigen heterosexuellen Beziehung und schließt daraus, daß er impotent sei.

(3) Überhöhte Bedeutungszumessung eines Ereignisses (Magnifizierung)

So werden z. B. gewisse vorkommende Regulationsstörungen, wie Verdauungsbeschwerden und Kurzatmigkeit als Anzeichen eines drohenden Herzversagens interpretiert.

(4) Nichtbeachtung eines wichtigen Aspekts einer Lebenssituation

Beck bezeichnet diese Haltung als "kognitives Defizit". Solche Klienten können ihre Aufmerksamkeit nicht auf relevante Erfahrungsinformationen richten, sie damit auch nicht verwenden und integrieren (selektive Unaufmerksamkeit).

(5) Dichotomisierendes Denken

Die Klienten ziehen nur zwei mögliche Bewertungen eines Ereignisses in Betracht. Die Sache ist entweder gut oder schlecht, richtig oder falsch usw. Es werden keine Zwischenstufen, kein Kontinuum wahrgenommen (Freund oder Feind, Vertrauen oder Mißtrauen ohne Vertrauenskontinuum).

(6) Übertriebene Sozialisation

Der Klient ist unfähig, die Willkürlichkeit vieler kultureller Sitten zu erkennen und in Frage zu stellen. Macht korrumpiert, Masturbation ist Sünde, Selbsttötung ist verwerflich etc.

(7) Ungenaue Antizipation von Konsequenzen

Die Erwartung bestimmter Folgen spielt für unser Verhalten und Handeln eine große Rolle. Recht häufig haben die Klienten hinsichtlich der Folgen und der Wirkung ihres Verhaltens auf andere recht verschwommene und zum Teil abwegige Vorstellungen.

(8) Wahrscheinlichkeitstäuschung

Bei depressiven und besonders zwanghaften Klienten fällt auf, daß sie das Eintreten eines negativen Ereignisses für sicher halten, wo in Wirklichkeit nur eine sehr geringe Wahrscheinlichkeit besteht.

Die Änderung der selbständigenden Denkmuster bezeichnet man als kognitive Umstrukturierung oder rationale Neubewertung.

Um therapeutisch die Denkmuster anzugehen, ist es zweckmäßig, den Auffassungs- und Verarbeitungsprozeß in Komponenten aufzugliedern. Ellis hat dies mit seiner A-B-C-D-E-Terminologie getan. Das Aufdecken und Erkennen von Irrationalität, Unlogik, falschen Annahmen und Meinungen ist nur der erste Schritt der Therapie, ihre kognitive Etappe. In der darauf folgenden behavioralen Etappe praktiziert der Klient die Einsicht in Verhaltensübungen im Umgang mit anderen.

Wir sollten uns in diesem Abschnitt noch etwas näher mit der Modifizierung von Überzeugungen befassen. Wir wissen bereits, daß der Mensch weniger auf objektiv gegebene Realitäten reagiert, sondern eher auf eine konstruierte Realität. Wir leben in zwei Welten, in der der Fakten und in der der Fiktionen. Die letzteren bestimmen zumeist in höherem Maße unser Verhalten. Wir merken dies im allgemeinen nicht. Erst dann, wenn unsere Überzeugungen sich beträchtlich von denen unterscheiden, die sozial anerkannt sind, erhalten wir das Etikett "Abweichung".

Nach Bem (1970) unterscheiden wir zwei Gruppen von Überzeugungen, die primitiven Überzeugungen, die einfach mit der menschlichen Struktur gegeben sind, wie z.B. die Gültigkeit unserer eigenen Sinneseindrücke und die Annahmen, wie die der Kausalität, sowie die Überzeugungen höherer Ordnung, um deren Bestätigung und Rechtfertigung wir uns bemühen (z.B. politische, religiöse Einstellungen).

Überzeugungen sind Handlungsbereitschaften. Wenn ich die Überzeugung eines Klienten kenne, kann ich weitgehend sein Verhalten voraussagen.

Die Stärke der Überzeugung spiegelt sich in der Häufigkeit und Form der Handlungen, die sie hervorruft. Therapeutisch wichtig ist die Frage nach der Veränderungsfähigkeit. Rokeach (1960) meint, daß die Menschen sich in ihrer Rigidität oder Offenheit für kognitive Veränderungen beträchtlich unterscheiden. Der kognitiv offene Klient ist flexibler und sensibler für genaue Informationsverarbeitung; der kognitiv verschlossene (rigide) Klient sträubt sich gegen den Druck nach Veränderung.

Die Überzeugungen werden durch implizite Selbstverbalisierungen und häufige Wiederholungen gestützt. Zugleich wird versucht, sie logisch zu stützen und zu rechtfertigen. Um Überzeugungen zu verändern, sollten wir den Klienten zur kritischen Überprüfung und Bewertung anregen. Von außen – sei es auch vom Therapeuten – herangetragene Veränderungswünsche oder -zwänge sind wenig erfolgversprechend (Rosen u. Wyer 1972, 420–424). Mahoney veranschaulicht diesen Gesichtspunkt durch eine Anekdote über einen psychiatrischen Patienten,

> "der glaubte, daß er tot sei. Ein Psychiater, der bei seinen Anstrengungen, den Patienten von dieser Überzeugung abzubringen, frustriert wurde, wagte ein kleines Experiment, um diese Frage zu klären. Er fragte den Patienten: 'Bluten tote Leute?' – 'Nein, natürlich nicht', war die Antwort, woraufhin der Psychiater schnell ein Skalpell nahm und in den Finger des Patienten stach. Er blieb ruhig stehen, als der erstaunte Mann einen winzigen Blutstropfen von dem Einschnitt herabträufeln sah. Nach einem ängstlichen Schweigen und irgendeiner offensichtlichen kognitiven Umstrukturierung schaute der Patient auf und bemerkte: 'Nicht zu glauben' Tote Leute bluten doch!'" (Mahoney 1977, 270)

Die Festigkeit vieler Überzeugungen kommt dadurch zustande, daß sie unsere Gefühlslage bestimmen, mit ihr fest verankert sind. Überzeugungen geben uns damit auch eine gewisse kognitiv-emotionale Stabilität. Änderungen werden nicht zugelassen, weil sie Unsicherheit und Angst auslösen könnten.

Hinzu kommt, daß der Mensch dazu neigt, sich immer wieder selbst zu bestätigen.

Bereits Francis Bacon hat in seinem "Novum organum" (1621) darauf hingewiesen, daß selbst zahlreiche gegenteilige Beispiele wenig bewirken. Sie werden entweder nicht beachtet, gering eingeschätzt oder zurückgewiesen. Erfahrungen, die unseren Überzeugungen und der sich in ihnen zeigenden angemessenen Welt widersprechen, werden selektiv ignoriert oder verzerrt. Die Verifikation ist dem Menschen im allgemeinen wichtiger als die Falsifikation. Wir halten uns in Umwelten auf, die die Wahrscheinlichkeit bestätigenden Feedbacks erhöhen. Thomas Kuhn (1967) hat dieses Thema wissenschaftshistorisch bearbeitet.

Von der Therapie her gesehen kommt der Überzeugungsänderung eine hohe Bedeutung zu, da falsche und unangemessene Überzeugungen mitverantwortlich sind für die verbreiteten psychischen und psychosomatischen Störungen. Aber Überzeugungsänderung allein kann einen Klienten nicht von seinen Beschwerden befreien. Er muß im gleichen Maße sein Verhalten ändern. Der Verhaltensänderung kommt eine gewisse Priorität zu, da eine Einstellungsänderung der Verhaltensänderung eher zu folgen als ihr vorauszugehen scheint. In diesem Punkte weiche ich – wohl allein durch meine Praxiserfahrung – von Mahoney ab, der meint, daß die Prioritätsfrage nicht gestellt werden sollte, da sich Überzeugung und Verhalten als komplexere interkorrelierte Phänomene ausweisen. Es gibt jedoch ein Argument für die besondere Beachtung und Bedeutung der Verhaltensänderung. Der Klient erhält nur über verändertes Verhalten soziales Feedback. Selbst wenn dieses anfangs, gelegentlich z. B. bei Partnern und Angehörigen, nicht positiv ist, erkennt der Klient doch, daß sein verändertes Verhalten Veränderung auch bei anderen bewirkt.

Welche Verfahren und Erfahrungen können zur Überzeugungsänderung beitragen? Mahoney weist auf fünf Möglichkeiten hin:

(1) Erklärung des Vorgangs der Informationsverarbeitung.
(2) Beziehung der Überzeugung zu damit zusammenhängenden kognitiven Strukturen aufzeigen.
(3) Aufweis, daß die unproduktive Überzeugung zu unproduktiven persönlichen und sozialen Konsequenzen führt.
(4) Wiederholende Vergegenwärtigung der Überzeugung und ihrer Wirkung.
(5) Änderung der Überzeugung verstärken, d. h. bestätigende Erfahrung durch Verhaltensäußerung, die der erwünschten Überzeugung kongruent ist.

Die Überzeugungsänderung kann sich schrittweise oder plötzlich vollziehen. Im ersten Falle ist es ein regelrechter Lernprozeß, der allmählich – oft mit Stillständen, Widerständen und gelegentlichen Rückschritten – die neue Überzeugung aufbaut. Im anderen Falle kommt es plötzlich über den Zusammenbruch der alten Ansichten zu einer "durchschlagenden Veränderung", ähnlich wie wir sie aus vielen religiösen Bekehrungsberichten kennen. Wir wissen aber noch nichts über die näheren Bedingungen, die zu diesen grundsätzlich verlaufenden Ergebnissen führen. (Brem 1960).

2. Die Selbstinstruktionen

Kognitive Therapeuten versuchen, dem Klienten seinen eigenen Denkstil, seine inneren Dialoge bewußt zu machen. Sie vermitteln ihm dabei die Einsicht, daß man das

Denken (nur dann) unter Kontrolle bringen kann. In Zusammenarbeit mit dem Klienten analysieren sie dessen bisherige Selbstaussagen und arbeiten ein Inventar von positiven Selbstaussagen aus, das mit den bisherigen negativen Selbstaussagen inkompatibel ist. Zugleich wird der Klient auf die korrespondierenden produktiven Verhaltensweisen aufmerksam gemacht.

Verhaltenstherapeuten konzentrieren ihre Behandlung auf die fehlangepaßten offenen Verhaltensweisen des Klienten. Sie lassen den Klienten ein Inventar produktiver offener Verhaltensweisen lernen. Es wird angenommen, daß der Klient – in dem Maße, wie er sich das neue Verhalten aneignet und dieses von seinen Bezugspersonen verstärkt wird – auch seine Kognitionen ändert.

Kognitive Verhaltenstherapeuten gehen in beiden Richtungen vor: systematische Veränderung der Kognitionen und systematische Veränderung des Verhaltens. Innerhalb dieser kombinierten Therapie entwickelten sich die Übungsverfahren der Selbstinstruktion.

Wichtig ist, daß der Klient gut für seine Verhaltensänderung motiviert ist. Als relevante Therapie-Motivationsfaktoren werden betrachtet: Leidensdruck, Änderungswunsch und Erfolgserwartung bzw. Nutzenerwartung.

Der Klient wird durch die Therapie zur Selbstexploration und damit zur Erzeugung selbstkritischer Einsichten angeregt. Er erkennt, daß die Quelle seiner emotionalen Befindlichkeit, das Bedrücktsein in seiner eigenen Persönlichkeit liegt. Selbstexploration steht in engem Zusammenhang mit Leidensdruck.

Die selbstkritischen Einsichten eröffnen den Weg zum Selbstkontroll-Verhalten, zum Änderungswunsch. Der Klient weiß, daß in ihm Kräfte liegen, die nach Heilung drängen. Er sucht jetzt nicht Hilfe bei anderen, sondern richtet sein Augenmerk auf Selbsthilfe, auf die Aktivierung seiner Bewältigungskräfte.

Die Erfolgserwartung entsteht durch das Vertrauen in den Therapeuten und seine Methode. Gestützt wird die Erfolgserwartung durch die Kenntnisnahme eigener Kräfte und positiver Rückmeldungen (Feedback). Erfolgserwartung bedeutet zumeist auch Nutzenerwartung.

Durch die Koppelung der Selbstkontrolle an wahrnehmbare Symptomreduktion wird die Selbstkontroll-Aktivität im therapeutischen Prozeß ständig neu aufgeladen. Es kommt zur Selbstverstärkung.

Der Therapieprozeß läßt sich in drei Etappen von individuell verschiedener Länge aufgliedern. In der ersten Etappe geht es darum, dem Klienten zu einer vertieften Einsicht in sein(e) Problem(e) zu verhelfen und ihn mit der therapeutischen Vorgehensweise vertraut zu machen, ihm dabei seine aktive Rolle zu verdeutlichen. In der zweiten Etappe hilft der Therapeut dem Klienten, die begriffliche Struktur des vorgestellten Problems auszuforschen und zu erproben. In der dritten Etappe hilft der Therapeut dem Klienten bei der Modifikation seiner Selbsturteile und beim Aufbau neuer produktiver Verhaltensweisen.

Erste Etappe: Begriffliche Strukturierung des Problems

Der Klient beschreibt sein Problem in seiner Sicht und Ausdrucksweise. In Zusammenarbeit mit dem Therapeuten lernt der Klient, das Problem in einem neuen Lichte und Zusammenhang zu sehen. So erfährt er z.B. etwas von der Bedeutung, die seine eigenen Denkvorgänge und Selbstgespräche als Quelle für sein Fühlen und Handeln, d. h. seine Problemlage, haben. Der Klient lernt, sein Problem in Begriffe zu fassen, die ihm das Gefühl der Kontrollierbarkeit und damit die Hoffnung auf Erfolg vermitteln.

Zweite Etappe: Die Erprobung des Konzepts

Der Klient berichtet über seine Hausaufgabe, auf seine Selbstaussagen zu achten. Dabei wird dem Klienten deutlich, daß sein Denkstil ein Schlüssel zu seinem Problem ist. Der Klient entdeckt, daß seine Befürchtungen und Ängste nicht Eigenschaften äußerer Ereignisse sind, sondern daß es seine eigenen Gedanken sind, die die Angst auslösen. Der Therapeut gibt dazu ein paar Beispiele, um das Prinzip der Therapie zu erläutern, etwa das Beispiel einer öffentlichen Rede mit zwei unterschiedlichen inneren Dialogen. Außerdem wird

– die Bedeutung der Entspannung für Wahrnehmen, Denken, Fühlen sowie Verhalten betont,
– die Bedeutung von Aktivität, d. h. der aktiven Auseinandersetzung (im Gegensatz zum Vermeidungs- und Rückzugsverhalten) für die Problembewältigung herausgestellt,
– die Bedeutung der Selbstverstärkung bei Schritten der Erfolgsbuchung erklärt und
– der Wert der Selbstbestimmung und Selbstverantwortung in der Lebensführung verdeutlicht.

Dritte Etappe: Die Aneignung und Anwendung der veränderten Selbstaussagen

Die Selbstaussagen und ihre Modifikation stehen im Mittelpunkt der rational-emotiven Therapie von Ellis. Sie spielen dann aber auch noch eine besondere Rolle in der systematischen Desensibilisierung und im Gedankenstop. Darüber hinaus lassen sich Selbstaussagen und ihre Veränderung leicht mit dem Modellernen verbinden.

Jede der genannten therapeutischen Maßnahmen hat ihr bevorzugtes Bezugsfeld: Die rational-emotive Therapie greift rationale Vorstellungen und Überzeugungen an. Die systematische Desensibilisierung baut Angst und Unsicherheit ab. Der Gedankenstop unterbricht automatisierte Gedanken- und Handlungsvollzüge. Beim Modellernen geht es vor allem um die Aneignung komplexer sozialer Verhaltensweisen.

In dieser Etappe geht es um den Bezug der Selbstaussagen zum Verhalten und um den Aufweis praktikabler therapeutischer Wege. Eigene Zielsetzungen haben eine motivierende Kraft. Die Antizipation der Zielerreichung wird ergänzt und gestützt durch die Beurteilung des Beitrags einzelner Verhaltensweisen zur Zielverwirklichung. Die Selbstinstruktionen üben einen direkten Einfluß auf die Veränderung des Verhaltens aus. Die Vorstellungen bahnen als Einbildungskraft die neuen Wege des Verhaltens.

Der Einsatz der Vorstellung, Imagination bzw. der vorwegnehmenden Phantasie (Antizipation) kommt in verschiedenen Variationen noch in folgenden Verfahren zur Geltung:

Zielpeilung. Der Klient hat sich deutlich das Ziel, das er erreichen will, vorzustellen.

Steigerungstechnik. Der Klient hat sich die schrittweise Verbesserung seines Verhaltens, die etappenweise Annäherung an ein Verhaltensoptimum, vorzustellen.

Formelhafte Vorsatzbildung. Sie kommt vor allem im Autogenen Training zur Beruhigung und Stabilisierung vegetativer Funktionen zur Anwendung.

Denkvisualisierung. Dieses von Simonton und Simonton entwickelte Verfahren soll die Heilungskräfte mobilisieren. Der Klient stellt sich den auf seine Krankheit bezogenen Gesundungsprozeß in allen Details vor.

Symbolbild-Stützung. Anhand einer Zeichnung wird z. B. ein aufwärtsführender breiter Weg (der Lebenspfad) mit verschiedenen seitlichen Abzweigungen (die Irrwege) gezeichnet. In kritischen Versuchssituationen stellt sich der Klient das Ziel, "auf dem Pfade zu bleiben" und weiterzugehen, lebhaft vor.

Kontrastpersonalisierung. Der Klient lernt in der Therapie, seine Denk- und Verhaltensweisen zwei Instanzen zuzuordnen, dem förderlichen (positiven) und dem einschränkenden (negativen) Teil seiner Persönlichkeit. Er hat die Aufgabe, bei Schwankungen seinen positiven Teil zu befragen und sich an ihm zu orientieren.

3. Das Training der Bewältigungsfertigkeiten

Die Fähigkeit einer Person, sich an belastende Situationen anzupassen, wird entscheidend durch ihr Reaktionspotential beeinflußt. Die Aneignung von Bewältigungsfertigkeiten bringt eine direkte, stellvertretende und selbststimulatorische Erfahrung mit sich.

Goldfried war der erste, der die Desensibilisierung in einen weiteren Zusammenhang stellte und sie zum Training der Bewältigungsfertigkeiten ausbaute. Der Klient soll sich im Rahmen der Desensibilisierung die Selbstentspannungsfähigkeit aneignen. Die Entspannung wird als vielseitig verwendbare Bewältigungsstrategie aufgefaßt. (Goldfried 1973)

Die angsterregende Vorstellung wird aufrechterhalten und dann aktiv "wegentspannt".

Am besten ausgearbeitet worden ist diese Methode im Rahmen eines Trainings zur Streßimmunisierung. Eingeleitet wird das Training durch eine Diskussion von Streßreaktionen, wobei die Vorgänge der Etikettierung, der Attribution und erregungsauslösenden Selbstaussagen betont beachtet werden.

Das Entspannungstraining wird als aktive Bewältigungsfertigkeit dargestellt. Der Klient hat dann bewältigende Selbstaussagen einzuüben (kognitive Selbststeuerung, Vorbereitung auf Streß) und seine Bewältigungsfertigkeit in Streßsituationen einzusetzen.

Die Aktionspläne müssen vier Kriterien erfüllen: "Sie müssen: realistisch, legitim (im Rahmen der jeweiligen Organisation), flexibel (in bezug auf Ziele und Zeitpläne) und gestaffelt (schrittweises Annähern an die Ziele) sein." (Cooper 1981, 166)

Cooper findet es deprimierend, daß viele Menschen in ihrem Lebensstil gefangen zu sein scheinen, einem Lebensstil, den sie weder befriedigend noch bedeutungsvoll finden, daß sie den Versuch unterlassen, daran etwas zu verändern, eine Neuprogrammierung ihres Lebensstils vorzunehmen. "In gewissem Maße haben wir alle die Gelegenheit, unser eigenes Schicksal zu kontrollieren und unseren Lebensstil zu ändern. Unglücklicherweise jedoch sehen viele Leute das erst, wenn es zu spät ist" (Cooper 1981, 103). Wir müssen die Aspekte unseres Lebensstils erkennen, die Immobilität schaffen, uns hindern, wichtige Lebensziele zu erreichen. Wir müssen den sich durch unser Leben ziehenden emotionalen roten Faden durchtrennen, unser Verhalten ändern, die bisherigen Muster umgestalten. Wichtig dabei ist, daß man nicht den Umständen und den anderen die Schuld für Fehlschläge und einen unbefriedigenden Lebensmodus gibt.

Pfeifer u. Jones (1970, 113–138) haben eine Übung zur Lebensplanung ausgearbeitet, die sich aus drei Teilen zusammensetzt; der Klient versucht, jeweils eine Frage zu beantworten, die sich auf die drei Aspekte des Lebens – Beruf, Privatleben, persönliche Entwicklung – beziehen:

(1) Wo befinde ich mich jetzt? Der Klient hat ein Diagramm oder eine Lebenslinie zu zeichnen, die die Vergangenheit, Gegenwart und Zukunft seiner beruflichen Entwicklung und Tätigkeit beschreibt, wobei Hoch- und Tiefpunkte der Laufbahn anzugeben sind. Die gleiche Kurve ist für das Privatleben und für die Ebene der persönlichen inneren Welt zu zeichnen und zu erläutern.

(2) Wer bin ich? Es sind jeweils bis zu zwanzig Eigenschaftswörter, die der Klient in jeder der Ebenen sich zuschreiben kann, anzugeben. Danach sind die Eigenschaften, für jede Liste getrennt, den drei Kategorien positiv, neutral, negativ zuzuordnen.

(3) Wer will ich sein? Der Klient soll für jeden der Lebensbereiche bis zu zehn Idealziele auflisten. Danach sind die Ideale für jeden Bereich – Arbeit, Privatleben, Persönlichkeit – in eine Rangliste zu bringen, wobei die einzelnen Ziele mit den Ziffern 1 bis 4 zu kennzeichnen sind (1 = geringe Bedeutung, 2 = mäßige Bedeutung, 3 = große Bedeutung, 4 = sehr große Bedeutung).

Danach kann der Lebensplan ausgearbeitet werden, wobei für die Zielerreichung konkrete Schritte und Zeiten anzugeben sind.

4. Das Problemlösen

Das Ziel der Therapie soll es sein, die Klienten zur Lösung seiner Probleme anzuregen, so daß er im Laufe der Therapie die Fähigkeit erreicht, sein eigener Psychotherapeut zu sein. Oft sind zu diesem Zeitpunkt noch nicht alle Pläne des Klienten aufbereitet. Der Therapeut sollte mit Einverständnis des Klienten die Therapie jedoch abbrechen und den Klienten zur Weiterarbeit in eigener Regie ermutigen.

Der Klient erreicht diese Fähigkeit durch Verbesserung seiner kognitiven Struktur mit ihren zwei Strukturelementen: der epistemischen Struktur als Informationsträger (Wissensbestand) und der heuristischen Struktur als Bank von Operatoren (Finde- und Problemlösungsverfahren). Der Klient erweitert sein Wissen über die das Problem konstituierenden und modifizierenden Bedingungen durch eine Um-

und Neuorientierung seiner subjektiven Erlebnisweisen (Korrektur seiner Wahrnehmungen, seiner Vorstellungen, Erwartungen, Befürchtungen, seines Denkens, seiner Gefühle und Einstellungen).

"Um Probleme günstig zu lösen, muß der Problemlöser nicht nur auf Wissensbestände der epistemischen Struktur zurückgreifen können. Als wesentliches Bestimmungsstück für effektive Problemlösung kommt hier die Fähigkeit des Menschen dazu, Um- und Neustrukturierung von Gedächtnisinhalten (selbständig) vornehmen zu können. Der Problemlöser wendet dazu heuristische Verfahren oder kurz: Heurismen an. Heurismen lassen sich als Operatoren zur Bildung von Operatoren verstehen. Sie sind sozusagen Metaoperatoren. Die Problemlöser benutzen sie als Problemlösestrategien, zumeist durch eigene und/oder fremde Erfahrungen gestützt, die sich aus ihrer Anwendung in voneinander zumeist verschiedene Situationen und Problemstellungen ableiten lassen." (Fiedler 1981, 34)

In der Denkpsychologie, speziell der Kreativitätsforschung, sind eine Reihe von Problemanalysen und -lösungen systematisiert und zu Problemlösungsregeln und -strategien verarbeitet worden. Bromme u. Hömberg (1977, 8–22) haben sie in eine überschaubare Ordnung gebracht, in eine Klassifikation möglicher heuristischer Regeln selbständigen Problemlösens. Wir geben sie hier etwas gekürzt wieder:

(1) Regeln für die Problemanalyse und die Planung des Vorgehens:

– Erfasse die Problemsituation.
– Beschreibe das Problem präzise.
– Führe passende Bezeichnungen ein.
– Klassifiziere das Problem.
– Formuliere Teilziele.
– Plane die Arbeitsschritte.

(2) Regeln für die Eingrenzung des Lösungsraumes:

– Orientiere Dich an dem anzustrebenden Ziel.
– Schränke den zulässigen Lösungsbereich ein.
– Formuliere Prioritäten.
– Lege die Variablen fest, mit denen die Lösung erreicht werden soll.

(3) Regeln für die Generierung von Lösungshypothesen:

– Formuliere Hypothesen (z. B. mit Hilfe von Analogien).
– Verwende ein Modell.
– Variiere die Problemstellung.

(4) Regeln für die Auswahl von Lösungshypothesen:

– Formuliere alle Möglichkeiten und wähle die beste aus.
– Suche die Lösung durch trial-and-error-Verhalten.
– Suche die Lösung durch sukzessive Approximation.

(5) Regeln für die Überprüfung der Lösung:

– Überprüfe die Lösung.
– Ziehe Lehren aus der angewendeten Lösungsmethode.

Das Problemlösungshandeln vollzieht sich in den meisten Fällen in einem sozialen Kontext. Wenn man diesen Aspekt betrachtet, so spricht man vom interpersonellen Problemlösen.

Die Kognitive Verhaltenstherapie konzentriert sich in ihrer Arbeit auf die Vermittlung kognitiver und sozialer Fertigkeiten. Mit der kognitiven Umstrukturierung soll zugleich eine verbesserte soziale Haltung und Aktivität, d. h. eine soziale Handlungskompetenz, erreicht werden. Im einzelnen läßt sich diese Kompetenz an folgenden fünf Fertigkeiten ablesen:

– Sensitivität für interpersonelle Probleme,
– Erzeugen von alternativen Lösungen in Problemsituationen,
– Planung für einzelne Schritte sowie Mittel zur Lösung eines interpersonellen Problems,
– Voraussetzen und Einbeziehen der Konsequenzen sozialen Handelns als Auswirkung auf andere und einen selbst,
– Aktivität in sozialen Problemsituationen.

Was sollen wir bei einem vorliegenden Problem und bei dem Versuch, es zu lösen, beachten?

(1) Akzeptiere, daß Probleme normal sind und im Leben eine wichtige Rolle spielen.
(2) Reagiere nicht sofort "impulsiv" auf ein Problem. Hüte Dich aber zugleich davor, gar nichts zu unternehmen.
(3) Definiere, konkretisiere und zergliedere das Problem. Versuche, es sprachlich zu erfassen.
(4) Beschreibe wichtige frühere Erfahrungen im Umgang mit einem ähnlichen Problem.
(5) Versuche die vermutlichen Ursachen für das Problem zu finden.
(6) Erkenne die Bedingungen, die das Problem vermutlich aufrechterhalten bzw. die Problemlösung erschweren.
(7) Finde und prüfe Alternativen für die Lösung des Problems. Formuliere und beurteile Ziele und Teilziele.
(8) Durchdenke die Konsequenzen der Alternativen, wäge sie gegeneinander ab.
(9) Entscheide Dich für die Lösung, die die größten Erfolgschancen hat.
(10) Habe keine Angst vor einem Rückschlag oder Rückfall. Sei darauf vorbereitet.

5. Die Attribution

Der Mensch ist bemüht, Ordnung in seine Erfahrungen zu bringen, indem er Zusammenhänge zwischen Erscheinungen erschließt. Eine der wichtigsten Schlußfolgerungen des Menschen bezieht sich auf die Ursachen seines Verhaltens. Die angenommenen Ursachen beeinflussen das Verhalten. Klinisch bedeutsam ist dabei die Art der Kausalattribution.

> "Wenn wir beispielsweise folgern, daß unsere Migräne-Kopfschmerzen und Schwindelanfälle eher von einem bevorstehenden psychotischen Ausbruch und nicht so sehr von dem zufälligen Einatmen von Insektengift auf dem Heimweg von der Arbeit stammen, wird sich unser darauffolgendes Verhalten in entscheidender Weise verändern. Ähnlich verhält es sich, wenn wir

eine schlechte Note eher dem Vorurteil des Lehrers als unserer eigenen Inkompetenz zuschreiben ... Wird ... unserer Depression eine ... krankhafte Ursache zugrundegelegt, wird es uns schwerfallen, selbst daran etwas aktiv zu verbessern." (Mahoney 1977, 245)

Die Art der Kausalattribution wird durch viele Faktoren beeinflußt. Frühere Erfahrungen, Umfang und Art der gegenwärtig verfügbaren Informationen. Auch spielt der Adressat der Attribution eine Rolle. Wir führen bei einem anderen, besonders wenn er versagt hat, dies zumeist auf schwächere Persönlichkeitseigenschaften, wie Intelligenz, Willenskraft, Ausdauer u. a. zurück. Bei uns selbst neigen wir dazu, weniger eine persönlichkeitsspezifische, sondern eher eine situative Attribution vorzunehmen (Vorurteile der Lehrer, zu schwere und unverständliche Prüfungsaufgaben, Wetterlage). In drei Konzepten wurde das Attributionskonzept in spezifischer Weise weiter verfolgt, in der Psychologie der Lokalisation der Kontrolle, in der Therapie der Fehlattribution und in der Selbstwahrnehmungstheorie.

Lokalisation der Kontrolle

Menschen können sich als aktive Urheber oder passive Empfänger von Umwelteinflüssen auffassen; erstere glauben an eine interne, letztere an eine externe Kontrolle. Rotter (1966, 80) hat durch die Aufstellung der I-E-Skala ein Maß für die internale-externale Selbstwahrnehmung erarbeitet. Der Klient hat zwischen Paaren von gegensätzlichen Meinungsäußerungen zu wählen (z. B.: in meinem Leben ist vieles schief gegangen. Meistens waren andere daran schuld ... Meistens habe ich selbst schuld daran gehabt). "Internale Personen" übernehmen in konkreten Situationen mehr Initiative und Verantwortung. Sie beschaffen und verwerten Informationen wirkungsvoll, setzen sie bei Vorhaben, bei Schwierigkeiten und Konflikten besonnen ein, lernen aus Erfahrung, arbeiten an sich und an der Verbesserung ihrer Lage. Demgegenüber erwarten "externale Personen" Hilfe von anderen und von der Veränderung der Umstände. Da diese Hilfe und Veränderung zumeist nicht eintritt, sind sie enttäuscht, oft zweifeln sie an ihren Fähigkeiten, geraten dann in eine "gelernte Hilflosigkeit" und depressive Verstimmung. Für die Therapie ist es wichtig, daß der Klient eine aktive bewältigende Orientierung aufbaut. "Wenn sich jemand eher als passive Schachfigur und nicht so sehr als verantwortlich handelnd wahrnimmt, wird er mit viel geringerer Wahrscheinlichkeit aus der Therapie einen Nutzen ziehen..." (Mahoney 1977, 249)

Therapie der Fehlattribution

Der von Schachter u. Singer (1962, 379–399) erarbeitete Ansatz enthält einige praxisrelevante Therapievorschläge. Die Autoren befassen sich mit der Rolle der kognitiven Etikettierens bei emotionaler Erregung. Nach ihren Untersuchungen wird das Verhalten der Menschen entscheidend vom kognitiven Etikett für ihre physiologische Erregung beeinflußt. Die an sich neutrale Erregung kann durch suggestive Beeinflussung als angstvoller Ärger oder als hoffnungsvolle Freude erlebt werden.

"Die Art des Etiketts, das der autonomen Erregung zugeschrieben wird, kann ... sowohl subjektives Leiden als auch nachfolgendes Verhalten entscheidend beeinflussen. Wenn mein Konzentrationsmangel und meine erhöhte Erregung das Ergebnis von wenig Schlaf in der

Woche vor meiner Schlußprüfung sind und nicht durch eine von mir befürchtete Geisteskrankheit verursacht wurde, werden meine Handlungen sehr verschieden sein." (Mahoney 1977, 250)

In der Therapie hat der Therapeut die selbstschädigende Etikettierungen des Klienten aufzuspüren, sie ihm bewußt zu machen und den Klienten zu neutralen bzw. – wenn Situation und Lagebefindlichkeit des Klienten es zulassen – positiven Etikettierungen anzuleiten.

Die Selbstwahrnehmungstheorie

Die Selbstwahrnehmung nach Bem (1972, 1–62) ist als ein wichtiges Argument für den Einsatz gezielter Verhaltensübungen in der Therapie anzusehen (siehe hierzu den Abschnitt "Selbstwahrnehmungstheorie", Seite 140). Gefühle der Selbstsicherheit und Zuversicht werden durch Einübung in selbstsicheres Verhalten indiziert und erlebt. Wir sollten uns aber nicht auf diesen einseitigen Weg beschränken. Kognitive Verhaltenstherapie berücksichtigt die komplizierte Wechselwirkung von Überzeugung und Verhalten. Unsere Überzeugungen (Selbstwahrnehmungen) werden durch unser Verhalten beeinflußt, und unser Verhalten wird wiederum durch unsere Überzeugungen beeinflußt.

6. Das therapeutische Paradigma: Wissenschaftler für die eigene Person

In den letzten Jahren hat sich innerhalb der Verhaltenstherapie eine dramatische Wende ergeben. Im traditionellen Modell des Lernens ist einiges in Bewegung geraten; selbst ihre Konstrukteure betrachten es kritisch. Es findet eine Konvergenz statt in Richtung einer umfassenderen Kognitiven Verhaltenstheorie. Jede verhaltenstherapeutische Zeitschrift bietet eine angemessene Bestätigung dieses Trends.

Innerhalb der verhaltenstheoretischen Forschung wird die Vermittlung betont. Die kognitiv-symbolischen Handlungen sind beim Rahmenthema Verhaltensmodifikation ein bevorzugtes Forschungsthema. Ähnliche Trends zeigen sich auch auf anderen psychologischen Gebieten, auf dem Gebiet der Wahrnehmung, des Problemlösens, der Motivation usw. Dember (1974, 16) formuliert kurz und bündig: "Psychologie ist kognitiv geworden".

Eine wichtige Rolle bei der kognitiven Wende spielt die Information.

"Ein großer Prozentsatz der am menschlichen Verhalten beobachtenden Varianz scheint durch zentrale, Information übermittelnde Prozesse beeinflußt zu werden. Literatur, die die Gebiete des stellvertretenden Lernens, der Bewußtheit, Erwartung und des Problemlösens abdeckt, bestätigt leicht diesen Brennpunkt." (Mahoney 1977, 307)

Eine Reihe bereits etablierter Therapien legen besonderen Wert auf die systematische Veränderung von Gedanken und Vorstellungen. Es wird angenommen, daß diese verdeckten Ereignisse eine entscheidende Rolle bei Verhaltensstörungen spielen. Sie verwenden verdecktes Modellernen, Selbstinstruktion und teilnehmendes Modellernen als strukturiertes Training in der Veränderung der kognitiven Verhaltensweisen.

Kognitive Verhaltensmodifikation konzentriert sich in den letzten Jahren nicht nur auf den Abbau selbstschädigender Gedanken und irrationaler Überzeugungen, sondern im zunehmenden Maße auf die Förderung von Bewältigungsfertigkeiten (coping-Prozesse). Deutlich wird dies besonders in einer Breitbandtherapie, die das Training der Selbstkontrolle, der Selbstsicherheit und des Problemlösens in die Therapie der Verhaltensmodifikation einbezieht.

Jede Therapie – will sie erfolgreich sein – muß den Klienten mit umfassenden und wirksamen Bewältigungsfertigkeiten ausstatten. Dieser Gesichtspunkt ergibt sich aus der Tatsache, daß die Klienten wohl wegen eines dominierenden Problems zur Therapie kommen, in der Therapie sich aber fast durchgängig zeigt, daß multiple Beschwerden vorliegen. Mahoney weist auf die gleiche Ausgangslage hin, in der ein forschender Wissenschaftler und ein Klient stehen:

"Zwischen einem empirischen Forschungsproblem und einem Kummer bereitenden persönlichen Problem gibt es wenige qualitative Unterschiede, obwohl ihre Parameter und autonomen Begleiterscheinungen variieren können. Wir dichotomisieren jedoch oft ihre angeblichen Lösungen. 'Professionelle' Probleme werden mit der wissenschaftlichen Methode angegangen – systematische Beobachtung, Formulierung von Hypothesen, überprüfende Tests usw. Andererseits werden 'persönliche' Probleme so behandelt, als ob sie verschieden wären. Nach meiner Meinung ist dieser doppelte Maßstab sowohl ungerechtfertigt als auch möglicherweise der optimalen klinischen Beeinflussung abträglich. Wir sollten danach streben, unsere Klienten mit denselben technischen Fertigkeiten auszustatten, die wir als Forscher verwenden, um problematische Situationen anzugehen und zu lösen. Wir sollten also unsere Bindung an den Empirismus mitteilen und Therapie als eine Lehre sehen, in der Wissenschaftler für die eigene Person ausgebildet werden sollen – Individuen, die ihr eigenes Verhalten funktional analysieren und systematisch verbessern können. Wir sollten einen 'intimen Empirismus' vorführen und lehren, mit einem Training der Problemanalyse, der Hypothesenerstellung, des bewertenden Experimentierens usw." (Mahoney 1977, 310)

Eine Therapie, die die Aneignung umfassender Bewältigungsfertigkeiten zum Ziel hat, ist komplex. Es müssen dem Klienten in der Therapie die konstituierenden Elemente in einer Komponentenanalyse verdeutlicht werden:

1. Orientierung

Dem Klienten wird ein allgemeiner Überblick über die Therapie gegeben. Persönliches Leiden und Verhaltensdefizite werden als Ergebnisse von individuellen und umwelthaften Einflüssen beschrieben.

Dem Klienten wird die Rolle eines aktiven und verantwortlich Handelnden zugewiesen.

Der Erwerb angepaßter Fertigkeiten geschieht über Instruktion, Modellernen und graduelle Handlungsanweisungen.

Genaues Registrieren ist ein entscheidender Bestandteil selbstüberwachender Therapie. Die Therapie muß sich im Fortschreiten an den registrierten Daten orientieren. Der Klient soll sich selbst als aktiver Teilnehmer eines Selbstverbesserungsunternehmens betrachten.

Der Therapeut stellt sich als technischer Berater und Lernbeistand dar, der sowohl eine theoretische Konzeption als auch eine Sammlung von relevantem Erfahrungswissen hat.

Die in dieser Einführung zu erreichende Erwartungshaltung des Klienten ist für die Therapie wichtig. Sie fördert die konzentrative Aufmerksamkeit, steuert die Verhaltensweisen und beeinflußt die antizipierten Konsequenzen. Der Klient soll durch die Erwartung seine Aufmerksamkeit auf die in Gang gesetzten Verbesserungen seiner Befindlichkeit und seines Verhaltens richten.

Die Erwartung, die dem Klienten nahegelegt wird, soll nicht naiv optimistisch sein, sondern empirisch besonnen, d. h. sie soll die schrittweise erforderliche Selbstkorrektur lenken. Es gibt dabei kein therapeutisches Versagen, sondern nur untaugliche Lösungen. Diese "negativen Ergebnisse" sollen in die selbstkorrigierende Schleife des fortschreitenden Problemlösens eingegeben werden.

2. Problemdefinition

Um die Vorgehensart in der Therapie möglichst exakt zu planen, ist es erforderlich, daß der Klient seine persönlichen Probleme differenziert angibt. Hierbei ist es meist erforderlich, daß der Therapeut mitwirkt. Je spezifischer die Störung – das Verhaltensdefizit, der Verhaltensexzeß, die Anreizdefizite, die abweichende Reizbeantwortung – erfaßt wird, desto präziser kann die Problemanalyse durchgeführt und können spezifische Veränderungsziele aufgestellt werden.

3. Problemanalyse

In dieser Phase hat der Klient eine aktive Selbstprüfung durch systematische Beobachtung und Selbstregistrierung vorzunehmen. Der Klient soll Regelhaftigkeiten in problematischen Strukturen entdecken und beschreiben. Soziale, kognitive und situative Kovariablen werden genau untersucht. Es kommt in Zusammenarbeit mit dem Therapeuten zur Aufstellung von Lösungshypothesen. Es wird die Aufmerksamkeit besonders auf die verschlimmernden Kognitionen gerichtet: auf die Selbstaussagen, Verhaltensmaßstäbe, fehlangepaßten Selbstbewertungen, Fehler im Schlußfolgern usw. Der Klient lernt die Selbstentdeckung problematischer Strukturen und das Abwägen möglicher Lösungen.

4. Produktion einer Lösung

Die möglichen Lösungen werden formuliert und diskutiert. Der Klient wird aufgefordert, möglichst mehrere Lösungen zu finden. Es wird die Aufmerksamkeit auf die wahrscheinlichen Konsequenzen der verschiedenen Möglichkeiten gerichtet.

5. Persönliches Experimentieren

Eine oder mehrere Lösungen werden vorbereitend überprüft und erprobt. Hierbei soll sich der Klient Zeit lassen, mindestens etwa zwei Wochen.

6. Evaluierung

Der Klient sieht die persönlichen Aufzeichnungen durch und wertet den bisherigen Fortschritt. Wenn die Bewertung positiv ist, dann wird die Aufmerksamkeit auf die Aufrechterhaltung und Erweiterung der Verbesserung gerichtet. Ist die Bewertung negativ, so wird das persönliche Experiment als wertvolle Lernerfahrung betrachtet; es wird eine alternative Lösung erwogen, überprüft – also die Experimentierphase fortgeführt.

7. Bewältigungsfertigkeiten

Mit der Problemlösung gelangt der Klient auch dazu, erweiterte Bewältigungsfertigkeiten zu entwickeln. Schrittweise werden umfassendere Äußerungen persönlicher Entscheidungskraft gefördert, und die Lenkung des Therapeuten wird graduell ausgeblendet.

Einige allgemeinere Erkenntnisse sind für die Kognitive Verhaltenstherapie von Bedeutung:

– Der Erwerb der Bewältigungsfertigkeiten korreliert nur schwach mit den Maßen der Intelligenz.
– Die Kognitive Verhaltenstherapie verfolgt grundsätzlich eine doppelte Strategie: Sie bemüht sich um die Veränderung von Kognitionen und befaßt sich mit der Einübung neuer Verhaltensweisen.
– Der Klient soll über Beobachten, Hypothesenaufstellung, Prüfen der Hypothesen zu einer Problemlösung kommen. Um diese Schritte dem Klienten zu verdeutlichen, ist es wichtig, von seinem Erfahrungsniveau auszugehen, also gelegentlich an ganz konkreten Beispielen das Problemerkennen und -lösen zu verdeutlichen. So hört z. B. der Automechaniker ein abweichendes Motorengeräusch. Dann stellt er Hypothesen über mögliche Ursachen auf, überprüft einige Hypothesen, bis er zur Lösung kommt.

Wie, auf welchen Wegen und mit welchen Mitteln werden die angestrebten Veränderungen erreicht?

(1) Verstärkung

Die systematische Verstärkung spielt für die verbessernde Veränderung eine große Rolle. Der Therapeut fördert durch seine Anerkennung Motivation und Lernbemühung. Allerdings ist es wichtig, daß die Verstärkungen systematisch und nicht sporadisch stattfinden. Im Verlauf der Therapie – mit dem Wachstum der Bewältigungsfähigkeiten – wird der Therapeut die Verstärkungen nur noch selektiv anwenden. Dieser Übergang zur intermittierenden Verstärkung muß auch sorgfältig bedacht und in Gang gebracht werden. Die Verstärkung hat sich auf wirkliche Fortschritte zu beziehen.

(2) Modell-Lernen

Dem stellvertretenden Lernen kommt in der Therapie große Wirksamkeit zu. Deshalb sollte der Therapeut seine eigenen Probleme möglichst erfolgreich abgearbeitet haben. Dabei braucht er bzw. sollte er gar nicht perfekt erscheinen. Der Klient sollte sehen, daß der Therapeut sich bemüht, seinen therapeutischen Prinzipien gemäß zu leben. Im Rollenspiel kann der Therapeut sowohl kognitive als auch nicht-kognitive Fertigkeiten demonstrieren. Durch "lautes Denken" und Mitteilen seiner Vermittlungsfertigkeiten kann der Therapeut eine wertvolle Hilfe zur Entwicklung der Kognitionen des Klienten sein.

(3) Graduelle Ausführung von Aufgaben

Zunächst ist darauf hinzuweisen, daß sich die Aufgaben nicht auf einen einzelnen Funktionsbereich beschränken. Da die meisten klinischen Störungen multimodal sind, also mehrere Nervensysteme beanspruchen, müssen auch die Aufgaben – jeweils nach der Struktur der Störung – graduell aufgeteilt und sowohl verbal als auch nonverbal gestellt sein. So zeigt sich z. B. in der Therapie, daß der Klient oft erst bei den Verhaltensproben zur genaueren Einsicht in seine Schwierigkeiten kommt.

Die einzelnen Bereiche beeinflussen sich dabei gegenseitig. Fortschritte in einem Bereich, z. B. dem affektiven Expressionsbereich, wirken fördernd auf einen anderen Bereich, hier z. B. den verbalen Äußerungsbereich. Im allgemeinen werden die Aufgaben, die der Therapeut dem Klienten stellt, im Schwierigkeitsgrad gestaffelt. Man beginnt mit leicht zu bewältigenden Herausforderungen und stellt zunehmend größere Anforderungen an den Klienten.

(4) Selbstbewertung

Auf die meisten menschlichen Verhaltensweisen folgen keine unmittelbaren externen Konsequenzen. Viele werden jedoch von wertenden Selbstreaktionen begleitet. Diese inneren Konsequenzen haben eine ausgezeichnete Bedeutung im Rahmen der Verhaltensregulation und des Verhaltensaufbaus. Wir leben in einer Kultur, die häufig Selbstbewertung fordert. Allerdings fördert diese Kultur zumeist gestörte Selbstbewertungen: Wir sollen uns selbst gering schätzen. Durch Zugeständnis unserer eigenen Unzulänglichkeiten mildern wir die Kritik anderer. Selbstlob ist religiös unerwünscht, Demut und Askese werden als Tugenden gepriesen. Andererseits heißt es aber auch, daß wir den Nächsten so lieben sollten, wie uns selbst. Es wird also die Selbstliebe als eine ganz natürliche Sache angesehen. In der Therapie ermutigen wir den Klienten zur positiven Selbsteinschätzung, wissen wir doch, daß sie die Grundlage des Selbstvertrauens ist. Die Selbstverstärkung ist eine wichtige Stütze des therapeutischen Fortschritts.

(5) Wertorientierung

Es wird oft die These vertreten, der Therapeut habe auf die Wertorientierung der Klienten keinen Einfluß zu nehmen, seine diesbezüglichen Entscheidungen zu respektieren. Dazu ist dreierlei zu sagen: Erstens sind Wertentscheidungen zum großen Teil

Produkte früherer Lerngeschichte und der gegenwärtigen Einflüsse. Der Therapeut hat also, ob beabsichtigt oder nicht, einen Einfluß auch auf die Wertvorstellungen des Klienten. Zweitens sollten wir als Therapeuten unsere Wertvorstellungen klären und sie nicht geringer in ihrer Bedeutung einschätzen als die Einflüsse früherer und anderer Bezugspersonen des Klienten. Drittens: Wir sollten die Wertvorstellungen des Klienten respektieren, ihm also nicht unsere Wertvorstellungen aufdrängen, sie aber in aller Offenheit auf ihre Konsequenzen hin analysieren und evtl. kritisieren.

IV. Die Kognitive Therapie – der Depression (A. T. Beck)

Die kognitive Therapie Becks hat ihre besonderen Verdienste durch das umfassende Konzept der Depressionsinterventionen erworben. Es wird in diesem Abschnitt darauf nicht näher eingegangen. Es sollen in fünf Kapiteln die grundsätzliche Aspekte dieser Therapie herausgestellt werden.

1. Die Bedeutung der Gedanken, Grundannahmen und Gefühle

Menschliches Verhalten läßt sich nur verstehen, wenn wir die Gedanken und Gefühle erkennen, die das Verhalten lenken. Der Zusammenhang zwischen Denken und Fühlen ist sehr kompliziert.

Die wahrgenommene oder vorgestellte Situation verleiht einer Grundbeziehung spezifische Form und Färbung. A liebt B: Wenn B in der Nähe von A oder weit weg ist, wird A entweder Freude oder Sehnsucht empfinden; wenn A an die gemeinsame Zukunft denkt, diese ihm positiv oder negativ erscheint, so wird er Hoffnung oder Verzweiflung entwickeln; wenn A an vergangene Zeiten denkt, so wird er je nach ihrem Verlauf Dankbarkeit oder Reue empfinden.

Der Mensch versucht, im Einklang mit seinen Gedanken (Meinungen, Bewertungen, Urteilen, Vorstellungen) und Gefühlen zu leben. Wir erkennen dies deutlich, wenn wir über einen anderen, den wir bereits beurteilt haben, widersprechende neue Informationen erfahren.

Heider (1977) berichtet über ein Experiment, das Esch 1950 publiziert hat. Esch legte 101 Personen (Oberschülern, Studenten und anderen Erwachsenen) folgende Beschreibung einer sozialen Situation vor und bat sie, das wahrscheinlichste Ereignis anzugeben:

> Bob hält Jim für dumm und langweilig. Eines Tages liest Bob einige Gedichte, die ihm sehr gut gefallen. Er macht sich die Mühe, den Autor zu ermitteln, um ihn persönlich kennenzulernen. Bob erfährt, daß die Gedichte von Jim stammen.

Zu welchem Ergebnis kamen nun die Versuchspersonen?

- 46 % Bob ändert seine Meinung über Jim; er denkt jetzt positiv von ihm.
- 29 % Bob ändert seine Meinung über die Gedichte; er findet sie jetzt miserabel.
- 5 % Bob zweifelt daran, daß die Gedichte von Jim stammen.
- 2 % Bob meint, Jim habe – wie viele Menschen – Vorzüge und Nachteile. Im Gedichteschreiben sei Jim gescheit, sonst aber dumm.
- 18 % gaben keine eindeutige Antwort.
  Bob weiß nicht, wo er jetzt dran ist. Vielleicht mag er die Gedichte noch, aber kann sich nicht mehr für sie begeistern.

Viele Menschen neigen dazu, in vielen Situationen, die sich in gewissen entscheidenden Punkten gleichen, ähnlich zu reagieren. Wir sprechen den einzelnen dann bestimmte Charaktereigenschaften zu.

> "Diese Beobachtungen hinsichtlich der Konstanz von Reaktionen deuten darauf hin, daß jeder Mensch einen allgemeinen Normenkodex besitzt, der seine Reaktionen auf bestimmte Situationen steuert. Diese Normen bestimmen nicht nur seine Handlungen, sondern bilden auch die Grundlage für seine jeweiligen Interpretationen, seine Erwartungen und seine Selbstinstruktionen. Dieser Normenkodex ist außerdem der Maßstab, an dem er die Wirksamkeit und Angemessenheit seiner Handlungen mißt und nach dem er seinen Wert und seine Attraktivität einschätzt. Er befolgt diese Verhaltensregeln, um seine Ziele zu erreichen, sich vor physischem oder psychischem Schaden zu bewahren und stabile Beziehungen zu anderen aufrechtzuerhalten.
> Die naheliegendsten Verhaltensregeln sind Normen und Vorschriften. Jeder einzelne hat einen internalisierten Normenkodex, einen Katalog von Verhaltensmaßregeln, nach dem er handelt und sich und andere bewertet. Diesen Normenkodex benutzt er zur Beurteilung, ob sein eigenes Verhalten oder das anderer Menschen 'richtig' oder 'falsch' ist. Dieser Regelkatalog dient ihm auch als Maßstab zur Bewertung des Erfolges einer bestimmten Leistung. Aufgrund dieser Maßstäbe und Prinzipien weist er sich (oder andere) an, wie er sich in einer bestimmten Situation zu verhalten hat ...
> Wir benutzen Normen und Regeln nicht zur Steuerung unseres Verhaltens, sondern auch als Bezugsrahmen zum Verständnis von Lebenssituationen. Unser Regelkatalog enthält ein Kodierungssystem, das es uns ermöglicht, die Bedeutung von Reizen und Ereignissen zu entschlüsseln." (Beck 1979), 39f

Jeder Mensch handelt nach seinem eigenen spezifischen Normenkodex. Zugleich bewertet er gemäß der Normen und Prinzipien seine und andere Handlungen, auch wie andere seine Handlungen beurteilen. Die Normen sind – ähnlich wie bei vielen Tieren die Instinkte innerhalb der Lebensdynamik – zentraler Bestandteil der Kognitions- und Handlungsdynamik.

Beck zeigt an einem Beispiel, wie sich die persönlichen Deutungen einer Situation je nach dem Normenkodex, der von den Beteiligten angewandt wird, in den Gefühlen und Verhaltensweisen unterscheidet (Beck 1979, 40f):

> "Ein Dozent bemerkte beiläufig zu zwei Studentinnen (Fräulein A und Fräulein B), die in seinem Seminar miteinander redeten: 'Wenn Sie etwas zu sagen haben, dann teilen Sie es bitte uns allen mit oder seien Sie still.' Fräulein A entgegnete aufgebracht, daß sie lediglich versucht habe, eine bestimmte Frage zu klären. In der folgenden allgemeinen Diskussion griff sie den Lehrer mehrmals wegen inhaltlicher Schwächen seines Vortrags an und äußerte scharfe Kritik an seinem Standpunkt. Fräulein B, die sich an den Diskussionen des Seminars meist eifrig beteiligt hatte, machte nach der Bemerkung des Lehrers einen traurigen und in sich gekehrten Eindruck und sagte bis zum Ende der Stunde nichts mehr.
> Die gegensätzlichen Reaktionen dieser beiden Mädchen sind auf die unterschiedlichen Normen zurückzuführen, anhand derer sie die Situation deuteten und die ihre Reaktionen steuerten. Fräulein A interpretierte die Bemerkung des Lehrers so: 'Er versucht, mich zu bevormunden. Er behandelt mich wie ein Kind!' Ihre emotionale Reaktion bestand aus Zorn. Die allgemeine Regel, die dieser Interpretation zugrunde lag, war: Zurechtweisung durch Autoritätspersonen = Unterdrückung und 'Geringschätzung'. Ihre Selbstinstruktion lautete: 'Zeige ihm, daß du dir das nicht gefallen läßt.' Die Verhaltensregel, die ihrem Gegenangriff zugrunde lag, besagte: 'Ich muß mich an Leuten schadlos halten, die mich schlecht behandeln.' Fräulein B interpretierte die Situation so: 'Er hat mich bei einer Ungehörigkeit ertappt. Er wird mich von jetzt an nicht mehr mögen.' Gefühl: Scham und Trauer. Regel: 'Zurechtweisung durch eine Autoritätsfigur = Blamage und Schwäche, eigene Schuld, Minderwertigkeit. Zurechtweisung = Ablehnung'. Selbstinstruktion: 'Ich sollte meinen Mund halten.' Regel: 'Wenn ich

schweige, mache ich nicht so leicht etwas falsch.' Auch: 'Wenn ich still bin, zeige ich, daß mir mein ungehöriges Verhalten leid tut.'"

Wir sehen, wie die unterschiedliche Interpretation der beiden Mädchen, die in einem je spezifischen Normenkodex gründet, zu verschiedenen Verhaltensweisen führt. Das Verhalten repräsentiert also das Endprodukt persönlicher innerer Selbstinstruktionen.

Psychische Störungen beruhen auf Mißverständnissen, denen der Mensch im Laufe seines Lebens wiederholt ausgesetzt war; sie gründen in Denkfehlern und irreführenden Grundannahmen.

Psychische Probleme können durch eine Korrektur der falschen Auffassung bewältigt werden. Der Therapeut hilft dem Klienten, seine Fehlorientierung und ihre Folgen zu erkennen, seine Denk- und Wahrnehmungsfehler zu korrigieren und produktives Erleben und Verhalten einzuüben. Da Selbstwahrnehmung, Einsicht, Realitätsprüfung und Lernen kognitive Prozesse sind, bezeichnet man eine Therapie, die auf diese Weise Problemverhalten angeht, als Kognitive Therapie.

"Die jüngsten Entwicklungen innerhalb der großen Schulen der Psychologie und Psychotherapie bestätigen die Bedeutung der Kognitiven Psychologie für das Verständnis und die Behandlung der Neurosen. Die sich anbahnende Konvergenz der Teilströmungen der Verhaltenstherapie und Psychoanalyse wurde von Robert Holt (1964, 650–665) aufgezeigt. Bei Verhaltenswissenschaftlern und Psychoanalytikern wächst die Erkenntnis, daß durch ihre Vernachlässigung des kognitiven Bereichs legitime und wichtige Probleme ungelöst blieben ... Angeregt durch Autoren, wie Hartmann (1977), Kris (1977) und Rapaport (1951) begann sich innerhalb der Psychoanalyse die Ich-Psychologie zu entwickeln. Die Aufmerksamkeit galt nun der Beschaffenheit der Realität und der Anpassung des Menschen an diese. Lernvorgänge sind immer im Mittelpunkt des Interesses der Verhaltenswissenschaftler gestanden; allmählich haben sie auch begonnen, sich für Gedanken und Denkprozesse zu interessieren ... Die entscheidende Bedeutung der Kognitiven Psychologie als Mittel zum Verständnis menschlicher Probleme wurde von Arieti hervorgehoben, einem Psychoanalytiker, der die Kognition als das 'Aschenbrödel' auf dem Gebiet der Psychiatrie bezeichnet hat (1968, 1630–1639). Er führt aus: 'Ein großer Teil des menschlichen Lebens hat mit begrifflichen Konstrukten zu tun. Es ist unmöglich, einen Menschen ohne so wichtige kognitive Konstrukte wie das Selbstbild, die Selbstachtung, die Selbstidentität und Identifizierung, seine Hoffnungen und Selbstprojektionen in die Zukunft zu verstehen'." (Beck 1979, 22f)

Das kognitive Bemühen um Verständnis und Behandlung von neurotischen Störungen stützt sich in höherem Maße auf Alltagserfahrungen, so daß Therapieplanung und Therapiefortschritte unmittelbar vom Klienten registriert werden können.

Die Umweltreize haben nur insoweit Macht über uns, als diese bei unseren seelischen Rezeptoren "ankommen". Unser seelischer Apparat kann die Signale von draußen fernhalten oder verdrehen, so daß wir mit dem Geschehen um uns her nicht mehr im Einklang stehen. Eine größere Diskrepanz zwischen den inneren und äußeren Systemen gipfelt in einer psychischen Störung.

- Ein Mann spürt, wie sich jedesmal, wenn er mit seinem Auto durch einen Tunnel fährt, seine Brust zusammenkrampft und sein Herz wie wild schlägt. Er beginnt, nach Luft zu ringen und glaubt, sterben zu müssen.
- Ein erfolgreicher Schriftsteller weint bitterlich, wenn man ihm Komplimente über seine Arbeit macht.

Man kann nun sowohl nach psychoanalytischer als auch nach verhaltenspsychologischer Theorie nach Entstehungsursachen fahnden, diese bewußt machen und die Situation und den Klienten zu neuen Lernprozessen führen.

Es scheint viel sinnvoller und erfolgversprechender, nach den je aktuellen Stützbedingungen zu fragen. Zwischen das Ereignis und die unangenehme emotionale Reaktion hat sich jedesmal eine Gedankenkette geschoben. Sie hat die emotionale Reaktion herbeigeführt. Wenn ein Klient lernt, diese selbstschädigenden Gedanken zu erfassen und festzuhalten, dann hat er die Chance für eine Umorientierung.

Der Fahrer hatte die Auffassung, dieser Tunnel könnte einstürzen und dann würde er ersticken. Die Vorstellung rief die Symptome herbei. Der Schriftsteller, der sich in einer Depression befand, hatte sich folgende Meinung zugelegt: "Die Leute sind nicht ehrlich zu mir. Sie wissen, daß ich mittelmäßig bin. Sie machen mir ständig verlogene Komplimente." (Beck 1979, 27)

Nach Ansicht der kognitiven Psychologen spielen die Gedanken eine entscheidende Rolle bei der Entstehung emotionaler Reaktionen. Je nachdem, wie wir eine Situation interpretieren – ungefährlich/gefährlich, freundlich/feindselig usw. – reagieren wir in den Emotionen und im Verhalten. Bei psychischen Störungen herrschen unangemessene und unrealistische Beurteilungen von Ereignissen vor.

In der Therapie muß man zunächst lernen, auf die den Emotionen und dem Verhalten vorgeschalteten Gedanken zu achten. Die Gedanken laufen oft sehr verkürzt und schnell ab. Zumeist handelt es sich dabei um unangebrachte und unstimmige Selbst- und Situationsbewertungen.

Diese Einschätzungen geben sich in den mehr oder weniger verdeckten Selbstgesprächen kund. Wer gelernt hat, auf diese inneren Dialoge zu achten, der gewinnt Einsicht in seine Schwierigkeiten und hat damit den Schlüssel zur weiteren Arbeit der Veränderung in der Hand.

Je gestörter ein Klient ist, desto aufdringlicher sind seine automatischen Gedanken. Diese Gedanken, so verschieden sie auch sein mögen, haben einige Kennzeichen gemeinsam: Sie sind im allgemeinen nicht vage und unformuliert, sondern spezifisch und scharf umrissen. Sie treten in verkürzter Form auf, sind also wie beim Telegramm auf wesentliche Worte beschränkt. Sie erscheinen nicht als Ergebnis einer Überlegung und Argumentation über ein Ereignis oder ein Thema; sie laufen einfach ab, gleichsam automatisiert. Die Klienten neigen zunächst dazu, diese Gedanken als vernünftig und sinnvoll anzusehen. Erst in der therapeutischen Arbeit lernen sie, die Unangemessenheit, Widersprüchlichkeit und Unsinnigkeit vieler ihrer Selbstgespräche zu erkennen.

Ich glaube, daß uns diese Zusammenhänge einleuchten. Wir haben alle ähnliche Erfahrungen gemacht. Eine Therapie sollte sich an der Alltagspsychologie orientieren, einer Psychologie der alltäglichen Erfahrung. Trotz des offenkundigen Wertes des gesunden Menschenverstandes als Grundlage für das Verständnis und für die Veränderung von Einstellungen und Verhaltensweisen, sind uns auch seine Mängel bekannt. Er ist nicht imstande gewesen, uns plausible und brauchbare Erklärungen für die geheimnisvollen emotionalen Störungen zu liefern.

Nach wie vor gibt uns die Depression noch viele Rätsel auf. Eine Frau, voller Selbstvertrauen, Lebensfreude, Leistungs-, aber auch Liebesfähigkeit, versinkt innerhalb von Stunden in Niedergeschlagenheit, sie verliert das Interesse an allem, wofür sie sich früher eingesetzt hat. Sie vernachlässigt den Haushalt, die Kinder, entzieht sich der partnerschaftlichen Zuwendung. Sie quält sich mit Selbstkritik, hat schließlich nur noch den Wunsch zu sterben.

Wie soll man diese Veränderung erklären? Es ist weder ein schwerwiegendes Ereignis, noch eine länger andauernde eheliche Krise auszumachen. Jede Fahndung nach solchen Ereignissen oder Krisen in früherer Zeit muß fehlgehen. Das Leben dieser Frau verlief offenkundig problemlos und gut; sie wurde von allen geschätzt, von ihren Bekannten geachtet, von ihrem Mann und ihren Kindern geliebt. Es ist also nicht weiterführend, die Ursache für die seit einiger Zeit eingetretene depressive Verstimmung in vergangenen oder gegenwärtigen Umwelteinflüssen zu suchen. Aber – so meinen wir mit Recht – der Veränderung muß doch eine Ursache zugrunde liegen. Wo ist sie zu suchen?

Da unser Verhalten und Fühlen von unseren Gedanken und Vorstellungen beeinflußt werden, sollten wir bei diesen die Ursache suchen. Wie denkt die Mutter von sich selbst, ihrer Leistung und ihrer Zukunft? Sie glaubt – trotz aller Beweise für das Gegenteil – als Mutter versagt zu haben; sie hält sich für zu schwach, um ihren Kindern die ihnen gebührende Zuwendung zu geben: sie stellt sich die Zukunft in düsteren Farben vor; die Kinder werden auch unglücklich sein; sie ist davon überzeugt, daß sie sich und die Abläufe des Geschehens um sie herum nicht ändern kann; sie sieht die Erlösung von diesem Lebenselend im Tod, ihrem eigenen und dem ihrer Kinder.

Wir fragen nach der Grundannahme der Frau, nach der Lebensvorstellung, die ihr Fühlen und Verhalten verständlich macht. Sie selbst kann uns, weil ihr Denken sich an viele Details klammert, keine Auskunft geben. Der Therapeut hat die Aufgabe, der Klienten zu dieser Einsicht zu verhelfen. Sie lautet hier z. B. "Ich bin unfähig, mein Leben zu führen und meine Erziehungsaufgabe zu bewältigen. Ich und meine Kinder sind verloren."

Wenn man einmal zu solch einer Selbsteinsicht und Lagebeurteilung kommt, dann ist es sinnvoll, sich von allem, was einen bisher interessierte, zurückzuziehen, sich aller Tätigkeit zu enthalten, also antriebslos zu sein, sich wegen der versäumten Pflichten selbst zu kritisieren und zu verurteilen. Wenn die Klientin sich ihrer irrigen Annahmen und der aus ihnen entlassenen Erlebnis- und Verhaltensweisen bewußt wird, kann sie über verschiedene Methoden ihr Fehlverhalten korrigieren und die unrealistischen Vorstellungen revidieren.

2. Die Diskrepanz der subjektiv-privaten zur objektiv-offiziellen Ansicht und Einstellung

Unsere Interpretationen sollten nicht zu stark theoriebeladen sein. Sie sollten im Einklang mit dem gesunden Menschenverstand stehen.

Denken wir an einen Mann mit Waschzwang. Er verbringt übermäßig viel Zeit mit dem Schrubben seiner Hände. Auf sein Tun befragt, gibt er an, er mache sich Sorgen, mit Bakterien in Berührung zu kommen, die eine gefährliche Krankheit hervorrufen könnten. Im Gespräch gesteht er zu, daß diese Befürchtung übertrieben sei. Er setzt aber seine Waschungen fort, obwohl sie ihn in seinen beruflichen und gesellschaftlichen Beziehungen stören.

Der Psychoanalytiker kann dem Klienten Motive nennen, die weit zurückliegen. Er leide unter Schuldgefühlen, die auf verbotene, ihm unbewußte Wünsche zurückzuführen seien. Er versuche, diese Schuldgefühle wegzuwaschen, um wieder "rein dazustehen". Diese weit hergeholte Deutung mag stimmen oder auch nicht. Sie wird dem Klienten zumeist plausibel erscheinen, so daß er sie annimmt. Damit hat er aber therapeutisch nichts gewonnen. Wie sollte die gewonnene Einsicht auch die vermeintlichen unbewußten Wünsche auflösen können?

Vergangenheitsursachen mögen vielleicht hier und da bei Fehlverhaltensweisen mit wirksam sein. Anzugreifen und aufzulösen sind sie nicht. Verändern können wir nur das, was unser Fehlverhalten stützt – die aktuellen Gedanken und Vorstellungen.

> "Wenn man ... die Gedankengänge des Patienten gründlich erforscht, treten folgende Fakten zutage: Wir erfahren, daß er, so oft er ein Objekt berührt, das Bakterien enthalten könnte, daran denkt, daß er sich eine schlimme Krankheit zuziehen könnte. Gleichzeitig sieht er sich leibhaftig in einem Krankenhausbett liegen und an dieser Krankheit sterben. Dieser Gedanke und die visuelle Vorstellung rufen Angst hervor. Um diese Angst zu bekämpfen und zu lindern, eilt er in den nächsten Waschraum und beginnt seine Hände zu schrubben." (Beck 1979, 20)

Beck veranlaßt solche Klienten, in seiner Praxis schmutzige Gegenstände zu berühren. Er gibt ihnen – nach vorheriger Absprache – keine Gelegenheit, sich die Hände zu waschen. Da der Klient sich von dem angeblich verseuchten Schmutz nicht befreien kann, beginnt er spontan Erkrankungs- und Sterbensphantasien zu entwickeln, d. h. er sieht sich selbst als erkrankt, ins Krankenhaus eingeliefert, dort sterbend. Die Aufgabe des Therapeuten ist es jetzt, dem Klienten zu zeigen, daß sein Fieber, seine Atemnot, seine Schwäche Produkte seiner Befürchtungsvorstellungen sind, diese Symptome also real (noch) nicht existieren.

Der Einsicht in die Befindenstäuschung folgt der Abbau der Befürchtungsvorstellungen und der Angst. Damit vermindert sich der Waschzwang. Das Zwangsverhalten ist deshalb so hartknäckig, weil es nicht nur zur Bannung der Befürchtungsvorstellungen, sondern auch zur Abwehr der bereits eingetretenen Befindensstörung (Ich habe mich angesteckt; ich bin krank, schwach, habe Fieber, leide an Atemnot usw.) beiträgt.

Viele Kennzeichen emotionaler Störung erscheinen uns rätselhaft und mit den Gesetzen der Vernunft unvereinbar. Sobald wir jedoch die relevanten Informationen erkundet haben, können wir solches Verhalten entschlüsseln. Wir erkennen die Bedeutung, die sich in einer abnormen Reaktion verbirgt.

Beck erwähnt hier drei Personen: eine Frau, die drei Häuserblocks von ihrer Wohnung entfernt ist und sich einer Ohnmacht nahe fühlt; einen Sportler, bei dem sich jedesmal, wenn er mit seinem Auto durch einen Tunnel fährt, die Brust zusammenkrampft und der Herzschlag beschleunigt, der nach Luft zu ringen beginnt und glaubt, sterben zu müssen; einen erfolgreichen Romanschriftsteller, der bitterlich weint, wenn man ihm Komplimente über seine Arbeit macht.

Wichtig ist, daß den Klienten die Gedankenketten und Vorstellungsbilder verdeutlicht werden, die zwischen dem auslösenden Ereignis und der unangenehmen emotionalen Reaktionen ablaufen. Diese Gedanken und Vorstellungen sind die einzigen wirksamen und erkennbaren, damit auch therapierbaren Auslöser- und Stützursachen des Fehlverhaltens. Es führt nicht weiter, wenn Therapeuten diese Abweichungen gemäß ihrer Therapie auf vergangenes Triebschicksal oder vergangene Konditionierungen beziehen.

Wir haben die Beispiele schon kurz angedeutet und fragen uns: Was waren nun die besonderen Auslöser- und Stützursachen bei den drei genannten Beispielen?

Die Klientin beobachtete, daß sie, wenn sie sich einige Straßen weit von ihrer Wohnung entfernt hatte, dachte: "Ich bin weit von zu Hause weg; wenn mir etwas zustößt, kann ich es nicht mehr bis nach Hause schaffen, um Hilfe zu holen. Die Leute werden mich auf der Straße liegen lassen, achtlos an mir vorübergehen."

Der Sportler dachte, sobald er in den Tunnel hineinfuhr: "Dieser Tunnel kann einstürzen; ich würde dann ersticken." Die Vorstellungsbilder werden aufdringlicher. "Ich spüre eine Beklemmung in der Brust. Ich glaube, ich ersticke." Die Angst steigert sich; es kommt zur Beschleunigung des Pulses und zur Atemnot.

Der Schriftsteller befand sich in einer Krise. Er zweifelt an seinen Fähigkeiten, fand seine Romane mittelmäßig. Jedes Lob interpretierte er als unaufrichtige Äußerung, als verlogenes Kompliment.

Ereignisse, die uns etwas angehen, die wir beachten, die uns etwas bedeuten, sind unter zwei Aspekten zu charakterisieren, unter dem mehr objektiv-offiziellen und dem mehr subjektiv-privaten Aspekt.

So können wir objektiv-sachlich über einen Unfall berichten: An der Kreuzung X kam es zu einem Zusammenstoß zweier Wagen; dabei wurde der Fahrer des VW usw. ... Die persönliche Bedeutung ist viel komplexer. Selbstzweifel, Vorwürfe, Schuldgefühle spielen hier eine besondere Rolle. Beck gibt hier noch ein instruktives Beispiel:

> Ein Junge wird von seinen Freunden verspottet. Diese machen sich über ihn lustig (objektive Bedeutung). Was spielt sich bei dem Jungen selbst ab? Er kann zu sich z. B. sagen: "Sie mögen mich nicht"; "Ich bin ein Schwächling." Er ist sich dieser speziellen Bedeutung bewußt, behält sie aber für sich; er meint, seine Freunde würden ihn dann noch mehr hänseln. (1979, 44)

Solche subjektiven Bedeutungen sind oft unrealistisch. Da die Menschen dazu neigen, sie nicht auszusprechen, für sich zu behalten, können sie sie auch nicht auf ihren Wirklichkeitsgehalt prüfen. So kommt es, daß zumeist erst in einer Therapie der Klient versucht, die Bedeutungen und Annahmen auf ihre Gültigkeit hin zu untersuchen und zu testen.

Unangemessene Interpretationen und Reaktionen werden als (von der Norm) abweichend bezeichnet. Die konstant abweichenden Bedeutungen bzw. kognitiven Verzerrungen bilden den Kern der emotionalen Störungen.

> "Man muß sich auf dem Strom der eigenen Gedanken oder Bilder, die von einem bestimmten Ereignis ausgelöst werden, konzentrieren, um dessen subjektive Bedeutung herauszufiltern.
>   Ein Medizinstudent, der von Entsetzen gepackt wurde, als er einen Patienten während einer Operation bluten sah, war beispielsweise anfangs außerstande, seine übertriebene Reaktion zu verstehen. Nachdem er jedoch in seinem Gedächtnis nachgeforscht hätte, erinnerte er sich, daß er in diesem Augenblick sich selbst bluten sah und ihn dabei der Gedanke durchzuckte: "Das könnte auch mir geschehen!" Diese Vision und der Gedanke und nicht der Anblick des Patienten waren der Schlüsselfaktor, der das Entsetzen auslöste. Bei späteren Operationen rief der gleiche Anblick weder das unangenehme Gefühl noch die Vision hervor." (Beck 1979, 45)

Solche Bedeutungen und Vorstellungsbilder, Erwartungen und Befürchtungen bezeichnet man als "innere Realität". Sie zeigt sich unverfälscht und unmittelbar in der konzentrativen Hinwendung, in der Introspektion und den Selbstgesprächen.

Da die Bedeutungen, die wir bestimmten Situationen beilegen oder unterschreiben, subjektiv sind, haben gleiche objektive Situationen für einzelne Menschen unterschiedliche Folgen.

Betrachten wir folgendes als Beispiel dafür, wie ein spezifisches äußeres Ereignis verschiedene Bedeutungen für verschiedene Menschen annimmt. Eine Lehrerin teilte ihrer Klasse mit, daß Tony, ein sehr guter Schüler, auf eine schriftliche Arbeit eine schlechte Note bekommen habe. Ein Mitschüler freute sich – er dachte: "Das zeigt, daß ich intelligenter bin als Tony." Tonys bester Freund war (ebenso wie Tony) traurig: Er teilte Tonys Enttäuschung. Ein anderer Mitschüler bekam es mit der Angst zu tun: "Wenn Tony eine schlechte Note hat, ist meine wahrscheinlich auch nicht besser." Ein anderer Mitschüler wurde wütend auf die Lehrerin: "Wahrscheinlich hat sie ungerecht benotet, wenn sie Tony eine schlechte Note gab." Da sie einem Schüler gegenüber "ungerecht" gewesen war, hatte sie eine Kardinalregel verletzt und würde vielleicht zu allen Schülern unfair sein. Ein Gastschüler schließlich empfand überhaupt keine emotionale Reaktion: Tonys Note hatte keinerlei spezielle Bedeutung für ihn.

Dieses Beispiel veranschaulicht eine wesentliche Beziehung: Der spezifische Inhalt der Interpretation eines Ereignisses führt zu einer spezifischen emotionalen Reaktion. Aufgrund zahlloser ähnlicher Beispiele können wir darüber hinaus verallgemeinern, daß sich der Betreffende je nach der Interpretation, die er vornimmt, froh, traurig, ängstlich oder zornig fühlen oder überhaupt keine emotionale Reaktion zeigen wird. (Beck 1979, 46f)

Die spezielle Bedeutung, die wir einem Ereignis verleihen, bedingt die emotionale Reaktion. Wenn diese Gedanken und Vorstellungen, in denen wir die Bedeutung für uns zum Ausdruck bringen, unangemessen und selbstschädigend sind, bedingen sie emotionale Störungen. Die Emotionen stehen dann nicht mit den objektiven Gegebenheiten der Situation in Einklang, sondern mit unseren Fehlbewertungen.

Sowohl die klassische Verhaltenstherapie als auch die klassische Psychoanalyse vernachlässigen den Wert der Bedeutungen, die der Selbstbeobachtung, den Selbstgesprächen und der Berichterstattung zugänglich sind.

- Die Verhaltenspsychologen ignorieren die Bedeutung. Sie erklären Emotionen nach dem Reiz-Reaktionsmodell. Die Sequenz Reiz-Reaktion ist danach durch frühere Konditionierung etabliert worden (Externer Stimulus – Emotion).
- Die Psychoanalytiker sehen den Zusammenhang komplexer. Ein Reiz oder Ereignis tritt ein und weckt unbewußte und inakzeptable Wünsche. Gelingt es dem Betreffenden nicht, den tabuisierten Impuls abzuwehren und in der Verdrängung zu halten, dann empfindet der Betreffende Angst oder Schuldgefühle. Die Psychoanalytiker heben vermutete unbewußte Bedeutungen hervor (Stimulus – unbewußter Impuls – Emotion).
- Der Kognitionspsychologe beachtet die mitgeteilten bewußten Bedeutungen und sieht in ihnen das entscheidende Kriterium für die Reaktion (Stimulus – bewußte Bedeutung – Emotion).

Sobald sich die Bedeutung, die wir einem Reiz oder Ereignis zusprechen, ändert, ändert sich auch unsere Reaktion, d. h. unsere Emotion und unser Verhalten.

"Einem Mann wurde von einem Freund ein Wappen gezeigt. Er verhielt sich gleichgültig, bis man ihn davon überzeugte, daß es sich in Wirklichkeit um ein Bild seines eigenen Familienwappens handle. Von da an hielt er das Bild in Ehren, zeigte es gerne anderen Leuten und war gekränkt wenn sie desinteressiert schienen. Er verhielt sich gegenüber der Abbildung auf dem Blatt Papier, als ob es sich um eine Verlängerung seiner selbst handle." (Beck 1979, 49)

Die Diskrepanz der subjektiv-privaten zur objekt-offiziellen Ansicht 253

Menschen verleihen den Objekten, die sie für besonders relevant halten, spezielle Bedeutungen, und sie reagieren auf diese gefühlsmäßig. Die Objekte, sichtbare und unsichtbare, zu denen man solche Beziehungen hat, stellen seine persönliche Domäne dar (Abb. 35). Das Zentrum dieser Domäne bildet das Selbstbild (SB), die Auffassung, die der Betreffende von sich hat, seiner körperlichen Erscheinung (Körperbild, KB), seinen Charaktereigenschaften (Charakterbild, ChB), seinen Zielen und Wertvorstellungen (Wertbild, WB), seinem Status (St) und Besitz (B) und nicht zuletzt seiner Selbstkontrollfähigkeit (SK).

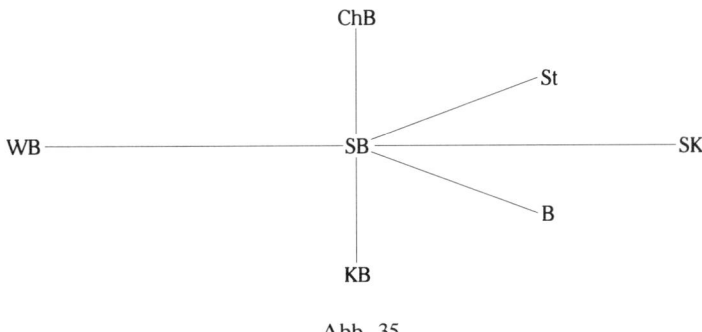

Abb. 35

Alle Erlebnisse, die die persönliche Domäne sichern, stützen und erweitern, rufen positive Emotionen hervor (Freude, Vergnügen, Glück); alle Erlebnisse, die sie gefährden, schwächen und einschränken, rufen negative Emotionen hervor (Trauer, Angst, Zorn). Jeder Mensch hat schwache Punkte, "Sollbruchstellen", an denen sich Belastungen ansammeln und gelegentlich oder chronisch Überreaktionen auslösen.

Solche übertriebenen und unangemessenen Gefühlsreaktionen weisen auf die subjektiv erlebte, vorgestellte oder befürchtete Gefährdung der Domäne hin. Wenn den Betreffenden die Emotionen überfluten und er sein Denken und Verhalten nicht mehr kontrollieren kann, sprechen wir von psychischer Störung.

"Ein niederdrückender Aspekt der akuten emotionalen Störung ist der Verlust von Kontrollen, die man vorher für selbstverständlich hielt. Der Patient muß darum ringen, die willentliche Kontrolle über seine Konzentrationsfähigkeit und Aufmerksamkeit zu behalten. Es fällt ihm plötzlich schwer, seine Gedanken zu sammeln bzw. in geordnete Bahnen zu lenken. Das Bewußtsein seiner selbst und seiner Umgebung ist nicht nur verändert, sondern auch reduziert, so daß es ihm schwerfällt, viele Einzelheiten seiner Umgebung wahrzunehmen. Paradoxerweise kann er jedoch überaus empfindlich gegenüber Reizen, wie dem Tonfall einer Stimme oder bestimmten inneren Empfindungen, sein. Er kann bis zum völligen Orientierungsverlust verwirrt sein. Obwohl er imstande sein kann zu identifizieren, wer er ist und wo er sich befindet, kann er hinsichtlich seiner Identität unsicher sein. Der Extremfall einer solchen Störung ist als 'Katastrophenreaktion' bezeichnet worden. Der Betreffende schildert seine unheimlichen Erlebnisse in Formulierungen wie 'ich habe nicht das Gefühl, wirklich hier zu sein', 'ich fühle mich anders', 'die Dinge sehen anders aus'. Was ihm zustößt, versucht er in den folgenden und ähnlichen Wendungen zu beschreiben: 'Ich habe das Gefühl, die Kontrolle zu verlieren'; 'ich verliere den Verstand'; 'ich sterbe'; 'ich habe das Gefühl, das Bewußtsein zu verlieren'; 'ich drehe durch'; 'ich werde verrückt'. Obwohl diese angsterzeugenden Gefühle von dem Betreffenden häufig als Zeichen gewertet werden, daß er 'geisteskrank wird', sind sie im allgemeinen eher eine Begleiterscheinung von akuten neurotischen Reaktionen als von Psychosen." (Beck 1979, 68f)

Häufig auftretende intensive Gefühle sind: Angst, Trauer und Zorn. Kennzeichen einer akuten Störung sind vor allem:

– intensive Selbstbewußtheit. Alle inneren Vorgänge werden überdeutlich wahrgenommen und registriert;
– eingeschränkte, aber höchst empfindliche Reaktion auf bestimmte Umweltsignale (Tunneleffekt).

Menschen mit akuter Angststörung lauern mit übertriebener Wachsamkeit auf jedes Signal, das Gefahr bedeuten könnte. Sie sind von der Vorstellung der Gefahr besessen und mißdeuten ständig harmlose Reize als Gefahrensignale.

"Das Problem des Angstneurotikers liegt nicht in erster Linie in der Identifizierung von Reizen ... sondern in den Bedeutungen, die er bestimmten Reizen beimißt. Seine Interpretationen sind häufig weit hergeholt, unwahrscheinlich und unrealistisch. Das Heulen einer Sirene bedeutet, daß sein Haus in Flammen steht; ein Schmerz im Hinterkopf läßt ihn befürchten, einen Schlaganfall zu erleiden; ein nahender Fremder wird als Angreifer gesehen. Der kumulative Effekt der wahllosen Interpretation von Ereignissen als Gefahrensignale ist eine verzerrte Sicht der Wirklichkeit und eine Eskalation der Angst. Die Mißdeutung von Situationen ergibt kognitive Verzerrungen, die von leichten Abweichungen bis zu krassen Fehlinterpretationen reichen." (Beck 1979, 71)

Da die häufigsten psychischen Störungen auf bestimmte Irrwege des Denkens zurückzuführen sind, besteht die Aufgabe der Psychotherapie darin, dem Klienten wirksame Techniken zur Überwindung seines blinden Flecks, seiner verzerrten Wahrnehmungen und seiner Selbsttäuschungen an die Hand zu geben.

Nach der Theorie der Kognitiven Therapie beruhen die Probleme des Klienten wie auch die psychologischen Heilmittel auf dem Denken (bzw. den Kognitionen) des Klienten.

"Im weitesten Sinne umfaßt die Kognitive Therapie alle Ansätze, die darauf abzielen, psychischen Leidensdruck durch die Korrektur falscher Auffassungen und Selbstsignale zu lindern. Trotz der Hervorhebung der Denkprozesse sollte jedoch nicht die Bedeutung der emotionalen Reaktionen außer acht gelassen werden, die im allgemeinen die unmittelbare Quelle des Leidens darstellen. Sie bedeutet lediglich, daß wir an die Emotionen des Betreffenden auf dem Weg über seine Kognitionen herankommen. Durch die Korrektur irriger Überzeugungen können wir übertriebene und unangemessene emotionale Reaktionen dämpfen oder verändern." (Beck 1979, 179f.)

Es geht um vier Schritte in dieser Therapie:

(1) Erkennen der falschen Auffassungen,
(2) Überprüfung ihrer Gültigkeit bzw. Einsicht in die selbstschädigenden Folgen,
(3) Ersatz der falschen Auffassungen durch geeignetere Konzeptionen,
(4) Einübung in produktives selbstbehauptendes Verhalten.

Es ist wichtig, daß es bei den ersten beiden Schritten nicht nur um ein intellektuelles Erkennen, sondern um ein "korrigierendes emotionales Erlebnis" (Alexander 1951) geht. Der vierte Schritt ist verhaltensorientiert. Das Selbstbehauptungs- und Selbstsicherheitstraining befähigt den Klienten nicht nur, andere Menschen realistischer zu sehen; es stärkt auch sein Selbstvertrauen.

> "Die kognitiven Techniken eignen sich am besten für Menschen, die die Fähigkeit zur Introspektion und zur Reflexion über ihre eigenen Gedanken und Phantasien haben. Dieser Ansatz ist im Grunde eine Erweiterung und Verfeinerung dessen, was die Menschen seit den Frühstadien ihrer geistigen Entwicklung in mehr oder minder ausgeprägtem Maße praktiziert haben." (Beck 1979, 181f)

Welches sind diese Orientierungs- und Verarbeitungsfunktionen?

(1) Erkennen von Objekten, Personen und Situationen,
(2) Aufstellen von Hypothesen über deren Eigenschaften und Beziehungen,
(3) Überprüfung der Annahmen und ihre Ausmusterung,
(4) Fällen von Entscheidungen im Problemlösen und Handeln.

Da die emotional gestörten Menschen schon über viele Jahre falsche Urteile gefällt haben, sind diese zu eingefleischten Überzeugungen geworden, so daß die Befreiung nicht allein durch eigenes Bemühen möglich ist. Unter dem Lernbeistand des Therapeuten müssen sich diese Menschen schrittweise die Techniken der Selbstheilung aneignen. Um diesen Prozeß in Gang zu bringen, müssen zunächst zwei Bedingungen erfüllt werden:

– der Aufbau einer vertrauensvollen Beziehung zwischen Klient – Therapeut und einer echten Zusammenarbeit,
– die Befreiung des Klienten vom "Ich-kann-nicht-Komplex" durch die Entwicklung des Vertrauens in seine Chancen zur Selbstheilung.

Die kognitiv-emotionalen Störungen mit ihrem kanalisierten Denken, ihrer fixierten Aufmerksamkeit und verzerrten Realität unterscheiden sich in erster Linie durch den Inhalt ihres abweichenden Denkens, weniger durch die Art und Weise des Denkens.

Der für die jeweilige Störung typische Gefühlszustand wird durch den spezifischen Inhalt des abweichenden Denkens hervorgerufen.

> "Traurigkeit – die typische Emotion der Depression – ist eine Folge der Tendenz des Patienten, seine Erfahrungen in Kategorien der Entbehrung, des Mangels oder der Niederlage zu interpretieren ... Der Angstpatient steht unter Leidensdruck, weil er seine Erfahrungen in Kategorien der Bedrohung überinterpretiert, während der paranoide Patient aufgrund seiner Fixierung auf die Vorstellung, schlecht behandelt zu werden, Aggressionen produziert." (Beck 1979, 72)

Wir leben in gewissem Sinne in unserer privaten Welt, können aber doch über äußere Ereignisse und über uns selbst einigermaßen objektive Urteile fällen. Nur weil dies und soweit dies möglich ist, gibt es Verständigung zwischen den Menschen. Bei den neurotischen Fehlentwicklungen können wir durchgehend eine Überbetonung der subjektiven Wertung und einen Rückgang der objektiven Urteile feststellen. Die Klienten neigen dazu, alle Ereignisse immer mehr im Hinblick auf ihre persönliche Bedeutung zu interpretieren. Diese Tendenz zum Selbstbezug oder zur Personalisierung verstrickt den Klienten zunehmend in seine provozierte Unstimmigkeit.

Ein weiterer Grundzug neurotischen Denkens liegt in der Neigung zum Denken in

Extremen, in der Polarisierung: Entweder wird man total akzeptiert oder total abgelehnt, entweder ist die Welt durchgängig gut oder schlecht, entweder ist man reich oder arm, sicher oder gefährdet. Dabei greift der Neurotiker entweder ein Detail willkürlich aus dem Zusammenhang heraus (selektive Abstraktion), oder es wird auf der Basis eines einzigen Vorfalls ungerechtfertigt verallgemeinert (Übergeneralisierung). Neurotisches Denken unterliegt willkürlichen Schlußfolgerungen; der Neurotiker hat keine Beweise für seine Folgerung; die Fakten können sogar dieser Folgerung widersprechen.

In der Therapie geben die Klienten zumeist nur ihre Schlußfolgerung preis: "Alle sind gegen mich"; "ich bin wertlos". Sie werden angeregt, die der jeweiligen Schlußfolgerung zugrundeliegende Grundregel (Prämisse) zu erkennen und zu überprüfen: "Wenn ich nicht von allen geliebt werde, bin ich nichts wert." "Da mich meine Freunde heute nicht angerufen haben, finden sie mich unsympathisch." Klienten werden auf ihre ungerechtfertigten und selbstschädigenden Verallgemeinerungen aufmerksam gemacht; sie lernen, (negative) Vermutungen abzubauen.

3. Die Einschränkung durch Befürchtungen und Ängste

Bei depressiven Klienten findet eine Erlebnis- und Verhaltensumkehr statt. Was ihn früher erfreut und interessiert hat, verliert seine Anziehungskraft. Die Kinder, der Haushalt werden vernachlässigt, alle Beziehungen bröckeln ab, primäre biologische Impulse, wie Hunger, Sexualität verlieren ihre Wirksamkeit. Der Depressive schränkt sich, seine Teilnahme und Aktivität immer mehr ein.

> "Traurigkeit und Apathie treten an die Stelle von Gefühlen der Lust und Freude; das breite Spektrum spontaner Wünsche und Handlungsinitiativen weicht der Passivität und den Fluchtwünschen; Hunger und Sexualität schlagen in Ekel vor Nahrung und Sexualität um; statt Interesse und Teilnahme an den üblichen Aktivitäten herrschen Vermeidungs- und Rückzugsverhalten vor. Schließlich erlischt auch der Wunsch zu leben und wird durch das Verlangen zu sterben ersetzt." (Beck 1979, 89)

Die Depression wird häufig als eine primär affektive Störung angesehen. Aber die schmerzhafte Emotion vermag nicht die weiteren Symptome, wie z.B. das Aufgeben wichtiger Lebensziele, das Schwinden von Zuneigungsgefühlen und den Wunsch zu sterben, zu erklären.

Um die Depression zu verstehen, muß man Aussagen der Depressiven über ihr Befinden zusammenstellen. Durch fast alle Mitteilungen geht die Aussage, daß ihnen ein Bestandteil oder eine Eigenschaft fehlt, die sie für ihr Glück als unerläßlich ansehen: Verlust

> der Fähigkeit zur Erreichung seiner Ziele,
> der Anziehungskraft für andere,
> der engen Beziehung zur Familie und zu Freunden,
> der Gesundheit,
> des Status,
> der beruflichen Stellung.

"Wenn wir das Thema des Verlusts näher erforschen, stellen wir fest, daß der psychischen Störung ein kognitives Problem zugrundeliegt. Der depressive Patient neigt zu spezifischen Verzerrungen. Er hat ein negatives Bild von seiner Welt, ein negatives Konzept von sich selbst, und er schätzt auch seine Zukunft negativ ein: die kognitive Trias. Die verzerrten Bewertungen betreffen vermeintliche Einbußen, die seine Domäne erlitten hat, und rufen Traurigkeit hervor." (Beck 1979, 91)

Der Depressive erlebt sich als "Verlierer" und "Versager". Mögliche Verluste werden als wirkliche Verluste aufgefaßt. Der Eindruck von Verlust ruft Niedergeschlagenheit hervor und in der Folge die anderen Symptome, wie Pessimismus, Selbstkritik, Flucht, Vermeidung, Aufgeben, Suizidwünsche und psychische Störungen.

Wir nehmen an, daß Depressive frühere ungünstige Lebenssituationen, wie Verlust eines Elternteils oder chronische Ablehnung durch Altersgenossen, Schulversagen und Enttäuschungen in der ersten Liebeszuwendung empfindsam und verletzbar für Lebensschwierigkeiten gemacht haben. Sie haben die Tendenz, extreme Urteile zu fällen, wenn Beschränkungs- oder Verlustsituationen eintreten. Solche Situationen werden in ihrer Bedeutung und in ihren Folgen überbewertet, so daß die depressive Kettenreaktion in Gang kommt: Trauer – verringerte körperliche Aktivität – Schlafstörungen. In der Folge werden die Verluste auf die eigene Unzulänglichkeit zurückgeführt, so daß weitere Symptome der Selbstentwertung und -verschuldung über die verzerrte Wirklichkeitsauffassung auftreten.

Die Niedergeschlagenheit ist also das Resultat selbst herbeigeführter Minderung der Selbstachtung. Die Niedergeschlagenheit läßt auch für alle Zukunft nur Unheil erwarten. Der Depressive entwickelt eine pessimistische Grundhaltung und Tunnelsicht: Er sieht nicht mehr das Helle. Alle Glücksgefühle werden durch seine Einstellung blockiert, die Lebensziele werden aufgegeben. Der Depressive verharrt im Zustand der Trägheit; der Wille scheint wie gelähmt; Vermeidungsverhalten greift immer mehr um sich, um im letzten Akt des Fluchtwunsches – dem Suizid – dem schweren Leiden ein Ende zu machen.

"Die fortgesetzte Abwärtsspirale in der Depression läßt sich anhand des Rückkopplungsmodells erklären. Aufgrund seiner negativen Einstellungen interpretiert der Patient sein Mißbehagen, sein Gefühl des Verlustes und seine physischen Symptome auf negative Weise. Seine Schlußfolgerung, daß er unzulänglich sei und sich nicht bessern könne, verstärkt seine negativen Erwartungen und sein negatives Selbstbild. Dadurch wird er noch niedergeschlagener und neigt noch stärker dazu, den 'Ansprüchen' seiner Umgebung auszuweichen. Auf diese Weise wird der Teufelskreis in Gang gehalten." (Beck 1979, 111)

Der Klient erfährt in der Therapie, daß er seine Erlebnisse ständig mißdeutet. Er bahnt dann selbst den Abbau der Selbstkritik und des Pessimismus an. Sind diese Glieder der Kette gelöst, treten wieder normale Gefühle und Wünsche zutage. Den entscheidenden Schritt zur Gesundheit erreicht der Klient durch die Korrektur seiner irrtümlichen Überzeugungen.

Die Angst ist ein Grunderlebnis des Menschen. Sie ist so universal wie die Liebe. Sie wird erst dann zu einem persönlichen Problem, wenn sie sich vordrängt und über längere Strecken unser Erleben und Verhalten einschränkt.

Freud weist in seinen Ausführungen auch auf die allgemeine Verbreitung der Angst hin. Jeder hat sie schon einmal an sich erfahren. Ich glaube aber, schreibt Freud, daß nie ernsthaft genug die Frage aufgeworfen wurde, weshalb gerade Neurotiker so viel öfter und stärker als andere Menschen unter Angst zu leiden haben. (zit. b. Beck 1979, 113)

Man hat verschiedentlich versucht, Angst und Furcht zu unterscheiden, wobei der erste Zustand ohne Objektbezug bestehen und Furcht in Verbindung mit bestimmten Objekten oder Situationen auftreten soll. Dies ist aber nicht richtig. Auch Ängste haben einen Objektbezug. Besser ist es, die Furcht als Vorstellung zu kennzeichnen, die auf die Zukunft bezogen ist und mit der Möglichkeit persönlichen Schadens rechnet. Angst ist dagegen eine unangenehme Emotion mit einer Reihe subjektiver und physiologischer Begleiterscheinungen.

Angst und Furcht sind im allgemeinen zukunftsbezogen, die Orientierung kreist um das Thema des Leidens.

"Das Leiden kann die Folge vorweggenommenen physischen Schmerzes oder eines erwarteten schmerzhaften Gefühlszustandes sein, der durch eine psychosoziale Verletzung ausgelöst wird. Unter Patienten mit Angstneurose ist die Furcht vor Kontrollverlust verbreitet, der Gefühle der Demütigung, der Verlegenheit und Traurigkeit bewirkt. Zu diesen Befürchtungen zählen: die Kontrolle über den Verstand zu verlieren (Furcht vor dem Wahnsinnigwerden); nicht mehr funktionsfähig zu sein; entscheidende Ziele nicht zu erreichen, anderen zu schaden ... Ein großer Prozentsatz von Angstpatienten beschäftigt sich mit dem Tod." (Beck 1979, 120f)

Der Angstbesessene leidet ständig unter Angst, obwohl keine sichtbare oder unmittelbare Gefahr vorhanden ist. Die Abwesenheit von direkter Gefahr hat zur Konzeption der "freiflottierenden Angst" geführt. Genauere Analysen lassen jedoch an der Berechtigung solcher Bezeichnung zweifeln. Die Klienten haben jedenfalls das Gefühl einer bevorstehenden Katastrophe. Gewisse Gefahrensignale werden überinterpretiert, so daß vom Standpunkt des Klienten aus die Gefahr real und plausibel ist. Es sind stets bestimmte Befürchtungsgedanken, die die große Angst auslösen. Der Therapeut hilft dem Klienten, diese kognitiven Inhalte, die Befürchtungsgedanken zu erkennen. Dabei erfährt der Klient, daß eine Vorstellung mit bedrohlichem Inhalt Angst hervorruft. Diese Angst löst weitergehende Vorstellungen aus. Angst wird mit Gefahr assoziiert, so daß Angst als Gefahrensignal erscheint.

Die Aufmerksamkeit des Klienten wird zum größten Teil durch die Vorstellungen von Gefahr und die Wahrnehmung von "Gefahrensignalen" absorbiert. Er ist auf Angst eingestellt und neigt aufgrund seiner überempfindlichen Alarmanlage dazu, alles zu Katastrophen aufzubauschen.

Wenn jemand Furcht vor Objekten oder Situationen hat, die nach allgemeinem Konsens und dem eigenen Urteil des Betreffenden, wenn dieser der Situation fern ist, in keinem Verhältnis zur Gefährlichkeit der speziellen Situation und zur Wahrscheinlichkeit einer Gefährdung in dieser steht, hat er eine Phobie. Durch Vermeidungsverhalten versucht der Betreffende, der Belastung aus dem Wege zu gehen.

Zumeist neigen Phobiker zu einem hohen Grad von Identifikation mit "Opfern". Auf gewisse Reizsituationen antwortet der Klient mit einem inneren Drama. Mit zunehmendem Abstand von der Situation schätzt der Phobiker diese zunehmend als gefahrlos ein. Die Phobien lassen sich in drei Hauptgruppen aufteilen (Beck 1979, 141):

(1) Furcht vor Gefahren, die von Menschen ausgehen (Furcht vor einem Überfall, einer Entführung, einer Operation ...),

(2) Furcht vor natürlichen und außernatürlichen Gefahren (Furcht vor Donner, Blitz, freien Plätzen, Höhen, Fahrstühlen, Tunnels, Flugreisen, Gespenstern),
(3) Furcht vor psychosozialen Belastungen (Furcht vor Prüfungen, andere Menschen zu verärgern, Furcht vor Demütigung, Enttäuschung, Versagen).

Den hier oft auftretenden multiplen sozialen Phobien liegt zumeist die Furcht vor der Mißbilligung der anderen zugrunde.

Die Klienten mit einer Phobie können durch Vermeidungsverhalten relativ angstfrei leben. Sie können ihr Leben so arrangieren, daß sie nicht in die angstauslösende Situation kommen. Dem Angstgestörten gelingt dies weniger. Man denke an eine Person, deren Befürchtungen um die Vorstellung kreisen, eine schwere Krankheit zu bekommen. Immer wieder wird sie durch ungewöhnliche körperliche Empfindungen in Angst versetzt.

4. Die realen Konsequenzen der Einbildung

Klienten, die gemäß ihrer Einbildungskraft an körperlichen Symptomen oder Schmerzen leiden, erleben die Symptome als ebenso real wie eine organische Krankheit.

In der Regel lassen sich bei den psychosomatischen Beschwerden verschiedene emotionale Belastungen aufzeigen, die mit dem Symptom in Verbindung stehen.

"Psychosomatische Störungen zeichnen sich ihrer Definition zufolge durch nachweisbare Anomalien in der Funktion oder Struktur eines Organs oder physiologischen Körpersystems aus: der Haut, des gastrointestinalen Systems, des urogenitalen Systems, des Herzgefäßsystems oder des Atmungssystems. Diese Systeme enthalten glatte Muskulatur, die nicht der willentlichen Kontrolle unterliegt, sondern durch das autonome Nervensystem gesteuert wird. Das aus gestreiften, der willentlichen Kontrolle unterliegenden Muskeln bestehende, muskuloskelettale System kann jedoch ebenfalls der Sitz psychosomatischer Störungen, wie Kopfschmerzen und Rückenschmerzen sein." (Beck 1979, 160)

Zur Erklärung psychosomatischer Störungen wurden vor allem zwei Interaktionsmodelle entwickelt. Die psychologischen Spezifitätsmodelle leiten die Störung von einem spezifischen Persönlichkeitsprofil bzw. Konflikt oder einer Einstellung ab (Alexander 1951). Die physiologischen Spezifitätsmodelle versuchen nachzuweisen, daß eine bestimmte Person auf die unterschiedlichsten Belastungen mit der gleichen psychosomatischen Störung reagiert. (Lacey u. Lacey 1958, 50–73)

Jedes Individuum neigt bei Streß in einem bestimmten physiologischen System zur Überreaktion. Äußere Bedingungen rufen innere Spannungen hervor, die zu physischen Störungen führen. Diese inneren Spannungen zeigen sich in Erregungszuständen, die subjektiv als Wut, Ärger und Angst erlebt werden.

"Emotionale Erregung wird von verstärkter Aktivität des autonomen Nervensystems begleitet. Ein oder mehrere physiologische Systeme oder Organe können durch die autonome Erregung in Mitleidenschaft gezogen werden. Welches System aktiviert wird, ist nicht notwendigerweise aufgrund der Emotion, die ausgelöst wird (beispielsweise Angst oder Wut), vorhersagbar, aber jedes Individuum scheint eine charakteristische Reaktion zu haben: Je nachdem, welches physiologische System zur Überreaktion neigt, kann es sich bei den somatischen Manifestationen um eine Läsion oder Störung des gastrointestinalen Trakts (Zwölffingerdarmgeschwür), der Haut (Neurodermatosis), der Bronchien (Asthma) oder des kardiovaskulären Systems (Hypertonus oder paroxysmale Tachykardie) handeln". (Beck 1979, 162f.)

Beck kritisiert an dieser pauschal erscheinenden Formulierung, daß sie offenkundig mehrere Glieder der Kette überspringt. Es wurde versäumt, die Eigenart des Stresses und die Interaktion der kognitiven und der emotionalen Systeme bei der Reaktion zu untersuchen.

Beim Streß unterscheiden wir zunächst äußere Gefahrenquellen und persönliche Anfälligkeiten. Zu diesen Gefahrenquellen gehören etwa:

- drohende Studienmißerfolge oder geschäftliche Schwierigkeiten, die den sozialen oder ökonomischen Status in Frage stellen können,
- Ereignisse, die die Gesundheit oder das persönliche Wohlbefinden bedrohen,
- Gefährdung wichtiger zwischenmenschlicher Beziehungen,
- Arbeitssituationen, in denen es häufig zu beunruhigenden Zwischenfällen kommt (z. B. cholerischer Chef),
- Serie ungünstiger Bedingungen und Drucksituationen über längere Zeit hinweg.

Streß kann sich auch durch spezifische persönliche Anfälligkeiten ergeben; eine bestimmte Art von Situation (spezifischer Streß) berührt eine spezifische Empfindlichkeit, einen schwachen Punkt, so daß es zu extremer emotionaler Erregung kommt. So können Menschen besonders empfindlich sein gegenüber Ablehnung, willkürlicher Disziplinierung, vermeintlicher Gefahr für die Gesundheit, Tippfehlern usw.

Streß kann aber auch innerlich hervorgerufen werden, so durch die Forderungen, die der Betreffende an sich selbst stellt. Als Beispiel führt hier Beck den Manager-Ulkus-Typ an. Der Mann setzt sich hohe Ziele, treibt sich und andere ständig an. Der Motor seiner Arbeit ist die ständige Sorge, daß er seine Ziele nicht erreicht. Er unterschätzt seine Fähigkeit, mit neuen Problemen fertig zu werden, er überschätzt die Hindernisse, die der Erledigung seiner Arbeit im Wege stehen und die Folgen eines möglichen Versagens. Er sieht als chronischer Sorgenmacher in jeder Aufgabe eine lebenswichtige Konfrontation, für die er sich übermäßig engagiert.

Es gibt noch eine weitere Gruppe von psychosomatischen Störungen. Bei ihr liegt eine physische Störung vor. Sie wird zusätzlich durch eine dramatisierende psychologische Überlagerung verschärft. Kleinere Herz-Rhythmusstörungen können einen Menschen ständig in Todesangst versetzen und diese belastende Angst verschlimmert das Leiden. Ähnliche Überlagerungen werden oft bei Lungenkrankheiten angetroffen. Bei der Krebsnachsorge spielt die Befreiung von Angst eine große Rolle.

Es gibt noch eine weitere Gruppe von Beschwerden, die sogenannten somatischen Einbildungen. Wir beobachten sie vor allem bei Phobikern. Klienten mit Höhen- oder Wasserangst haben das Gefühl umzukippen, abzustürzen oder zu ertrinken. Eine wichtige Komponente des Selbstkonzepts ist das "körperliche Selbst" oder "Körperbild". Die Vorstellung, die der einzelne von seiner körperlichen Verfassung hat, entscheidet darüber, ob er sich gut oder schlecht, stark oder schwach fühlt.

Hysterie ist (nach Beck) eine pathologische Erweiterung des Vorgangs der somatischen Einbildung. Eine kleine Beeinträchtigung wird zu einem massiven Leiden hochstilisiert, speziell zu Lähmungen.

"Infolge einer eigenen Verletzung oder einer Identifizierung mit einer Konstellation von Symptomen bei anderen Personen gelangt der Hysteriker zu der Überzeugung, eine körperliche Störung zu haben. Beim Gedanken an diese Störung hat er physische Empfindungen – somatische Einbildungen. Ein kreisförmiger Mechanismus wird in Gang gesetzt. Der Betreffende 'liest' seine körperlichen Empfindungen als Beweis, daß er die Störung hat. Sein Glaube festigt sich, und im gleichen Maß intensivieren sich die körperlichen Manifestationen." (Beck 1979, 177)

Der Therapeut führt den Klienten zu der Erkenntnis, daß er die Kontrolle nicht verloren hat, daß er beispielsweise imstande ist, das "gelähmte Glied" zu bewegen. Er regt den Patienten an, sich vorzustellen, daß er das Glied bewegt. Durch dieses Wegimaginieren des Symptoms, durch den Abbau der falschen Überzeugung und durch initiative Aktivität führt er den Klienten aus seinem fixierten Leiden heraus.

5. Die Zusammenarbeit von Klient und Therapeut

Die Schwierigkeiten, die einen Klienten zum Therapeuten führen, können sich in verschiedener Art und Weise manifestieren:

- im subjektiven Leidensdruck (wie Angst oder Depression),
- im beobachtbaren Verhalten (wie etwa in störenden Hemmungen) oder
- in einem Defizit seiner Reaktionen (wie z.B. in der Unfähigkeit, warme Gefühle zu erleben oder auszudrücken).

Diesen Problemen liegt eine besondere Denkweise zugrunde. Sie zeigt sich vor allem in der Verzerrung der Realität und in der Unlogik des Denkens.

Die Verzerrungen in den Gedanken der parnoiden Klienten sind so massiv, daß der Wirklichkeits- und Sozialbezug schwer gestört ist (Beispiel: Alle Menschen wollen mir schaden. – Ich habe ... ermordet.).

Weniger offenkundig sind Verzerrungen der Realität bei depressiven Kienten (Beispiel: Ich kann nicht mehr Auto fahren. – Ich bin geschäftlich am Rande des Bankrotts. Überprüfung zeigt, daß alles gut steht.).

Die Verzerrungen sind unterschiedlich leicht zu überprüfen, leicht etwa bei Sätzen, wie:

"Ich werde zu dick."
"Ich bin eine Last für meine Familie."

schwieriger schon bei Aussagen wie:

"Niemand mag mich."

In den therapeutischen Sitzungen werden diese Verzerrungen entlarvt. Vielfach ist die Realitätseinschätzung richtig, aber die Art und Weise, wie der Klient aus seinen Beobachtungen Schlüsse zieht, kann falsch sein. Beispiel: Er hört in der Ferne ein Geräusch, schließt daraus, man habe auf ihn geschossen. Hinter Verhaltensauffälligkeiten stehen oft unrichtige Prämissen. Ein Beispiel: Ein Klient ist aggressiv. Er vertritt die Meinung, man müsse andere zurechtweisen, sonst machten sie einen fertig. Ein anderes Beispiel: Ein Klient ist schüchtern, gehemmt. Er meint, wenn er den Mund aufmache, fielen die anderen über ihn her.

Von größter Bedeutung für die Wirksamkeit der Therapie ist die Zusammenarbeit zwischen Therapeut und Klient. Die Glaubwürdigkeit des Therapeuten muß gesichert sein, damit der Klient zu einer Problemreduktion kommt und lernen lernt. Therapeut und Klient müssen eine gemeinsame Richtung finden. Klient und Therapeut haben von der Therapie recht häufig unterschiedliche Vorstellungen.

Patienten glauben oft an den großen Heiler, vergleichen Therapie mit der Formung eines Lehmklumpens. Der Therapeut sollte den Klienten in den ersten Zusammenkünften über die Therapie aufklären:

>   Welche Probleme bedürfen der Bearbeitung?
>   Worin besteht das Ziel der Therapie?
>   Wie soll dieses Ziel erreicht werden?
>   Wie lange wird die Therapie dauern?

Es sollte Einverständnis über die Art und Dauer der Therapie herrschen: es erhöht die Wirksamkeit der Therapie. Der Therapeut sollte auch auf das, was der Klient zwischendurch vorbringt, eingehen, auch wenn es zur Zeit nicht in den Plan gehört. Eingehen heißt hier: aufgreifen, beachten. Die gründlichere Analyse und Aufbereitung kann dann vorgemerkt werden. Die Beziehung zwischen Klient und Therapeut sollte als gemeinsame Unternehmung aufgefaßt werden. Beide wollen Probleme analysieren und bearbeiten. Der Akzent sollte auf der Problemlösung liegen und nicht so sehr die Mängel, schlechte Gewohnheiten und Schwierigkeiten hervorheben.

Der Therapeut muß die Zeichen des Argwohns und der Skepsis beim Klienten sensibel beachten. Der Therapeut muß gerade bei paranoiden und depressiven Klienten erst eine gemeinsame Grundlage finden, Punkte, über die Einigkeit besteht. Erst dann kann er schrittweise die Zone des Konsenses vergrößern.

Es ist falsch, bei depressiven Klienten unerschütterlichen Optimismus zu zeigen oder dem paranoiden Klienten die verzerrte Sicht der Realität auszureden. Das erzeugt Mißtrauen und Abwehr. Der Therapeut manövriert sich damit selbst in eine Position eines Verständnislosen oder eines Angehörigen des "feindlichen Lagers".

> "Einer der Gründe, weshalb die Verfolgungsgedanken der Paranoiker und die ständigen Selbstabwertungstendenzen der Depressiven traditionell als unzugänglich für die Psychotherapie gegolten haben, ist, daß der Therapeut zu früh versuchte, die Gedankenwelt des Patienten zu korrigieren. Selbst fixe Wahnvorstellungen sind jedoch schließlich modifizierbar, wenn der Therapeut sensibel und geduldig ist." (Beck 1979, 187)

Klienten zögern oft, ihren Widerspruch offen zu äußern. Allzuleicht wird dabei ein dogmatischer Therapeut zu der Annahme verleitet, er habe bereits einen Konsens erreicht. Diese Voreiligkeit kann die bisherigen Bemühungen wieder außer Kraft setzen. Der Therapeut muß also stets aufmerksam und kritisch die Zeichen verfolgen, die auf eine abweichende oder übereinstimmende Meinung des Klienten hindeuten.

Beispiel eines Therapiegesprächs (Beck 187):

Th.: Sie haben jetzt meine Formulierung des Problems gehört. Was halten Sie davon?
Kl.: Ich glaube, es stimmt.
Th.: Haben Sie, während ich sprach, das Gefühl gehabt, daß es Teile gibt, mit denen Sie nicht einverstanden sind?
Kl.: Ich bin mir nicht sicher.
Th.: Sagen Sie mir bitte, wenn Sie in einigen Punkten Zweifel haben. Manche Klienten zögern, ihrem Therapeuten zu widersprechen.
Kl.: Nun, was Sie sagten, erschien mir logisch, aber ich bin nicht wirklich sicher, ob ich es glaube.

Hier ist es die Aufgabe des Therapeuten, den Vorbehalten des Klienten nachzuspüren. Oft stimmen Klienten verstandesmäßig zu, aber nicht gefühlsmäßig.

Wichtig im therapeutischen Prozeß ist die Problemreduktion. Viele Klienten kommen mit einer Vielzahl von Symptomen oder Problemen zum Therapeuten. Diese Schwierigkeiten kreisen oft um einen Mittelpunkt oder zwei Brennpunkte. Diese gilt es aufzufinden.

So können z. B. die verschiedenen Phobien, wie Furcht vor Fahrstühlen, Tunnels, Bergen, geschlossenen Räumen, Flugreisen, heißem, schwülem Wetter auf eine überwältigende Angst zu ersticken bezogen sein. Der Klient meint, die Situationen enthielten die Gefahr des Sauerstoffmangels und daher des Erstickens. (Beck 1979, 189f)

Der Therapeut muß sich also – allein schon aus zeitökonomischen Gründen – auf bestimmte "Schlüsselelemente der Störung" konzentrieren, etwa auf die geringe Selbstachtung oder auf negative Erwartungen. Diese beiden Kernprobleme können sich in sehr verschiedenen psychischen und psychosomatischen Symptomen manifestieren.

Der Klient kann in der Therapie auch auf naheliegende Probleme vorbereitet werden, die nach Beendigung der Therapie auftreten können. Aber wichtiger ist, daß er das Problemlösen in der Therapie lernt. Ein Klient, der gelernt hat, aktiv an seinen Schwierigkeiten zu arbeiten, hat Selbstvertrauen, Selbstachtung und Zuversicht gewonnen. Wir werden an einen Vergleich der Mathematik erinnert: Als Schüler lernten wir die Grundregeln; wir können diese dann auf beliebig viele arithmetische Probleme anwenden.

Vor allem haben die Klienten in der Therapie gelernt, Schwierigkeiten nicht auszuweichen. Sie haben gelernt, Vermeidungsverhalten zu vermeiden. Wer sich zurückzieht, kann keine Versuchs- und Irrtums-Techniken entwickeln, die Voraussetzung zur Lösung vieler Probleme sind. Er kann auch nicht die Berechtigung seiner Ängste überprüfen. Durch aktives Verhalten – Problemlösungsverhalten – kann der Klient seine Befürchtungen einem "Realitätstest" unterziehen.

Die Kognitive Therapie hat verschiedene Techniken ausgearbeitet. Der Therapeut vermittelt dem Klienten bestimmte Grundsätze der Erkenntnis; er führt ihn zum Erkennen fehlangepaßter Vorstellungen, zum Füllen der Lücken zwischen Reiz und Emotion, zur Bewertung seiner Gedanken, zur Prüfung ihres Wahrheitsgehaltes und damit zur Veränderung der Regeln, denen sein Verhalten bisher folgte.

Die Wahrnehmung der Wirklichkeit ist nicht dasselbe wie die Wirklichkeit selbst. Wir filtern und interpretieren die wahrgenommenen Erscheinungen.

Ermüdung oder starke Erregung können unsere Wahrnehmungen verzerren. Auch kann die Einschätzung der Wirklichkeit durch unrealistische Denkmuster beeinträchtigt werden.

Höherer Grad von Sicherheit ist durch mehr Informationen zu erreichen; sie gestatten, daß wir zwischen alternativen Hypothesen wählen können. Beispiel: Wir hören ein Geräusch am Abend. Wir stellen die Hypothesen auf: Wind, später Besucher, Einbrecher.

Fehlangepaßte Gedanken sind Kognitionen, die uns daran hindern, Lebenserfahrungen angemessen zu registrieren und produktiv auszuwerten. Sie führen zu unnötigem Mißbehagen oder bewirken Leiden. Sie zeigen sich in selbstschädigendem Verhalten. Die Leiden kommen in Selbstgesprächen zum Bewußtsein. Mit dem Grad der Störung nimmt die Aufdringlichkeit der fehlangepaßten Gedanken zu.

Man kann lernen, sich auf die steuernden Gedanken zu konzentrieren. Der Klient erkennt, daß zwischen Reiz und emotionaler Reaktion eine Lücke klafft. Die emotionale Erregung wird verständlich, wenn man sich an die Gedanken erinnern kann, die in dem Intervall ablaufen. A ist der aktivierende Stimulus. C ist die übertriebene Reaktion. B ist die Lücke im Bewußtsein des Klienten. Das Füllen dieser Lücke durch B – Gedanken, die dem Wertsystem des Klienten entsprechen – ist Aufgabe der Therapie.

Wenn man gelernt hat, seine Gedanken zu erkennen, dann lernt man auch in zunehmendem Maß, diese objektiv zu bewerten. Dieser Vorgang wird als Distanzierung bezeichnet. Sich abgrenzen und distanzieren, macht Unterscheidung und objektive Betrachtung möglich. Die selbständigenden Gedanken treten meist automatisch auf und werden von den Klienten am Anfang der Therapie oft noch mit der Realität gleichgesetzt. Dem eigenen Denken wird im allgemeinen der gleiche Wahrheitsgehalt beigemessen wie der Wahrnehmung der Umwelt.

Die Grundsätze für die Entschlüsselung von Erfahrungen und die Steuerung des Verhaltens drehen sich zumeist um zwei Brennpunkte: Gefahr/Sicherheit und Schmerz/Lust.

Die Schwierigkeiten der Klienten entstehen durch die Fehleinschätzung oder durch falsche Vorstellungen im Hinblick auf die beiden Bezugspunkte.

Für jeden Klienten ist nach der Problemanalyse jeweils eine Gesamtstrategie zu entwickeln. Die Prinzipien dieser Therapie sind: Aufhellung der Realitätsverzerrung, der Selbstkommandos und der Selbstvorwürfe des Klienten, die zu Leidensdruck und Funktionsunfähigkeit führen; zum anderen Hilfe bei der Revision der zugrundeliegenden Verhaltensregeln, die diese negativen Selbstinstruktionen hervorrufen.

Der Therapeut arbeitet mit dem Klienten in systematischer Weise an jenen Problemen, die er nicht aus eigener Kraft lösen kann. Die Problembereiche werden präzise umrissen, Informatonslücken gefüllt. Beziehungen zwischen den verschiedenen Daten hergestellt und Generalisierungen vorgenommen. Der Therapeut hilft dem Klienten, sich einer Problemlösungsfähigkeit zu bedienen und die nötigen Korrekturen bei der Deutung seiner Erfahrungen und der Steuerung seines Verhaltens vorzunehmen.

Angst überfällt manche Menschen mehrere Male am Tag. Sie werden dabei oft schwindelig und befürchten, verrückt zu werden. Da den Klienten die Ursachen, die zu den Angstanfällen führen, nicht bekannt sind, geraten sie in einen Zustand angespannter Wachsamkeit. In der Therapie werden die Klienten angehalten, auf jeden Gedanken zu achten, der den Angstanfällen vorangeht:

- Oft sind es Nachrichten über andere Menschen, denen ein Unglück passierte. Bei erhöhter Angstbereitschaft sind die Klienten im höheren Maße bereit, sich mit den betreffenden Personen zu identifizieren: "Mir könnte das auch passieren".
- Gelegentlich sind es Empfindungen, die die Klienten nicht verstehen können. So ertappen sie sich vielleicht dabei, daß sie in Gesellschaft anderer abwesend sind, sich nicht konzentrieren können, sich als teilnahmslos empfinden. In ihnen steigt der Gedanke auf: "Das sind Anzeichen dafür, daß ich bald durchdrehe. Ich glaube, ich werde verrückt."

Wenn der Klient die angstauslösenden Gedanken identifizieren kann, gelingt es ihm, sich von diesen Gedanken zu distanzieren, sie einer Realitätsprüfung zu unterziehen und ihre Auswirkungen schrittweise zu annullieren.

V. Die multimodale Verhaltenstherapie (A. A. Lazarus)

Lazarus bezeichnet seine Konzeption als "multimodale Verhaltenstherapie". Damit setzt er sich von enger begrenzten Therapieauffassungen ab, die entweder bevorzugt mit der Vermittlung von Einsichten oder der Einübung von Verhaltensweisen arbeiten. Er ist der Auffassung, daß neben den Kognitionen und dem Verhalten noch andere Persönlichkeitsvariablen in die Diagnose und Therapie einzubeziehen sind. Die multimodale Verhaltenstherapie ist insofern zur Kognitiven Verhaltenstherapie zu rechnen, als sie der kognitiven Umstrukturierung und Selbstkontrolle in ihrem "Breitspektrum" eine ausgezeichnete Bedeutung zumißt.

In dieser Einleitung zitieren wir zunächst die grundlegende Hypothese, mit der Lazarus seine Konzeption rechtfertigt. Dann stellen wir das therapeutische Bezugssystem und die einzelnen Modalitäten, die im Hauptteil näher beschrieben werden, in einem Schema heraus.

Die grundlegende Hypothese

"Dauerhafte Resultate stehen in direktem Verhältnis zur Anzahl der spezifischen Modalitäten, die in einem therapeutischen System angesprochen werden ... Oft sind kognitives Umstrukturieren und sichtbares Verhaltenstraining reziprok. Dies sollte allerdings nicht in dem Sinne mißverstanden werden, daß man impliziert, hier würde für eine weise Legierung von Psychoanalyse und Verhaltenstherapie plädiert. Die psychoanalytische Theorie ist unwissenschaftlich und nutzlos komplex; behavioristische Theorie ist oft mechanistisch und nutzlos vereinfachend ... Der direkteste Weg, unsere Hauptthese auszudrücken, ist vielleicht, daß eine umfassende Therapie letztendlich die Korrektur irrationaler Meinungen, abweichenden Verhaltens, unangenehmer Gefühle, bedrückender Gefühle, bedrückender Vorstellungen, belastender Beziehungen, negativer Empfindungen und möglicher biochemischer Unausgewogenheit betont. Die Behandlungsresultate werden in dem Ausmaß positiv und nachhaltig sein, in dem die Problemidentifikation (die Diagnose) jede dieser Modalitäten exploriert, woraufhin dann die therapeutische Intervention bei jedwedem defizitären und nicht angepaßten Verhalten einsetzt. Irgendeine dieser Modalitäten zu ignorieren heißt, eine unvollständige Therapie durchzuführen." (Lazarus 1978, 32f)

Das therapeutische Bezugssystem

Die Diagnose (bzw. später die Therapie) erstreckt sich auf sieben Bereiche oder Modalitäten der Persönlichkeit (*BASIC ID*): *B*ehavior (Verhalten), *A*ffect (Emotion), *S*ensation (Empfindung), *I*magery (Vorstellung), *C*ognition (Kognition), *I*nterpersonal (Interaktionen) und *D*rugs.

Die Modalitäten-Diagnose läßt sich durch folgende sieben Fragen (Lazarus 1978, 58) verdeutlichen:

(1) Von welchen speziellen Verhaltensweisen wünschen Sie sich, daß sie bei Ihnen häufiger vorkommen, und von welchen, daß sie nicht so häufig vorkommen?

(2) Welche negativen Gefühle würden Sie gerne abbauen oder ganz beseitigen, und welche positiven Gefühle würden Sie gern häufiger bei sich erleben und intensivieren?
(3) Eine Frage, die Ihre "fünf Sinne" betrifft: Von welchen speziellen Reaktionen würden Sie gerne loskommen, und welche Empfindungen würden Sie gern steigern?
(4) Welche "geistigen Bilder" oder Vorstellungen quälen Sie, so daß Sie sie gerne loswerden möchten, und welche angenehmen Vorstellungen würden Sie gern deutlicher erleben?
(5) Welche Gedanken, Werte, Einstellungen und Überzeugungen stellen sich Ihrem Glück in den Weg?
(6) Was Ihren zwischenmenschlichen Bereich anbelangt, was verhindert enge, persönliche, liebevolle und gegenseitig befriedigende Beziehungen zu anderen Menschen?
(7) Bei welchen Gelegenheiten nehmen Sie Drogen und Medikamente (einschließlich Alkohol, Kaffee und Tabak)?

Bei der folgenden Aufstellung und Beschreibung haben wir die Medikamenten-Modalität durch eine andere Modalität ersetzt.

Die Kennzeichnung der Modalitäten

Die einzelnen Modalitäten werden von Lazarus zumeist kurz und kursorisch beschrieben. Um deren therapeutische Bedeutsamkeit herauszustellen, bedarf es gewisser Ergänzungen, die ich, soweit es erforderlich ist, vornehme. Ich halte mich dabei weitgehend an die Aufstellung von Lazarus, ergänze sie jedoch durch zwei Modalitäten: Antrieb/Erregung und Wollen/Wünschen. Verhalten und Interaktion fasse ich zusammen, da Interaktion lediglich den sozialen Aspekt des Verhaltens beachtet. Ich komme damit zu der in Abb. 36 angedeuteten Reihenfolge:

Das topologische Schema soll verdeutlichen, daß die einzelnen Modalitäten nicht isoliert zu betrachten sind. Sie stehen untereinander in vielfacher dynamischer Wechselbeziehung.

Die folgenden Beschreibungen gehen lediglich auf einige wichtige Charakteristika des Erlebens und Verhaltens ein, über die uns die Klienten mehr oder weniger deutlich und ausführlich Auskunft geben können. Hingewiesen wird dabei besonders auf Abweichungen und Unstimmigkeiten der Informationsaufnahme und -verarbeitung, d. h. auf Tilgungen, Generalisierungen und Verzerrungen, meint doch Lazarus, daß diese Unstimmigkeiten innerhalb der Modalitäten dem Therapeuten differenzierte Hinweise zur Erfassung der Beschwerden des Klienten und damit für die Planung der Therapie geben.

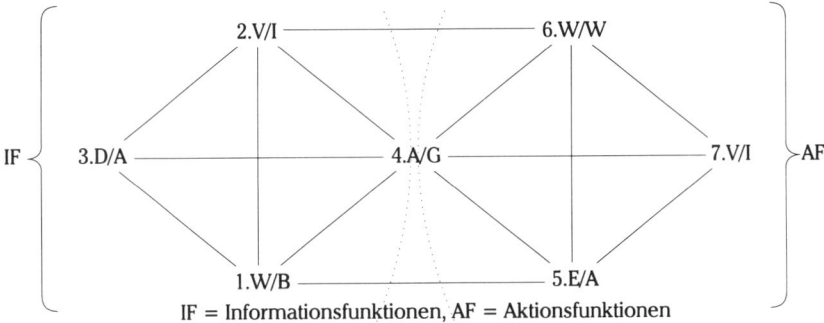

1. W/B = Wahrnehmung/Befinden
2. V/I = Vorstellung/Imagination
3. D/A = Denken/Auffassung
4. A/G = Affekte/Gefühle
5. E/A = Erregung/Antrieb
6. W/W = Wünschen/Wollen
7. V/I = Verhalten/Interaktion

Abb. 36: Das therapeutische Bezugssystem und seine Modalitäten (nach Lazarus)

1. Wahrnehmung und Befinden

In der Wahrnehmung erfaßt das Individuum etwas, das von seiner Subjektivität losgelöst erscheint. In Wirklichkeit ist der Inhalt des Erlebnisses ebenso von der gegenwärtigen Befindlichkeit der Person wie von der Beschaffenheit des Objekts abhängig. Jenes "Etwas", das in der Wahrnehmung erfaßt wird, kann entweder etwas in mir selbst sein (Selbstwahrnehmung, innere Wahrnehmung) oder etwas außer mir Seiendes (Sinneswahrnehmung, äußere Wahrnehmung). In der Selbstwahrnehmung erfassen wir unser Befinden.

Früher nahm man an, daß sich die Sinneswahrnehmungen auf verschiedene Bereiche aufteilen und daß es fünf solcher Bereiche gäbe. Keine dieser beiden Angaben wird heute noch vertreten. Die erste Angabe muß ergänzt, die zweite korrigiert werden. Wir sprechen heute von Sinnesmodalitäten, um anzudeuten, daß es sich nicht um selbständige und getrennte Vermögen handelt. Die einheitliche personale Funktion des Wahrnehmens betätigt sich auf verschiedene Weisen. Die Modi heben sich zwar stark voneinander ab, zeigen aber dennoch mannigfache Zusammenhänge und Verwandtschaften untereinander. Die Vielheit der Sinnesmodalitäten zeigt sich in verschiedener Weise: Physikalisch wirken verschiedene Arten von Reizen, physiologisch gibt es verschiedene Eingangspforten (die Sinnesorgane), psychologisch handelt es sich um verschiedene "sinnesspezifische" Erlebnisweisen.

Es werden heute viel mehr Sinne als früher unterschieden. Der fünfte Sinn alten Stils (der sog. Gefühlssinn z. B.) enthält nicht nur den Sinn für Temperatur und Berührung, sondern erfaßt auch die Modalitäten der kinästhetischen Vibrations- und Gleichgewichtsempfindungen.

> "Alle Sinneswahrnehmung beruht je auf drei Faktoren: der äußeren Reizsituation, der spezifischen Erregung des Sinnesorgans und der gesamtpersonalen Reaktion. Nach dem Überwiegen eines der drei Faktoren ergibt sich ... eine Dreigliederung der Täuschungen ... in physikali-

sche, periphere (rein sensorielle), zentrale (besser personale) Täuschungen." (Stern 1950, 226).

Für die Psychotherapie sind vor allem die nicht peripher bedingten Täuschungen von Belang. Früher stellte man sie als "Urteils-Täuschungen" den eigentlichen "Sinnestäuschungen" gegenüber. Im tatsächlichen Erleben wird die Täuschung nur selten als ein Versagen oder Fehlgehen der Urteilsfähigkeit angesehen.

> "... sie kann ganz andere Quellen – affektmäßiger, willensmäßiger, sozialpsychischer Natur – haben; sie kann auch aus einer personalen Einstellung zur Situation fließen, bei der einzelne isolierte Ursachenmomente gar nicht mehr unterscheidbar sind. Ist ein Mensch – sei es konstitutionell oder momentan – in einem besonders erregten Zustand, in sehr labilem Gleichgewicht, dann werden Sinnesreize ganz anders wahrgenommen und verarbeitet. Erwartung, Furcht, Wunsch, Masseneinflüsse verwandeln das Gesehene und Gehörte im Sinne des personal Bedeutsamen." (Stern 1950, 229f)

Weiter spielen eine Rolle: die Suggestion, Erwartungsspannungen und abgelenkte Aufmerksamkeit.

In die meisten Wahrnehmungen gehen Empfindungen aus den verschiedensten Sinnesgebieten ein. An sehr vielen Wahrnehmungen haftet auch eine Gefühlsnote. Es ist also an jeder Wahrnehmung fast immer das ganze Gehirn beteiligt. Für jede Wahrnehmung ist charakteristisch, daß wir sie in den äußeren Raum eingliedern. Die gesammelten Eindrücke werden im Laufe der Entwicklung verschmolzen zu Begriffen und Oberbegriffen, die eine Art formelhafte Verkürzung beim Denkakt ermöglichen. In der Sprache werden die wahrgenommenen Konkreta in Wortsymbolen zusammengefaßt, vom Anschaulichen immer mehr gelöst.

Eine Vorbedingung für den Erwerb neuer Wahrnehmungen ist es, daß wir die Dinge, die wir früher einmal wahrgenommen haben, jederzeit wieder reproduzieren können, vor dem geistigen Auge erscheinen lassen können, um an ihnen die neue Wahrnehmung zu messen und sie einzugliedern. Wir können uns früher Gesehenes, Gehörtes, überhaupt Erlebtes jederzeit wieder "vorstellen". Diese Vorstellungen sind – worauf besonders Jaspers hingewiesen hat – durch eine Reihe von Merkmalen unterschieden. Wenn wir auch die Vorstellung an anderer Stelle behandeln, so sollen doch hier die wichtigsten Merkmalsunterscheidungen angeführt werden:

Wahrnehmung	Vorstellung
(1) Gegenstand steht leibhaftig vor uns und besitzt Objektcharakter.	Gegenstand erscheint als Bild und besitzt Subjektcharakter.
(2) Gegenstände erscheinen im äußeren Raum	Gegenstände erscheinen im inneren subjektiven Vorstellungsraum, vor dem "geistigen Auge".
(3) Wahrnehmungen sind bestimmt, stehen vollständig mit allen Details vor uns.	Vorstellungen sind unbestimmt, unvollständig und nur jeweils in einzelnen Details, auf die wir gerade unsere innere Aufmerksamkeit richten, deutlich.
(4) Wahrnehmungen haben volle sinnliche Frische, z.B. lebendige Farben oder volle Klänge.	Vorstellungen haben meist wenig sinnliche Frische, sind nach Farbe matt, vielleicht sogar grau, nach Tönen andersartig.

(5) Wahrnehmungen sind konstant, unabhängig von unserem Willen, und wir sind ihnen (erlebnismäßig!) passiv hingegeben.

Vorstellungen zerflattern, können und müssen immer wieder von neuem erzeugt werden, sind abhängig von unserem Willen, können hervorgerufen und abgeändert werden, wir sind dabei aktiv.

Unter Umständen kann unser Wahrnehmen fehlgedeutet werden durch einen starken Affektzustand. Im Dunkel der Nacht und bei ängstlicher Stimmungslage halten wir einen Baumstamm für eine drohende Gestalt. In der Erwartung, daß uns jemand aufsucht, meint man, das Gartentor gehört zu haben.

Im pathologischen Angstzustand kommt es zu einer dauernden Verkennung von Gegenständen. Wirklich vorhandene Objekte werden bei starkem Affekt und getrübter Bewußtseinslage als neue, fremdartige und erschreckende Wahrnehmungen verkannt und erlebt. Man nennt diese Art von Wahrnehmungstäuschungen Illusionen (Beispiel: Erlkönig). Illusionen sind krankhafte Umdeutungen wirklich vorhandener Sinneseindrücke; es sind gefälschte Wahrnehmungen, die den Beobachter narren.

Es gibt auch Sinnestäuschungen, denen ein wirkliches Objekt im Raum überhaupt nicht entspricht. Dies sind die echten Halluzinationen. Mit sinnlicher Klarheit hört der Kranke trotz absoluter äußerer Ruhe störenden Lärm (Akoasmen); oder er hört seinen Namen rufen; ganze Gespräche können geführt werden; oder er sieht Gestalten mit mehr oder weniger großer sinnlicher Deutlichkeit und Plastizität: kleine Tiere, Teufel, Engel, vermummte Gestalten, unter Umständen auch ganze Landschaften (Visionen); oder er riecht mit sinnlicher Deutlichkeit einen Totengeruch, schmeckt Tinte, Gift usw. Bezeichnend sind auch die Halluzinationen des Tastsinnes, haptische Halluzinationen oder abnorme Sensationen, seltsame Körperempfindungen, die als Quälereien gedeutet werden.

Eine besonders wichtige Wahrnehmung bezieht sich auf unsere leiblichen Organe und Funktionen. Diese Wahrnehmung zeigt uns unser Befinden, den Pegel unserer vitalen Spannkraft an. Wir fühlen uns frisch oder ermüdet, müde, erschöpft.

Bei schweren psychischen Störungen klagen die Klienten oft über Sensationen des Leibes. Sie fühlen sich versteinert, vertrocknet, ausgebrannt, leer. Das Leibbewußtsein ist gestört.

Bei vielen Menschen ist der sensorische Bereich, wie Lazarus vermerkt, nahezu verstümmelt. Sie sind unfähig, das Wohlempfinden eines warmen Bades, einer kühlen Brise, einer sanften Massage zu empfinden. Da sensibilisierte Selbstwahrnehmung oder Selbstbewußtheit (awareness) ist für den oft vereinseitigten Menschen der Gegenwart wichtig.

Wie man besser in Kontakt mit sich selbst und seinem Körper kommen kann, schildert ausführlich John O. Stevens (1976) in seinem Buch "Die Kunst der Wahrnehmung".

Wir haben in der Aktivationstherapie einige dieser gestalttherapeutischen Übungen übernommen, so z. B. den Dialog mit den Symptomen.

Der Klient schließt die Augen und denkt an sein körperliches Symptom, das ihn belästigt. Er wendet seine ganze Aufmerksamkeit dem Symptom zu und fragt sich: Welche Teile meines Körpers sind davon betroffen? Welche besonderen Empfindungen habe ich dort – Empfindungen des Schmerzes, der Spannung? Der Klient versucht, jedes Unbehagen voll zu akzeptieren. Um es deutlicher zu spüren, versucht er, es zu verstärken. Danach kann er durch Entspannung und Lockerung die Wirkung des Symptoms vermindern.

In einer weiteren Übung versetzt sich der Klient in das Symptom, identifiziert sich mit ihm, ist selbst das Symptom. Das Klient gewordene Symptom stellt sich die Frage: Womit belästige ich Menschen? Wovon befreie ich sie? Es spricht dies aus, teilt mit, was es den Menschen antut und in welcher Weise es ihnen behilflich ist. Hilfe und Stütze bei einer Vermeidung? Was wird vermieden? Was bedeutet das Symptom für die Person und was erreicht es bei den anderen Menschen? Dabei spricht das Symptom zu den anderen, zu denen der Klient eine besondere Beziehung hat: zu den Eltern, Freunden, Vorgesetzten, zum Partner, zu den Kindern.

Diese Übung soll dem Klienten deutlich machen, was er mit der Symptombildung zu erreichen hofft, welchen Nutzen er sich im Hinblick auf sich selbst und andere verspricht.

In der auf das Dialog-Spiel folgenden Besprechung wird der Klient aufgefordert, sich zu fragen, ob das, was ihm das Symptom einbringt, wirklich von Nutzen ist.

Die diagnostische Entlarvung der Symptome schafft eine gute Ausgangslage für die weitere Arbeit am Symptomverhalten, an der Auflösung der Symtome und ihrer Ersetzung durch produktive Verhaltensweisen.

2. Vorstellung und Imagination

Vorstellungen entstehen aus den Wahrnehmungen und wirken integrativ auf diese zurück. Wir erweitern das unmittelbar sinnlich Gegebene kraft unserer Vorstellungen über seinen tatsächlichen Bestand hinaus. Wir sehen bei einem Gegenstand nur seine Vorderseite, ergänzen das Gesehene zur "Gegenstandswahrnehmung". Im vorstellenden Vergegenwärtigen befreien wir uns von der unmittelbaren Wahrnehmung im Hier und Jetzt.

Zwei Gruppen von Vorstellungen spielen in unserem "seelischen Haushalt" eine große Rolle: die Erinnerungsvorstellungen und die Phantasievorstellungen oder Imaginationen.

Francis Galton, der gegen Ende des 19. Jahrhunderts viele originelle Beobachtungen anstellte, schätzte nach einer Untersuchung über das Vorstellungsvermögen, daß etwa 20% der Bevölkerung eine lebendige Vorstellungskraft haben. In unserem Jahrhundert hat sich vor allem Erich Jaensch mit dem Phänomen befaßt. Er war der Ansicht, daß die bildhaften Vorstellungen einem von Vorstellungen und Wahrnehmungen abzuhebenden eigenständigen Funktionsbereich angehören. Er nennt diese bildhaften Vorstellungen Anschauungsbilder oder eidetische Bilder. Ob diese eine eigene Klasse bilden, ist nach den Streitereien um die Eidetik belanglos.

Das Phänomen als solches kann nicht geleugnet werden. Allerdings ist es doch nicht so verbreitet, wie Erich Jaensch in den zwanziger und dreißiger Jahren annahm. So fand Haber von der Rochester University unter 500 Kindern zwanzig mit einer eidetischen Fähigkeit oder einem fotografischen Vorstellungsvermögen. Die Ergebnisse waren beeindruckend. Den Kindern wurde z. B. kurze Zeit ein Bild dargeboten, in dem auf einem Ladenschild in deutscher Sprache HAUSWIRTSCHAFT geschrieben stand. Die englisch sprechenden Kinder konnten u. a. dieses ihnen völlig unverständliche und fremde Wort buchstabieren, indem sie es von ihrem geistigen Bild ablasen (Leask, Haber u. Haber 1963).

Ann Roe (1956) ist diesem Problem in besonderer Richtung nachgegangen. Sie hat amerikanische Wissenschaftler beobachtet und kam zu dem Ergebnis, daß Biologen und Physiker eher Visualisierer seien, während Psychologen und Anthropologen primär Verbalisierer seien, das heißt, beim Denken von Worten abhängig sind. Es war Bartlett (1932) der im Verlaufe seiner Forschungsarbeiten über das Gedächtnis zu dem Schluß kam, daß sich Menschen in zwei Gruppen unterteilen, und zwar in Visualisierer und Verbalisierer. Der Encephalographologe Walter (1953), der am Neurological Institute in der Nähe von Bristol gearbeitet hat, untersuchte den Gegenstand genauer. Er kam zu dem Ergebnis, daß etwa 15% der Bevölkerung ausschließlich visuell denken, 15% ausschließlich verbal. Der größere Rest wendet eine Mischung von beidem an.

Interessant sind noch weitere Befunde:

– Visualisierer atmen gleichmäßiger als Nicht-Visualisierer. Verbalisierer atmen gleichmäßiger als sonst, wenn sie mit räumlichen Aufgaben befaßt sind, die ihre bildlichen Vorstellungskräfte herausfordern.
– Visualisierer sind im allgemeinen entspannter, kreativer und flexibler als Menschen mit geringem bildhaften Vorstellungsvermögen.
– Visualisierer haben Schwierigkeiten, abstrakte Konzepte zu bilden, und es fällt ihnen schwer, mit Verbalisierern zu kommunizieren. Verbalisierer haben die Neigung, im Bereich von Konzepten zu operieren, die allzu oft nur eine schwache Beziehung zur wirklichen Welt haben.

Wir leben in einer Welt, in der das Verbale, Begriffliche höher bewertet wird als das Bildhafte. So kommt es, daß die Verbalisierer ihr Defizit meist gar nicht wahrnehmen, während die Visualisierer sich oft frustriert und übergangen fühlen. Auch in der Schule ist die Verbal-Persönlichkeit oft im Vorteil, ist doch schulischer Unterricht fast ausschließlich Verbalunterricht.

Wir sind der Auffassung, daß wir unter den Klienten mehr Visualisierern begegnen als Verbalisierern. Das hat uns veranlaßt, in die Therapie eine Reihe von Visualisierungsübungen aufzunehmen. Wenn wir auch von der Bedeutung der Verbalisierung überzeugt sind, so sollte uns das doch nicht davon abhalten, die Visualisierer mehr zu beachten.

Unser Erleben und Verhalten werden im allgemeinen weit mehr durch vorgestellte Bilder als durch formulierte (verbalisierte) Gedanken bewegt. Die Kognitive Therapie wird gelegentlich völlig mißverstanden, weil man den Begriff Kognition mit dem der Rationalität verwechselt, die doch nur ein Teilphänomen von Kognition ist. Kognition umfaßt Wahrnehmen, Vorstellen und Denken. Den Vorstellungen kommt eine Schlüsselstellung zwischen dem wahrnehmenden Vergegenwärtigen und dem denkenden Verarbeiten zu. Wenn wir Gedanken und Einsichten zugkräftig machen wollen, müssen wir diese im Vorstellungsbereich, in (Leit-)Bildern verankern. Ludwig Klages hat diesen Sachverhalt klar erkannt: Er spricht von der "Zugkraft der Bilder" (1936, 131). In den Wachträumen bereiten wir die Lösung von Problemen und Konflikten, die Gestaltung von Vorhaben, die Ausrichtung auf Lebensziele und Lebensweisen vor. Wir produzieren ständig Geschichten. Einen Teil von ihnen realisieren wir. Unser Leben ist ein Folge zahlloser, mehr oder weniger locker verbundener Geschichten.

Ohne auf Fehlformen von Erinnerungs- und Phantasievorstellungen einzugehen, wollen wir kurz die Bedeutung der Phantasie und ihre Mobilisierung in der Therapie unterstreichen. Die Leistung der Phantasie besteht darin,

> "daß wir uns die Schilderung noch nie gesehener Gegenden oder Menschen zu veranschaulichen vermögen. Aber nicht nur das Tatsächliche, jedoch von uns noch nicht Erfahrene bringt die Phantasie in den Horizont unseres gegenwärtigen Erlebens, sondern auch das Zukünftige, noch nicht Verwirklichte. Und nicht nur das Zukünftige, sondern auch das bloß Mögliche, das vielleicht niemals seine Verwirklichung findet, ist es, in dessen Umkreis zu leben uns die Phantasie gestattet. Der freien Tätigkeit der Vorstellungen, die wir Phantasie nennen, kommt eine eminente Bedeutung im Zusammenhang des seelischen Lebens ... zu." (Lersch 1962, 420f)

Den Anschluß an die praktische Auseinandersetzung mit der Wirklichkeit findet die Phantasie in der planenden Phantasie. Der Mensch vermag die Zukunft planend in Vorstellungen vorwegzunehmen. Er vermag mit Hilfe der Phantasie im Vorentwurf des Kommenden zu leben. Die planende Phantasie macht den Menschen erst zum handelnden Wesen. Von der planenden Phantasie hängen seine Aktivität, Initiative und seine Handlungsvollzüge ab.

Bei den Klienten der Therapie fallen zumeist zwei Störungen auf, einmal ein Mangel an Phantasie bzw. Vorstellungs- und Einbildungskraft und zum anderen eine Überproduktion frei schwebender Phantasien. Im ersten Falle kommt es darauf an, den Klienten über verschiedene Phantasieübungen überhaupt zum Phantasieren anzuregen. Stevens gibt in seinem Buch "Die Kunst der Wahrnehmung" vielseitige Anregungen (S. 143-172). Im Fortgang sollte sich die Phantasiearbeit auf den Symptomabbau konzentrieren. Im zweiten Falle wird der Therapeut den Klienten dazu anregen, schrittweise seine irrealen Phantasien zu "erden", d. h. die Phantasie auf mögliche Erreichbarkeit (in der sogenannten Realphantasie) zu konzentrieren.

3. Denken und Auffassung

Die Leistung des denkenden Erfassens besteht darin, daß es die wahrgenommene Wirklichkeit als ein geordnetes Feld von Gegenständen, Sachverhalten und Sinngehalten zu Bewußtsein bringt. Dabei bedient sich der Mensch im allgemeinen der Sprache. Denken ist ein aktives Stellungnehmen des Ich. Wir greifen im Denken auf gespeichertes Wissen – auf Tätigkeitsbereitschaften, Aktionsdispositionen des Ich – zurück.

Wenn jemand "weiß", daß eine Kreuzotter ein giftiges Tier ist, so besteht dieses Wissen nicht in "Vorstellungen" visueller Art, er braucht sogar nie eine Kreuzotter gesehen zu haben und braucht kein "Bild" von ihr im Gedächtnis zu tragen. Das Wesen jenes Wissens liegt vor allem in gewissen Verhaltensweisen und Gefühlen der Vorsicht, die sofort aktuell werden, sobald er ein Reptil erblickt, das vielleicht eine Kreuzotter sein könnte. Jemand, der nicht in dieser Weise reagierte, hätte keinen "Begriff" von der Kreuzotter.

Unser Wissen ist also in Aktions- und Tätigkeitsbereitschaften gespeichert. Wenn wir über einen Sachverhalt ein Urteil formulieren, so ist dies nur eine Äußerungsweise unter anderen, in der wir unser Wissen ausdrücken. Die Fähigkeit, Urteile über einen Sachverhalt zu fällen, gehört zum Begriff des Sachverhaltes (oder Dinges). Das Urteil ist aber weder die einzige noch die wichtigste Aktionsmöglichkeit. Viele Menschen sind gar nicht fähig, klare Urteile über die Dinge ihrer Umgebung zu fällen; sie können aber doch einen sehr lebendigen Begriff darüber haben. Vom Begriff "Pferd" kann ein Pferdepfleger einen lebendigeren Begriff als ein Zoologe haben. Wir haben nicht einen ausreichenden Begriff, wenn wir ihn unter dem Oberbegriff subsummieren können, sondern erst dann, wenn wir mit ihm arbeiten können. Darauf verweist uns bereits die Etymologie von "Begriff". Ich habe etwas "begriffen", wenn ich Hand angelegt habe, damit zu arbeiten weiß, nicht indem ich den Gegenstand in logische Schemata hineingepreßt habe.

Wir müssen – und darin liegt der Akzent der Kognitiven Verhaltenstherapie – das begriffliche Denken und Urteilen als Handlung, als motorischen Akt fassen. Urteilen als Fixieren und Mitteilen ist stets ein Handeln, entweder ein reaktives, durch einen Affekt ausgelöstes oder eine vorher eingestellte, von bestimmter Absicht geleitete Willenshandlung. Die Begriffe, die als lebendige Glieder den Urteilsorganismus bilden, sind darum ebenfalls Aktivitäten, Willensakte. Kognitive Therapie, die es mit der Etablierung und Strukturierung von Begriffen zu tun hat, ist damit nicht eine intellektualistische Therapie. All unserem Denken und sog. "reinem" Erkennen liegen Antriebe und Motive zugrunde, die nicht selber intellektualistischer Natur sind.

Begriffe sind Zentren für vital-notwendige Stellungnahmen, für Tätigkeiten des Ich. Unter diesen Tätigkeiten ist das Urteilen, d. h. die Anwendung der Begriffe auf spezielle Fälle und meist zum Zweck der Mitteilung, nur eine neben anderen. Begriffe sind lebensfördernde Angepaßtheiten des Geistes. Ihre Adäquatheit bewährt sich darin, daß sich damit erfolgreich arbeiten läßt.

Wahres Wissen ist nicht Erinnerung, sondern Handeln, Tätigkeit, Wirksamkeit. Wissen ist eine Disposition zum Handeln. Wissen ist immer ein Können. Man verlangt von einem Examenskandidaten, daß er das, was er weiß, auch darstellen kann.

Wie kommt es, daß wir in der Kognitiven Therapie spezielle Methoden anwenden, um Einsicht in Verhalten zu überführen? Wenn ich eine Einsicht habe, so habe ich doch etwas begriffen. Leider täuschen wir uns hier oft. Wenn mein Auto nicht sofort "anspringt" und dann nicht "richtig zieht", kann mich ein Kollege, der das "Verhalten" dieses Wagens kennt, darauf aufmerksam machen, daß sicher eine Düse verstopft oder der Vergaser nicht richtig eingestellt sei. Ich nicke und meine, ihn verstanden zu haben. Wenn ich einen vollkomponierten Begriff von Düse und Vergaser hätte, müßte ich ja wohl fähig sein, beide nach dem Öffnen der Kühlerhaube zu finden und den Schaden zu beheben. Doch das gelingt mir nicht. Ich habe eben doch keinen wirklichen Begriff von Düse und Vergaser, weil ich mit ihnen nicht umgehen kann.

So kann ein Klient z. B. einsehen, daß sein Zögern und seine Selbstunsicherheit ihn immer wieder in Schwierigkeiten bringen. Selbstsicherheit müßte er, wie er meint, entwickeln. Solange er nicht wichtige Schritte in dieser Richtung erreicht, hat er wohl das Wort, aber nicht den Begriff "Selbstsicherheit" verstanden.

In der Therapie versuchen wir, diese Aufgabe unter dem Stichwort "Implementierung von Kognitionen" zu lösen (1) Der Klient wird aufgefordert, diese Einsicht zu begründen. Argumente von den persönlichen und sozialen Folgen her beizubringen. (2) Der Klient wird angehalten, Aktions- und Ausführungsmodi zu eruieren (z. B.

aufrechter Gang, Blickkontakt, mittlere stimmliche Lautstärke usw.). (3) Was behindert die Transformation von Einsicht in Verhalten? In welchen speziellen Situationen ist er unsicher und gehemmt? Vielleicht Personen gegenüber, die eine höhere gesellschaftliche Position, einen akademischen Titel o. ä. haben? Vielleicht Personen gegenüber, die besonders forsch, robust und fordernd auftreten oder nur einen "stechenden Blick" haben? (4) Der Klient wird vom Therapeuten aufgefordert, mögliche reale Erprobungssituationen für selbstsicheres Verhalten anzugeben und dann in einer Schwierigkeitsskala zu ordnen. (5) Aufstellung eines Stufen- und Zeitplans für den Einsatz selbstsicheren Verhaltens. (6) Ausführung des Verhaltens und dabei jeweils anschließend die Konsequenzen persönlicher Art (Gefühle) und sozialer Art (Wirkung auf den anderen, die anderen) festhalten. (7) Der Klient soll abschließend ausdrücklich den Gewinn buchen, sich selbst loben und damit das Verhalten festigen. Erst jetzt hat der Klient einen lebendigen Begriff von Selbstsicherheit.

Mit dem Erwerb von Erfahrungen und Begriffen etablieren sich gewisse Auffassungen, Bewertungen, Einstellungen. Diese können produktiv, erlebnis- und verhaltenserweiternd sein; sie können aber auch unproduktiv, erlebnis- und verhaltensverengend, fehlerhaft und belastend sein. Im letzteren Falle führen sie oft zu emotionalen Störungen.

Ellis hat in seiner rational-emotiven Therapie auf etwa ein Dutzend solcher Fehlauffassungen – er nennt sie irrationale Annahmen – aufmerksam gemacht. Wir wollen sie hier nicht alle anführen. Eine dieser Annahmen ist z. B.: "Ich muß bei allen, die ich kenne, beliebt sein." Daraus folgt eine ganze Reihe von Verhaltensweisen, z. B. zu allem Ja und Amen sagen, schweigend ein Unrecht einstecken, seine Meinung nicht vertreten, immer ein freundliches Gesicht machen usw. Weitere Fehlannahmen, die wir häufig bei Klienten beobachten, sind: "Ich kann mich doch nicht mehr ändern. An allem sind die äußeren Umstände schuld", oder spezieller: "Für meine Schwierigkeiten sind meine Eltern und ihre Erziehung verantwortlich. Meinen schwachen Charakter habe ich von meinem Vater oder meiner Mutter geerbt."

Diese Auffassungen sind selbstschädigend. Sie behindern die Therapie und erzeugen geradezu das, was mit ihnen ausgesagt und verbunden ist. Sie haben eine selbstprophezeiende Wirkung, dienen zur Rechtfertigung eines problematischen Status quo, lähmen die Aktivität, blockieren die Selbstheilungskräfte.

Eine ebenfalls weitverbreitete neurotische Auffassung hat Karen Horney mit dem Begriff "Tyrannei des Sollens" bezeichnet. Sie meint damit Auffassungen, wie: "Du solltest alles ertragen können, verstehen können, immer fit sein können, immer überlegen sein können" u. ä. (1954, 113)

Wir können alle angeführten Beispiele auch unter den Begriff "Denkfehler" bringen. Im Alltag und besonders in der Therapie begegnen wir aber noch anderen Fehlformen des Denkens, vor allem:

- *dem voreiligen Schlußfolgern.* Aufgrund einer oder einiger negativer Erfahrungen kommt der Klient zu dem Urteil, die Welt sei feindlich oder schlecht. Auch über sich selbst fällt der Klient dabei oft ein negatives Urteil: "Ich bin ein Pechvogel. Ich habe im Leben kein Glück. Ich bin ein Versager."

– *dem monokausalen Denken.* Vorschnell wird einem komplexen Verhalten eine Ursache zugesprochen. Bezieht sich dieses Denken auf die eigene Person, so blockiert der Klient wichtige Stücke der Selbsterkenntnis. Beispiele dieses Vorgehens sind etwa: "An allen meinen Schwächen sind nur meine Eltern schuld." Oder: "Meine Erregung kommt nur durch den Föhn zustande."

– *dem affektverzerrten Denken.* Unsere Emotionen wirken, nachdem sie durch Denken entstanden sind, auf dieses zurück. So privilegiert und produziert die Angst Gedanken der Bedrohlichkeit. Diese führen zu größerer Erregung und Ängstlichkeit. Der Klient gerät in einen sich selbst aufheizenden Kreisprozeß.

– *dem dichotomen Denken.* Solche Menschen denken vorzugsweise in Kontrasten. Entweder ist etwas schwarz oder weiß, ist jemand sündig oder heilig, ehrenwert oder kriminell. In gleicher Weise stilisieren und charakterisieren sie sich selbst in selbstüberschätzender und selbsterniedrigender Weise. Die – um beim ersten Beispiel zu bleiben – dazwischenliegenden Grautöne nehmen sie nicht wahr. Solches rigorose Denken behindert Selbsteinsicht und Kommunikation.

– *dem magischen Denken.* Dieses Denken geht in zwei Richtungen: Man versucht einmal, damit sein Geschick zu lenken, zum anderen, es zu befragen. In Zeiten der Unsicherheit blüht magisches Denken. Man glaubt an bestimmte Zahlenkombinationen, die im Lotto Glück bringen müssen. Man versucht, aus der magischen Astrologie die Tage der Glücks- und Unglückschancen zu erfahren.

– *dem Wunschdenken.* Es ist dem magischen Denken verwandt. Wir meinen hier nicht ein Denken, das Wünsche einbezieht und artikuliert. Vielmehr verliert sich das Denken hier im Wünschen. Man macht sich ständig selbst etwas vor, sieht seine Wünsche schon verwirklicht, spielt z. B. den "großen Mann". Besonders deutlich wird die Irrealität des Wunschdenkens in den kleineren oder größeren Utopien, die zumeist recht starr ausgearbeitet sind. Solche Wünsche können einen Menschen blind für wirkliche Verhältnisse und Geschehnisse machen. Zuletzt glaubt er so stark an seine Wünsche, daß er die Wirklichkeit fälscht. Wir bezeichnen eine solche Fehlhaltung als Pseudologie.

– *dem Vermutungsdenken.* Mit dieser Denkart knüpfen wir an die zuerst angeführte Form, der voreiligen Schlußfolgerung, an. Vermutungen haben zumeist eine Tendenz ins Negative. Aufgrund irgendeiner unbedeutenden Beobachtung werden einem anderen "böse Absichten" unterstellt. Der Klient ist zurückhaltend, beobachtet den anderen mit "verstohlenem Blick", erzeugt damit beim anderen eine Hab-acht-Einstellung, die der Klient wiederum im Sinne seiner negativen Vermutung deutet. Sie haben nicht den Mut, anderen offen zu begegnen und sie um Auskunft zu bitten.

Die auf den Seiten 38ff und 88f bereits angeführten Prozesse der Generalisierung, Tilgung und Verzerrung zeigen sich in den sprachlichen Formulierungen der Klienten. Richard Bandler und John Grinder (1981, 34ff) haben ausführlich auf diese Fehlkonstruktionen, diese *"Denkfehler"* und ihre Bedeutung für die Therapie hingewiesen. – Hier noch einmal Beispiele für die schon dargestellten Prozesse.

- *Generalisierung* (generalization). Die Berührung eines heißen Ofens führt zu der Auffassung, daß Öfen generell gefährlich sind. –
- *Tilgung* (deletion). Ein Mann war überzeugt davon, nicht liebenswert zu sein, da ihm seine Frau nie Liebesbotschaften vermittle. Eine Nachprüfung ergab, daß seine Frau durchaus Aussagen der Zuneigung machte. Er überhörte sie jedoch aufgrund seiner generalisierten Selbstwertherabsetzung.
- *Verzerrung* (distortion). Der Mann im vorigen Beispiel wird, sofern er auf die offensichtlichen Zuneigungsbotschaften seiner Frau hingewiesen wird, diese Botschaften als unaufrichtig deuten.

Bandler u. Grinder geben in ihrem Buch viele Beispiele der genannten Art. Sie zeigen, daß eine Kognitive Therapie auch zu einer Veränderung – Präzisierung und Anreicherung – sprachlicher Muster beim Klienten führt bzw. führen sollte.

4. Affekte und Gefühle

Die Unterteilung der Emotionen in Affekte und Gefühle hebt nur den Erregungs- und Ausdrucksgrad hervor. Affekte sind Gefühle, die abrupt und heftig ablaufen, bei denen deutlich sichtbar der Körper mitbeteiligt ist. Beispiele sind Entsetzen, Wut und Empörung auf der negativen Seite, Verzückung, Jubel und Begeisterung auf der positiven Seite.

Da wir uns hier mit den therapeutischen Aspekten der emotionalen Modalität befassen, heben wir die Gefühlsregungen der negativen Seite hervor. Wir fragen uns, welche Beschwerden die Klienten in dieser Hinsicht äußern. Ohne Vollständigkeit anzustreben, kann man wohl folgende Liste anführen, die verschiedene Grade der Beeinträchtigung widerspiegelt: (1) Gefühl der Enttäuschung, Gefühl, sich verletzt zu fühlen; (2) Ärger, Zorn, Empörung; (3) Unsicherheitsgefühl; (4) Unzulänglichkeitsgefühl, Minderwertigkeitsgefühl; (5) Neid, Mißgunst; (6) Angst, Befürchtungen; (7) Mißtrauen, Eifersucht; (8) Aggressivität, Feindseligkeit, Verachtung, Haß; (9) Gefühl der Langeweile und des Überdrusses; (10) Gefühl der Einsamkeit und Verlassenheit; (11) Mißmut, Verdrossenheit, Verbitterung, Ressentiment; (12) Scham- und Schuldgefühle; (13) Gefühle der Abgespanntheit, Mattigkeit, Schwäche, Niedergeschlagenheit; (14) Resignation; (15) Schwermut, Depression; (16) Verzweiflung.

Die meisten Menschen kennen die Spielarten dieser Gefühle; sie haben sie mehr oder weniger deutlich selbst an sich erfahren. Von neurotischer Gefühlsstörung spricht man aber erst bei größeren Schweregraden und längeren Erstreckungen, so bei chronisch gewordenen Zuständen des Ärgers, des Minderwertigkeitsgefühls, der Aggressivität, der Angst, des Mißtrauens, der Schuldgefühle und der Depression. Der Angst kommt dabei eine zentrale Stellung zu, finden wir doch bei allen neurotischen Störungen einen Angsteinschlag.

Jedem der anhaltenden intensiven negativen Gefühle gingen bei seiner Entstehung und gehen bei seiner gegenwärtigen Äußerung dem Klienten bestimmte auslösende Gedanken und Gedankenketten voraus. In der therapeutischen Zusammenkunft versucht der Therapeut, vom Klienten Auskunft über diese seine kognitiven Selbstgespräche zu erhalten. Da diese Gespräche oft sehr verkürzt – gleichsam im Stenogramm – ablaufen, entgehen sie häufig der Selbstbeobachtung. Der Klient wird in diesem Falle dazu angehalten, in sich zu "horchen". Immer wieder stellen wir fest, daß Klienten die innere Stimme mit Überraschung und Staunen zur Kenntnis nehmen. "Ich habe davon bisher eigentlich nichts vernommen; jetzt achte ich auf meinen inneren Regisseur. Ich diskutiere mit ihm. Er revidiert dann seine Anweisungen und läßt mich mehr zu Worte kommen. Seitdem sacke ich nicht mehr so wie früher ab." Dieser Protokollausschnitt einer 36jährigen Musikpädagogin, die unter depressiven Verstimmungen und einer Reihe von Phobien litt, zeigt mit aller Deutlichkeit, daß wir unser Geschick und unsere Gefühle über den inneren Dialog beeinflussen können. In der Therapie mit Zwangskranken bezeichnen wir die Instanz, die den Klienten immer wieder zum Zwangsdenken und zu Zwangsriutalen verführt, als den "kranken Teil" in ihm. Er lernt schrittweise, immer stärker auf seinen "gesunden Teil" zu achten und zu reagieren. Je denk- und verhaltensbestimmender der "gesunde Teil" wird, desto mehr löst sich der "kranke Teil" auf.

Die meisten Gefühle haben ein gegenständliches Korrelat, auf das sie bezogen sind: Ich ärgere mich über ..., ich bin zornig auf ..., ich fürchte mich vor ... usw. Lediglich das Minderwertigkeitsgefühl und das Schuldgefühl verweisen auf die eigene Person. Sie stehen in unmittelbarem Bezug zum Selbstwertgefühl. Die hier verankerten und erfahrbaren psychischen Erscheinungen des gesunden bzw. gestörten Selbstbewußtseins, Selbstvertrauens, der Selbstsicherheit sind Bestimmungskräfte der Auffassungs-, Verarbeitungs- und Antriebsfunktionen des Menschen. Sie bestimmen weitgehend unsere Wahrnehmungs- und Lernfähigkeit, unsere Leistungs-, Gestaltungs- und Kommunikationsfähigkeit. Bei herabgesetztem Selbstwertgefühl gerät der Mensch in den Zustand emotionaler *Labilität*, erhöhter *Angst*bereitschaft und *Unsicherheit*. Verfestigt sich diese Befindlichkeit, so sprechen wir von einem *LAU*-Syndrom (Lückert, siehe Seite 107, 307, 310). Der Mensch ist dann in besonderem Maße anfällig für psychische und psychosomatische Störungen verschiedener Art.

Ehe wir uns der Frage der Äußerung und Verbalisierung der Gefühle zuwenden, wollen wir noch drei Sonderphänomene besprechen: die Ambivalenz, die Gefühlsleere und die Alexithymie.

Zur Ambivalenz der Gefühle

Lust und Unlust sind keine rein gegensätzlichen Merkmale. Sie müßten sich dann, wenn sie sich in einem identischen Erleben begegnen, gegenseitig aufheben. Dies ist aber nicht der Fall.

> "Es entsteht kein Grau aus dem Schwarz und Weiß der Gefühle, keine Indifferenz aus dem Wettstreit von Lust und Leid, sondern eine neue starke Farbigkeit ist da. Es ist ein Gefühl von ganz anderer Art, dessen Charakteristikum eine innere Zwiespältigkeit, ein schillerndes Zugleich von Lust und Unlust ist. Für dieses Gefühlsmerkmal ist der ... Ausdruck 'Ambivalenz' üblich geworden." (Stern 1950, 741f)

Bei aller Steigerung seiner Lebenskräfte und damit seines Wohlbefindens bei den ersten "Zügen" hat der Alkoholabhängige doch zugleich ein gemischtes Gefühl, weil er die kommende Niederlage ahnt. – Bei gewagten Unternehmungen, wie z. B. einer gefährlichen Bergbesteigung, kommt es zu einer Mischung von Angst und Lust, zur sogenannten Angst-Lust. – Eine Tochter pflegt bis weit in ihr heiratsfähiges Alter ihre kranke Mutter. Gelegentlich tauchen bei der Tochter feindselige Gedanken – Todeswünsche – gegenüber der von ihr geliebten Mutter auf, die sie um ihr Lebensglück bringt. Das fremdartige Mischgefühl der Haß-Liebe beunruhigt sie.

Ein durchgängiges Grundmerkmal aller Neurotiker ist – wie schon erörtert – die emotionale Labilität, Angst und Unsicherheit, das LAU-Syndrom. Bei dieser Konstellation neigt der Mensch zur Gefühlsambivalenz. Harald Schultz-Hencke (1969, 64) sieht daher in der Ambivalenz ein Kriterium der Gehemmtheit.

"Wir beobachten z. B., daß jemand nicht lieben kann. Er hat mehrfach 'geliebt'. Nie ist er zu einfacher ruhiger Beglücktheit gelangt. Immer war etwas zwischen ihm und dem Partner. Sein Liebeserleben war stets zwiespältig ... ambivalent."

Zum Gefühl der Gefühlsleere

Der Mensch kann bei schweren Belastungen und Verlusten in den Zustand der Apathie geraten. In diesem Zustand läßt er alle Ereignisse, mögen sie Glück, Lust und Förderung oder als drohende Gefahr Leid und Zerstörung bringen können, mit völliger Gleichgültigkeit an sich vorüberziehen – "tot mit wachen Augen". Die Kranken sitzen regungslos, unterlassen die Nahrungsaufnahme, so daß sie künstlich ernährt werden müssen. Von der Apathie zu unterscheiden ist das Fühlen des Nichtfühlens.

"Die Kranken klagen, sie könnten keine Freude, keinen Schmerz mehr empfinden. Sie fühlten keine Liebe mehr zu ihren Angehörigen, alles sei ihnen gleichgültig ... Sie fühlen sich öde, leer und tot, haben keine Daseinsfreude mehr. Sie klagen, daß keine innere Anteilnahme, kein Interesse in ihnen sei ... Die Kranken leiden ungeheuer unter dieser subjektiv empfundenen Gefühlsleere. Aber dieselbe Angst, die sie nicht zu fühlen meinen, ist als wirklich vorhanden in körperlichen Symptomen erkennbar. In leichten Fällen klagen sie über Benommenheit der Gefühle, dumpfe Gefühle, fremdartige Gefühle." (Jaspers 1953, 93)

Lersch geht auf das Phänomen der Gefühlsleere unter dem Stichwort "Erlebnisfähigkeit" ein. Normalerweise ist der Mensch imstande, gefühlsmäßig zu reagieren, von Personen, Dingen und Ereignissen angesprochen zu werden, in ihnen also Wert und Unwert zu erleben.

"Auf die Dürftigkeit solchen Erlebens weisen wir hin, wenn wir einen Menschen gleichgültig, apathisch, gefühlsstumpf, unempfindlich, gefühlsarm oder gefühllos nennen. Erlebnisunfähigkeit (Gefühlsimpotenz) ist meist anlagemäßig gegeben. Sie kann aber auch im einzelnen Fall durch besondere Lebensschicksale hervorgerufen werden, und zwar durch starke Erschütterungen ..., die eine allgemeine Leere des Werterlebens zur Folge haben ... Das Erlebnis der Gefühlsimpotenz kann zum Beweggrund einer grundsätzlich abwertenden Kritik werden, die im Ressentiment gleichsam Rache an den im Werterleben reicheren und fruchtbareren Naturen nimmt. In diesem Wirkungszusammenhang treten dann oft charakteristischerweise die Haltungen der grundsätzlichen Ironie und des Zynismus auf." (Lersch 1962, 296ff)

Zur Alexithymie

Mit dem Begriff Alexithymie beschreiben die amerikanischen Psychiater Nemiah und Sifneos (Boston) die Besonderheiten des psychischen Geschehens bei psychosomatischen Patienten (1970, 26–34; 1972).

Der Begriff verweist auf die charakteristische Unfähigkeit der Patienten, eigene

Gefühle wahrzunehmen und angemessen zu beschreiben (a = Fehlen von, Lexis = Wort, thymos = Gefühl). Die Patienten schildern statt dessen zumeist körperliche Sensationen und hypochondrische Details. Es werden solche Einzelphänomene, die ausschließlich auf die augenblickliche äußere Realität ausgerichtet sind (operatory thinking), hervorgehoben. Auf diesen Akzent hat die Pariser Schule von P. Marty und M. de M'Uzan (1963, 1345–1356) besonders hingewiesen. Der so charakterisierte Typ von psychosomatischen Kranken zeigt eine auffällige Unfähigkeit zum freien Phantasieren; er neigt zum betont operativen Denken (pensé opératoire) und zu einem traumlosen "Konkretismus". Die Psychosomatiker unterscheiden sich damit erheblich von Neurotikern, die bereit sind, sich über ihr ambivalentes Gefühl auszusprechen. Psychosomatische Patienten fallen häufig durch eine Verarmung des Wortschatzes und die Unfähigkeit, konflikthafte Inhalte zu verbalisieren, auf. Sie sind – auch im Gegensatz zu Neurotikern – an ihre Umwelt stark angepaßt. Sie können sich und ihrer Umwelt jahrelang Zufriedenheit vortäuschen. Sie leben in der Vorstellung, keine Probleme zu haben. Die "Organsprache" ist für sie der Wecker aus ihrer "ungestörten Identität" mit der Welt.

Der Ursprung der Alexithymie weist zurück in ein Familienmilieu, in dem gegenüber den "Realitäten" des Lebens Gefühlsäußerungen keinen Platz hatten. Diese Tendenz kann sich dann in jahrelanger Übung der Überanpassung an gesellschaftliche Normen vertiefen. Stephanos sieht in der Alexithmyie die Folge einer frühkindlichen Störung, die sich in Krisensituationen aktualisiert und zu somatischen Komplikationen führen kann (1979, 217–241). Stephanos weist darauf hin, daß die psychosomatischen Patienten keine neurotischen Mechanismen (Kompensation, Projektion, Identifikation, Rationalisierung usw.) zur Verfügung haben. Ihre biologische Ökonomie ist äußerst brüchig.

Grund für diese Reifungsstörung ist die fehlende adäquate mütterliche Zuwendung (carence des soins maternels). Die Kranken haben ihre Mutter als gutes Objekt nicht internalisiert und keine lösenden Wunscherfüllungen entwickelt. Sie leben ohne die Symbolisierungsfähigkeit in der Verhaftung am Aktuellen und Konkreten. Ihr Erleben und ihre rigides Verhalten wird durch automatistisch-mechanistisches Denken geprägt. Die Kranken wirken apathisch, "automatisiert", manchmal hektisch und fahrig. Ihr Leben verläuft zwanghaft auf Sparflamme, in starrer phobischer Schonhaltung. In Krisensituationen kann ein massiver Kollaps der Ich-Funktionen ausgelöst werden; es kommt dann zu schwerwiegenden autoimmun-bedingten Dysfunktionen, ja sogar zu lebensbedrohenden somatischen Komplikationen (z.B. zu einem gravierenden status asthmaticus).

Zur Äußerung und Verbalisierung von Gefühlen

Der Äußerung und Verbalisierung von Gefühlen kommt in der Entwicklung und späteren Lebenspraxis des Menschen eine hohe Bedeutung zu. Wo Menschen früh geliebt werden und in einer Atmosphäre des Zuspruchs und Vertrauens aufwachsen, ergeben sich hier keine Probleme. Das Kind kann dann seine positiven und gelegentlichen negativen Gefühle ausdrücken, somit Wohlbefinden und Mißbehagen signalisieren.

Wo Eltern rigid auf Wohlverhalten des Kindes ausgerichtet sind, versuchen sie dem Kind oft die Gefühle zu "nehmen" bzw. vorzuschreiben. "Darüber ist man nicht traurig". "Darüber weint man nicht". "Du mußt zu Tante X immer freundlich sein" usw.

Das Kind übernimmt, d. h. verinnerlicht, die Erwartungen und Forderungen der Eltern. Die Gefühle bleiben, weil sie nicht geschätzt sind, unentwickelt und undifferenziert. Der Mensch schaltet auf "Ankommen" ein und beachtet nur noch die Reaktionen der anderen; sein Verhalten wird auf Anpassung und Wohlverhalten automatisiert. Solche Menschen können ihre Persönlichkeit nicht voll entwickeln, es mangelt ihnen an gefühlsgetragener Wertungs- und Entscheidungsfähigkeit. Da sie keine Freudefähigkeit aufbauen können, ermangeln sie der sozialen Bindungsfähigkeit. Da sie auch keine Leidensfähigkeit entwickeln, ist Psychotherapie sehr erschwert. Sie leiten – wie wir im Zusammenhang der Erörterung zur Alexithymie gesehen haben – ihre inneren Spannungen automatisch ins Somatische ab.

Wenn ich zwischendurch auf zurückliegende Entstehungsursachen psychischer Schwierigkeiten und Störungen hinweise, so sind diese Hinweise – auch wenn sie noch so plausibel erscheinen – durchaus hypothetisch. Sie befriedigen z. T. unser Erklärungsbedürfnis. Therapeutisch sind diese Rückverweisungen ohne besondere Bedeutung. Es lassen sich allerdings durch diese dem Klienten mitgeteilten Annahmen gelegentlich die therapeutisch initiierten Ablösungs- und Aufbauprozesse beim Klienten in den Verhaltensproben und Rollenspielen deutlicher veranschaulichen und profilieren.

Die meisten Klienten leiden an unproduktiven, selbstschädigenden Sollte- und Müßte-Einstellungen. Diese haben, wie viele unserer Erlebens- und Verhaltensweisen, ihre Wurzeln in den frühkindlichen Beziehungs- und Erziehungserfahrungen. Die Einstellungen werden in belastenden und kritischen Situationen reaktiviert und in den Selbstgesprächen auf die spezifische Lagebefindlichkeit abgestimmt und einstellungsgemäß in Verhalten realisiert. Jede dieser Verhaltensweisen stützt wiederum die voraufgebaute Einstellung. Therapeutisch von Belang ist der Rekurs vom Verhalten zur Einstellung, also die Aufdeckung und Eliminierung der symptomatischen Stützursachen. Die Besinnung auf die weit zurückliegenden Entstehungsursachen ist im Gegensatz zur Psychoanalyse in der kognitiven Verhaltenstherapie therapeutisch nicht angezeigt.

Aus den bisherigen Ausführungen wird deutlich, daß die Kognitive Therapie nicht ein System intellektualisierter Rituale ist, das Gefühle und Empfindungen vernachlässigt. Ellis hat dies deutlich gezeigt, indem er von rational-emotiver Therapie spricht.

Therapie soll den Klienten von seinen emotionalen Nöten befreien. Gerade in der Depression kommt es zum Verlust positiver Gefühle, so daß die Klienten das Gefühl haben, keine reale Person zu sein.

Erlebnistherapien (wie z. B. die Primärtherapie) konzentrieren sich allzu einseitig auf die Unterstützung emotionaler Erfahrungen. Sie beachten nicht ausreichend die für eine Therapie entscheidend wichtigen irrationalen und dysfunktionalen Vorstellungen, die den abweichenden Gefühlsreaktionen zugrunde liegen. Äußerung und sog. Ausagieren "verdrängter" oder unterdrückter Gefühle ist noch keine erfolgversprechende Therapie. Diese Prozesse können allerdings gelegentlich für eine kognitive Neugestaltung von Bedeutung sein.

Wichtig ist, daß der Klient das Aufkommen seiner dysfunktionalen Gefühle und die sich in ihnen signalisierenden dysfunktionalen Kognitionen zu erkennen vermag. Es ist vor allem Beck (1981, 70), der bei seiner Depressionstherapie darauf hingewiesen hat, daß depressive Klienten oft die Bezeichnung "Gefühl" verwenden, ohne sich über ihre Gefühlsgrundlage klar zu sein:

> "Gelegentlich benennt ein Patient eine Reihe von Symptomen, die mit seiner Depression zusammenhängen (z. B. Verlust der Tatkraft, Schlafstörungen, Appetitmangel, negative Einstellungen). Statt über Gefühle der Niedergeschlagenheit klagt er jedoch über den Verlust und das Nachlassen positiver Empfindungen, z. B. den Verlust der Zuneigung zu seiner Frau, seinen Kindern oder Freunden; fehlende Begeisterung für neue Tätigkeiten; geringe Freude an sonst befriedigenden Beschäftigungen. Dieser Patient fühlt sich vielleicht apathisch, ist sich jedoch seiner Traurigkeit nicht bewußt".

Depressive Klienten unterscheiden oft nicht zwischen Gefühlen und Gedanken bzw. Meinungen. Wenn sie sagen: "Ich fühle, daß ich wertlos bin", so verbalisieren sie nicht ein Gefühl, sondern ein Werturteil, das mit einem Gefühl assoziiert sein kann. Der Therapeut hat hier die Aufgabe, dem Klienten zu zeigen, daß er einen Gedanken ausdrückt, aber kein Gefühl (Trauer, Ärger, Angst). Oft muß der Therapeut den Klienten erst schrittweise dahin führen, daß er seine Gefühle offenlegt.

Danach kann es dazu kommen, daß ein Klient, der durch die intellektuelle Beschreibung seiner Empfindungen bisher Gefühlsäußerungen zurückhielt, zum Gefühlsausbruch (Zittern und Schluchzen), also einer echten Gefühlserfahrung, kommt. Hier hat dann der Therapeut Gelegenheit, in der anschließend entspannten Situation den Klienten zur Überprüfung und Ergründung seiner Gefühle anzuleiten.

Wie hier, so sind auch starke positive bzw. negative Gefühle des Klienten dem Therapeuten gegenüber, sobald der Therapeut sie erkennt, offen darzulegen, so daß diese Übertragung im Hinblick auf ihre Angemessenheit in der therapeutischen Beziehung geklärt werden kann. Die Kognitive Therapie mißt der sog. "Übertragung" keine besondere Bedeutung bei, da diese Therapie – im Gegensatz zur Psychoanalyse – Zuneigungen und Aversionen des Klienten dem Therapeuten gegenüber als aus gewissen Bedingungen heraus entwickelte echte Gefühlserregungen auffaßt und nicht als eine Wiederbelebung emotionaler Kindheitsbeziehungen zu diesem oder jenem Elternteil.

Die Erlebens- und Verhaltensschwierigkeiten sind für den Klienten aktuell belastend. Um- und Neulernen setzen an den aktual-genetischen Verankerungen – den sog. Stützursachen – an. Wir haben es hier mit Sachverhalten zu tun, die auf die weitere Modalität Erregung und Antrieb verweisen.

5. Erregung und Antrieb

Lazarus hat als letzte Modalität die sog. Medikamentenmodalität herausgestellt. Die Beziehung fällt völlig aus dem Rahmen der anderen Modalitäten heraus. Auf ihren psychologischen Gehalt geprüft, erweist sich die Medikamentenmodalität als Aspekt der Antriebs- und Erregungssteigerung oder -abschwächung. In der Sicht der Aktivationstherapie kommt der Erregungs-Antriebsmodalität eine besondere Rolle zu.

Antriebe können sowohl kausal als auch final gemeint sein. Im ersten Falle fragt man: Welche inneren oder äußeren Reize verursachen Verhalten? Im zweiten Falle erkundigt man sich mit folgender Frage: Welches Ziel, welche Richtung wird angestrebt? Je nach Fragestellung unterscheiden wir zwischen "Schub-Theorien" und "Zug-Theorien" der Motivation. Motive werden danach verstanden als Aktivierung von

Energie (Antrieb, Strebung) und als Steuerung dieser Energie hinsichtlich bestimmter Verhaltensmuster und Ziele. Steuerungen sind regulatorische Prozesse, die in Form erworbener kognitiver Strukturen oder Einstellungen den vorhandenen Aktivitäten Richtung geben und deren Verlauf bestimmen.

> "Nach der (heute vorherrschenden) Steuerungs-Theorie 'richtet' sich vorhandene Aktivität darauf, eine augenblickliche Situation, in der sich das Individuum befindet, also den Ist-Wert, einer erwarteten und angestrebten Situation, dem Soll-Wert, anzunähern." (Hauss 1981, 334)

Wir sehen, daß den Erwartungen eine besondere Rolle bei der Motivation zukommt.

Aktivierung und Steuerung von Energie sind vor allem im Zusammenhang mit der Streßproblematik untersucht worden, wobei besonders die neurophysiologischen Grundlagen zu erörtern sind. Vera F. Birkenbihl (1977) hat diese Zusammenhänge anschaulich dargestellt.

Aus den Forschungen der Biochemie und Neurophysiologie ergibt sich folgende Tatsache: Wenn das Überleben, die eigene Sicherheit gefährdet werden, reagiert zunächst jeder Organismus gleich: Er kämpft um die Erhaltung des Lebens oder flüchtet vor der Gefahr. Gerät er später in eine vergleichbare Belastungs- oder Bedrohungssituation, so versucht er, diese zu vermeiden. Von Streß sprechen wir, wenn die Befriedigung der Grundbedürfnisse nicht gegeben ist.

Wir unterscheiden nach Selye – dem Begründer der Streßforschung – zwei Arten von Streß: den Distreß und den Eustreß. Mit Distreß müssen wir lernen, vernünftig umzugehen, d.h. ihn einzuschränken bzw. zu bewältigen. Wenn uns dies nicht gelingt, entwickeln wir Ärger, depressive Verstimmungen oder Agressionen bzw. Neurosen und psychosomatische Beschwerden. Eustreß sollten wir aufsuchen oder für uns arrangieren, garantiert er doch Zufriedenheit, Freude und Wohlergehen.

Um die physiologischen Prozesse, die sich bei Streß und Eustreß abspielen, besser zu verstehen, ist ein kleiner Exkurs in die Hirnanatomie und Hirnphysiologie erforderlich: Wir unterscheiden zunächst das Stammhirn, das bereits vor ca. 450 Millionen Jahren existierte. Es enthält u.a. den Kampf- und Fluchtmechanismus. Diesen beim Menschen noch existierenden Gehirnteil bezeichnet man auch als "Reptiliengehirn". Das Neuhirn oder das Rindenhirn, auch Kortex genannt, entwickelte sich zur heutigen Form erst vor ca. 1 ½ Millionen Jahren. In ihm spielen sich u.a. die kognitiven Prozesse ab, weshalb man diesen Gehirnteil auch als Denkhirn bezeichnet.

Zum Stammhirn zählen wir: das verlängerte Mark oder die Medulla oblongata, das Klein-, Mittel- und Zwischenhirn. Das Rindenhirn besteht aus der Großhirnrinde mit ihren beiden Hemisphären und das Rhinencephalon. Zu nennen sind noch die Retikular-Formation, die Klein-, Mittel- und Großhirn beeinflußt, und das limbische System, das ein Randgebiet zwischen alten und neuen Gehirnteilen darstellt; es wird auch als Viszeralhirn bezeichnet.

Es können hier nicht alle Funktionen der Hirnteile aufgezählt werden. Lediglich die Funktionen des limbischen Systems sollen – wegen ihrer Bedeutung für das Streßgeschehen – aufgezeigt werden. Das limbische System ist verantwortlich für die Selbst- und Arterhaltung, die Gemütserregungen, das Kampf- und Fluchtverhalten bei Gefahr und die Gedächtnisspeicherung.

Das limbische System verbindet das Althirn mit dem Neuhirn. Es wirkt auf beide und kann Reize von einem zu anderen (über den Thalamus) weiterleiten. Es wacht gleichsam als Steuermann über folgende Vorgänge:

Retikular-Formation: Atemzentrum, Herzregulation, Vasomotorenzentrum, vegetativ-affektives Verhalten, Weckwirkung auf Kortex, Integration zwischen Kleinhirn, Thalamus und Kortex.

Thalamus: Tast- und Schmerzempfindung, Tiefensensibilität, Temperaturwahrnehmung, Seh- und Riechfunktionen, Extrapyramidalmotorik, Umkodierung von Signalen, Verbindung zu Kortex.

Hypothalamus: Wasserhaushalt, Körperwärme, Kreislauf, Nahrungsaufnahme. Der Hypothalamus stellt die oberste Befehlsstelle des autonomen Nervenzentrums dar: Sympathikus und Parasympathikus. (Birkenbihl 1977, 143)

Die auf einen ungewohnten und belastenden Reiz hin erfolgende Kampf- oder Fluchtreaktion, auch als OR (Orientierungs-Reaktion) bezeichnet, führt zu allerlei biochemischen und muskulären Veränderungen im Organismus. Gekürzt und zusammengefaßt beschreibt sie F. Vester (1976, 48f):

> "Die Wahrnehmung des Streßreizes aktiviert über bestimmte Gehirnbahnen das vegetative Nervensystem, vor allem den Sympathikus sowie die Hirnanhangdrüse, die Hypophyse. Der Sympathikus schießt seine Impulse in das Mark der Nebenniere, die dann die Katecholamine Adrenalin und Nordadrenalin in den Blutstrom ausschüttet. Die Hpyophyse produziert selbst ein Hormon (ACTH = Adreno-Cortico-Tropes-Hormon), welches etwas später über die Blutbahn ebenfalls bei der Nebenniere landet und dort ... in der Rinde zur Ausschüttung von corticoiden Hormonen führt, z. B. von Hydrocortison. In kurzer Zeit befinden sich diese Hormone überall im Körper, wo nun die verschiedensten Wirkungen erzeugt werden: der Herzschlag wird beschleunigt, der Puls verstärkt sich, die Muskeln werden besser durchblutet, Fettreserven und Zucker werden mobilisiert, die Geschwindigkeit der Muskelreaktion wird erhöht, und die Blutgerinnung steigt an ... Gleichzeitig werden alle für den Moment der Gefahr nicht nötigen Vorgänge gedrosselt: Eingeweide und Haut werden schlechter mit Blut versorgt, die Verdauung wird sich selbst überlassen, der Aufbau hochwertiger Stoffe wie der Proteine wird verhindert, die Sexualfunktionen werden gehemmt, und die Schalter des Gehirns blockiert, damit nicht unnötige Überlegungen angestellt werden."

Das Neuhirn kann man auch als Denkhirn bezeichnen, weil seine wichtigste Funktion das Denken ist. Das Urhirn bezeichnet man auch als Reptiliengehirn, weil seine Funktionen denen des Reptils entsprechen. Das limbische System rechnen wir bei dieser Funktionseinteilung noch zum Reptiliengehirn.

Wir sollten zur Kenntnis nehmen, daß wir im Alltag keineswegs nur vom Denkhirn gesteuert werden. Nicht jeder Aspekt unseres Verhaltens ist von uns gewünscht und vorbedacht. Wichtig ist weiter, zu wissen, daß das Denkhirn nur dann funktionieren kann, wenn die Basisbedürfnisse der alten Hirnteile befriedigt worden sind. Wenn dies nicht der Fall ist, wie z.B. bei Krankheit, Müdigkeit, Gefährdung der inneren Sicherheit, dann verbrauchen wir mehr Energien zur Wiederherstellung des biologischen Gleichgewichts (der Homöostase).

Welches sind nun die Basisbedürfnisse des Urhirns?

Ich gehe hier nicht auf die sonstigen lebensnotwendigen Bedürfnisse, wie z. B. das Bedürfnis nach Sauerstoff, Hungerbedürfnis, Durst-, Bewegungs-, Ruhe- und Schlafbedürfnis, Bedürfnis nach passender Temperatur u. ä. ein.

Bedürfnis nach Stimulierung

Wir brauchen ein bestimmtes Maß sensorischer Anregung, einen Strom von Reizen, die von den Sinnesorganen zum Gehirn geleitet und dort analysiert werden. Die Reizzufuhr ist notwendig, damit sich der Körper in bezug auf seine Umwelt ständig orientieren kann. Wenn diese Orientierung unterbrochen wird, so signalisiert das Reptiliengehirn dies sofort durch die Orientierungsreaktion, auch Kampf-, Flucht- oder Streß-Reaktion genannt. Wir geraten in akuten negativen Streß.

Deprivationsexperimente haben gezeigt, daß der Entzug optischer, akustischer und sonstiger Reize den Organismus nach einiger Zeit in Aufruhr bringt. Das kann soweit gehen, daß das Gehirn selbst solche Reize (von innen) erzeugt, anfangs starke Phantasievorstellungen, im Fortgang Halluzinationen und massive Erregungen und Ängste.

Bedürfnis nach Lust

Jeder Reiz, der im Gehirn eintrifft, hat eine Doppelfunktion: Er ermöglicht zum einen die Orientierungen in Raum und Zeit, und zum anderen durchläuft er gewisse Lust- und Unlustareale im limbischen System. Dort löst er elektrische Erregungen aus, die ihrerseits Gefühle der Lust oder Unlust auslösen.

Die Erregung der Lustareale führt zu Wohlbefinden, Zufriedenheit, Freude. Die Erregung der Unlustareale produziert Angst, Unsicherheit, Hemmungen, Scham, Schuldgefühle, Aggressivität, Schmerz, Trauer und Unwohlsein.

Die Lustareale sind lebenswichtig. Sie sind mit Herzschlag, Atemfunktion und anderen Überlebensfunktionen verbunden. Die Lustareale sind die Grundlage für Lernprozesse. Auf Unlust und Lustempfindungen reagieren wir schnell mit einer angepaßten Reaktion: Weg von der Schmerzquelle – hin zu der Lustquelle. Die gemachte Erfahrung bestimmt auch in Zukunft unser Verhalten: Vorsicht bzw. Vermeidung in der einen, Suchen bzw. Zuwendung in der anderen Richtung. Da die Stimulierung durch die Lustareale lebenswichtig ist, versucht der Organismus, sich solche Stimulierungen zu verschaffen, einmal durch Reizaufnahmen aus der Umwelt, zum anderen durch Gedanken und Vorstellungen, die physiologisch wie Sinnesreize wirken.

Bedürfnis nach Berührung

Der Berührungssinn ist als erste Empfindung schon vor der Geburt vorhanden. Die Bedeutung bleibt das ganze Leben erhalten. Streicheln und Liebkosen sind Bewegungsvorgänge; sie haben eine lebensfördernde Wirkung. Diese Zuwendungen signalisieren Annahme, Zuneigung, Trost und Ermutigung auf elementare Weise. Leider sind in unserer Kultur und Erziehung allerlei Barrieren für diese Begegnungsart – speziell bei Erwachsenen – aufgebaut, so daß wir zumeist alle gehemmt sind und nur noch gelegentlich, wenn der andere sich elend und krank fühlt, Gebrauch von dieser Geste machen: seine Hand nehmen, sie streicheln, unseren Arm auf seine Schulter legen, ihn umarmen.

Wir verstehen jetzt, daß Distreß auf der Nichtbefriedigung vitaler Bedürfnisse bzw. der Stimulierung unserer Unlustareale im limbischen System beruht, Eustreß auf der Befriedigung dieser Bedürfnisse bzw. auf der Stimulierung der Lustareale.

Wenn wir von Streßreaktionen sprechen, meinen wir immer Distreß-Reaktionen. Wir fragen nach den Vorgängen, die in Gang gesetzt werden, wenn das Stammhirn bei Gefahr auf Kampf oder Flucht umschaltet.

Im Stammhirn ist eine Alarmvorrichtung eingebaut. Alles Neue, Unbekannte, noch nie Erlebte kann eine Gefahr für den Organismus darstellen. Sobald eine solche Situation eintritt, wird der Alarm ausgelöst. Sokolow (1960) bezeichnet den Mechanismus als Neuheits-Entdeckungs-Mechanismus (NEM). Signale dieser Art lösen automatisch die Streßreaktion aus. Da diese Reaktion auch der sofortigen Orientierung dient, bezeichnet man sie auch als Orientierungsreaktion (OR).

Mit der Orientierungsreaktion verbunden sind die Erhöhung des Herzschlags, der Pulsfrequenz, des Atems, der Veränderung der Blutzusammensetzung usw. Durch die Alarmreaktion kommt es zur sofortigen Ausschüttung von Hormonen aus der Nebenniere (z. B. Adrenalin), wodurch dem Organismus sehr schnell Extraenergien zur Verfügung gestellt werden. Wir geraten in einen Zustand gespannter Wachsamkeit.

Das sogenannte autonome Nervensystem besteht aus zwei zusammenarbeitenden Untersystemen: dem Parasympathikurs, der den Organismus auf Ruhe und Entspannung der vegetativen Funktionen schaltet, und dem Sympathikus, der bei Alarm die Vorgänge des Parasympathikus und des Denkhirns blockiert und den Organismus auf Aktionsbereitschaft (zu Kampf oder Flucht) schaltet.

Auf neue, ungewohnte Situationen reagieren wir – wie schon ausgeführt – mit Erregung und Aktivität in Richtung Kampf oder Flucht. Nun zeigt sich aber, daß uns dabei oft das Stammhirn unnötig mobilisiert hat, sind doch viele neue und ungewohnte Situationen keineswegs mehr – wie in den alten Zeiten beim Leben in natürlicher Umwelt – gefährlich. Im Laufe unserer Entwicklung lernen wir, uns unserer Welt anzupassen, auf Neues und Ungewohntes gelassener zu reagieren. Dies gelingt aber den einzelnen sehr unterschiedlich.

Unser Verhalten führt zu gewissen Reaktionsbereitschaften bzw. Gewohnheiten. Es werden durch die Wiederkehr gleicher Reaktionen bevorzugte Verhaltensmuster oder – neurophysiologisch gesehen – bevorzugte Nervenbahnen im Gehirn etabliert. Sie sind die Programme, die unser Verhalten bestimmen. Auch die mit ihnen verbundenen Einstellungen sind gelernte Reaktionen.

Die Klienten sind oft auf Angst und Unsicherheit, auf Vermeidungs- und Rückzugsverhalten und gelegentlich auch auf Impulsivität und Aggressivität programmiert. Wir sprechen von negativen oder selbstschädigenden Programmen. Diese folgen in ihrem Verhalten vorzugsweise den Bahnen zu den Unlustarealen im limbischen System.

Jede Distreß-Reaktion kostet Kraft. Es werden dem Organismus wichtige Energien entzogen, so daß er nicht mehr klar und überlegt denken und handeln kann. Die meisten Menschen erleben viel Streß nicht in erster Linie durch äußere Umstände, sondern durch ihre Lebenseinstellungen, irrationalen Überzeugungen, Übertreibungen usw.

Wir haben bisher nur von den vitalen Grundbedürfnissen – Stimulierung, Lust und Berührung – gesprochen. Diese Bedürfnisse haben wir mit vielen Tieren gemeinsam. Nun gibt es aber noch weitere typisch menschliche, wir können auch sagen, existentielle Bedürfnisse: Bedürfnisse nach Sicherheit und Geborgenheit, nach Beistand und Zugehörigkeit zur Gruppe, nach Beachtung, Anerkennung und Selbstachtung, nach Sinn und Selbstverwirklichung. Wir wollen auf diese von Maslow (1973, 156f) herausgestellten Bedürfnisse nicht näher eingehen. Es soll nur festgehalten werden, daß ein Defizit auch dieser Bedürfnisbefriedigung zur Frustration und zum Streß führen kann.

Da Frustration und Streß dazu führen, daß die Betreffenden zu viel Energie verbrauchen, um das Leben zu meistern, ist es wichtig, nach Wegen zu suchen, wie wir Frustration und Streß vermeiden bzw. bewältigen können.

In der Therapie stehen vier Wege im Vordergrund: das Lernen von Entspannung, der Abbau selbstschädigender Einstellungen und Vorstellungen, die Einübung in selbstsicheres Verhalten und das Lernen spezieller Bewältigungsfähigkeiten.

6. Wünschen und Wollen

Der Wille scheint ein Stiefkind zu sein. In den Regalen der Fachbibliotheken finden Sie Reihen über Reihen mit Büchern über kognitive Prozesse und über Emotionen, doch so gut wie gar nichts über den Willen.

Taylor, G. R.: Geburt des Geistes
Frankfurt/M. 1982, 40

Es ist schwer zu verstehen, daß in den neueren westlichen Persönlichkeits- und Therapietheorien der voluntaristische Aspekt menschlichen Erlebens übersehen wird. Wie das anfangs dargestellte Schema zeigt, entspricht das Wünschen und Wollen im Bereich der Aktionsfunktionen dem Imaginieren und Vorstellen der Informationsfunktionen.

Wenn sich auch Wünschen und Wollen in den Imaginationen und Vorstellungen, die hier allerdings in der Form von Antizipationen auftreten, zeigen, so hebt doch die Tendenz zur Verwirklichung (im Aktionsbereich) das Wünschen und Wollen von den anderen Funktionen ab.

Wir sollten bei der Aufzählung von Grundfunktionen den bewußten Steuerungsaspekt beachten. Wir nehmen an, daß im Gehirn ein übergeordnetes Steuerungs- und Kontrollsystem existiert, das "Ich" als Zentrale der bewußten Vorgänge und Veranstaltungen. Wir wissen heute, daß der Wille physikalisch wirksam wird.

"Die neurophysiologische Hypothese ist daher die, daß der 'Wille' die Raum-Zeit-Aktivität des Neuronennetzwerkes modifiziert, indem er räumlich-zeitliche 'Kraftfelder' anwendet, die durch die einzigartige Detektorfunktion der aktiven Großhirnrinde wirksam werden." (Eccles 1975, 172)

Während die neueren neurophysiologischen Forschungen uns immer deutlicher Hinweise für die Macht des Bewußtseins, des Denkens und Wollens geben, wird in der gegenwärtigen Psychologie – wie schon angedeutet – der willentliche Kontroll- und Steuerungsaspekt noch nicht recht zur Kenntnis genommen. Lediglich die ehemals sowjetischen Psychologen räumen ihm im Gesamt der psychischen Funktionen eine gebührende Beachtung ein. Ich verweise auf das Kapitel "Wille" in Rubinsteins "Allgemeiner Psychologie" (1968, 628–661).

Willenshandlungen sind zielgerichtete Handlungen. Der Mensch gibt sich dabei Rechenschaft über die Folgen, die die Verwirklichung seiner Ziele nach sich zieht und auch über die Motive, die ihn zum Handeln veranlassen. Der Willensprozeß steht in enger Wechselwirkung zu intellektuellen und emotionalen Prozessen. Er ist wie diese auf Handeln bezogen. Die Objekte menschlicher Wünsche werden zu möglichen Zielen seiner Handlungen.

> "Die Willenshandlung, die von den Antrieben ausgeht, richtet sich auf ein bewußtgewordenes Ziel. Für das richtige Verständnis der Willenshandlung ist es wichtig, sich die wahre Beziehung zwischen Antrieben und Ziel klarzumachen ... Das bewußtgewordene Ziel ist zweifellos für die Willenshandlung wesentlich; es muß ihren ganzen Verlauf bestimmen. Aber das Ziel, das den Willensprozeß determiniert, wird selbst durch die Antriebe und Motive determiniert, die die Widerspiegelung der Bedürfnisse, Interessen usw. in der Psyche sind. Die Aufstellung eines Ziels ist immer mit entsprechenden Antrieben verbunden, durch die ein bestimmter Gegenstand oder ein mögliches Resultat zum Ziel des Handelns werden ... Die Freiheit des Willensaktes, die sich in seiner Unabhängigkeit von den Impulsen aus der unmittelbaren Situation ausdrückt, bedeutet, daß das Verhalten des Menschen nicht direkt durch seine unmittelbare Umgebung determiniert ist ... Dadurch werden seine Handlungen nun nicht mehr unmittelbar durch seine Triebe, als natürliche Kräfte, bestimmt, sondern durch das Subjekt selbst. Die Entstehung des Willens ist damit untrennbar – als Seite oder Komponente – mit dem Werden des Individuums zu einem sich selbst bestimmenden Subjekt verbunden, das frei – willkürlich – sein Verhalten bestimmt und dafür einsteht." (Rubinstein 1968, 630ff)

Wenn uns Ziele bewußt werden, auf die sich unsere Antriebe richten, geht das Streben in Wünschen über. Zum Wünschen gehört also das Aufstellen eines Zieles. Mit dem Wünschen ist noch nicht die Reflexion auf die Erreichbarkeit der Ziele und die Mittel zum Erreichen der Ziele verbunden. Dies tritt dann ein, wenn das Wünschen in Wollen übergeht.

In der Therapie, die den Klienten zur aktiven Lebensführung anleiten und befähigen soll, ist es wichtig, daß dieser zunächst lernt, seine Wünsche deutlich zu artikulieren. Wir wissen aus der Lernpsychologie, daß die Herausstellung der Lernziele und die Ausrichtung des Lernenden auf sie eine wichtige Komponente produktiven Lernens ist.

Rubinstein stellt am Schluß seiner Ausführungen zur Willenstätigkeit noch die verschiedenen Willensqualitäten der Persönlichkeit heraus:

(1) Fähigkeit zur Initiative. Sie zeigt sich darin, daß das Individuum, ohne auf einen Anreiz von außen zu warten, aus eigenem Antrieb den ersten Schritt zur Verwirklichung des Zieles tut. Wichtig ist, und darauf wird noch eingegangen, daß das Individuum von vornherein auf Aktivität eingestellt ist. Ein mittlerer Aktivationsgrad ist eine unerläßliche Bedingung für Willensentscheidungen und -handlungen.

(2) Selbständigkeit und Unabhängigkeit. Wer sich anderen unterwirft oder leicht von anderen beeinflußt wird, wird sich schwer zu einer vollkomponierten Willenshandlung entschließen können. Selbständigkeit des Willens setzt bewußtes Motiviert- und Begründetsein voraus.

(3) Entschlossenheit. Diese Fähigkeit kommt in der Schnelligkeit und Sicherheit von Entscheidungen, aber auch in der Beharrlichkeit, mit der an ihnen festgehalten wird, sowie dem Widerstand gegen Schwankungen zum Ausdruck. Je nach dem Anteil von Impulsivität und Intellekt unterscheiden wir zwei Spielarten der Entschlossenheit: impulsiver bzw. bedachtsamer Typ.

(4) Energie. In das Handeln kann verschieden stark konzentrierte Kraft gelegt werden. Wichtig ist dabei auch die Beharrlichkeit, mit der man einen gefaßten Entschluß zur Ausführung bringt.

(5) Selbstkontrolle, Ausdauer und Selbstbeherrschung. Diese Eigenschaften sind wichtig, da man bei der Erreichung eines Ziels nicht nur auf äußere Hindernisse, sondern auch auf innere Schwierigkeiten und Widerstände stößt, die es zu überwinden gilt.

Wie schon angedeutet, sind die Wünsche Vorboten und Vorreiter von Willenshandlungen. Darüber hinaus scheinen Wunsch und Imagination die Stärke der Willenskraft entscheidend – gleichsam vom motivationalen Grund her – zu fördern.

Beachtenswerterweise haben Arieti u. Bemporad (1983) dem voluntativen Aspekt eine zentrale Rolle bei der Entstehung der Depression zugesprochen. Die Autoren bezeichnen ihr Erklärungs- und Therapiemodell der Depression als "kognitiv-voluntional". Die Emotionen sind eng mit Kognitionen, Motivationen und Verhalten verbunden. Furcht und Wut fühlen wir ohne besonderen kognitiven Aufwand. Anders ist es bei Trauer und Depression. Um sie empfinden zu können, sind komplexe kognitive Fähigkeiten erforderlich: Sprache, Bewertung des eigenen Selbst und geistige Verfügung über Gestern, Heute und Morgen. Trauerarbeit – die kognitiv-voluntionale Auseinandersetzung mit einer verlorenen Wirklichkeit – hat Überlebenswert. Ihr pathologisches Gegenstück ist die Depression. Sie ist durch die Unfähigkeit, Trauerarbeit zu leisten, gekennzeichnet. Der depressive Klient verfügt nicht mehr über die kognitiv-motivationalen Verarbeitungskräfte; er vermag sich nicht mehr mit der verlorenen Wirklichkeit produktiv auseinanderzusetzen.

7. Verhalten und Interaktion

Wie aus dem Schema der Modalitäten und ihrer Reihenfolge zu entnehmen ist, münden alle Modalitäten in den Aktionsbereich. Bevorzugte Modalitäten sind die Kognitionen und Auffassungen, die Gefühle und die Verhaltensweisen und Interaktionen. Mit Recht weist Lazarus darauf hin, daß wir diagnostisch und therapeutisch alle angeführten Modalitäten beachten sollten.

Die Hauptstütze der Verhaltens-Interaktions-Modalität ist

"die Erkenntnis, daß man zum Überleben in jeder Gesellschaft verschiedene Durchsetzungsstrategien benötigt ... Der Begriff Verhalten bezieht sich in diesem Zusammenhang auf ein Kontinuum von Handlungen, das bei einfachen motorischen Fertigkeiten beginnt (sich pflegen, spazierengehen, essen, lächeln) und sich über komplexere Reaktionen (Gitarre spielen, zeichnen, eine Fremdsprache sprechen, Puzzlespiele lösen) bis zu ... zahlreichen beruflichen Fertigkeiten hinzieht (von der Chirurgie bis zum Brückenbau)." (Lazarus 1978, 60)

Die Interaktion (nach Lazarus die interpersonale Modalität) kann als eine Erweiterung der Verhaltens-Modalität angesehen werden. (Lazarus 1978, 62)

In der Therapie spielen nicht nur die subjektiven Prozesse des Klienten eine Rolle, sondern auch dessen Beziehungen zu anderen Menschen. Da Psychotherapie ein Verfahren ist, das in einer Beziehung abläuft, scheint es geboten, den Beziehungsaspekt – die Kommunikationsmuster – des Klienten sowohl in der Diagnose als auch Therapie besonders zu beachten.

Gegenüber den mentalistischen Begriffen wie Angst, Unsicherheit, Vertrauen, Aufrichtigkeit zeigt sich Beziehung im Verhalten. Symptome sind in interaktionspsychologischer Sicht Formen des Umgangs mit anderen. Abweichendes Verhalten gruppiert sich um die Extreme jeweils einer Dimension:

"Personen, die keinen Türgriff berühren können und als phobisch bezeichnet werden, sind mit jenen vergleichbar, die eine Klinke sechsmal berühren müssen, bevor sie sie niederdrücken, und die als zwanghaft gelten. Manche Menschen können ihre Wohnung nicht verlassen, andere können nicht zu Hause bleiben, sondern müssen ständig unterwegs sein." (Haley 1978, 16)

Diese abweichenden Verhaltensweisen beeinflussen (fast immer) auch die Beziehungen zu anderen.

Die mehr intrapsychisch orientierten Psychotherapien beabsichtigen, eine Veränderung des Klienten durch Einsicht und kognitive Umstrukturierung zu erreichen. In diesem Sinne sind auch die kognitiven Therapien m.E. zu stark intrapsychisch orientiert, auch wenn sie den Verhaltensaspekt – die Verhaltenseinübung – stark betonen. Die kommunikationspsychologisch orientierten Psychotherapien beabsichtigen, eine Veränderung des Klienten durch eine Änderung der pathogenen Kommunikationsmuster zu erreichen. Sie sind der Ansicht, daß Fehlverhalten – die Symptome – kommunikationsdynamische Ursachen und Wirkungen haben.

In kommunikationspsychologischer Sicht ist ein Symptom, z.B. Angstverhalten, eine Art des Umgehens mit anderen Menschen, vielleicht der Versuch, sich von ihnen zurückzuziehen oder sie zu Beistandshandlungen zu zwingen. Symptom kann nur sein, was extreme Auswirkungen auf andere hat und dabei muß der Symptomträger zu erkennen geben, daß er sich nicht anders verhalten kann. Symptome kreisen immer um zwei Pole: entweder Inaktivität, Vermeidungs- und Rückzugsverhalten oder Überaktivität, Aggressions- und Zwangsverhalten.

Das symptomatische Verhalten ist kommunikationspsychologisch widersprüchlich. Es enthält zwei unvereinbare Mitteilungen. Der Klient zeigt das Symptomverhalten (tut etwas Extremes oder vermeidet etwas Normales); zugleich signalisiert er, daß er das tut oder nicht tut, weil er nicht anders kann.

Wir wollen wissen, wie ein Symptom aufrechterhalten wird und wie eine Veränderung herbeigeführt werden kann. Wir sollten erkennen, daß von zwei Seiten das Symptomverhalten festgehalten wird: einmal vom Symptomträger, der zumeist explizit die Verantwortung für sein abweichendes Verhalten leugnet ("Ich kann nichts dazu und dazu tun"), zum anderen durch den Einfluß der Bezugspersonen, die sich durch das Symptomverhalten vom Klienten beeinflussen und zu einem bestimmten Verhalten herausfordern bzw. zwingen lassen.

Um also ein Verhalten zu ändern, muß der Klient lernen, sein Symptomverhalten neu zu klassifizieren, indem er es als veränderbar ansieht. Die Bezugspersonen müssen ihr Verhalten dem Klienten gegenüber auch modifizieren, d.h., sie müssen sich seiner symptomorientierten Manipulation entziehen.

Wichtig ist der interaktionale Aspekt auch noch von einer anderen Sicht her: Die Symptome eines Klienten werden einmal durch die Art und Weise seines Verhaltens aufrechterhalten, zum anderen aber auch durch den Einfluß anderer Bezugspersonen. Bemühungen des Therapeuten, den Klienten über Einsicht und Verhaltensübungen zur Änderung zu veranlassen, können – wie wir aus der Ehepartner-Therapie wissen – vom signifikanten anderen hier (dem Partner) sabotiert werden. Besteht jedoch zum Klienten und zu seinem Partner therapeutisches Einverständnis, dann kann der therapeutische Prozeß besonders gut verlaufen.

Es soll jetzt die Beziehung selbst unter die Lupe genommen werden. Dabei wird sich zeigen, daß die Hauptprobleme der Beziehung und damit auch des symptomatischen Verhaltens des einen und/oder des anderen Partners in einer besonderen Konstruktion der Beziehung wurzeln. Die Struktur einer Beziehung ist komplizierter als man im allgemeinen annimmt. Es ist deshalb sinnvoll und wichtig für den Klienten und den Therapeuten zu wissen bzw. zu erkunden, was sich in einer Beziehung abspielt.

Menschen, die zusammenkommen oder zusammenleben, in Beziehung treten oder stehen, können sich zueinander in sehr verschiedener Weise verhalten. Sie können sich bemühen, einander zu verstehen, zu lieben, partnerschaftlich umzugehen, sich gegenseitig zu helfen; sie können sich aber auch in Machtkämpfe einlassen, versuchen, den anderen zu dominieren und zu unterdrücken. Sie können gegenüber dem anderen ihre Wertschätzung oder Verachtung ausdrücken. Komplimente oder Beleidigungen austauschen. Durch ihr Verhalten definieren sie die Beziehung, sie legen fest, welche Art des Kommunikationsverhaltens zwischen ihnen herrscht bzw. herrschen soll. Jede Botschaft, die sie untereinander austauschen, stützt die Akzente bzw. wirkt auf eine Verschiebung hin, durch die Botschaften anderer Art möglich werden.

"Die Beziehung wird also durch das Vorhandensein oder Fehlen von Botschaften, welche die Partner untereinander austauschen, wechselweise definiert. Wenn ein junger Mann seinen Arm um eine Frau legt, signalisiert er damit, daß er Liebesbezeugungen zu einem Bestandteil der Beziehung machen möchte. Wehrt die Partnerin ab, 'nein, nein', und entzieht sich ihm, so gibt sie damit zu verstehen, daß Liebesbezeugungen keine Rolle in der Beziehung spielen sollten. Die Beschaffenheit der Beziehung, ob sexuell oder platonisch, wird definiert durch den Charakter der Botschaften, über deren Zuverlässigkeit die Partner Übereinstimmung erzielen ... Die Menschen kommunizieren jedoch nicht bloß, sie kommunizieren auch über diese Kommunikation. Sie sagen nicht nur etwas, sondern qualifizieren oder etikettieren das Gesagte auch. Im obigen Beispiel sagt die Frau 'nein, nein' und zieht sich gleichzeitig von dem Mann zurück. Ihre physische Abwendung qualifiziert ihre verbale Äußerung und wird ihrerseits durch diese qualifiziert. Da die Qualifizierung ihrer Botschaft die Botschaft bekräftigt, bietet dieses Beispiel keine besondere Schwierigkeit ... Aber nehmen wir an, sie hätte 'nein, nein' gesagt und wäre gleichzeitig näher an den Mann herangerückt. Durch das Näherkommen hätte sie ihre Aussage 'nein, nein' inkongruent qualifiziert bzw. geleugnet. Wenn eine inkongruent qualifizierte Botschaft auftritt, dann hat man es mit einer komplexeren Situation zu tun als jene, die lediglich durch das Vorhandensein oder Fehlen von Botschaften gekennzeichnet ist." (Haley 1978, 18f)

Wir erkennen an diesem Beispiel, daß jede Botschaft qualifiziert wird. Kommunikation erfordert Metakommunikation. "Keine zwischen zwei Menschen ausgetauschte Botschaft existiert getrennt von den übrigen Botschaften, die sie begleiten und kommentieren" (Haley 1978, 19). Wir können ein und dieselbe verbale Botschaft verschieden qualifizieren, durch den Tonfall, durch Körperbewegungen, d. h. Mimik, Gesten und Gebärden. Die kommentierenden Botschaften können die ursprüngliche Botschaft einschränken und abschwächen, aufladen und bekräftigen, ja in ihr Gegenteil verkehren. So kann man einem anderen einen Ratschlag geben, dabei diesen aber durch eine unterwürfige Geste und leise Stimme einschränken, oder man kann jemand seiner Zuneigung versichern, dabei aber eine überlegene oder abweisende Geste vollziehen und damit ausdrücken, daß man ihn doch nicht als Partner anerkennt.

"Im Umgang mit Menschen neigen wir dazu, unser Urteil darüber, ob sie aufrichtig oder falsch sind, ob sie es ernst meinen oder scherzen usw., davon abhängig zu machen, wie sie ihre Worte qualifizieren. Auch ihre Aussagen über die Beziehung beurteilen wir nicht nur nach ihren Worten, sondern auch nach der Art und Weise, in der sie sie vorbringen." (Haley 1978, 20)

In einer Beziehung geht es nicht nur darum, welches Verhalten zwischen den Partnern stattfinden soll, sondern auch darum, wie dieses Verhalten qualifiziert oder gekennzeichnet werden soll. Die junge Frau in unserem Beispiel hat die spontane Botschaft des Mannes zurückgewiesen. Damit hat sie die Beziehung definiert. Sie hätte die Botschaft auch mit Einschränkung akzeptieren können, indem sie ihm gestattet, seinen Arm um sie zu legen. Bei der Ablehnung und bei der Duldung behält sie die Kontrolle über den Charakter der Beziehung, die sie zueinander haben. Damit wird ein wichtiger Aspekt der Beziehung angedeutet. Es geht bei jeder Beziehung einmal darum, welche Botschaften und Verhaltensweisen die Beziehung kennzeichnen sollten; zum anderen darum, wer die Beziehung in ihrer Qualität bestimmt und damit die Kontrolle über die Definition der Beziehung hat. In einer Beziehung ist jeder Partner ständig damit beschäftigt, seine Beziehungen selbst zu definieren oder die Definition des anderen zu kontern. Mit diesem Problem hat sich jeder Partner auseinanderzusetzen. Die zwischenmenschlichen Beziehungen können nach der Art und Weise, wie die Partner diese Probleme lösen, klassifiziert werden. Botschaften sind damit nicht nur Berichte, sondern stets auch Einflußnahmen und Befehle.

Wenn ein Klient zum Therapeuten sagt, er könne sich nicht entscheiden, der Therapeut solle ihm sagen, was er tun soll, dann fordert er den Therapeuten auf, etwas für ihn zu tun. Der Klient beabsichtigt damit, die Kontrolle über die Beziehung zu erhalten. Geht der Therapeut darauf ein, dann ist die Therapie zumeist zum Scheitern verurteilt.

"Man kann sich hilflos benehmen und dennoch kontrollieren, welches Verhalten in der Beziehung praktiziert werden soll; man kann sich aber auch autoritär verhalten und dadurch erzwingen, daß sich der andere in eingeengter Weise verhält. Hilfloses Verhalten kann das Verhalten des Partners ebenso stark, wenn nicht stärker, beeinflussen als autoritäres Verhalten. Durch hilfloses Verhalten kann man den anderen zwingen, sich um einen zu kümmern." (Haley 1978, 22f)

Durch die Produktion symptomatischen Verhaltens kann der Klient eine Beziehung strukturieren und die Kontrolle über die Beziehung erreichen. Auch wenn der Klient unter starkem Mißbehagen leidet, so erscheint ihm doch das von ihm geregelte Zusammenleben, die Beziehung, über die er Kontrolle hat, wichtiger zu sein. Diese Konstellation beschreibt das, was man in der Psychoanalyse als Widerstand bezeichnet. Da der Partner in einer solchen Beziehung mehr oder weniger offen Kollaborateur des symptomatischen Verhaltens ist, kann Therapie nur gelingen, wenn beide ein neues Beziehungsmuster aufbauen.

Wir versuchen alle, die Kontrolle über eine eingehende oder eingegangene Beziehung zu erreichen. Pathologisch wird diese Bemühung erst dann, wenn der Klient danach trachtet, sich diese Kontrolle zu sichern und dies in speziellen "Manövern" gleichzeitig zu leugnen.

In sich stabilisierenden Beziehungen haben beide Partner einen Konsens darüber erreicht, wer die Kontrolle über welchen Bereich der Beziehung innehaben soll. Die

Abmachung kann sich verändern. Wichtig ist, daß sich die Partner offen über Kontrolle und Kontrollbereiche verständigen.

Ein Manöver liegt vor, wenn ein Partner seinen Kontrollwunsch durch ein selbstproduziertes Leiden zu erreichen versucht.

> "Die Ehefrau zwingt ... beispielsweise ihren Mann, den Haushalt zu führen, aber ohne dies offen zuzugeben. Vielleicht leidet sie an unerklärlichen Schwindelanfällen oder sie ist gegen Seife allergisch oder sie hat verschiedene Beschwerden, die sie zwingen, sich regelmäßig niederzulegen. Diese Frau schränkt den Verhaltensspielraum ihres Mannes ein, leugnet aber gleichzeitig, daß sie das tut; schließlich kann sie ja nichts für ihre Schwindelanfälle. Wenn ein Mensch das Verhalten eines anderen einschränkt und dies gleichzeitig bestreitet, dann entsteht eine merkwürdige Beziehung. Wenn eine Frau beispielsweise von ihrem Mann verlangt, daß er jeden Abend zu Hause verbringt, weil sie Angstzustände bekommt, wenn sie allein ist, kann er nicht behaupten, daß sie sein Verhalten bestimme, denn *sie* ist ja nicht schuld, daß er zu Hause sein muß – ihre Angst ist schuld, und dafür kann sie nichts. Aus demselben Grund kann er es auch nicht ablehnen, sie über sein Verhalten entscheiden zu lassen. Wenn ein Mensch zwei einander widersprechende Anweisungen erhält, die eine Reaktion erfordern, kann er sich durch die Antwort aus der Affäre ziehen, daß er keine Anweisungen befolge. Eine Kommunikationssequenz wie die hier beschriebene bezeichnet man als Paradox." (Haley 1978, 30)

In paradoxer Beziehung gibt man zwei Botschaften: einen Befehl, etwas zu tun, und auf anderer Ebene einen Befehl, diesen Befehl zu mißachten. Der Betreffende kommt dadurch in ein Dilemma: Er kann die Anweisung weder befolgen noch nicht befolgen. Die Anweisung wird hier in inkongruenter Weise durch eine andere (auf einer anderen Klassifikationsebene) qualifiziert. Hier liegt ein Widerspruch vor, etwa wenn man einander sagt: "Tu dies" und "Tu das nicht". Es ist ein Konflikt auf verschiedenen Ebenen. Offenkundig ist dies etwa dann, wenn einer dem anderen befiehlt, spontan zu sein, da man einen Befehl nicht spontan befolgen kann. In Beziehungen gewinnt immer der, der paradoxe Anweisungen erteilt. Der andere kann die Beziehung nicht definieren, indem er die Anweisung befolgt oder sich weigert, sie zu befolgen, da er aufgefordert wird, beides zugleich zu tun.

> "Der große Nachteil paradoxer Beziehungen ist, daß die Person, die mit Paradoxen arbeitet, zwar die Kontrolle über einen bestimmten Verhaltensbereich erlangt, aber gleichzeitig den anderen veranlaßt, auf ähnliche Weise zu reagieren, und daher die Konfliktbeziehung perpetuiert. Der Mann, der jeden Abend bei seiner angstneurotischen Frau bleiben muß, wird seine Anwesenheit durch den Hinweis einschränken, daß er das nicht um ihretwillen oder aus freien Stücken tut, sondern daß ihr Zustand ihn dazu zwingt. Seine Frau erfährt nie definitiv, ob er bei ihr bleiben will oder nicht. Sie kann auch nicht sicher sein, ob sie in diesem Bereich die Kontrolle über die Beziehung hat. Sie erhält nur die Reaktion, die sie ihm vorschreibt; ein Verhalten, das durch die Leugnung entwertet wird, daß dieses Verhalten freiwillig gewählt wurde. Solange sich die Frau symptomatisch verhält, kann sie nie mit Sicherheit wissen, ob ihr Mann bei ihr sein will und auch freiwillig zu Hause bleiben würde. Und weil sie diese Gewißheit nicht hat, übernimmt sie nicht die Verantwortung, ihn zu bitten, ihr zuliebe zu Hause zu bleiben, sondern fährt fort, ihn zu bitten, dies um ihrer Angst willen zu tun – damit ist die Perpetuierung des Symptoms gewährleistet." (Haley 1978, 32)

Wir erkennen daraus, daß es wichtig ist, die Klienten dahin zu bringen, daß sie in einer Beziehung die Verantwortung für das eigene Verhalten übernehmen. Zugleich muß der Therapeut wissen, daß er sich durch den Klienten nicht die Kontrolle seines Verhaltens und die Kontrolle über die Beziehung abnehmen läßt.

Kehren wir nach der Erörterung des zentralen Interaktionsaspekts wieder zu der therapierelevanten Verhaltensmodalität zurück.

Für die Diagnose und Therapie ist die Erfassung der gegenwärtigen Beschwerden und der damit verbundenen Verhaltensweisen wichtig. Dabei sollten die Vorläufer bzw. Auslöser des Symptomverhaltens und dessen Konsequenzen genauer erkundet werden. Dazu hat der Klient eine Grundkurve dieser Verhaltensweisen zu erstellen. Sie ist wichtig für die Abschätzung der Ernsthaftigkeit des Problems. Der Klient hat über die Verhaltensweisen, die zu ändern sind, Buch zu führen. Dabei sollen die Häufigkeit, Intensität und Dauer der Verhaltensweisen registriert werden.

Fragen, die an den Klienten gestellt werden sollen, sind:

Wann haben Sie sich zum ersten Mal auf diese Weise verhalten?
Was geschah zu diesem Zeitpunkt?
Wie haben Sie die Sache angefaßt?
Wer war dabei?
Wo sind Sie von dort aus hingegangen?

Aufschlußreich ist zumeist noch die Frage nach dem Gegenteil:

Wann haben Sie nicht so gehandelt?

Danach sind in der Therapie Verhaltensübungen durchzuführen, wobei der Therapeut als Modell für effektives Reaktionsmuster aufzutreten hat. In den meisten Fällen stehen Übungen zum Training selbstsicheren Verhaltens im Mittelpunkt.

Die Multimodale Therapie hat keine eigenen Vorgehensweisen zur Behebung des Störverhaltens entwickelt. Sie benutzt bei ihren Gesprächen, Anregungen, Anleitungen und Übungen die in der Kognitiven Therapie und Kognitiven Verhaltenstherapie angewandten Methoden. Darüber hinaus übernimmt sie Elemente der Gesprächstherapie, der Gestalttherapie, der Körpertherapie usw. Lazarus ist der Ansicht, daß bleibende Veränderungen bei den Klienten letztlich eine Funktion kombinierter Modalitäten und Strategien sind.

So nimmt z. B. Lazarus das Angst-Management-Training (AMT) von Suinn u. Richardson (1971, 498–511) in sein eigenes Repertoire auf:

(1) Dem Klient wird gesagt, wie er bei sich ein hohes Ausmaß von Angst hervorrufen kann, wenn er sich eine furchterregende Szene bildhaft vorstellt. Er soll dabei aktiv die allgemeinen physiologischen Angstsymptome produzieren.
(2) Dann lernt er den Aufbau einer konkurrierenden Reaktion durch Einübung in die muskuläre Tiefenentspannung nach E. Jacobson und das bildhafte Vergegenwärtigen einer Erfolgsszene, die mit wirklichkeitsnahen Gefühlen der Bewältigung bzw. Angstkontrolle einhergeht.
(3) Er lernt, die selbstschädigenden Überzeugungen (z. B. Ich kann mich nicht verändern; ich kann meine Angst nicht mehr kontrollieren usw.) zu kritisieren.
(4) Es folgt die rationale Neueinschätzung seiner Befindlichkeit und seines Vermeidungs- und Rückzugsverhaltens. Der Klient entwickelt alternative Überzeugungen und positive Selbstgespräche.

(5) Zum Schluß erfolgt das Erlernen aktiver Fertigkeiten – das Konfrontationsverhalten in vivo.

Wenn die Symptome sehr hartnäckig sind, wie bei kaum beeinflußbaren zwanghaften Grübeleien, setzt Lazarus zusätzlich paradoxe Methoden ein. Der Therapeut drückt seine Übereinstimmung mit den irrationalen Äußerungen des Klienten aus, dabei übertreibt er die Verzerrungen (paradoxe Übertreibung). Die Klienten sprechen bereits nach einigen Sitzungen auf diese "absurde Therapie" an (vgl. Frankl 1960, 520; Haley 1973).

Wie schon angeführt, sind die einzelnen Modalitäten nur kursorisch ausgeführt. Ich habe sie näher beschrieben und ergänzt.

Ziele seiner Therapie decken sich weitgehend mit denen der Kognitiven Verhaltenstherapie: Kontrolle und Abbau negativer Gefühle, Ersetzen durch positive Gefühle – Korrekturen verzerrter Wahrnehmungen, Denk- und Vorstellungsweisen; Förderung des Problemlösens – Aufbau von Selbstsicherheit und Kommunikationsfähigkeit – Einübung produktiven Verhaltens. Im Gespräch stellt Lazarus gezielte Fragen zu den einzelnen Modalitäten, hört sich an, was der Klient darüber berichtet, diskutiert seine Aussagen, ergänzt das Bild, das er sich vom Klienten und seinen Problemen macht, durch Beobachtung seines Verhaltens und durch Tests.

Im Mittelpunkt der Modalitäten stehen Affekte und Gefühle. Störverhalten wird von den meisten Klienten als gestörte Emotionalität erlebt. Bei komplexen Störungen steigt die Verknüpfung der einzelnen Dimensionen. So sind Depressive, Angst- und Zwangsgestörte zumeist in allen Bereichen mehr oder weniger gestört: in der Wahrnehmung und im Befinden, in der Vorstellungskraft und Imagination, im Denken und Auffassen, in den Affekten und Gefühlen, in der physiologisch bedingten Erregung und in den Antrieben, im Wünschen und Wollen und letztlich offenkundig im Verhalten und in der sozialen Interaktion, wobei einzelne Störungen wieder Anlaß für gesteigerte oder gesenkte emotionale Erregung geben.

Durch die Beachtung der wichtigsten Persönlichkeitsdimensionen kann der Therapeut in Diagnose und Therapie das Störfeld genauer abstecken und in der Therapie gezielt vorgehen.

"Natürlich wird durch den 'Wellen-Effekt' die Veränderung innerhalb einer Modalität in gewissem Ausmaß auch Einflüsse auf andere Modalitäten ausüben." (Lazarus 1978, 25).

Wir können uns nach Lazarus bereits in der ersten Zusammenkunft mit dem Klienten einen Überblick über die Art und den Schweregrad seiner Störung verschaffen, indem wir ihn durch Fragen zur Äußerung bezüglich seiner einzelnen Modalitäten anregen. Dabei richten sich die Fragen jeweils zunächst auf positive Aspekte und dann auf solche, die positives Erleben und Verhalten einschränken und behindern.

(1) Wahrnehmen/Befinden

Wir nehmen äußere Erscheinungen durch die verschiedenen Sinnesorgane, speziell unseren Gesichts-, Gehör- und Tastsinn wahr. Bei der genaueren Kennzeichnung dieser Wahrnehmungen, der Beschreibung des Eindrucks, den sie auf uns machen, sprechen wir von *Empfindungen*. Unsere leiblich-seelische Verfassung meldet sich im *Befinden*.

Fragen:

- Was schauen Sie sich gern an?
- Welche Geräusche, Töne, Worte hören Sie gern?
- Was berühren oder fassen Sie gern an?
- Was tut Ihrem leiblich-seelischen Befinden gut?

. . . . . .

- Was sehen Sie nicht gern?
- Welche Geräusche, Töne, Worte können Sie nicht leiden?
- Wovor haben Sie eine Scheu, es anzufassen?
- Was bekommt Ihnen leiblich-seelisch nicht?

(2) Vorstellung/Imgination

Vorstellungen von Dingen, Sachverhalten, Situationen, von Vergangenheit und Zukunft, von uns selbst und anderen spielen im seelischen Haushalt eine große Rolle. In besonders bildhaften Vorstellungen, den *Imaginationen*, stellen wir uns erwartete oder erwünschte Zustände vor.

Fragen:

- Womit beschäftigen Sie sich in Ihren Vorstellungen gern?
- Woran erinnern Sie sich gern?
- Was könnte erfreulich für Sie sein, wenn Sie an die Zukunft denken?

. . . . . .

- Was bedrückt Sie manchmal bei Ihren Vorstellungen?
- Woran erinnern Sie sich nicht gern? Woran möchten Sie nicht erinnert werden?
- Was könnte für Sie, wenn Sie an die Zukunft denken, enttäuschend oder belastend sein?

(3) Denken/Auffassen

Bei Informationsverarbeitung und Problemlösen verschiedenster Art setzen wir unser *Denken* und unsere *Auffassungsgabe* ein. Beide helfen uns, Dinge, Geschehnisse, Beziehungen zu ordnen, fällige Aufgaben zu bewältigen und zukünftige Handlungen zu planen. Gedanken können aber auch aufdringlich sein, uns verfolgen und belästigen.

Fragen:

- In welchem Bereich Ihres Lebens lösen Sie Schwierigkeiten und Probleme verhältnismäßig schnell und gut?
- Welche sind Ihre persönlichen Stärken?
- Was erfreut und ermutigt Sie, wenn Sie an Ihre eigene Zukunft denken?

. . . . . .

- In welchem Bereich Ihres Leben fällt es Ihnen schwer, eine Schwierigkeit oder ein Problem zu lösen?
- Welche sind Ihre persönlichen Schwächen?
- Was bedrückt und belastet Sie, wenn Sie an Ihre eigene Zukunft denken?

(4) Affekte/Gefühle

Affekte und *Gefühle* sind zentrale Reaktionen auf äußere und innere Veränderungen, Überraschungen, aber auch auf mehr oder weniger deutlich empfundene, schleichende oder abrupte Unterbrechungen (innerer) Befindlichkeit. Dabei fühlt sich der Klient bei affektiver Erregung (Aggressivität, Wut, Verwirrung, Panik) oft geradezu überwältigt. Der Klient verliert hier den Kontakt zu seinen Gefühlen und die Kontrolle über seine Gefühle.

Fragen:

- Worüber freuen Sie sich gelegentlich?
- Was stimmt Sie froh und bringt Sie zum Lachen?
- Wo fühlen Sie sich sicher und gehen gern hin?

. . . . . .

- Worüber ärgern Sie sich manchmal?
- Was macht Sie traurig und bringt Sie zum Weinen?
- Wovor haben Sie Angst und versuchen, nicht daran zu denken oder es zu vermeiden?

(5) Erregung/Antrieb

Aus vielen Untersuchungen wissen wir, daß ein mittleres Erregungsniveau sowohl für Leistung und Kommunikation, als auch für Lernen und das Funktionieren der bewußten Tätigkeiten (z. B. Wahrnehmung und Informationsverarbeitung) von großer Bedeutung ist. Hohe Erregbarkeit bindet viel psychische Energie, entzieht sie einer produktiven Lebensbewältigung. Emotional labile Menschen sind in höherem Maße beeindruckbar, irritierbar und reizbar.

Wir möchten hier nur auf den Zusammenhang von Angst, *Erregung* und Irritation eingehen. Durch die Angst wird die Aufmerksamkeit mit der verursachenden Reizquelle verschmolzen, so daß der normale Wahrnehmungsbereich extrem eingeengt wird. Bei dieser ausschließlichen Fixierung auf den Angstreiz werden weitere *Antriebe* (Bedürfnisse, Interessen, Wünsche usw.) blockiert. Wenn Bedrohungsgedanken sich zum unangebrachten Zeitpunkt in den Vordergrund drängen, sprechen wir von Irritation. Sie bezieht sich auf ungebetene Gedanken und plötzlich aufschießende Gefühle, die sich schwer zerstreuen lassen.

Der Psychiater Mardi Horowitz hat sich eingehend mit dem Thema Erregung und Irritation befaßt. In einem Experiment konnte er zeigen, wie sich Erregung und Angst ins Bewußtsein drängen und dort breitmachen.

Er führte einer Gruppe streßerzeugende Filme, z. B. einen Film über einen blutigen Unfall in einer Sägemühle vor. Danach hatten die Teilnehmer verschiedene Unterscheidungs-Tests, z.B. bei Darbietung von zwei hintereinanderfolgenden Tönen zu bestimmen, ob der vorangegangene Ton höher oder tiefer lag. Der Test erforderte hohe Konzentration.

Das Ergebnis: Je mehr eine Person durch den Film aufgewühlt worden war, desto größer war ihre Konzentrationsstörung. Horowitz stellte darüber hinaus bei Klienten mit streßbedingten Symptomen zahlreiche Erscheinungen erregungs- und angstbedingter Irritation fest: Überflutung der Aufmerksamkeit, Minderung der körperlichen und geistigen Leistungsfähigkeit durch Grübeleien, querschießende Ideen, hartnäckige Gedanken, Hyperwachsamkeit, Schlaflosigkeit und unvollkommene Empfindung. (Horowitz 1983).

Fragen:

- Wodurch oder durch was können Sie sich schnell beruhigen?
- Bei welcher Gelegenheit oder Tätigkeit zeichnen Sie sich durch große Geduld aus?
- Was wirkt sich hin und wieder anregend und belebend auf Sie und Ihr Verhalten aus?

. . . . . .

- Worüber regen Sie sich schnell und übermäßig auf?
- Was macht Sie gelegentlich ausgesprochen ungeduldig?
- Was wirkt sich hin und wieder bedrückend und lähmend auf Sie und Ihr Verhalten aus?

(6) Wünschen/Wollen

Unsere *Wünsche* werden gespeist von unseren Bedürfnissen – den Vital-, Sicherungs-, Sozial-, Selbsterweiterungs- und Kulturbedürfnissen. Sie sind individuell verschieden und stehen in enger Verbindung mit unserem *Wollen*. Während sich Wünsche in unserer Vorstellung aufhalten, wir uns nach etwas sehnen, es erwarten, wird beim Wollen die Erfüllung aktiv angestrebt und das Ziel überlegt in Handlungen angegangen.

Was ein Klient wünscht und will, gibt dem Therapeuten oft einen tieferen Einblick in das, was er vermißt und was ihn bedrückt. Allerdings fällt es manchem Klienten schwer, seine Wünsche und angestrebten Ziele klar zu erkennen und zu formulieren. Aber auch dieser Umstand kann dem Therapeuten Zugang zu der Lagebefindlichkeit des Klienten eröffnen.

Fragen:

- Was sind bei Ihrer gegenwärtigen Lage Ihre wichtigsten Wünsche?
- Was könnte dazu beitragen, daß Sie aus Ihren gegenwärtigen Schwierigkeiten herauskommen?
- Was erwarten Sie von der Therapie?

......

- Was können Sie zur Zeit nicht ertragen, oder: Was wünschen Sie zur Zeit, daß es nicht auf Sie zukommt oder eintritt?
- Was würde Ihre gegenwärtigen Schwierigkeiten noch vergrößern?
- Was würde Ihnen in der Therapie nicht gefallen; was sollte darin vermieden werden?

(7) Verhalten/Interaktion

Das *Verhalten* stellt eine der Dimensionen emotionaler Reaktionen dar. Es gibt bei den Klienten oft in ihrem Verhaltensrepertoire bestimmte Verhaltensdefizite und Verhaltensüberschüsse im Kommunikations- und Leistungsbereich, die ihn täglich beeinträchtigen und eine effektive *Interaktion* verhindern (Unbeholfenheit, Ungeschicklichkeit, Hemmungen, Vermeidungs- und Rückzugsverhalten – Impulsivität, Aggressivität). Hier ist anfangs die Grundrate zu erstellen, bei der der Klient über bestimmte auslösende Situationen, Häufigkeit des Auftretens, Intensität und Dauer, Konsequenzen Buch zu führen hat. Fragen, die hier zu stellen sind, lauten etwa: *Wann* haben Sie sich zum ersten Mal auf diese Weise verhalten? *Was* geschah zu diesem Zeitpunkt? *Wie* haben Sie die Sache angefaßt? *Wer* war dabei? *Wo* sind Sie von dort aus hingegangen? Aufschlußreich kann auch die Frage nach dem Gegenteil sein: *Wann* haben Sie nicht so gehandelt? Fragen nach einem Warum werden, da sie nicht ergiebig sind, vermieden. Der Therapeut bemüht sich um einen Querschnitt all der Situationen, die Angst, Depression, Ärger und andere negative Gefühle erzeugen. Eine solche Befragung gibt Anhaltspunkte für bestimmte chronische und situationsgebundene Reaktionsmuster.

Der Therapeut diskutiert mit dem Klienten die Angaben, bespricht mit ihm die das Verhalten auslösenden Situationen, vorangehende und begleitende Gedanken und Gefühle und die jeweils festgestellten Konsequenzen. Um die Zusammenhänge zu verdeutlichen, wird der Therapeut den Klienten auffordern, das Verhalten in der Therapiestunde nachzuspielen und dabei auf sein Befinden zu achten. Rollenspielübungen, bei denen zwischendurch Therapeut und Klient die Rollen wechseln, können – besonders im Hinblick auf die Verhaltenskonsequenzen – von Nutzen für den Verlauf der Therapie sein.

Fragen:

- Welches Verhalten schätzen Sie bei anderen und sich selbst?
- Welches Verhalten möchten Sie in Zukunft noch weiter verbessern und vervollkommen?
- Worauf können Sie – wenn Sie auf Ihr bisheriges Leben zurückblicken – besonders stolz sein?

......

- Welches Verhalten lehnen Sie bei anderen und sich selbst ab?
- Welches Verhalten möchten Sie in Zukunft abbauen?
- Welches Fehlverhalten oder Versäumnis macht Sie – wenn Sie auf Ihr bisheriges Leben zurückblicken – noch manchmal traurig oder ärgerlich?

An den Antworten der Klienten, die hier nicht angeführt werden, ist zu erkennen, daß die sieben Modalitäten weite Bereiche des Erlebens und Verhaltens der Klienten ansprechen und die Modalitäten eng miteinander verbunden sind. Zugleich geben die Antworten Aufschluß über die Differenziertheit des Klienten, das Niveau und die Konsistenz seiner Bewältigungsfähigkeiten bzw. ihrer Einschränkung durch Beschwerdesymptome.

Zur Veranschaulichung des therapeutischen Vorgehens von Lazarus fügen wir noch zwei Protokollausschnitte an:

"Der folgende Dialog ergab sich während der dritten Sitzung mit einer 26jährigen ehemaligen Lehrerin, die seit sieben Jahren verheiratet war. Die erste Sitzung hatte ergeben, daß sie an chronischer Angst, verbunden mit Schlaflosigkeit und Anfällen von Depressionen litt. Als Hauptgrund dafür, einen Therapeuten aufzusuchen, gab sie an, sie wolle 'Kommunikationsprobleme' in ihrer Ehe überwinden. Es gab keine Anzeichen irgendeiner 'geistigen Störung'. Da die Klienten immer wieder auf einen tiefgehenden Verlust an Vertrauen in ihre intellektuellen Fähigkeiten anspielte, wurde während der zweiten Sitzung ein formeller Test durchgeführt. Ihr kombinierter WAIS IQ betrug 128. Die vielen Testitems lieferten dem Therapeuten eine beträchtliche Anzahl von Daten zu mehreren bedeutsamen Aspekten ihres *Verhaltens*. Sie kam zu der dritten Sitzung in einem Zustand deutlicher Erregung, und zwar aufgrund einer Auseinandersetzung, die sie mit ihrem Ehemann hatte.

Klientin: Heute morgen hatte ich einen Riesenkrach mit meinen Mann.
Therapeut: Worum ging es dabei?
Klientin: Ach, wie immer, nur um unsinnige Sachen. Also, es ist so verrückt, Pete ist so verrückt. Pete ist so furchtbar stur! Alles läuft letztlich darauf hinaus, daß ich mehr Kinder haben will und er nicht.
Therapeut: Ich würde gern alle Ihre *Gedanken* und *Gefühle* darüber, Kinder zu haben erfahren.

(Es folgte eine Diskussion, in der die Tatsache hervorgehoben wurde, daß sie ein Einzelkind war und sich eine große Familie wünschte. Ihr Ehemann hielt die Anzahl der Kinder, die sie hatte – es handelte sich um einen Jungen von 6 und ein Mädchen von 4 Jahren – für 'ausgewogen', aber sie wünschte sich noch 'mindestens' zwei Kinder mehr).

Klientin: Der Krach hat angefangen, als ich zu Pete sagte, der Doktor hätte mir angeraten, die Pille am Ende dieses Monats abzusetzen.
Therapeut: Versuchen wir ganz genau zu sein. Können Sie mir sagen, wie jeder von Ihnen sich *verhalten* hat? Mit anderen Worten, ich frage Sie, wie ein Beobachter die Szene wahrgenommen hätte. Haben Sie die Angelegenheit ruhig oder laut diskutiert?
Klientin: Pete hat fast sofort angefangen zu schreien. Er hat sich wie ein Tier benommen. Ich meine ...
Therapeut: Er hat also bestimmt nicht sofort angefangen zu schreien, als Sie sagten, Sie würden die Pille absetzen? Ich würde annehmen, daß vorher noch etwas anderes geschehen ist.
Klientin: So, wie ich mich daran erinnern kann, hat Pete mit irgendetwas angefangen wie: 'Komm, nun fang nicht schon wieder mit dem Quatsch an, daß du mehr Kinder haben willst'. Und da bin ich wütend geworden.
Therapeut: Sie wurden also wütend, noch bevor Pete angefangen hat zu schreien?
Klientin: Nun, ich habe ihm die Tatsache übelgenommen, daß er mich sofort angefahren hat, weil ich an eine Schwangerschaft gedacht habe.
Therapeut: Ich verstehe. Aber hätten Sie die Sache anders auffassen können? Sie haben sofort Ihrem Ärger Luft gemacht und einen Krach angefangen. Was wäre gewe-

sen, wenn Sie sich eher für ein selbstsicheres als für ein aggressives Auftreten entschlossen hätten?

(Es folgte ein Rollenspiel, in dem der Therapeut als Modell für selbstsichere Reaktionen in einer Auseinandersetzung zwischen zwei Ehepartnern fungierte. Dieser Brennpunkt zwischenmenschlicher Beziehungen brachte einige andere Probleme in einer Zweierbeziehung an den Tag, die anschließend mit Hilfe von Verhaltenseinübung gelöst wurden).

Klientin: Ja, ich glaube, daß es für mich sinnvoll ist, 'Ich-Botschaften' anstelle von 'Du-Botschaften' zu lernen.
Therapeut: Um wieder auf den Ehekrach zurückzukommen, welche anderen *Gefühle* hatten Sie, außer, daß Sie wütend waren?
Klientin: (weint) Ich fühlte mich so hilflos" (putzt sich die Nase).
Therapeut: Hilflos?
Klientin: Vielleicht ist 'erschreckt' ein besseres Wort?
Therapeut: Hilflos und erschreckt. Vor was denn?
Klientin: Wir wollen einmal einen kleinen *Vorstellungstest* versuchen. Können Sie Ihre Augen schließen und mir beschreiben, wie Sie sich, Ihren Mann und Ihre zwei Kinder in zehn Jahren vorstellen?
Klientin: (nach einer Pause) Ja.
Therapeut: Können Sie mir die Szene beschreiben?
Klientin: Pete ist arbeiten gegangen ... die beiden Kinder sind Teenager ... ich glaube, ich wäre wieder auf dem College, oder ich würde wieder anfangen zu unterrichten, oder ich würde vielleicht sonst irgendetwas machen.
Therapeut: Zum Beispiel?
Klientin: Ich weiß es nicht.
Therapeut: Aber wenn Sie noch zwei kleine Kinder hätten, auf die Sie aufpassen müßten...
Klientin: (lacht) Sie können wohl durch mich durchsehen, was? Ja, ich glaube, es fehlt mir wirklich das Vertrauen, in die Welt hinauszugehen.
Therapeut: Und ich möchte Ihnen sagen, das ist nicht der beste Grund dafür, weitere Kinder in die Welt zu setzen. Was würden Sie von dem Gedanken halten, daß wir uns darauf konzentrieren, Ihr Selbstvertrauen wirklich zu stärken? Danach können Sie sehen, ob Sie immer noch mehr Kinder haben wollen. Wenn Sie dann noch 'Ja' sagen, dann tun Sie es aus vollkommen anderen Gründen.

In dieser dritten Sitzung wurden viele Fortschritte gemacht. Dadurch, daß sich die Aufmerksamkeit auf Gedanken, Gefühle, Verhaltensweisen, Vorstellungen und bestimmte Aspekte zwischenmenschlicher Beziehungen konzentrierte, konnte eine Hauptursache der Angst schnell identifiziert werden. Während des Verfahrens zur Verhaltenserfassung wurde immer dann sofort eine Therapie durchgeführt, wenn klar definierte Schwierigkeiten auftauchten. Es handelte sich dabei durchaus um eine normale multimodal orientierte Sitzung. Der obige Ausschnitt sollte nicht dazu dienen, irgendeinen aufsehenerregenden oder dramatischen Sachverhalt darzustellen, sondern es sollte lediglich demonstriert werden, wie eine Therapie 'auf Zielkurs' gehalten werden kann und wie man wichtige Informationen gewinnt, indem man sich kontinuierlich die verschiedenen Modalitäten rückmeldet.

Wir finden es äußerst nützlich, sich die Modalitätenfolge als einen 'Kompaß' oder als eine 'kognitive Landkarte' während des gesamten Verlaufs einer Therapie vor Augen zu halten. Mit ein wenig Übung fällt es leicht, alles, was der Klient sagt, der relevanten Modalität zuzuordnen. 'Heute morgen erwachte ich (*Verhalten*) mit einem Spannungsgefühl in den Schultern (*Empfindung*) und griff nach Aspirin und Valium (*Medikament*). Mike war auch schon wach; wir plauderten eine Weile miteinander (*interpersonal*) und ich erzählte eingehend einen interessanten Traum (*Vorstellung*). Später sagte er etwas zu mir, was mich wütend machte (*Gefühl*); daraufhin klügelte ich mit mir selbst aus (*Kognition*), wie weiteren Mißverständnissen vorzubeugen sei.

Wenn man die verschiedenen Modalitäten, auf die sich die Klienten in ihren Äußerungen beziehen, geistig mitverfolgt, kann der Kliniker oft entscheidende Informationen erhalten, wenn er eine Frage im Hinblick auf eine Modalität stellt, die bisher nicht erwähnt wurde. Das Fehlen einer signifikanten Modalität ist oft ein Anhaltspunkt für einen 'Widerstand'.

Hier als Beispiel ein Dialog aus einer späteren Sitzung mit der 26jährigen Lehrerin, über die wir bereits berichtet haben:

Therapeut: Sie erzählten gerade von der Party.
Klientin: Ja, ich glaube, wir sind an dem Punkt angelangt, wo Pete und Jerry später gekommen sind. Jedenfalls, die Leute haben rumgestanden und sich unterhalten (*interpersonal*), ein paar von ihnen wurden gerade high (*Drogen*), andere haben getanzt oder der Musik zugehört (*Verhalten/Empfindung*) ... Meine Füße haben mir weh getan (*Empfindung*), wahrscheinlich vom Tennisspielen, aber dann habe ich es doch geschafft zu tanzen (*Verhalten*). Ich habe mich gut amüsiert (*Gefühl*), das heißt, bis Nora ins Zimmer kam (*interpersonal*) und anfing, einen Wodka nach dem anderen zu kippen (*Drogen*). Aber dann habe ich an das gedacht, was Sie mir gesagt haben, und ich habe zu mir gesagt, es ist ja schließlich ihr Leben (*Kognition*) und alles in allem kann man sagen, daß es dann doch ganz gut weitergelaufen ist.
Therapeut: Das ist ja wirklich prima. Warum sollte man der Nora auch erlauben, daß sie einem alles verdirbt? Versuchen Sie jetzt mal, sich ein bißchen was *vorzustellen*. Würden Sie mal Ihre Auge schließen und eine Beschreibung von sich selbst auf dieser Party geben? Versuchen Sie mal, so lebendig wie möglich zu beschreiben, und konzentrieren Sie sich auf Ihre *Gefühle*.
Klientin: (öffnet ihre Augen) Ach! Den interessantesten Teil habe ich ja weggelassen. Wie ich mir das eben so bildlich vorgestellt habe, ist mir eingefallen, daß Pete in seine alte Gewohnheit zurückgefallen ist, mich herabzusetzen. Ich kann mir nicht helfen, aber das macht wirklich verrückt...

Als die Klientin von der Party erzählte, erwähnte sie nicht die 'Vorstellungsmodalität', und es schien so, als würde sie ihre affektiven Reaktionen beschönigen. Das 'Bild', das sie beschrieb, war nicht 'vollständig'. Das war auch der Grund dafür, weshalb der Therapeut nach ihren Gefühlen und Vorstellungen fragte, ehe er von dem Gespräch über die Party zu anderen Themen überging. Mit dieser Art Befragung gewann er wesentliche Informationen. Wenn Studenten einen multimodal orientierten Therapeuten bei seiner Tätigkeit beobachten, dann fragen sie oft: 'Wie kamen Sie darauf, diese Frage zu stellen?' oder 'Woher haben Sie gewußt, daß Sie solche wichtigen Informationen erhalten, wenn Sie diese Frage stellen?'. Die Antwort darauf lautet, daß sich oft interessante Daten ergeben, wenn man Fragen innerhalb von oder bezüglich Modalitäten stellt, die nicht erwähnt wurden.

Wir haben auch herausgefunden, daß es sich fast immer lohnt, wenn die Therapie keine besonderen Fortschritte macht, sich die Frage zu stellen: 'Welche Modalitäten habe ich vernachlässigt?' Wenn man dann genau die vernachlässigten Modalitäten anzielt, ist der tote Punkt normalerweise überwunden. Ich behandelte z. B. eine sehr ängstliche Frau, die während der ersten zwei Monate therapeutischer Behandlung hervorragende Fortschritte machte. Danach wurden die Fortschritte geringer, und während zwei oder drei Sitzungen kamen wir kaum voran. Bei diesem Stand der Dinge fragte ich mich: 'Welche Modalitäten habe ich übersehen oder vernachlässigt?' Noch kurzer Überlegung wurde mir klar, daß ich mich sehr wenig um die sensorische Modalität gekümmert hatte.

Da die Klientin sich sehr oft als 'gedrückt' und 'unter Druck stehend' schilderte, nahm ich an, daß von meiner Seite ein folgerichtiges Eingreifen auf sensorischer Ebene darin bestehen müßte, daß ich meine Hand auf ihren Kopf legte und sagte: 'Wenn ich jetzt Ihren Kopf herunterdrücke, dann soll diese Handlung für Sie die Gefühle des Unter-Druck-Stehens und Gedrücktwerdens symbolisieren, die Sie erwähnten. Ich möchte, daß Sie sich dagegen wehren und gegen diesen Druck ankämpfen'. (Die meisten Leute neigen in dieser Situation dazu, ihren Kopf hochzurichten oder einem die Hand wegzuschieben.) Die Klientin fing aber nur an zu weinen und ließ es zu, daß ihr Kopf immer niedriger heruntergedrückt wurde. Da ich ihr Vermeidungsverhalten und ihre Passivität nicht verstärken wollte, drückte ich immer weiter ihren Kopf runter und sagte zu ihr: 'Nun los, wehren Sie sich! Kämpfen Sie gegen den Druck an!' Endlich übte sie etwas Gegendruck aus und schob ihren Kopf und ihre Schultern nach oben. Ich nahm meine Hand weg und sagte: 'Gut! Nun, wie fühlen sie sich jetzt?' Dies führte zu einem Schwall von affektiven Reaktionen. Sie fing an, ungehemmt auf eine unverheiratete Tante zu schimpfen, die sie überhaupt nicht leiden konnte. Sie äußerte auch negative Gefühle über ihre Mutter, und sprach von heftigen Enttäuschungen, was die Beziehung Mutter-Tochter anging. Diese Äußerungen veranlaßten Selbstbehauptungstraining, Verhaltenseinübung und andere Techniken, die der Klientin helfen sollten, ihre Gefühle in angepaßter Form in den Griff zu bekommen. Wieder einmal machte die Therapie schnelle Fortschritte." (Lazarus 1978, 50–57)

VI. Aktivationstherapie (H.-R. Lückert)

In der psychologischen, neurophysiologischen und psychosomatischen Forschung begegnen uns immer wieder folgende vier Phänomene: Aufmerksamkeit, Erregung, Aktivität und Hemmung. Der Schlüsselbegriff 'Aktivation' ermöglicht es, die genannten Grunderscheinungen zu verbinden und so die vielen Varianten, speziell Abweichungen menschlichen Erlebens und Verhaltens, zu erfassen und zu kennzeichnen. Die Aktivationstheorie bietet, besonders in ihrer seit den sechziger Jahren weiterentwickelten Form, eine gute Grundlage für eine Theorie der Persönlichkeit und eine Theorie der Psychotherapie.

Mit anderen Worten: Die Aktivationsforschung hat im Laufe ihrer Entwicklung einige Probleme geklärt, die für das Verständnis von Emotion und Motivation, physiologischer Erregung und kognitiver Einschätzung bei Reizkonstellationen, von grundlegenden Erlebnisweisen (speziell Angst-Furcht) und Verhaltensweisen (speziell Vermeidungs- und Aggressionsverhalten) von Bedeutung sind. Sie hat darüber hinaus durch die Integration von Emotions- und Lernpsychologie die Grundlagen erarbeitet für eine Streßprävention bzw. -immunisierung und damit zugleich auch für eine lernpsychologisch und psychophysiologisch fundierte Psychotherapie (Aktivationstherapie).

Leitlinien der Aktivationstherapie

Aktivation – man denke nur an die verschiedenen Wachheitsgrade – steht in Beziehung zu den Umweltreizen, auf die der Mensch reagiert, also zum wahrnehmenden Erfassen, denkenden Verarbeiten und auswählenden Speichern.

Aktivation ist die zentrale Motivation unserer körperlichen-psychischen Spannkraft, unserer Erlebnisfähigkeit und Selbstkontrolle. Forschungen sowohl der Neurophysiologie als auch der Psychologie haben ergeben, daß ein mittleres Erregungs- bzw. Aktivationsniveau eine Grundbedingung für optimale Lern- und Leistungsfähigkeit, sensible Konfliktverarbeitung und produktive Lebensführung ist.

Abweichungen in Richtung übersteigerter Erregbarkeit führen zu erhöhtem Energieverbrauch, körperlich-psychischer Verspannung, hektischer Betriebsamkeit, chronischer Verärgerung und Aggressionsbereitschaft. Abweichungen in Richtung herabgesetzter Erregbarkeit führen zum Abbau der Interessen und der Verantwortungsbereitschaft, zum Vermeidungs- und Rückzugsverhalten, letztlich zur chronischen Hilflosigkeit und Depression.

Mit den beiden Erlebnis- und Verhaltensabweichungen sind oft noch diverse Tarn- und Täuschungsmanöver verbunden. Man spielt die Rolle des Könners, Machers, Helfers oder des vom Schicksal Verfolgten, des Mißverstandenen und Ausgebeuteten. Andererseits werden durch einhergehende Minderung der Selbststeuerung und Zielorientierung, durch Streßanfälligkeit und Erholungsunfähigkeit verschiedene psychosomatische Beschwerden produziert, wie zum Beispiel Magen-Darmstörungen, Kreislauf- und Herzbeschwerden, Blutdruckstörungen, Atembeschwerden, Asthma bronchiale, Muskel- und Gelenkschmerzen, Sexualstörungen, Kopfschmerzen, Müdigkeit, rasche Erschöpfbarkeit usw.

1. Die Therapiegrundlagen

Die Aktivationstherapie befaßt sich im Unterschied zur gängigen Psychoanalyse in der Praxis nicht mit den weiter zurückliegenden Entstehungsursachen von Lebensschwierigkeiten im Erwachsenenalter. Sie konzentriert sich auf die Behebung der die gegenwärtigen Erlebnisbeschränkungen und Verhaltensschwierigkeiten bestimmenden Stützursachen. Die *Erkenntnisse* lassen sich in sieben Thesen zusammenfassen:

(1) Ein Bewußtmachen früherer Frustrationssituationen birgt die Gefahr in sich, die komplexen Einflußbedingungen von Erziehung, Umwelt und Entwicklung zu simplifizieren, auf den Nenner von der Therapie bevorzugter einfacher und damit unzutreffender Ursachen zurückzuführen.

(2) Kinder machen in den weitaus meisten Fällen in ihrer frühen familiären Umwelt nicht nur schädigende, sondern auch förderliche Erfahrungen, so daß sich im allgemeinen die positiven und negativen Erlebnisse etwa gleichermaßen verteilen. Damit entfällt aber der Berechtigungsgrund für die einseitige Auswahl negativer Frühursachen. Die Psychoanalyse schiebt damit der Familie die Schuld zu und bürdet sich selbst "Wiedergutmachung" als eine Aufgabe auf, die sie nicht leisten kann und die auch nicht im Interesse der Hilfesuchenden liegt.

(3) Kinder haben – und dies kann empirisch nachgewiesen werden – frühe Negativerlebnisse zu ihrer Zeit und danach auf ihre Art und Weise verarbeitet. Allerdings sind bei einigen von ihnen aus dieser Verarbeitung bestimmte unproduktive Gewohnheiten, Erlebnis- und Verhaltensstile hervorgegangen, wie die Neigung zur erhöhten Störanfälligkeit bzw. zum Vermeidungs- und Rückzugsverhalten (Depressivität) bzw. zum Abwehr-, Verteidigungs- und Angriffsverhalten (Aggressivität).

(4) Es ist für den erwachsenen Klienten schädlich, ihm die Verantwortung für sein gegenwärtiges Verhalten abzusprechen und die Schuld auf die frühen familiären Beziehungs- und Erziehungserfahrungen oder personalisiert auf die Eltern und Geschwister zu schieben. Dieser Entlastungsvorgang mag manchem Klienten vorübergehend helfen; auf die Dauer erweist sich aber diese Verschiebung der Verantwortung – die therapeutische Infantilisierung – als nicht förderlich. Sie lenkt den Klienten von der für ihn wichtigen Selbstverantwortung ab, schwächt ihn also in seiner Selbststeuerung und Selbstgestaltung.

(5) Die gegenwärtigen Lebensschwierigkeiten der Klienten hängen mit einem aktuellen, zentralen, emotionalen Syndrom gestörter Aktivation, nämlich der erhöhten Unsicherheit und Ängstlichkeit zusammen. Die Therapie muß sich also darauf konzentrieren, dieses Syndrom aufzulösen und durch eine in einem ausgeglichenen Selbstwertgefühl begründete Selbstsicherheit durch angemessene Formen der Selbstbehauptung zu

ersetzen. Diese Veränderung kann nur der Klient selbst, allerdings unter dem Lernbeistand des Therapeuten, in relativ kurzer Zeit erreichen.

(6) Weder die Einsicht noch die Verarbeitung wirklicher oder vermeintlicher Vergangenheitsursachen, sich darauf beziehender Erinnerungen und Träume können dem Klienten helfen; sie lenken ihn nur von seiner Aufgabe ab und bedeuten Vergeudung von Zeit und Geld. Die Verarbeitung muß sich auf die gegenwärtig wirksamen Stützursachen des Leidens beziehen. Um diesen Zusammenhang einzusehen bedarf der Klient einiger Informationen. Er kann nicht direkt seine innere Gefühlslage angehen, etwa daß er sich willentlich vornimmt, keine Angst und Unsicherheit mehr zu haben. Sein Leiden würde sich bei diesem Vorgehen nur verschlimmern.

(7) Von den zwei Fehlentwicklungen des Verhaltens, dem Aggressionsverhalten und dem Vermeidungsverhalten, ist das letztere das den Menschen am meisten gefährdende Verhalten; denn das Vermeidungsverhalten führt ihn über das Rückzugsverhalten leicht in die Lethargie und Depression, das heißt in eine erlernte Untätigkeit und Hilflosigkeit. Die Gefahr dieser Entwicklung liegt darin, daß mit ihr auch die zentrale Antriebskraft erlahmt. Solche Menschen machen dann die Erfahrung, daß sie sich nicht mehr verändern können; denn was sich nicht bewegt, vermag man auch nicht zu steuern. In solchen Fällen hat die Therapie zunächst die Aufgabe, die Lebens- und Bewältigungskräfte wieder in Gang zu bringen.

2. Fazit der Erkenntnisse

Ganz gleich, welcher Art die störenden Vergangenheitsursachen und in welchem Alter sie gegeben waren, im gegenwärtigen Leben des Klienten verweisen lediglich gewisse belastende Erlebnis- und Verhaltensgewohnheiten auf unzulänglich verarbeitete negative Einflüsse der Vergangenheit. Diese Gewohnheiten werden täglich durch vielerlei Äußerungen jedesmal neu gestützt. So wirkt zum Beispiel jeder Befürchtungsgedanke, der sich angesichts bevorstehender Aufgaben im Bewußtsein (Selbstgespräch) meldet, und jedes Vermeidungsverhalten, das der Klient in einer Anforderungs-, Aufforderungs- und Entscheidungssituation zeigt, als Bestätigung und Verstärkung, das heißt als Stützursache seiner zentralen Unsicherheit und Angst. Die Therapie hat sich also auf die Behebung dieser Äußerungsweisen bzw. Stützursachen zu konzentrieren. Damit werden Angst und Unsicherheit schrittweise abgebaut und Selbstsicherheit und Zuversicht aufgebaut.

Allerdings kommt es nur bei etwa einem Drittel der Klienten schon durch die Befreiung von Unsicherheit und Angst zur Entwicklung einer kompetenten Persönlichkeit. Die überwiegende Zahl bedarf noch eines regelrechten therapiegeleiteten Aufbautrainings in den leistungs- und besonders sozialorientierten Bewältigungsfunktionen.

Diese Tatsache verweist darauf, daß die meisten Klienten aufgrund ihrer schon länger bestehenden psychischen Behinderung wichtige Lernerfahrungen versäumten, das zur Gewohnheit gewordene Fehlverhalten bei ihnen also auch zu einem Defizitverhalten führte.

3. Therapiewege entsprechend den Manifestationen des Fehlverhaltens

Um Ansatzpunkte einer Veränderung zu finden, muß man zunächst die Äußerungsweisen von Unsicherheit und Angst (er)kennen. Sie liegen:

(1) in der körperlichen Verspannung und Verkrampfung (man ist in einem oder mehreren muskulären Bereichen, etwa dem Halswirbel-, Rücken-, Extremitätenbereich oder in einem vegetativ-innerleiblichen Bereich übermäßig angespannt und unelastisch);

(2) in den Wahrnehmungslücken und Wahrnehmungsverzerrungen (man sieht in seiner Umwelt nichts Positives mehr, mißdeutet viele Wahrnehmungen im Sinne von Bedrohungen);

(3) in den Befürchtungs- und Utopiegedanken oder negativen und irrationalen Selbstgesprächen (man stellt sich eine bedrückende Zukunft, weitere Einschränkungen und Niederlagen seines Lebens und Erlebens vor – man erwartet utopische Lösungen, die große Chance bzw. das große Zufallsglück oder Zufallsgeschäft und spricht mit sich selbst in diesem Sinne) und

(4) äußern sich Angst und Unsicherheit recht häufig im sozialen Rückzugs- und allgemeinen Vermeidungsverhalten oder im aggressiven Abwehr-, Verteidigungs- und Unterdrückungsverhalten oder/und in Täuschungsmanövern, über die man andere an sich zu binden versucht (man traut sich nichts mehr zu und schränkt seine Aktivitäten ein; man ist ständig auf Selbstsicherung bedacht, was man unter anderem dadurch zu erreichen versucht, daß man sich einigelt oder andere – wo man kann – verunsichert, heruntermacht und unterdrückt; man spielt sich als der große Könner auf, vertuscht sein bisheriges berufliches Scheitern, versucht andere in fragwürdige Machenschaften als Teilhaber zu locken und sie dadurch sowohl psychisch als auch materiell auszubeuten).

Diese vier Äußerungsweisen der Angst und Unsicherheit sind rückwirkend zugleich die vier wichtigsten Stützursachen der Angst und Unsicherheit.

Die therapeutische Auflösungs- und Aufbauarbeit bezieht sich auf die vier genannten Funktionsbereiche, wobei je nach Leidenssymptomatik Schwerpunkte gewählt werden. Die therapeutischen Vorgehensweisen werden auf die individuellen Belange der Klienten abgestimmt. Sie gliedern sich in: Entspannungstraining, Wahrnehmungstraining, Mentales Training und Verhaltenstraining.

Abbildung 37 verdeutlicht die dargestellten Sachverhalte und die vier therapeutischen Ansatzpunkte und Vorgehensweisen (I bis IV).

4. Wann kann die Behandlung beendet werden?

Die Therapiedauer beträgt im Durchschnitt 30 bis 40 Zusammenkünfte (Doppelstunden). Der Erfolg kann vor allem an den systematisch herbeigeführten Veränderungen der "internen" Informationsverarbeitung (Wahrnehmungen, Vorstellungen, Erwartungen, Problemlösungstechniken) und des "offenkundigen" Leistungs- und Beziehungsverhaltens erkannt und überprüft werden. Da sich diese Veränderungen schrittweise gemäß dem Therapieplan vollziehen, kann man sie in erster Linie der praktizierten

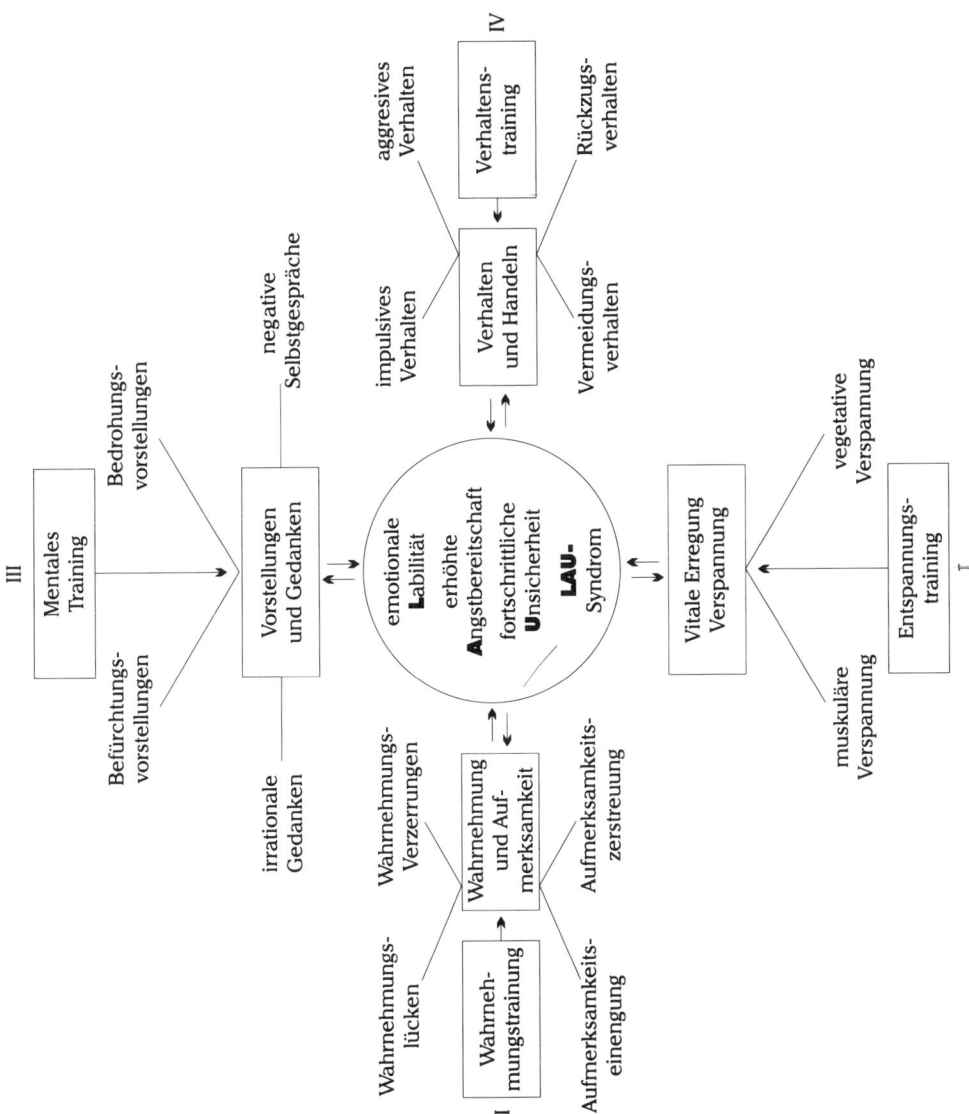

Abb. 37: Das Therapiemodell
Das Axialsyndrom aller psychischen und psychosomatischen Beschwerden
ist das sog. *LAU*-Syndrom

Methode (den Vorgehensweisen) und der damit in Gang gebrachten Eigenbemühung des Klienten, nicht (so sehr) dem Einfluß der Persönlichkeit des Therapeuten bzw. der Therapeut-Klient-Beziehung zuordnen.

An welchen Verhaltensweisen, an welchen Indizien erkennen wir, daß der Patient aus der Beratung und Behandlung entlassen werden kann und muß? Die Antwort auf diese Frage kann nicht generell gegeben werden: Wir müssen entwicklungsspezifische Unterschiede der Neurosenstruktur und -situation beachten. Ohne auf spezielle Unterschiede einzugehen, kann man wohl folgendes Ergebnis formulieren:

Die Therapie ist dann zu beenden, wenn der in der Therapie betreute Mensch von den sein Erleben und Handeln einengenden Grundstörungen und neurotischen Sicherungen befreit ist. Im einzelnen zeigt sich dies in fünffacher Weise an:

(1) in der Fähigkeit, Verantwortung auf sich zu nehmen, in der Erlangung einer inneren Unabhängigkeit;

(2) in der Spontaneität des Erlebens und des Gefühlslebens, in der Fähigkeit für Freundschaft und Liebe;

(3) in der realistischen Einschätzung der eigenen Persönlichkeit, ihrer spezifischen Stärken und Schwächen, im Abbau der falschen Ansprüche, im sich erweiternden und vertiefenden Selbstverständnis;

(4) in dem Mut zum Risiko der Entscheidung, der in einer fortschreitenden Überwindung der Ängste und in der wiedererlangten oder neu erworbenen "fundamentalen Hoffnung" gründet;

(5) in der Erweiterung der Erkenntnisfähigkeit, im Abbau der eingeengten und verzerrten Wahrnehmungen, Erinnerungen, Vorstellungen.

Wir sollten uns allerdings vor dem Ideal des konfliktfreien Menschen hüten, wissen wir doch, daß der Mensch ohne Konflikte ein Mensch ohne Eigenschaften ist.

5. Die Wissenschaftsbasis

Die Aktivationstherapie ist sowohl neurophysiologisch als auch psychologisch durch psychosomatische Erfahrungen und Kontrollen und eine umfassende Theorienhierarchie (neurophysiologische Theorie, Streßtheorie, Emotionstheorie, Lerntheorie, Kognitionstheorie und Handlungstheorie) abgestützt. Aus der Aktivationsforschung lassen sich einige für die Therapie wichtige Hinweise und Grundsätze ableiten:

(1) Die Aktivationsforschung zeigt, wie die einzelnen psychischen Systeme (das körperliche Befinden, die sensorischen Erlebnisse, die emotionale Resonanz, die kognitiven Beurteilungs- und Bewertungsprozesse und die Ausdrucks- und Verhaltensweisen des Menschen) über neurale und hormonale Vermittler in enger Beziehung und Wechselwirkung zueinander stehen. Für die Therapie ergibt sich der Hinweis, daß bleibende Wirkungen nur durch eine mehrdimensionale therapeutische Strategie zu erreichen sind.

Die Wissenschaftsbasis 309

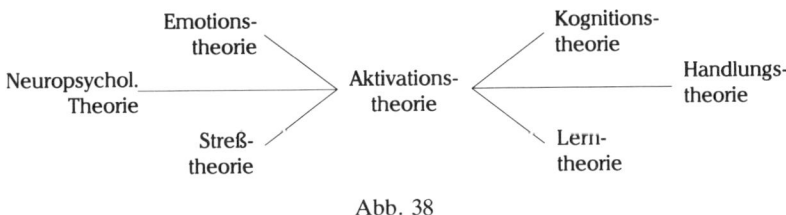

Abb. 38

(2) Die Aktivationsforschung hat nachgewiesen, daß die subjektive Interpretation und Verarbeitung von Reizen oder von Informationen bei der Auslösung physiologischer und emotionaler Reaktionen eine besondere Rolle spielen. Psychische und psychosomatische Störungen haben also ihre aktuelle Entstehungsgrundlage in unangemessenen selbstschädigenden Auffassungs- und Verarbeitungsweisen. Danach hat sich die Therapie auf Veränderungen im Erkenntnis- und Meinungssystem des Klienten zu konzentrieren, das heißt, die Therapie sollte kognitiv akzentuiert sein.

(3) Subjektive Einstellungen und Meinungen unterstehen den Lerngesetzen; sie bilden sich in Auseinandersetzungen mit der sozialen Umwelt über Modell-, Bestätigungs- und Erfolgserfahrungen. Psychische Schwierigkeiten und Leiden entstehen nach dieser Auffassung entweder durch Lernversäumnisse (Defizitverhalten) oder/und durch "Lernfehler" (Fehlverhalten). Therapiegeleitetes Neu- und Umlernen kann nur dann erfolgreich, daß heißt auch von Dauer sein, wenn es systematisch in geplanten Schritten mit ständig begleitender Rückmeldung und mit Verbesserungskorrekturen durchgeführt wird. Die Aktivationsforschung ist durch ihre experimentellen Methoden Modell für eine nach Plan arbeitende, sich an Lernprozessen der Klienten orientierende und korrigierende Therapie.

(4) Die Aktivationsforschung weist nach, daß Lernen am günstigsten verläuft, wenn die Lernschritte bei fokussierten (angepeilten) Zielvorgaben und reflektierten Rückkoppelungen in entspannter Situation (bei einem mittleren Aktivationsgrad) stattfinden. Die Zielvorgaben werden im Anfangsstadium der Therapie mit dem Klienten bei der Besprechung seiner persönlichen Schwierigkeiten und Beschwerden über Alternativerkundungen erarbeitet. Im Mentalen Training und im Verhaltenstraining lernt der Klient auf die rückkoppelnden Veränderungen in seinem Wahrnehmungs- und Meinungssystem, seiner emotionalen Befindlichkeit und seinen Verhaltens- und Handlungsfolgen zu achten. Im Entspannungstraining lernt der Klient, sich auch in kritischen Lagen besonnen zu verhalten.

(5) Der kognitive Akzent der Lebensführung, den die Aktivationsforschung herausstellt, weist darauf hin, daß sich menschliches Leben nicht einfach von selbst vollzieht. Leben ist in dieser Sicht eine zu erbringende Leistung; es bedarf der überlegten Führung. Wenn der Mensch in seiner Lebensführung – Selbstkontrolle und Selbststeuerung – unsicher und schwach wird, entwickelt er in hinhaltender Verteidigung verschiedene Leidenssymptome und verfängt sich in selbstbehindernden und -störenden Denk- und Verhaltensweisen. Leiden enthält in sich den Appell zur Neuorientierung, zur Anstrengung der Problemlösung, das heißt zum Erkennen von Alternativen und zum Treffen

von Entscheidungen. Die Aktivationstherapie bemüht sich, dem Klienten die Chancen der Selbststeuerung zu verdeutlichen und ihm beim Aufbau der Selbstkontrolle beizustehen.

(6) Die Aktivationsforschung und Aktivationstherapie haben als Aktualgenese psychischer Störungen die Trias von emotionaler *L*abilität, *A*ngst und *U*nsicherheit – das sogenannte *LAU*-Syndrom – nachgewiesen. Dieses Syndrom ist deshalb so gefährlich, weil es sich mit vier Äußerungsweisen und Rückkoppelungsprozessen zunehmend stabilisiert. Wie wir bereits wissen, erfolgt die Auflösung des *LAU*-Syndroms durch den therapeutisch angeregten, ein- und angeleiteten Abbau der vom Syndrom ausgelösten zentrifugalen und zentripetalen Aktivitäten. Begleitend werden dabei auf den Klienten, seine Situation und Störung abgestimmte Bewältigungsfähigkeiten aufgebaut und Umweltveränderungen in Gang gebracht.

(7) Die kognitive Orientierung der Aktivationstherapie besagt nicht, daß emotionale Aspekte zu vernachlässigen sind. Im Gegenteil: Der Klient gelangt schon in den ersten Sitzungen in einen "aufschlußreichen Kontakt" mit seiner emotionalen Befindlichkeit und deren Auswirkung in leistungsartigen und sozialen Bezügen. Dieses Innewerden der zentralen psychischen, stets auch expressiven und vegetativen, also leibgebundenen Störung – das man auch *focussing* nennt – ist Antrieb und Beginn des therapeutischen Prozesses. Der Klient erkennt, daß seine Schwierigkeiten sinnvolle Antworten auf seine bisherige Lebensweise, Lebensführung und Interaktion waren.

(8) Der Begriff "Aktivation" bedeutet: In-Bereitschaft-Setzung des Organismus. Aktivationstherapie erweist sich unter diesem Aspekt als Mobilisierung der Selbstheilungstendenzen des jeweiligen Klienten. Die psychischen und psychosomatischen Symptombildungen sind bereits als provisorische Selbstheilungen zu interpretieren. Deshalb hat der Aktivationstherapeut Respekt vor den Symptomen. Sie sind vom Klienten produzierte, allerdings unvollkommene, abwegige und oft schmerzhafte Formen der Lebensbewältigung. Ohne diese Symptomarbeit verfielen die Klienten in Destruktion oder Apathie, also in den Zustand massiven Kontrollverlustes.

So wie der Mensch sich selbst zugrunde richten kann, so kann er sich auch selbst reparieren. Das Symptom ist damit nicht Feind des Therapeuten, sondern dessen Verbündeter. Der Therapeut heilt nicht direkt; er hilft dem Klienten, selbstschädigende Symptome abzubauen und förderliche Erlebnis- und Verhaltensweisen aufzubauen. Er zeigt dem Klienten Chancen und Bedingungen produktiver Lebensbewältigung und ermutigt ihn, einen anderen Weg als bisher zu gehen.

Die kognitive Orientierung der Therapie bedeutet also nicht, daß spontane Prozesse des Klienten abgewertet und diese der bewußten Steuerung zugeführt werden sollten. Es wäre wenig erfolgversprechend – wahrscheinlich sogar hinderlich und gefährlich – wenn wir dem Ideal der bewußten Lebenssteuerung und -lenkung im Sinne eines Superrationalismus nachgingen. Der Aktivationstherapeut bemüht sich allerdings, daß der Klient die Leitprozesse, die sein Erleben und Verhalten beeinträchtigen, erkennt und in vollem Sinne erfaßt. Der Therapeut geht bei dieser aufdeckenden Arbeit mit seinem Klienten sehr behutsam um und verzichtet dabei auf die Anwendung ausdrücklicher Lenkung. Zugleich ermutigt er den Klienten, in sich hineinzuhorchen, das Werden und Wirken seiner neuen Kräfte zu spüren, zu akzeptieren und sich ihnen vertrauensvoll und geduldig hinzugeben. Der Klient lernt, daß eine solche Haltung nicht passives Geschehenlassen, sondern pathisches Anteilnehmen ist. Er erfährt, daß Selbstkontrolle nur produktiv sein kann, wenn sie maßvoll bei Gefährdungen eingesetzt wird und der Klient nicht dem utopischen Ideal egozentrischer Selbstbestimmung nachjagt.

(9) Die Aktivationsforschung und -therapie haben es mit hochkomplexen und -komplizierten psychophysiologischen Prozessen und Zuständen zu tun. Ähnlich wie bei den heute vorfindbaren Komplexitäten der Wissens- und Arbeitsstrukturen erfordert die therapeutische Praxis ein gleichermaßen komplexeres Denken und Handeln, aber auch eine Reduktion der Netzwerk- oder Muster-Komplexität, um über therapeutische Strategien reflexive und behaviorale Prozeßinnovationen in Gang zu setzen. Bei aller Komplexität ist daher angemessene Überschaubarkeit anzustreben, ein Problem, das heute in der Pädagogik (Erziehung und Unterweisung) zur Zunahme der Schulangst, des Leistungsversagens, der Schulunlust, der wachsenden Aussteigermentalität und in der Wirtschaft (Organisation und Betriebsführung) zur Zunahme der Managerangst, der Selbstunsicherheit, der psychosomatischen Beschwerden, der Verantwortungsscheu und bürokratischen Rigidität führt. Wir sind der Überzeugung, daß die Aktivationstherapie mit ihren vier Strategien (und den damit verbundenen etwa vierzig Interventionen) das Problem der Komplexität weitgehend gelöst hat. Der Aktivationstherapeut ist fähig, sich in seiner Vorgehensweise einerseits der jeweils komplexen Struktur psychischer und psychosomatischer Störungen und andererseits der Vielfalt unterschiedlicher personaler und sozialer Lagebefindlichkeiten anzunähern und auch für den Klienten attraktive und lohnende Veränderungen versteh- und durchschaubar zu machen.

(10) Die neurophysiologisch und psychologisch orientierte Aktivationsforschung bietet sowohl den ärztlichen als auch den psychologischen Therapeuten in gleichem Maße die Möglichkeit, ihr spezielles Fachwissen in die Therapie einzubringen und zu erweitern. Sie fordert aufgrund ihrer breiteren Basis ein medizinisch-psychologisches Kooperationsmodell. Dies scheint bei der gegenwärtigen kritischen Lage der Psychotherapie mit ihren personellen Kompetenzproblemen eine Chance weiterführender Arbeit zu sein. In diesem Zusammenhang ist auch darauf hinzuweisen, daß dieses Modell eine besonnene und überwachte Anwendung von Psychopharmaka bei akuten und chronischen Schmerzen und Kontrollstörungen und zur Einleitung gewisser muskulärer und vegetativer Entspannungen nahelegt. Die Aktivationstherapie plädiert als Kognitive Verhaltenstherapie – um der höheren Effektivität willen – allerdings für eine Betonung des verhaltensmodifikatorischen Aspekts gegenüber dem noch weitgehend vorherrschenden psychodynamischen Aspekt im Pharmakabereich.

6. Selbstkontrolle und psychische Gesundheitsvorsorge

Im Zentrum der Aktivationstherapie steht die Selbstkontrolle. Sie ist sowohl Ziel als auch Technik. Vom Ziel her fördert die Aktivationstherapie die auch sonst für die Bewältigung gesellschaftlicher und gesundheitlicher Aufgaben so wichtige Selbstbeteiligung. Die Stärkung bzw. der Erwerb von Selbstkontrolle befähigt den Menschen, Ziele der Gesundheit konsequent zu verfolgen und die ihm eigenen Selbstheilungstendenzen wirkungsvoll zu mobilisieren. Gelungene Selbstkontrolle liefert einen wichtigen

Beitrag zur Verhinderung von Rückfällen und darüber hinaus zur Verhütung psychischer, psychosomatischer und psychosozialer Schäden – ein Aspekt, der auch unter volkswirtschaftlichem Gesichtspunkt besondere Beachtung verdient.

Die der Aktivationstherapie zugrunde liegende Psychologie kann – wie schon angedeutet – ein gutes Modell abgeben für eine wirkungsvolle psychische Gesundheitsvorsorge. Vieles deutet darauf hin, daß die Grunderkenntnisse der Aktivationstherapie zureichend erklären können, warum bei unterschiedlichen Umweltbeeinträchtigungen die Menschen sehr verschieden reagieren: Die einen geraten trotz objektiv guter Umwelt und Erziehung in schwere psychische Krisen; die anderen bewahren selbst unter extrem ungünstigen Lebensbedingungen ihre Gesundheit, Lebensfreude, Zuversicht und Aktivität. Die Aktivationstherapie weist darauf hin, daß die Bewertung der Umstände und die Erwartung von Ereignissen – also gewisse übergeordnete geistige Orientierungen – wichtige Faktoren unserer Lebenskraft und Lebensführung sind.

Nachwort

Die jahrzehntelange erfolgreiche Arbeit von Heinz-Rolf Lückert hat ihn bewogen, die Kognitive Verhaltenstherapie weiter auszubauen. Die so entstandene Aktivationstherapie ergänzt und differenziert die hier vorgestellten Modelle von Ellis, Meichenbaum, Mahoney, Beck und Lazarus. Als selbständige Therapieform ist sie unter dem Titel "Aktivationstherapie bei psychischen Störungen – Grundlagen, Diskussion und Fallbeispiele" beschrieben (Ernst Reinhardt Verlag München 1995). Neben der Darlegung der Therapiegrundlagen nimmt die umfassende Diskussion über die Aktivationstherapie einen breiten Raum ein. Ihre Ergebnisse werden – thematisch geordnet – als Frage-Antwort-Texte wiedergegeben. Diese widerspiegeln sowohl das große Interesse als auch das breitgefächerte Meinungsspektrum, das in Seminaren und nach Vorträgen offenbar wurde. Dieser lebendige und praxisnahe Gedankenaustausch zeigt, in welchem Maße Psychotherapie aufgrund von tiefverwurzelten Vorurteilen selbst heute noch mit Akzeptanzproblemen zu kämpfen hat. Die Gesamtheit dieser fachlichen Auseinandersetzungen gibt dem Leser einen umfassenden Einblick in die vielfältigen Problemstellungen sowie die von der Aktivationstherapie angebotenen Lösungsmöglichkeiten.

Nicht zuletzt ist das Wertemuster der Aktivationstherapie zu betonen, welches das einfühlende Verstehen (Empathie, Toleranz und Akzeptanz) in den Mittelpunkt stellt. Es wird gestützt durch die Selbstachtung als Voraussetzung für die Achtung anderer, die innere Freiheit, die durch Selbstkontrolle ermöglicht wird, ferner durch reife Liebesfähigkeit sowie Verantwortlichkeit.

Heinz-Rolf Lückert weist darauf hin, daß unsere Gesellschaft Symptome zeigt, die ein zufriedenstellendes psychosoziales Leben erschweren. Da die Menschen bei sich selbst, und dementsprechend auch bei anderen, wenig auf gefühlsmäßige Äußerungen und Befindlichkeiten achten und eingehen, bekommt die Empathie einen hohen individuellen und zugleich gesellschaftlichen Stellenwert. Die Aktivationstherapie stellt ein Verfahren dar, das zutiefst in humanen Traditionen wurzelt und diese zugleich aktiviert.

Inge Lückert

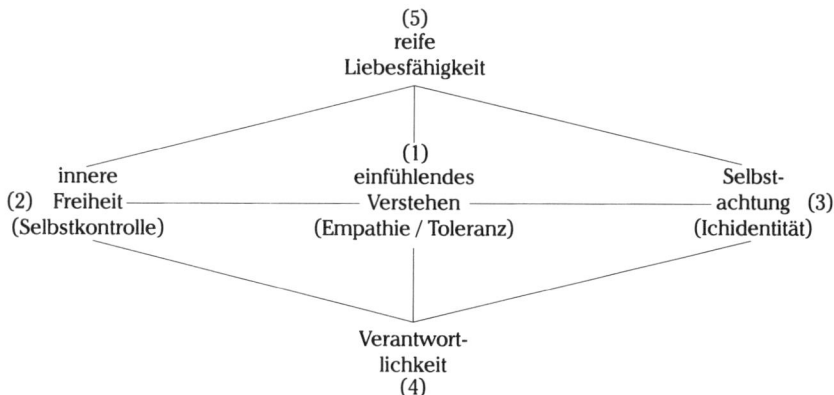

Abb. 39: Wertemuster der Aktivationstherapie

Literaturverzeichnis

Adler, A.: Zusammenhänge zwischen Neurose und Witz. Int. Zschr. f. Individualpsychologie 1927, 94.
– What life should mean to you? Boston 1931. Wozu leben wir? Frankfurt/M. 1979.
– On the interpretation for dreams. Int. Jahrb. f. Individualpsychologie 1936, 2.
Aebli, H.: Denken, das Ordnen des Tuns. Bd. 1: Kognitive Aspekte der Handlungstheorie. Stuttgart 1980.
Alexander, F.: Psychosomatische Medizin. Grundlagen und Anwendungsgebiete. Berlin 1951.
Allport, G. W.: Attitudes. In Murchison, C. ‹Ed.›: Handbook of social psychology. Worcester/Mass. 1935.
Anderson, J. R.: Language, memory and thought. Hillsdale, New York 1976.
Anderson, W., Carter, B.: Central nervous system mediation in athletic performance. Unpubl. Manuscript. Boston University 1976.
Annett, J.: Feedback and human behavior. Harmondsworth 1969.
Arieti, S.: The present status of psychiatric theory. Amer. J. Psychiat. 124, 1968.
– Bemporad, J.: Depression. Stuttgart 1983.
Averill, J. R.: A constructive view of emotion. In Plutchik, R., Kellerman, H. ‹Hrsg.›: Theories of emotions. Bd. 1. New York 1980.

Bacon, F.: Novum Organum. 1621, Oxford University Press. Oxford 1889.
Bain, A.: Thought control in everday life. New York 1928.
Bandler, R., Grinder, J.: Metasprache und Psychotherapie. Paderborn 1981.
Bandura, A.: Principles of behavior modification. New York 1969.
– Sozial-kognitive Lerntheorie. Stuttgart 1979.
Bar-Hillel, Y.: Language and information. Reading, Mass. 1964.
Bartlett, F.: Remembering: A study in experimental and social psychology. Cambridge 1932.
Beck, A. T.: Cognitive Therapy: Nature and relation to behavior therapy. Behavior Therapy 1970/1, 184–200.
– Cognitive therapy and emotional disorders. New York 1976.
– Wahrnehmung der Wirklichkeit und Neurose. Kognitive Psychotherapie emotionaler Störungen. München 1979.
– et al.: Kognitive Therapie der Depression. München, Wien, Baltimore, 1981.
Bem, D. J.: Beliefs, attitudes, and human affairs. Monterey 1970.
– Self-perception theory. In Berkowitz, L. ‹Hrsg.›: Advances in experimental social psychology. Bd. 6. New York 1972.
Bense, A.: Klinische Handlungstheorie. Weinheim 1981.
Bergius, R.: Formen des Zukunftserlebens. München 1957.
Bergson, H.: Evolution créatrice. Paris 1907.
Berlyne, D. E.: Structure and direction in thinking. New York 1965.
– Konflikt, Erregung, Neugier. Zur Psychologie der kognitiven Motivation. Stuttgart 1974.
Berscheid, E., Graziano, W., Monson, T., Dember, M.: Outcome dependency: Attention, attribution, and attraction. J. Pers. Soc. Psychol. 1976, 978–989.
Bertalanffy, L. von: General systems theory. Foundations – development – applications. New York 1974.
Beule, P., Eichhardt, B., Kleiber, D., Offe, S., Baade F.: Rational-emotive Therapie in der Diskussion. Mitteilungen der Deutschen Gesellschaft für Verhaltenstherapie (DGVT) 10, 1978, 559–584.
Bieri, J. et al.: Clinical and social judgement: The discrimination of behavioral information. New York 1966.
Birkenbihl, Vera F.: Streß im Griff. Negativen Streß dosieren – positiven Streß bewußt suchen. München 1977.
Bloch, E.: Das Prinzip Hoffnung. Frankfurt/M. 1959.
Bommert, H., Dahlhoff, H.-D. ‹Hrsg.›: Das Selbsterleben (Experiencing) in der Psychotherapie. München, Wien, Baltimore 1978.
Bower, G. H.: Mood and memory. Amer. Psychologist 1981, 36, 129–148.
Brehm, J. W.: A theory of psychological reactance. New York 1966.

– Responses to loss of freedom: A theory of psychological reactance. Morristown, NJ 1972.
Brem, K.: Konvertit und Kirche. Bekenntnis als Heilsweg im Wandel von fünf Jahrhunderten. Nürnberg 1960.
Broadbent, D. E.: Perception and communication. London 1958.
Bromme, R., Hömberg, E.: Psychologie und Heuristik. Probleme der systematischen Effektivierung von Erkenntnisprozessen. Darmstadt 1977.
Brown, B.: Cognitive aspects of Wolpe's behavior therapy. Amer. J. of Psychiatry 124, 1967.
Bruner, J. S. et al.: A study of thinking. New York 1956.
– Beyond the information given. Toronto 1973.
Byrne, D.: The repression sensitization scale: Rationale, reliability, and validity. J. Pers. 29. 1961, S. 334–349.

Capra, F.: Der kosmische Reigen. München, Wien ^{2}1981.
– Wendezeit. Bern, München, Wien ^{2}1983.
Cautela, J. R.: Covert sensitization. Psychological Reports 20, 1967, 462.
– Covert reinforcement. Behavior Therapy 1, 1970.
– Covert extinction. Behavior Therapy 2, 1971b, 192–200.
Charon, J. E.: Der Geist der Materie. Wien, Hamburg 1979.
Chew, G. F.: Bootstrap: A scientific idea. Science 161, 1968.
Churchman, C. W.: Die Konstruktion von Erkenntnissystemen. Grundlagen für die System- und Organisationstheorie. Frankfurt/New York 1973.
Combs, A. W., Avila, D. L., Purkey, W. W.: Die helfenden Berufe. Stuttgart 1975.
Cooper, C. L.: Streßbewältigung. Person, Familie, Beruf. München, Wien, Baltimore 1981.

Davison, G. C.: Elimination of a sadistic fantasy by a client-controlled counterconditioning technique. A case study. J. of Abn. Psychol. 73, 1968.
Deci, E. L.: Intrinsic motivation. New York 1975.
Dember, W. N.: Motivation and the cognitive revolution. Amer. Psychologist 29, 1974.
Dilthey, W.: Gesammelte Schriften. 1957ff.
Dörner, D.: Die kognitive Organisation beim Problemlösen. Bern, Stuttgart, Wien 1974.

Donchin, E., Ritter, W., McCallum, W. C.: Cognitive Psychophysiologie: The endogenous compenents of the ERP. In Callaway, E., Tueting, P., Koslow, S. H. (Eds.): Event-related brain potentials in man. New York, San Francisco, London 1978, 349–441.
Douglas, V.: Stop, look and listen: The problem of sustained attention and impulsive control in hyperactive and normal children. Can. J. of Behavioral Science 1972, 4.
Dustman, R. E., Beck, E. C.: The evoked response: Its use in evaluating brain of children and young adults. Mental health in children. Bd. 2. (Hrsg. Siva Sankar). New York 1976.
– Electrophysiology and behavior. Annual Review of Psychology 26, 1975.
Duval, S.: Causal attribution as a function of focus of attention. In Duval, S., Wicklunds, R. A. ‹Hrsg.›: A theory of objektive self awareness. New York 1972.

Eccles, J. C.: Wahrheit und Wirklichkeit. Mensch und Wissenschaft. Berlin, Heidelberg, New York 1975.
Ekman, P., Friesen, W. V.: Nonverbal behavior in psychotherapy research. In Schlien, J. ‹Ed.›: Research in Psychotherapy. Vol. III. Washington D. C. 1968.
Ellis, A.: Klinisch-theoretische Grundlagen der rational-emotiven Therapie. In Ellis, A., Grieger. R., ‹Hrsg.›: Praxis der rational-emotiven Therapie. München 1979.
Erlebach, E., Ihlefeld, U., Zehner, K.: Einführung in die Psychologie für Lehrer und Erzieher. Berlin 1962.
Esch, J.: A study of judgments of social situations. Unveröffentl. Semesterarbeit. Univ. of Kansas 1950.
Eschenröder, Chr.: Grundprinzipien der rational-emotiven Therapie. Einige Anmerkungen zu dem Aufsatz von Kleiber u. a. In Mitteilungen der Deutschen Gesellschaft für Verhaltenstherapie (DGVT), Tübingen 10, 2/1978.

Feather, N. T.: Valence of outcome and expectation of success in relation to task difficulty and perceived locus of control. J. Pers. Soc. Psychol. 7, 1967.
– Rhoads, J.: Psychodynamic behavior therapy: Theory and rationale. Archives of General Psychiatry 26, 1972,
– Psychotherapieziel Selbstbehandlung. Weinheim 1981.

Festinger, L.: A theory of cognitive dissonance. Evanston, Ill. 1957.
– Behavioral support for opinion change. Public opinion quarterly, 28, 1964.
Fiedler, P. A.: Verhaltensanalytische Gruppentherapie. Stuttgart 1974.
– ‹Hrsg.›: Psychotherapieziel Selbstbehandlung. Grundlagen kooperativer Psychotherapie. Weinheim, Basel 1981.
Fillmore, Ch. J.: The case for case. In Bach, E., Harms, R. T. ‹Eds.›: Universals in linguistic theory. New York 1969, 1–90.
Fishbein, M.: Attitude and the prediction of behavior. In Fishbein, M. ‹Ed.›: Readings in attitude theory and measurement. New York 1967.
Flavell, J.: Metacognitive aspects of problem solving. In Resnick ‹Ed.›: The nature of intelligence. New York 1976.
Flowers, J. V.: Simulation und Rollenspiel. In Kanfer, F. H., Goldstein, A. P. ‹Hrsg.›: Möglichkeiten der Verhaltensänderung. München 1977.
Foreyt, J. P., Goodrick, G. K.: Kognitive Verhaltenstherapie. In Corsini, R. J. ‹Hrsg.›: Handbuch der Psychotherapie. Weinheim/Basel 1983.
Frank, J. D.: Persuasion and healing. Baltimore 1961.
Frankl, V. E.: Die Psychotherapie in der Praxis. Wien 1947.
– Homo patiens. Wien 1950.
– Logos und Existenz. Wien 1951.
– Theorie und Therapie der Neurosen. Wien 1956.
– Paradoxical intention. Amer. J. of Psychol. 14, 1960.
Frey, D.: Der augenblickliche Stand der 'forced-compliance'-Forschung. Zs. f. Sozialpsychologie 2, 1971.

Galin, D.: Hemispheric Specialization: Implications for Psychiatry. In Grenell, R., Gabay, S. ‹Hrsg.›: Biological Foundations of Psychiatry. New York 1976.
Gallwey, T.: The inner game of tennis. New York 1974.
Galperin, P. J.: Zu Grundfragen der Psychologie. Köln 1980.
Gendlin, E. T.: Experiencing: A variable in the process of therapeutic change. Amer. J. Psychotherapy 15, 1961.
– Experiencing and the creation of meaning. Glencoe 1962.
– Focusing. Psychother. Theory. res. pract. 6, 1969.

Gleiss, I.: Verhalten oder Tätigkeit. Das Argument 17, 1975, 89–44
Goldfried, M.: Reduction of generalized anxiety through a variant of systematic desensitization. In Goldfried, M., Merbaum, M., ‹Eds.›: Behavior change through self-control. New York 1973.
Goleman, D.: The Buddha on meditation and states of consciousness. Part II. A typology of meditation techniques. Journal of Transpersonale Psychology 1972, 4, 151.
– Meditation and consciousness: An Asian approach to mental health. American J. Psychotherapy 30, 1975, 41–54.
– The varieties of the meditative experience. New York, London, Toronto, Sydney 1977.
Grieger, R., Boyd, J.: Therapeutische Reaktionen auf kritische Momente in der RET. In Ellis, A., Grieger, R. (Hrsg.): Praxis der rational-emotiven Therapie. München 1979.

Hacker, W.: Allgemeine Arbeits- und Ingenieurpsychologie. Bern, Stuttgart, Wien 1978.
Haley, J.: Uncommon therapy: The psychiatric technics of Milton H. Erickson. New York 1973.
– Gemeinsamer Nenner Interaktion. Strategien der Psychotherapie. Leben lernen 34, München 1978.
Hall, L.: Principles of behavior. New York 1943.
Hanson, N. R.: Pattern of discovery. Cambridge Univ. Press 1958.
Hartmann, H.: Ich-Psychologie. Studien zur psychoanalytischen Theorie. Stuttgart 1972/1977.
Harvey, O. J., Hunt, D. E. Schroder, H. M.: Conceptual systems and personality organization. New York 1961.
Hauss, K. u. a.: Medizinische Psychologie im Grundriß. Göttingen ^{2}1981.
Hayek, F. A. von: The sensory order. London, Chicago 1952.
– Die Theorie komplexer Phänomene. Tübingen 1972.
Heider, F.: Psychologie der interpersonalen Beziehungen. Stuttgart 1977.
Heller, A.: Theorie der Gefühle. Hamburg 1980.
Herkner, W. ‹Hrg.›: Attributions-Psychologie der Kausalität. Bern, Stuttgart, Wien 1980.
Hoffmann, J.: Das aktive Gedächtnis. Psychologische Experimente und Theorien zur menschlichen Gedächtnistätigkeit. Berlin, Heidelberg, New York 1983.

Holt, R.: The emergence of cognitive psychology. J. Amer. Psychoanal. Ass. 12, 1964.
Homme, L.: Perspectives in psychology. XXIV Control of coverants, the operants of mind. Psychol. Record 15, 1965.
Horney, K.: Unsere inneren Konflikte. Stuttgart 1954.
Horowitz, M.: Psychological response to serious life events. In Breznitz, S.: The denial of stress. New York 1983.
Hunt, D. E.: A conceptual change model and its application to education. In Harvey, O. J.: Experience structure and adaptability. New York 1966.
Hunt, M.: Das Universum in uns. Neues Wissen vom menschlichen Denken. München, Zürich 1984.
Huxley, A.: Die Pforten der Wahrnehmung. München 1970.

Izard, C. E.: Die Emotionen des Menschen. Weinheim 1981.

Jacobson, E.: Progressive relaxation. Chicago 1938.
Jaensch, E. R., et al.: Über den Aufbau der Wahrnehmungswelt und die Grundlagen der menschlichen Erkenntnis. Leipzig 1927.
– et al.: Über den Aufbau des Bewußtseins, unter besonderer Berücksichtigung der Kohärenzverhältnisse. Leipzig 1930.
Jahoda, G.: The Psychology of superstition. Baltimore 1969.
Jankowski, P., et al. ‹Hrsg.›: Klientenzentrierte Psychotherapie heute. Bericht über den I. Europ. Kongreß für Gesprächspsychotherapie in Würzburg, Sept./Okt. 1974. Göttingen 1976.
Jaspers, K.: Allgemeine Psychopathologie. Berlin ^{6}1953.
Jones, E. E., Nisbett, R. E.: The actor and the observer: Divergent perceptions of the causus of behavior. In Jones, E. E. u. a. ‹Hrsg.›: Attribution: Perceiving the causes of behavior. Morristown, NJ 1972.

Kagan, J., Moss, M., Sigel, J.: Psychological significance of styles of conceptualization. In Wright, J., Kagan, J. ‹Hrsg.›: Basic cognitive process in childen. Mon. for Society of Research in Child Development 28, 1963.
Karabenik, S. A.: Valence of success and failure as a function of achievement motivation and locus of control. J. Pers. Soc. Psychology 21, 1972.
Katona, G.: Organizing and memoring. New York 1949.

Katz, D.: The functional approach to the study of attitudes. Public Opinion Quarterly 24, 1960.
Kaufmann, F.: Evozierte Potentiale. Neue Wege der kognitiven Psychologie? In Foppa, K., Groner, R. ‹Hrsg.›: Kognitive Strukturen und ihre Entwicklung. Bern, Stuttgart 1981.
Kebeck, G.: Emotion und Vergessen. Aspekte einer Neuorientierung psychologischer Gedächtnisforschung. Münster 1982.
Kelley, H. H.: Attribution theory in social psychology. In Levine, D. ‹Hrsg.›: Nebraska Symposium on motivation. Bd. 15, Lincoln 1967.
Kelman, H. C.: Compliance, identification, and internalization: Three prozesses of opinion change. J. of Conflict Resolution 2, 1958.
– Processes of opinion change. Public opinion quartely 25, 1961.
Kintsch, W.: Memory and cognition. New York 1977.
Klages, L.: Die Grundlagen der Charakterkunde. Leipzig ^{8}1936.
Klaus, G.: Kypernetik und Erkenntnistheorie. Berlin ^{4}1972.
Klein, D. C., Seligman, M. E. P.: Reversal of performance deficits and perceptual deficits in learned helplessness and depression. J. Abnorm. Psychol. 85, 1976.
Klix, F.: Einführung. In Ueckert, H., Rhenius, D. (Hrsg.): Komplexe menschliche Informationsverarbeitung. Bern, Stuttgart, Wien 1979.
Kluwe, R.: Wissen und Denken. Stuttgart 1979.
Köhler, W.: Dynamische Zusammenhänge in der Psychologie. Bern 1958.
Kovacs, A. L.: Ichpsychologie und Selbsttheorie. In Bühler, Ch., Massarik, F. ‹Hrsg.›: Lebenslauf und Lebensziele. Stuttgart 1969.
Krech, D., Crutchfield, R. S., Ballachey, E. L.: Individual in society. New York 1962.
Kris, E.: Die ästhetische Illusion. Phänomen der Kunst in der Sicht der Psychoanalyse. Frankfurt/M. 1977.
Kuhn, T. S.: Die Struktur wissenschaftlicher Revolutionen. Frankfurt/M. 1967; 1973.

Lacey, J. I., Lacey, B. C.: The principle of autonomic responses stereotyp. Amer. J. Psychol. 71, 1958.
Laing, R. D.: Phänomenologie der Erfahrung. Frankfurt/M. 1975.
Landmann, M.: Fundamental-Anthropologie. Bonn 1979.

Lantermann, E. D.: Kognitive und emotionale Prozesse beim Handeln. In Mandl, H. Huber, G. L. (Hrsg.): Emotion und Kognition. München 1983.

Lassen, N. A., Ingvar, D. H., Skinhøj, E.: Hirnfunktion und Hirndurchblutung. Spektrum der Wissenschaft, Dez. 1978.

Lasswell, H. D.: The structure and function of communicaion in social communications of ideas. New York 1948.

Lazarus, A. A.: Behavior therapy and beyond. New York 1971.
- Multimodale Verhaltenstherapie. Frankfurt/M. 1978.
- Auf dem Wege zur ego-losen Existenz. In Ellis, A., Grieger, R. ‹Hrsg.›: Praxis der rational-emotiven Therapie. München 1979.

Lazarus, R. S., Kanner, A. D., Folkman, E.: Emotions, A cognitive-phenomenological analysis. In Plutchik, R., Kellerman, H. ‹Hrsg.›: Theories of emotions. Bd. 1. New York 1980.

Leask, J., Haber, R. N., Haber, R. B.: Eidetic imagery in children II. Psychonomic Monogr. Suppl. 3, 1963.

Lenk, H., Ropohl, G. ‹Hrsg.›: Systemtheorie als Wissenschaftsprogramm. Königstein 1978.

Leonhard, K.: Individualtherapie der Neurosen. Stuttgart, New York ³1981.

Leontjew, A. N.: Das Problem der Tätigkeit in der Psychologie. Sowjetwiss. Ges. wiss. Beitr. 4, 1973.

Lersch, Ph.: Aufbau der Person. München ⁸1962.

Lewin, K.: Field theory in social science. New York 1951.

Lindsay, P. H., Norman, D. A.: Einführung in die Psychologie. Informationsaufnahme und -verarbeitung beim Menschen. Berlin, Heidelberg 1981.

Lindsley, D. B.: Emotion. In Stevens, S. S. (Ed.): Handbook of experimental psychology. New York 1951, 473–516.

Ljublinskaja, A. A.: Die psychische Entwicklung des Kindes. Berlin 1961.

Losoncy, L.: Ermutigungstherapie. In Corsini, R. J. ‹Hrsg.›: Handbuch der Psychotherapie. Bd. 1. Weinheim, Basel 1983.

Lückert, H.-R.: Konfliktpsychologie. Einführung und Grundlegung. München ⁶1972.

Luria, A.: The directive function of speech in development. Word 18, 1959, 341–352.
- The role of speech in the regulation of normal and abnormal behaviors. New York 1961.
- Speech and formation of mental processes. In Cole, M., Maltzman, I. (Eds.): A handbook of contemporary Soviet psychology. New York 1969.

MacLean, P.: A triune concept of the brain and behavior. Toronto 1973.
- On the evolution of three mentalities. In Arieti, S., Chrzanowski, G. ‹Hrsg.›: New dimensions in psychiatry. A world view. Bd. II. New York 1977.

X Mahoney, M. J.: The self-management of covert behavior: a case study. Beh. Therapy 2, 1971.
- Kognitive Verhaltenstherapie. Neue Entwicklungen und Integrationsschritte. München 1977.

Maiers, W.: Normalität und Pathologie des Psychischen. Das Argument 17, 1975, 89–94.

Maletzky, B. M.: 'Assisted' covert sensitization in the treatment of exhibitionism. J. of Consulting and Clinical Psychology 42, 1974, 34–40.

Maltzman, I.: Theoretical conceptions of semantic conditioning and generalization. In Dixon, T. R., Horton, D. L. (Eds.): Verbal behavior and general behavior theory. Engelwood Cliffs, NJ 1968.

Mandl, H., Huber, G. L. ‹Hrsg.›: Emotion und Kognition. München 1983.

Marcus, H.: Die Paradoxien des Gefühls. Zs. f. Angew. Psychol. 29, 1928.

Marty, M., de M'Uzan: Le pensée opératoire. Revue Fr. Psychoanal. Suppl. 27, 1963.

X Maslow, A. H.: Motivation and personality. New York 1954.
- Psychologie des Seins. Ein Entwurf. München 1973, 156f.

Materska, Maria: Die produktive und reproduktive Funktion des menschlichen Wissens ‹Fakten und Hypothesen›. In Tomaszewski, T. ‹Hrsg.›: Psychologie der Tätigkeit. Berlin 1981.

McArthur, L. A., Post, D. L.: Figural emphasis and person perception. J. Exp. Soc. Psychol. 1977.

McGuire, R. J., Carlisle, J. M., Young, B. G.: Sexual deviation as conditioned behavior: A hypothesis. Beh. Res. 2, 1965.
- Theory and the structure of human thought. In Abelson, R. P., Aronson, E.: Theory of cognitive consistency. A sourcebook. Chicago 1968.
- The nature of attitudes and attitude change. In Lindzey, G., Aronson, E. ‹Eds.›: Hdb. in Social Psychol. Bd. 3. Reading/Mass. 1969.

Meichenbaum, D. W.: The effects of instructions and reinforcement on thinking and language behavior of schizophrenics. Beh. Res. and Therapy 7, 1969.
– Goodman, J.: Training impulsive children to talk to themselves: A means of developing self-control. J. of Abn. Psychology 77, 1971.
– Kognitive Verhaltensmodifikation. München 1979.
Melamed, B., Siegel, J.: Reduction of anxiety in children facing hospitalization and surgery by use of filmed modeling. J. of Counsulting and Clinical Psychology 43, 1975.
Melzack, R., Wall, P. D.: Schmerzmechanismen. Eine neue Theorie. In Fortschr. d. Klin. Psychol. 27, München 1982, 18–29.
Mielke, R. ‹Hrsg.›: Interne/externe Kontrollüberzeugung. Theoretische und empirische Arbeiten zum Locus of Control-Konstrukt. Bern, Stuttgart, Wien 1982.
Miller, G. A., Galanter, E., Pribram, K. H.: Strategien des Handelns. Pläne und Strukturen des Verhaltens. Stuttgart 1960; 1973.
Miller, N. E.: The influence of past experience upon the transfer of subsequent training. Unpublished doctoral dissertation. Yale University 1935.
Milner, M. B.: On not being able to paint. New York 1958.
Mueller, E. F., Thomas, A.: Einführung in die Sozialpsychologie. Göttingen, Toronto, Zürich 1974.
Müller, J.: Grundlagen der Systematischen Heuristik. Berlin 1970.

Neisser, U.: Kognition und Wirklichkeit. Prinzipien und Implikationen der kognitiven Psychologie. Stuttgart 1979.
Nemiah, J. C., Sifneos, P. E.: Affect and fantasy in patients with psychosomatic disorders. In Hill, O. W. (Hrsg.): Modern trends in Psychosomatic Medicine, 2. London 1970.
– Physiology, emotion and psychosomatic illness. Amsterdam 1972.
Newell, A., Simon, H.: Human problem solving. Englewood Cliffs, NJ 1972.
Newtson, D.: Dispositional inference from effects of actions: Effects chosen and effects foregone. J. Exp. Soc. Psychol. 1974.
Norman, D. A., Rumelhart, D. E.: Strukturen des Wissens. Stuttgart 1978 (engl. Ausg. 1975).
Novaco, R.: Anger control. The development and evaluation of an experimental treatment. Lexingon/Mass. 1975a.

– Stress inoculation. A cognitive therapy for anger and its application to depression. Unpul. manuscript. Univ. of Calif. 1975b.
Nunberg, H.: Die synthetische Funktion des Ich. Int. Zs. f. Psychoanalyse 16, 1930.

Panksepp, J.: Toward a general psychological theory of emotions. The Behavioral and Brain Sciences 5, 1982.
Penfield, W.: The interpretive cortex. Science 129, 1959.
Peterson, D.: The clinical study of social behavior. New York 1968.
Pfeiffer, J. W., Jones, J. E.: Structured experiences for human relations trainging. Iowa City 1970.
Rachman, S.: Systematic desensitization. Psychological Bulletin 1967, 67, 93–103.
– The role of muscular relaxation in desensitization therapy. Beh. Res. 6, 1968.
Rapaport, D.: Organization and pathology of thought: Selected Sources. New York 1951.
Rausch, E.: In Pongratz, L. J., Traxel, W., Wehner, E. G.: Psychologie in Selbstdarstellungen. Bd. 2. Bern, Stuttgart, Wien 1979.
Rechenberg, J.: Evolutionsstrategie-Optimierung technischer Systeme nach Prinzipien der biologischen Evolution. Stuttgart 1973.
Regan, D. T., Straus, E., Fazio, R.: Liking and the attribution process. J. Exp. Soc. Psychol. 1974.
Reisenzein, R.: The Schachter theory emotion. Two decades later. Psychological Bulletin 94, 1983.
Restak, R.: Geist, Gehirn und Psyche. Psychobiologie: Die letzte Herausforderung. Frankfurt/M. 1981.
Reykowski, J.: Psychologie der Emotionen. Donauwörth 1973.
– Persönlichkeit als System der Regulation von Tätigkeiten – Regulationstheorie der Persönlichkeit. In Tomaszewski, T. (Hrsg.): Zur Psychologie der Tätigkeit. Berlin 1981.
Roe, A.: The psychology of occupations. New York 1956.
Roediger, H. L.: Memory metaphors in cognitive psychology. Memory and Cognition 8, 1980.
Rohracher, H.: Einführung in die Psychologie. Wien, München, Berlin ^{8}1963; ^{10}1971.
– Die Arbeitsweise des Gehirns und die psychischen Vorgänge. München ^{4}1967.
Rokeach, M.: The open and the closed mind. New York 1960.
Rosen, N. A., Wyer, R. S.: Some further evi-

dence for the 'Socratic effect' using a subjective probability model of cognitive organization. J. of Soc. Psychol. 24, 1972.
Ross, L.: The intuitive psychologist and his shortcomings: Distortions in the attribution process. In Berkowitz, L. ‹Hrsg.›: Advances in experimental social psychology. Bd. 10. New York 1977.
Rotter, J. B.: Social learning and clinical psychology. Englewood Cliffs, NJ 1954.
– Generalized expectancies for internal versus external control of reinforcement. Psychol. Monogr. 80, 1966.
Rubinstein, S. L.: Grundlagen der Allgemeinen Psychologie. Berlin 1968; [8]1973.
Rumelhart, D. E.: Notes on a schema for stories. In Bobrow, I. G., Collin. A. M. ‹Eds.›: Representation and Understanding. New York 1977.

Schachter, S., Singer, J. E.: Cognitive, social, and physiological determinants of emotional state. Psychol. Rev. 1962.
– The interaction of cognitive and physiological determinants of emotional state. In Berkowitz, L. (Hrsg.): Advances in experimental social psychology. Bd. 1. New York 1964; sowie in Spielberger, Ch. ‹Ed.›: Anxiety and behavior. London, New York 1966, 193–224.
Schank, R. C.: Conceptual information processing. Amsterdam 1975.
– Abelson, R. P.: Scripts, plans, goals and understanding. Hillsdale, New York 1977.
Schapp, W.: Philosophie der Geschichten. Frankfurt/M. [2]1981.
Scheler, M.: Der Formalismus in der Ethik und die materiale Wertethik. Bern [4]1954.
Scherer, K. R.: Wider die Vernachlässigung der Emotion in der Psychologie. Ber. 32. Kgr. d. D. G. f. Psychologie in Zürich 1980. Bd. 1. Göttingen 1981.
Schroder, H. M.: Conceptual complexity and personality organization. In Schroder, H. M., Suedfeld, P.: Personality theory and information processing. New York 1971.
Schultz-Hencke, H.: Der gehemmte Mensch. Stuttgart [3]1969.
Seeger, F.: Relevanz und Entwicklung der Psychologie. Darmstadt 1977.
Seiler, Th. B. ‹Hrsg.›: Kognitive Strukturiertheit. Theorien, Analysen, Befunde. Stuttgart 1973.
Seligman, M. E. P.: Depression and learned helplessness. In Friedman, R. J., Katz, M. M. ‹Hrsg.›: The psychology of depression. Contemporary theory and research. Washington 1974.
Sheldrake, R.: Das schöpferische Universum. Die Theorie des morphogenetischen Feldes. München [2]1985.
Shorr, J. E.: Psychoimaginationstherapie. In Corsini, R. J.: Handbuch der Psychotherapie. Bd. 2. Weinheim 1983.
Simonton, O. C., Matthews-Simonton, St.: Wieder gesund werden. Hamburg 1982.
Sokolow, E. N.: Neuronal models and the orienting reflex. In Brazier, M. ‹Ed.›: The central nervous system and behavior. New York 1960.
– Orientierungsreflex und Informationsaufnahme. In Kussmann, T., Kölling, H. ‹Hrsg.›: Biologie und Verhalten. Bern 1971.
Solomon, R. C.: Love, emotion, myth and metaphor. New York 1981.
Sorgatz, H.: Psychophysiologie und Verhaltensmedizin. In: Verhaltenstherapie. Theorien und Methoden. Hrsg. Deutsche Ges. f. Verhaltenstherapie. Forum für Verhaltenstherapie und psychosoziale Praxis, Bd. 11. Tübingen 1986.
Speiser, A.: Die mathematische Denkweise. Zürich, Leipzig, Stuttgart 1932.
Sperry, R.: Lateral specialization in the surgically separated hemisphres. In: The Neurosciences. 3. Studienprogramm 1974.
Steffy, R., Meichenbaum, D., Best, A.: Aversive and cognitive factors in the modification of smoking behavior. Behavior Research and Therapy. 8, 1970.
Stephanos, S.: Das Konzept der 'pensée opératoire' und das psychosomatische Phänomen. In T. von Uexküll ‹Hrsg.›: Lehrb. d. Psychosomat. Medizin München 1979.
Stern, W.: Allgemeine Psychologie auf personalistischer Grundlage. Haag [2]1950.
Stevens, J. O.: Die Kunst der Wahrnehmung München [2]1976.
Strasser, S.: Das Gemüt. Utrecht, Antwerpen, Freiburg/Br. 1956.
Struck, K., Birkhan, G.: Systemtheoretische Erklärung von Therapieprozessen. In Uekkert, H., Rhenius, D. 1979.
Suinn, R. M.: Richardson, F. C.: Anxiety management training. A nonspecific behavior therapy program for anxiety control. Beh. Th. 4, 1971.
– Rehearsal training for skiracers. Beh. Therapy 3, 1972.
– Removing emotional obstacles to learning and performance by visumotor behavioral rehearsal. Beh. Therapy 3, 1973.

Sutton, S., Braren, M., Zubin, J. J., John, E. R.: Evoked potential correlates of stimulus uncertainly. Science 1965, 150.
Tart, Ch. T.: Transpersonale Psychologie. Freiburg/Br. 1978.
Taylor, G. R.: Die Geburt des Geistes. Frankfurt/M. 1982.
Taylor, J. G.: A behavioral interpretation of obsessive compulsive neurosis. Behav. Res. Ther. 1, 237, 1963.
Temoshok, L., Dyke, C. v., Zegans, L. S. ‹Eds.›: Emotions in health and illness. Applications to clinical practice. New York 1984.
Titchener, E. B.: Lectures on the elementary psychology of feeling and attention. New York 1908.
Tolman, E.: Purposive behavior in animals and men. New York 1932.
Tomaszewski, T. ‹Hrsg.›: Zur Psychologie der Tätigkeit. Berlin 1981.
Tomkins, S. ‹Hrsg.›: Affect, Imagery, Consciousness. Vol. 1, 2 u. 3. New York 1962, 1963.
Traue, H. C.: Behavioral Medicine. Verhaltensmedizin. Psychologische Rundschau 37, 1986.
Turing, A. M.: On computable numbers with an application to the Entscheidungsproblem. Proc. London Math. Soc. Ser 2, Vol. 42, Oct. 17, 1936, 230–265.

Ueckert, H., Rhenius, D. ‹Hrsg.›: Komplexe Informationsverarbeitung. Berlin, Stuttgart 1979.

Valins, S.: Cognitive effects of false heartrate feedback. J. Pers. Soc. Psychology 1966.
Vester, F.: Phänomen Streß. Stuttgart 1976.
Volpert, W.: Handlungsstrukturanalyse als Beitrag zur Qualifikationsforschung. Köln 1974.

Walsh, R. N., Vaughan, F. ‹Hrsg.›: Psychologie in der Wende. Bern, München 1980.

Walter, W. G.: The living brain. London 1953. Das lebende Gehirn. Entwicklung und Funktion. München, Zürich 1963.
Wason, P. C.: Problem solving and reasoning. Brit. Medic. Bulletin 27, 1971.
Watson, J. B.: Psychology from the standpoint of a behaviorist. Philadelphia 1919.
– Der Behaviorismus. Stuttgart 1930.
Weaver, W.: Wissenschaft und Komplexität. Ordo. Bd. 18. 1967.
Weiner, B.: Theories of motivations: From mechanism to cognition, Chicago 1972.
– Achievement motivation as conceptualized by an attribution theorist. In Weiner, B. ‹Hrsg.›: Achievement motivation and attribution theory. Morristown, NJ 1974.
Weisskopf-Joelson, Edith: Der Sinn als integrierender Faktor. In Bühler, Ch., Massarik, F.: Lebenslauf und Lebensziele. Stuttgart 1969.
Weizenbaum, J.: Die Macht der Computer und die Ohnmacht der Vernunft. Frankfurt/M. 1977.
Wilber, K.: Halbzeit der Evolution. Der Mensch auf dem Weg vom animalischen zum kosmischen Bewußtsein. Bern, München, Wien 1984.
Wimmer, H., Perner, J.: Kognitionspsychologie. Stuttgart 1979.
Wisocki, P. A.: A covert reinforcement program for the treatment of test anxiety. Beh. Therapy 4, 1973.
Witkin, H. A. et al.: Psychological differentiation. New York 1962.
Wolpe, J.: The systematic desensitization treatment of neuroses. J. Nerv. Mental. Dis., 132, 1961, 189–203.
– The practice of behavior therapy. New York 1969.
Wortman, C. B., Brehm, J. W.: Responses to uncontrollable outcomes: An integration of reactance theory and the learned helplessness model. In Berkowitz, L. ‹Hrsg.›: Advances in experimental social psychology. Bd. 8. New York 1975.

Zajonc, R. B.: Feeling and thinking preferences need no inferences. Amer. Psychologist 35, 1980.

Namenregister

Abelson 38, 44
Adler 174, 186
Aebli 23, 44
Alexander 254, 259
Allport 116, 117
Anderson 43, 207
Annett 23
Arieti 288
Ashby 44
Averill 157

Bacon 128, 231
Bain 52
Bandler 38, 39, 88, 89, 276
Bandura 47, 50, 143, 144, 206
Bar-Hillel 43
Bartlett 271
Beck 72, 73, 179, 219, 220, 222, 229, 245–248, 250–262, 280, 281, 312
Bem 127, 132, 140, 230
Bemporad 288
Bense 84, 87, 89, 90, 91, 93, 94
Bergius 146
Berlyne 30, 35
Berscheid 140
Bertalanffy, von 41
Best 207
Beule 181
Bieri 98
Birkenbihl 282, 283
Birkhan 43
Bloch 87, 96, 150
Bommert 82
Bower 157
Boyd 196
Brehm 138, 144
Brem 231
Broadbent 20
Bromme 24, 236
Brown 204
Bruner 13, 15, 22, 35, 103
Byrne 99

Capra 104–107
Carlisle 51
Carter 207
Cautela 54, 55
Charon 106
Chew 13
Chomsky 36
Churchman 41

Combs 111, 114
Cooper 234, 235

Dahlhoff 82
Davison 51, 54
Deci 133
Dilthey 18
Donchin 72
Douglas 199
Dustman 72, 73
Duval 132, 135
Dörner 17, 36
Dyke 16

Eccles 286
Ekman 87
Ellis 178, 179, 182–184, 189, 191, 193, 217, 220, 229, 230, 274, 312
Epiktet 179, 228
Erlebach 92
Esch 245

Feather 139, 205
Festinger 125
Fiedler 90, 236
Fillmore 36
Fishbein 125
Flavell 22
Flowers 17, 18
Foreyt 168, 169
Frank 127
Frankl 178, 294
Freud 257
Frey 123
Friedrichsen 43
Friesen 87

Galanter 22, 24–26
Galin 161
Gallwey 207
Galperin 92
Galton 270
Gleiss 28, 29
Gendlin 82–84, 90
Goldfried 217, 220, 234
Goleman 163
Goodman 201
Goodrick 168, 169
Grieger 196
Grinder 38, 39, 88, 89, 276

Haber 270

Hacker 26
Haley 289–292, 294
Hall 146
Hanson 16
Harvey 100, 101
Hartmann 175, 247
Hauss 282
Hayek 15, 16
Heider 131, 139, 245
Heisenberg 104
Heller 85–87, 147, 148, 152–154
Helmholtz 16
Herkner 131, 134, 137–139, 141, 142
Hömberg 24, 236
Hoffmann 57
Holt 247
Homme 46, 53
Horney 274
Horowitz 296, 297
Huber 156
Hunt 11, 76–78, 103
Huxley 88

Izard 155, 159, 160, 162

Jakobson 293
Jaensch 270
Jahoda 130
Jankoswki 89
Jaspers 278
Jones 141, 235
Jung 159

Kagan 99
Karabenik 139
Katona 35
Katz 120
Kaufmann 72
Kebeck 17, 37, 38
Kelley 132, 139
Kelman 122
Kintsch 43
Klages 271
Kleiber 181
Klein 138
Kleist 146
Klix 43
Kluwe 17, 22
Köhler 95
Kovacs 176
Krech 115

Namenregister 323

Kris 247
Kuhn 128, 130, 231

Lacey 259
Laing 92
Landmann 14, 44
Lantermann 152, 153, 159
Lassen 75, 78
Lasswell 121
Lazarus 146, 179, 202, 229, 265–267, 288, 299–302, 312
Leask 271
Lenk 41, 42
Leonhard 145
Leontjew 24
Lersch 11, 272, 278
Leuner 146
Lewin 94
Lindsay 12
Ljublinskaja 93
Losoncy 171, 173
Lückert 123, 277, 303, 312
Luria 198

M'Uzan 279
MacLean 118, 119
Mahoney 46, 52–55, 129, 130, 179, 228, 230, 237–240, 312
Maiers 29
Maletzky 54
Maltzman 49
Mandl 156
Marcus 166
Marty 279
Maslow 286
Materska 34, 35
Matthews-Simonton 107
McArthur 135
McGuire 51, 121, 122, 127
McLean 70
Mead 114
Meichenbaum 134, 179, 198, 199, 200–210, 213–219, 223, 224, 312
Melamed 206
Melzack 210, 216
Mielke 100, 131
Miller 22, 24–26, 49
Milner 178
Mueller 124–126
Müller 23

Neisser 17, 19, 85
Nemiah 278
Newell 21

Newtson 133
Nisbett 141
Norman 12, 44
Novaco 213–215
Nunberg 175

Panksepp 137
Penfield 59
Peterson 225
Pfeifer 235
Post 135
Pribram 22, 24–26

Rachman 51
Rapaport 247
Rausch 13
Rechenberg 23
Regan 141
Reisenzein 137
Restak 62–66, 68–70, 79–81, 118
Reykowski 29–32, 86, 90
Rhenius 43
Rhoads 205
Richardson 293
Roe 271
Roediger 17
Rohracher 18, 19, 84, 94, 95
Rokeach 122, 127, 128, 230
Ropohl 41, 42
Rosen 128, 230
Ross 141
Rotter 132, 134, 135, 238
Rumelhart 37, 44
Rubinstein 92, 286, 287

Schachter 132, 135, 136, 150, 157, 210, 238
Schank 38, 44
Schapp 20
Scheler 155
Scherer 155
Schroder 101, 102
Schultz-Hencke 278
Seeger 14
Seiler 101–103
Seligman 132, 137, 138
Shakespeare 178
Sheldrake 106
Shorr 146
Sifneos 278
Siegel 206
Simon 21
Simonton 107
Singer 150, 157, 238
Sokolow 83, 85, 92, 285

Solomon 14
Sorgatz 137
Speiser 146
Sperry 80, 81
Stampfl 146
Steffy 207
Stephanos 279
Stern 11, 18, 85, 86, 117, 166, 268, 277
Stevens 269, 272
Strasser 164
Struck 43
Suinn 207, 293
Sutton 71

Tart 163
Taylor 286
Temoshok 16
Thomas 124–126
Titchener 19
Tolman 223
Tomaszewski 28, 29
Tomkins 14
Traue 16
Turing 44

Ueckert 43

Valin 136
Vaughan 163
Vester 283
Vinogradowa 62
Volpert 25, 27

Wall 216
Walsch 163
Walter 271
Wason 128
Watson 47
Weaver 16
Weiner 132, 139
Weisskopf-Joelson 177, 178
Weizenbaum 44, 45
Wilber 106
Wimmer 45
Wisocki 55
Witkin 99
Wolpe 51, 52, 202, 204
Wortman 138
Wyer 128, 230
Wygotski 198

Young 51

Zajonc 155, 157
Zegans 16

Sachregister

A-B-C-Theorie 182
Abhängigkeitsverhalten 52
Abschwächungsprinzip 133
Abwehrfunktion 120
Abwehrverhalten 143, 306
action focusing 173
Adrenalin 283
Adreno-Cortico-Tropes-Hormon 283
Ärger 213
-probleme 214
-reaktion 214
-verhalten 215
affect focusing 172
Affektzustand 276
Aggression(en) 48, 164
-, imitative 123
Agressionsverhalten 305
Aggressivität 276, 285, 304
Akoasmen 269
Aktivation/s 303, 310
-forschung 303, 308 f
-grad 309
-theorie 303
-therapie 62, 303, 308, 310 f
Aktivierung/s
-grad 136
-störungen 137
Aktivitäts- und Befindensprofil 25
Alexithymie 278
Alles-oder-nichts-Prinzip 209
Alltag/s
-psychologie 17, 248
-realität 17
-situationen 37
-theorien 17
Ambiguitätstoleranz 100
Amimie 68
Ammonshorn 62, 70
Amygdala 60
Angst
-befangenheit 101
-befreiung 202
-befreiungstherapie 202
-bereitschaft 194
-besessene 258
-erregung 143
-hierarchie 208
-neurotiker 254
-reaktionen 144
-reduktion 51
-situationen 208
-vorstellungen 202
Anpassungsverhalten 113, 280

Anthropina 14
Antizipation(en) 109, 142, 146, 229, 286
Antwortbereitschaft 117
Arousal 84
-Antwort 84
Assoziationszellen 65
assoziatives Erleben 83, 89, 90
Attribution/s (Konstruktion) 109, 131, 200, 237
-entstehung 132
-faktoren 131
-fehler 140, 141
-forschung 133
-konzept 132
-prozeß 133, 141
-psychologie 142
Auffälligkeitshypothese 135
Aufmerksamkeits-Konzeptionen 85
Aversion, mentale 54
Aversionsreize 59
aversives Konditionieren 207

backward technique 204
Bedrohungsvorstellungen 50
Bedürfnisse 286
Befindlichkeit 92
Befürchtung/s
-gedanken 202, 305
-vorstellungen 50, 250
Begriffssystemtheorie 101
Behaviorismus 13, 20, 21, 27, 47, 48
-, amerikanischer 11
-, klassischer 46
-, methodischer 47
behavioristische/s
- Psychologie 11
- Theorie 181
- Modell 181
- S-R-Theorie 14, 48
Berührungssinn 284
Beruhigungsmittel 77
Bewältigung/s
-fertigkeiten (coping-Prozesse) 208, 234, 240, 242
-strategie 234
-vorstellungen 51, 207
Bewertungshierarchien 24
Bewußtsein/s
-prozesse 94
-psychologie 19
-qualitäten 94
Bezugsfähigkeits-Theorie 79
Bilderleben, katathymes 146

Biofeedback-Forschung 106
Black-box (-Modell) 12, 48
Bootstrap-Theorie 13
Bradykinese 68
Bradyphrenie 68
Breitbandtherapie 240
Breitspektrum-Therapie 265

cognition focusing 173
Computerwissenschaft 43
Coping
-fähigkeiten 16
-stil 16
-theorie 16
Coverant-Kontrolle 51, 52

Defizitverhalten 305
Denken, affektverzerrtes 275
–, dichotomes 275
–, magisches 275
–, monokausales 275
Denk
-hirn 283
-muster 229
-psychologie 236
-stil 227
-visualisierung 108, 234
Depression/s 138, 248, 256, 276, 305
-interventionen 245
-symptome 138
-theorie 138, 179
-therapie 138, 280
-Verstimmtheit/Verstimmung(en) 138
-Hilflosigkeit 137, 155
-Klienten 137
Deprivationsexperimente 284
Desensibilisierung 51, 205
–, systematische 51, 204
Desensibilisierungsmethode 205
Dialog, innerer 221
-Spiel 270
Diplopia mentale 70
Dispositionsbegriff 118
Distreß 285
Dopamin 68
-moleküle 77
Drive-Gefühle 85
Drogen 78, 162
Du-Botschaften 300

EEG-Veränderungen 20, 83
Eidetik 270
Einstellung/s
-änderungen 125, 126
-bildung und -veränderung 122
-disposition 118

-entstehung 122
-forschung 125
-messung 123
elan vital 174
Emotions-Kognitions-Verhältnisse 156
Emotionstheorien 16, 86, 155
Empathie 312
Entscheidungsprozeß 43
Entspannung/s 51, 107, 204
-training 234, 306, 309
Epilepsiestudien 69
–, Untersuchungen 70
Epileptiker 70
Erfolgserwartung 232
Erkenntnis 14, 90, 92
Erleben 11
Erlebens- und
    Verhaltensschwierigkeiten 281
-prozeß 90, 91
Erlebnis
-(psycho)therapien 90, 280
-verarbeitung 166
Erleidenskraft 166
Ermutigungstherapie 170
Erregungsniveau 296
Erwartung/s
-änderungen 138, 145
-haltung des Klienten 50
-neurosen 145
-suggestion 145
Erziehungserfahrungen 304
Eustreß 285
Evaluierung 242
Evolution/s
-leiter 119
-strategie 23
experiencing 82

Fehl
-attribution 135
-einstellung 206
-orientierung 247
-verhalten 249, 305
Feldforschung 17
Flexibilität 103
Fluchtverhalten 137
Focusing 82, 99, 310
Forced compliance
    (erzwungene Unterwerfung) 123
Formatio reticularis 83
Freiheitsverlust 138
Frustrationstoleranz 164, 194

Ganzheitlichkeit 13
gate-control-Theorie 216
Gedächtnis-Beständigkeit 59

Gedächtnis 33
-forscher 37
-forschung 17, 37
-metaphern 17
-speicherung 151
Gedankenstop 51 f
Gefühl/s
-äußerungen 281
-erregung 281
-impotenz 278
-leere 278
-reaktionen 253
-theorie 136
Gegenkonditionierung 51, 204
Generalisierung(en) 38 f, 88 f, 276
Gesprächs(psycho)therapie 90
Gestaltpsychologie 161
Gestalttherapie 90
Gewohnheit/s
-charakter 218
-konzeption 35
-muster 150
global application-Phase 83, 91
Großhirnrinde 64, 282
Grübelketten 59

Halluzinationen 79, 284
Halluzinogene 77
Handlung/s
-bereitschaften 230
-dynamik 246
-kompetenz 36
-kontrolle 152
-möglichkeiten 36, 173
-pläne 22, 152
-regeln 36
-steuerung 160
-theorie 36
-vollzüge 37
-wissen 22
Hausaufgaben 25, 215, 218, 233
Heuristik 23
Hierarchisierungsprinzip 23
Hilflosigkeit, erlernte 137 f, 305
Hippocampus (Ammonshorn) 62, 118
holistic focusing 173
Holistisches Prinzip 41
Homöostase 151, 283
homosexuell 51
human information processing 101
Hydrocortison 283
hyperaktive Kinder 199
Hyperaktivität 79
Hypokinese 68
Hypophyse 283
Hypothalamus 69, 283

Hysterie 260

Ich-Botschaften 300
Ich-Psychologie 15, 175
Ich-Struktur 32
Ichstärke 96
Ichverteidigung 141
Identitätsfunktion 120
Imagination(en) 109, 142, 144, 270, 295
Immunsystem 107 f
Implosionstherapie 203
Impulskontrolle 101
Informationsaufnahme und -verarbeitung 32, 56 f
Informationstheorie 43
Informationsverarbeitungstheorie 12
Initialerleben 83, 85 f, 92
Intelligenz 174
Intentionalität 25
Interaktion/s/ismus 38, 50, 109, 114 f, 204, 288, 298
-aspekt 293
-fähigkeit 102
-prozeß 114
–, symbolischer 115
Interiorisation 30, 92
Internalisierungsprozeß 50
Interpretationsprozeß 190, 192
Interventionen, therapeutische 25
Introspektion 15, 18, 153, 251
Involviertsein 147
Irrationalität 186

Kasus-Grammatik 36
Katastrophenreaktion 253
Katecholamine 283
Kausalattribution 238
Kausaldenken 229
Klientenprobleme 169
Kodierung, Prozeß der 57 f
Körperbild 253
Kognitionsforschung 17
kognitive/r/s
– Defizit 229
– Differenzierung 102
– Dissonanz(en) 98. 113, 196
– Emotionstheorie 135, 150
– Komplexität 16, 97
– Kontrolle 152
– Kontrollsystem 152
– Landkarten 300
– Lernen 59, 60 f
– Netz 31 f
– Persönlichkeitstheorie 98
– Perspektive 46
– Prozesse 13

- Psychologie 12, 14, 27, 43, 46, 63, 94, 156
- Psychotherpie 63
- Rekonstruktion 217
- Struktur(en) 17, 33, 36, 97, 98, 102, 223
- Strukturiertheit 97
- Therapie 46, 181
- Umstrukturierung(en) 228
- Verhaltensmodifikation 198, 204, 206, 224, 239
- Verhaltenstherapie 63, 85, 90, 96, 109, 168, 178
- Wende 40 f
Kommunikation/s
-form und -folge 123
-muster 289
Komponentenanalyse 240
Konditionieren, verdecktes 51, 53
Konditionierung 250
Konditonierungsprinzip 202
Konflikt- und Frustrationstoleranz 100
Konformitätsgrad 103
Konsensuseffekt, falscher 141
Kontrastpersonalisierung 234
Kontrollsystem, emotionales 152
Kontroll
-überzeugung 134
-lokalisation 134
-verlust 152
Korsakoffsche Krankheit 79
Kortex 64, 66, 84, 283
Kreativität/s 14
-forschung 34
Krebstherapie, psychotherapeutische 108
Kulturalität 14
Kurzzeitgedächtnis 57

L-Tryptophan 78
Laborforschung 17
Lagebefindlichkeit 85, 311
Lagebeurteilung 249
Landkarten-Erkennen 87
LAU-Syndrom 107, 277 f, 310
Leben/s
-bewältigung 102, 310
-führung 310
-planung 235
-prozeß 115
-schwierigkeiten 304
-situation 18
-ziele 271
Lecithin 78
Leiden/s
-druck 144
-erlebnisse 217
-fähigkeit 280
-symptome 309

Leistung/s
-attribution(en) 139
-motivation 140
-theorie 139
-verhalten 139
Leitprozesse 310
Lern/en/s
-erfahrungen 305
-fehler und -versäumnisse 309
-prozeß(sse) 50, 134, 137
-psychologie 287
-vorstellungen 46
leveling 99
Liebesfähigkeit 312
Limbisches System 68, 282
Linguistik 15, 36
locus of control 100
Löschung, verdeckte 51, 55, 203
Lösungsmethode 236
Lust 284

Magnifizierung 229
Medikamentenmodalität 281
Medizinisch-psychologisches
 Kooperationsmodell 311
Mentales Training 207, 306, 309
Mentalismus 21
Metakognition 22
Metakommunikation 290
Methodenzentrierung 14
Minderwertigkeitsgefühl 193
Modalitäten 266
Modellernen 50 f, 201 f, 243
Musterkomplexität 311

Nativismus 14
Neocortex 158
Netzwerktheorie 157
Neuheits-Entdeckungs-Mechanismus
 (NEM) 285
Neuhirn 282
Neurochemie 78
Neuronen 74
Neurophysiologen 78
Neurophysiologie 62
Neurotiker 74, 256 f, 279
Neurotransmitter 77
Nichtbefriedigung, von Bedürfnissen 285
Nominalisierung 39
Noradrenalin 77, 283
Normenkodex 246
Nützlichkeitsfunktion 120

Ökonomiefunktion 120
Organsprache 279
Orientierungsreaktion 83, 92, 283, 285

Orientierungsreflex 83

P 300 – oder P 3-Welle 71 f
Paradox/e 292
– Methoden 294
– Beziehungen 292
Parasympathikus 283
Parkinson-Patienten 67
pattern recognition 15
Persönlichkeit/s
-dimension(en) 294
-psychologie 15
-theorie 29
Personenattribution 131
Phänomenologie 13
Phänomensynthese 15
Phantasievorstellungen 272
Phobien 50, 56, 145, 258 f
Phobiker 258
Phobische Situation 227
PINV (Postimperative negative
  Variation) 73 f
Positionalerleben 83 f
Primärtherapie 280
Prioritätsfrage 231
Problem
-analyse 19, 25, 221, 241, 264
-begriff 24
-bewältigung 207
-identifikation 265
-lösefähigkeit 25, 220, 264
-lösen/lösung(en) 24, 61, 106, 235, 262
-lösungsprozesse 24, 43
-lösungsstrategien 236
-lösungsverhalten 225
-lösungsvorgang 25
-reduktion 261
-situation(en) 236
-verhalten 53
-zentrierung 14
Protokollanalyse 11, 21
Provokation 214
Prozesse, psychische 216
Prüfungsangst 55, 205, 222
Psychoanalyse 13, 46, 96, 252, 291
Psychobiologen 71
Psychoimaginationstherapie 146
Psychopharmaka 311
Psychosomatiker 279
psychosomatische Beschwerden 259
Psychotiker 74

Randbewußtsein 25
Reaktanztheorie 138
Reaktion(en), affektive 144
Reaktion/s
-bereitschaft 157
-muster 298
-potential 234
-syndrom 157
Realität/s
-bild 173
-prüfung 247
-verzerrung 264
-wahrnehmung 261
reconstitution 82
Reflexgeschehen 27
Reflexivität 25
Regulationskonstanz 30
Regulationstheorie, der
  Persönlichkeit 15, 33
Reiz und Reaktion 15, 24, 71
Reiz-Reaktions-(S-R-)Theorie 48
Reiz-Reaktions-Beziehungen 71
Reiz-Reaktions-Modell 252
Reiz-Reaktions-Verknüpfungen 62
Reize, evozierte 71
Reiz
-selektionen 57
-situationen 267
-verzerrungen 57
Reproduktion 57, 59
Reptiliengehirn (R-Komplex) 68, 283
Retikular
-formation 282 f
-komplex 118
-system 63 f, 84
Rhinencephalon 282
Richtungsdispositionen 117
Rigor 68
Rindenhirn 282
Rollenspiel(e) 18, 201
Rollenspiel-Simulation 18
Rückkopplungsschleife 25
Rückmeldprinzip 23, 232
Rückzugsverhalten 305

Schizophrene 201
Schizoprenie 79
Schizophysiologie 70
Schmerz
-empfindung 216
-kontrolle 216
-reiz 49
-toleranz 216
Schnittpunktexistenz 103
Schuldgefühle 224
Script-Modell 37
Selbst
-achtung 247, 263
-anweisung(en) 200 f
-anweisungstraining 216

-aussagen 232 f
-behauptungstraining 255
-bejahung 193
-beobachtung 18, 252, 276
-beobachtungsmethode 18
-beschuldigung 171
-bestimmung 233
-bewertung 193, 209, 243
-bewußtsein 163
-bild 110 f, 253
-entspannungsfähigkeit 234
-entwertung 257
-erfahrung 19
-erhaltung 175
-exploration 232
-gespräche 50, 251 f, 306
-haß 196
-heilung 311
-heilungskräfte 311
-heilungsprozesse 106
-hilfe 232
-identität 247
-instruktion(en) 231 f, 246
-kontroll- und Bewältigungskräfte 204
-kontrollaktivität 232
-Selbstkontroll/e 138, 163, 177, 310, 311
-kontrollmethode 52
-verhalten 232
-mordgedanken 215
-organisations-Dynamik 104
-reizung 49
-sicherheitstraining 56, 255
-steuerung 177, 200, 304, 310
-unsichere 100, 207
-verantwortung 177, 233, 304
-verbalisierung(en) 128
-vertrauen 255
-wahrnehmung(en) 19, 140, 247
-wahrnehmung, internale/externale 140
-wahrnehmungstheorie 140, 238 f
-wertgefühl 32, 164 f
-wertsteigerung 141
-zweifel 206
semantisches Netzwerk 17, 45
Sensibilisierung, verdeckte 51 f
Sexualtherapie 51
Sexualverhalten 51, 54
sharpening 99
Simulation 18
Simulationsübungen 18
Situation/s
-attributionen 131
-bewertungen 248
Speicherung 57 f
Sprache 38
Sprachverhalten 36

Sprechen, inneres 93
S-R-Paradigma 25
S-R-Theorie 14, 48
Stammhirn 84, 285
status asthmaticus 279
Steigerungstechnik 234
Steuerungs-Theorie 282
Stimmungslage 156
Stimulationen 32
Stimulationsattributionen 131
Stimulus-Response-Psychologie 172
Störung, affektive 182, 184
Störverhalten 294
story grammar 37
Story Schema 37
Streß 260
-bedingungen 209, 211 f
-immunisierung 208, 213, 234
-impfung 204, 209, 212
-impfungstraining 209, 213
-intensität 16
-problematik 282
-reaktion(en) 234
-situation(en) 211
structure-bound 82
Struktur, epistemische 36
–, heuristische 235
Strukturiertheitsgrad 102
Stützbedingungen 248
Stützursachen 195, 251, 306
substantia nigra 68
Suizidwünsche 257
Symbolisierungsfähigkeit 279
Sympathikus 283
Symptom
-arbeit 310
-bildung 310
-reduktion 232
Synapse 74
Syntaxmodell 36
S-You-R-Psychologie 172
Systemkomplexität 103
Systemtheorien 41

Tätigkeit/s
-konzept 27
-programme 32
-theorie 24, 29
Thalamus 64, 70, 283
Therapie
-dauer 306
-fortschritte 247
-konzeption 25
-modell der Aktivationstherapie 307
-plan 25
-prozeß 232

Tiefenentspannung, muskuläre 293
Tilgung 38 f, 89, 276
TOTE-Einheit 25, 27
TOTE-Schema 22
Totstellreflex 164
Trauergefühl 257
Traumprozesse 159
trial-and error-Prinzipien 23
trial-and-error-Verhalten 236
Triebregungen 85
„Tyrannei des Sollens" 274
Tunnelsicht 114

Überzeugtheitsgrad 128
Überzeugung, selbstbestätigende 129
Überzeugungs- und Verhaltensänderungen 129 f
Überzeugung/s
-modifikation 129 f
-strukturen 217
Umweltreize 247
Utopien 96
Utopiegedanken 306

Veränderung/s
-fähigkeit 230
-wünsche 230
Verantwortlichkeit 312
Verbalisierer 271
Verhalten/s
–, reproduktives 35
-änderung 232
-analyse 90
-beschreibung 228
-defizit(e) 298
-diagnostik 94
-gewohnheiten 305
-konsequenzen 298
-medizin 16
-modifikation(en) 46
-möglichkeiten 38
-muster 18
-proben 91
-psychologie 46
-regeln 246
-relevanz der Einstellung 126
-steuerung 59
-störung(en) 94
-test 227
-therapeuten 232
-therapie, klassische 208
-training 306, 309
-übung(en) 35
-variablen 228
-voraussage 49
-weisen 35, 232

Vermeidungs- und Rückzugsverhalten 51, 143, 306
Vermeidungsgedanken 210
Vermeidungsverhalten 211, 257, 305
Vermutungsdenken 145, 275
Verstärkung 51, 55 f, 242
Vertrauenskontinuum 229
Vertrauenskrise 171
Verzerrung 38 f, 89, 257, 261, 276
Visualisierer 271
Viszeralhirn 282
Vorstellung 268, 270, 295
Vorstellungs- und Einbildungskraft 50
Vorstellungsmodalität 301

Wachheit, tonische 84
Wachstumsprinzip 112
Wachträumereien 271
Wahrnehmung/s 15, 267 f
-feld 112
-lücken 306
-prozeß 160
-psychologie 15
-training 306
-verzerrungen 306
Wahrscheinlichkeitstäuschung 229
Wellen-Effekt 294
Wertbestimmtheit 100
Wertemuster der Aktivationstherapie 312 f
Wertenetz 30 f
Wertorientierung 243
Wertsystem des Klienten 264
Wertungs- und Entscheidungsfähigkeit 280
Willenshandlungen 286
Willensprozeß 287
Wirklichkeitserkenntnis, Prinzipien der 105
Wirkreaktion 22
Wunschdenken 275

Zentralbewußtsein 25
Ziel
-peilung 234
-verhalten 52
-vorgaben 309
Zusammenarbeit von Klient und Therapeut 261
Zwang/s
-gedanken 52 f
-kranke 124
-neurotiker 143
-rituale 277
-verhalten 53, 250
Zwei-Ebenen-Hypothese 36

Auswahl Fachbereich
Psychologie

Angermeier/Bednorz/Hursh (Hrsg.):
Operantes Lernen
UTB-GROSSE REIHE
(Reinhardt). 1994.
DM 148.–, öS 1155.–, sFr. 148.–

Heigl-Evers/Heigl/Ott:
Lehrbuch der Psychotherapie
UTB-GROSSE REIHE
(Gustav Fischer). 1993.
DM 98.–, öS 765.–, sFr. 98.–

Lüer: Allgemeine
Experimentelle Psychologie
UTB-GROSSE REIHE
(Gustav Fischer). 1987.
DM 78.–, öS 609.–, sFr. 78.–

Pervin: Persönlichkeitstheorien
UTB-GROSSE REIHE
(E. Reinhardt). 3. Aufl. 1993.
DM 78.–, öS 609.–, sFr. 78.–

Pongratz: Problemgeschichte der
Psychologie
UTB-GROSSE REIHE
(Francke). 2. Aufl. 1984.
DM 58.–, öS 453.–, sFr. 58.–

Sarris: Methodologische Grundlagen
der Experimentalpsychologie 1
UTB-GROSSE REIHE
(E. Reinhardt). 1990.
DM 44.80, öS 350.–, sFr. 45.80

Sarris: Methodologische Grundlagen
der Experimentalpsychologie Bd. 2
UTB-GROSSE REIHE
(E. Reinhardt). 1992.
DM 59.80, öS 467.–, sFr. 59.80

Wessells: Kognitive Psychologie
UTB-GROSSE REIHE
(E. Reinhardt). 3. Aufl. 1994.
DM 49.80, öS 389.–, sFr. 50.80

55 Lehr: Psychologie des Alterns
(Quelle & Meyer). 7. Aufl. 1991.
DM 36.80, öS 287.–, sFr. 37.80

118 Schlegel: Grundriß der Tiefen-
psychologie 1
(Francke). 2. Aufl. 1985.
DM 22.80, öS 178.–, sFr. 23.40

499 Popp: Einführung in die
Grundbegriffe der Allg. Psychologie
(E. Reinhardt). 4. Aufl. 1991.
DM 24.80, öS 194.–, sFr. 25.30

766 Wittkowski: Tod und Sterben
(Quelle & Meyer). 1978.
DM 16.80, öS 131.–, sFr. 17.40

935 Hetzer/Todt/Seiffge-Krenke/
Arbinger (Hrsg.):
Angewandte Entwicklungspsycho-
logie des Kindes- und Jugendalters
(Quelle & Meyer). 2. Aufl. 1990.
DM 39.80, öS 311.–, sFr. 40.80

936 Hensle: Einführung in die
Arbeit mit Behinderten
(Quelle & Meyer). 4. Aufl. 1988.
DM 36.80, öS 287.–, sFr. 37.80

1063 Rauchfleisch: Testpsychologie
(Vandenhoeck). 3. Aufl. 1994.
DM 29.80, öS 233.–, sFr. 30.80

1159 Bühler: Sprachtheorie
(Gustav Fischer). 1982.
DM 34.80, öS 272.–, sFr. 35.80

1305 Angermeier/Bednorz/Schuster:
Lernpsychologie
(E. Reinhardt). 2. Aufl. 1991.
DM 29.80, öS 233.–, sFr. 30.80

1523 Bühler: Das Seelenleben des
Jugendlichen
(Gustav Fischer). 7. Aufl. 1991.
DM 32.80, öS 256.–, sFr. 33.80

1592 Holm: Einführung in die
Religionspsychologie
(E. Reinhardt). 1990.
DM 22.80, öS 178.–, sFr. 23.40

Preisänderungen vorbehalten.

UTB FÜR WISSENSCHAFT

Auswahl Fachbereich
Medizin

Koslowski/Bushe/Junginger/
Schwemmle (Hrsg.):
Lehrbuch der Chirurgie unter
Berücksichtigung des Gegen-
standskatalogs
UTB-GROSSE REIHE
(Schattauer). 3. Aufl. 1988.
UTB 1991.
DM 69.–, öS 538.–, sFr. 69.–

Spiel/Spiel:
Kompendium der Kinder- und
Jugendneuropsychiatrie
UTB-GROSSE REIHE
(E. Reinhardt). 1987.
DM 78.–, öS 609.–, sFr. 78.–

Vogl: Differentialdiagnose der
medizinisch-klinischen Symptome
UTB-GROSSE REIHE
(E. Reinhardt). 3. Aufl. 1994.
Ca. DM 98.–, öS 765.–, sFr. 98.–

457 Frankl:
Theorie und Therapie
der Neurosen
(E. Reinhardt). 7. Aufl. 1993.
DM 29.80, öS 233.–, sFr. 30.80

502/503/1002/1050 Rotter (Hrsg.):
Lehrbuch der Pathologie für den
1. u. 2. Abschnitt der ärztl.
Prüfung 1–4
(Schattauer). Bd. 1/2: 3. Aufl. 1985 /
Bd. 3/4: 3. Aufl. 1990.
Je DM 29.80, öS 233.–, sFr. 30.80

552 Gross/Schölmerich/Gerok
(Hrsg.):
1.000 Merksätze Innere Medizin
(Schattauer). 4. Aufl. 1989.
DM 24.80, öS 194.–, sFr. 25.30

771 Franke:
Logopädisches Handlexikon
(E. Reinhardt). 3. Aufl. 1991.
DM 29.80, öS 233.–, sFr. 30.80

951 Hoffmann/Hochapfel:
Einführung in die Neurosenlehre
und Psychosomatische Medizin
(Schattauer). 4. Aufl. 1991.
DM 32.80, öS 256.–, sFr. 33.80

1075 Mehlhorn/Piekarski:
Grundriß der Parasitenkunde
(Gustav Fischer). 4. Aufl. 1994.
Ca. DM 32.80, öS 256.–,
sFr. 33.80

1162 Strubelt:
Elementare Pharmakologie und
Toxikologie
(Gustav Fischer). 4. Aufl. 1991.
DM 22.80, öS 178.–, sFr. 23.40

1409 Hänsch:
Einführung in die Immunbiologie
(Gustav Fischer). 1986.
DM 26.80, öS 209.–, sFr. 27.80

1439 Staines/Brostoff/James:
Immunologisches Grundwissen
(Gustav Fischer). 2. Aufl. 1994
Ca. DM 16.80, öS 131.–,
sFr. 17.40

Preisänderungen vorbehalten.